曲建武 ◎ 著

关于辅导员那些事

大连海事大学出版社
DALIAN MARITIME UNIVERSITY PRESS

图书在版编目(CIP)数据

关于辅导员那些事 / 曲建武著. — 大连 : 大连海事大学出版社, 2022. 11
ISBN 978-7-5632-4322-8

Ⅰ. ①关…　Ⅱ. ①曲…　Ⅲ. ①高等学校—辅导员—工作—文集　Ⅳ. ①G645. 1-53

中国版本图书馆 CIP 数据核字(2022)第 216708 号

大连海事大学出版社出版

地址:大连市黄浦路523号 邮编:116026 电话:0411-84729665(营销部) 84729480(总编室)
http://press. dlmu. edu. cn　E-mail:dmupress@ dlmu. edu. cn

大连天骄彩色印刷有限公司印装	大连海事大学出版社发行
2022 年 11 月第 1 版	2022 年 11 月第 1 次印刷
幅面尺寸:170 mm×240 mm	印张:59
字数:902 千	印数:1~700 册

出版人:刘明凯

责任编辑:刘长影	责任校对:刘若实　孙笑鸣
封面设计:解瑶瑶	版式设计:张爱妮

ISBN 978-7-5632-4322-8　　定价:177. 00 元

前 言

习近平总书记指出:“高校思想政治工作关系高校培养什么样的人、如何培养人以及为谁培养人这个根本问题。要坚持把立德树人作为中心环节,把思想政治工作贯穿教育教学全过程,实现全程育人、全方位育人,努力开创我国高等教育事业发展新局面。”“教育兴则国家兴,教育强则国家强。”高等教育发展水平是一个国家发展水平和发展潜力的重要标志。实现中华民族伟大复兴,教育的地位和作用不可忽视。我们对高等教育的需要比以往任何时候都更加迫切,对科学知识和卓越人才的渴求比以往任何时候都更加强烈。今日之中国正行进在实现中国梦的征途上,需要大批的卓越人才。所谓卓越人才,一定不是单指知识、能力水平的,首要的问题还是指思想政治素养方面的,即培养什么样的人、如何培养人以及为谁培养人的问题,也就是要解决青年学生矢志不渝跟党走的问题。卓越人才怎样培养?毫无疑问,辅导员担负着重要的职责。辅导员是大学生思想政治教育的骨干力量,是大学生成长的导师,他们对学生的教育引领十分关键。我从事了近四十年大学生思想政治教育工作,深感辅导员工作使命光荣、责任重大。可以说,许多学生的成功与辅导员的引领有很大的关系,一些学生的失败与辅导员的工作也有不同程度的关联。我从留校做辅导员那天起,就立志做一名让党放心、让学生信任的辅导员。近四十年里,虽然我的职务不断变动,但是我的初心不改,我就是要成为大学生成长的指导者和引路人。2013 年 7 月,在我五十六岁的时候,我辞去了正厅级领导职务,又回到学校做了一名辅导员,我要在辅导员工作岗位画上我职业生涯的句号。我为什么愿意做辅导员?因为我是一名共产党员,我始终认为辅导员工作是党的事业的重要组成部分,这项工作关乎党和国家的前途命运,必须有人做,而且必须做好。教育连接千家万户，学生的成长直接关系到人民群众的幸福，我们必须对人民负责。我选择了辅导员工作，也是找到了我的人生幸福的源泉。我常讲的一句话就是："有了学生就有了一切。"怎样才能当好一名辅导员？首先是信仰问题。如果有了对党的事业的无比忠诚，有了坚定的理想目标，就不会患得患失，就会勇往直前。信仰是精神之钙，缺失了就会得"软骨病"，人就站不直、走不远。要把辅导员工作当成学问做，而最大的学问就是培养人。要围绕学生、关照学生、服务学生，把论文写在祖国大地上、写在学生心坎上。辅导员工作不仅要以理服人，也离不开以情感人。没有爱就没有教育。辅导员要把学生放在心上。社会在变、学生在变，辅导员也要变。辅导员要与时俱进，不断创新工作方式方法，增强工作的针对性、实效性。最好的教育就是教育者自身榜样的力量。要想别人成为什么样的人，自己首先就要成为这样的人。辅导员一定要走在学生的前面。当然，辅导员工作除了他们自身的努力之外，还需要外部条件的保障。有关部门，尤其是高校，要切实把立德树人作为办学的根本任务，要着力建设一支职业化、专业化、专家化的辅导员队伍，为辅导员开展工作创造良好条件。

近四十年来，我没有离开思想政治教育工作一天，真是千言万语汇聚成一句话：这支队伍太重要了，一定要把它建设好。《关于辅导员那些事》一书记录了我近四十年中对辅导员工作的认识和体会，我把它们集结出版，就是希望大家深入思考、深入实践，凝心聚力，真正建设好辅导员这支队伍。我们常说，青年怎么样，未来的中国就将怎么样。从某种意义上说，辅导员队伍怎么样，青年学生就将怎么样。一家之言，难免有不当之处，在此诚恳地接受大家的批评、指正。

最后，还要特别感谢大连海事大学出版社的同志们对本书的出版所付出的辛劳！

祝大家一切都好！

曲建武

2022年3月

目录

关于为什么要有辅导员

001

我为什么愿意当辅导员

2019-06-12

我获得全国“时代楷模”称号后，国内的主要媒体几乎都采访过我。其中有一个问题是他们共同感兴趣的，那就是：我为什么要放弃当正厅级干部而回到学校当辅导员。一些辅导员也常问我这个问题。此前在我的公众号后台我回答过这个问题，这里再集中地阐述一下。

我之所以愿意做辅导员主要基于以下三点考虑：

一是人生的价值。

每个人都想实现自己人生的价值，有愿意做医生的，有愿意做公务员的，有愿意做军人的，有愿意经商的，有愿意做建筑师的……而我愿意做辅导员。

学生是有感情的，他们知恩图报，特别是当辅导员看到自己培养的学生在祖国需要的岗位上有所成就的时候，就觉得自己真有价值。辅导员工作可以说“功在当代、利在千秋”，有什么不好？2006年《光明日报》的一个记者采访我的时候就问过我：“如果让你重新选择，你还会选择做辅导员吗？”我毫不犹豫地回答：“我一定还会选择做辅导员。”现在我会说：“如果有来生，我还要做辅导员，辅导员工作值得一辈子拥有。”

二是人生的尊严。

谁都希望自己的人生有尊严。什么是尊严？尊严就是不违背诺言，做个让人点赞的人。当然，任何工作做好了都可以让人点赞，可是我却偏偏认为来自学生的点赞才是最高的点赞。

在我刚做辅导员的时候，我是在校学生的哥哥；过些年，我成了在校学生的叔叔；再过些年，我又成了在校学生的伯伯。随着我年龄的增长，这些学生的年龄也在增长，他们毕业了，他们没有忘记母校的培养，没有忘记我的付出。

每逢校庆，学生们回到母校的时候，他们首先要看望的是辅导员；当辅导员离开人世的时候，“面对我们的骨灰，高尚的人们将洒下热泪”。作为一名辅导员，若是能够得到学生的认可，我觉得死而无憾。

三是人生的幸福。

谁都希望自己的人生能够幸福。幸福到底在哪里？有豪宅就幸福？有权力就幸福？恐怕不是这么简单吧！我认为最幸福的人应当是睡觉最安稳的人。钱锺书写了《围城》一书，思考一下：为什么在外面的人想进去，而里面的人想出来？还不是在外面的时候觉得婚姻是物质生活，以为有钱就幸福了；进去之后才发现婚姻是精神生活，再有钱又能怎样？有些人就是豪宅越空旷，心灵越空虚；床越大，身躯越渺小，实在是无法承受精神上的折磨。权力同样如此。为人民办事，人民感谢你；以权谋私，早晚要出事，睡觉还能安稳吗？

辅导员培养的是学生，有了学生就有了一切。每当教师节、父亲节、春节，学生们送来满满的祝福的时候，我真觉得辅导员就是世上最幸福的人。

我毕业的第一选择是到西藏做一名教师，由于客观原因最终没有去成，于是学校就安排我做了辅导员。我从留校那天起就想做一辈子辅导员，只是我工作比较优秀，其间工作岗位几经变动，但是我几乎没有离开学生一天。在我五十六岁的时候，我坚决辞去厅级领导职务到学校做辅导员，就是为了在辅导员工作岗位上画上我职业生涯的句号，做我喜欢的事。我不能再等了，我要兑现我的承诺，对此很多人都不理解。事实上任何人做事想让每个人都理解是不可能的，那样想只会束手束脚，恐怕什么事也做不成。这也是我的性格，我看准的事就坚决去做。组织上对我还是很关心的，想让我保留级别下来，我没要。主要是因为我想办个关于大学文化的网站，这需要更多地考察国外的大学。至于其他待遇，我就没想那么多。

近四十年来我初心不改，无怨无悔，就是以上这三点在支撑着我。

现在一些辅导员不怎么安心于自己的工作，因为他们的工作环境和发展路径还不是那么令人满意，这可以理解。这需要有关部门从建设职业化、专业化、专家化的辅导员队伍出发，加快解决辅导员队伍建设中存在的问题。

辅导员个人还要从党性、从对学生成长负责的角度出发，多发挥自身的主观能动性，一味地等着外部环境的变化是不可取的。主客观条件往往会相互转化，不是“有为才有位”吗？辅导员工作做好了，会更有益于外部环境的改善。

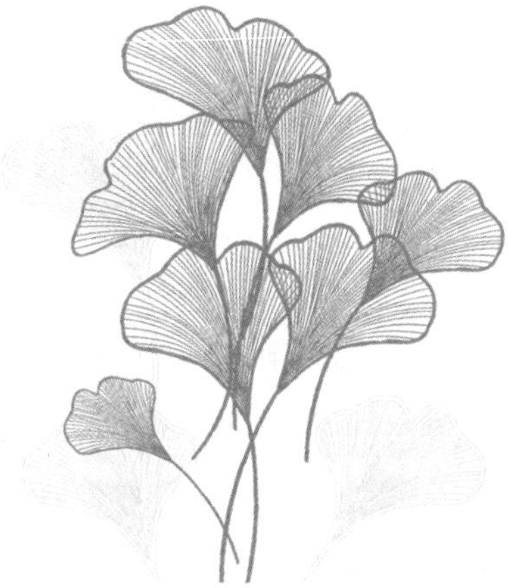

002

教育是心灵的唤醒

2020-11-10

关于教育，我非常欣赏这样两句话：一句是德国著名教育家斯普朗格说的，"教育绝非单纯的文化传递，教育之为教育，正是在于它是一种人格心灵的唤醒"；另一句是我国著名教育家陶行知先生说的，"捧着一颗心来，不带半根草去"。2020年马上又临近尾声了，对于为教育我做了什么，今天不做盘点。这里我把我今年出版的七部书之一的《我与辅导员的交流》的序言推送给大家，以求大家更精心地引导和栽培处于"拔节孕穗期"的大学生，使他们成为实现中国梦的栋梁之材。

《我与辅导员的交流》序言

我于1982年留校做了一名辅导员，后来又当上了学院团委书记、学院党总支副书记、学生处处长、校党委副书记，这段历程共计二十二年。2004年年底，我被调到省里，任辽宁省委高校工委副书记，主抓大学生的思想政治教育工作，历时八年半。2013年7月，我主动辞去了省教育厅领导职务，来到大连海事大学做了一名辅导员，同时给在校本科生上"思想道德修养与法律基础"课，任硕士、博士生导师。三十八年了，我一直从事大学生的思想政治教育工作,从未离开过。

我为什么愿意做辅导员?有如下几点原因:一是辅导员工作是党的思想政治工作的一部分,辅导员工作得好坏,关系到能否培养出矢志不渝跟党走的大学生;二是辅导员是大学生的人生引路人,辅导员工作得好坏,关系到大学生能否健康成长;三是辅导员工作是高等教育不可或缺的一部分,关系到高等教育的质量;四是做辅导员会增加人生的幸福感。

应当看到,现在有些辅导员对自身的工作还缺乏一定的认识,因此总是爱抱怨、发牢骚,这会导致做不好工作,直接影响学生的成长。我是一名老辅导员,对辅导员有着特殊的情感,对学生有着深深的爱。我想,我有责任把我在辅导员工作中的一些认识跟大家交流,从而帮助辅导员增强使命感和责任感。近两年,我克服很多困难,面向辅导员开通了公众号,经常向辅导员推送我写的关于辅导员工作的文章。

我跟辅导员们交流的主要观点是:辅导员工作十分重要;高校一定要建设一支高素质的辅导员教师队伍;辅导员队伍建设既涉及外部的环境,又涉及自身的努力,辅导员应通过努力工作争取得到大家的认可;辅导员在个人利益与学生利益发生冲突时要以学生利益为重;辅导员是在大学里与学生关系最亲近的人,要时刻把学生放在心上;辅导员工作要细致、细致、再细致,深入、深入、再深入,把工作做在前面,一切为了学生;辅导员要相信教育的力量,相信没有不愿意接受教育的学生,只要我们付出了,学生就会再上一个新台阶;辅导员要提升能力素质,增强工作本领,尤其要注重自身的理论学习,提升理论水平,给学生以价值引领;辅导员要坚持以理服人与以情感人相结合,格外关心那些生活困难的学生,对他们要给予力所能及的帮助;辅导员要成为学生的榜样,敢于喊出"向我学习"的口号,通过人格的力量带领学生不断前进。

在这里,衷心感谢大连海事大学出版社的同志们为该书出版所付出的辛苦!祝大家一切都好!

003

为什么要有辅导员

曲建武

这是一个本不应当成为问题的问题，高校辅导员在我国的大学历史上已经存在了半个多世纪。经过这么长时间的风风雨雨，目前在我国的高等院校里仍然活跃着一支充满朝气和活力的辅导员队伍。特别是近几年，国家更加重视高校辅导员队伍建设，这使得高校辅导员队伍得到了更快的发展。可是为什么这个时候还要提出这样一个本不应当成为问题的问题呢？

2008年下半年，受教育部委托，我去了几个省市督察高校辅导员队伍建设工作。许多地方和高校都出台了很多有利的政策，为辅导员队伍建设创设了良好的氛围，一大批辅导员爱岗敬业，为大学生的成长奋战在工作第一线。看到这些，我从内心感到高兴，尽管属于辅导员们的那个姹紫嫣红的大学生思想政治教育的春天还没有真正到来，但是你能感觉到，为迎接这个春天的来临，一阵强似一阵的春风不断吹来。然而，在感到欣喜的同时，我的脑海里也不时地掠过丝丝阴云：有的同志谈到，建设辅导员队伍就是为了当前政治工作的需要，再过些年说不定就没有这支队伍了；有的同志说，辅导员太有用了，学生欠的学费只要辅导员一催，就都交上来了；有的辅导员仍安不下心来，觉得自己就像个临时工，没有归属感。我担忧的是，如果按照这样的认识来建设辅导员队伍，那么辅导员队伍建设尽管眼下看似红红火火,恐怕有那么一天真会无声无息了。

大学为什么要有辅导员？这与为什么要有大学一样,清楚了为什么要有大学,也就清楚了为什么要有辅导员。大学自古以来就是育人的场所,大学文化的核心可以概括为“育人”二字,大学的功能是以它培养的人来实现的,离开了育人,大学就失去了文化传承,也就失去了对真理的追求,从而失去了大学的价值。今天,我们中国的大学担负着培养社会主义事业建设者和接班人的重任,这就更应该充分体现大学“文化育人”这一本质特性。

大学怎样育人？教学生掌握专业知识这是必要的。但是,作为一名掌握了专业知识的人,一定要知道自己的知识应当为谁而用,怎样来用。这就关涉一个人的价值观问题,关涉做人的基本准则问题,就要求大学一定要全面地培养学生。辅导员是干什么的？简单说就是管学生的价值观的,学生成为一个什么样的人,辅导员的教育引导作用非同小可。从这个意义上讲,辅导员队伍的存在,并不是一些大学领导“恩赐”的产物,更不是因为学生欠交学费才需要有这支队伍。领导重视不重视,跟辅导员队伍建设得好不好相关;辅导员收不收学费,跟大学制度完不完善相关,大学制度完善了,收学费这样的事务性的“杂活”或许就不用辅导员做了。辅导员队伍的存在,符合高等教育发展内在规律的要求,符合人才培养规律的要求。只要办大学,就需要有人来完成育人的任务,就会需要辅导员这样一支队伍。至于将来辅导员会不会改叫别的什么名字我不知道,但我确信,这样一支育人队伍在大学里是不可或缺的。

当然,辅导员的育人作用并不是自然发挥的,它需要辅导员的努力。由于多方面的原因,对辅导员的定位和作用在短时期里还很难形成各方都一致的看法(其实这也是不可能的),但是,越是在这样的情况下,辅导员就越是要把自己的工作做好。为什么要有辅导员呢？从最直观的角度来说,就是要让那些对辅导员工作缺乏认识的人觉得你“有用”。比如,我在1982年做辅导员时,80个学生毕业时有13个学生入了党,有8个考上了历史学硕士研究生,而当时我们学校没有历史学硕士点。学生们都非常感谢我对他们的爱心教育,同事们也都说我“太有用了”。在我做辅导员的第二年,同事们就投票一致,同意我破格涨了一级工资。不要争论,要用事实说话。辅导员们要坚定自己的信念,沿着自己业已选择的道路勇敢地走下去,这样属于你们的春天才会来得更早一些。

（刊载于《河南教育·中旬刊》2009年第005期）

004

我和辅导员的不解之缘

曲建武

我于1978年8月考入辽宁师范大学政史系，毕业时服从组织安排做了历史系的辅导员，由此与辅导员工作结下了不解之缘。

我从辅导员做起，当过系里的团委书记、主管学生工作的党总支副书记、学校思想政治教育研究室副主任、学生工作部部长兼学生处处长、协管思想政治教育的校长助理、负责全校大学生思想政治教育的党委副书记。2004年年底调任辽宁省委高校工委副书记，主抓全省大学生思想政治教育工作。就这样，从大学里和学生思想政治教育最相关的岗位，我一个台阶一个台阶地走了过来。辅导员，一个多么崇高而神圣的职业！它对学生的成长太重要了。有很多学子在辅导员的教育引导下走向成功，走向辉煌；也有不少学子庸庸碌碌，甚至走向堕落，这又怎能说与辅导员的工作毫不相干？德国哲学家、教育家雅斯贝尔斯说过这样一句话："我是有罪的，因为当罪恶发生时，我在场，并且我活着。"每个教育工作者都需要这样一种崇高的职业精神，都需要这样一种事业情怀！我实践过、感悟过，一个个风华正茂的大学生，在他们的身上承载着民族和国家的未来。"青年兴则国家兴，青年强则国家强"，做好他们的工作，实在是一项"功在当代、利在千秋"的伟业；每个大学生的身后，都站立着一个充满了期待与渴望的家庭。做辅导员的时候，我带的年级共有 80 个学生。在两年多的时间里，我去过 50 多个学生的家，有的学生家是我顶着凛冽的寒风，骑自行车去的。不知有多少个夜晚，我被家长们那期待的目光催醒，我急盼着黎明的来临，以开始新一天的征程。或许我们很难把自己所有的精力都投入学生工作中，但是一个个鲜活的生命就跳跃在我们的面前，我们的党性和良知要求我们，为了国家和学生们的利益，我们应当把个人的利益想得少些、再少些。我们的事业不朽，我们的价值可以在学生们的身上得到体现。在今天这样一个充满发展、充满激情的岁月里，我们的生存早已不是什么问题，而如何使自己的生活富有意义、富有价值，却值得每个辅导员认真思考。

之所以没有较早地把自己从事辅导员工作和学生工作的感悟写出来，是基于这样几点考虑：一是觉得自己的这些感悟还缺乏更深层次的理性思考，既怕误导别人，又怕“教训”别人，这实在是我不愿意的。二是总觉得自己年轻，许多话语从我的嘴里说出来不是那么的富有“教育意义”。因为人们的一个心理定式就是年长者说的话更容易被看成是真理。原想等退休了，再静下心来，把自己从事学生工作的经历认真总结一下。我了解我自己，这个情结无论如何我是无法割舍的。三是我最忌讳的，就是我现在毕竟在一定“位置”上，有一定的“身份”，写这样的书难免有对自己的“溢美之言”，使人产生“过誉之感”。

之所以决定现在写也有几点考虑：一是现在的大形势很好。国家高度重视大学生的思想政治教育，重视辅导员队伍的建设。作为一名老辅导员，我深受鼓舞，觉得有许多话要一吐为快。二是现在关于辅导员队伍建设要讨论的一些问题，有些甚至是引起争论的问题，例如，辅导员的身份问题、辅导员可不可以评职称的问题等，从我参加工作的那天起就一直存在着。我以为这些不是真问题，也没有什么好争论的，辅导员不仅应当是教师，而且更应当是“人师”。他们从事的大学生思想政治教育工作可以说是高等教育中最大的一门学科，也可以说是最重要的一门学科。我的体验告诉我，辅导员工作带有很强的学术性，还特别需要人格的魅力，不是谁都可以干好的，有什么道理不给他们评职称？至于有的辅导员不具备这样的条件那是另外的问题，正说明有必要通过评职称这样的“杠杆”来激励和引导他们。我的成长背景就是辅导员，长期从事的就是大学生思想政治教育的理论与实践研究，确切地说从事的是大学辅导员工作的理论与实践研究。

我不仅评上了德育教授，而且还当上了思想政治教育专业的博士生导师。三是尽管现在的形势很好，但是要做的工作很多，单就辅导员队伍建设来说，就存在着怎样选拔、怎样培养，怎样职业化、专业化的问题。说得再具体些，如在高等教育内外环境不断变化的条件下，辅导员应当采取什么样的工作模式的问题就迫切需要研究。我愿抛出这块砖，希望能与有志于辅导员工作的同志们一道乘势而上（把握大势）、顺势而进（把握规律）、造势而为（把握方法），把大学生思想政治教育工作做好，无愧于辅导员这个职业。四是年轻的辅导员需要引导。“要想推动别人前进，自己首先就应当是能够推动和鼓舞别人前进的人。”为了加强高校尤其是民办高校的辅导员队伍建设，辽宁省教育厅面向全省高职高专毕业生，采取免试推荐的办法，连续两年选拔了 93 名品学兼优的学生，将他们保送到沈阳师范大学攻读思想政治教育专业（辅导员方向），两年本科毕业后再回到原保送学校做专职辅导员。我自告奋勇地担当了他们的“大班主任”，并且利用一些休息时间给他们开设了“高校辅导员工作学”这门课。从 2005 年暑期开始，我省新上岗的辅导员都要进行岗前培训，每次培训我都要做辅导员工作方面的专题报告。辅导员们的表情告诉我，他们太需要这方面的教育了。五是到了“知命之年”，我感到一些能做的事情还是早做为好。我曾是一名业余运动员，在大连市教育系统举行的万米比赛中获得过铜牌。在大学工作的二十多年时间里，我两次无偿献血，没有因为身体影响一天工作。“天有不测风云”，2005 年 9 月，我因右脑皮下长了个轻度恶性的肿瘤做了手术。由此我想到一些问题，其中就想应当抓紧时间把我对大学特别是对辅导员工作的许多感悟写出来，一旦…… 就会成为我终身的憾事。厅里的领导、同志和亲朋们都非常关心我，劝我多休息，可是我的确静不下心来。全国辅导员工作会议召开之后，我连续三个月，只要在沈阳，便每天写作到深夜。人生能做好几件事情？当这本书呈现给大家的时候，我实在感到这是我一生中非常愿意做、非常值得做的一件事。我不敢保证我所说的每句话都是对的，但我敢承诺我所说的话都是饱含着真情的。

《识读大学——一个老辅导员的心声》（简称《识读》）是我从事大学生思想政治教育二十几年的一个总结。书中选取的二十几个问题我认为都与辅导员的工作联系紧密，与大学生的成长息息相关。这里的大量实例大多是我亲身经历的，主要是我在学院从事辅导员工作时，还有到学校机关后经历的,同时也吸纳了一些别人的实例。从时间跨度上看,我从事辅导员的时间离现在有些久远,现在的学生、环境与那时已有很大的不同,恐怕这会影响到一些同志对《识读》的认同。但从教育的本质上看,我始终坚信有价值的东西必会永恒。为什么要有大学?大学怎样培养人?探寻这些理念性的东西,就必然导引人们去实现价值的传承。大学为什么会不朽?支撑大学永恒的是大学的精神。随着时间的推移,虽然教育的许多内容和方式方法会有些变化,但是教育的本质不可能改变。我并非是给辅导员们开出灵丹妙药,而是希望他们通过《识读》可以有所感悟,能够辛勤地耕耘于属于自己的这片土地,在这里生根、发芽、成长、壮大。

最后,我把法国词典大师利特雷和马克思说过的两句话奉献给辅导员朋友们:

珍惜自己生命的人应该总是在积极地工作,就好像他会长久地活下去;同时他又应该总是争分夺秒地来安排他的时间,就好像不久他就要离开人世。

如果人只是为了自己而劳动,他也许能成为有名的学者、绝顶聪明的人、出色的诗人,但他绝不可能成为真正的完人和伟人。

我愿与辅导员朋友们共勉!

(来源:中国大学生在线,2013年6月24日)

关于工作定位

005

给一个辅导员的回复

2020-01-15

曲老师您好!

我是××大学××学院党委副书记×××,也是一名辅导员,更是您的忠实粉丝。两年前,我和同事×××去大连海事大学,到您的办公室拜访过您!

我想请教曲老师一个问题。由于辅导员的工作面比较广,主要有思政、事务管理、心理等几个方面,从现实工作来看,现在的辅导员将大部分时间和精力都用在了处理事务管理工作上,真正做思政的精力很有限。您觉得辅导员有可能根据工作内容的不同,分为专职思政辅导员和专职事务辅导员吗?这样会不会更专业一些、工作更精准一些?期待得到您的指导。感谢!

××你好!

现在的辅导员工作面比较广,就像有的人形容的那样:辅导员是个"筐",什么都往里边装。这并不是辅导员教师应有的内涵。相信随着大学制度的不断完善,随着辅导员队伍建设职业化、专业化、专家化步伐的加快,辅导员工作一定会"瘦身"的,很多杂活儿将来想做还没有了呢。

眼下抛开杂活儿不说，辅导员所做的就是思想政治教育工作，我们不能总把思想政治教育工作单纯地看成是那些具有显性特征的教育活动，例如，上党课、组织社会实践活动、开展重要节日纪念活动等。大学生的思想政治教育没有真空地带，它贯穿于大学生活的全过程，贯穿于学生生活的方方面面。虽然可把评奖学金、助学金看成事务性工作，但是这里难道就没有思想政治教育工作？不是这样的，这里不仅有着丰富的思想政治教育元素，很多思想问题也是从这里产生的，公平、公正、民主、谦让、团结等品质都蕴含其中，挖掘利用得好，有助于形成积极向上的正能量；反之，就容易使学生离心离德。

寝室文化建设学问就更大了。我曾在公众号里写过一篇文章《大学生活是从寝室开始的》，我发表的第一篇国家级论文谈的也是寝室文化建设。经过几年的实践，我写了《新老生同寝对大学生角色确立的意义》一文，论述了寝室文化在大学生思想政治教育中的地位和作用，创建了增进寝室文化建设的模式。时任教育部社会科学研究与思想政治工作司司长靳诺来学校调研时曾说，我们学校“软件不软，硬件不硬”，说的是我们学校外观比较破旧，寝室内窗明几净，同学关系和谐。处处留心皆学问，纯粹的事务是不存在的。毛泽东同志讲过，凡是有人群的地方就有“左中右”，人和人之间就有行为的差别。而行为是一种外在的表现，不同的行为是受不同的思想支配的。

所以，思想政治教育要润物细无声。要围绕学生、关照学生、服务学生，用“立德树人”这根主线把学生的大学生活贯穿起来，带着问题意识做工作，很多思想问题就会在日常生活当中解决，思想政治教育的价值就会凸显出来。

虽然现在一些学校设立了公寓辅导员，也就是“社区辅导员”，但能说他们就是专职事务辅导员吗？后勤人员算专职做事务管理的。公寓辅导员主要也是做思想政治教育的，不过是以宿舍为主要载体罢了。我觉得辅导员若有所“专长”，也就是善于做大学生思想政治教育某个方面的工作，那还是可以的。

祝好！

006

与一个辅导员的交流

2021-05-06

曲老师您好!

我是××大学经济与管理学院辅导员××,很荣幸今天能够近距离聆听您的演讲,感触很深,也受益匪浅。我会向您学习,用心、用情、用爱做好学生工作,服务学生成长成才,希望以后能够多多向您请教。

××你好!

谢谢你的认同,我们共勉!我的感触也很深,今天你们二十多名辅导员给我写来了感受,大家都谈到了今后要把辅导员工作做好,对得起学生,对得起这份事业。我从做辅导员那天起就非常自信:辅导员怎么啦?大学里多么需要这样一支队伍,他们是给学生人生价值以引领的人。读了大学,找不到人生的方向,不知道将所学的知识用到什么地方,这个大学读个什么劲?弄不好还会把自己毁掉。辅导员一定要围绕学生、关照学生、服务学生,给学生的心灵埋下真善美的种子,这无论对党、对国家、对人民、对自己,都是"功在当代、利在千秋"的事,不管别人看不看得起我们,我们一定要看得起自己。现在辅导员的工作环境比前些年好多了,辅导员再努力一下,明天一定会更加美好。

祝好！

谢谢曲老师！确实，辅导员工作不仅是一份职业，更是一份事业，如果我们的工作做到位了，党和国家的事业就可能多一个建设者和接班人，社会也会多一份正能量；如果我们的工作没有做到位，可能我们党和国家的事业就会多一个旁观者。实不相瞒，两年前我刚刚参加工作，一开始什么都要学，都要从头开始学，基本上每天晚上都工作到十一点，我都是摇摇晃晃走出办公室的。那时感觉辅导员就是一份很苦很累的工作，找不到工作的意义和价值，后来我逐渐走近学生，走近他们的学习生活和内心世界，和他们打成一片，把他们当作自己的弟弟妹妹一样看待，用自己的所学和二十几年的人生阅历为他们解答人生疑惑、解决遇到的困难，帮助他们更好地成长成才。当他们遇到困难都来找我寻求帮助的时候，当他们见到我远远地叫我“× 哥”，把我当作哥哥的时候，我才终于找到了辅导员工作的意义和生命的价值，自己也有了坚定的理想信念，每天再苦再累都精神饱满，充满力量，充满斗志！现在，我不仅要求自己把每天的工作做好、做深、做细、做实，还加倍努力学习，通过读书来增长自己的本领，从而更好地服务学生；同时，也为他们做一个榜样，“我这个辅导员每天都学习到晚上十一二点，你们有什么理由懈怠堕落”！

曲老师早点休息，相信以后我们还会再见的，有机会再向您请教。我知道，做辅导员就要像曲老师一样，把工作做到学生的心坎上。

辅导员工作是个细致活儿。辅导员确实要和学生打成一片，到学生中间去，主动地发现问题、解决问题。不要等学生找上门，那样的话一些工作就会陷入被动之中，一些问题恐怕就来不及解决了。现在有些辅导员深入学生不够，因而对学生的一些情况不了解，等学生出问题了才恍然大悟。信任是最好的老师，怎样才能得到学生的信任？辅导员首先要把学生放在心上。希望你好好工作，努力做到像习近平总书记在视察清华大学时要求的那样：“广大青年要肩负历史使命，坚定前进信心，立大志、明大德、成大才、担大任，努力成为堪当民族复兴重任的时代新人。”

祝好！

007

思想引领：辅导员的定位与角色研究

范毅夫　曲建武

辅导员是大学生成长的人生导师、知心朋友，辅导员必须担负起对大学生进行思想引领的责任。但是实事求是地说，一些辅导员离导师型、知心朋友的要求还有一定的距离，还没有很好地起到对大学生进行思想引领的作用。为此，我们需要对大学文化进行再认识，对辅导员的角色定位进行再认识，采取切实的举措建设好辅导员队伍。

一、思想引领是大学文化的永恒主题

对创办于 1636 年的哈佛大学人们耳熟能详。为什么要建哈佛大学？说到底，是英国殖民主义者为了让他们的后代在这里能够受到良好的教育，确切地说，更是为了使占英国社会主流的思想文化能够在美利坚这块新开辟的殖民土壤里扎下根并得以枝繁叶茂。有两句非常有影响的话伴随着哈佛大学的发展：一句是"入则增长智慧和才干，出则服务于祖国和人类"；另一句是"与柏拉图为友，与亚里士多德为友，更要与真理为友"。由此揭示出哈佛大学对来到这里求学的人们思想上的引领。

谈到大学的思想引领，很有必要谈一下德国的柏林大学。1810 年，时任德国内政部宗教和教育要职的洪堡先生受命组建柏林大学。柏林大学是现代大学诞生的标志。为什么要建这所大学？一个大的历史背景是：

1806 年拿破仑率领的法国军队在耶拿击败普鲁士军队，并强迫普鲁士政府签订丧权辱国的合约，并且关闭耶拿和哈勒大学。这一战，使德国上下感到莫大的耻辱。为了用精神力量来补偿这种心灵上的创伤，并重振德国的雄风，普鲁士政府让洪堡创建柏林大学。首任校长费希特大声疾呼："坚决培养为国家服务的人。"

我国的现代大学出现在 19 世纪末，最早的大学是 1895 年建立的北洋大学，即今天天津大学的前身。接着于 1898 年建立了京师大学堂，即今天的北京大学。为什么这个时期我国出现现代大学？其中一个重要背景与德国柏林大学建立的背景很相似。1894 年，中日甲午战争爆发。这场战争的结局是堂堂的大清帝国顷刻间败给了被国人视为弹丸岛国的日本。于是一些仁人志士便奋发图强，推动清政府实行"维新变法"。"维新变法"的一个重要影响就是推动晚清政府"废科举、兴学校"。1917 年蔡元培先生在北京大学演讲中告诫学生们来到北京大学"抱定宗旨、砥砺德行、敬爱师友""入法科者，非为做官；入商科者，非为致富"。蔡元培的教育思想对我国现代大学的发展影响很大。在中国大学的发展史上，竺可桢先生的贡献也是很大的。他逝世的时候，宋庆龄先生尊称他为"万世师表"。竺可桢任浙江大学校长时恰逢抗日战争处在最惨烈的时候。在浙江大学迁移途中，一些学子问竺可桢校长这样一个问题："我们怎样才算读完了大学？"他说："乱世道德堕落，历史上均是，但大学犹如海上灯塔，吾人不能于此时降落道德准则。切记：异日逢有作弊机会是否能'磨而不磷，涅而不缁'，此乃现代教育试金石也。"竺可桢谆谆教诲他的学生们："接受大学教育，一定要先解决品行的问题，品行不好，知识学得再多，也算不上大学毕业。"

中华人民共和国成立后，大学应当追寻怎样的发展方向？大学应当怎样培养人、培养什么样的人？党的几代领导人对此都做出了明确的指示。毛泽东同志指出："我们的教育方针，应该使受教育者在德育、智育、体育几方面都得到发展，成为有社会主义觉悟的有文化的劳动者。"邓小平同志指出，我们要培养"有理想、有道德、有文化、有纪律"的"四有"新人。江泽民同志在纪念北京大学建校一百周年大会上指出，青年学生应当坚持"四个统一"；在纪念清华大学建校九十周年大会上，江泽民同志对青年学生提出"五点希望"。胡锦涛同志在北京大学与师生代表座谈时强调，一定要大力弘扬爱国主义精神，希望大学生们强化自身的社会责任感和历史使命感，把个人的成长进步融入推动国家发展、民族振兴的时代洪流中，矢志为实现远大理想而不懈奋斗。习近平总书记在同北京大学师生座谈时指出："我为什么要对青年讲讲社会主义核心价值观这个问题？是因为青年的价值取向决定了未来整个社会的价值取向，而青年又处在价值观形成和确立的时期，抓好这一时期的价值观养成十分重要。这就像穿衣服扣扣子一样，如果第一粒扣子扣错了，剩余的扣子都会扣错。人生的扣子从一开始就要扣好。'凿井者，起于三寸之坎，以就万仞之深。'青年要从现在做起、从自己做起，使社会主义核心价值观成为自己的基本遵循，并身体力行大力将其推广到全社会去。"

纵观中外大学近千年的历史，无论时代怎样变迁，无论社会制度怎样变化，为本阶级、本社会培养需要的人是大学的永恒价值，而思想的引领是贯穿大学不变的主题。

二、思想引领是辅导员工作的主题

今天的高等教育已经冲出"象牙塔"，与社会的联系十分紧密。特别是随着网络技术的发展，"秀才不出门，全知天下事"。身处如此环境的高等教育，在得到众多社会有益信息的同时，也难免受到社会上大量负面信息的干扰，这些干扰会直接作用到学生的身上。例如，随着中国这样一个社会主义大国、强国的崛起，西方社会必然会加快对我们"西化""分化"的步伐。他们会利用我们还处在社会主义初级阶段这样一个基本的国情，任意放大我们的错误，歪曲中国共产党的领导，丑化我们的社会制度，进而达到推行他们所谓的"普世价值"的目的。当前社会上泛起的各种错误思潮，与西方社会这种别有用心的推动有着直接的联系，个别大学生身上表现出的历史虚无主义观点都与这种"西化""分化"的图谋相关。

辅导员要注重大学生思想的引领还要认清这样一个现实：大学生正处在世界观、人生观、价值观确立的关键时期。确立什么样的"三观"对他们的人生发展影响重大。现在的大学生都是独生子女，是被"捧"起来的一代。加上家长们对教育的片面理解，过多关注孩子们的专业成绩怎样，而忽视对孩子们思想、做人方面的引导。基础教育也起到推波助澜的作用，片面追求升学率，只要考上大学、考上好大学，就是好样的，评价办学好坏的唯一指标就是学生们大学考得怎么样。一些大学生就是从这样的家庭环境、基础教育环境中走出来的，这就造成许多大学生脑子里满满的都是书本知识,“三观”被“挤”得没有地方,使得他们面对复杂的社会环境,处在人生如此重要的时期,缺乏思想的判断力、选择力。

对此,我们显然不能无动于衷、置之不理。也正是上述这样一些方面,提醒我们一定要找准辅导员的角色位置,认清辅导员的使命和责任。为此,2017 年教育部出台了《普通高等学校辅导员队伍建设规定》,从辅导员在高校所处的地位、作用出发,从大学生成长所面临的环境出发,从大学生自身成长所具有的特点出发,第一次以法律法规的形式明确辅导员在高校的角色定位:“辅导员是高等学校教师队伍和管理队伍的重要组成部分,具有教师和干部的双重身份。辅导员是开展大学生思想政治教育的骨干力量,是高校学生日常思想政治教育和管理工作的组织者、实施者和指导者。辅导员应当努力成为学生的人生导师和健康成长的知心朋友。”由此可见,虽然辅导员的工作“色彩斑斓”,对大学生既要进行教育又要进行管理,但是辅导员工作的主色一定是对学生进行思想的引领。

三、着力打造“导师型”辅导员队伍

目前,选拔辅导员的条件往往以“管理型”为主导,管理不是不必要,但是管理一定是为教育服务的。事实说明,能管住学生的行为,未必能管住学生的心。高校在选聘辅导员的时候一定要真正从职业化、专业化的角度出发。这样,辅导员才能“名副其实”,以“导师型”面孔出现在学生中间。

一是要划清辅导员的工作界域。辅导员是干什么的?要认识清楚他们的教师角色。辅导员不是学生成长的“无限责任公司”。例如,有的高校明文规定,辅导员要参与学校的教学管理,有责任维护课堂的教学秩序。对于学生旷课、上课迟到、课堂纪律较差等现象,辅导员都要负责。其实从根本上讲,教学秩序的好坏与辅导员教育管理的好坏关系不大。试想一下:如果一门课的设置与学生的实际需要偏差太大,授课教师没有良好的职业态度、没有较高的教学水平,即便辅导员再努力,又会有怎样的教学秩序呢?如果学生的学习态度、学习目的问题没有解决,学习再刻苦又有什么意义?由于工作界域不清,大量的杂活儿挤占辅导员从事“主业”的时间,这在客观上影响了辅导员对大学生进行思想引领作用的发挥。二是要建立科学的考核评价机制。对辅导员的工作考核可以衡量他们对学生的管理怎样,学生行为是否文明、是否遵纪守法,但是更要考核他们在对学生进行思想引领方面做了哪些富有成效的工作。考核学生的思想道德素质如何，这虽然是“虚功”，但是必须做实、做好。

要像重视学科建设一样重视“导师型”辅导员队伍建设。一个学科的水平如何是由从事这个学科研究的教师水平决定的。辅导员的学科归属就是思想政治教育学科。从学科的角度看，我们一些辅导员的思想政治教育理论水平还不高，对学生进行思想引领的能力还不强。如何弥补辅导员这方面的不足，切实发挥好他们在对大学生进行思想引领方面的作用？途径有很多。眼下的一个重要途径就是加大对他们的培养培训力度。要舍得投入，没有投入就没有回报。要像重视其他学科建设一样重视思想政治教育学科建设。特别是在当前业已存在的思想政治教育学科相对薄弱的状况下，要加大对该学科的投入，使辅导员能够根据工作需要受到培养，从而不断提升他们的思想理论水平。外因是变化的条件，内因是变化的根据，外因通过内因而起作用。学校党委行政部门在建设“导师型”辅导员队伍上的真抓实干，为辅导员队伍建设朝着“导师型”方向发展创造了良好的外部环境，但是辅导员要想成为大学生思想上的引领者，他们自身的努力也十分重要。

辅导员应以高度的使命感、责任感看待自己的工作。辅导员工作既是党的事业的一部分，也是办好人民满意的高等教育的组成部分。辅导员工作的好坏，直接关系到我们党和国家的前途；关系到民族的未来；关系到学生家庭、家族乃至他们个人及后代的幸福。辅导员没有理由不在培养好学生上下功夫。有了这样的认识和觉悟，辅导员就会做好自己的工作，从繁杂的事务性工作中解脱出来，注重学生思想上的引领。即便是一些纯粹的事务性管理，辅导员也会从中了解学生的所思所想，让学生以正确的思想来引导自己的行为。辅导员一定要深入工作，多和学生接触，可以采取多种形式了解学生的思想。有的辅导员在新生一入学时就让学生写下他们的梦想，他们最关心的一个问题；有的辅导员每学期开学都要与学生谈一次话；有的辅导员和学生建立微信群；有的辅导员利用假期到学生家家访……对学生进行思想引领可以通过个别谈话、举行报告会、召开座谈会等形式进行，在网络技术飞速发展的今天，尤其要利用好短信、微信平台，及时为学生解疑释惑，提供正能量，提升学生的思想力。

辅导员一定要不断加强学习，要像习近平总书记要求的那样：“要把学习作为一种追求。”我们正处在飞速变革的时代，无论国外还是国内每天都在发生新的变化，新情况、新问题层出不穷。这些新情况、新问题都会直接影响到我们的教育对象，也就是我们的学生。他们急于从这些出现的问题里、变化的情况中找到对事务规律性的认识，找到正确的答案。这就要求辅导员要先学一步，使自己的思想能够领先我们的教育对象，不然“以其昏昏”，何以“使人昭昭”？由于受诸如大学制度还不是很完善这样因素的影响，辅导员客观上存在“忙”和“累”的现象，但这并不能成为“阻碍”辅导员学习的理由。从一定意义上讲，学习是辅导员的第一要务。

辅导员一定要增强学习的紧迫感，“挤”时间，游刃于“忙”和“累”之间，多学习。只有这样，辅导员才能跟上迅猛变化的时代潮流，对社会的发展以及思想政治教育有规律性的认识，肩负起对大学生进行思想引领的重任。

（刊载于《黑龙江高教研究》2016年第10期）

008

当好大学生健康成长的指导者和引路人

曲建武

辅导员是开展大学生思想政治教育的骨干力量，是高等学校学生日常思想政治教育和管理工作的组织者、实施者、指导者。为此，高校必须深刻认识辅导员队伍建设的重要意义，坚持把立德树人作为中心环节，把辅导员队伍建设作为教师队伍和管理队伍建设的重要内容，整体规划、统筹安排，不断提高辅导员队伍的专业水平和职业能力。

一、从实现中华民族伟大复兴的视角深刻认识辅导员队伍建设的重要意义

青年兴则国家兴，青年强则国家强。青年一代有理想、有本领、有担当，国家就有前途，民族就有希望。习近平总书记在学校思想政治理论课教师座谈会上强调指出："青少年阶段是人生的'拔节孕穗期'，最需要精心引导和栽培。我们办中国特色社会主义教育，就是要理直气壮上好思政课，用新时代中国特色社会主义思想铸魂育人，引导学生增强中国特色社会主义道路自信、理论自信、制度自信、文化自信，厚植爱国主义情怀，把爱国情、强国志、报国行自觉融入坚持和发展中国特色社会主义事业、建设社会主义现代化强国、实现中华民族伟大复兴的奋斗之中。"

大学生群体是未来社会各条战线的骨干力量，辅导员是大学生的人生导

师，是帮助学生系好人生"扣子"的人。正值人生"拔节孕穗期"的青年学生需要辅导员的引领，辅导员要勇担责任，引导学生深入学习习近平总书记系列重要讲话精神和治国理政新理念、新思想、新战略，深入开展中国特色社会主义、中国梦宣传教育和社会主义核心价值观教育，帮助学生不断坚定中国特色社会主义道路自信、理论自信、制度自信、文化自信，牢固树立正确的世界观、人生观、价值观。掌握学生思想行为特点及思想政治状况，有针对性地帮助学生处理好思想认识、价值取向、学习生活、择业交友等方面的具体问题。

二、从高等教育发展规律的视角深刻认识辅导员队伍建设的重要意义

习近平总书记在全国高校思想政治工作会议上明确提出："我国高等教育发展方向要同我国发展的现实目标和未来方向紧密联系在一起，为人民服务，为中国共产党治国理政服务，为巩固和发展中国特色社会主义制度服务，为改革开放和社会主义现代化建设服务。"办好中国特色社会主义大学，辅导员是不可或缺的力量，必须从高等教育发展的内在规律上认识辅导员的地位和作用。

2017 年，教育部公布新修订的《普通高等学校辅导员队伍建设规定》，对辅导员的工作提出了新的要求："恪守爱国守法、敬业爱生、育人为本、终身学习、为人师表的职业守则；围绕学生、关照学生、服务学生，把握学生成长规律，不断提高学生思想水平、政治觉悟、道德品质、文化素养；引导学生正确认识世界和中国发展大势、正确认识中国特色和国际比较、正确认识时代责任和历史使命、正确认识远大抱负和脚踏实地。"辅导员与其他专业教师有所不同，他们既是教师队伍的组成部分，也是管理队伍的组成部分。辅导员要引导学生深刻认识世界和中国发展大势、正确认识时代责任和历史使命，深刻认识中国共产党为什么"能"、马克思主义为什么"行"、中国特色社会主义为什么"好"，使青年学生在实现中国梦的伟大事业中实现人生价值。

三、从大学生成长成才规律的视角深刻认识辅导员队伍建设的重要意义

当代大学生是实现中华民族伟大复兴中国梦的生力军，必须引导他们将自己的学习与中国梦的实现结合起来，这就需要他们用社会主义核心价值观武装自身。社会主义核心价值观是点燃他们理想之灯的火炬，照亮他们前行之路的灯塔，无疑会为学生的成长指明方向，为他们提供无穷的精神力量。而社会主义核心价值观不会天然地储藏在学生的头脑里，需要从外部"灌输"进去，每个教育工作者都要切实担负起育人的职责。

高校辅导员的主业就是用科学的理论武装学生头脑，激励学生自觉把个人的理想追求融入国家和民族的事业中，让勤奋学习成为青春飞扬的动力，让增长本领成为青春搏击的能量。辅导员围绕学生、关照学生、服务学生，及时为学生解疑释惑，把爱国主义教育落在细微处，做到学生的心坎上，由此，辅导员就会成为大学生最信任的人，大学生自然也就会悦纳辅导员的教育。

四、着力建设好辅导员队伍的路径选择

当前，建设一支高素质的职业化、专业化辅导员队伍工作正在逐步推进，每年评选出的“最美高校辅导员”“高校辅导员年度人物”，就是这项工作成果的展现。与此同时，辅导员队伍建设还存在一些亟待解决的问题，高校需要采取有效措施，切实加强辅导员队伍专业化、职业化建设，保证辅导员工作有条件、干事有平台、待遇有保障、发展有空间。

高校党委要把辅导员队伍建设纳入党委的议事日程。办好我国高等教育，必须坚持党的领导。高校党委要从“教育是国之大计、党之大计”的战略高度，扎实办好中国特色社会主义高校，把立德树人作为高校工作的中心环节，并贯穿高校人才培养全过程，实现全员全程全方位育人。高校党委要把辅导员队伍建设纳入党委的议事日程，定期研究解决辅导员队伍建设中出现的新情况、新问题。高校党委主要领导和分管领导，应当多与辅导员接触、交流，倾听他们的呼声，力所能及地帮助他们解决遇到的困难。高校党委应当按照《普通高等学校辅导员队伍建设规定》的要求，把辅导员队伍建设作为教师队伍和管理队伍建设的重要内容，纳入高等学校师资队伍和干部队伍培训整体规划，统筹安排，不断提高辅导员队伍的政治素养和专业水平。教育管理部门应当制定切实可行的评价机制，加大对辅导员队伍建设的督导力度，督促高校把《普通高等学校辅导员队伍建设规定》中对辅导员队伍建设的要求落实到位。

高校要进一步明确辅导员工作界域。辅导员是高等教育不可或缺的一部分。是教师，就要依托于相应的学科。辅导员教师主要依托的是思想政治教育学科。因此，厘清辅导员工作界域，就应当尊重思想政治教育学科的属性。《普通高等学校辅导员队伍建设规定》对辅导员工作列了九条职责，第一条就是思想理论教育和价值引领。可见，作为辅导员教师，其最为根本的任务就是帮助学生树立正确的价值观，其他的管理工作都应基于这个根本任务的完成而展开。思想政治教育有着极强的理论教育特性，同时，又有着极强的实践养成特性。由此我们应当深刻认识到辅导员教师既不是谁都能做的，也不应是包揽学生一切的。从当前的实际来看，应当加快构建辅导员教师的课程体系。在理论教育上，辅导员教师可以通过讲座等形式讲清楚大学是什么、把握好人生的方向、怎样培养团队精神、端正学习态度、树立正确的择业观等内容；在实践教育上，应当针对不同年级的特点，设计不同的教育内容。此外，迎新、毕业典礼、重要节庆日、社会考察等活动的开展都要符合思想政治教育的规律，符合大学生成长成才的规律，符合辅导员教师专业教学的要求。

（刊载于《中国高等教育》2020年第20期）

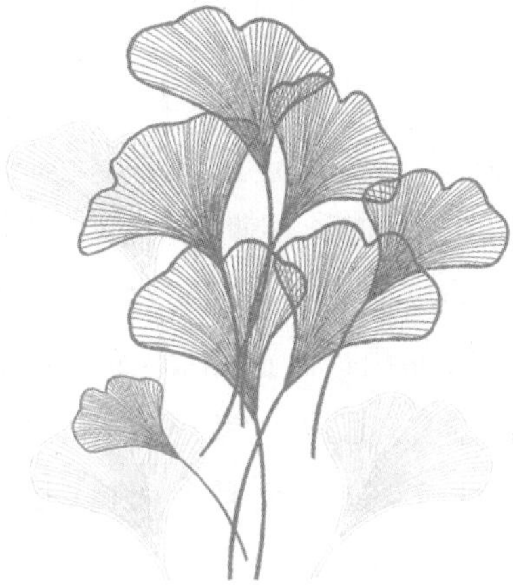

009

写在《守望青春》首映日

曲建武

在辽宁省委宣传部的大力推动下，在大连海事大学的全力配合下，在全体演职人员的积极努力下，影片《守望青春》于2021年9月17日在全国上映了。应当说这是一部广大辅导员期盼已久的影片，因为这是国内第一部以辅导员群体为主体，反映辅导员工作、学习、生活中喜怒哀乐的影片。

该影片只拍摄一年就上映了，由此可以看出相关人员所做的努力。该影片后来定名为《守望青春》。最初也考虑过用我的名字作为片名，对此我没有同意。我与雷锋、郭明义、黄大年等人相比，还差得很远。我说拍一部关于辅导员的影片，我非常赞同。长期以来，广大辅导员克服了无数困难，为培养德、智、体、美、劳全面发展的社会主义建设者和接班人洒下了辛勤的汗水，要拍就拍高校辅导员群体，也不要以我为原型。所以开机仪式上电影的名字就叫《高校辅导员》。因为拍摄这部影片的最初动因是缘于我的辅导员工作，虽然我没有同意以我为原型，但是影片拍摄时有关人员还是多次征求我的意见，我也针对剧本中的一些问题谈了我的看法。影片在后期制作时，有关人员与我商量，还是希望我能同意这部影片以我为原型创作，因为这部影片毕竟也确实缘于我，这样影片就会产生更大的影响力。我看了样片之后，虽然感到为了追求艺术效果，影片中很多情节已经不是我之所为(有些夸张的地方),但整部影片还是比较客观地反映了广大辅导员在立德树人工作中的辛勤付出,特别是辽宁省委宣传部的领导同志,对该影片的拍摄给予了高度重视,把该片的拍摄定位于这是我省落实习近平总书记对高校关于“立德树人”的要求和嘱托的一个重要举措,我签订了同意以我为原型拍摄这本影片的协议。当这部最后定名为《守望青春》的电影在我们学校放映的时候,我完整地看了一遍,我被打动了。这部影片塑造了广大辅导员在“立德树人”路上战胜自我、排除万难、不忘初心、勇于担当的光辉形象。这不禁让我想起我三十九年前当辅导员时的情景。那时大家都认为只有搞不了教学、进不了机关的人才当辅导员,而我却是铁了心要做辅导员。辅导员确实不容易,有这样一个场景深深地印在我的脑海里。我所在年级有一个学生不是团员,我担心他表现不好。为了帮助他,我把他和另外两个学生(一个最内向,一个年龄最小)安排在学校分给我的一间面积只有十平方米大小的寝室居住。在我工作的第一个寒假里,我决定到这个学生家家访。那天早上四点我到了这个学生家附近的车站。为了不打扰家长,我只能在车站里等候着黎明的到来。天气十分寒冷。没有办法,我就在候车室内“运动取暖”。门卫大爷出来了。“你给我出去。”他以为我精神不太正常。“对不起,大爷,打扰您休息了。”“小伙子,你干什么?”“我到学生家家访,怕去早了打扰他们,没想到打扰您了。”“小伙子,你跑吧。”他刚要离开,转身又回来了。“小伙子,我给你生炉子。”炉子是土坯垒的,一米多长。因为没有多少柴火烧,炉子只有点热乎气。我在炉子附近取暖一个半小时。这一个半小时,凝聚成了我在服务学生路上勇往直前的强大力量。当我到这个学生家的时候,学生的父亲紧紧地握着我的手说:“您怎么来了,我家孩子变了,我要到学校感谢您。”我当辅导员后,虽然只要我争取便会有很多离开辅导员队伍的机会,但是每每想到这些,我都会更加坚定前进的步伐。现在也是这样。有的辅导员第二天就要生宝宝了,可前一天还在岗位上工作;有的辅导员患重病住院期间,心中仍然挂念着学生;有的辅导员因为忙于学生,失去了太多陪伴家人的时间;有的辅导员去过 120 多个学生家家访;有的辅导员没有正式的编制,却从来没有把自己当成编外人员……他们有着一个共同的信念:不能耽误了学生的成长。他们淡泊名利、默默无闻、踏踏实实地耕耘在学生的心田,给足学生阳光雨露,帮助学生茁壮成长,从而成为学生人生成长的指导者和引路人。

我也想到仍然有一些辅导员不安心工作。不过这也不能全怪他们,我们应当为辅导员的工作创造条件,为他们的发展提供空间。当然,辅导员还是应当讲境界、讲格局,应当不忘我们在党旗下发过的誓言,不忘我们聘任时做出的承诺。

为了取得良好的艺术效果,影片塑造了几个典型学生,他们就生活在大学生群体中间。他们都是出现了这样或那样一些问题,然后辅导员通过努力工作,逐渐改变了他们,由此也体现了辅导员工作的艰辛和辅导员爱生如子的情怀。这样的事例确实比比皆是,不过影片毕竟是一种艺术创作,辅导员在现实工作中,还是要把工作做在前面。也就是说,很多问题一定要解决在萌芽之中,甚至连萌芽都不能让它产生,不然等问题出现了再解决,那就会很麻烦,并且有的问题也很难解决,甚至可能会酿成大祸。因此,一个优秀的辅导员既要有解决问题的能力,又要有避免产生问题的能力。

广大的大学生、未来的大学生们亦有必要看看这部影片。这部影片可以帮助大家更好地懂得这样的道理:读什么大学、学什么专业固然重要,但是比这些更重要的还是为什么读大学,为什么要学这个专业、那个专业的问题,系好人生的“扣子”。大学生读大学不能只学专业知识,更应当全面培养自己,不然知识学得再多也是没用的,搞不好还会毁掉自己。

这部影片也值得家长一看。当家长的一定要了解教育是什么,不能只在物质方面关心孩子,更要关心孩子的全面成长。孩子在知识的起跑线上输了不要紧,绝不能让孩子输在品德的起跑线上。当家长的培养孩子这个特长、那个特长都有必要,但是孩子最应具备的是做人的特长。家长一定要与学校形成育人的合力。

全社会都要关心青年学生的成长。青年是祖国的希望,民族的未来。从某种意义上来说,青年学生怎样,民族的未来就怎样。关心青年,就要关心辅导员队伍建设。辅导员是大学里离学生最近的人,也是学生最亲近、最信任的人。这支队伍的素质怎样,将直接影响到学生培养的质量。必须下大气力解决辅导员职业化、专业化的问题,提升辅导员的素质。当然,辅导员也不能等、不能靠,要积极有为,这样才能得到各方面的认同,才能更为有力地推进高素质的辅导员队伍建设。

我从事大学生思想政治教育工作近四十年。从我 1982 年毕业留校做辅导员时起我就在想,高校里一定要有一支辅导员队伍。大学是以人文起家的,做人文教育是大学教育的根本。辅导员是大学里不可或缺的人文教师,而且是管人文教育核心素养的教师。可以说我为建设这样一支队伍奔走呼吁了一辈子。如今几十年过去了,高校辅导员队伍建设得到了党和国家的高度重视。习近平总书记指出,辅导员队伍要源源不断,后继有人。我想,《守望青春》必定会为高校辅导员队伍建设起到积极的推动作用。从这个意义上讲,我也是衷心希望该影片能够更广泛地深入人心,进而为辅导员工作创造更好的条件。同时我也衷心地感谢辽宁省委宣传部、《守望青春》演职人员,为推动高校辅导员队伍建设做了一件实实在在的大好事。当然我更希望广大的辅导员同志们,在立德树人的道路上坚定地朝前走,不犹豫、不彷徨,不管别人怎样看,坚信有为就有位,在服务学生中实现人生最大的价值。

祝贺《守望青春》在全国上映!

向广大的辅导员朋友们致敬!

[刊载于《大连日报》2020(09)]

关于理想信念

010

给一个辅导员的复信

2019-03-27

前些天有个辅导员给我写了一封信,想让我谈谈看法。昨天在火车上我给他写了回复信,现推送给大家一起分享。

曲教授您好!

听了您的两次报告,有很多地方我都深有感触,其中之一,就是您有着坚定的共产主义信仰,心中有信仰,身体才会发着“光”;自身有巨大的“光芒”,才能照耀身边的人!我是一名理科生,也是学生工作队伍的新人,我对马克思主义、共产主义等理论知识了解甚少,对思想政治教育的内涵也没有深入的研究。

我知道,打铁必须自身硬!我也知道,只有真学、真懂,才能真信、真用!所以,我对我现在分管的思想政治教育工作诚惶诚恐!在工作态度上,我自认为是一个非常认真的人,对每个人、每件事都认真对待;在工作方式上,我不善于表达和交流,但我十分注重工作技巧,务实肯干。

因此,既然组织上安排我在这里,我就想尽最大努力去干好。我知道最有效的方法是先学习,后践行,但领导给不了我太多时间让我进行系统学习,我在短期内就需要快速进入角色。所以,恳请曲教授给我指点一二!

我如何才能更好地胜任本职工作呢？再次感谢！

××你好！

你写给我的信我早就收到了，因为这些天事情太多，所以没有及时回复，请谅解。

我现在正在火车上，算是有点整块时间吧，给你写了这封信，等晚上到酒店的时候，我让后台编辑一下，明天通过公众号平台推送给大家一起分享，并供你参考。

你谈到的信仰问题确实是个问题。一个思想政治教育工作者最为重要的素养就是要有坚定的政治信仰。没有信仰就没有奋斗精神，就不会有奋不顾身的勇气。习近平总书记在日前召开的学校思想政治理论课教师座谈会上谈到“办好思想政治理论课关键在教师”这个问题时，他对思想政治理论课教师提出了六点要求，其中第一点就是政治信仰问题。我想这不只是对思想政治理论课教师说的，对其他所有思想政治教育工作者同样适用。

毫无疑问，信仰需要建立在科学理论的基础之上。同时也需要情感，即对党之忠诚，对人民之热爱。这里关键就是解决思想上入党的问题。对这个问题必须想清楚。很多党员身上暴露出来的问题多与没有在思想上解决入党问题有关。具体来说，你为什么要做辅导员？为什么要成为一名思想政治教育工作者？只有真正解决了为学生服务的问题，你才不会怕麻烦，你才会乐此不疲地想把工作做好。正所谓“热爱是最好的老师”。我常说的一句话就是：信仰比知识重要；情感比方法重要。有了这样的认识，学生工作就一定能做好。

关于理论学习的问题。这个问题很重要。思想政治教育工作、学生的成长都是有规律的。要想做好，确实应当把握规律性。不过有一点你应当注意，这种规律性不都是从书本里学来的，有些是从实践中总结出来的。所以，要想做好思想政治教育工作，一定要多实践。深入学生寝室，深入学生教室，也就是要深入学生的生活，了解学生的所思所想，这也会弥补你在理论方面的不足。理论学习不能着急，一口吃不成胖子。理论学习要日积月累。你们现在工作都比较忙，很难拿出整块的学习时间，没有办法，要想提升理论水平只能挤时间，也要把“碎片化”的时间充分利用起来。学理论还是要下些功夫的，真得有点“啃”的精神，坚持数年，必有好处。

关于学习和实践的关系。在前面我已经谈到过这个问题，在这里我再说几句。学习和实践从理论上讲有个先后的问题。这就像有些思想政治教育专业的硕士、博士毕业后做了思想政治教育工作，显然是先学了思想政治教育理论再开展实践的。像你这样已经参加了工作的有理工科背景的思想政治教育工作者，想学好理论再工作已经不现实了。所以，这就需要你处理好两者的关系。如果一味地强调理论的重要，进而专心学习理论，这势必会对实际工作产生影响。就像有些辅导员考博士，不顾学生，等他“学成”归来，学生岂不全耽误啦？所以不要把两者割裂开来，理论学习要抓紧，实际工作也不可耽误。理论学习一定是为实际工作服务的。离开了实际工作学理论，理论就成了无源之水。尤其要注意，不能理论水平上去了，学生工作落下了，这样的理论研究是没有意义的。就聊到这里吧，火车进站了。

祝一切都好！

011

辅导员要引导大学生融入国家事业

曲建武

习近平总书记在2018年9月10日召开的全国教育大会上提出:“把培养社会主义建设者和接班人作为根本任务,培养一代又一代拥护中国共产党领导和我国社会主义制度、立志为中国特色社会主义奋斗终身的有用人才。”作为一名老辅导员,我深感要想完成好如此使命光荣、责任重大的教育任务,应当着力做好理想信念教育工作。

一、把理想信念教育摆在思想政治教育的首位

思想政治教育说到底是为大学生的成长成才服务的,这就要求思想政治教育一定要围绕学生、关照学生、服务学生。“围绕”“关照”“服务”的重心在哪里?摆在首位的无疑是加强学生的理想信念教育,使学生不断树立为共产主义远大理想和中国特色社会主义共同理想而奋斗的信念和信心,使学生树立坚定的理想信念是实现中国梦的必然要求。在近百年的中国革命和建设的历程中,中国共产党人就是靠着崇高的理想信念战胜了一个又一个看似无法战胜的困难。党的十九大提出,“到本世纪中叶,把我国建成富强、民主、文明、和谐、美丽的社会主义现代化强国”,这样的时间节点意味着当代大学生将全程参与到实现中国梦这一中华民族伟大复兴的实践中。这需要一代代青年人的接续奋斗,需要一代代青年人怀揣崇高的理

想信念战胜前进道路上的任何艰难险阻。

作为党领导下的高校，作为中国特色社会主义高校，我国高等教育肩负着培养德、智、体、美、劳全面发展的社会主义事业建设者和接班人的重大任务。在今天这样激烈的科技竞争时代，大学加强学科建设、专业教育，不断地提高青年学生的科学知识水平是必要的。但是，这还不是最为重要的，解决"培养什么人""怎样培养人""为谁培养人"才是大学的根本所在。这就要求大学一定要坚持社会主义办学方向，加强思想政治教育，切实保证人才培养的质量。

使学生树立坚定的理想信念是保证大学生健康成长的需要。大学生正处在人生的"紧要处"，在他们的成长过程中需要有人帮助他们系好人生的"扣子"，而他们人生的"扣子"系得正不正，关键在他们的人生总开关，即理想信念这个价值观的核心定位准不准，特别是在当今这样一个全开放的、文化多元的社会环境中，尤其需要大学生有强大的思想"定律"，用崇高的理想信念抵制和排除各种错误思潮、杂念的侵入，以坚定不移地行进在实现中国梦的伟大征途上。

二、把握好理想信念教育的关键环节

坚定正确的理想信念不可能在头脑中固化，它是以科学的思想认识为基础的。因此，要想解决好学生的理想信念教育问题，就必须把握好提高学生思想认识这个关键环节。

一是及早关注学生的思想状况。新生一入学，我就给学生建立了思想档案。我通过问卷调查、走访学生寝室、深入学生军训生活、与学生逐一谈话等多种方式，在第一时间里尽量详细地了解和掌握学生的思想状况，然后进行梳理，围绕理想信念教育这个思想政治教育的重心与学生进行个别谈话、为学生做报告。我在报告中引导学生用习近平新时代中国特色社会主义思想武装头脑，让他们全面客观认识当代中国、看待外部世界；正确认识时代责任和历史使命，把个人价值的实现与奉献社会统一起来。

二是注重启发学生提升思想认识的自觉性。最好的教育是由外在教育转化为内在教育，由"被教育"变为"我要教育"。新生入学，我在年级里成立读书社，每个学生都加入其中。我个人出资购买了上万元的励志书籍分发给学生传阅。我列出了若干关涉树立正确的理想信念需要认识清楚的理论问题让学生重点阅读。我经常组织学生开读书报告会，并做他们的指导教师，对他们的读书体会一一加以点评。

三是实现与学生思想交流的“无缝连接”。思想没有真空地带，对学生的思想引领要随时随地进行。我和学生搭建了微信平台。我开设了“大学生与历史上的今天”栏目，把历史上出现的重大爱国事件和人物事迹推送给学生，增强学生的“四个自信”；我及时评述社会上发生的影响较大的政治、经济、文化现象，帮助学生明辨是非，为学生提供思想力；我将参观爱国主义教育基地、拜谒烈士墓收集到的励志格言发送给学生，让学生选准人生方向；每个学生过生日的时候我也是送上少则几百字、多则上千字的生日祝福，嘱咐学生让自己的“社会年龄”与自然年龄同步增长，为中华之崛起而读书。

三、在理想信念教育中以身作则

要想推动别人前进，自己首先就应当是能够推动和鼓舞别人前进的人。学生的理想信念教育需要榜样的引领，教育学生要有理想信念，辅导员自身就应当是理想信念坚定的人。敢于以身作则，这是对学生最好的理想信念教育。

首先，要始终保持对党的忠诚。作为有着三十六年党龄的老党员、大学辅导员，我坚定地相信，党的领导是实现中华民族伟大复兴的根本保证。我用现身说法教育学生党员怎样看待名和利、怎样做一名名副其实的共产党员。有一名学生党员，我同她仅仅用微信就交流了几万字，她说她此前还真气馁过，后来这个学生在年级里很好地发挥了党员的先锋模范作用。还有一名学生党员毕业时到西藏做了一名志愿者，她在给我的微信中说：“我懂得了老师为什么要这样引领我们成长，我要担负起一名共产党员应当担负起的时代责任。”

其次，要始终把学生放在心上。对学生理想信念教育的价值追求应充分地聚焦到爱祖国、爱人民上。对辅导员来说，学生就是我们的人民。在日常工作中，我努力做到想学生之所想、急学生之所急。我个人出资和募集了几十万元用于学生的学习、生活及其家人的医药费。我教育学生时刻把祖国、把人民、把父母、把他人放在心上。有个学生在微信中说：“老师就是一个心中有祖国、有人民、有学生的人，我一定要把在老师身上表现出来的这种大爱传承下去。”

最后，要始终保持忘我的工作状态。我曾经患过癌症，当时为了把剩余的时间留给学生工作,我拒绝了植皮、化疗、放疗等疗法。我在刀口还没长好的情况下便缠着绷带出院了。我是博士生导师,还为本科生授课,虽然教学、科研任务十分繁重,但是我每天都争分夺秒地做辅导员工作。一次,春节期间我到学生家家访,我坐上了一辆平日里绝不允许学生坐的没有安全系数的车。我想:“我死了怎么办?死了就死了吧,死在为学生服务的路上值了。”参加工作以来,我利用各种机会去过 100 多个学生家家访。学生们说:“老师就是一个有理想信念的人,我们要向老师看齐。”

(刊载于《光明日报》2018 年 10 月 11 日 14 版)

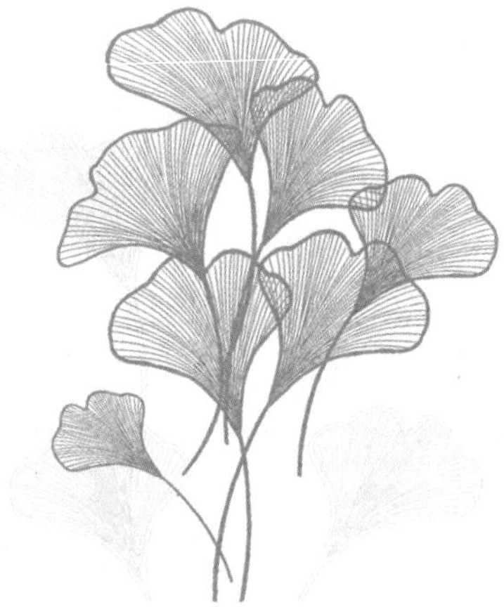

关于人生追求

012

把祖国和学生放在心上

2019-12-08

曲老师您好!

我太激动了! 我是××,很荣幸能近距离地聆听您的讲座,真是太受益了!

××你好!

谢谢你的真情实意。我谈到,辅导员一定要有家国之情怀。我们现在处在实现中国梦的关键时期,我们必须培养青年大学生矢志不渝地跟党走的思想。现在辅导员的工作环境还不是那么完善,越是这样就越不能懈怠我们的工作。做大文化的人就是要有"止于至善"的担当。要不忘初心、牢记使命,为祖国培养一批又一批担当民族复兴大任的人。

您在讲座中曾谈道:"为了生活的美好,我投入了战斗。"使我记忆很深的还有一句话,那就是您说您把这份工作当作了最美好的生活。这份初心是伟大的、无私的,也是崇高的。您还说,辅导员工作不是"良心活",是"党性活"。这句话太有深意了,也太有高度了。没有家国情怀的人怎能做到坚定不移地跟党走! 您是我辈学习的榜样,我一定要在今后的工作中对学生们深入根植爱国主义教育，用自己的一切服务学生！我也一定会将这份事业做下去、做好！再一次感谢您，祝您一切都好！

是的，从我参加工作那天起，我就把辅导员工作当成千行万业中最好的职业，当成我追求的人生中最美好的生活。我从来没动摇过、气馁过，不管别人怎样看，我每天都信心满满地行走在校园的小路上。

真好！也真幸福！向您学习，向您看齐！榜样就在身旁，感恩常在，希望我也可以成为像您一样的人。

加油！有事联系我。

013

在“麻烦”中奏响人生的乐章

2020-01-11

前些天在我做完报告后，有位工作了近十五年的辅导员给我写了封信。我很感动，并给她回了信。

曲老师您好！

很高兴认识您，我是××职业学院的×××，下午听了您的课，被您的大爱和事迹深深感动着。您说，爱自己的孩子是人，爱别人的孩子是“神”，您真的就是“神”！

自我介绍一下：我出身教育世家，爷爷和父亲都是教师，所以我从小的理想就是长大了当一名人民教师。我于2004年毕业于××师范大学教育学专业，担任一年专职思政课教师，从2005年开始担任专职辅导员兼任思政课教师，也是因为喜欢学生而立志终身担任辅导员，其间有好几次机会可以从政，也都让我拒绝了。

虽然从事辅导员工作快十五年了，但是跟您相比，我需要学习的东西太多了。我会时刻关注您的公众号和朋友圈，也许会随时向您请教并打扰您的，还请您不吝赐教！

我有个建议不知道该不该提？

现在国家有辅导员专项博士计划，不知道您有没有考虑开个专门培养辅导员的博士班？这样我们就可以有充足的时间和更多的途径全面向您学习。如果您能培养出一批像您一样热爱学生的辅导员，跟您一起把爱传递给更多的学生，那将是多么美好的事情！

语无伦次地说了这么多，也不知对不对，在您的课中有很多地方都让我产生了共鸣，也有很多我想做又不知该如何去做的事情，您让我找到了学习的目标和方向，我会坚定信念，一直在辅导员岗位上干下去！

××你好！

看得出来你对培养学生工作还是有很深的感情的。总的来看，虽然辅导员队伍建设在不断加强，但是还有很多不能令人满意的地方。你从事了十几年的思想政治教育工作，面对这样的状况，你拒绝了离开的机会，这是难能可贵的。

我非常赞同你的这种选择。为什么非要离开辅导员岗位呢？辅导员怎么啦？不就是“麻烦事”多一些吗？这又有什么呢？正是这些“麻烦事”奏响了辅导员人生的乐章，才让学生记住了我们。回想一下我的辅导员工作，往往越是麻烦多的学生，和我的感情越深。

算起来你也是做了近十五年的辅导员工作，在辅导员工作岗位上还会做二十多年。如果四年带一届学生的话，你起码还会带五届学生，一届若是200人的话，这就是1000名学生，这是多有价值、多值得拥有的一份工作、一项事业啊！

谢谢你的认同！你有清晰的目标和方向，那就坚定地走下去。我相信你会做到的，也期待着你在辅导员工作岗位上不断取得佳绩。

飞机要着陆了，先写到这里，停下来就发给你。到大连联系我。

把你的详细地址告诉我，我把我写的书签名邮寄一本给你做纪念。

祝开心快乐每一天！

谢谢曲老师的教导！我爱教育事业，我爱学生，我会继续用心做下去的！

有机会去大连，我一定去拜访您！祝安康快乐！

014

你是对的!

2020-01-12

前几天有个辅导员给我写了封信,我回复了他。

曲老师您好!

我是一个工作近二十年的老辅导员,身边的同事换了一批又一批,有的去了机关,有的回学院当了任课教师……

我热爱这个工作,很享受帮助学生解决问题后的成就感和帮助学生解决困难的价值感,我觉得奉献让我更快乐。这些年我一直在努力为学生付出,也心甘情愿地付出,工作这么久也在很多问题的解决方式上有了自己独特的方法。

由于这些年只忙于事务性工作,不善于总结和学习,闭门造车,所以没有形成自己的工作特色和成果,但我现在想进步,想把工作做得更加职业化、专业化,您能给我一些引导吗?我该怎么努力才能成长起来?

××你好!

你是对的。我经常跟辅导员们讲,别年纪轻轻的就想过舒服的生活,怕麻烦,一心要到机关去。

有的辅导员在学校怕接触学生，那么在学校一辈子，没有一个自己的学生，岂不是缺憾？看看校庆的时候，校友回校看的不都是辅导员？我们学校五十年校庆的时候，我是校庆筹备组常务副主任，筹备校友分会的时候许多毕业生都说听我的。各学校都经常有机关的同志、专业老师找辅导员帮助他们找毕业生协调些事情，到这个时候就知道辅导员“好用”了。当然，我这是从“低层次”来讲的，说得“高大上”些，辅导员工作就像你谈到的，在帮助学生的同时，你得到了你的幸福和快乐，实现了你人生的价值和追求，这多值得拥有！没人会拒绝幸福，但幸福要到学生这里寻找。

特别是辅导员工作，是在“为党育人，为国育才”，这项工作“功在当代、利在千秋”。没有一代又一代承前继后、为之奋斗的人，这个民族岂不断代了，又怎能发展起来？眼下我们要实现中国梦，而中国梦能否实现，说千道万要看我们能否培养出矢志不渝跟党走的人。所以，辅导员工作意义重大。我们是党的人，我们是在党旗下向党做过承诺的人，即便辅导员工作“麻烦”些，我们又怎能逃避呢？那多让人瞧不起，多令人耻笑？你是对的，就应当在服务学生的路上一往无前！

你谈不上闭门造车。你整天和学生在一起，这就是鲜活、生动的思想政治教育实践。你可能专业方面的书看得少些。术业有专攻，思想政治教育是学问，需要学科支撑，一定要多看书。你可以把你做的工作分一下类：寝室文化怎样建设的，得失在哪里；学生干部队伍怎样建设的，得失在哪里；社团怎样建设的，得失在哪里；谈话怎样进行的，得失在哪里；家访如何开展的，得失在哪里；班会怎样召开的，得失在哪里；社会实践怎样开展的，得失在哪里……排列开这些，从中找到规律性的东西。

就聊到这儿吧。成功都在坚持之后，愿你在对的路上坚持到底！

祝好！

曲老师，我刚看手机，所以回复信息晚了。我是一个平凡的小人物，您居然给我发了这么一大段激励我的文字，这让我十分感动！

正像您说的，我确实专业书看得少，工作不善于总结，我现在学还不晚吧，曲老师？希望您多给我些指导，从来没有人指点我，都是劝我早点离开辅导员队伍，都是劝我说辅导员不能干一辈子。可我想干一辈子，我想做自己喜欢做的事情。

我会努力成长起来的，我想做像您那样的人，帮助更多的人，让世界充满爱！

太开心了，有您的指引，我更有力量了！

谢谢！把你的详细地址告诉我，我把我写的书签名邮寄给你做纪念。

015

和辅导员的交流

2020-06-01

曲老师您好！

下午听了您的报告，我很受感动和鼓舞。我最初从事辅导员工作确实是因为很多外在因素，而且十分抵触。但是经过十年的历练，我对辅导员工作的认知不断更新，也确实觉得这是服务于伟大梦想的光荣使命。

现在我的主要困惑是，我们农科院校大多数辅导员都是农科专业毕业的，不少人还在攻读原专业的博士，因此我行进在辅导员向职业化、专业化、专家化发展的道路上越来越吃力。虽然我也参加了很多培训，但是总感觉不成系统，育人的职责发挥得很有限。所以也想请您指点一下应该怎样自我提升，谢谢您！

这与你个人的定位有很大的关系。现在的辅导员队伍建设依然缺乏科学的路径，比如怎样选拔、怎样使用、怎样发展等。像你说的在辅导员岗位却读其他专业的博士，这是过渡阶段的问题。这样只是解决了学历问题，没有解决专业化问题。术业有专攻。未来的辅导员队伍一定是职业化、专业化、专家化的，不会是像现在这样的“杂牌军”。

对于你个人而言，想要成为一名优秀的辅导员，只会管理是不行的。

目前这种状况是大学制度不完善造成的，是要改变的。一个优秀的辅导员一定是大学生的人生导师，这其中一个重要的方面就是能对学生进行价值观的引领。所以，我总是提醒大家，不管客观条件如何，主观上还是要发挥好能动作用。一定要加强学习，尤其是对思想政治理论的学习，这也是你们的看家本领。你们应当系统地看些辅导员工作需要的书籍。

不只是辅导员工作，其他工作也是如此。如果想自己的事多了，就会患得患失，就会影响工作的热情。不然为什么说自私自利的情感会限制一个人才能的发挥呢？坚持下去，把学生培养好就值了。

谢谢您。我一定好好思考，努力进步，向您看齐！

曲老师早点休息，祝您晚安！

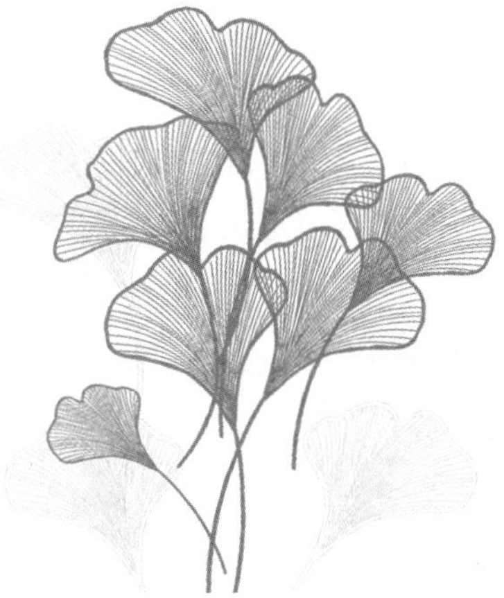

016

给辅导员的回复

2020-07-28

第一篇:

曲老师您好!

我在这个岗位上工作八年了,这次听了您的课后我感触很深。一直以来我也是想努力做好辅导员,不想去别的岗位,因为我不知道去别的岗位自己有什么价值,做辅导员让我很有存在感,哪怕待遇确实很一般,但是学生的一个短信、一声“谢谢”就真的可以让我开心得不得了,可以忽略其他所有的东西。接下来我一定向您学习,为祖国培养更多的优秀接班人。

××你好!

看到你的这段话,我的眼前闪现出一个为学生服务而忙碌的身影。辅导员,一个离学生最近的人,理应成为学生在大学里最亲的人。不要管别人怎样看待辅导员,你一定要正确地看待自己。这两天大连有疫情,好多学生给我发微信,让我一定要做好防护,满满的都是幸福!正像你说的,学生的一个短信、一声“谢谢”就会让你开心。真是有了学生就有了一切!你一定要坚持把辅导员工作做下去,这是一份“功在当代、利在千秋”的事业,值得拥有。

昨天我还在公众号文章中说，学了那么多的知识干什么，应当把它变成智慧，上升到哲学层面，更使自己像个“大写的人”。一个心中只有自己的人，怎么能看出他有知识呢？和学生在一起真的很好，陪伴他们成长，如果真是“牺牲”了自己而成就了学生，那是多么伟大的智慧，这才是学到了真知识。

是的，看到您这么耐心地给我回复，真的特别感动。您每天那么忙、那么辛苦，但对学生们却永远这样春风化雨。相比之下，我有时候还是有点急躁了，今后一定多读书，多提升自己。我能够得到您的指点真的是倍感荣幸，曲老师您也要多注意身体，您健健康康、平平安安，就是我们所有思政工作者最大的心愿。谢谢您！您辛苦了！

您写了那么多，我也要多写几句。我们共勉！

第二篇：

曲老师您好！

上午听了您的专题讲座，真的是受益匪浅！您教导我们，不仅要将辅导员工作当作自己的职业，更应将其视为值得奋斗一生的事业！辅导员应该具有崇高的信仰和丰富的精神世界。作为思政人，信仰绝不能丢，我们会扎扎实实地做好辅导员的本职工作，与学生进行心灵与心灵的交流，对他们进行正确的、正向的、积极的引领，做好学生的人生指导者和引路人，感受学生工作的真实情怀。

再次感谢您的教导，令人收获满满。

××你好！

谢谢你的点赞。辅导员工作有着极强的政治属性。辅导员工作怎样，不仅关系到学生幸福不幸福、人民满意不满意，更关系到培养什么样的人、怎样培养人、为谁培养人的问题。我们正行进在实现中国梦的伟大征途上。习近平总书记说我们到了关键的时刻，在诸多的关键点里，我认为关键在于要为祖国培养出矢志不渝跟党走的人。所以，辅导员不能把自己的工作当成谋生的手段，要把帮助学生系好人生的“扣子”放在首位，为学生点亮理想的灯、照亮前行的路，把个人价值的实现统一在为中国梦而奋斗的伟大实践中。这不是口号，这不仅是现实的需要，更是辅导员工作的根本。

收到，希望今后能够有更多机会向您请教、学习！

017

和新入职辅导员的交流

2020-10-23

曲老师您好！

我是一名今年新入职的辅导员，我叫××。说来也很巧，我原来在福建读书，7 月份就多次往返福州、西安参加辅导员招聘考试，我对您的了解最初就是在飞机上。那时候做实验很累，本来想着在飞机上可以休息一下，但是飞机里面的屏幕上正在播放您的事迹，我就越看越精神。您的事迹让我非常受鼓舞，这是我在飞机上第四次看到您的事迹，我那时候的感触就是我不是去找工作的，而是去为自己的事业奋斗的。最终我也很幸运，成功地做了自己想要做的事，成为一名本科新生辅导员。今天能有幸在现场聆听您的报告更是让我深受感动，并且学到了很多。在以后的工作中，我也会向您学习，努力把自己的学生培养成对国家、社会、家庭有用的人！

谢谢您！

××你好！

看到了你的微信，我很感动，谢谢你的认同。我特别欣慰的是你能把对辅导员工作的认识由一份工作上升到事业的高度，并为此而奋斗！这非常重要。我们有的辅导员之所以没干几年便倦怠了，跟没有深刻认识到辅导员工作的定位和价值有关。辅导员工作不是“饭碗”，这是在为党育人、为国育才。若把它当成了“饭碗”，自然干着干着就没劲了；若是当成事业来做，那浑身就会有使不完的劲儿。你年轻，对辅导员工作的艰辛体会得还不深，现在还有很高的热情，希望你能把这种认识不断加以深化，不断增强职业自信，熏陶自己的精神世界，不管外界怎样，不管别人怎样，始终保持这种热情，在辅导员这条路上一步一个脚印地走下去！有事就联系我。欢迎到大连找我。把你的详细地址告诉我，我把我写的书签名邮寄给你做纪念。

祝好！

曲老师您好！

我是新入职的辅导员××，能在职业生涯伊始听到您的讲座和您分享的经验何其幸运。在以后的职业生涯中，我当以您为榜样，努力为学生服务，真真正正做好一名辅导员，为国家未来的希望尽毕生之力，特别感谢您的分享。

谢谢你的认同，不能忘了初心。有的辅导员虽然加入了辅导员队伍，但却总想着有朝一日早点离开这支队伍，这样是做不好辅导员工作的。不要忘了我们是在培养社会主义事业的建设者和接班人。当代青年怎样，我们的祖国未来就将怎样。辅导员，一定要认识到自己的使命和责任。在实现中国梦就剩“最后一公里”的时候，我们要下最大的力气把学生培养好，让他们矢志不渝地跟党走。中国梦实现了，我们的一切就都好了。

敬业爱生，此生实践之！

曲老师您好！

没想到我能从看您的文章开始一直到加了您的微信，我特别激动。我是今年新入职的辅导员，但我也有一个梦想，我要把辅导员作为我一生的职业，希望能跟您继续学习。祝您身体健康、工作顺利！知道您特别忙，不用回复我啦。特别珍视与您交流的机会，下次我专门就工作方面的思考向您求教，现在就不浪费您的宝贵时间了。希望我能做您志向的继承者，与您同行。

我常讲，辅导员工作“功在当代、利在千秋”。做一辈子辅导员也是值得的，因为有了学生就有了一切。年轻的时候恐怕还认识不到这一点，到我这个年龄就会想即便“双重晋级”了又能怎样？你怎样是由学生评价的，没有了学生的认可，是最大的缺憾。好好锤炼自己，把辅导员工作不仅当成职业来做，更要当成事业来做，这样你的工作才能不断上新台阶，你才能成为学生记在心里的人。把你的详细地址告诉我，我把我写的书签名后邮寄给你做纪念。到大连联系我。

祝好！

018

与辅导员的交流（一）

2020-10-29

曲书记您好！

九年之后再次当面聆听您的教诲，非常激动与振奋！时隔八年重新回到学生工作岗位，我一定坚守初心，春风化雨，立德树人，紧跟您的步伐，在助力青年成长的路上努力奔跑。

辅导员工作意义重大，值得一生拥有。一些辅导员干着干着便产生了倦怠，客观上是因为辅导员工作还没有得到高度重视，主观上也有忘了初心的问题。你还年轻，未来的路还很长，你要坚持下去，当好学生人生成长的指导者和引路人。

我一定谨遵您的教诲，把辅导员工作视为一生珍视的事业，带好团队，多做打基础、利长远的工作，充分发挥自己年轻的优势，因时而新、顺势而为，不断探索新时代大学生思想政治教育工作的新途径、新方法，将有意义的事情做得有意思，帮助青年学生系好人生的“扣子”。曲书记，再次感谢您为我校师生带来如此精彩的报告，希望有机会还能现场聆听您的教诲。您工作很忙，不必回复，保重身体，永远爱您！

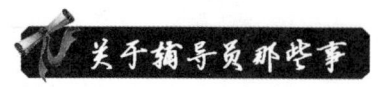

好的。我们共勉！有事联系我。撸起袖子加油干，不负党和国家对我们这支队伍的关爱！

曲教授您好！

我在备考辅导员期间一直关注您的公众号，这给了我很大的前行动力，让我对辅导员工作始终充满热爱。如今我已正式成为一名辅导员，仍会以您为榜样，保持热爱，不忘初心。今后我还要向您多多请教！

一些辅导员刚走上工作岗位时也是满腔热情，结果没几天热情就没了，开始倦怠了。这主要还是因为没有坚定人生的追求，对于成为一个什么样的人还不是很清楚。辅导员是大学生的人生导师，这份职业值得一生追求。成为一个好辅导员，不仅很多家长、学生会感谢他，而且对国家也是一件很有价值的事情。人生到底图什么？把这些问题想清楚了，就会脚下有力量，信心百倍地成为大学生人生成长的指导者和引路人。

谢谢曲教授点拨！今天一直在忙着组织学生全员核酸检测，迟复为歉。能通过自己的行动来影响人、塑造人，是辅导员最有成就感的事。我能按照学校要求做好核酸检测的工作，做事细致，从不抱怨。我发现新生们也会这样去做，我的小技巧他们也会来模仿。这两天成就感非常大。在今后的日子里还是要慢慢想清楚，自己如何做人，如何更好地培养人才！

019

与辅导员的交流（二）

2021-01-23

曲老师您好！

之前我于一个偶然的机会关注了您的微信公众号，从您的微信公众号里汲取了很多辅导员工作的经验，对开展辅导员工作非常有帮助。我参加工作快五年了，但是在辅导员岗位工作才刚满两年。在从事辅导员工作之前我在管理岗位工作，一开始我是被借调到辅导员岗位的，半年后借调期满加上学校岗位大调整，我选择继续留在辅导员岗位工作。我带着满腔热忱在这个岗位上努力工作，但是这两年我遇到了很多困惑、打击，深感无力、无助，有的时候也会打退堂鼓，甚至怀疑自己是不是选错了，是不是不适合这个岗位。自从关注了您的公众号，我心中的很多困惑便解开了。感谢能在职业生涯中遇到像您这样的好榜样，给我们这支队伍指明前行的方向。希望有机会现场聆听您的教诲。

××你好！

我们本不相识，是共同的事业把我们联系在了一起。列宁说过："在欧洲，只要你唱起《国际歌》，就可以找到自己的同志和朋友。"我在和辅导员交流的时候也说过："欢迎大家到大连来，只要你说我是辅导员，我一定会尽地主之谊，我们是朋友和弟兄，是一家人。”

你有什么无力、无助的呢？人间正道是沧桑。别太短视了，心胸开阔些，那些为祖国、为社会付出一切的人不“吃亏”，人民感谢他，不会把他忘记。我到北京市劳动人民文化宫参观，时传祥的塑像矗立在那里。有的人会说，时传祥不就是个掏粪工吗？要知道，他为人民掏了一辈子大粪，“脏”了自己，香了北京。站在他的塑像前，我凝思了许久。我还知道有位辅导员，在她六十岁生日的时候，真可谓来自祖国各地、世界各地的祝福像雪片一样飞来，她还收到了无数的鲜花。我的学生也曾跟我商量，要在我六十岁生日的时候给我祝寿，我笑了笑说：“真心地谢谢啊，我还年轻呢。”请相信，你的力量来自人民，学生就是你的人民，而这力量需要用付出来凝聚。你现在还年轻，还没有付出到那个份上，“不积跬步，无以至千里”，走的路不同，欣赏的风景就不一样。

应当说有些辅导员刚走上辅导员工作岗位时也是蛮有热情的，当然也有一开始就抱着观望，甚至混的想法加入辅导员队伍的，但这不在我说的范围内。为什么有的辅导员干着干着就困惑了呢？像你一时产生的想法那样：“怀疑自己是不是选错了。”这里很重要的一点，这些辅导员初心是想好好为学生服务，可是一点点变得患得患失了，认为自己干太多了，得到的太少了。每天是“两眼一睁，忙到熄灯；两眼一闭，提高警惕”，可是结果呢？不是没晋级别，就是没晋职称。他们把“双重晋级”排在了第一位。疫情防控期间辅导员是要格外忙碌些，可是再忙不也是在后方忙吗？前线的医生们每天不都是冒着生命的危险工作吗？前两天看到这样一些数字：在2020年抗击新冠肺炎疫情和维护社会安全稳定工作中，全国公安机关共有315名民警、165名辅警因公牺牲，4941名民警、3886名辅警因公负伤，他们用鲜血和生命阐释了对党和人民的无限忠诚、对公安事业的无限热爱。据统计，中华人民共和国成立以来，全国公安机关共有1.6万余名干警因公牺牲，其中3700余人被评为烈士。近十年来，共有3773名干警因公牺牲，5万余名干警因公负伤。他们没有父母、没有爱人、没有儿女吗？他们也是有血有肉的人，可是因为岗位的不同，他们比我们付出的更多。我的脑海里总是闪现出这样的情景：1983年的冬天，那是我留校做辅导员的第一个假期，正月里我到学生家家访。一天早上我在本溪一个豆浆店喝豆浆，坐在我对面的一个矿工知道了我在大学工作，他的双眼立马放射出无法掩饰的、羡慕的目光。他说:“你太幸福了,你是在阳光下作业的人。我每天下到矿里,能不能上来,再看到父母、妻子、儿女都是未知数。”“三人行,必有我师焉。”这个矿工哪里会知道他也是我的老师啊!这鲜活的场景永远是激励我在为学生服务的路上只争朝夕、奋勇前行生动而难忘的一刻。我做报告的时候常跟辅导员们讲,看看大家处在多么好的环境里!在阳光明媚的日子里,在宽敞的报告厅,大家坐在这里学习,要知道此时多少战士在为我们戍边,多少农民在为我们生产粮食,多少工人在为我们制造产品……哪有白得的?特别是我们辅导员,不要忘了我们还是共产党人,什么别人怎么样,关键是我们怎么样!即便有牺牲,那也是我们在党旗下许下的铮铮誓言!忘了?怎能忘了!人,要活得有尊严,尊严就是对得起党旗下的誓言。这些是大道理?不能这样看,初心改了,内心的信念变了,那就会走向私欲的世界,那结果会怎样呢?烦恼、郁闷、牢骚、抱怨、永不知足……前天我看到这样一个消息,大连一个正局级干部被立案审查。我和他很熟,为他痛心、感到惋惜,年纪轻轻的就当上了正局级干部,还要什么呢?可见信仰变了,也就没有正确的价值标准了。

谢谢你的认同,谢谢你的点赞。借你的信,我又说了这么多想说的话。有些话有的辅导员不一定愿意听,这也是我的一个风格,你不愿听我也要讲,因为我不是圈粉来了。讲话像搞学问一样,最为重要的一点是不能为自己讲话、为自己搞学问。马克思的学说能够成为科学,说到根本那是在为大多数人的利益讲话。我很少讲辅导员的工作方法,就是因为我觉得对辅导员工作来说,最为重要的还是理想信念、人生追求问题。这方面不“缺钙”,每天就会渴望着黎明的来临,又可以见到可爱的学生了;不然就会想怎么还不放假,烦人的学生还不走?怎么又要开学了,烦人的学生马上要来了……真心希望你把自己塑造成前者,在辅导员这条路上坚定地走下去。大连随时欢迎你的到来。你可以把你的详细地址告诉我,我把我写的书签名邮寄给你做纪念。

一切都是那么美好,只是需要认真投入!

020

与辅导员的交流（三）

2021-02-01

曲老师您好！

今天在现场有幸聆听了您的报告，感触很深。同时，想和您交流一下我当下的困惑。××年我从××大学毕业之后，怀着为同学与老师服务的一腔热血，我荣幸地加入了××大学辅导员队伍。四年多以来，我一直在兢兢业业地工作，勤勤恳恳地付出。但随着工作时间慢慢变长，对身边环境越来越熟悉，与我一起进来的同事，有的考取了自己以前专业的博士，有的找到了自己生活的兴趣点，而我每天还是这样“傻傻地”工作。我曾经也想读博，但回想起自己之前所学的专业，工作时间这么长了，担心自己扛不起，又担心耽误了身边的学生；想去读思政辅导员专项，又担心自己非思想政治专业出身，存在着毕业的压力。所以我想请曲老师给我指点一下。我很喜欢与学生在一起的感觉，看着身边的学生，就像看着自己家的宝宝，感觉长大真好。我虽然成了一名辅导员，但是也有自己成长中的困惑，我的学生也一样，他们在每一个关键的节点都需要我去给他们解疑释惑。我期待自己能够快速成长起来，成为学生成长过程中的指路明灯。我关注您“仍然在路上”公众号已经几年了，期待能与您同行，坚定信仰、心怀希望、引领青年学子。

××你好!

谢谢你的信任,跟我说了这么多真实的想法。你这种想法很普遍,许多辅导员讲,他们开始的时候都怀有满腔的热情加入辅导员队伍,结果做了没有几年,就感到“倦怠”了,想离开辅导员工作岗位。从大的方面来讲,这种情况的出现有客观环境的影响因素。这主要是因为对辅导员教师在高等教育中的地位和作用还没有形成高度统一的认识,因此,对于这支队伍到底应当怎样建设,还没有像其他专业教师队伍建设那样有个清晰的路径,甚至有人嘴上不说,心里还不是十分情愿或根本就不想好好建设这支队伍。这就出现了一些高校的辅导员陷入“困境”的局面。所以,像你这样做着做着便对辅导员工作产生了“倦怠”是可以理解的,原因也确实不能完全归结到你个人身上。但是,事物都是具有两面性的。作为事物的主观方面,你还是应当充分地发挥主观能动性,要努力地去改变自己。别人做着做着就不想做了;别人考博去了;别人进机关了;别人去搞专业课教学了;别人不重视我们……别人的路就是你的路?别人怎样你就怎样?这里还不是有你个人的选择、认识水平和人生追求问题吗?我走到今天,别人都认同吗?这怎么可能呢?我写过一本书,叫《识读大学——一个老辅导员的心声》,在前言里我用了“抗争”一词来表明我做辅导员的决心。认我者,我们一道前行;不认我者,一笑了之。怎么还想让我走上别人为我选择的路?这是不可能的。我决定从省里离开的时候省委组织部部长劝我说:“你为什么一定要做辅导员呢?这能行吗?”我说:“我是聪明人,不会把自己送到火坑里的。”我在乎自己的感受,所以没有时间顾及别人的感受。别人的意见和建议,只是参考、借鉴,善意的就表示感谢;非善意的,根本不值得浪费你的时间、笔墨、口舌与之“晓理”。最了解你的人是你自己。路,是自己选择的,自己来走的。别人越是不重视你、看不起你,你不是越要重视自己吗?不是不要活在别人的影子里吗?不是要活出自我吗?你就不读博能怎么了?读博又是为了什么呢?没有博士学位就做不好辅导员工作啦?有了博士学位就能做好学生工作啦?有没有职称怎么啦?有没有级别怎么啦?有了学生不就有了一切吗?一定要把心静下来,心静才能做成事。今天想这个,明天想那个,做的时间都被想的时间占去了,自然“竹篮打水一场空”。我期待你能像你说的那样成长起来,坚定信仰、心怀希望、引领青年学子。这样的人生多有价值啊！我想起了曾经在上海召开的“全国辅导员工作会议”。为了配合这次会议，《光明日报》的一个记者采访了我。他问了我这样一个问题：“如果让您重新选择的话，您还会选择辅导员吗？”我当时任辽宁省委高校工委副书记，我毫不犹豫地说“一定会”。如果让我重新选择的话，我一定不会去做学生处处长、学校党委副书记、省委高校工委副书记。如果我今生只做一件事，即做了一辈子辅导员，那是多有意义的一生啊！

飞机要着陆了，就聊到这里吧。把你的详细地址告诉我，我给你邮寄一本我签名的书做纪念。到大连联系我。

祝好！

曲老师，看了您写的这么长一段回复，我反复读了几遍。中午我和我爱人一起吃饭，谈起读什么的问题，她也在为我分析。我就说起昨天听您报告之后的感想，我就跟她说：“我觉得目前还是有点眼高手低，不能踏踏实实地把当下的事情做好……”上午，我抱着小孩儿去医院看病，三四里的路，我都是一路上抱着他，虽然有点沉，但是看着他病重的样子，我不忍心让他自己走。我笑着对我爱人说：“如果是扛着面袋子，我绝不能这么轻松快乐。”所以，看着您的回复，我读出了很多自己曾经的迷惑与答案。希望能与曲老师多交流，促进自己的成长，同时，将真心留给学生。

大连是一个美好的城市，我曾经应聘过××大学辅导员，可能因为个人水平有限，没能留在那里，期望曲老师常来××做客。

祝曲老师身体健康、万事如意。在育人的路上，感恩有您带着我们这一帮年轻人前行。

021

与辅导员的交流（四）

2021-03-29

曲老师您好！

我是一名辅导员，我叫× ×。我于 2001 年参加工作，今年是第二十个年头了。我一直在学院一线做辅导员，虽然现在也是学院分管学生工作的副书记，但是我还在担任年级辅导员。现在有一个辅导员休产假，我就接了两个年级。辅导员的工作琐碎复杂，但是我特别爱这个岗位，打心眼儿里喜欢我自己的工作，做学院副书记后我也一直坚持做班主任、年级辅导员。虽然我在工作中也有过倦怠和价值感缺失，但是今天听了您的分享，我真的是太震撼了，这是我工作二十年来听到的最走心、最真切的分享，也是对我今后继续坚守一线辅导员岗位最大的激励和鞭策。我也跟您分享一下我最近的幸福来源。最近这几天我特别开心，因为好多我带的孩子考研成功了，我坚持每一个人的政审表都由我自己手写，每天都会有好几个学生来找我。会后我也想跟您合影，但是因为约了学生要赶回来写政审表，所以没能如愿。您是我们的榜样，今天就是对我辅导员职业信念和价值追求的一次洗礼。我今年四十二岁，还有十八年退休，像您说的，退休后我也可以继续做辅导员工作，我一定会向您学习的。祝曲老师身体健康、天天快乐！（今天整个讲座中我流泪了好几次，因为跟学生谈话耽搁了一会儿，所以赶来开会也是跑着来的，也没带纸巾，还好没有错过。）

刚刚在回办公室的路上碰到我的学生们，她们都说：“金老师您今天遇到什么事了，走路比平时更快了，像要飞起来，什么事让您心情这么好？”我说：“因为有你们哪，你们都是我的开心果！”

××你好！

心里念叨我没有啊？“怎么给曲老师写了这么长的信，他也不给个回复？”从看到你写这封信的时候，我就想一定要回复你，只是因为忙，我又不想简单地、三言两语地回复你，便拖到了今天，希望你能理解。

你在辅导员岗位上工作了二十年，初心不改、无怨无悔，值得点赞、令人敬佩。虽然这二十年辅导员工作如缕缕春风不断吹来，但是不得不承认的是，大家对高校必须建立一支职业化、专业化、高素质的辅导员教师队伍并没有形成高度的认同。现在很多同志对辅导员教师队伍的重视还是建立在保持高度一致上（当然还有不赞同的，这里不做分析了）。这是对的。我们的大学是中国共产党领导的大学，党叫干啥就干啥。起初建立辅导员队伍的时候，叫的就是政治辅导员，在当时的背景下这一点极为重要，政治色彩突出了辅导员的根本任务，也可以说是全部任务。与时俱进地来看，高校之所以需要辅导员教师队伍，不仅是在政治上保持一致的需要，也是提升高等教育办学水平的需要。我们说实现中国梦需要高素质的人才，高素质自然包含思想政治素质；高素质的人才怎样才能培养出来？这需要强大的人文精神来推动。而思想政治教育是人文精神的核心。青少年正处在“拔节孕穗期”，不会天然地具备这样的人文精神，是需要“灌溉”的。为什么要有辅导员教师队伍，简单说来道理就在这里。由于缺乏这样的共识，辅导员教师的工作界域便极为模糊（现在好了一些，但是没有根本好转）。辅导员成了“筐”，什么都往里边装。一些辅导员没干几年就想离开，有他们主观上的问题，更主要的还是客观上的问题，不是“制度留人”嘛。辅导员教师没有清晰的工作界域，得不到应有的尊重，缺乏顺畅的发展空间，等等。为什么给你点赞，是因为你能在这样的大背景下坚持下来，并且乐此不疲。

当然，我还是希望广大的辅导员能够有格局。什么是格局？就我个人而言，格局就是信仰，就是追求。鲁迅先生讲：“其实地上本没有路，走的人多了,也便成了路。”年轻人一定不要总想坐享其成,那能有什么出息?做事情一定要有“砍头不要紧,只要主义真”那样大无畏的精神。事物都是相对的。我刚做辅导员时的工作环境、二十年前的辅导员工作环境,怎能与今天的辅导员工作环境同日而语呢?牢骚、抱怨没有任何意义,半途而废自然前功尽弃。马克思从来不“抱怨”,他没有时间发“牢骚”,他是位战士,每天都要全身心地投入战斗!“让暴风雨来得更猛烈些吧!”“这是勇敢的海燕在高傲地飞翔!”不是要活出自我、活出特色吗?从“门缝”中看问题、“坐收渔翁之利”是活不出这样的风采的。

感谢你的认同、你的点赞。虽然我们没有见面交谈过,但这封信已经告诉我,我们是心心相印的好朋友。不用嘱咐你什么,相信你一定会在辅导员工作岗位上坚持到底。那天在你们学校,我和学生处处长、主管学生工作的书记进行了深入交流,你们学校还是很重视辅导员队伍建设的,还特别把今年作为辅导员队伍建设年,正积极地朝着建设职业化、专业化、高素质的辅导员队伍方向迈进。希望你能够乘势而上、顺势而进、造势而为,谱写辅导员工作的新篇章。我常对我自己说的一句话是:“昨天能过去,今天也能过去,明天定能过去。”你二十年都过去了,不就还剩二十多年了吗?想一想能够成为一名纯粹的、一辈子的辅导员,岂不令人振奋、令人期待,如此的人生怎能不值得拥有?我想很多人已经退出了“赛段”,但你可以到达终点!

你们学校邀请我在新生入学的时候去做一场报告,那时我们就可以见面了,我们把合影补上。我是辅导员,大连也是辅导员们的家。我会在这里欢迎来自四面八方的辅导员朋友们,欢迎你们的随时到来,有事就联系我。

借此机会我最后跟广大辅导员朋友们说一句话:“今日之中国多么美好,属于你们的明日之中国定会更加美好!赶紧加快脚步前行吧,若是待祖国发展到最美好的时刻缺少了你的身影,岂不遗憾终生!”

祝你事事顺心、天天进步!

哇,收到您的回信太开心了,我念叨好几天了,一天至少三次,但是坚信您一定会回复我!哈哈,再一次证明只要有坚定的信念,愿望就一定会实现!曲老师,您给我写的回信,我一定会好好珍藏起来,并且经常拿出来读一读,这是对我继续坚守和前行最好的鞭策。我也会谨记您对我的期望,做一名纯粹的、一辈子的辅导员！您一定要注意身体,多休息休息,身体是革命的本钱,我们这些辅导员和那些学生们,还有所有爱您的人都太需要您了,期待下一次与您的见面。

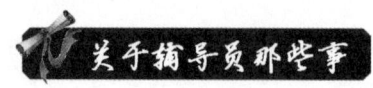

把你的详细地址告诉我,我把我写的书邮寄一本给你做纪念。

谢谢曲老师,我的地址是:××××××××。

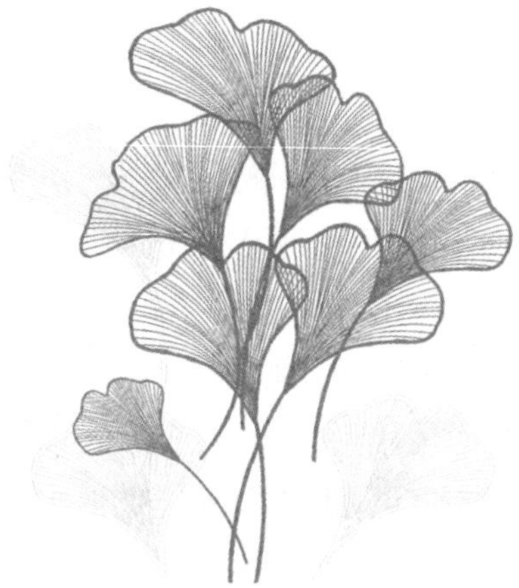

022

与辅导员的交流（五）

2021-04-12

曲老师您好！

我是××大学辅导员××。昨天听了您的分享，内心感到非常敬佩。我是一名非编制辅导员，一直在岗位上寻找和实现着自己的价值。

××你好！

谢谢点赞，我们共勉！路是一步步走出来的，不停歇地往前走吧。

曲老师，劳务派遣辅导员没有安全感，我于2013年进校，2017年学校不跟我们续签合同，很多劳务派遣辅导员联合找校领导，合同就续签了。可是待遇不及刚入校有编制辅导员的一半，申请省级以上项目、课题等，参加省级辅导员大赛等均没有机会；还总是被歧视，没有晋升和评职称机会。我们都是研究生，2013年也是经过学校的笔试、面试进校。当时，学校只允许博士入编，但是学校又急缺辅导员，所以就以劳务派遣的名义招聘了我们，2017年学校放开招聘硕士，也没有给我们解决编制问题。至今我们都是战战兢兢，总担心哪一天就没工作了。说实话，我们很热爱这份工作，工作尽心尽力。曲老师，是不是我该放弃这份工作了？有领导会跟我们说，是你们活该，谁让你们不走呢？或者说，你不想干，我们有的是人！哎！干了八年了，不知该何去何从。曲老师，您给我点建议吧，谢谢您。这些话我也不敢跟学校以外的人说，我实在是很迷茫。

你说的这种情况在很多高校都存在。有些省陆续在解决这个问题，实行统一考试的办法，并规定应届生占大多数比例。这使得像你这样已经聘用了的辅导员感到“不公平”，你们希望解决了你们的编制之后再解决缺编的问题。这是一种思路，不过这只是从你们的角度来说的。人社部门自有人社部门的想法。在他们那里我想会有这样的考虑：一是你们这些人原来做了辅导员就不是考试录用的，现在如果全部转入辅导员，不符合公平录用人员的原则；二是当年的毕业生有个就业率问题，从人社部门来看，想方设法能增加一个就业岗位就增加一个岗位，这也是对就业压力的缓解。所以，就我知道的情况看，目前还没有一个省是先解决了类似你们这样的问题再解决缺编的问题。我想以后也不会。那怎么办？你真心喜爱做辅导员，想在事业单位做辅导员，那就赶紧按照录用辅导员的条件好好准备，只有考试才能进入到事业编这是天经地义的事。不想考试，就做不成辅导员了？也不是，如果你真具备辅导员的条件，你真是一名优秀的辅导员，你确实离不开辅导员工作，你还可以到民办高校做辅导员。眼下一些高校存在有编制和没有编制“同工不同酬”的做法，这是学校的问题。道理上应当同工同酬的，可是确实存在着“愿打愿挨”的问题，有些学校领导又“不讲理”，就造成了这样的现状。你要想的是即便眼下同工同酬了，未来怎么办？从国家的要求看，高校辅导员要有事业编，不仅不能劳务派遣，人事代理也不符合国家要求。如果下一步真正落实了这一条，你没有编制也就不能在辅导员岗位上了。

不只是你自己，抱有你这种想法的人很多，常有辅导员问我这个问题。我想把你提的这个问题改编一下在公众号上说一下，看不出来是你说的，不用担心。这也算是对有这类想法的辅导员的一个集中答复。

023

与辅导员的交流（六）

2021-05-13

曲老师您好！

我是刚刚回答您的问题的辅导员。读过您写的书，受益匪浅，您是我们辅导员学习的榜样。

谢谢点赞，我们共勉！我可以邮寄一本别的书给你。请把你的详细地址告诉我。

曲老师，不好意思这么晚还打扰您，今天听了您的讲座久久不能平静。您为学生所做的一切令人感动，我是研究生毕业以后在企业工作5年后，因为对教育事业的热爱，对辅导员这份职业的向往，重新回到了学校。虽然做辅导员的这几年中，多少会有一些心理落差，但是看到因为自己的一些行为有时会改变学生的一生，还是甘之如饴。我将以您为榜样，想学生之所想，急学生之所急，用心用情对待学生。

××你好！

一些辅导员总是觉得自己付出的太多，得到的太少。为什么会有这样的想法？关键要看自己追求什么。如果整天想的是职称、级别，那就会患得患失;如果把追求定位在一心培养学生上,那就会觉得自己付出的应当再多些。怎么能说付出的多,得到的少呢?付出得越多,培养的学生越多,学生的认同就越多。我常说的一句话是,有了学生就有了一切。你也不要有什么心理落差,就像你说的那样,学生因你而改变,这是多么快乐的事情。当你老了的时候,学生们成长了起来,他们感激你、祝福你,你就会觉得做辅导员是多么的值得。这是不是太遥远?“人无远虑,必有近忧”。一转眼就步入了老年。我三十九年前做辅导员的情景就像是在昨天。辅导员,大学生人生成长的指导者和引路人,这是多么崇高的职业!在我辞去省委高校工委副书记职务回到学校做辅导员的时候,我有个学生已经是厅级干部,他给我写了一封4000多字的信,题目是“我的精神导师”。看到这封信的那一刻,我感到为学生付出得再多都是应当的。有的辅导员动不动就看别人怎样看。别人怎样看和你有什么关系?关键是你自己怎么看!三十九年前我做辅导员的时候,辅导员哪有今天这样的地位、这样的工作环境。很多人心里想的是“辅导员没有水平,好人还能当辅导员?”这个时候我没有瞧不起自己,而是每天信心满满地走在校园的小路上。你当你的教授,我当我的辅导员。我把辅导员工作看成党的事业的重要组成部分,当成学问做,“为党育人,为国育才”,我们不能让学生戳我们的脊梁骨。“无心插柳柳成荫”,后来我也得到了提拔,且破格晋升为教授,我还当上了思想政治教育学科的博士生导师。“风物长宜放眼量”,如果今天想这个,明天想那个,人生能做成几件事?整天想入非非,怎么能不耽误前行的路?现在有些辅导员不安心,甚至有些已经工作了十几年的辅导员也在想尽办法离开辅导员工作岗位,似乎离开了辅导员岗位一切就都好了。能好到哪里去呢?视野决定格局。当一个人把工作当成了“饭碗”、当成了谋生手段、当成了“名利场”的时候,在哪里都不会有大的出息、大的作为,也只能是随着岁月的流逝完结自己的“自然生命”。谢谢你对我的点赞,我们共勉!相信你一定能够做到想学生之所想,急学生之所急,用心用情对待学生,学生一定会记住你的。希望你把在服务学生中实现你人生的价值作为坚定不移的人生追求!

我看到你告诉我的邮寄地址了。这两天我就把我写的书签名邮寄给你做纪念。

祝好!

024

与辅导员的交流（七）

2021-06-26

曲老师您好!

曲老师,没想到您同意加我微信。我带孩子上课才看到。您一直是我的榜样,我也是穷人家的孩子,师范院校毕业后回到辽宁工作,那时我就决定做个好辅导员。2008 年我参加全国优秀辅导员评选,虽没选上,却收到您的第一本签名书。我很激动,更坚定了做个好辅导员的信念。后来学校提拔我,我服从了。但很快我觉得我还是想做名教师,我就回到思政部做教师。我没有太多收入,但我也用自己的微薄力量资助了三个学生,这让我快乐。2018 年在党校学习时我还去询问过您身体好没好,还请您给我签过名。今年我考上×× 大学在职双证博士了,我上周听了您的课,再次受到了教育,于是才鼓起勇气加了您的微信。

您上周讲课,一直站着,我很心疼。别人用话语教育学生,您用行动践行使命。您说得太对了,权力是个啥,权力再大能比培养栋梁更有价值吗?您培养的每一位栋梁都比有更大的权力更有价值。

感谢您引领着我这个无名小卒,我也愿意跟您学习,继续自己的努力。我也曾把一名专科孩子引导到今天的硕士毕业,现在她成了大连市公务员。让我很开心的是,她有事就会问我。我已经是省思政骨干教师,在专科层面只有 4 人。虽然我参评省“最美思政课教师”没评上，但是我不在意，只要做我自己能做的事，我就快乐。继续向您学习，把学生培养好。

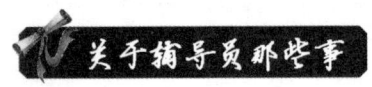

× × 你好！

你写了这么多文字，其中不乏对我的赞美，我表示感谢，我们共勉！

我给你回复，主要是想让大家借鉴你，学习你的追求和执着精神。无论是辅导员还是思政课教师，我们的人生支点在哪里？在于把学生培养好。尽管现在思想政治教育越来越被重视，但是一些辅导员和思政课教师还是没有找准自己的人生定位。有的仍然是“不得已”而当了辅导员和思政课教师，心里想的是怎样才能离开辅导员和思政课教师队伍；有的想的不是怎样把学生培养好，而是把辅导员工作和思政课教学当成了“饭碗”“名利场”，这都是做不好辅导员和思政课教师的。习近平总书记说我们要做“大先生”，要把青年学生培养成“立大志、明大德、成大才、担大任”，堪当民族复兴重任的时代新人，就需要我们思政课教师，一定要把我们的追求建立在培养好学生上，这是时代的使命和责任。我们要实现中国梦，就必须要有矢志不渝跟党走的人。要淡泊名利，不是不可以有名，也不是不可以有权，要不争而得，不能为了名利把学生都落下了。名利都是身外之物，把学生培养好最有价值，要把人生的丰碑建在学生的心坎上。我能理解你说的培养学生所带给你的快乐，到了我这个年龄，我就更加觉得能对学生多好就对学生多好，最幸福的事就是和学生在一起。你继续努力，努力成为一个被学生喜欢、永远记得的“大先生”。到大连联系我。

025

寄语广大辅导员朋友们

2021-09-10

广大的辅导员朋友们,你们好!

今天是教师节,我作为一名老辅导员、老教育工作者、老党员,向你们送上节日的祝福!

辅导员,一个多么响亮的名字,一份多么崇高的职业,一项多么伟大的事业!中华文明五千年,为人类做出过巨大贡献,如果我们停滞了前进的脚步,能对得起列祖列宗,对得起成千上万为了我们过上美好生活而献出一切的英烈们吗?生活一定要继续,日子一定要过得越来越好,中华民族一定要以强大的身姿屹立在世界民族之林!未来属于青年,希望寄予青年。要想顶天立地,不再受欺负,必须使一代又一代的青年不断增强做中国人的志气、骨气、底气。“三气”哪里来?青少年正处在“拔节孕穗期”,需要精心地栽培,需要我们的引领。辅导员是大学生人生成长的指导者和引路人,理应担负起这份使命和责任。相对来说,虽然辅导员工作辛苦一些、麻烦一些,可是与我们中华民族在奋进的道路上迫切需要人才相比,与近代社会我们中华民族所受到的欺辱相比,与那些奋不顾身、英勇牺牲的英烈们相比,我们的辛苦和付出又算得了什么呢?辅导员,不能跟党和人民讨价还价,不能忘了我们在党旗下发过的誓言。从某种意义上说,正是因为现在辅导员工作还有些困难，很多人不愿意做，所以我们才要做，并且要做好。辅导员要有“待到山花烂漫时，她在丛中笑”“面对我们的骨灰，高尚的人们将洒下热泪”这样的境界，用一生在学生的心灵上矗立起不朽的丰碑。

当然，在此我也想跟有关同志说几句：学生不能总是挑辅导员的毛病，总是责怪他们。辅导员大多数是年轻人，也上有老，下有小，他们要工作，也要生活，所以学校的相关领导一定要多关心辅导员队伍的成长，该批评的地方不护着，该为他们的工作和发展创造条件也应当实打实地去做。现在有些省份、有些高校，每个月给辅导员数额不等的“津贴”，很多人把它看成了辛苦费，当成了奖金。这是不对的，从事辅导员工作就应当有一笔条件费，用于打电话、看望患病学生、请学生吃饭、应对突发事件，等等；应当设置合理的辅导员职称结构，教授、副教授、讲师、助教多少个岗位清清楚楚，不能总是“娃娃辅导娃娃”。我们是怎样抓学科建设的？有的学科教授那么多了，还引进人才？一线辅导员连一个教授都没有也不着急，也在那里喊重视辅导员队伍建设，三四百个学生给了一个刚毕业的研究生带，更有的给了一个在读的研究生带，这怎么能让人放心，怎么能办好令人民满意的高等教育，怎么能守住人民的心！学校教育，以“立德树人”为本，这不只是一句掷地有声的口号，作为教育工作者，更应该脚踏实地去践行。

辅导员们，我爱你们，我希望你们用自己的双眼去寻找光明，去展望未来！不要发牢骚，不要去抱怨，别耽误了我们的学生，别影响了你们前行的路！让学生去评说我们吧！

祝你们一切都好！

026

与一个辅导员的交流（一）

2021-10-12

曲老师您好！

我叫××，本科××大学毕业，研究生××大学毕业，现在是××学院××系的一名辅导员。之前我在××学院学校办公室做行政工作，今年是我入职的第十一年，9月10日，我选择成为一名高校辅导员。

选择成为辅导员，不仅是一种取舍，更是人生的一种选择，我很骄傲能成为其中的一员，我相信只要心里有光，便能成为光，更能释放光。

未来，我要学习的地方还有很多，我一定会以专业的素养和高度的责任心努力赢得学生们的信赖，努力成为学生思想上的领路人、成长中的铺路者、生活中的知心朋友，为每一名学生系好人生的第一粒“扣子”。

今天听了您的课，我深受鼓舞和感动，在此，向在辅导员岗位上默默付出的您致敬！我也想像您一样，把我的热情都给学生，我要向您学习，您就是我的榜样。祝您身体健康、工作顺利！

××你好！

你在机关工作了十多年，如今又选择做了一名辅导员，有的辅导员工作了十几年却还想方设法回到机关，谁对谁错呢？这关键看选择什么、追求什么、想实现什么。经常有些辅导员问我他们是不是应该“动一动”,离开辅导员岗位。他们说他们工作十多年了,有的已经工作二十多年了。我的态度很明确,还动什么呢?以前没干好,用剩余的时间弥补上;以前干得好,就坚持下去。人生哪有那么多的时间允许你晃来晃去。再说,辅导员有什么不好?死去元知万事空。其实很多人追求的东西都是不靠谱的,到头来才发现没有什么实际意义,用曾经的辉煌换回了老年的孤独。我在从省里回到学校做辅导员的时候,领导劝我说:“你为什么一定要做辅导员呢?能行吗?”我说:“我是聪明人,不会把自己送到火坑里的。”我们一些同志总是“隔岸观火”,没有真心地投入,因此对事物就缺乏本质的、深刻的认识。只有真心地投入生活,才能感受到生活的美好。整天和大学生在一起,他们的成长有你的陪伴,他们的幸福有你的付出,这是多么快乐的事情!现在一个辅导员带好几百名学生,若是真带上十届八届学生,那不得幸福爆棚啊?当然你要成为一名学生喜爱的辅导员,是要付出的,这才是关键。有些辅导员倦怠了、惧怕了、退却了,因而也就失去了;有的辅导员迎了上去,坚持了,因而他就得到了。你算“新兵”,还年轻,未来的路还长着呢。相信你有坚定的追求,一定会成为学生思想上的领路人。有我能做的事,你就联系我。

把你的详细地址告诉我,我把我写的书签名邮寄给你做纪念。

尊敬的曲老师:

收到您的回复我非常激动,谢谢您的祝福,也谢谢您的分享。看了您的事迹以后,我深受鼓舞,这么多年您对学生投入了无私的爱与关怀,见证了无数学生的成长成才,付出的艰辛只有您自己最有体会,但是收获的幸福也是无比珍贵。作为一名辅导员,当我踏上工作岗位的那一刻,我便也拥有了这样一颗坚定不移的育人初心。

三个月的辅导员工作让我经历了很多,有帮助学生解答心理困惑,处理学生休学问题;有学生被网络诈骗,帮助他去派出所处理问题;有帮助学生拨打120,去医院急诊,等等。我不仅和学生们斗智斗勇,这其中也充满了太多的欢乐和感动。这份工作使我逐渐明白,辅导员除了要有强烈的责任感,还要付出真心和无私的爱。我会努力成为学生黑暗时候需要的那束光,成为他们最需要帮助时伸出的那一双手,在他们最迷茫时做一座灯塔,在他们成长成才时为他们祝福，努力成为一个像曲老师一样，深受学生爱戴和难忘的好老师。

新的一年，祝曲老师全家身体健康、平安吉祥、万事顺意，在新的一年与学生收获更多的开心、快乐。我很开心来到辅导员岗位并能与曲老师结识，以后我会多向您请教，祝福曲老师在新的一年千般皆如意，万般均称心。

027

与一个辅导员的交流（二）

2021-10-17

曲老师您好！

曲书记，我是第四期辅导员培训班学员××，我也是您在省里任职时辅导员序列单列、双线晋升政策的受益者。我之所以能心无旁骛、踏实工作，以普通辅导员的身份晋升副教授职称，可以说是得到了多位良师益友的指点与帮助的结果。我很感激他们，同时也感到很幸运成为一名思政专职辅导员，兼任职业生涯就业指导课教师，真正坚守在教书育人的第一线。将我收到的师长的关爱继续传递下去是很有意义的事。我在工作期间多次听您的讲座，被您的境界所感动。真诚祝福您。

××你好！

我做完报告，跟你们合完影以后，简单地吃了点饭，就到了机场。现在我是在从沈阳飞往银川的飞机上给你写信。怕打扰你休息，明天早上发给你。

我刚来省教育厅工作的时候，厅长问我想怎样干，我说战略上乘势而上、顺势而进、造势而为；战术上要有人干、愿意干、会干。给辅导员评职称，解决的就是愿意干的问题。可以这样讲，愿意干才能会干，解决了愿意干的问题,也就解决了会干的问题。为此,我们辽宁省为辅导员单独成立了省级评审委员会,我做主任,组织专家评审,避免了不是思政学科的专家评审辅导员职称的情况。今天,我们省的辅导员评职称能走在全国的前面,这是有共识、有组织、有制度保证的结果。很多辅导员像你一样,说他们是受益者,要感谢我,这也不必,给辅导员评职称是加强辅导员队伍建设的应有之义。辅导员是高等教育不可或缺的教师,提升高等教育质量,"为党育人,为国育才",没有辅导员教师队伍怎么能行呢?只是过去我们一些同志在思想认识上有偏颇,行动上有"短板",因而欠账太多,这是必须要补上的。从外部环境来看,只有很好地解决了给辅导员评职称的问题,才能从根本上保证辅导员能安心的问题。"安则能虑,虑则能得"。心安了,心情就舒畅了,心情舒畅了,自然就会想方设法把工作做好。当然,辅导员还不能总想双重晋级的事。事业都是干出来的。我常说这句话:马克思创立马克思主义的时候谁重视他?马克思的知识那么渊博,但他没有评职称,他反而遭到了迫害,被开除了国籍。马克思向谁抱怨?无数共产党人因传播马克思主义而被杀害了,他们为了什么?"砍头不要紧,只要主义真。杀了夏明翰,还有后来人。"这就是共产党人的共同品格和矢志不渝的追求。我从当辅导员那天起,就没想过评职称,我想的就是要把学生培养好。我也写文章,但不是为了评职称,为的还是把学生培养好。结果"无心插柳柳成荫",不争而得,我二十多年前就被破格评为教授。我的绝大多数科研成果都是评教授之后完成的,跟双重晋级毫无关系。我的初心就是围绕学生、关照学生、服务学生,把握高等教育发展的规律,把握学生成长成才的规律,这跟评不评职称没有什么关系。

辅导员工作很有价值,也很有意义,一定要把它做好。我们有的辅导员三心二意,这自然是做不好辅导员工作的。人生做不成几件事。我坚持的就是人生做好一件事,择天下英才教育之。我三十九年所做的一切,就是帮助大学生系好人生的"扣子"。今天自我表扬一下,我之所以得到学生们、辅导员们的尊重,说到根本还是因为我在培养学生方面的用心、用情、用力。你懂得感恩,清楚你的今天是因为得益于多位良师益友的指点与帮助,这是做好辅导员工作的情感基础。有的辅导员问我"怎样才能做好辅导员工作",说起来也很简单,就是不能忘了曾经从辅导员那里得到的帮助。你有这份情感,一定会做好辅导员工作,要坚持下去啊!

谢谢你对我的点赞，我们共勉！到大连联系我。

祝您一切都好！感谢您百忙中的回复。您是“时代楷模”，辅导员队伍的灵魂领军人，我要向您学习。

028

与一个辅导员的交流（三）

2021-10-21

曲老师您好！

我是××大学去年刚入职的辅导员××，没想到能加上您的微信，太荣幸啦！今年4月在××听过您的“学史明理、学史增信”报告，7月在省委党校三期培训班也听了您的分享，今天下午在辽宁大学报告厅又听了您的线上讲座。向您学习！我一定会用心做好辅导员工作的！

××你好！

很多辅导员刚入职时还是带着满腔热忱的，可是干着干着就容易“倦怠”了。为什么会产生“倦怠”？其中一个重要的原因是他们没有把辅导员工作当成事业来做。“其实地上本没有路，走的人多了，也便成了路”。一些辅导员总是希望走别人开辟完的路，没有奋斗精神，没有闯的干劲，于是就“倦怠”了。希望你能走出这个“圈子”，不忘初心，铸魂育人，把帮助学生系好人生的“扣子”当成人生的追求。

榜样的力量是无穷的，向您学习！

029

与一个辅导员的交流（四）

2021-10-28

曲教授您好！

我是××大学一名工作了八年的辅导员，我叫××。今天听完您的讲座感悟很深，也思考了很多，在会场我真的几度热泪盈眶，因为您真的太伟大了！在辅导员岗位工作的这些年里，我有过收获，也有过迷茫。尤其是在得到学生肯定、理解和支持的那一刻，我更加肯定了这份工作的价值。辅导员工作是一份良心活，日常工作很多都是一些小事、杂事，但是越是小事、杂事，越能与大学生同频共振。谢谢您今天精彩的分享，让我更加坚定了自己的职业方向，在这个拥有沉甸甸责任的岗位上继续努力前进。感恩！也衷心地祝愿您身体健康、工作顺利！

××你好！

辅导员工作是党的事业的组成部分，十分重要，关系到培养什么样的人、怎么培养人、为谁培养人的问题。大学生正处在人生的“拔节孕穗期”，特别需要我们的引领。从某种意义上说，我们怎样，学生就怎样。所以，辅导员决不能小看自己，一定要担负起使命和责任，成为大学生人生成长道路上的指导者和引路人。

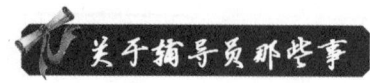

谢谢曲老师，我一定不辱使命，以您为榜样，在辅导员的工作岗位上继续发光发热，用心用情服务好我的学生们。

昆明今晚降温了，您明天要注意添加衣物。

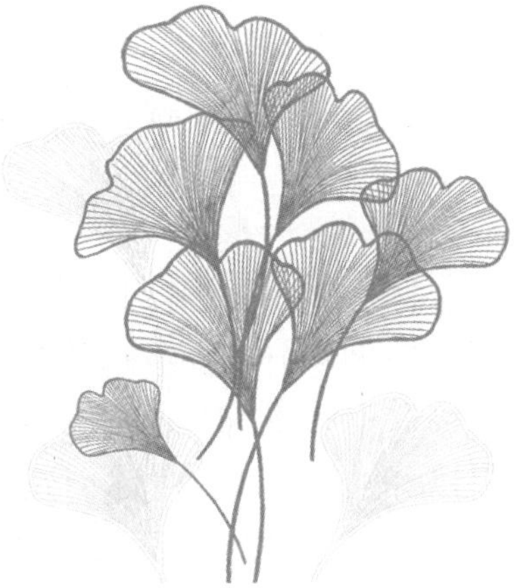

030

与一个辅导员的交流（五）

2021-10-31

曲老师您好！

我是×× 大学一个已经工作了十二年的辅导员××。我之前听了您的讲座，觉得充满力量，您是我们的榜样，是我们这些辅导员的灯塔。今天我在成都参加辅导员工作室建设与管理交流会，再次感受到了这个时代赋予我们的好机会，以及自己与您的差距。感谢你们这些前辈为我们照亮前进的方向。我今年上半年申请了一个校级辅导员工作室，这对我来说是一个可以让我有所积淀和成长的机会。这几天学习时我很激动，但是也觉得还不够努力，所以忍不住向您表达了我的心情。以后我会多多向您请教，向您靠近。渐入冬季，照顾好身体。

××你好！

我在成都去宜宾的车上，整理今年的微信时看到了你给我写的这段话。这么多天才回复你，见谅。

现在的思想政治教育环境总体还是不错的，但是仍会有人抱怨，这就是个人的问题了。不只是辅导员，做什么工作都是如此，当把牢骚、抱怨挂在嘴边的时候，基本上就意味着失败在等着他。你工作十多年了，对此应该有些认识和体会，所以你要不断总结，发扬长处，避免短处，只要对学生成长有益的就坚持做下去，你一定会取得成绩。到大连联系我。

祝好！

谢谢曲老师的鼓励，我一定会努力体现自己的价值，帮助学生成长成才。您是我们的灯塔，有您在前方引导，我们感到很温暖、很幸福。祝一切都好！

031

与一个辅导员的交流（六）

2021-12-21

曲老师您好！

我是××大学辅导员××，很荣幸今天能和您一起交流。我是2015年参加工作的，2016年1月就有幸在北京听了您的讲座。您对这份工作的情怀令我在之后的工作中受益匪浅。

我十分热爱辅导员这份工作，也想在这个岗位上做到自己的极致，能够在短短几年的时间里，时不时地听到您的讲座以及与您进行交流真的感觉十分幸运。每每看到曲老师在公众号中给辅导员的回信，我都会想到自己在工作中遇到的困惑，想要得到曲老师您的指导。

2021年4月，我和我们学校三名辅导员在参加武汉举办的辅导员素质能力提升培训会上再一次见到曲老师，这也是我第一次有机会和您合影。当时我们学校的辅导员听了您的讲座后都感慨："要是您能来给我们学校的辅导员做一次讲座、做一次交流该多好啊！"曲老师十分抱歉，这么晚还打扰您，非常期待能够和您有再一次交流的机会，也十分期待您能够帮助我解答关于辅导员工作的一些困惑。最后还是希望曲老师有机会能够到我们学校给辅导员、学生做指导和交流。

××你好！

谢谢你的认同，这让我很感动。每每看到你们辅导员写来的这些发自内心的感言，我都会想："我没有理由不好好工作。"就像电影《守望青春》里有句台词说的那样："我年轻过，你们没老过。"我是过来人，我应当把我的所思、所想、所行、所悟告诉你们，提升你们对辅导员工作的认识，加深你们对学生工作的热爱，辅助你们成为大学生成长的指导者和引路人。想当好辅导员，没有对职业的认同，没有对学生满腔热忱的爱，是不行的。

由于多方面的原因，现在一些辅导员还不安心于自己的工作，这一方面需要外部不断改善辅导员的工作条件，更为重要的是辅导员自身要有自我革命的精神，发挥好主观能动性。如果信仰坚定了，还有什么困难能难倒你呢？还哪有时间发牢骚、去抱怨呢？你虽然年轻，但是对辅导员工作却有着如此的情怀，这很难得，应当肯定。不过更重要的是，你要把这种热情保持下去。辅导员工作没有什么不好，每天和朝气蓬勃的青年人在一起，在他们的成长中有你的付出，这多有意义、多有价值！不要总想着一切都顺顺利利，那还要我们干什么？也不要怕麻烦，辅导员工作就是在这些麻烦中奏响了人生的乐章，不然学生怎么会记住你！

感谢曲老师给我的回复。今天晚上我感到非常开心，尤其是看到曲老师您的回复。我当过辅导员，但长时间在牵头辅导员队伍建设的学工部工作，有时候感觉身边的辅导员们就缺乏对这份职业的认同感，缺乏对学生满腔热忱的爱。现在网上有一种声音，认为辅导员是进入高校工作的一块"敲门砖"，认为进去后可以通过做事转行政岗，还可以通过考博转教师岗，所以在辅导员工作中难以体现出自己的耐心和真心，对学生也缺少了一份真挚的爱，也许这也体现出了我们工作的一些不足。

感谢曲老师对我的鞭策，人生难能可贵的是坚持，我会谨记曲老师的教诲，保持住自己的热情。辅导员这支队伍虽然还年轻，但有时候我会觉得，能够从事这份职业十余年是件不容易的事，可就像曲老师您所说的，只要信念坚定了，又有什么困难能难倒我们呢？

在备忘录编辑好消息时发现已是深夜十二点，不便再打扰曲老师休息，只有早上将信息发出。

听到曲老师您说能抽出时间来我们学校和我们的辅导员进行交流，真的感觉特别开心、特别荣幸，让我们的辅导员有机会聆听一名老辅导员的心声，能够更加坚定自己的信仰，更加坚定对辅导员这份职业的认同。

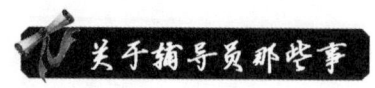

× × 你好！

确实，有的人把辅导员工作当成了"敲门砖"，希望能通过当辅导员进到大学里，再通过多种办法离开辅导员队伍。其实，人生做不成几件事，这样左顾右盼不仅耽误了自己，更耽误了学生。我们现在辅导员队伍建设还缺乏科学的选人、用人机制，这也是没有办法的事。路都是自己走出来的，往哪走，走多远，只能由他去了。做好我们自己应当做的事情。看得出来，你对学生工作还是抱有深深的眷恋，那就朝着正确的目标坚定地前行。

到大连联系我。

祝好！

032

与一个辅导员的交流（七）

2021-12-23

曲老师，向您汇报一下，我从2006年大学毕业就走上了辅导员的工作岗位，从刚开始的懵懂，一直摸索到现在。虽然工作中也有过灰心丧气，但是跟学生们在一起让我感到很快乐。

我曾经迷茫自己的默默无闻，比我参加工作晚或者在其他岗位的老师都已从事了管理工作，而我却一直工作在一线。抱怨过后我告诉自己，我肯定做得还不够好，我就努力让自己学习，给自己充电。

可是走了一段路才发现，学生才是我的事业，我应该做的就是与学生有关的这些看似琐碎的工作。高职和本科的学生有很大的区别，高职的学生就像一群没长大、不懂事的孩子，自理能力差，学习没有动力，甚至不爱学习，混日子。

随着年龄的增长，我真觉得他们就是我的大孩子，他们缺失的东西，我得尽量帮他们找回来。从工作那天开始，我手机便没有关过，无论几点，只要学生给我打电话，打架也好，生病去医院也好，我都必须跟过去，不然不放心。

我们的学校比较小，我所带的学生里给我印象最深的有两名学生，一个是新疆的，另一个是西藏的。可以说他们是我们学生群体中仅有的两名少数民族大学生，所以都觉得是个“麻烦”。恰恰他俩就分到了我的班，这也是对我的考验，于是我从熟悉他们的生活、语言开始，与他们亲近起来，我们成了很好的朋友。去年西藏的那个学生毕业了，他拉着我的手哭了，一次又一次地说：“老师，我们再合个影吧！您一定要去西藏，我等着您！”真的太令人感动了，我现在想起来都忍不住流眼泪。

曲老师，我做的工作与您相比差得太远、太多，但是您的精神鼓舞了我，周三下午我一直在认真听您的讲述，感动之余想跟您说的话也太多。您辛苦了，要多注意身体。感谢与您成为朋友，感谢有您这样的导师为我指引方向。为您点赞！

××老师好！

我刚从山东回到大连家里。我在从机场往家走的路上看到你们要加我的微信，我就同意了。

到了家里，我处理了一下其他事情，本打算浏览一下微信，到十一点半我就休息，可是当我看了几个新加入的好友微信后，我就被你写的这封信吸引了。我想我要给你回封信，而且不能隔夜，我要让你感受到我对你的“在乎”，感受到一个心灵与另一个心灵的碰撞。

你说我感动了你，我要说是你感动了我。每次做完报告都会有人留言说我对他的人生影响很大。这真是相互的啊！你写了这么多、这么真挚，给我这么多的点赞，这对我是莫大的鼓励。每每这个时候我都会问自己：“我都做了什么？我还应当做什么？”你看你本来做得很好，可是你却总是从自己身上找原因，觉得自己做得不够好。这种精神不仅会提高你的工作水平，更会提升你的人生境界。

我常跟辅导员们讲，辅导员工作不只是一项工作，更体现了你对人生的追求。人生只有一次，为什么不活得大气些，活得顶天立地，活得有尊严、有意义。不要管别人怎样看，我们就是要在辅导员岗位上坚持到底。

你在高职院校做辅导员，在一些辅导员看来这能有什么出息。很多辅导员把对高职学生的管理教育当成了累赘，想的是早点离开这些“闹心”的学生。你却正相反，始终把学生放在心上。这是十分可贵的。你看学生对你的回报，没有你的付出哪有你的所得。我能理解你流下眼泪那一刻内心的喜悦，你所想的一定是为学生的付出是最值得的、最快乐的。

你已经做十五年的辅导员工作了。在这样的时间里,很多辅导员厌倦了,想的是早日离开辅导员岗位。你却没有这样想,你想的是学生就是你的大孩子,他们缺失的东西你要尽量给他们弥补上。我相信,凭着你的这种情怀,你一定会把学生培养得更好,一定会有更多的学生围绕在你的身边。等你到了我这样的年龄,那一定会"儿女"成群,幸福满堂。

谢谢你对我的关心,以及对我的嘱咐。我会调整好自己,努力为党多做工作,为学生的成长鞠躬尽瘁、死而后已。我们共勉!

来过大连吗? 这边有事联系我,千万别客气。把你的详细地址告诉我,我把我写的书签名邮寄几本给你做纪念。我建立了励志基金,基金的宗旨就是"你为祖国服务,我为你服务"。我给你打1000元钱过去,用于你去医院看望学生和给少数民族学生买点什么。

好了,马上到十二点了,不隔夜,现在就发给你。

祝好! 好人好梦!

曲老师,您真是又一次感动了我,您的敬业精神,您对待小辈的这种态度,这种处理事情的方式都令人敬佩!

您很忙,也很辛苦,我不过多打扰您。今后我一定更加努力,做自己喜欢的工作,为祖国贡献自己微薄的力量。

您说要寄书给我,这让我很激动。我一定好好读、好好体会,并用于工作和生活中。

您的基金应该用于更需要的人,请不要给我。我也会投身公益事业,尽自己的力量,向您学习! 谢谢您给我的回信,今后我还要向您多汇报、多求教。祝您身体健康!

关于美好生活

033

“生活的美好都是学生给予的”

2019-01-28

1. 往昔岁月

昨天晚上我在书房翻阅2006年我在人民出版社出版的《识读大学——一个老辅导员的心声》一书。当看到我做辅导员带的第一届学生××给我写的信时，我的眼角涌出了泪水。在我这样的年龄，我还有什么可祈求的呢？想到学生给予我的赞许，真感觉到生活是如此美好。

我也真心希望广大的辅导员们能够好好培养学生。我们所从事的是一项“功在当代、利在千秋”的事业。我们虽然老了，学生却长大了。学生就是我们的影子，我们的生命在学生的身上得到了延续。别和学生斤斤计较，我们所想的、所做的，就是应当尽量多给学生提供一些帮助。让学生记住我们！让学生为我们点赞！能够如此，一生何求！

2. 教学相长

××当时是班级团支部书记，是一名共产党员。毕业前夕，他也像其他同学一样，面临着就业的选择。

根据××的表现，他有留校工作的资格。辽宁师范大学坐落在美丽的海滨城市大连，能留校工作还是很有吸引力的。退一步讲，即使留不了校，××若想在大连市找份工作也是没问题的。

可是××坚决要求到朝阳市下属的凌源市的一所中学教书。为此，××还找过我，让我帮他向系里说说他的想法。（××毕业的时候，因工作需要，我被安排到政治教育系任党总支副书记。）他说："曲老师，您是了解我的，那地方虽然艰苦一些，可是总要有人去啊！我是共产党员，我不去，怎么能让别人去呢？"（那时实行计划分配，列上计划的，是必须保证的。若××不去，他班上就得有别的同学去。）我太了解××了，他是真诚的，在祖国需要的时候，他会不顾一切。就这样，××一毕业就到那所学校教书去了。

工作一个月后，他给我写了一封信，他说："在我人生的道路上，您既是对我最有影响的老师，又是我胜似兄长的兄长，也是我人生中难觅的知音。我总觉得，只有在您面前，我才能敞开心扉，诉说一切。如果说我有过四年美好的大学生活，那其中的一切都和您是无法分开的。不管我将来的生活有多么成功，这其中都有您的教诲、鼓励和支持。"

"刚刚工作一个多月，我在思想认识上就有了不少收获，什么叫理想，什么叫事业，什么叫人生，这些往日令人口干舌燥去辩论的题目，都存在于现实的生活中。我也由此深深地体会到了'过程'一词的深刻含义。大概是大脑和眼睛比脚高的缘故，人所想的和所看的总比脚走的要远得多。而当人们举步的时候，就发现了距离要差得那样远。抱怨是没有任何用处的。"

"请老师经常来信指导，我会慢慢适应这个社会，在任何时候，我都会做到表里如一，抓紧时间学习，别无所求。"

我问××："你后悔自己当初的选择吗？"他说："没什么可后悔的！"

有一年他到大连来看我，回去后给我写了一封信，他在信中说：

"大连一行，万分难得，又受到老师莫大的教诲，请您不要忘记我这个学生。"

"我深知我现在的起点很低，但我任何时候都不会失去对人生和真理的追求，都会为人生价值的体现而努力。"

"我没有悲哀、没有泪水，只有对学习的思索和积聚着新的爆发力。"

"我没有忘记自己是一名党员，我要对学生负责。"

3. 一封来信

2006年，我在出版《识读大学——一个老辅导员的心声》一书时，正是××毕业20年。他给我写了这封长信：

尊敬的老师：

您好！

我已经有很多年没有写信了。电话、手机、网络的普及使人们的沟通变得越来越顺畅，但无论如何，信件仍起着不可代替的作用，因为这种沟通方式让我们享受了许多亲情和友情。古人曾将家书比喻为“万金”之重，在我们刚毕业的时候，我们还经常给老师写信，汇报自己的工作和生活，有时还向党组织写思想汇报。我印象最深的是在大学入党的前后一段时间内，我每次写思想汇报都要对自己的思想进行全面总结，这也是对自我的洗礼和教育。就在毕业以后的一段时间内，我还坚持向党组织写思想汇报，不知从什么时候开始，我停止了汇报。细想来，这是否意味着自我检讨停止了呢？

古人尚能“吾日三省吾身”，作为现代人，一名受党和国家教育多年的共产党员、人民公务员，我尽管在一定程度上完成了本职工作，但在思想改造上却放松了要求，这究竟是因为什么，我一时也说不清楚，但有一点，如果我始终在老师身边的话，如果我一直在当时的那种良好的环境和氛围里，我想我不会轻易放松自己的思想改造和追求。二十年的光阴荏苒，的确如白驹过隙，我在二十年后写的这封信就当是向老师再做一次思想汇报吧！

作为辅导员的您，在大学里给我的最大影响就是引导我确立了正确的人生观和世界观。人生观和世界观可以被称作人生的陀螺仪，人的一生所有问题都取决于此，既荣于此，又辱于此。

刚一上大学时，我只知道要好好读书，回报父母的养育之恩，改变贫穷的生活。但真正引导我正确认识人生价值的是您，您经常教育我们，一个人只有把自己的前途命运和国家民族的前途命运结合在一起，才能实现自己人生最大的价值。

您经常用我们所学的专业知识来引导我们，用身边发生的实例来教导我们。如在某个舍身救人的英雄事迹被传开后，您会及时组织我们进行大讨论,使我们明确了一个人不管他的生命是长是短,只要他把有限的生命投入到无限的为人民服务的工作中去,就是一个高尚的人、一个有益于人民的人。这就是雷锋精神在新时代的具体体现,而共产党员就是应该具备所有这些精神和特质的人。

于是我在上大学不久后就递交了入党申请书,在大三的时候就光荣地加入了中国共产党,您亲自做了我的入党介绍人,这是我一生中永远都不能忘怀的大事。

我对此有很深的感受,作为师范院校的学生,如果不能树立正确的人生观和世界观,那么他在参加工作后会对自己的学生产生什么样的影响?因为教师是人类灵魂的工程师,如果工程师的灵魂出现了问题,那他培养出来的学生会是什么样子?这甚至关系到了一个国家和民族的前途与命运。当我知道您到省委高校工委工作后,我感到非常高兴。我虽然不知道是谁、是什么原因使您做了如此决定,但我感到您是最适合做这项工作的领导。我真诚地祝愿老师在新的工作岗位上一切顺利、不断进步!辅导员工作是惠及成千上万人灵魂的事业,不知道将会有多少像我这样的学生能够得到像您这样的老师的引导和教育,尤其是现在,这项工作已到了非常紧迫的程度。

作为辅导员,您给我的第二个深刻影响是您对工作的敬业精神,这一点是在教科书上很难学到的。您在带我们的时候,正是血气方刚的青年,应该有属于自己的快乐,但是我们发现您把主要精力都放在了我们身上,和我们同吃同住,引导我们学会学习、学会做人,丰富我们的文化生活。

每年的新年都是我们翘首以盼的时刻,您都和我们在一起过。您参加我们全年级的聚餐、联欢、打"对子",不分你我,输了就贴纸条、顶枕头,一直闹个通宵。由于您几乎全身心地投入工作,因此也耽误了自己的终身大事,以至于在一段时间内这成了我们大家最关心的问题。记得有一个中秋节,您要带我到您的家里吃饭,我想了半天就买了点大枣,寓有祝愿您早日解决终身大事之义。在我们毕业以后,您也一直是我们的榜样,尽管我们不能及时了解您的工作细节,但是在您的工作岗位的变迁上我们知道我们的老师一直走在前头,如果我们在毕业后有所成就的话,那与您的这种影响是分不开的。敬业、奋斗、努力、进取,是您给予我们的最宝贵的精神财富,我们愿意和老师同行。

作为辅导员，您对我的另一个影响是您锻炼身体的刻苦精神。您常年坚持长跑，在全校运动会上只要您一出场，我们就知道冠军非您莫属。这也带动了我们全年级的文体活动。每天，我和××都要争谁第一个起来去锻炼。当学校的早操乐曲播放的时候，我已经在400米的跑道上跑了10余圈。我现在还在吃这个老本，前几天全机关进行登山比赛，我在100多人当中取得了第十名的好成绩。

另外，我们班的书法、绘画、篆刻、围棋在当时辽宁师范大学也是名震一时，这些都与您的鼓励以及悟其一道、持之以恒的精神是分不开的。我的书法也是在那个时期入门的，遗憾的是我没有坚持下来，但我心中一直没有放下这个爱好。我到老干部部门工作以后，还组织了老年书画研究会，四年来这些老同志的书画水平有了很大的提高。

我现在做老干部工作，任副处长，总的来说还可以，只是工作中常有压抑感。我的个人生活还算丰富，爱好摄影（这也是在大学您借我相机后我开始培养的兴趣）、游泳，喜欢到大自然中去。我现在最大的愿望是尽快到沈阳去看看老师，我们班正在酝酿毕业二十年聚会，届时将请老师参加，希望老师能给予指导。

因时间关系，学生就此搁笔，等见到老师再好好汇报吧！

即颂

安康！

您的学生××

2006年6月2日

什么叫教学相长？我在学校工作了二十多年，从学生的身上我也学到了很多。××就属于那种有精神头的人，我感谢他。他做团支部书记时，工作上就任劳任怨，把工作交给他让人非常放心。

二十多年了，××多次跟我谈起他的大学生活，他说他非常留恋生活、工作过的那个集体。我说：“都是你这团支部书记当得好啊。”他说：“大家都很支持我，那段生活很快乐。”××的家乡盛产一种很珍贵的蘑菇，过年的时候，他经常把亲自上山采摘的蘑菇寄给我，表达他对大学时代那段生活的眷恋之情。我也时常想到他，从心里愿意为他做些什么。

岁月不饶人啊！一晃×× 也快退休了。令我欣慰的是，几十年来，××总是毫不抱怨地辛勤耕耘在他所热恋的那片田野上。真乃为了党和人民的事业，有一分热，便发一分光。×× 身上许多优秀的品质很值得我学习。

谢谢他对我的点赞！谢谢他给我人生带来的美好！

在此，我也衷心祝福他一切都好！

034

把辅导员工作当成人生最美好的追求

2019-02-24

我今年六十二周岁了。回味人生,“越嚼”越觉得辅导员最有“味道”。你老了,学生长大了。你用你的付出换回了学生对你的思念和回报。辅导员工作是一项“功在当代、利在千秋”的事业!每当有的辅导员问我是不是继续做下去的时候,我都会告诉他不要犹豫地往前走;每当有的辅导员表示愿意在辅导员这个岗位上做下去的时候,我都会告诉他把辅导员工作当成人生最美好的追求坚持下去。昨天有个辅导员给我发了一段微信,我和她做了简单的交流。现推送给大家分享。

曲教授您好!

我是××大学辅导员××,真的特别幸运在刚参加工作四年就可以听到这么振奋人心的报告!我会以您为榜样,将辅导员工作作为终身事业,帮助学生们成长成才,为祖国发展助力!

××你好!

谢谢你的认同,我们共勉!

多向曲教授学习，我也是思政专业的硕士生，有机会的话我想读您的博士。

好好准备。

好的！谢谢曲教授！我会努力的。其实我一直想去西藏做志愿服务，只是没等到机会。我去过西藏，很喜欢那里的人文，我也想帮助他们，希望我们的国家可以富强、团结！

你很有情怀。

我觉得人活一辈子，一定要多为国家做点事情，虽然可能都是些小事，但我希望因为我的一个小而有爱的行动可以影响其他人，让社会变得更美好。在昨天的讲座上，我发现您真的做到了我梦想中的事，我现在更有动力了。

有梦想，就有方向。很多人不是没有梦想，而是没有坚持。坚持下去，你就一定会实现你的梦想。

好的！谢谢曲教授，希望您不要介意我经常向您汇报工作，希望可以得到您的指导。

在省里工作的时候，我在全省辅导员大会上说过："谁爱学生，我就爱谁。"这句话是有内涵的。当时我向他们承诺：做到了辽宁省优秀辅导员的份上，有什么事情需要我做的就可以找我。当年有个省优秀辅导员的孩子考大学，连续考了三年，每次都考进了想考的那所大学，但就是没有达到想去的那个专业的分数。这个孩子想再考一年，可是这个辅导员受不了了。她想起了我说过的这句话。她让他们学校的学生处处长给我打电话。我问明了她的情况，又问了学校的情况，她的孩子正好可以调剂到这个专业。我帮她联系了一下，这样她的问题就解决了。我还为一个优秀辅导员联系医院和医生，帮他父亲看病。我之所以告诉你这些，是想让你知道只要你真心为学生服务，我就愿意为你服务。你告诉我你的名字，等我有时间了解一下。如果你真像自己所说的那样具有爱国、爱人民、爱学生的情怀的话，我就一定帮助你实现你的梦想。何谈麻烦呢？有事请吩咐。

祝好！

好的！谢谢曲教授！我会努力的，为学生、为社会、为国家多做贡献！

好好努力。我刚才同你们学工部部长沟通了一下，他对你评价不错。有机会安排时间到大连来考察调研，我出费用。

谢谢您的关心，就是学习上还有一些小问题，我会调整好自己的心态的。

你这么年轻，又有那么美好的梦想。追求下去，会是多么美好的人生啊！千万不要烦恼。烦恼总是用来吓唬没有梦想的人。

祝每天都开心快乐！

抱歉，曲教授，我刚刚在吃饭，给您回复晚了，感谢您的夸奖。我会用一生去追求和坚守梦想的！

祝您身体健康、开心快乐，也希望可以有更多的人受您的感染，投入到我们永葆青春活力的辅导员工作中。

我也是刚到酒店安排好入住。奋斗的人生最美好！我们勠力前行、坚持不懈！

不用回复了。我准备明天把我们今天这段交流以公众号的形式推送出去。我会去掉你学校和你的名字。我现在就编辑。

晚安。

035

给一个辅导员的回信

2019-04-06

前几天在我的公众号后台有个辅导员给我留了一段话,考虑他提出的问题有普遍性,我在这里把给他的回信推送给大家。

曲教授您好!

我一直很喜欢您。我很少在您的公众号里留言,但我还是想跟您说说我现在的情况。我是一个普通的辅导员。我觉得工作、生活给自己带来了幸福感,但是在工作的第四年,真的出现了职业倦怠,每天想着上班就很烦,因为除了辅导员的本职工作,还有很多其他的事情。我只希望做好自己的本职工作,但是为什么这么难,为什么感觉上班这么累呢?

××你好!

看到你的留言了,只是我这段时间实在太忙,没有及时回复你,请谅解。

很多辅导员像你一样,都说他们有职业倦怠。我在获得全国“时代楷模”的时候,国内主要新闻媒体都采访过我。在采访中他们问的一个比较多的问题就是我为什么能乐此不疲、毫无倦怠地做好辅导员工作。怎么说呢？我总结了一下，主要是基于以下几点考虑：

一是我从留校那天起就把辅导员工作看成一项非常有意义、有价值的工作。

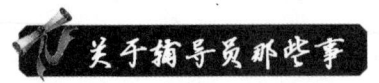

谁不爱自己的祖国呢？我也爱我的祖国。我拿什么爱自己的祖国？我选择了教育、选择了辅导员工作，我的爱国就是培养学生的爱国情感。

二是我把辅导员工作看成我人生尊严的体现。

做一个有尊严的人是我对人生的追求。什么是人的尊严？我觉得当学生离开我的时候，能够为我竖起大拇指、为我点赞，我就是有尊严的人。

三是我把辅导员工作看成人生幸福的源泉。

谁都渴望幸福，谁都不会拒绝幸福。问题是幸福到底在哪里？权力能带来幸福吗？金钱能带来幸福吗？无数的实例证明权力和金钱都不能带来幸福。

幸福在哪里？

在我看来幸福就在学生这里。大学生群体朝气蓬勃，代表着未来，和学生在一起就是和未来在一起。

当我想到他们的成长有我的付出的时候，我的心中就充满了幸福感。当过教师节、父亲节、生日，学生们送来满满的祝福的时候，我真是觉得有了学生就有了幸福。

我三十七年的学生工作生涯使我和学生结下了深厚的情谊，我可以没有权力、没有物质享受，但是我不能没有学生。我为什么要回到学校当一名辅导员？我觉得这没有什么不好，因为我在从事着一项“功在当代、利在千秋”的事业，我在收获着人生的幸福。

你为什么会有倦怠呢？

我认为这与你在选择做辅导员时还缺乏坚定的信仰有关。有些辅导员就是这样，当上了辅导员是不得已而为之。他们想当公务员没有当上，想当其他专业教师没有当上，还有的想去机关工作也没有去成……有这样想法的人必然不会有长期从事辅导员工作的准备，干着干着就忘记了自己曾经的选择，就把学生的利益放在了脑后，因而也就产生了职业倦怠感。

你说每天想着上班就很烦，那是因为除了辅导员的本职工作外，还有很多其他的事情。我也是一名老辅导员了，你们所遇到的或者说让你们感到烦恼的事我也曾经遇到过。区别是我的心态和你们的心态不一样。我那时候也做了很多的杂活儿。比如,每天取报纸。这本来不是我的活儿。我们单位负责取报纸的资料员是个年龄很大的女同志,行走不方便,尤其是冬天的时候。我想我们是一个单位的,能帮她一下还是应当帮她一下。于是我跟她说:“刘老师,您别犯难,以后我每天给您拿报纸。”她很感激我。组织部到系里考核,让我做党总支副书记找老师谈话时,她说:“小曲早该提拔了。”那时我才工作了不到三年。今天大学制度还没有完善,所以一些工作必然会存在界域不清的问题。因为辅导员相对年轻些,好支使,一些杂活儿就推到了辅导员这里。

外部应当尽量把工作界域划清,而辅导员要有团队精神,能做的事尽量多做些,帮助别人也是帮助自己。我不赞同整天牢骚满腹。多干点儿又能怎样呢?还能累死人?我们系主任在全系大会上说:“如果小曲半天不在系里,我们就看出来了。”我工作一年后,赶上了给百分之三的人涨工资的政策,系里以投票这种简单又公平的方式决定给谁涨工资,结果我排在了第一位。

等大学制度完善了,很多你想干的杂活儿也许还没有了呢。你想要得到大家的认可,一方面要靠你的能力,也就是看你能不能把本职工作干好,还有很重要的一方面,就是看你的人缘。怎样才能有好的人缘?这就要你千万不能对别人的事漠不关心。

036

“送人玫瑰，手有余香”

2019-07-19

何谓“送人玫瑰，手有余香”？前些天有位老师加我微信，我通过了。她随后给我写了微信。她说她听了我的报告后感触很深，想做个像我这样的老师；她还告诉她的儿子将来要热爱祖国，帮助更多的人；她告诉她的爱人要一直保持本性，做个正直的人。这让我很感动。

我只是在坚守着一个教师、一个共产党人的初衷，做了自己应当做的，她却给了我这么多的赞美，这让我感到如此的温暖。我真心祝福她全家幸福美满。征得了她的同意后，我把我们之间的微信交流推送给大家。

曲老师您好！

下午听了您的报告，感触很深。我和您的理想一样，您要做一名辅导员，而我的理想是做一名班主任。从教十年，我才实现了这个愿望（因为我是教生物科目的，在我们学校不适合当班主任）。听了您的报告后，我更希望做一名像您一样的老师（有了方向），但对于我现在的工作，其实我更多的是迷茫。我知道我首先应该做好本职工作，一步一个脚印地踏实走好，可是有时却事与愿违，期待您有时间给我指导！

曲老师，听了您的讲座，我终于知道该如何告诉我的儿子“为什么要好好学习”了。因为孩子只有六岁，所以我在爱国的大目标下，细化了一个小目标，并告诉他：为了帮助更多的人！（优秀的品德最珍贵，您深深感染了我，虽然我做不到像您一样优秀，但我要努力让自己做到最好。）

谢谢你的点赞，我很感动！等孩子长大些，你就带他到大连来玩，我在这里热烈欢迎你们。有你这样的母亲引导孩子，你的孩子一定会有快乐的童年、幸福的明天。祝你们一切都好！

谢谢曲老师，我愿意跟随曲老师传递社会正能量，希望孩子长大后能为祖国贡献自己的力量，活得有价值。

家庭是孩子的第一个学校，家长是孩子的第一任老师。你怎么样，想成为什么样的人，对你的孩子必然会产生潜移默化的影响。我们共勉！

嗯！曲老师，听了您的报告，我才突然觉得自己有了方向，以前虽然也一直想做一名真正对学生有益的好老师，但一直比较迷茫。我以后要在这个信念下做得更好！谢谢曲老师！我还把您的思想传递给了我老公，虽然他不从事教育行业，但我希望他在任何时候都能做一个正直的人，保持本性！

谢谢！说得好，做得对！不管别人怎样，我们都要做我们想成为的那样的人！我突然想编辑一篇公众号文章，把你的这些想法传播出去。

嗯，好的，美好的东西一定要传递！

曲老师，注意身体，不要太累！

谢谢你！

037

和一个辅导员的交流

2020-01-18

曲老师您好!

我是辽宁××学院辅导员×××。曲老师,实在不好意思,因为下午有其他老师的课,所以下课才给您发消息。今天我很感谢我们×××部长能给我这次学习的机会,让我再一次聆听到您的报告。我真的非常非常激动!曲老师您就是我的偶像,更是我在工作中感到迷茫时的灯塔,一次次给我指引方向!每一次听了您的报告,我都更加坚定了我做辅导员的决心。

今天是我第三次听您的报告,第一次是2015年7月在辅导员岗前培训上,第二次是2016年10月在我们学校的报告厅,您讲的是“用爱架起心灵的桥梁”。每一次听您的报告都让我受益很多!但是今天很抱歉,在报告中途我离开了,因为我接到学生的电话,他在学校出了点小状况,情绪也很不稳定。我实在放心不下,电话里沟通了一个小时,直到他情绪平稳了,事情处理完了我才赶回教室,也因此错过了您讲的很多内容。希望还能有机会再次听到您的报告。

曲老师,今年是我做辅导员的第八年,一直就想找个机会跟您说声“谢谢”,感谢您为我们所有辅导员所做的一切,没有您的辛苦努力和争取,就没有辅导员的今天。现在我们这支队伍的工作越来越被更多人认可，也越来越被重视，谢谢您！正是因为有您作为榜样，我才在辅导员这条路上坚定地走了下来！

曲老师，在学校我是一名合同制的辅导员，我不是名校毕业，没有漂亮的简历，更不擅长搞科研和学术研究。曾经身边也有很多人跟我讲，当辅导员赚得少，很操心，很辛苦又很累，付出多回报少，建议我出去发展，但我还是遵从内心的想法坚持到了今天。因为我真的很爱我的学生，很喜欢辅导员这份工作，我也把我这几年的青春和爱毫无保留地给了我热爱的工作，给了我喜欢的学生，每当我看到自己的学生发展得越来越好，那种自豪感只有自己才能体会到。

但每一次听了您的报告，我都觉得我做得还远远不够，我会继续以您为榜样，踏实做好自己的工作。不为名，不为利，不忘自己的初心！只要我做一天辅导员，我就会尽自己所能为学生做好服务！也请您放心，我们会沿着您的足迹，踏实地在辅导员的路上继续坚定地走下去！

曲老师，我还有个小小的请求，下次如果有机会再听您的课，可以请您给我签个名吗？

最后希望曲老师在繁忙的工作之余一定要照顾好自己的身体，祝愿曲老师每天都有好心情！

××你好！

那天我做完报告后急忙离开了会场，你追到电梯口跟我告别，又写了这么长的信给我，这让我很感动。真心谢谢你的点赞、你的认同、你的追随！

我在这三十八年里就做了一件事，为大学生的成长服务。我经历过改革开放后汹涌澎湃的商海大潮，但是我坚定地站在“岸上”，不为所动地做学生的思想政治教育工作。三十八年过去了，虽然我没有那些富豪们有钱，但是我有我的追求、我的信仰，做崇高的人，做让学生记住的人，有了学生就有了一切。

我始终认为，一个能够给予别人幸福的人才是最幸福的人。我获得“时代楷模”荣誉称号后，时任教育部部长陈宝生接见了我。陈部长关心地说：“你年龄不小了，多保重身体，身体不适我找人帮你看病。”我很感动，一个思政人的健康得到了一位部长的关心,这是钱能换来的吗?

又要过春节了。每年春节晚会我都看不上一个完整的节目,晚会期间我会收到来自世界许多国家和祖国各地的学生、老师的祝福。我将"同乐"两字复制粘贴都回复不过来,这些美好的祝福需要多少钱能买来呢?坚定你的选择,不要被别人所左右,等你到了我这样的年龄,你就会更加感受到辅导员工作对党、对民族、对国家、对人民、对自己乃至对后代的意义了。

做好辅导员工作需要理论,但是仅靠理论又是做不好辅导员工作的。爱是教育的灵魂。辅导员工作更需要一种情怀,那就是对学生负责,把学生放在心上。所以,你不必为"出身"所累,只要用心,就能做好自己的工作。毛泽东同志说:"读书是学习,使用也是学习,而且是更重要的学习。"这里告诉我们的就是要注重向实践学习。

你的请求我当然可以满足。你不用再听我的报告,把你的详细地址告诉我,我给你邮寄一本我写的书做纪念,到大连联系我。

祝假期愉快!一切都好!

曲老师您好!

今天看到您的回信,我真的非常感动!白天我一直奔波在回家的路上,所以一到家就给您回信息。曲老师,我知道您非常忙,没想到您却抽出时间给我回复了这么长的信。今天看到您的回信,我的心真的久久不能平静,让我既意外又惊喜,既感动又愧疚!

意外的是,曲老师,我真的没想到您如此平易近人,这么真诚地给我回信,还语重心长地给一个年轻的思政人正确的指导和建议,而且句句发自肺腑。

惊喜的是,您真的满足了我的心愿,还要把您写的书作为礼物送给我,让我觉得荣幸至极!

感动的是,三十八年了,曲老师您作为思政人真正做到了一直在路上,一生为了思政事业坚守在一线岗位,不为名,不为利,只是为了学生。

但是意外、惊喜、感动之余又让我非常愧疚,我知道您一定是利用了休息的时间给我回信,让我心里很是不安!我更希望您多休息,一定要注意身体健康,这样您才能带领我们这些年轻的思政人走得更远!

曲老师您放心,我会记住您对我的嘱托,继续加强专业理论知识学习,不断增加自己的知识储备，踏实地做好思政工作，用心关心学生，用爱陪伴学生，不忘自己辅导员工作的初心！我会继续以您为榜样，沿着您的脚步坚定地走下去，做一个踏实工作的思政人！

曲老师我知道您很忙，给您添麻烦了，但是这个礼物对我来说非常珍贵，我一定会好好收藏！

曲老师，下次我再去大连，一定会拜访您！

提前祝愿您和您的家人新年快乐！

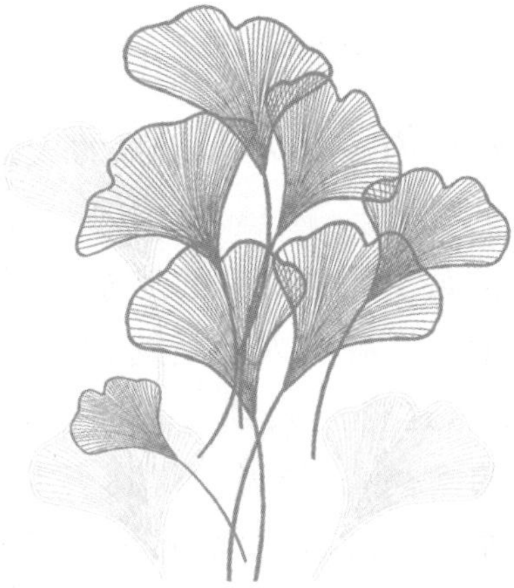

038

为什么要做辅导员

2020-01-20

人生的幸福在哪里？作为一个六十几岁的人，回过头来看，人生对幸福的认识可以划分为两个阶段。

第一个阶段通常本能地会把对物质的追求看得重一些，用现代的标准来说就是有富裕的物质生活。有些人就是这样理解人生幸福的，因此把物欲的满足看成幸福的源泉，这样的人到头来即便物质的欲望得到了满足，结果也并没有实现人生的幸福，只能说他得到了本能的满足。

人生的幸福应是精神上的，就是说把幸福给予别人的人才能真正体验到幸福是什么，尤其到了老年的时候，有没有人祝福你，有没有人牵挂你，有没有人看望你，有没有人陪伴你。一个孤独的人怎么能是幸福的人呢？一个自私的人一定是孤独的人。所以，那些老年幸福的人，他们在青年的时候一定是“超凡脱俗”的，他们会把幸福建立在精神快乐的基础上。

辅导员如果能够懂得这样的道理，能够把幸福建立在为学生做好服务上，那就一定是幸福的人。

我在学校工作了二十二年，培养了无数学生，他们对我都很好。每年父亲节、教师节、春节这样的节日，我连他们的信息都回复不过来。特别是每年的春晚，我根本看不上一个完整的节目。

有个毕业多年的学生给我发过这样一条短信:“我到大连来看您,您不在。不是每一朵鲜花都代表爱情,玫瑰做到了;不是每一棵树都耐得住饥渴,胡杨做到了;不是每个人都这么想您啊老师,我做到了。”二十多年过去了,每每想到这些,我都有一种被幸福包围的感觉。

我来到大连海事大学至今,又过去了六年半。我不仅亲自带了一个年级的学生,现在还主动做了我们学校新疆学生、西藏学生的指导教师,建立了“孤儿家庭”。我努力做到对学生好一点。父亲节时学生说我是他们的父亲,祝福我健康长寿。去年父亲节,新疆学生还送给我一面锦旗。他们说:“感恩曲老师,深爱新疆生,一如天山雪,润物细无声。”毕业晚会上学生说:“老师,我们会想您,会回来看您;以后您到全国各地,我们陪您游览,请您吃饭。”学生总是不时地到学校看我。

令我特别难忘的是,我在去省教育厅工作的时候,因为调动得比较匆忙,我住到了省招办招待所里。那时我孩子正读高二,也跟我过去了。我在沈阳的一个学生听说了,把他住的一套153平方米的房子倒出来让我住。后来政府给我房补,我买了一套房子,把那套房子还给了他。这个学生说:“那套房子给您了。”我说:“不用了,这就很感谢你了。”

我的学生到大连出差,有的还是领导干部,他们到学校后也要先来看我。我的学生有省部级干部,有博士生导师、教授,有各条战线的骨干,想到他们,我就觉得我很幸福。

到我这样的年龄,我常想,物质上我无法跟那些富豪们相比,权力上也无法企及,我没有保留级别回到学校做了辅导员,上思政课;但若是比幸福指数呢?我能比他们差吗?有了学生就有了幸福,有了学生就有了一切。我应当是世界上最幸福的人!而这些都需要在年轻的时候去努力,需要从辅导员工作中去获得。

039

与辅导员的交流

2021-01-25

曲老师您好!

我是× × ,一个有幸聆听过您讲座的学生。看到过很多关于您的介绍,知道您因为做辅导员出色,官至正厅级,又因教育情怀,毅然回到高校重做辅导员。说来我的经历和您相似,只是没有达到您的高度。我最初做过十二年班主任,成绩尚可,在我们老家也算“桃李满天下”,社会、家长、学生认可度极高。我因此得以从区县转行到市委宣传部,工作四年后,又因那一方三尺讲台总出现在梦里,所以我主动申请调入铜仁幼儿师范高等专科学校。虽然我的身份不是一线辅导员,但是我总是主动做兼职辅导员工作。有时候自己的管理理念难免与一些形式主义相冲,私下里我也常问自己:自己当初的抉择是否值得?昨天,有幸现场聆听您的讲座,犹如醍醐灌顶,解惑许多心中的迷惘,也觅得一直困扰我的答案。曲老师,您是我所听过讲座或培训中最大牌却又最低调的。六十四岁了,您完全可以坐着讲,但您坚持站着讲,而且两小时没有喝一口水,这是我从未见过的。曲老师,看您做辅导员很成功,很多时候我也是那样做的,而且效果很好,只是没有您做得极致。听了您“自信是成功的素养”“辅导员的幸福在学生那里”等话语,我更加坚定了当初的选择。我有一点多愁善感,昨天我几乎含着泪听完您的讲座。本有问题想向您请教，奈何您时间太宝贵。“一日为师，终身为父”，您从今便是我的老师，若不嫌弃，我由衷地想拜您为师，做您的弟子。不管怎样，我都要为您点赞，向您学习，做好大学生“拔节孕穗期”的守护者，做有情怀、有温度、有宽度、有深度的辅导员！

××你好！

看了你的信，我能够感受到你浓浓的爱生如子情怀。我常讲，我从来不是把辅导员工作仅当成一种职业来做，更当成一份事业来做，当成对党的忠诚，当成我人生幸福的源泉。我也有三十八年的党龄了，我是看着《共产党宣言》写下入党申请书的，我要为实现共产主义而奋斗。我就要兑现我在党旗下宣誓的诺言。辅导员工作，说到底，就是为党的事业培养建设者和接班人，这项工作意义重大、使命光荣，怎么能像做了“亏心事”呢？我就是要有这种职业的自信和对事业的执着精神。我从留校做辅导员那一刻起，就是带着这样的自信，迈着坚定的步伐，匆忙地行走在校园里。辅导员工作是“功在当代、利在千秋”的事业。人生的幸福到底在哪里？这也是摆在我们面前的一个现实问题。毫无疑问，整天饿着肚子是无法探讨幸福的。问题在于我们一些同志已经解决了基本的物质需求，却仍然把幸福定位在更多的物质享受上，这恐怕就值得探讨了。现在对辅导员来说有了“双重晋级”的做法，这就解决了幸福问题？绝不是这么回事。如果把幸福建立在名和利上，那永远不能幸福，道理很简单，欲壑难填嘛。我对幸福的理解就是要对得起学生，有了学生就有了幸福。当年家访的时候很辛苦，有的学生家是我顶着寒风骑了十几个小时自行车才到的。记得曾经去一个学生家家访，我进了他家的院子就站不住了，还是那个学生的母亲扶住了我。今天我可谓“桃李满天下”，他们送给我满满的祝福，这怎么不是幸福呢？这是用权力和金钱换不来的。你比我年轻，在服务学生的路上还有很长一段路要走。我赞同你的选择，我觉得你是对的。不管别人怎样看，把学生培养好最值得，这是我们工作的出发点，也是检验我们工作的落脚点。谢谢你对我的点赞，我们共勉，在育人的路上我们并肩前行。把你的详细地址告诉我，我把我写的书签名邮寄给你做纪念。到大连联系我。

祝好！

曲老师，能在人生略感迷茫的时候得到您的点拨，我很激动，也感到万分荣幸，是您使我明白了自己内心到底想要追求的是什么，在乎的是什么。在此，晚生万分感激！同时，我也因为耽误您的似金光阴而深怀愧疚，心存不安，诚望海涵！您老说得对，我只是用心做我的兼职辅导员，其他的与我无关。当一个懵懂迷茫的孩子因我们而变得目标清晰、积极上进，具有担当、感恩等家国情怀时，我觉得这就是最大的成就。无论走到哪里或是节庆日时，总会有人喊"师父"或给予祝福的时候，我就觉得很幸福。您说我爱生如子，您对我的评价太高了，我一直在帮学生，不管是优秀生、后进生还是问题学生，我都把他们当作自己的孩子和家人，但做得还远远不够。我带的学生有考上北大、清华的，他们和我确实是亦师亦友；因学习确实存在困难，毕业后自主创业的也多，他们都能记住我，这让我很满足。我也像您一样，帮他们做过媒、证过婚，那时那刻我也是幸福的。曲老师，我会牢记您给我的鼓励和对我说的话，我一定坚持到底，把干好辅导员工作当成毕生追求。再次感谢您的教导和馈赠，拜读您的走心之作，可以温暖我的人生。

好的。这两天我就邮。我们共勉！

感谢曲老师。咱们改天再聊，我就不过多占用您的时间了。有问题，我会随时向您请教的。

曲老师，您馈赠的走心佳作我已收到，非常感谢您能对一名萍水相逢、素不相识的兼职辅导员给予关心和重视。作为高专学校的一名兼职辅导员，我从您严谨治学的态度，以及对思政教育引领的坚守，感悟到了您仁慈博大的胸襟以及浓浓的家国情怀，您的所言所行体现的都是大爱。晚生定当向您学习，您的鼓励和馈赠的精神食粮，我一定用心体悟、细嚼慢咽，力争学有所获、学以致用，在实践工作中落实、落地、见成效。功成之日，定当告知讯息，以感引路之恩！再次感谢曲老师！

谢谢你的点赞，我们共勉！

关于党性和人民性

040

写给一名辅导员的信

2019-04-13

前天有个辅导员在我的公众号后台留下一段话，我给他写了回复。我想借此跟辅导员们简单地聊几句，于是便把这封信推送给大家。

曲老师您好！

我是2019年1月新入职的辅导员××。这两天听了您的讲座，很受感动和鼓舞。前一阶段我还曾迷茫，发现学校很多辅导员老师都转岗了，很多人觉得辅导员辛苦、操心，发展没有前途。家人有时也不理解为何经常加班，每天在学校都忙到很晚。听了您的话，我坚定了自己的理想。我也明白了，为了学生，一切都值得！为了国家和民族的发展，我们老师的责任重大，我一定向您学习，加强自身的学习和实践，做有爱、能发光，能给学生正确的价值观的人，做像您一样的辅导员。

××你好！

谢谢你的点赞。看了你写给我的这段话，我很感动。你能够确立明确的目标，做能给学生正确价值观的老师，这是难能可贵的。现在有些人做辅导员是不得已而为之的。他们把辅导员工作当成了"饭碗"、当成了"跳板”,因而也就不能全身心地投入到工作中,一旦有机会就离开了。有些人虽然没有机会,但也会创造机会离开辅导员岗位。

辅导员一定要从党和人民的事业出发,从学生的健康成长出发,把培养社会主义建设者和接班人作为自己的价值追求。当前,在以习近平同志为核心的党中央领导下,我们正在全力实现中国梦。中国梦能否实现?关键还在于我们能不能培养出“为人民服务,为中国共产党治国理政服务,为巩固和发展中国特色社会主义制度服务,为改革开放和社会主义现代化建设服务”的人才。多不容易啊!我们付出了多少努力!我们现在站到了离实现中国梦最近的地方。我跟我的学生们讲:“你们能不能过上最美好的日子不能靠我,因为我老了。每一代人有每一代人的使命,现在关键看你们的了。”

习近平总书记在学校思想政治理论课教师座谈会上把青少年时期比喻为“拔节孕穗期”。青少年需要阳光雨露,辅导员就是要给予他们正确的人生引领,为他们点亮理想的灯、照亮前行的路。辅导员要与学生共成长,在服务学生的过程中使自己变得崇高。“面对我们的骨灰,高尚的人们将洒下热泪。”诚然现在辅导员工作还没有得到根本的重视,不过我想一定会越来越被重视,辅导员的工作环境一定会越来越好。

辅导员一定要用发展的眼光看问题。我三十七年前做辅导员的情景还历历在目。我们系主任在全系大会上介绍新入职的员工的时候,在介绍张三是从哪个名牌大学毕业,从事古代史教学的;李四是从哪个大学毕业,教古代史的时候,系里那些年轻的教师眼睛为之一亮,都会主动抬起头来瞧瞧他们什么样。在介绍我是留校做辅导员的时,那些年轻的女教师们打毛衣的照样打毛衣,看杂志的照样看杂志,根本不看我一眼。她们想的恐怕是“‘好人’还有做辅导员的吗?”现在的环境哪里是昔日可以相比的。我当然不信那些,我选择的路我就要坚持走到底。

做好辅导员工作首先要自己重视自己。我们错了吗?我们的工作和民族的命运、国家的命运紧密相连;我们的事业“功在当代、利在千秋”。我们不能自己看不起自己。有为才有位。今天我得到了大家的尊重,那也是因为我昨天的付出。辅导员一定不要总是抱怨外部的环境,那样会耽误自己的前程。辅导员还是要有精神境界,要不忘初心、牢记使命、勇于担当。让学生记住我们。为了学生的利益,我们应当尽量少想自己的利益。

你这么年轻，有了很好的思想基础，你要不断加强学习，始终把学生放在心上。坚持！坚持！再坚持！等到我这个年龄，你就会更加觉得你这一生选对了一件事，也做对了一件事，那就是做大学生的人生导师，成为大学生成长道路上的指导者和引路人。

谢谢你为我加油。我们一道前行，为了我们心中的梦想！

祝顺心如意！

谨记教诲！吾辈更当自立自强，尽全力做好这份本职工作，为国家富强、民族复兴、伟大中国梦的实现做贡献！

041

不能把辅导员工作看成“良心活”

2019-11-30

谈到辅导员工作时,有的辅导员把自己的工作看成“良心活”,这是不对的。辅导员不能把自己的工作看成“良心活”。

何谓良心?通俗点说,良心就是凭着自己的好恶来做事。喜欢做的事就多做;不喜欢做的事就少做或者不做。

辅导员工作和“良心活”根本是两码事。

当前大学生正处在“拔节孕穗期”,他们需要人生的引领。引领得怎样,既关系到他们个人的成长,又关系到国家和民族的未来。道理很简单,今天的大学生怎样,我们国家和民族的未来就怎样。

谁来引领?

辅导员无疑是骨干力量,他们就是大学生的人生引领者。国家为什么要建设辅导员队伍,说到底就是要完成大学生的人生引领任务。

我们现在正行进在实现中国梦的伟大征途上,我们需要培养一批又一批矢志不渝跟党走的人,要让他们为人民服务,为中国共产党的执政理念服务,为巩固和发展中国特色社会主义制度服务,为改革开放和社会主义现代化建设服务。

受多方面因素的影响,大学生的人生引领任务还是比较艰巨的,完成好这项任务还需要下一番功夫，这不是愿意做就做、不愿意做就不做、愿意多做就多做、不愿意多做就少做的事，这项任务只能完成得好上加好。

我常说，我们一些辅导员忘了初心。谁也没有“抬起”你的手在党旗下宣誓，谁也没有“逼着”你应聘辅导员，今天你入党了，当上了辅导员，可是，怎么辅导员工作还没干几年就倦怠了呢？怎么就把辅导员工作看成“良心活”了呢？

辅导员工作也是党性使然。辅导员不能把自己的利益看得太重，不能只想自己的利益。在当前高等教育制度还不十分完善的情况下，是有一些本不属于辅导员的杂活儿“一股脑儿”地全推到了辅导员这里，这确实没有道理，但要相信这些都是会随着改革的进一步深入而改变的。

眼下需要我们辅导员做的是认识到辅导员工作的意义，担负起使命和责任，为实现中国梦培养一批又一批德、智、体、美、劳全面发展的社会主义事业建设者和接班人。

毛泽东同志写过《卜算子·咏梅》：“风雨送春归，飞雪迎春到。已是悬崖百丈冰，犹有花枝俏。俏也不争春，只把春来报。待到山花烂漫时，她在丛中笑。”今天的辅导员就应当有梅花这种风骨，把辅导员工作当作崇高的人生追求。“俏也不争春”，只在“丛中笑”，况且“冰雪”早已融化，属于辅导员的春天很快就会到来。

042

与辅导员的交流（一）

2020-12-29

曲老师您好！

第一次听您的讲座便感觉受益匪浅，打心眼儿里佩服您。我是一名高职院校的辅导员，从学校出来到工作岗位四年，现兼职团委干事。目前我在工作中有些迷茫，出现了您所说的“倦怠期”。听完您的课后我感受到身上的使命和担子，决心要做有信仰、有价值的人。心中有大义，这也是我以后的目标。您说过“1”是自然价值，“0”是社会价值。我要把今天的所学心得传达给我的学生。感谢曲老师！

谢谢你的点赞。辅导员的第一身份是共产党员，不能违背了在党旗下许过的誓言，是要为实现共产主义奋斗终身的，怎么能没干几年便有“倦怠期”了呢？这一方面说明有些辅导员入党的时候思想就没锤炼到火候；另一方面说明有些辅导员还没有“活到老、学到老、改造到老”的人生态度。一定做有信仰的人，信仰坚定了，什么倦怠、烦恼、牢骚都没有了；反之则什么问题都来了。人和动物的根本区别就在于人是有思想的高级动物，人不能本能地活着，要追求至善性。我常打这样的比方：“1”是自然价值，“0”是社会价值，人应当追求的是社会价值。都成人了，“1”后面一个“0”都没有还不着急，那怎么行呢？一定在“1”的后面最大限度地增加“0”的位数。学生就是我们的社会生命，培养得越多，我们的生命就越有价值。有事联系我。

祝好！

曲老师早上好！

我是××，研究生毕业后考入××大学做了四年的辅导员。在岗前培训时我就在大连理工大学听过您的报告会，从那时开始我就以您为榜样，用心动情地与所带的300多名本科生相处交流，也乐于助力学生成长成才。到校团委工作后，我也经常抽时间找机会与学生谈心，帮他们解疑释惑。一直以来我都是通过公众号“仍然在路上”向您学习，很幸运加了您的微信，希望通过微信得到您更多的指导。

谢谢你的认同！思想政治教育一定要入心、入脑。这就要深入、细致，不能像油浮在水面上。思想政治教育有多种方法，其中谈话法便是非常有效的方法之一。谈话法就是与学生面对面、平等地交流，了解学生的真实想法，帮助他们解疑释惑。只有学生信任了你，感受到你是在真心地关心他们，他们才能敞开心扉。把学生培养好是多么有价值、有意义的事啊，值得一生去做！有事联系我。

祝好！

曲老师您好！

我是××大学的一名辅导员。4月您来学校时我有幸得到您的签名，7月在新乡也和您见了一面，今天再次聆听您的报告我依然受到震撼，自觉要向您多学习。我工作还不到三年，而您已经从事学生工作三十八年了，依然坚守，乐此不疲，向您致敬！我自己也撰写网文，还请您多提宝贵意见。

××你好！

半年多的时间里我们见面三次，这也算是有缘吧。你也是很有心的辅导员，坚持下去，把学生工作做好，时间越长，越能凸显我们辅导员的价值。

谢谢您的鼓励！也希望您能多提宝贵意见，我会在这个岗位上继续用心、用情写好属于新青年的好故事，发出辅导员的好声音。我家在新疆，也欢迎您有时间来做客！曲老师，您多保重！

043

与辅导员的交流(二)

2021-04-07

曲老师您好!

我是××大学××学院辅导员××,今天有幸聆听了您的讲座,感触颇深,有待日后慢慢消化和运用,希望我能更好地做好自己的本职工作,非常感谢您!

我还有一个疑问想向您请教:目前我对自己的初心已不明确,也没有设立一个坚定的人生目标,对于这种情况,您有什么好的建议吗?不好意思,百忙之中打扰您了。

××你好!

谢谢你的点赞。我常讲,辅导员首先应当想到自己是一名共产党员,辅导员工作是党的事业的组成部分。我们是在党旗下宣过誓的人,对党要忠诚,举起的右手即便粉碎了也不能放下,这就是初心。这不仅应当是你的初心,也应当是共产党人的初心。有的辅导员说他的初心就是把辅导员工作当成"跳板",这不是初心,这是私心。你应当是本科毕业做两年辅导员再读研的兼职辅导员吧?这两年对你来说还是很有意义的,你可以结合学生工作再好好思考一下读研后做什么。现在一些读研的同学因为毕业后没有合适的工作便想到了做辅导员，这是被动的选择。其实不管做什么工作，都要围绕你想成为一个什么样的人来考虑，早点定下来，不然一晃几年就过去了。人生不能患得患失，要常想那些不如你的人。安下心来做一名辅导员没有什么不好，关键看你追求什么。如果你把目标定位在把学生培养好上，那你就会信心满满地开展你的工作，不然就是得过且过，每天被动应付自己的工作。

曲老师，由衷感谢您翔实的解答。我是××学院研究生毕业，同时还读了一个国外的硕士研究生。我早先在企业工作了几年，后来才回到学校从事辅导员工作（不仅离家近，更喜欢大学更纯净的氛围），很惭愧已过了优干保研的年龄段，却还有些许迷茫。一直以来虽有干好自己本职工作的惯性，但这也是自己性格的认真使然而已，希望能像您一样找到一种坚定的内驱力，将自己的工作自然而然地升华到事业，我觉得这种状态非常好。您的建议“安下心来做一名辅导员，将目标定位在把学生培养好上”，这已经给了我一颗定心丸，让我有了一个目标。我相信自己也会步履更笃定。再次感谢您的指导，祝您仍然在路上且一直一路平安！

坚定的内驱力是十分重要的，很多人做事缺的就是这个。做事犹豫彷徨，怎能不影响前行的路？该定下目标了，和学生在一起没有什么不好。人在一生中做不了几件事，你可以把学生培养好作为终身的事情来做。

是的，曲老师，希望我能不断地塑造自己的内驱力，我觉得辅导员是高尚的职业，至少自己的路没选错。希望以后有机会能现场聆听您的教导。

044

与辅导员的交流(三)

2021-05-08

曲老师您好!

我是××。当初备考辅导员的时候,我就一直关注您的公众号,当时就渴望能有机会听您讲一次课。今天下午您的报告满足了我的期盼,略有遗憾的是我在山东日照校区工作,只能通过视频来学习。

虽然只有两个小时的报告,但我更加深切地体会到了您对辅导员工作的热爱和情怀,您的一言一行就是鲜活的入党誓词。我从事辅导员工作时间并不长,也听到过很多关于辅导员工作繁杂,评职难、提拔难之类的话语。在这期间,我也徘徊过、迷茫过,但当听到您说辅导员是一名共产党人的时候,我觉得自己眼前变得十分光明:辅导员的幸福就是把学生培养成一个又一个"大写"的人。并不是所有的学生都有大的成就,只要他们将来能在自己的工作岗位上为实现中华民族伟大复兴贡献自己的一份力量,对于辅导员来讲,这就是最大的成就,就是幸福的源泉。我会在辅导员的岗位上继续坚守,体验这份源源不断的幸福。

曲老师,您每天都在非常辛苦地工作,一定要多注意身体,期待着下次再聆听您的教诲。祝您身体健康、工作顺利!

××你好！

看到你写的这段文字，我的脑海里闪现出一个共产党员为了党的事业奋力前行的身影，我相信你一定会以共产党员的视角来看待你所从事的辅导员工作，努力把学生培养成矢志不渝跟党走的人，让他们将来能在自己的工作岗位上为实现中华民族伟大复兴贡献自己的一份力量。

当前全党正在开展学党史活动，辅导员怎样学党史呢？了解党史只是最基本的，关键是不忘初心，坚定共产党人的信仰。我多次讲过，辅导员工作是党的事业的组成部分，关系到培养什么样的人、怎样培养人、为谁培养人，关系到“国之大计，党之大计”。既然辅导员工作如此重要，辅导员就必须从党性角度看待自己的工作。有的辅导员动不动就说“学校不重视我们”“这个难、那个难”，我想说马克思创立了马克思主义，是立上了课题，还是得到了科研经费？我们党由当初的几十名党员发展到今天这样有九千几百万党员的大党，是得到了“重视”？马克思不难？中国共产党不难？毛泽东同志说：“成千成万的先烈，为着人民的利益，在我们的前头英勇地牺牲了。”不是吗？李大钊同志三十八岁时就被杀害了；“渣滓洞”里，无数共产党人受尽折磨……作为一名共产党人，与先烈们来比，我们真是太幸福了。我们喝着茶水、欣赏着音乐、看着电影、吃着美食、开着轿车、穿着名牌、住着楼房……在这样温馨祥和的环境下从事党的事业，我们还需要什么呢？为什么会有那么多的牢骚、抱怨、不知足？这不就是理想信念不坚定造成的吗？习近平总书记说：“理想信念是共产党人精神上的‘钙’，没有理想信念，理想信念不坚定，精神上就会‘缺钙’，就会得‘软骨病’。”今日之中国正行进在实现中国梦的伟大征途上，我们对人才的渴求从来没有像今天这样如此迫切。辅导员一定要担负起自身的使命和责任，坚定理想信念，为党育人、为国育才，把幸福建立在培养好学生上，在服务学生中实现我们共产党人的人生幸福和价值追求。昨天我还推送了《越坚持，行走得越远》一文，希望你能够成为在辅导员道路上行走得最远的人，我也会陪伴你一段路程的。有事就联系我。把你的详细地址告诉我，我邮寄两本我写的书给你做纪念。来到大连，可以找我。

谢谢你对我的关心、祝福！

祝你一切都好！

045

与辅导员的交流（四）

2021-05-14

曲老师您好！

我是×× 学院的×× ，虽未以辅导员身份直接带班级，但指导着一个校级学生组织（校友服务社，70 余人）。今天十分荣幸能够现场聆听您的讲座，感谢您两个半小时充满激情和热情的分享，感慨您对于辅导员工作的热爱，感动您对于学生的关爱，我会以您为榜样，真正做到用心、用情、用力地与学生相处，做好思想政治教育工作。我会珍惜自己教师的身份，严格要求自己，积极上进，从各方面提升自己的综合能力。再次谢谢您，您辛苦啦。祝您身体健康、万事顺意、阖家幸福！

×× 你好！

看了你这段话，我被感动了。你没有“义务”向我承诺什么。我所感动的是我们有一批像你这样的辅导员，能够摒弃一些人对辅导员的不理解、偏见甚至不尊重，辛勤地、默默地耕耘在给学生的心灵埋下真善美的种子，帮助学生系好人生的“扣子”这块神圣的土地上。他们在想着什么？他们是为了什么？他们想的就是他们是共产党员，辅导员工作是党的事业的组成部分，他们要对党忠诚，不能违背在党旗下发过的誓言，不能违背应聘会上自己许下的承诺,更不能辜负学生们那一双双充满期待的眼神;他们为的就是在实现中国梦剩下“最后一公里”的时候,下功夫培养一批又一批矢志不渝跟党走的学生,让青年学生担负起历史的使命和责任,把小我融入大我之中,在奉献中展现靓丽的风采。他们也有个人的利益,但是为了党的利益、人民的利益、学生的利益,他们尽量地少想自己的利益。既然我们选择了辅导员工作,我们就要有个辅导员的样子,就要把学生的事放在心上,千万不能让学生瞧不起我们。我们也不要祈求尽善尽美的工作环境,那是不现实的,也是不可能的,那样还要我们辅导员干什么!“其实地上本没有路,走的人多了,也便成了路。”其实,做任何事情都需要发挥主观能动性,等待、犹豫、彷徨必会影响前行的脚步;牢骚、抱怨、责怪的情绪积累多了,自然会像泄了气的皮球。我感受到了你心中那份蓬勃向上的力量,相信你在今后的工作中一定会做到像你说的那样,用心、用情、用力地与学生相处,做好思想政治教育工作。辅导员就应当这样,也要做好自我教育。人若总是被别人教育,那就难能有出息、有作为了。把你的详细地址告诉我,我给你邮寄两本我写的书做纪念。有事联系我。大连随时欢迎你!

祝好!

感谢曲老师的指导,我会继续努力的。谢谢曲老师赠书,有机会我定会去大连海事大学拜访您。

好的。我们共勉!明天我就把书邮寄给你。

祝好!

046

与辅导员的交流（五）

2021-07-13

曲老师您好！

我还未去参加新入职辅导员的培训，就迫不及待地想加您为微信好友了。您的事迹一直在感染着我，我也在追随着您的脚步不断前行。

我放弃了高薪工作来到高校，就是想改变一下当代青年的价值观，想通过我的努力来培养扎根社会、奉献祖国的一颗颗坚守本职岗位的“小螺丝钉”，期待我的学生将来能有敬业奉献精神，在自己的岗位上发光发热，为民族的发展贡献一份微薄之力。

期待您的榜样力量继续鼓励我前行，更期待您能指引更多的辅导员砥砺前行，我最爱听您说的一句话就是：“良心乎？党性也！”

谢谢你的认同。有的辅导员总把辅导员工作看成“良心活”，这不准确。辅导员工作是党的事业的组成部分，需要加强党性修养，始终保持对党的忠诚，这样才能成为让党放心的人，成为对学生成长有帮助的人，成为学生要感谢的人，成为学生不忘的人。

047

与辅导员的交流（六）

2021-07-23

曲老师您好!

我是××学院辅导员××，就是照片中最左边的那个女生。今天听了您的讲座，给我很大启发，我是仅当了一年的辅导员。您在讲述的时候，我就在想哪些我做到了，哪些我还没做到，以后可以怎么去做。我已关注您，以后可以通过您的朋友圈持续向您学习，谢谢您今天的讲座。祝您身体健康!

××你好!

我能对上号。下午的时候你几乎目不转睛地听了近三个小时的课。看得出来你一边在听课，一边在思考。我跟你们说过，辅导员工作是党的事业的组成部分，是办好人民满意的高等教育的重要力量，也是我们人生幸福的源泉。既然我们已经选择了辅导员工作，就要在服务学生成长中实现我们人生的追求和幸福。你年轻，做学生工作还缺乏经验，从某种意义上讲对辅导员工作的情感还不是那么深厚，这就难免在辅导员工作方面还有不完善的地方。这正是你要努力的方向。不过不要紧，只要你有了责任心，有了主观能动性，你就一定会丰富和完善自己，把工作做细致、做扎实，就会把学生培养好。谢谢你的祝福！我会“我将无我，不负人民”“鞠躬尽瘁，死而后已”。我要把我的“励志基金”建大，激励更多的学生为祖国而刻苦学习，在奋斗中实现他们的人生价值。把你的详细地址告诉我，我邮寄一本我的书给你做纪念。

祝好！

曲老师，太谢谢您了！当我还在辅导员工作的道路上摸索的时候，感谢有您这样有爱心、有恒心的引领者带着我。在听您讲话的时候，我很惭愧，因为有很多事情我还没做到。您不仅仅是在资金上支持学生，还有一些不需要金钱支撑的细节，也令我印象深刻。我记得您说您写学生档案表，您不仅有基本信息登记表，还有问卷调查，就问卷调查这一项我就没做到。幸好这个辅导员队伍里面，有像您这样的老师引领着我们。我一定会持续学习、完善自己，感恩遇见！同时，听到能得到曲老师的一本书，我真是太开心了！希望曲老师还能不吝在书上签名或者写一句寄语，学生将以此来勉励自己在辅导员工作上不断进步。在这里我以“学生”自称，是因为曲老师是我辅导员工作上的指导老师。虽然只接受了您一次讲座的洗礼，但却令我受益匪浅，我相信后面还会与曲老师再见面。最后，祝曲老师一切安好！

好的。我把《我与辅导员的交流》这本书送给你。我把“在学生的心灵埋下真善美的种子”这句话写在扉页上。不过要等两天，我回学校的时候给你邮去。

好的，谢谢曲老师。

048

与辅导员的交流（七）

2021-07-26

曲老师您好！

我是××学院的××，今天很荣幸在××大学参加培训学习并听您讲课，您的讲解对我有很大启发，这也是对我心灵的一次洗礼。可以说，您的课讲得真是太及时了。今年我已经申请加入我们学院的辅导员队伍，9月我就将转到辅导员岗位，能在即将当辅导员的时候得到您思想上的指引真是我莫大的荣幸，您的讲解就像一盏明灯，使我更加明确自己的目标，更加坚定自己的选择，也更加明白如何为党和国家培养更多具有正确价值观和家国情怀的新青年。几年前我曾读过您的《识读大学——一个老辅导员的心声》一书，因为当时不是辅导员，对书中的内容理解深度有限。最近领导给了我一本您的《爱是教育的灵魂》一书，结合您的指引，我相信自己一定能很快进入辅导员角色，用心关爱每一名学生，做他们的良师益友。虽然我身为老师，但是在您面前我还是学生、晚辈。我会继续关注您的公众号，并且仔细阅读文章，领悟精髓。再次感谢您给我思想上的指引，您是我崇拜的榜样！

祝好！

××你好！

谢谢你的认同！你刚开始做辅导员，理想化的成分会多一些，有些困难、不如意暂时还想不到。辅导员工作意义重大，但是由于多方面的原因，工作几年以后，容易感到琐碎的事情太多，整天像是干杂活的，这就使得有些辅导员开始怀疑自己的选择值不值得，还有没有必要坚持下去，会不会吃亏。当然我认为关键还在于辅导员自身认识问题的水平。现在的辅导员工作环境与我们那时候比真是大大改观了，以前社会上从来也没有像现在这样重视辅导员工作。我刚做辅导员的时候我的老师都劝我早点离开，赶紧考研究生、上专业课，都认为做辅导员没有出息，可我不这样看。在中华文化五千年的历史长河中，我记住了四个字：厚德载物，没有“德”，是承载不了知识的重量的；没有“德”，学那么多知识干什么；没有“德”，能耐越大，越容易犯错误。我想，我就是要帮助学生解决好“德”的问题，也就是帮助他们解决价值观的问题，帮助他们系好人生的“扣子”，这样他们知识学得越多，能力越强，就越会发挥更大的作用。实践证明我的选择是对的。我相信凭着你的热情，你很快就会进入辅导员角色，但是我希望你不要陷入困惑期，要“不忘初心、牢记使命”，始终如一地保持积极的工作态度，下功夫把学生培养好。不要管别人怎样看辅导员工作，你自己要有坚定的信念，要把做辅导员工作当成对党的事业忠诚的体现，当成对办好人民满意的高等教育的体现，当成实现你人生幸福的体现，从而在服务学生中实现人生的价值。在此可以借用但丁的这句话：“走自己的路，让别人去说吧。”有事就联系我。

祝一切都好！

049

与辅导员的交流(八)

2021-11-18

曲老师您好!

我是××大学今年新入职的辅导员××,您的讲座和报告令我受益匪浅。前段时间您来我们学校做讲座,还为我们赠送过书籍。我的辅导员是××老师,他是您的学生。我之所以选择当辅导员,也是受我的辅导员的影响,也想把从我的辅导员那里学到的东西真真正正地回馈给我的学生。在今后的学习、工作中,我估计还会有很多问题要向您请教、咨询,还请您不吝赐教。最后,感谢您今天的讲座,辛苦您了!

××你好!

现在辅导员工作还是很受欢迎的,因为目前想在大学里工作,只有辅导员可以是硕士(普遍性来说的),这就使很多硕士毕业生带着各种动机进入到辅导员队伍里。可是有些人不安心,他们把辅导员当成了跳板,总想早点离开辅导员这个工作岗位,这是做不好辅导员工作的。希望你能像自己说的这样,努力把学生培养好。辅导员真没有什么不好,与学生共同成长,这多有价值、多有意义!要坚定职业的认同感,把辅导员工作看成党的事业的组成部分,表现出一名共产党员对党应有的忠诚,这样你就会毫不动摇地把辅导员工作做下去，才会把工作做好。

感谢曲老师凌晨3点回复我，您辛苦了！请务必保重身体。您是我们辅导员界的灯塔，听了您的话我感到备受鼓舞。我之所以成为辅导员，也是受我的辅导员耳濡目染的影响。每次看到他帮助学生们解决问题，树立正确的三观和坚定的理想信念，改变学生，甚至影响学生一生时，我就感觉辅导员工作特别有意义、特别有价值，我觉得辅导员不仅仅是一份工作，更是一项事业！可能我目前能做的是成为学生们的知心朋友，还无法真正成为他们的人生导师，但是我希望通过我三至五年的努力和学习，与学生们共同成长，在真正意义上成为他们的人生导师，为党的教育事业贡献自己的青春和力量。

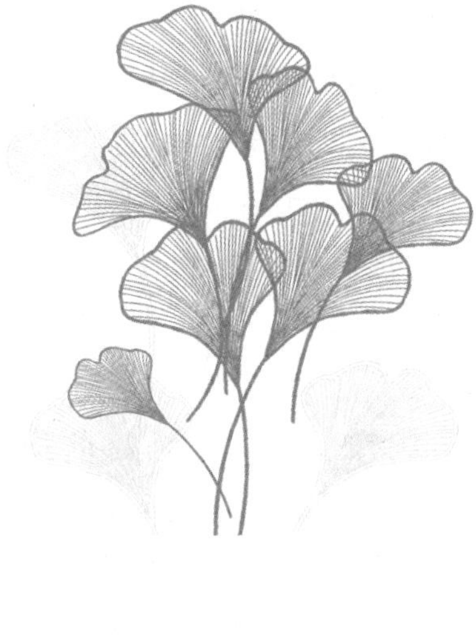

050

与辅导员的交流(九)

2021-12-20

曲老师您好!

我是××学院辅导员××,很荣幸认识您。我在辅导员岗位上已经工作了五年,一直在关注您的公众号,也在学校听过您饱含深情的演讲,感觉很受用。做学生工作也是我的兴趣所在,和学生相处,有喜悦、有成长,虽然也有气愤的时候,不过想想他们就是比自己小很多的弟弟妹妹,也就没那么计较了。今天听了您的讲座,再次坚定了我继续做学生工作的信心,特别感谢您。不过做辅导员也面临着实际困难,比如:收入比较低、不好找对象、继续深造困难等。有时候我也在怀疑自己的坚持,好在平时能通过锻炼保持健康的身体,通过阅读保持思想的活跃,虽然知道坚持下去很难,但还是希望有朝一日能成为像您一样的人,成为真正能走进学生心里的长者。

××你好!

你说得很实在,并且你说的、想的这些问题确实摆在那里。相对来说,辅导员在大学里的地位"低人一等",不被人瞧得起。习惯的看法就是:有水平的还能做辅导员?"好人"还能嫁给辅导员?那不掉进"火坑"里啦?

这段时间在全国放映了《守望青春》这部电影，看过这部电影的辅导员都应当记住这句台词："我年轻过，你们没老过。"这句话的内涵是比较丰富的。其实你们现在想的这些问题，我在像你们这个年龄的时候都想过，也都遇到过，我与很多人的不同在于，我坚持了下来，而很多人放弃了。人生就是一个不断选择的过程，就看你追求什么、想得到什么。我经常讲这样一个观点，在你读书的时候你就认为你赚不过那些卖羊肉串的，那你为什么还要读书？你觉得你的人生输给他们了吗？不会吧？你要做个有"大文化"的人。什么叫"大文化"？《大学》开宗明义就讲："大学之道，在明明德，在亲民，在止于至善。"就我个人而言，"大文化"就是一种使命和担当，要表现出对民族、对国家勇于负责的精神。从某种意义上讲，从事辅导员工作就是"大文化"的体现。辅导员工作不被看好，正因为这样，才需要有人站出来、豁出去。辅导员工作是党的事业的组成部分，我们不干谁来干？现在一些辅导员产生抱怨情绪，确实有客观原因，更主要的还是主观方面的、信仰上的。说到根本就是我开始讲的，关键是你选择什么、追求什么，想成为一个什么样的人。

不是一家人，不进一个门。爱情是一类人，不是一个人。不认同你的，不与其相恋不就完了吗？陈铁军与周文雍在刑场上举行了婚礼。你已经摆在那里了，愿意嫁给你的人一定是认同你人生选择的人。难道人都把追求物质生活放在了婚姻第一位？不是这样吧！说起来这些好像都是大道理，其实不然。对事物的认识一定要抓住本质，不然就会被假象所蒙蔽。

强身健体是对的，这是你实现人生追求的重要保证。好的身体也是重要的幸福指数。

有事联系我！

祝好！

谢谢曲老师耐心地解答，您的解答让我有种醍醐灌顶的感觉，之前是自己的格局小了，没有上升到"为国育人"的高度，只是单纯地在想自己那一亩三分地上的事情。我会调整自己的心态，继续在辅导员岗位上陪伴学生们成长，同时也在这个过程中提升自我，寻找志同道合的伴侣，成为守望学生们青春的见证者，再次谢谢您。

051

与辅导员的交流（十）

2021-12-21

曲教授您好！

我是×× 大学辅导员××，今天听了您的报告，感触颇深、受益匪浅。无论是学术能力、工作能力还是工作态度，您都是我们学习的榜样。在今后的工作中还请曲教授多多指教。我也会更加热爱自己的工作岗位，更加关爱自己的学生，用心体会辅导员工作的意义与价值。

×× 你好！

谢谢你的点赞。辅导员工作的确辛苦些，不过这都是相对的。战争年代从事革命工作是要冒着杀头危险的。现在的环境多好啊！有些辅导员认识不到这些，因此看到的都是困难、麻烦，于是便发牢骚，这样是做不成什么事的。热爱是最好的老师，一定要下功夫把学生培养好，做到无愧于党旗下的誓言，对得起应聘时许下的诺言，无愧于学生的期待就可以了。“死去元知万事空”，到头来我们发现，其实有些追求并没有什么实际意义。有个好的身体、好的心态、好的人缘足矣。我认为这是衡量人生幸福的三个重要指标。

052

与辅导员的交流（十一）

2021-12-31

曲老师您好！

我是从事学生思想教育工作的辅导员××，有幸有这样的机缘面对面聆听您的教导，您就是我们的榜样。在学习了您的先进事迹之后，我们学院也涌现出了很多辅导员用爱教育学生的先进事迹，我们进行家访，切实感受到了您说的那种家长的爱和给我们的沉甸甸的托付。今天您在讲课中多次提到坚定的理想信念，多次提到爱党爱国，这是我们很多年轻老师不具备的或者说讲不出高度的内容，所以我更希望直接引用您的原话和故事来教育学生，我把您的书赠送给学生，让他们在书中和您直接对话，现在班级学生思想建设达到了较高水准。对于学生的教育，我还有一个问题想请教您，越是困难的地区越是很难解放思想，越是想着如何考这样的证或那样的证，以及如何考取公务员、事业单位，孩子们心中对于“国之大者”没有特别的概念，而我更不愿意把孩子们培养成走出大山的城市放牛娃（通过学习、考试来找一份钱多事少且离家近的工作，娶妻生子，再教育孩子找一份钱多事少且离家近的工作，一代一代传下去）。那么，应该如何引领他们的成长呢？对此，我有一些无力感，冒昧地向您请教。

××你好!

因为昨天事情太多,所以没有及时回复你,请理解。

我对自己近四十年的思政工作认识就是这样:辅导员工作是党的事业的组成部分,从某种意义讲,也是核心部分。道理很简单,青少年代表未来,因此,必须把青少年培养好。我多次讲过,辅导员工作绝不是“良心活”,即想干就干,想不干就不干,想多干就多干,想少干就少干。辅导员必须始终保持对党的忠诚,理想信念不能动摇,不能忘了党旗下的誓言。这样,辅导员才能理直气壮、信心满满、竭尽全力为学生成长服务。反之,就会患得患失、犹豫彷徨,导致职业倦怠。

做好学生工作,需要倾注感情。要想到学生的不易、家长的不易,不能辜负了学生、家长的信任。我从做辅导员那天起就想,一定要把学生培养好,不能因为我的倦怠、失误,使学生犯错。家访是我做好学生工作的一个举措。为此我付出了很多,在我的公众号上我曾经做过介绍。目前,我家访的足迹横跨全国二十二个省份,从地域来讲,应当是中国家访第一人。至今,我仍然和我留校做辅导员时带的学生家长有联系,我还会去看望他们,他们都已是八九十岁的老人了。家访的意义是多方面的,不仅增加了对学生的了解,也增进了和学生的情感,更增强了工作的责任心和针对性。当然,家访是要克服很多困难的。我想,你们也是付出了很多,学生们、家长们一定不会忘记你们的。

教育是有层次的,也会有差别,不可能千篇一律。作为辅导员,我们就是引导他们朝着正确的方向发展的引路人。人生的坚定信念也是一步步树立起来的。我在大学的时候想得最多的是一定要让父母晚年过上幸福的生活。读了大学,我懂得了“小我”可以融入“大我”之中,只有做到了“大我”,才能更好地实现“小我”。首先应当鼓励他们走出去,只有有视野了,才能有格局,才能有更大的担当。回报家乡、建设家乡也是有多种方式的。中国女排队员朱婷为家乡做了很多有益的事,前提也是她走了出去。要教育学生成为一个有责任的人。无论身在哪里,心一定不能与父母、家乡、祖国分离。有事联系我。

祝新年快乐!

关于人生导师

053

与一个辅导员的交流（一）

2021-01-02

曲教授您好！

因为在备考辅导员，我的一个在做辅导员的同学向我推荐了您。看了您与辅导员、学生们的微信交流，真是有种如沐春风的感觉。说真的，我之前没想过报考辅导员，一直在离家较远的小县城上班，偶然的机会看到了辅导员招考公告，便想试一试。初衷呢，主要是想离家近一些，能照顾宝宝，另外辅导员还有寒暑假。真正接触了辅导员这个职业以后，我才认识到辅导员工作的伟大与渺小。伟大在于，作为思想政治教育工作的组织者、实施者和指导者，辅导员对大学生的三观，甚至职业生涯的影响；渺小在于，辅导员工作烦琐复杂，要做到关心、关爱、关注学生的每个细节。这些刷新了我对辅导员这一职业的认知，深感自己之前的浅薄和草率。这也坚定了我想成为一名辅导员的信念。因为，我从您的字里行间看出了辅导员工作的幸福感和自豪感。虽然结果未知，但我依然庆幸能有这样一个机会，让我这么近距离地接触和了解这一伟大而神圣的职业。还有两三天就要面试了，当我在为未知的主题演讲而惆怅、纠结、焦虑、紧张之时，是曲教授您的话语提醒了我。谢谢您！

××你好！

谢谢你的认同。把你的详细地址告诉我，我把我写的《我与辅导员的交流》《我与大学生的交流》这两本书签名邮寄给你做纪念。

辅导员工作是伟大的。辅导员是大学生的人生导师，是给学生心灵埋下真善美种子的人。正如马克思十七岁的时候在《青年在选择职业时的考虑》一文中所说：

“在选择职业时，我们应该遵循的主要指针是人类的幸福和我们自身的完美。不应认为，这两种利益是敌对的、互相冲突的，一种利益必须消灭另一种的；人类的天性本来就是这样的：人们只有为同时代人的完美、为他们的幸福而工作，才能使自己也达到完美。

如果一个人只为自己劳动，他也许能够成为著名的学者、大哲人、卓越诗人，然而他永远不能成为完美无疵的伟大人物。

历史承认那些为共同目标劳动因而自己变得高尚的人是伟大人物；经验赞美那些为大多数人带来幸福的人是最幸福的人，等等。如果我们选择了最能为人类福利而劳动的职业，那么，重担就不能把我们压倒，因为这是为大家而献身；那时我们所感到的就不是可怜的、有限的、自私的乐趣，我们的幸福将属于千百万人，我们的事业将默默地、但是永恒发挥作用地存在下去，面对我们的骨灰，高尚的人们将洒下热泪。”

辅导员工作应当追求“待到山花烂漫时，她在丛中笑”的意境。十年树木，百年树人。这种意境显然不是现在就能得到的。我们有些辅导员太急了，总想今天就有这样的意境，殊不知创设这样的意境是需要生长期的。我坚信我是聪明人，不会把自己送到苦海里。辅导员工作“功在当代、利在千秋”。随着岁月的逝去，留下的是学子们的一片深情。越到老的时候，越会体验到辅导员工作的意义和价值。一些从官场上下来的人，常说“人走茶凉”，这一方面是有些人从来就没有沏过热茶；另一方面是那种领导和被领导的关系，也难能培育出像辅导员与学生这种知心朋友的情感。

我从来没感觉到辅导员渺小。只能说在大学制度还不完善的当下，在辅导员职业化、专业化建设的过程中，辅导员工作的界域还不是那么的清晰；辅导员的工作还没有模式化，很多工作还在探索中。相信这些一定会有所改变的。不用与我三十八年前做辅导员相比，仅看一下全国高校思想政治工作会议以来的变化，打个比方说，如果说三十八年前尚处在有没有必要建辅导员这座“大厦”这个阶段的话,那么今天不只是一定要建这样的“大厦”的问题,而且已经盖了好多层了,“大厦”的竣工指日可待。当然,即便竣工了,还需要有精雕细琢的装修时间。在我的职业生涯中是看不到这一天了,我想后来的辅导员们一定会看到,不过这其中也需要辅导员们的努力。毛泽东同志说:“社会主义制度的建立给我们开辟了一条到达理想境界的道路,而理想境界的实现还要靠我们的辛勤劳动。”辅导员这座“大厦”的建设同样如此。

054

与一个辅导员的交流（二）

2021-01-15

曲老师您好！

我是××学院辅导员××。今天听了您的课，令我受益匪浅。尤其是您最后说的一句话："拜托你们，对学生好一点。"我感动得都要哭了！您真是太伟大了，当您的学生是多么幸福！回顾自己一年来的工作，在学生身上花的时间真是太少了，对此我也深感愧疚。我会谨记您的谆谆教诲，要更加爱我的学生。愿今后还能有这样的机会听您的讲座。谢谢曲老师，祝您身体健康，开心每一天！

祝好！

××你好！

这些天挺忙，就没有及时回复你，请谅解。在看到你说当我说"拜托你们，对学生好一点"时你都要哭了，我也掉泪了。辅导员是大学生的人生引路人，他们怎么样，直接关系到我们党和国家的未来，关系到学生们的幸福。想一想我的思政路，我就抱定一条："对学生好一点。"我要求自己绝不能让学生在思想上犯错，要力所能及地帮助他们。为此，我付出了很多，也可以说付出了一辈子。我已经是六十多岁的人了，每当和辅导员交流的时候,我都想:“我做不了几年了,关键是你们这些年轻的辅导员,你们将陪同青年学生实现中国梦,你们对学生一定要好一点。”所以,在和辅导员交流结束的时候,我常说这句话:“对学生好一点。”我现在已经比较平静了。刚开始说这句话的时候,我的眼角都会浮出泪水,我的脑海里浮现出的是我们祖国和学生的明天。有一次说完了这句话,我再也无法讲下去了。我在做学校党委副书记的时候有个惯例,每周都要带学生工作部门的几位同志到学生食堂吃两次饭。一次在吃饭的时候,食堂的电视里正播放《同一首歌》。我听着听着便流泪了。团委书记问我:“书记,您怎么啦?”我说我想到了两点:一点是生活如此的美好,一定要认真地投入;再就是一定要对学生好一点,等学生们离开的时候再想对他们好一点也没有机会了。我刚留校做辅导员时,有一年春节期间到一个困难学生家中家访,临走的时候我给了这个学生十元钱,我后悔当时为什么不给学生十一元钱呢?对学生好一点。你们虽然有很多机会,但是千万不要错失良机,正可谓“机不可失,时不再来”。珍惜和学生在一起的时光,珍惜每一次为学生服务的机会,这样等你老了的时候,你才会问心无愧,才会感受到活着是如此的美好,辅导员工作是如此的有意义、有价值。

祝假期愉快,一切顺心如意!

曲老师您好!

非常感谢您在百忙之中给我回复这么长的信息,您辛苦啦!一直以来我都在关注您的公众号,看到您给好多人回复,没想到我也非常荣幸地成为其中的一员。自从从事辅导员工作,繁杂的工作内容便占据了我大部分的时间,因精力有限,有时候甚至对辅导员这份职业有种倦怠感。听了曲老师的课,我认真地进行了思考,产生这种倦怠感的原因可能是我没有真正和学生们在一起,没有真正体验到和学生们在一起的快乐。我一定会将“拜托你们,对学生好一点”这句话铭记在心里,并尽最大努力对我的学生好一点。再次感谢曲老师,提前祝您新春快乐!

祝好!

055

与一个辅导员的交流（三）

2021-03-30

曲老师您好！

我是××大学辅导员××。您辛苦啦！没想到您这么快就能通过我的微信好友申请，真的令我好感动，谢谢您。同时，我也想跟您说声“抱歉”，因为有课，中途离开没能听全您的讲座，特别遗憾。虽然听的时间不长，听的内容不全，但是真的触动到了我的内心。为什么不尊称您为教授，可能是我觉得叫老师更亲切。从来没有看到过一位教授、一位学者、一位楷模能站在这里亲切地教我们“如何去做好一名思政课老师和辅导员”，您是那么的平易近人、那么的谦虚谨慎，您身上有太多值得我们学习的东西。我们需要您多给我们这样的辅导员上上课，多辅导辅导我们，从政治制度到教育情怀，让我们多几次触动！我们必须要爱国敬业，爱自己的学生，带领他们从思想上改变，补思想上的“钙”。曲老师，每一次的触动都将成为我出发的新起点，我也愿意做一辈子的辅导员，感谢您！

××你好！

读了你这段充满真情实感的话，我也很感动。现在的辅导员在高校还没有得到应有的地位和尊重，有多方面的原因，其中一个原因与我们辅导员还没有真正认识到我们的价值所在、没有全身心地投入到教育引导学生有关。辅导员是培养大学生价值观的人，大学生的价值观若是错了，知识学得再多也没有用。我们办大学，需要给学生专业知识，增强学生的能力，但是更为重要的是要让学生毕业后能树立正确的价值观，懂得所学的知识为谁服务。我们现在提出全过程、全员、全方位育人，对学生影响最大的还是辅导员。辅导员和学生们朝夕相处，辅导员的一言一行对学生们必然产生这样或那样的影响。作为一名老辅导员，我经历多了，也看多了，事实就是如此。我站着讲，一是为了表示对大家的尊重，二是为了锻炼身体。无论做辅导员还是上思政课，没有什么惊天动地的大事，就是一件件普 U 普通通的小事谱写了我人生的乐章。这是我的体验，我愿意与大家分享。我老了，就是希望你们年轻的辅导员能够不忘初心，坚定理想信念，下功夫把学生培养好。即便我们一无所有，我们有学生，这就值了！相信你一定会帮助学生系好人生的"扣子"，在培养学生、服务祖国中实现你的人生价值，成为令人敬佩的人！

要登机了，先聊到这里，有事就联系我。

祝好！

曲老师，谢谢您的回复！学生的事无小事，工作虽然有时候很琐碎，但是也让人感到很充实。平日里一个问候，节日里一条祝福的短信，学生困惑时打来的一个电话……可以说，辅导员的幸福来自学生的信任和认可。曲老师，欢迎常来× × 大学！

祝您一路平安！

056

与一个辅导员的交流（四）

2021-07-06

曲老师您好！

今天您的报告让我再次深受鼓舞，您是所有辅导员的榜样。听课时我的眼睛里含着泪水，这是对初心的守望。未来我一定要成为像您一样的人，守教育初心，担民族复兴使命！您一定要多保重身体。

××你好！

你的话语不多，却也感动了我。习近平总书记说："未来属于青年，希望寄予青年。"这不是同样包括你们吗？我始终相信，广大辅导员是有担当精神的，他们在党和人民需要的时候会挺身而出。我们需要培养青年学生矢志不渝跟党走的决心，你们一定要拿出全部的力量，当好大学生的人生指导者和引路人，帮助学生成为"立大志、明大德、成大才、担大任"的时代新人。这是多么值得终身追求的事业。谢谢你的点赞，我们共勉！有事就联系我。

祝你一切都好！

057

与一个辅导员的交流（五）

2021-07-22

曲老师您好！

我是咱们学校××学院的辅导员××，是去年才入职的，本硕皆毕业于××大学新闻系。还没来到学校就已经听闻您的事迹，之前拜读过您的书，为我打开了辅导员岗位的大门，每每拜读，都让我热泪盈眶。今天有幸听您的现场讲座，更是对我进行了一次严肃而庄重的心灵洗礼，甚至越听到最后，越为自己格局的有限而惭愧！

经师易得，人师难求，感谢您给这个世界带来这么多美好，为青年人播种这么多真善美的种子。祝您身体健康、工作顺利！吾辈定会赓续您之火种，不断奋进！

××你好！

我们是校友，以后有很多时间交流，随时可以到我办公室找我，有事也可以微信联系我。

一些辅导员在选择辅导员工作时确实格局不大，只是因为择业、爱人、贪恋大城市等因素而“不得已”当了辅导员，整天想的却是早日离开辅导员岗位。这就不能安心做好辅导员工作，结果既耽误了学生，也耽误了自己。

做事一定要一心一意,其实一辈子能做好一件事就可以了。这就需要认真地选择,不能自欺欺人,谁也没有大把的时间随意浪费。为什么有的辅导员“身在曹营心在汉”呢?就是因为没有认真地进行选择。现在你选择了做辅导员,那就做最后一次审定,问问自己的内心是否坚定。当然我还是希望你的内心能够坚定地认同辅导员工作。因为辅导员工作体现了共产党人对党的忠诚,体现了人民教师对人民的热爱,体现了一个人对幸福的追求。辅导员有什么不好?有了学生就有了一切。从某种意义上讲,你的格局不高也是不可避免的。此前你毕竟是“不识庐山真面目,只缘身在此山中”,现在你置身其中了,那就没有理由晃来晃去了,把精力放在辅导员工作上,辛勤耕耘,在学生的心灵埋下真善美的种子,帮助学生系好人生的“扣子”,这样,学生就会感谢你、记住你,你就会在陪伴学生成长中实现你最有价值、最有意义的人生目标。

祝好!

感谢曲老师百忙之中又给学生“传经送宝”。听了您的一席话,我受益匪浅,不禁深深思考。此外,您那么忙,还抽出时间如此走心地给我回复这么多内容,更是另一种言传身教。我更加发自内心地敬佩您,并努力想成为像您一样有伟大人格的人。我想,对您给予的教诲最好的回馈,就是把您的嘱托用心落实到我之后的育人工作和做人当中。

毕业后我一直想成为一名辅导员,因为我自己就是切身受益于高等教育和这个时代的。这个时代和教育把我托举到了以自己原本的家庭无法达到的一些平台,这一路上我也遇到了很多良师益友,让我十分想把我接收到的这些真善美都传递下去。我想,只有真正地被教育感动过,我才能更好地教育我的学生。毕业后一直没有遇到辅导员岗位的招聘,好不容易等到了大连海事大学招聘的机会,所以我万分感恩,甚至有时候幸福到难以置信。工作后更是在与学生们的沟通中,收获了如此多的幸福。但我刚入职一年,还有很多大风大浪没有经历过,不知道能否像您一样,近四十年都永葆初心、不忘来路?虽然还需要时间去检验,但是我已做好准备!

再次感谢曲老师!等您方便了,我一定去您办公室,向您汇报一下我的工作心得。您辛苦了,六十多岁了您还如此行程紧凑地各处奔波。您要保重身体,您的每一次出现都会点燃一批“火种”,这些火种又会照亮满天星辰。

太晚了,曲老师早点休息吧。等您回来了,如果方便的话,我去办公室拜访您。

好的。因为对的才坚持,其实人生比较的就是谁能把对的事坚持做到底。

谢谢曲老师,学生谨遵教诲。您快休息吧,别回复我啦,好梦。

058

与一个辅导员的交流(六)

2021-10-12

曲老师您好!

我是××学院的一名辅导员,我叫××,去年参加网络直播课听过您的培训,非常荣幸今年能与您见面并再次聆听您的讲座,您讲到家访的时候我也感动得流泪了。我希望在自己未来的辅导员生涯中,能以您为榜样,多为学生做实事、办好事,做一个走心的辅导员。

××你好!

谢谢你的认同!我1982年留校做辅导员的时候就开始了家访,至今足迹已经横跨全国二十二个省份。家访拉近了我和学生之间的距离,增进了我与学生、家长的情感,也增强了我工作的责任感、使命感。可以说那些被家访的学生“再不用”教育了,他们都发展得很好。一定要做个对学生负责的辅导员。辅导员的伟大就在于他们燃烧了自己,照亮了学生前行的路。把你的详细地址告诉我,我把我写的书签名邮寄给你做纪念。

谢谢曲老师,看到您的回复,我便更加确定了自己当年毕业就从事辅导员工作是十分正确且有意义的。我想我今后也会脚踏实地地深入到学生中去，用心培养每一名学生。今后在工作中遇到困惑，我还要经常向您请教！再次感谢曲老师给予我们继续前行的力量！

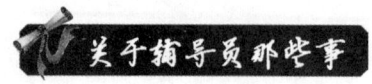

祝您身体健康、工作顺利！

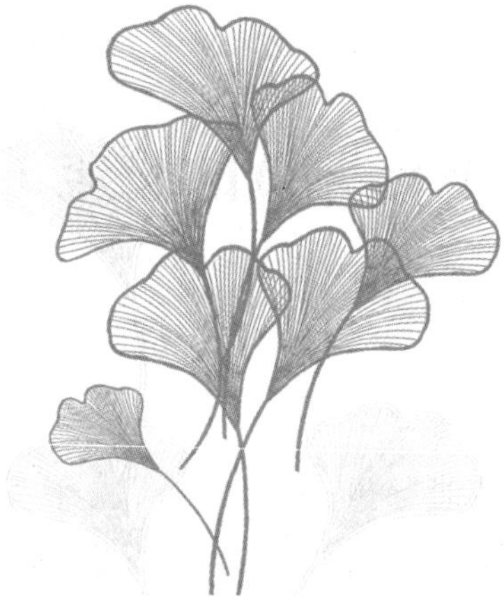

关于素质能力

059

高校辅导员素质与能力建设对策研究

吴云志　曲建武

“如何提高思想政治教育工作队伍的素质和能力，形成做好大学生思想政治教育工作的骨干力量”，是胡锦涛同志在全国加强和改进大学生思想政治教育工作会议上提出的一个重大理论与实践课题。他强调指出：“要切实加强学校党政干部和共青团干部、思想政治理论课和哲学社会科学课教师、辅导员和班主任这三大队伍建设，特别是要采取有力措施，按照政治强、业务精、纪律严、作风正的要求，着力建设一支高水平的辅导员和班主任队伍，使他们在学生思想政治教育中发挥更大作用。”我们认为，建设一支高水平的辅导员队伍，关键是培养和提高辅导员队伍的素质和能力。

一、加强高校辅导员素质与能力建设的必要性

辅导员是高等学校教师队伍和管理队伍的重要组成部分，是开展大学生思想政治教育的骨干力量，是高校学生日常思想政治教育和管理工作的组织者、实施者和指导者。高等学校设立辅导员制度是中国特色社会主义高等教育的重要特色，辅导员工作制度的形成和发展体现了高等教育发展规律特别是大学生思想政治教育规律的要求，是高等教育改革和发展的重要条件。

高校辅导员工作制度的设立,反映了教育与管理必须紧密结合的教育规律。学生的学习与成长,既需要教育,又需要管理。教育与管理手段不同,目的一致;教育中有管理,管理中有教育,教育与管理相互联系、相互渗透、相辅相成,统一于教育实践之中。这是包括高等教育在内的各级各类学校教育的一条规律。辅导员既是大学生的思想政治教育者,又是大学生行为和日常事务的管理者,他们集教育与管理于一身,既能增强教育的实效,又能提高管理的效果。假如高校没有一支辅导员队伍,思想政治教育、行为管理,尤其是这两者的结合都会受到严重影响。高校教育教学大多是以年级为基本单位进行的,年级是最基本、最基层的组织形式。年级的教育和管理是整个学校教育和管理的基础,也是教育和教学工作的组织保证。高校辅导员工作制度的确定,首要的意义在于能把对学生的教育和对学生的管理统一起来。

高校辅导员工作制度的设立,体现了个别教育与集体教育相结合的教育规律。集体教育是面向全体学生,通过集体教育个体的教育形式;个别教育是面向个体因材施教的教育形式。个别教育的针对性比集体教育要强。在现代教育中,学生班级集体、年级集体是影响学生成长的重要因素。集体教育不能完全代替个别教育,但个别教育必须与集体教育相结合。苏联教育家马卡连柯认为:“在教育单独个人的时候,我们应当想到整个集体的教育。”在大学各年级设立辅导员,不仅有助于个别教育的开启,更有利于学生集体建设,把面向个别的教育和面向集体的教育结合在一起,更有利于教育目标的实现。高校辅导员工作制度的设立,有效地克服了个别教育与集体教育相脱离的情况。

高校辅导员工作制度的设立,体现了大学生全面发展的规律。社会主义的高等教育是素质教育,是全面发展的教育。大学生正处在长知识、长身体的时期,处在思想道德素质和人格形成、发展的关键阶段。培养学生素质,使学生德、智、体、美、劳全面发展,是党和国家教育方针的要求。辅导员的工作内容、工作职责和任务,是受学校的委派对学生进行思想政治教育,培养学生良好的思想品德素质;指导学生的学习,帮助学生形成合理的知识结构和智能素质;引导学生参加体育活动和健身活动,增强学生的体质和促进他们的心理健康发展;组织各种课内外文化活动,提高学生的审美能力和审美情趣。德育、智育、体育、美育以及劳动教育等教育因素之间关系密切，只有各方面协同配合，才能实现教育方针规定的培养目标。辅导员工作制度，适应了大学生全面发展的要求，体现了各教育因素相互联系、相互渗透规律的要求。

高校辅导员工作制度的设立，体现了单一性的教育影响与综合性、系统性的教育影响相互作用的规律。教育是有目的、有计划、有组织的育人过程。人的社会化需要很多条件，其中最主要的条件是环境、人的主观能动性、系统的学校教育。在这几方面因素中，学校教育起主导作用。影响大学生成长的因素既有校外的，如社会环境、家庭教育等，又有来自学校各个方面的，如各学科任课教师的影响、其他员工的影响、校园文化建设的影响等。按照教育规律，只有把这些单一的、个别的、分散的教育因素和教育力量整合起来，形成系统性、综合性的教育网络，形成教育合力，才能发挥各方面教育影响的正效应。在当代信息传播极为广泛、快捷的条件下，整合教育力量，综合协调、控制加工各种信息，显得特别重要。在学校里，辅导员和班主任最了解学生、最接近学生，因而他们在协调工作中更自觉，也更有效。

随着我国改革开放和社会主义现代化建设的发展，高等教育的内外环境发生了很大的变化。高等教育置身于社会发展之中，与整个社会的联系从来没有像今天这样紧密，社会发展对大学生的影响也变得更加直接。这些变化为大学生在思想政治方面健康成长提供了更加有利的条件，开辟了更为广阔的空间。在发展社会主义市场经济和对外开放的条件下，在各种思想文化相互激荡的环境中，大学生思想活动的独立性、选择性、多变性、差异性明显增强，受到各种思想文化的影响也明显增多。

胡锦涛同志在全国加强和改进大学生思想政治教育工作会议上指出："在当前的国际国内条件下，敌对势力同我们争夺下一代的斗争依然十分尖锐复杂……我们绝不能丧失警觉。在这种情况下，我们必须在大力提高大学生科学文化素质和健康素质的同时，下功夫提高大学生思想政治素质，引导大学生树立正确的理想信念，增强政治鉴别力，有效防范和抵御敌对势力的思想渗透。"要实现这一目标，就必须有一支高水平的辅导员队伍，了解大学生的思想实际，研究大学生思想政治教育的规律，切实提高大学生思想政治教育的实效性。

高校扩招后，在校大学生数量迅速增多，由于他们的入学年龄普遍偏小，而且大多是独生子女，不少人自理、自立能力较差，社会经验较少，分辨纷繁复杂信息的能力较弱，这就决定了他们除在专业选择和学习方法上需要帮助和指导外，在如何适应大学生活，如何处理人际交往，如何选择职业，如何分辨大量的社会信息，如何树立正确的世界观、人生观和价值观等问题上也需要更多的教育和引导，特别是那些家庭困难和存在心理障碍的学生更需要全面的关心和帮助。

随着高校学分制的实施，传统的大学德育管理模式发生了很大的变化，许多高校实施了导师制，有些人认为设立辅导员没有意义，辅导员的工作由导师做就可以了。但是，导师工作与辅导员工作是有区别的，其中一个重要的区别是，导师做大学生的思想政治教育工作带有“兼职”色彩，他们不一定能全身心地投入到大学生的思想政治教育工作中去，而且可能缺乏这方面的系统的专业知识。大学生思想政治工作是科学，具有规律性，因而需要有专人来承担。而对辅导员来说，做大学生的思想政治教育工作正是他们的主业。加强辅导员素质与能力建设，建立一支专业化、职业化的辅导员队伍是加强和改进大学生思想政治教育不可或缺的重要条件。

二、培养和提高辅导员素质与能力的基本对策

大学生思想政治教育能不能加强和改进，大学生能不能全面发展、和谐健康成长，关键是看我们能不能建设好一支高水平的辅导员队伍。我们必须从时代、战略和全局的高度，充分认识新形势下培养和提高辅导员素质与能力的极端重要性，采取有效措施，切实加强辅导员队伍的素质与能力建设。

1. 应像重视业务教师的选拔和培养那样重视辅导员的选拔和培养

高等教育的改革、发展和创新，关键在教师。要创建一流的高等教育，培养一流的高级专门人才，首先要有一流的教师队伍。当前，制约我国教育改革、发展的因素很多，但首要的因素是教师。许多高校想方设法构筑人才高地，搭建人才平台，引进一流教师，培养和造就教学名师和学科带头人。这些做法促进了教师队伍建设，适应了高等学校教育教学改革和发展的需要。应该将高校专业教师素质与能力建设的成功经验运用到高校辅导员队伍建设中来。

要想推动和鼓舞别人前进，自己就应当是一个能够推动和鼓舞别人前进的人。一位优秀辅导员对大学生的带动和影响往往是一生一世的——

他的人格魅力、他的道德品质、他的学识和修养都将长期影响学生的成长。但是,一些高校对辅导员的定位缺乏准确的理解,似乎辅导员工作谁都可以做,一些不具备相应素质的人也被扩充到辅导员队伍中来。由于选拔机制存在问题,许多辅导员缺乏专业化知识背景和职业化心理准备,系统接受过马克思主义理论与思想政治教育、管理学、教育学等相关专业训练的也比较少。由于本科学历的辅导员带本科生的情况比较普遍,辅导员的理论水平比大学生高不了多少,一些大学生的思想困惑不能从辅导员那里得到及时解决,辅导员的教育和引导作用不能得到充分发挥。辅导员是高校教师的一部分,必须像重视业务教师的选拔那样重视辅导员的选拔和培养,建立起严格的辅导员职业准入制度。

《普通高等学校辅导员队伍建设规定》要求:“辅导员选聘工作要在高等学校党委统一领导下,采取组织推荐和公开招聘相结合的方式进行。”“辅导员选聘应当坚持如下标准:(一)政治强、业务精、纪律严、作风正;(二)具备本科以上学历,德才兼备,乐于奉献,潜心教书育人,热爱大学生思想政治教育事业;(三)具有相关的学科专业背景,具备较强的组织管理能力和语言、文字表达能力,接受过系统的上岗培训并取得合格证书。”在实践中,部分高校对辅导员的政治素质、学历层次和学科背景等提出了更高的标准。

高校还可以从政治立场坚定,思想品行端正,工作能力较强,具有学科专业背景的党员教师和党政干部中选聘辅导员。有条件的学校可以从免试推荐的硕士生、博士生中择优选聘专职辅导员,专职从事一段时间辅导员工作后,再攻读研究生学位。

受高等教育内外部环境变化的影响,大学生的思想和行为也在发生着变化。辅导员队伍应该适应这种变化,不断提升自身的综合素质和工作能力。为此,学校必须根据工作的实际需要,把辅导员的培养纳入学校师资培训规划和人才培养计划,辅导员培养享受与专任教师培养同等待遇,进行经常性的培训。各级教育行政部门应当建立辅导员培训和研修基地,承担所在区域内高等学校辅导员的岗前培训、日常培训和骨干培训,对辅导员进行思想政治教育、形势与政策、管理学、教育学、社会学和心理学以及就业指导、学生事务管理等方面的专业化辅导与培训,开展与辅导员工作相关的科学研究。

要统筹规划专职辅导员的发展。高校要积极选拔优秀辅导员参加国内国际交流、考察和进修深造。支持辅导员在做好大学生思想政治教育工作的基础上攻读相关专业学位，鼓励和支持专职辅导员成为思想政治教育工作的专门人才，向职业化、专业化、专家化方向发展。

2. 建立健全辅导员管理、考核、激励和淘汰机制

高校辅导员队伍重在建设，而队伍建设的关键是建立有利于辅导员素质与能力发展的管理机制，真正做到认识到位、制度到位、政策到位、措施到位，形成一整套与高等教育改革和发展相配套的对策。

《普通高等学校辅导员队伍建设规定》指出："高等学校辅导员实行学校和院（系）双重领导。高等学校要把辅导员队伍建设放在与学校教学、科研队伍建设同等重要位置，统筹规划，统一领导。"辅导员队伍实行学校和院（系）双重领导体制，学校党委要统一规划辅导员队伍建设工作，对分布在各院（系）的辅导员实行统一的领导和管理，各院（系）对所辖的辅导员进行直接管理和领导。学校党委学生工作部门是校党委建设与管理辅导员队伍的主要职能部门，学校组织、人事部门要积极参与和支持辅导员队伍建设。高等学校所属各院（系）要设立学生工作办公室，具体负责本院（系）辅导员的日常管理工作。学生工作办公室主任一般由院（系）主管学生工作的党政负责人兼任。高等学校应根据学校实际，设立大学生生活园区工作办公室。院（系、生活园区）学生工作办公室在学校学生工作部的指导下开展大学生思想政治教育工作。

对辅导员实行教师和管理干部双重身份管理。当前，辅导员既可以按照辅导员职称评审标准评聘思想政治教育学科或其他相关学科的专业技术职务，也可以同时根据工作年限和实际表现晋升相应的职务。高校要制定相应的实施细则，促进辅导员工作的科学化、规范化、制度化。要完善辅导员考核制度，定期进行工作考核，考核结果要与职务聘任、奖惩、晋级等挂钩。对工作不称职的要批评教育，仍无改进的应调离工作岗位。在事关政治原则、政治立场和政治方向问题上不能与党中央保持一致的，不得从事辅导员工作。

3. 为辅导员队伍发展创造良好的政策环境

中共中央国务院发出的《关于进一步加强和改进大学生思想政治教育的意见》指出："要采取有力措施，着力建设一支高水平的辅导员、班主任队

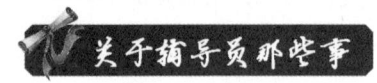

伍，学校要从政治上、工作上、生活上关心他们，在政策和待遇方面给予适当倾斜。”为此，《普通高等学校辅导员队伍建设规定》指出：“高等学校要积极为辅导员的工作和生活创造便利条件，应根据辅导员的工作特点，在岗位津贴、办公条件、通讯经费等方面制定相关政策，为辅导员的工作和生活提供必要保障。”

为辅导员发放岗位补贴。辅导员应有必要的岗位补贴，这不是因为他们辛苦，而是因为工作需要。例如，学生病了，他们要到医院看望；学生有事请假，请示汇报工作要随时给他们打电话，等等。岗位补贴体现的是一种关怀，有利于激发辅导员热爱大学生思想政治教育的情感。

切实解决辅导员的职称评聘问题。辅导员队伍稳定与否，跟辅导员职称评聘政策好坏有直接关系。与同期留校的专业教师相比，辅导员的职称评聘相对落后，影响了他们安心工作。为此，要切实解决辅导员的职称评聘问题。要根据辅导员岗位基本职责、任职条件等要求，结合各校实际，制定辅导员评聘教师职务的具体条件，突出其从事学生工作的特点。

为辅导员科研立项创造条件。思想政治教育要有科学理论的指导，加强理论研究是必需的。科学的理论来源于实践，理论的价值在于能够指导实践。当前，随着高等教育内外部环境的变化，大学生的思想认识也发生了变化，许多问题亟待回答和研究解决。辅导员的优势在于“有生活”，他们在长期的工作和学习中积累了较丰富的实践经验和一定的理论素养。大学生思想政治教育理论研究的关键，是把“应然”的阐述变成“实然”的总结和归纳。辅导员的“学术背景”（如学历、职称、成果等方面）较浅，很难在省部级课题中立项。为此，高等学校应当鼓励、支持辅导员结合大学生思想政治教育的工作实践和思想政治教育学科的发展开展研究，对辅导员科研立项要有所倾斜。

4. 在有条件的高校设立高校辅导员专业

学科建设是理论研究和学术繁荣的重要途径和手段，辅导员专业学科建设是巩固和发展辅导员队伍的需要，是高校辅导员队伍逐步走向专业化和专家化的必然要求。高校一定要像重视其他专业基础理论学科建设一样，重视辅导员专业学科建设。

2005年，中国高等教育在校生总规模超过2300万人，高等教育毛入学率达到21%。2005年全国共招收普通、成人本科和高职（专科）学生

697.25 万人，比 2000 年增加 320.49 万人。根据规划，到 2010 年，中国高等教育毛入学率将达到 25%，在校生将达到 3000 万人。教育部《普通高等学校辅导员队伍建设规定》要求，“高等学校总体上要按师生比不低于 1∶200 的比例设置本、专科生一线专职辅导员岗位”。按这一比例，届时全国高校需配备专职辅导员 10 万人左右，此外还有 5 万名左右的兼职辅导员。如此庞大的需求，为设置高校辅导员专业提供了现实依据。

现有的思想政治教育专业的毕业生为辅导员岗位提供了大量优秀的后备军，但思想政治教育专业不能取代高校辅导员专业。辅导员给予学生的指导和帮助不只是思想政治教育，还要为学生提供学习方法、职业规划和心理咨询等方面的服务，这需要相应的专业知识和专业技能。因此，有必要开设专门培养高校辅导员的专业，使辅导员“学有所长”，能充分发挥专业水平。

在高校设立本科生或研究生层次的“辅导员专业”，变“选留”为“培养”，能够从源头上解决辅导员队伍的“高进”问题。做到专业培养、专业使用，可以有效解决一些“选留”的辅导员专业思想欠缺、从业时间短的问题，也能解除新选留辅导员对荒废专业的担心，这将会对稳定辅导员队伍发挥重要作用。

（发表刊物：《高校理论战线》2008 年第 1 期）

060

辅导员如何利用假期提升个人专业素养

曲建武

曲老师您好！

我是一名刚刚工作两年的辅导员，本硕连读的工科专业，在辅导员职业相关的理论知识上感觉有所欠缺，工作中时常感受到理论知识学习的重要性。进入暑假，难得有相对整块的时间学习与思考，我很想抓住这个黄金学习期，但又不知道从何下手，从哪里做起。

想问一下，应该如何利用假期提升专业素养、开展理论学习？如何把学习成果转化为工作实效，做到育人育心、立德树人？

××你好！

专业素养指的是专业知识、专业理论、专业技能、必要的组织管理能力等方面的素养。俗话讲，干什么要像什么，而像什么的前提是能像什么，这个“能”，就是做与之相应的某一方面事情的水平。而这“水平”不是天生的，需要培养、提升。

就辅导员工作来说，需要哪些专业素养，也就是需要具备什么样的水平呢？

这无疑是多方面的，不过我以为，最重要的还是解决好理论和情感两方面的问题。

一、要学理论

辅导员工作绝不是“婆婆妈妈”就能解决问题的。辅导员是大学生人生价值观确立的引领者，是帮助学生系好人生“扣子”的人。学生确立什么样的价值观，在很大程度上受辅导员的影响。

“不学礼，无以立。”想让学生树立怎样的价值观，辅导员首先就要确立这样的价值观，想让学生明白，而辅导员自己却不明白，这怎么能行呢？

因此，辅导员一定要把学好理论当成一种使命、一种追求，要用绝不能让学生在思想上犯错的责任感要求自己。

我们有些辅导员之所以对理论素养重视得不够，与没有认识到自身所担负的这种使命、责任有关。我们今天的辅导员队伍建设从某种程度上来看，还是以管理型为主。

我经常讲，管理要为思想引领服务，不然管住了学生的行为，却管不住学生的心。这就使得一些辅导员在理论素养上天然存在着“短板”。发现问题是为了解决问题，所以辅导员一定要补上这个“短板”。现在一些辅导员对学习理论的认识有所增强，但是理论学习还存在着不扎实、不系统、急于求成的问题，甚至把为了评职称写论文当成了唯一的理论学习。

理论学习一定急不得。辅导员工作依托的主要学科背景是马克思主义理论、思想政治教育，借鉴学科为社会学、法学、伦理学、心理学、管理学等。因此，辅导员应当首先系统地学习马克思主义经典作家、中国共产党主要领导人关于马克思主义的基本理论，关于思想政治教育的论述；当前要特别学习好习近平新时代中国特色社会主义思想，尤其要学习好习近平总书记关于教育的重要论述。

辅导员还应当系统地学习思想政治教育学科知识。现在许多辅导员过于注重心理学科知识的学习，这不是不可以，但是心理学科在思想政治教育中处于从属地位，要为思想政治教育服务。学理论，还是要先打下思想政治教育学科知识基础。许多辅导员只是从网上学理论，或者把理论文章下载下来存在硬盘里，这虽然有必要，但是更要把一些主要的理论观点存在脑海里。

要养成读书的习惯，特别是要买书读，有些书要反复读，有些观点要消化后背下来。现在有了手机，把要记下来的一些观点录下来，利用“碎片化”的时间反复听，这样就记住了，并且还会记得牢、用得上。习近平总书记“七一”讲话后，我就把相关内容自己读了一遍录在手机里，锻炼身体的时候一边跑步一边听，基本的观点都记住了，有些段落我都能背诵下来。

二、要有情怀

辅导员一定要有情怀，即对党、对祖国、对人民之情怀。辅导员工作是党的思想政治工作的组成部分。辅导员要始终把对党、对祖国、对人民的忠诚和热爱牢记在心中，“坚定恒心韧劲，平常时候看得出来、关键时刻站得出来、危难关头豁得出来”。

越是伟大的事业，越是充满挑战，越需要知重负重。辅导员工作麻烦些、劳累些，但是与先烈们比，这又算得了什么。今年表彰的 29 位“七一勋章”获得者，他们都来自人民、植根人民，都是立足本职、默默奉献的平凡英雄。论能力，比他们强的应当数不胜数，为什么他们能取得如此卓越的成绩、做出巨大的贡献，说到根本是因为他们对党、对祖国、对人民怀有深深热爱的情感。

在我们辅导员队伍中也是如此，许多辅导员工作出色，是因为他们的能力超群吗？不是，是因为他们把爱党、爱祖国、爱人民的情感转化为爱学生。有了这样的情感，还有什么困难会难倒他们，还有什么样的学生教育不过来？爱是教育的灵魂，没有爱就没有教育，辅导员一定要增进爱的情感。

辅导员首先要向榜样学习，每个“七一勋章”获得者的事迹可学可做，他们的精神可追可及，他们就是辅导员学习的榜样。人一定不要总是被教育，要主动自己教育自己。不能总是在感动中忘记了行动。

要读书、走路、做人。假期里做出合理的安排，力所能及地考察一下红色教育资源，陶冶自己的情操。我先后考察过上千个名人墓地和故居，他们的事迹总是在激励着我为培养好学生尽心尽力。

我在《光明日报》上发表过一篇文章，谈了这样的观点：信仰比知识重要，情感比方法重要，践行比说教重要。没有情感能愿意做什么呢？再好的方法也是纸上谈兵。

除了有疫情的特殊地区外，辅导员应当创造条件到学生家看看。家访也是增进爱的情感的一条重要途径。我在辽宁省任高校工委副书记期间，开展了“千名辅导员万家行”活动，并把家访作为辅导员评职称的一项考核内容。至今辽宁省辅导员已走进五六万学生家庭。在谈到家访意义的时候,很多辅导员谈到家访拉近了和家长、学生的距离。

辅导员不容易,学生、家长更不容易。辅导员没有理由不好好培养学生。

记得有一年有个辅导员在全省辅导员家访经验交流会上说道:“当我要离开学生家的时候,学生的奶奶一下子给我跪下了,让我好好照顾她的孙子。那一刻便深深地触动了我。不培养好学生怎么能对得起家长们的期望呢?”

在我们有需要的时候是人民帮助了我们,现在他们把孩子送到了我们身边,我们做多少不都是应该的吗?记得有次我到学生家的时候,学生的家长紧紧握着我的手说了一句话:“您怎么来了,我家孩子变了,我要到学校谢谢您才对!”

应当说那被家长紧紧握着的手,也是支撑我勇往直前的巨大精神力量!我常想,我还需要什么呢?

辅导员朋友们,我们为什么要有专业素质?什么是我们的核心素质?现在为了提升辅导员的专业素质,上上下下举办了多种类、多层次的比赛,这都是有必要的。但是辅导员自身一定要认识到提升职业素质的本质意义。

切记:思想政治教育不是“演出”,虽然需要“演功”,但是更需要“做功”,千万不能把思想政治教育搞成“花架子”。

（来源:高校辅导员,2021-08-06）

关于学科背景

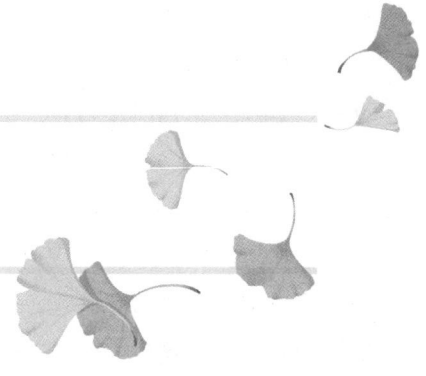

061

给一个辅导员的回复

2019-07-16

前天有个辅导员问我:“辅导员自身要加强学习,特别是多读辩证唯物主义、历史唯物主义等经典著作。除此之外,您认为还应该学习哪些方面的知识?有没有什么捷径可走?”

前几天我写过一篇关于共产党员学习马克思、恩格斯经典著作的公众号文章,这是习近平总书记对党员的政治要求,对我们辅导员来说当然也应当如此,这里就不谈辅导员为什么要学习经典了。你说得对,辅导员除了学习经典之外,一定还要多学习自身工作需要的知识。这些知识涉及很多方面,可以说辅导员最好是个“杂家”,辅导员的知识越丰富,越有助于做好学生的教育引导工作。而事实上辅导员即便有三头六臂,也不可能什么都会,这就要分清主次,抓住主要矛盾。

总体来看,当前辅导员的聘任还是以管理为主的,这在客观上使辅导员的管理能力见长,而从事思想政治教育所需要的理论知识存在“先天不足”。因此,辅导员首先要丰富自己在思想政治教育方面的理论知识。

一些高校开设思想政治教育本科专业,还有些高校设有思想政治教育方向的硕士点、博士点,其中有许多相关的课程和书目,辅导员可以找来一些读一读。现在国家非常重视思想政治理论课,在马克思主义理论学科设立了许多硕士、博士方向，都列出了相关的课程和书目，特别是面向辅导员每年招收大量的博士，根据他们的理论和工作实际，也开设了许多课程，列出了一些书目，辅导员都可以找来看看。

辅导员教师所依托的主要是思想政治教育学科，但是有些其他学科知识也是应当学习的，如教育学、心理学、伦理学、社会学、法学、管理学等，在思想政治教育过程中都会用到。无论是思想政治教育学科，还是上面提到的其他学科知识，都有相关的学术刊物出版，辅导员都可以经常学习。

有没有捷径可走？恐怕是没有。学海无涯苦作舟。学习是苦差事，就得有不畏劳苦的精神。鲁迅说："世界上哪有什么天才，我只是把别人喝咖啡的时间用在工作上了。"我看了许多书，也写了很多文章，我能做到这一点，和聪明不聪明半点关系都没有。我只是拥有了比别人更多的剩余时间。我从上大学到今天就不怎么睡午觉，每天睡得很晚，起得很早。知识就得靠日积月累，只有厚积才能薄发。

我的很多知识都是在旅途中学的，乘飞机、坐火车时我从来都不睡觉，这也是我的一个习惯。有一次我去美国，乘了十四个小时的飞机，我觉得这是多么难得的、整块的学习时间，一架飞机上二三百人都在睡觉，我不舍得睡。累了，我就到服务间活动活动，一个服务员伸出大拇指为我点赞。

现在大学制度不完善，辅导员的杂活较多。辅导员要处理好这些问题，把学习当成使命和责任，只要坚持下去，他们的理论水平就一定会有很大的提升。

062

当辅导员应当学什么专业

2021-11-10

有个辅导员问我:“您认为在以理工科为主的学校招聘辅导员时,应该招聘思想政治教育类、心理学、人文学科专业的人员,还是招聘与学生专业相一致的理工学科?”

1. 辅导员的定位

这个本不应当算个问题,之所以会成为问题,与把辅导员定位在哪里,也就是做什么有关。

我在 1982 年毕业后做了辅导员。那个时候都是如果本学院缺辅导员了,就从本学院毕业生中选拔留任。这样留下来的辅导员一是对本专业熟悉,二是对工作环境熟悉,同时大家对他也都了解。

但是这里的根本问题是:辅导员是干什么的? 如果把辅导员定位为学业辅导,那自然是本专业的毕业生做辅导员最好。而众所周知的是,辅导员是做学生思想政治教育工作的,是学生的人生导师。

因此,考核一个人能不能做辅导员,就不能以该学院所需要的本专业知识为第一标准,一定要把从事思想政治教育的素质排在第一位。前些天我推送的《辅导员应不应当帮助学生学习》文章,谈的不就是这个问题吗? 一些辅导员由于对本专业知识掌握得好,有了特长,帮助学生学习专业知识得心应手,可是却忘了怎样帮助学生端正学习态度。这就违背了辅导员的初衷。

2. 重思政教育素质

我后来做了学校学生处处长,改变了我们学校原来的那种状况。再有哪个学院缺辅导员了,不是从本专业选拔,而是从全校毕业生中挑选,以思想政治教育素质为第一条件。

这同时也改变了原来"老乡留老乡"的做法。那时一些学生入学就奔着老乡来了,老乡在这个学院教学,尤其在这个学院做领导,这便成了他选专业的唯一选择。然后老乡帮助他设计将来留校做辅导员这条路。于是安排他当了干部,入了党。有些是朋友的孩子得到了照顾,做了辅导员。

现在实行公开招聘了,想留本专业的毕业生做辅导员已经不像原来那么方便了。为什么有些同志还是希望留有本专业背景的学生做辅导员,我想起码有这样两点原因:一是把辅导员定位在管理上了,二是把辅导员定位在帮助学生学习上了。

3. 定位不在管理上

关于辅导员帮助学生学习的问题这里就不再赘述了。把辅导员定位在管理上同样也是不对的。

思想政治教育不是管出来的。你管住了学生的行为却管不住学生的心。

我们建立辅导员教师队伍是为了帮助学生答疑解惑,使他们树立正确的价值观,把行为建立在内在的自觉上,让学生能做到慎独,不然你管住了他们在校门里没有出事,你能管住他们到了社会上也不出事吗?

你可能会说那就不关我们的事了,话也不能这么说。有些人在学校挺好,到了社会上却变了,就像我昨天谈到的有的学生党员入党前像个党员,入党后就变得不像了。

但是,说到根本,那些犯错的学生党员还是没有解决好思想上入党的问题。那些在社会上犯错的人不也是这样吗?追根溯源的话,他们在大学的时候,价值观上多多少少还是出了些问题,只是我们没有及时发现,没有帮助他们解决好罢了。

所以,越是这样,越凸显了思想引领的重要性。教育要为学生的一生负责。那就要在学生的心灵埋下真善美的种子,让这颗种子发芽壮大,能经得住风吹雨打、天寒地冻。

术业有专攻。思想政治教育不可替代。辅导员一定要有政治专业素养。至于有的辅导员正好又有其他专业特长，正好他熟悉的专业学院需要辅导员，那就把他安排到那个学院做辅导员好了，这对思想政治教育没有什么不好。

关于科研

063

科研是“溢”出来的

2020-03-27

在辅导员群里常看到大家谈论科研的问题。有的辅导员也常问我这个问题。怎样看待辅导员的科研？以前我说过这个问题，我再跟大家聊几句。

什么是辅导员的科研？辅导员工作要带着问题意识来做。这个问题意识是什么？我认为就是辅导员的科研内容。

所以，有的同志，特别是其他专业的老师，认为辅导员不能搞科研，这是不对的。

那些优秀的辅导员，谁也不是“拍脑门”就拍出了优秀。尤其是他们转变了一个特殊的学生，这个学生是怎么转变的；培养了一个优秀的学生，这个学生是怎样培养的，这里没有学问吗？学问大着呢，这里可能要涉及多学科的理论知识，并在实际中加以运用。因此，辅导员不要有惧怕心理，担心自己做不了科研工作，关键是要有问题意识、要用心。现在有许多辅导员出版了专著，把自己长期积累的工作案例进行总结，这就很好，对辅导员工作会有促进。

很多辅导员不但不惧怕，反而有勇气要搞出档次，要跟其他学科比试一下。这种勇气是可嘉的，有的辅导员确实能够做到这一点。

这些年在教育部辅导员队伍职业化、专业化、专家化建设的推动下，一些辅导员的科研搞得也很像样子，代表了我们学科的水平。但是对广大辅导员来说，他们应当还不具备这样的实力。这里一个很重要的问题是积累不够。辅导员工作所依托的主要学科是思想政治教育学科，这个学科的一个最大特点就是实践性。因此，没有一定的实践积累，是做不了辅导员科研工作的。

我们现在有些辅导员搞的科研，严格说起来并不属于辅导员要研究的问题，与辅导员工作的联系并不紧密。从某种意义上说，这种科研不是搞出来的，是"溢出来"的。积累多了，经验丰富了，也就有了想表达的愿望。不然，冥思苦想，没话找话，能搞出什么科研呢？

就像我这些年，给大学生、辅导员、思政课教师等写了几千封信，每一封信都像是一块积木，我这样组合就是反映这样主题的一本书，那样组合就是反映那样主题的一本书。

举例来说，有个辅导员说，想研究"人类命运共同体"，这个问题不是不可研究，有这个实力也行。问题是，这样的问题和辅导员工作的内在联系在哪里呢？落脚点又在哪里？"学生寝室共同体""社团共同体""班级共同体"，还有"学院辅导员共同体""学院同事共同体"，那么多和你密切相关的"共同体"你不研究，却要研究"人类命运共同体"，这能研究出什么学问呢？这是不是在"隔靴搔痒"？

还有个辅导员说，要研究辅导员队伍长效机制。才做了几年辅导员就研究起机制了？不仅是辅导员，科研也应当遵循这样的原则：这是一个问题，这是一个重要问题，这是一个迫切需要研究的问题，这是一个属于你研究的问题，这是一个你能研究的问题。我的第一篇国家级论文是我做了十六年学生工作之后才发表的。前十年，我在学院施行了"新老生同寝"的管理办法，选派高年级学生与新生同寝。我做学生处处长后，又将这一管理办法在学校推广。我在做校党委副书记的时候，我们学校连续多年97%的学生要求入党，当然也有随大流的。但随这个大流有什么不好呢？我写过几篇大学生入党方面的论文，都与这种实践有关。教育部本科水平评估，我们学校两次靠的都是学生工作（德育）获得优秀。这恐怕在全国没有第二所学校。"新老生同寝"管理办法在学生教育管理中发挥了很大作用。我发表的那篇论文为《论新老生同寝对大学生角色确立的意义》，这里还是有些学问的。

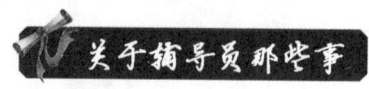

时任中国人民大学党委书记、教育部思政司司长靳诺到我们学校，就考察了寝室文化建设。她安排我在全国百所学工部部长会议上交流，我凭借这篇论文走向全国。我主持的第一个国家社科基金重点项目是“创新学校教育与家庭教育相结合模式研究”。不是谦虚，这方面比我理论水平高的专家学者应当很多，但是去过百名学生家的恐怕就凤毛麟角了。不深入实际，怎能找到切实有效地解决问题的路径呢？

现在的辅导员太急，客观上有压力。评职称要看论文，但是你们要辩证地看这个问题。我认为这是一个历史性的问题，辅导员评职称一定会以工作业绩为主。你的水平不是体现在论文上，而是体现在学生表现上。论文没少写，但是学生问题也没少出，这怎么能评职称呢？我即便没有发表论文，但我带的学生团队受到国家领导批示表扬，我带的班级是全国三好班级，我培养的学生有全国十佳大学生……这怎么能连一篇论文都不顶呢？这不是实事求是，这不符合辅导员教师的职业特点。实事求是是马克思主义的灵魂，凡是不实事求是的东西早晚都是要改变的。不然，辅导员队伍就没有必要存在了。

辅导员队伍不是用来写论文的，是要成为大学生人生导师的。当然，一个优秀的辅导员又怎么会没有论文呢？辅导员一定要眼睛“向下”，多做“形而下”的研究，少做“高大上”的研究。千万不能自己的地还没有种好，却总忙着帮别人种地。

064

关于辅导员教师出书

2020-05-31

随着职业化、专业化、专家化的辅导员教师队伍建设的不断发展,辅导员教师的学术水平也在不断提升。有的是评职称的需要,有的是工作的需要,辅导员教师出版的专著多了起来。

怎样看待辅导员教师出书呢?

概括来说,这是好事,也是水到渠成的事,值得提倡。

辅导员是教师,把他们教学过程的实践加以梳理,由实践上升到理论,再用理论指导实践,这对加强辅导员教师队伍职业化、专业化、专家化建设,推动思想政治教育的发展大有裨益。

一些辅导员教师把他们出版的专著送给我阅读,有的希望我能给他们的专著写序。说实在话,有的问题我研究得也确实不深,有的我确实没有时间详细看书稿,有的观点我不是很认同,也就谢绝写序了。应当说,这些辅导员教师确实不容易,每一本专著都凝结了他们大量的心血,有的专著也确实有实践基础、有理论支撑、有见地;有的则比较浅显一些,像流水账,出版的意义不大。当然,要是用鲁迅先生的话说便是“惟其幼小,所以希望就正在这一面”。不过出一本专著毕竟要花很大的气力,甚至有的还要花费一定的财力,这就需要把好事办好。不然书出版出来也是劳民伤财。为此，我谈几点辅导员教师出版专著应注意的问题。

1. 为学科发展服务

出版专著一定要为学科发展服务。这就是要解决为什么出版专著的问题。

应当说，现在辅导员教师出版的专著，主要还是为了评职称，因此往往追求“短平快”。结果是书出来了，职称评上了，该书的使命也就完成了。这是可以理解的，但是专著反映的是你的学术追求。出版专著费了那么大的力气，不能只为解决一时之“饥渴”，要将你的学术追求体现其中。因为辅导员教师的学科背景是思想政治教育，这就要体现思想政治教育学科的属性。其实，现在有的辅导员教师出版的专著，说好听的，既可以看成教育学、心理学、管理学、社会学等学科的成果，也可以归到思想政治教育学科；说不好听的，这些专著恐怕哪个学科都不像。思想政治教育学科需要借鉴其他学科的知识，就是说你的学术研究要以思想政治教育为主，在运用其他学科知识的时候，一定要为思想政治教育学科服务。

这是“主干和枝杈”的关系。研究了自己学科的问题，才有学术价值和意义，才有学术的延续性。我 1982 年留校做了辅导员教师，1994 年出版了我的第一本专著《理海泛舟——通往理性的彼岸》。我结合《邓小平文选》的出版，结合马克思、恩格斯、列宁、毛泽东的有关论述，分析阐述了 44 个用今天的话说关涉大学生“四个自信”的问题。

昨天我又翻阅了这本书，对照一下美国社会的现实，我书中分析的“资本主义到底是谁的民主”“资本主义绝不施舍民主”“‘三权分立’那一套我们不能搞”“不能抽象地谈论人权”“西方有什么资格谈论人权”“中国的事情只能靠自己来办”等问题，不用改动，放到今天同样适用。这就是学科属性问题、学术延续性问题、学科研究价值问题。

2. 要有专长

一定要有自己的学术研究专长。上面说了，辅导员教师学术研究大的范畴就是思想政治教育。

我把我定位在学生思想政治教育领域，其他研究都要为学生思想政治教育服务。

我独立出版的 20 部专著都是围绕学生思想政治教育展开的，而在学生思想政治教育领域，又“主攻”辅导员教师队伍建设、大学生爱国主义教育、学生思想政治教育管理模式。我的博士论文写的就是学生思想政治教育立体化(也就是全员、全方位、全过程,合力问题)方面的研究。理论思维可以“发散”,理论研究需要“聚焦”。就像有的院士是研究昆虫的,他自然要懂得动物学、生物学、遗传学、化学等学科。学术研究不能“应景”,不能急功近利,否则只能是“黑熊掰苞米——掰一穗丢一穗”。辅导员教师要根据自己的兴趣和特长,早确立研究专长,长期坚持下去,这样你的研究才会像酿造的酒,愈久愈香。

3. 理论和实践的关系问题

辅导员教师一定要把握思想政治教育学科的属性。实践性应当是思想政治教育学科的根本属性。

辅导员教师的学术研究一定要将理论与实践相结合,要运用思想政治教育理论指导思想政治教育服务。因此,辅导员教师的研究就应当积极进行实践的探索,坚持从实践中来,到实践中去。有的辅导员教师过于偏重理论研究,坚持从理论中来,到理论中去,结果“空对空”,其研究起不到对思想政治教育的推动作用。思想政治教育研究一定不能“坐而论道”。

我出版过专著《建构高校辅导员工作长效机制研究》,这是国家社科基金项目研究成果;出版过文集《学校教育与家庭教育相结合创新模式研究》,这是国家社科基金重点项目。这些研究的支撑是我去过100多个学生家庭、辽宁省辅导员教师去过5万多个学生家庭。我的一本专著《识读大学——一个老辅导员的心声》,获全国纪念思想政治教育学科设立三十周年著作类一等奖,这是在我患癌症后对我二十多年思想政治教育实践的总结(2006年,我当时想,一旦魂归西天了,我要把这些告诉辅导员老师们)……

我的研究有多高的理论水平吗?不是谦虚,离我们学科的学术大家还有一定的距离,大家认可我的恐怕还是我的实践探索吧。

辅导员教师的研究一定要围绕学生、关照学生、服务学生,走进学生的心灵。上面提到我出版了那么多的书,其实就是些工作体会,把每天经历的事记录下来了而已。我给学生、辅导员、思政课教师、家长写信就写了几千封,这能从不同的角度组合成多少部书。我写家访的故事就可以写上百万字;写我和学生的故事那就更多了。三十八年的思想政治教育实践,要写的东西真是太多了。

4. 严肃对待

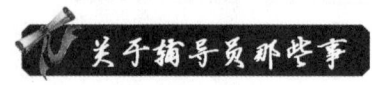

出版是很严肃的。出书跟写公众号不一样，跟研讨会发言不一样，跟做报告不一样，跟座谈会讲话不一样，也就是说，在这些地方能够讲的，在书里就未必能出版。

所以，出书的时候对自己的观点一定要认真地推敲。一旦出版了，就成为历史，永远地记载在那里。就像有的学者虽然现在振振有词，但是拿出他十年前、几十年前的作品，可能其观点就“不攻自破”了。

辅导员教师出版专著，不仅是用来评职称的、用来评奖的，还要用于学科建设等，结果书出版了，许多观点立不住，甚至是错的，这就弄巧成拙了。

有的辅导员教师为了出版而出版，为了省钱、赶时间，于是随便找家“不正规”的出版社出版。这个“不正规”不是说不合法，而是说“不专业”。

思想政治教育类的图书，应当找有出版思政类图书能力的出版社出版。这样，从编辑到总编，都会对书稿提出他们的意见，就会避免一些错误的出现。

065

给一个辅导员的回复

2020-07-24

曲老师您好!

我想咨询一下您对于"非科班出身"的辅导员如何搞思政方向科研的建议。我本身是学冷门小语种的,研究生毕业那年阴差阳错地进入高职(专科)院校当了辅导员,工作三年至今未发表一篇文章。不是没写,是写出来的东西老是被批"不知所云",渐渐没了信心。现在我的困惑有两点:一是不知道怎么选题;二是不知道如何顺利发表。请您指点迷津。谢谢您!

××你好!

现在给辅导员评职称了,所以辅导员对科研都重视了起来。前段时间我写过这方面的文章,你可以找来看看。今天就你信中的问题,我谈谈我的看法。因为你提的这些问题,一些辅导员也在问。

一是"非科班出身"的辅导员怎样搞好科研?术业有专攻。辅导员依托的学科主要是思想政治教育学科,核心是帮助学生解决价值观方面的问题。因此,辅导员搞科研一定要有学科意识,这就需要学科素养,不然你就写不出属于本学科的论文。而学科素养是需要不断培养的。一些辅导员本科、硕士阶段学的就是思想政治教育专业，有的还学了像教育学、社会学、法学、伦理学等相关专业。对你来说，这些人从事思想政治教育研究比你占了“先手”，越是在这种情况下，越需要你抓紧时间弥补你的不足。不是说“非科班出身”的就不能搞科研，而是说你没有这方面的准备就很难搞好科研。郑永廷教授是思想政治教育领域的著名专家，他硕士专业学的是化学。好多思政专家都不是学思政的，关键是他们后天的储备。昨天我在和辅导员交流的时候还提到了这个问题，比如，现在讲大数据、自媒体，学数学的、计算机专业的学生，如果再有思政学科的素养，研究起来就比学纯思政学科的有优势。思想政治教育需要合力。

二是科研不能搞得太急。你说你“工作三年至今未发表一篇文章。不是没写，是写出来的东西老是被批‘不知所云’”。你才工作三年，还不是学思政学科的，怎么能写出有质量的论文呢？写论文急不得，需要日积月累。我 1982 年做了辅导员，第一篇国家级的论文是在 14 年后发表的。论文还是要靠实力说话。学术研究总有学术上的认同和不认同，对于同样一篇稿子可能会有几种评价。在有的刊物没给发的稿子，在别的刊物可能就发表了。我的文章也是有不予发表的，这是正常的事。有的编辑我认识，给退稿了；有的编辑我不认识，却给发表了。

三是你现在最需要的是学科认同问题。你说你“阴差阳错地进入高职（专科）院校当了辅导员”。你都不知道你在做什么，或者说你都不喜欢思想政治教育学科，自然不能写出好的论文。学科认同是科研的重要前提。要特别认识到思政学科实践性很强，尤其是辅导员工作，更要将理论和实践相结合。你不爱学生，又怎么会围绕学生、关心学生、服务学生呢？那你就不会发现问题，更不会解决问题，自然就找不到选题。在这样的情况下，如果硬着头皮搞科研，就只能是“空对空”、闭门造车、瞎说一气。

066

莫把科研和实际工作对立起来

2020-12-22

曲导好!

我是××学院的辅导员××,任党总支副书记,有幸在7月份的时候和您交流过,一晃大半年过去了,在这段时间里,我一直谨遵您的教诲,在工作中不敢懈怠,建立了学院首个系级的辅导员工作室,也在网络思政方面做了一些工作,算是有个小突破吧,突破的是在原有日常事务中能再进行理论研究,能有时间带一带新的辅导员一起成长。随着工作的开展,有些困扰也逐渐增加,出现了一些质疑。作为一线辅导员,你如果只是钻研理论,是不是实践工作就做得少啦?如果你忙于育人品牌树立,是不是就会忽略具体工作?天天忙着写东西,是不是就会脱离学生呢?有人问我这些问题的时候,我真不知道该如何回答。起初我还试着解释,工作的时间是需要挤出来的,中午你休息的时候我在给学生开会指导工作;周末你居家或者游玩的时候,我在给学生进行能力提升培训,与学生进行良好沟通才使得全系多年来成为学院学生危机事件发生最少的系。但后来我就不说了,也不解释了,因为我想起您的话:“多想想怎么能把工作干好就行了。”不知道我这么想、这么做是否合适。今天到办公室,我就想向您汇报一下自己的思想,期望得到您的指引。

顺祝导师快乐健康!

××你好!

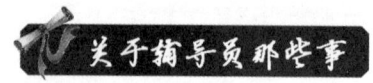

你提到的问题还是具有普遍性的。现在对辅导员队伍建设的程度比以往有了很大的提升,其中重要的一点,就是对辅导员评职称实行"三单"。为此,辅导员对科研重视了起来。但是一些辅导员讲"工作太忙了,没有时间搞科研",这是把科研与实际工作对立了起来,这种认识是不对的。科研是什么?百度上对科研做了这样的基本定义:一般是指利用科研手段和装备,为了认识客观事物的内在本质和运动规律而进行的调查研究、实验、试制等一系列的活动,为创造发明新产品和新技术提供理论依据。科学研究的基本任务就是探索、认识未知领域。依据这样的理解,辅导员科研指什么?这与辅导员工作所依托的学科属性、学术范畴有关。辅导员是大学生人生成长的指导者和引路人,这是辅导员工作的出发点和落脚点。由此规定辅导员科研就要围绕学生、服务学生、关照学生,以学生为中心,从学生的实际出发。实践性是思想政治教育学科的重要属性,也可以说是根本属性,而辅导员工作最能体现思想政治教育学科的实践性。现在一些辅导员的科研偏离了辅导员工作的出发点和落脚点;一些辅导员的科研过于"高大上";一些辅导员的科研完全是为了评职称……这样的科研对提升辅导员工作质量意义不大,也就是说对学生的教育培养起不到应起的作用。一谈起辅导员工作,辅导员们能列出很多问题。这些问题是什么?就是辅导员科研的着眼点。一些辅导员说自己太忙了,没有时间搞科研。忙什么呢?难道忙是一回事,科研是另一回事?忙不就是忙在解决问题上吗?这本身不就是在搞科研吗?现在一个辅导员一届带几百个学生,如果带着问题意识来谈话,与上千个学生谈过话,再申请这样一个课题"谈话法:增强思想政治教育实效性研究",还可以写一本专著,这岂不就成了专家化辅导员?

辅导员科研一定要与实际工作结合起来,把两者割裂开来是做不出真学问的。

067

与辅导员的交流(一)

2021-05-11

曲老师您好!

我在辅导员岗位工作近二十年了,也时常被提拔和离岗等问题所困扰。我内心不想离开辅导员岗位,因为最不舍得离开学生,但是学院副书记岗位是全校科级干部竞聘,常常是机关部门的同志竞聘成功。我这个十几年的科级干部,在别人看来似乎是不成功的。但我不认为我的辅导员工作没做好,我被评过省级优秀辅导员,也有很多学生因为我的教育和影响走上了更好的路,我以此为傲。

最近学校又要调整干部了,我心里又一次产生了动摇:是哪怕不提拔也继续留在辅导员岗位,还是去努力争取一个副处级岗位?今天听了您的报告,我更加坚定了信心。

对于辅导员搞科研,从您这里我也坚定了自己的想法:辅导员应该而且也必须搞科研,但是搞科研不等于发表文章,搞科研是要研究学生和学生工作的特点和规律,为的是更好地为学生成长服务,而不是把发文章当作评职称的工具。

× × 你好!

我能理解你,你说的这种情况我很清楚,在很多高校都存在。每到学院缺党总支副书记的时候,有的做了多年辅导员的同志,干得也不错,本来轮也该轮到了,结果学校从机关派了一名同志过来。从学校领导的角度想,有的也确实考虑该同志在机关时间比较长,派下去也是给他解决了级别的问题,有了出路;有的就不是这么回事,说好听的就是“近水楼台先得月”,天天在领导身边,和领导混熟了。作为学校领导,一定要从事业出发,做有利于事业发展的事情。应当有个“制度设计”,从理论和实际两个方面看,一天学生工作都没做,就被任命党总支副书记负责学生工作确实不合适,如果再掺杂些个人的东西就更不应当了。作为辅导员,你有什么办法?你又能做什么呢?你所能做的就是扪心自问:你到底对学生工作喜欢到什么程度?没有级别会影响到你做辅导员工作吗?事实上是这样的,级别越高,离学生越远,和学生朝夕相处的只有辅导员。我讲过这个问题,我若是有来生,说什么我也不去做远离学生的领导,一辈子能培养一批又一批学生又有什么不好?就你的情况,我不赞同你为了副处级竞聘你并不喜欢的岗位。你这么喜欢学生工作,做得也不错,即便你聘上了副处级岗位,而你既不熟悉,也不喜欢,那以后的日子怎样“挨”呢?眼下没有当上副书记也没有什么,你做得怎么样最终是由学生评价的,要把丰碑建在学生的心坎上。况且就你这样的表现,当上总支副书记那也是早晚的事。所以我认为,即使你当不上副书记,但只要对得起学生,让学生记住就可以了。

关于科研,我也说了很多。现在给辅导员评职称了,因此一些辅导员对科研重视了起来。这没有什么不对。问题是如果仅仅是为了评职称而搞科研,那就会脱离学生、脱离工作的需要,那意义就不大了。职称和级别一样,早评上一年或晚评上一年没有什么了不得。搞科研一定要围绕学生、关照学生、服务学生,要从学生的实际出发、从工作的实际出发,这样才能有利于学生的培养和工作的推动。这样日积月累,你才会更好地把握学生成长的规律,增强思想政治教育的时效性;这样坚持下去,“不知不觉”你也就成为学生思想政治教育领域的专家了。

非常感谢曲老师的回信。看到这封信,我仿佛看到了您在高铁上奋笔疾书的样子。这么多年,您一直把学生放在心上,把学生的事情放在心上,甚至把学生家里的事情放在心上，这是非常值得我自省的地方。我本来感觉自己是关心学生的，但跟您相比，我做的事情简直不值一提。

谢谢你的认同，我们共勉！把你的详细地址告诉我，我邮寄一本我写的书给你做纪念。到大连可以联系我。

068

与辅导员的交流（二）

2021-05-12

曲老师您好！

我是××大学辅导员××，聆听了您的报告，我深受鼓舞，希望和您多学习、多交流。今天的讲座太精彩了，令我受益匪浅，感谢曲老师！

我是一个从业十年的辅导员，目前遇到了职业迷茫期和瓶颈期，尤其在职称晋升方面，感到压力很大。有时我也想一心扑在学生身上，全心全意为学生服务。可是，看到其他辅导员职务晋升或者职称晋级了，心里难免觉得委屈。有时候我就在想，自己整天忙来忙去的，到底是为了什么？别人都在为了自己的前途开拓人脉，写论文、做项目，再看看自己，整天被学生琐事缠身，真的觉得很迷茫，甚至怀疑自己是不是走错了方向。也有领导和我建议过，不能只低头干活，也要抬头看路。所以从现在开始，我在工作之余忙科研了。但是，在科研方面，一直摸不到门道，每次写申请书，思路不清晰，越写越乱。想请教您，如何才能增强自己的科研能力呢？

××你好！

谢谢你的点赞，我们共勉！

我昨天推送的公众号文章最后一段还谈到了科研问题，此前讨论的就更多了,你可以找来看看。你说忙来忙去到底是为了什么?这个问题没弄清楚怎么能搞好科研呢?科研是在清楚地知道自己在做什么、应当做什么、怎样做的基础上进行的。忙来忙去就是为了培养好学生,学生培养好了,科研就有了,你的科研水平是由学生的表现体现出来的。不要把培养学生与搞科研对立起来。辅导员搞科研就是要找到学生成长的规律,运用有效的方法实现思想政治教育的目的。显然这是一个理论与实践紧密结合的过程,离开了学生能搞出什么科研呢?科研"上去"了,学生"落下"了,这是搞的什么科研?这样的科研有意义吗?你会说他们职称上去了。这也是暂时的,是要矫正的。辅导员评职称一定会回归到以业绩为主上来。这是不以个人的意志为转移的。实事求是是马克思主义活的灵魂。现在讲破"五唯(唯论文、唯帽子、唯职称、唯学历、唯奖项)",思想政治教育学科属性决定了辅导员教师评职称要带头破"五唯"。至于你谈到的职务晋级更是看业绩了,应当说还没有哪个学校辅导员职务晋级只看科研水平的。工作做不好,怎么能晋级呢?你也不用怀疑自己。你不要一揽子谈问题。你到底在培养学生上下了多少工夫?你到底是不是整天都在忙乎学生?如果真是这样,不发表文章又能怎样?习近平总书记说"把论文写在祖国的大地上",你若是把论文写在了学生的心坎上,方向是对的,那你就应当坚持下去,坚持到底,必有所得。怕的是你左右摇摆,三心二意,浅尝辄止,总是漂浮在"上面",一会儿要搞科研,一会儿要做学生工作,把两者对立了起来,根本不清楚自己到底应当忙些什么、怎样去忙,这就要两耽误了。

069

和辅导员的交流(三)

2021-12-16

曲老师您好!

我是××学院的辅导员××,之前在浦东校区聆听过您的讲座,很是受益。今天观看了《守望青春》电影,感受到了您作为辅导员的辛苦付出,一朝一夕,一举一动,尽显对学生的仁爱之心。今年是我参加工作的第三年,有时感觉自己很适合做辅导员,有时也感觉自己做得很失败。我知道自己还有很多不足,无论是做学生工作还是搞科研,都仍需努力,但总感觉自己做的达不到预期,所以一直在向身边优秀的老师学习,希望自己在拨开云雾之后能见到明月,也希望我的学生都能找到喜欢的工作,考上目标学校的研究生,想出国的都能收到 offer,创业的都能顺利!感谢您对辅导员这个职业的指引,我会继续努力的。

××你好!

谢谢你的认同,我们共勉!学生工作需要耐心细致,不要着急,尤其是科研。因为现在要评职称了,加上对辅导员工作的考核,有些学校把科研看得很重,这就使有些辅导员不得不跟着科研的指挥棒走。但是这毕竟是客观的,主观上还是不要把科研看得太重。带着问题来工作,问题一个一

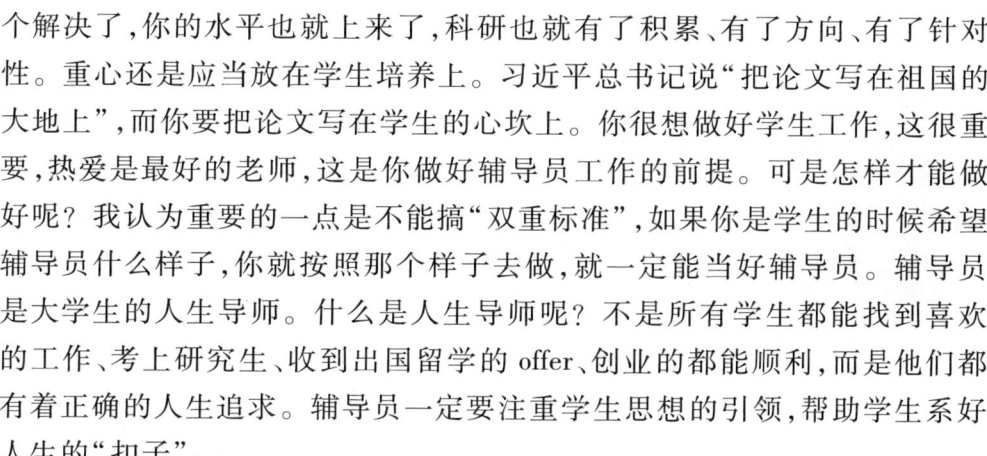

个解决了,你的水平也就上来了,科研也就有了积累、有了方向、有了针对性。重心还是应当放在学生培养上。习近平总书记说“把论文写在祖国的大地上”,而你要把论文写在学生的心坎上。你很想做好学生工作,这很重要,热爱是最好的老师,这是你做好辅导员工作的前提。可是怎样才能做好呢?我认为重要的一点是不能搞“双重标准”,如果你是学生的时候希望辅导员什么样子,你就按照那个样子去做,就一定能当好辅导员。辅导员是大学生的人生导师。什么是人生导师呢?不是所有学生都能找到喜欢的工作、考上研究生、收到出国留学的 offer、创业的都能顺利,而是他们都有着正确的人生追求。辅导员一定要注重学生思想的引领,帮助学生系好人生的“扣子”。

曲老师您好!

我是××大学新入职的辅导员××,关注您有好多年了。今天现场听了您的课,深受启发和洗礼,您是榜样,向您学习,您辛苦啦。请您注意休息,注意身体,祝您返程顺利。

谢谢你的关注!很多辅导员在新入职的时候都带着满腔的热情,结果干着干着就懈怠了。当然这里有外部的原因,不过作为一名唯物主义者,还是要从自身找原因。外因是变化的条件,内因是变化的根据,外因通过内因而起作用。当前辅导员队伍建设越来越得到重视,但是还有诸多不如意的地方,这就需要辅导员发挥好主观能动性,不要总是患得患失。辅导员工作“功在当代、利在千秋”,踏踏实实地做好辅导员工作很重要,也很有价值。

曲老师,谢谢您的分享和指导,真的如您所说,这也是我从入职以来慢慢在工作中体悟出来的认知。现在的我已经从思想和心态上进行了积极的转变,越来越踏实,越来越有获得感和价值感。很庆幸自己是一名高校辅导员,请您放心,未来任重道远,我愿像您一样,将自己奉献到我所热爱的工作岗位上,以生为本,立德树人。

好的。我们共勉!到大连联系我。

070

把科研聚焦到问题上

2022-2-21

总有辅导员问“辅导员怎样搞科研”的问题。我认为这里首先要解决的是科研的目的性问题。很多辅导员搞科研的出发点就是为了评职称,如果是这样的科研初心,那就会把目光聚焦到论文上,争取发“C”刊,因为大家都懂的,目前辅导员评职称,很多高校都把发表相应级别的论文作为辅导员评职称的重要标准,甚至一票否决,说是破“五唯”,落实起来确实需要一个过程,不过这是不可逆转的趋势,这就看辅导员怎样把握眼前与长远了。

我还是主张辅导员搞科研一定要注重学科属性。辅导员教师依托的主要学科是思想政治教育,实践性是这个学科的重要属性,因此,辅导员搞科研,不仅需要理论的探究,更重要的是实践的建构,要把科研聚焦到问题上,也就是我们讲的要有问题意识,有解决问题的能力,问题解决好了,就是水平。我从留校做辅导员那天起,就没感到辅导员工作不是学问,反而我认为这里学问大着呢,把自己的思想装到别人的脑子里多难啊,怎么能不是学问呢?这是高深的学问!我围绕学生、关照学生、服务学生,从学生的实际出发,一个问题一个问题研究,一个问题一个问题解决,日积月累,就有了“学问”。我工作十四年后,在《中国高教研究》杂志上发表了我的

第一篇国家级论文:《新老生同寝对大学生角色确立的意义》,对我在学院建构多年的“新老生同寝模式”进行了理论上的阐释、实践上的概括;我工作二十四年后,主持了第一个国家社科基金重点项目:《学校教育与家庭教育相结合模式研究》,我将我多年家访上百个学生家庭的经历,和我在省里工作时组织推动的“千名辅导员万家行”活动(那时全省辅导员先后走进4万多个学生家庭)从理论上进行分析、实践上加以总结,深化了大学生思想政治教育的开展。我先后主持了国家社科基金项目《建构辅导员工作长效机制研究》等3个国家社科基金重点项目、6个一般项目,应当说这些研究从某种意义上讲都带有“唯一”性,也就是说这些研究都是我在思想政治教育理论、马克思主义理论指导下所从事的思想政治教育实践活动。2019年3月18日,习近平总书记亲自主持召开了学校思想政治理论课教师座谈会,会议结束后,我在《求是》杂志上发表了《践行“六要” 铸魂育人》一文,结合我几十年思政课教学的实践,谈了我的体会认识。辅导员搞科研,一定不要急于出成果。我多次讲过,科研是“溢出来”的,不是“挤出来”的;是我有话说,不是我“找”话说。也不要贪大,辅导员科研的优势是实践探索,不要总想“高大上”,要扬长避短。我也说过,不是谦虚,“拼”理论,走在我前面的不计其数,若论起思想政治教育建构,我还是有发言权的,我几十年追求的就是后者。最近中共中央党史和文献研究院编辑的《习近平书信选集》第一卷,这部书信选集,选入习近平同志2013年5月至2021年12月的书信共239封。这部书信选集,反映了习近平同志领导全党全国各族人民推进党和国家事业的实践活动。对于我们深刻认识“两个确立”的决定性意义,深入学习贯彻习近平新时代中国特色社会主义思想,为实现第二个百年奋斗目标、实现中华民族伟大复兴的中国梦而不懈奋斗,具有十分重要的指导意义。从我们辅导员角度看,与学生进行书信交流,就是一种十分有效的思想政治教育载体,要充分利用好。在我已经出版的著作中,有好几本都是我和学生、辅导员、思政课教师的书信交流。仅从我2013年来到大连海事大学做辅导员、上思政课算起,八年的时间里,我与大学生思想政治教育相关群体通过微信、公众号平台,有500多万字的书信交流。昨天我又整理完了10部今年要出版的专著,其中《微信集》(2021)及《与大学生交流于2021年》《与辅导员交流于2021年》《聚焦“思政课”》《聚焦“拔节孕穗期”》《我与沛兴的故事》等主要收录的都是我和上述群体的书信交流，这些书信反映了我从事思想政治教育实践的体会认识。我哪来的那么多“话”？那是我近四十年的思考与实践积攒起的。很多辅导员说没有时间与学生进行书信交流。发表一篇“C”刊能写多少书信？这不是时间问题，是眼前和长远问题，是学术认识和学术追求问题。习近平总书记讲，要把论文写在祖国的大地上，辅导员一定要把论文写在学生的心坎上。你的水平不是论文评定的，是由学生的成长证明的。凡是“应景”的、“急来抱佛脚”的科研，都是没有生命力的。搞科研，一定要有自己的话语权。

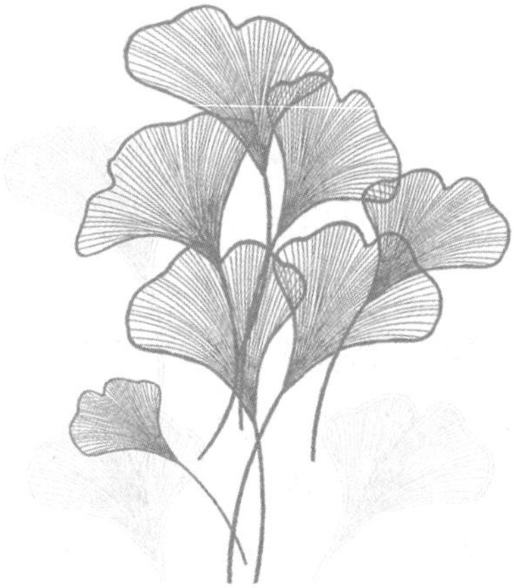

关于理论学习

071

一定要重视理论学习

2019-03-02

1. 思维的光

恩格斯说:"一个民族要站在科学的高峰,就一刻也不能没有理论思维。"其实不只是对一个民族而言,对我们每个人来讲都是如此。

我们常说要有眼光。"眼光"是什么?"眼光"就是经过加工的思维放射出的光芒。你的思维越深厚,放射出的光芒就会越长远、越闪亮。我从省里回到学校做辅导员已经快六年了。这两年见到我的朋友或领导,他们常跟我说:"你真有眼光。"我想,这算什么眼光。若这也可以称之为眼光的话,那我的眼光是在三十七年前形成的。

我1982年毕业留校做了一名辅导员。那时我就想过:做一辈子辅导员有什么不好?

辅导员辛苦,这常常成为一些同志惧怕做辅导员的理由。苦又能苦到哪里去?

辅导员怎么啦?只不过我干得太"优秀"了,总是"被"安排。但是我在心里铁定了的想法是:我一定要在辅导员岗位上画上我人生的句号。我至今还想,若是我从毕业到现在一直从事辅导员工作,那多有价值啊!

2. 源于信仰

我在大学里学的是思想政治教育专业。我一进大学就认真地学习了

《共产党宣言》。我向党组织交了入党申请书,因为我相信马克思主义是科学,我要用马克思主义指引自己,成为一名共产党员。毕业前夕我入了党。我之所以愿意做辅导员,是因为我觉得这就是在为党的事业而奋斗。辅导员,这是一个崇高的职业,"功在当代、利在千秋"!

理论的学习使我有了不变的信仰、远大的目光,有了为人民服务的追求。

习近平总书记曾在中央党校(国家行政学院)中青年干部培训班开班式上发表了重要讲话,要求广大干部特别是年轻干部要在常学常新中加强理论修养,在真学真信中坚定理想信念,在学思践悟中牢记初心使命,在细照笃行中不断修炼自我,在知行合一中主动担当作为,保持对党的忠诚心、对人民的感恩心、对事业的进取心、对法纪的敬畏心,做到信念坚、政治强、本领高、作风硬。习近平总书记还讲过,要把学习当成人生的追求。这些意味深长的嘱托,我们每一个人都要牢记在心。

辅导员是大学生的人生导师,亦要排除一切干扰,加强学习。那么,什么是人生导师?人生导师就是比学生有眼光的人,就是为学生带路的人。从参加工作到今天,我始终坚持一条:绝不能让学生在思想上犯错。这就要求自己把学习当成人生存在的一种方式。这就要少睡点觉、少点休闲娱乐的时间,尽量多利用剩余时间去学习。

理论之树常青。辅导员要与时俱进,学习、学习、再学习。把学习当成使命和责任,这样你的动力就有了,你的剩余时间也就会多起来。

072

提升思想理论水平

2019-04-30

有位辅导员给我留言谈到理论学习的问题。这真是一个问题。作为辅导员,一定要注重自身思想理论的提升。

我们常说我们是学生的人生导师。人生导师就是要比学生看得明白、看得正确、看得高远。要想做到这些,没有较高的思想理论水平是不行的。

曲老师您好!

您的推文是我每天都要看的内容。我一直都有教育情愫,觉得爱会传递,所以不遗余力。虽然学生对我现在的教学工作是满意的,可我自己觉得还不满意。我总觉得引领学生时自己的理论不够扎实,根基不够牢固。很想就个人学习问题得到曲老师的指导,以便学生以我为荣,在我引导学生时更有说服力!

敬盼回信!谢谢!

××你好!

早就看到你写的信了,一直没有时间及时回复你,请见谅。现在还有好多留言不能给予回复,在此一并表示歉意。

你谈到的理论学习问题确实应当加以重视。

1. 教育的内容

学生离开学校的时候,比带走知识更重要的是带走正确的价值观。

当然,学生的价值观不都是我们辅导员给的,但是辅导员的价值引领作用非常重要。你管住了学生的行为却管不住学生的心,那是不行的。

我们常讲,教育要为学生的一生负责。一般来说,那些价值观正确的学生毕业后会走得更远,学生对你的感谢、想念的原因也是在他思想上有困惑的时候你给予了他及时帮助。

我的学生有的现在已经是副部级、厅局级干部了,在谈到大学生活的时候,他们谈论最多的还是我跟他们都说了什么,对他们的思想有什么影响。我从当辅导员那天起就要求我自己:绝不能让学生在思想上犯错。

为此,我思想不止、学习不停。也正是这样,我成了学生的知心朋友,他们有什么困惑都愿意向我倾诉。好多学生说:"您就是我们大学里最亲的人。我们有些不能跟父母说的话也愿意跟您说。"

2. 亲近学生

有的辅导员动不动就说和学生有代沟。有吗?如果有,那也是你们自己挖的,怎能埋怨学生呢?没有哪个学生一进学校就主动疏远老师。

学生疏远我们有多个因素,其中一个重要的因素就是我们有些辅导员的理论水平不够,使得学生觉得和你谈什么问题都是浪费时间。所以,为了不让学生在思想上犯错,必须加强学习,提升思想理论水平,为学生及时解疑释惑。

有的辅导员会说自己忙,没有时间学习。说到根本还是对学习的重要性缺乏认识。谁也没闲着。那些思想理论水平较高的辅导员也是一边工作,一边学习过来的,他们都是充分地利用了碎片化时间的人。关键不是忙的问题,而是学习理论的自觉性问题。

3. 提升理论

有了这种自觉性,便有了提升思想理论水平的重要前提。我想说的是一定要把这种自觉变成实际的行动。

(1)首先要学学科理论知识

辅导员所依据的主要学科就是思想政治教育,因此,要学一下思想政治教育的原理。

高等教育出版社出版了多版本这方面的著作；辅导员工作还要借鉴相关学科的知识，像教育学、伦理学、心理学、法学、社会学等都会在日常工作中运用到；辅导员尤其要熟悉党的路线、方针、政策，一些对辅导员工作有具体指导的重要会议精神、相关文件，必须熟记于心；辅导员应当对经典作家关于思想政治教育的理论、社会发展的理论有所掌握，在当代，要认真学习习近平新时代中国特色社会主义思想……

当然，理论学习急不得。特别是我们今天的辅导员选拔，还是基于管理型，这就使有些辅导员思想理论素养存在“先天不足”。慢慢来，日积月累，坚持数年，必有好处。

(2)从问题出发，注意平时工作的积累和总结。还有个重要的方面，就是辅导员一定要有问题意识。任何理论都不是凭空产生的，物质决定意识。你工作越深入，越容易接近真理。关键是要用心观察、梳理，不然有的理论就在你的眼皮子底下溜走了，这岂不可惜？俗话说：“三个臭皮匠，顶一个诸葛亮。”这里也有实践出真知的意思。中国的马克思主义就是从“山沟”里出来的。从这点来说，提升思想理论水平也不要把它看得高不可攀，由此望而却步。

现在为了评职称，一些辅导员也开始重视理论学习了，也加强了科研。这里需要注意的是一定要研究真问题、迫切需要研究的问题，这是你学科中的问题，也是你能研究的问题，千万不要还没有学会走就想跑。辅导员工作需要形而上的研究，更需要形而下的成果。搞好学术定位也很重要。

好了，我要下火车了，就聊到这里吧。

到大连联系我。

祝好！

073

辅导员一定要加强理论学习

2020-07-29

辅导员是大学生的人生指导者和引路人。每每想到这里，我都会想到有的辅导员离这样的要求还是有一定差距的，更有的辅导员到现在也不知道自己一天到底要做什么。“指导者”和“引路人”，就是告诉学生往哪里走、怎样走的人。所以辅导员就要比学生看得远、看得明白，不然就会误人子弟。

我从参加工作那天起就要求自己绝不能让学生在思想上犯错。为此我学习了一辈子，到今天也不敢懈怠。我从来不睡午觉，也是为了挤时间学习。苏格拉底讲：“我知我之不知。”有人这样理解这句话：“我只知道一件事，我什么也不知道。”苏格拉底那么伟大的学者都如此谦逊，我们真应当审视我们自己到底知道什么。干什么要像什么，做辅导员就要有做辅导员的样子。有些辅导员总是借口工作忙，从而放松自己的学习。忙，只是客观环境导致的，是相对的。关键是主观上要自觉，知识都是学出来的，需要日积月累。辅导员应当把学习当成使命、责任，当成人生的存在方式。

我毕业留校做了辅导员，工作很努力，得到了全系教职工的认可。工作一年后，我们学校给3%的人涨工资。我们历史系有1.7个名额。院长、书记很犯难，给谁涨？他们采取了投票这个简单公平的办法。结果虽然我工作时间最短、年龄最小，全系员工却一致投票要给我涨一级工资。我找院长、书记说:“别给我涨了,那么多人在等着呢。”他们劝我说:“别推辞了,不给你涨就乱套了。”我“被”涨了一级工资。我们历史系当时担负着全省高考历史卷的批卷任务。参加批卷可以得到73元钱、一条毛毯,还管饭,诱惑力蛮大的。我那时每个月的工资才36元钱。大家都希望有机会参加批卷。我们院长对我很好,他到我办公室说:“假期别外出了,参加批卷。”我知道他的好意,但我还是在暑期安排了外出学习和家访。

我自费到上海,在华东师范大学参加了“青年学”课程培训。那是我第一次感受到南方天气的炎热。我真是受不了,每天夜里都要到水房冲洗五六遍,刚睡下又是满身大汗。白天,下课后我就跑到游泳池里泡一会儿。我一个在大连海边长大的人,硬是在游泳池里学会了游泳。星期天一早上我就起来到市内的各个景点考察,宋庆龄的墓地我也去拜谒过。我还去了杭州,瞻仰了岳飞墓、秋瑾墓,了解了当地丰富的历史文化。学习结束的时候,我买了上海到沈阳的火车票,结果我到了第一站苏州就下来了。我夜里乘车,白天考察。去往无锡、南京的这一路我都做了考察。我目睹了课本中令我神往的南京长江大桥,还沿着崎岖的小路费了三个小时爬上了南京天文台。那么多的历史名胜尽收眼底。从苏州再上车就没有座位了,困极了,只能在车上站着,处在迷迷糊糊、半睡半醒之间。因为我还要到沈阳家访,可是兜里的钱全花光了。到锦州我又下车了,费了很大周折才找到了我高年级的一个同学家,跟他借了50元钱,这样到沈阳完成家访任务后我才回到了大连,一个假期就这样圆满地结束了。

由于有学习的意识,从参加工作到今天,我利用各种机会、克服各种困难,考察了中外1000多所大学;参观过500多个名人故居,拜谒了600多个名人的墓地,去过无数个爱国主义教育基地。我还去过100多个学生家庭。前后拍了几十万张照片。我讲课、做报告都是讲解照片,讲什么主题就选什么样的照片。我现在是二级教授,我的很多文章、课题都是基于这种理论和实践的基础;我给学生讲的话也都是经过自己的大脑加工的,绝不人云亦云。

现在国家对辅导员队伍建设重视了起来,各种培训班很多。但是有些辅导员也养成了依赖,“学校也不安排我们培训”“等着学校安排培训”,常挂在一些辅导员的嘴边。学校不安排,自己就不安排?假期是多好的学习机会,怎么不好好利用呢?

心中有学生,脚下有力量。只要想到不能让学生在思想上犯错,还有什么困难能阻挡住你学习的步伐?

074

给一个辅导员的回复

2020-08-16

曲老师您好!

我是一名新入职的辅导员,参加完入职培训后我深深地感到作为一名辅导员需要强大的责任感与使命感。我有很多想法想尝试、很多热情想迸发,但是现在有两个问题经常困扰我:一是我从学生步入辅导员行列,对于身份转换还没完全适应,尤其是昔日师长变成今日同事,让我感觉在办公室仍是一个学生,不敢发表自己的想法,每位老师都可以让我“打杂”。二是作为一个新人,我深感自己理论知识太匮乏,说不出口、写不出来,这也让我有种紧迫感。我知道想要“树人”,必须先要“树己”。到底新辅导员应该如何开展工作,希望得到您的指导。

××你好!

你遇到的这种情况,或者说你的这些想法,应当说许多辅导员都遇到过,也都有过。一些辅导员也是信心满满地走上了辅导员工作岗位,结果做了没有多长时间,初心“丢了”,失去了工作热情。这无疑有客观环境的问题,更主要的还是主观努力问题。我此前多次讲过,你是一个什么样的人,关键取决于你想成为一个什么样的人。马克思与谁讲环境?正是在客观环境十分恶劣的情况下，马克思创立了为最广大的劳苦大众服务的学说，从事了一辈子革命工作，并为此而献身。所以，你认识到了思政人的使命和责任，这很好，但你更要认识到完成这种使命和责任是需要全身心付出的。其中就包括怎样发挥自己的主观能动性，把被动变成主动，克服工作中的不利因素，牺牲自己的一些利益。这就需要从思想上解决问题，坚定理想信念，追求人生的崇高。正如马克思所说："面对我们的骨灰，高尚的人们将洒下热泪。"一些辅导员为什么把初心"丢了"，其实就是信仰动摇了。信仰动摇了，那一连串的问题就来了。你刚走上辅导员工作岗位，一定要锤炼好自己，只要初心"不丢"，就没有什么能难倒你。

你说"从学生步入辅导员行列，对于身份转换还没完全适应，尤其是昔日师长变成今日同事，让我感觉在办公室仍是一个学生，不敢发表自己的想法，每位老师都可以让我'打杂'"，这是正常的现象。以前你对辅导员工作的认识是从学生的角度，现在你要从辅导员角度来看问题了。刚入门，要多观察、多思考、多学习、少说话。少说话，不是不说话，该说的话还是要说的，关键不能为自己说话。为自己说话是说不出真理的，也经不起检验。此前我在公众号上有篇文章你可以找来看看，题目就是"不说话就不得罪人了"。至于"打杂"，你一定要有个充分的心理准备。当你选择了在老师身边的时候，就已经决定了你学生辈的身份。这方面有老师的问题，关心学生就要为学生着想，尽量少让学生干杂活。（在此也附带说一句，我们辅导员也是如此，自己的工作尽量自己做，不要把"杂活"都推到学生那里，对学生发展没有利的事不能让学生做。辅导员也应当知道，有的学生也是满腹怨言的。）但是作为学生，也要为老师着想，甚至有必要主动帮助老师干些"杂活"。大家在一个团队，相互的关心和帮助也是必要的。你要记住，你的工作能否被认可，一方面取决于你工作得怎样，另一个方面取决于你和大家的和谐程度。千万不要因为"杂活"而影响了自身的工作。有的辅导员往往把"杂活"当成了借口，那最终影响的只能是你自己。问题的关键还是在主观能动性上。

你说"作为一个新人，我深感自己理论知识太匮乏，说不出口、写不出来，这也让我有种紧迫感。我知道想要'树人'，必须先要'树己'。到底新辅导员应该如何开展工作，希望得到您的指导"。这里你说了两个问题，一是理论层面的，二是实践层面的。这两天我再找时间专门回答你提出的

“到底新辅导员应该如何开展工作”的问题。你深感你的理论知识匮乏，说不出口、写不出来。你有紧迫感，这是对的，应当有这种压力。辅导员工作职责排在第一位的就是做大学生成长的导师。这个任务相当重。导师，就要比学生看得明白、看得远。由于阅历，也就是视野的问题，更由于你们理论水平的问题，加上我们现在对辅导员的选聘还是基于管理型的，这使得许多辅导员在理论知识上存在“天然”的不足。没有办法，必须抓紧时间补上。这里有两个途径：一个是从理论中学。要把学习理论当成一种责任、一种生活习惯和一种生存方式。日积月累，必有所获；另一个是向实践学习。这里可以向优秀的辅导员学习，看看他们是如何教育引导学生的，更要从自身的实践出发，带着问题意识来工作。辅导员要常自问：我是谁？我在做什么？我将去往哪里？要主动在学生面前讲话，要有准备地讲话，有了实践，有了准备，你就敢讲了，你也就知道讲什么了。现在辅导员中有种不好的学习倾向，学习是为了写论文、评职称，表现得也很急。只有围绕学生、服务学生、关照学生，才能写出好论文，也才能有论文可写。科研不能搞“短平快”，一旦把学生“落下”了，也就失去了科研的意义。不要跟风，更不要攀比，而是养成好的学风，扎实地走一条属于自己的辅导员工作之路。

祝你有好的心情，一切都顺心如意！

075

与辅导员的交流

2020-11-28

曲老师您好!

很冒昧地打扰您。我是一名辅导员,现在我有一个问题想向您讲一下。我有一个新疆的学生,之前加了微信,昨天看到他把我的微信给删了,晚上遇见他想跟他谈一下,因为之前做过心理的测试,想跟他聊一下,他也很抗拒。我就想着先缓一缓,还望曲老师能给我指导一下,后面的工作我该怎么处理。

××你好!

具体情况我不了解,但是从你反映的情况来看,学生对你有了抵触情绪。为什么会有这样的抵触?我想这与我们的教育方法、对学生的看法有很大的关系。我此前写过公众号文章,谈思想教育与心理教育的关系。我始终认为学生的主要问题还是思想问题,不要动不动就给学生贴上有心理疾病的标签,让他们一开始就有了心理压力,这样没有问题也有问题了。学生教育还是要注重以理服人,以情感人。更要多关心新疆少数民族学生,不要怕麻烦,不能一来学校就把他们看成难教育的对象。像这种给他做心理测试的做法就是工作简单化的做法,自然会使他反感,因而才会疏远你。注意情感的沟通,取得学生的信任,这是很重要的。不然就会形成“沟壑”,如果越来越深,再填补就很麻烦了。

曲老师,冒昧加了您的微信。我是去年入职的辅导员,现在在× × 大学工作,我叫× × ,很荣幸聆听了您在网上的讲座,也一直在关注您的公众号,收获很多。期待与您有机会见面,也请您多多指教。

× × 你好!

辅导员是大学生的人生导师和知心朋友,一定要担负起这个责任,扮演好这个角色。我在当选全国“时代楷模”的时候,有个记者就是你们学校的毕业生。她说刚开始接到采访我的任务的时候,第一反应是辅导员有什么可采访的。她对你们学校的辅导员不是很满意。辅导员给她的印象就是忙,但不是为学生忙,而是为自己忙,辅导员与学生各忙各的。这些年应当有很大的改变了吧?你们学校的学生视野应当更开阔些,思想也会更活跃些,这就更需要你把握住学生思想的脉搏,为学生及时地解疑释惑。所以,不能懈怠自己的工作,一定要把工作落微、落细、落实,为学生系好人生的“扣子”,辅导员责任重大、使命光荣!欢迎到大连联系我。

祝好!

尊敬的曲老师,您好!感谢您每天的指导,您是我们所有辅导员的榜样。

我们共勉!

076

与一个辅导员的交流（一）

2021-04-19

曲老师您好！

听了您的讲座，受益良多，同时也感觉自己在工作中、在能力上有很多的不足。理论知识不扎实，口才也不好，越学越觉得知识储备不足。也问过其他老师该怎么办，但还是挺无力的。好比一个状态、一个层次始终无法突破和转变，就会怀疑和否定自己。

××你好！

你说的这种情况比较普遍，许多辅导员都说过这个问题。为什么会出现这样的问题呢？首先与我们对辅导员的选拔机制有关。我们现在还是按照管理型来选拔辅导员的，所以有无教育能力往往被忽视了。而对于辅导员自身来说，虽然在学生时代对辅导员有感性认识，但是“绝知此事要躬行”。毕竟没有亲自做过辅导员工作，这就造成一旦做了辅导员便产生了“不适应”，感觉辅导员工作不像自己曾经想象的那么简单。那怎么办呢？既然已经做了辅导员，那就赶紧弥补自身的不足。一是要加强学习。辅导员工作需要理论的指导，加强学习是提升理论素养的重要途径。不要找借口，即便你此前理论基础为零，从现在开始重视起理论学习，你的理论水平也必然会有所提升。也不要着急，理论学习需要日积月累，时间长了，也就有话说了。二是用情感来弥补。就像一些家长，虽然他们不懂教育理论，孩子却培养得很好，其中一个重要的原因就是情感到位。学生来到学校，往往把辅导员看成他们大学里最亲的人。可是我们有的辅导员没有这种感觉，没有这种情感，对学生漠不关心，这就冷了学生的心。如果真这样，即便你的理论水平再高，你说得再头头是道，学生也不会接受你的教育。三是用工作来补。所谓用工作来补，一个重要的方面是做事一定要公正。许多学生真不在乎你的工作水平怎样，但是他们在乎你做事是否公平，能否一碗水端平。你不公平，也就失去了学生的信任，那就很难把工作做好。凡事在于用心。真心想把事情做好，还是会做好的。不要气馁，坚持下去，必有所得。

当然，无论怎样，都不能耽误学生。现在辅导员岗位还比较热，一些研究生瞄准了这个岗位。从开始选择职业的时候，就要好好分析自己到底适不适合做辅导员；一旦当上了辅导员，就要对自己应聘时许下的诺言负责。实在不安心或真没有这个能力，那就早点主动离开，寻找适合自己的岗位，千万不能“身在曹营心在汉”“这山望着那山高”。我在做省委高校工委副书记的时候，对全省新上岗的辅导员进行培训。一次我在做报告的时候，有个辅导员坐在报告厅的后排专心致志地看书。四百多人参加培训，他以为我看不到他，后来我过去让他把书给我看一下。我想，他若是看《共产党宣言》也就罢了。他在看经济学导论。“你想考博士吧？”他支支吾吾不好意思了。我说我跟你们学校领导说一下，你不要做辅导员了，可以安心考博士去。耽不耽误你我管不了，你不能耽误学生。我通知了他学校的领导。后来他学校的领导告诉我说他承认了错误，表示一定做好辅导员，感谢我的提醒。还有一次我给某省辅导员培训班上课。有个女辅导员看手机上瘾了，还不时地掩嘴笑。真是看得太投入了，我走到她身边的时候她还在看。“你出去专心看吧！”我把她撵了出去。我为什么要这样做？我就是觉得不能耽误了学生。耽误了学生就是罪过啊！我回到讲台的时候，也多少有些“歉意”，我想是不是应当提示她，给她一次改过的机会？做了就做了，这样或许就是一次机会。

好了，就聊到这里吧。有事联系我。

祝一切都好！

077

与一个辅导员的交流（二）

2021-04-27

曲教授您好！

听了您的故事感触颇深，我是从大一了解到辅导员岗位后，就励志以后要当辅导员的。但工作后我却发现辅导员工作和自己想象的不一样。在工作方面还有很多要学的东西，对这个岗位的认识还是模模糊糊，望自己能坚守初心，向您靠近，走进学生的心里。

××你好！

是这样的。有的人在学生时代就打算做辅导员，这样就像考研一样准备入职辅导员的考试，对为什么要做辅导员缺乏根本的认识。结果做了辅导员之后便“无从下手”。辅导员是大学生的人生导师，一定要有人格魅力，要求学生做到的，自己一定要首先做到。人生引领就需要有理论高度，需要有思想水平，要比学生看得远、看得深、看得正，这就要加强学习，再忙也不能放松学习。思想政治教育不能只讲大道理，还要以情感人。这就要关心学生，急学生之所急，想学生之所想。情感会弥补理论上的不足。要深入学生、了解学生，和学生打成一片。不要急，一点点扎实地做，就一定会引导好学生。

祝好！

078

与一个辅导员的交流(三)

2021-05-15

曲老师,周末好!

打扰您了!我是××学院辅导员××。十分有幸能现场聆听您讲课,受益颇多!您为学生的付出,为辅导员队伍发展倾注的大爱让我感动,您在讲课的同时还能关注到我的情绪,更是让我受宠若惊。

我是一名在辅导员岗位工作了十三年的辅导员。我比较幸运,获得了一定的荣誉,职称也有了晋升。可以说,从不被重视到得到认可,工作中间我有过迷茫,也有过疑惑,甚至这种疑惑到昨天之前还会存在。我会怀疑自己,跟学生之间的年龄差距越来越大,我还能不能走进学生的心里?我所学到的知识,还能不能适应这个时代的变化?作为一名有荣誉感的辅导员,我所做的够不够?这可能也算所谓的"内卷"吧。可是听着您爱生如子的故事,感受您身为共产党员对信仰的坚定,我觉得我的迷茫和疑惑太狭隘了。您说"信仰是根本,追求什么是关键"。那一刻,我就像是找到了辅导员职业生涯的一束光,让我看到了自身的不足,也为我今后做好辅导员工作给予了指引。我无法用言语表达对您的尊重和内心的感动,我会牢记您提出的铸魂育人的十四条建议,向您学习,锻炼身体,好好读书,眼睛看向学生,脚踏实地工作。衷心地祝愿您身体健康、顺心愉悦!愿您在海南的旅程一切顺利！

曲老师，谢谢您昨天与我的合影，太珍贵了！

××你好！

今天一直在忙，上午参观了博鳌亚洲论坛会址，下午参观了宋庆龄祖籍故居，现在在候机。回复有些晚了，请理解。

昨天在和你们交流时因为你就坐在前几排，我看得格外清楚。我注意到整个交流过程中你一直聚精会神地在听我讲，并且不时地擦眼泪。能看得出来你是用心听了，我讲的内容一定引起了你的共鸣，会后也和你合了影。我们虽然没交流几句，但我知道了你是一位优秀的辅导员，获得过国家级的奖励，并且是副教授了。晚上吃饭的时候，你们学校领导又夸奖了你。

辅导员的确经历了从不被重视到逐渐被重视的过程，现在已经有了很大的好转，但是还没有根本好转。高校还没有拿出像抓双一流建设、双高建设那样的劲头来抓辅导员队伍建设。我讲过，其他专业聘任老师即便是博士了，上课前还要左培训、右培训，左试讲、右试讲的，总是担心他们上不好课。辅导员呢，就不是这个样子了。大多数刚硕士毕业，少量的本科毕业，还有许多没有毕业的研究生兼职做了辅导员，结果却很“放心”地让他们“毫无准备”地带上二三百，甚至更多的学生。属于辅导员的真正春天还是需要一个过程的。但是应当相信，属于辅导员的春天一定会到来，因为这是不以个人的意志为转移的。这是由青年学生的成长规律、高等教育的发展规律、完成“立德树人”根本任务决定的。眼下需要辅导员做的就是不要等待，不要祈求尽善尽美的环境，要发挥好主观能动性，做好自己该做的事情。

辅导员工作太年轻化还真不行。即便有一定的理论水平，但由于缺少人生阅历，就是缺少培养人的经验，这怎样能引导学生呢？我们现在主要还是基于管学生的思路建设辅导员队伍的，真正把辅导员定位在大学生人生导师上，真正把思想政治教育作为辅导员工作的主业，就会改变辅导员的年龄结构，就会改变目前这种“娃娃辅导娃娃”的状况。我极力主张在1∶200的基础上设置合理的职称结构建设辅导员队伍，主要意图也在这里，这样才能真正建设一支职业化、专业化、专家化的辅导员教师队伍。

做好辅导员工作无疑要与时俱进，不断丰富理论水平，把握学生思想脉搏，为学生及时解疑释惑。所以辅导员一定要加强学习，把学习当成责任、当成追求，应当要求自己不能让学生在思想上犯错。不过对辅导员来说，最重要的还是理想信念问题。辅导员首先是共产党员，对党要忠诚，对党的事业要热爱、负责。不能在党旗下信誓旦旦，做起工作来却左躲右闪，跑到了后边。有了理想信念就会有使不完的劲儿，就会想方设法把学生培养好。我们有的辅导员理论水平也不是很高，但是学生工作却做得很好，其中最重要的原因就是理想信念坚定，对党的事业负责。

辅导员工作永无止境，一定要围绕学生、关照学生、服务学生，不断创新工作方法。要有问题意识，把辅导员工作当成学问做。你还年轻，有了理想信念，有了人生的方向，有了不懈的追求，就一定会把学生培养好，就不会辜负“共产党员”“辅导员”这一称谓。

谢谢你对我的认同、点赞，有事就联系我。把你的详细地址告诉我，我把我写的书签名邮寄给你做纪念。

飞机要起飞了，就写到这里。

祝好！

079

与一个辅导员的交流（四）

2021-06-17

曲老师您好！

我是来自××学院的一名普通的辅导员，我叫××，在大学毕业后承蒙学院不弃，担任辅导员一职。因为入职时间较短，在工作中、与学生相处的过程中，我发现自身存在诸多不足。昨日听曲老师一堂讲座，着实令我收获颇丰，感触良多。

入职一年以来，我对学生工作还处于摸索阶段。我带的学生由于各种各样的原因，他们没能如愿进入一所本科院校。在专科院校学习过程中，我可以感受到孩子们大多比较迷茫，没有明确的方向，过得浑浑噩噩的。在大多数时候我不知道应从哪方面入手去鼓励他们，只是尽自己的所能与他们成为朋友，激励他们认真学习，去相信自己、改变自己，在他们气馁的时候给他们鼓鼓劲儿。我认为更该教会他们的是责任和担当，是充满正能量。说实话，我从没有像您这样深入学生家庭之中，也很少深入学生宿舍之中，身为新时代的青年辅导员，我不由感到惭愧。

有幸称您一句“老师”，冒昧加您为好友更多的是想向您学习，迷茫的时候多感受您带给我们的力量。昨日听完老师的讲座后，我发现自己的目光不够长远，格局过小，所要学习的地方太多了，所以在激励学生的同时自身也要去充电,要不断提高自己的业务水平和知识储备,督促学生们学习的同时更要培养他们的责任意识和担当意识。下个学期,我初步打算深入学生之中,和他们一起学习,以身作则,在提升自己知识储备的同时带动大家共同进步。辅导员的道路对于我而言才刚刚开始,我深感自己能力和知识储备的不足,在学习成为一名合格的辅导员的道路上,我会不断努力,坚定理想信念,做学生的引路人、同学们的好老师。

最后,祝曲老师身体健康、阖家欢乐、万事顺遂。

××你好!

你写了这么多,我本应当更多地回复你,确实因为太忙了,只能简单地回复你。

做人要懂得感恩,而感恩又是多方面的。学校信任你,在竞争如此激烈的当下,学校将你留下做了一名辅导员,这里就有“恩情”的问题,就有“回报”的问题。不能应聘的时候信誓旦旦,结果聘上了之后便像换了一个人似的。你确实应当带着感恩的心去做辅导员工作,有多大劲儿就使多大的劲儿,和学校、学生不能讨价还价,总怕吃亏了。

我利用各种机会到学生家家访,足迹横跨全国二十二个省份。家访很好地助力了学生思政教育,促进了学生健康成长。做辅导员要有家访的意识,注重合力的形成。当然家访也不是让你挨家挨户地去,你也没有这个条件。家访有多种方式,信访就是其中的一种。不要一谈家访就是没有时间、没有经费,学校所在城市的学生家都去了吗?家访也是一种责任,要力所能及地开展家访活动,始终和家长保持联系,让学生和家长能够感受到你把学生(孩子)放在心上,这就够了。

一些学生来到高职高专院校,就像泄了气的皮球,没了动力,没了方向。越是在这个时候,辅导员越是要和学生打成一片,赢得学生的信任。人生是长跑比赛,只不过大学这段时期比较重要罢了,但是绝不是决定人生成败的唯一赛段。许多成功的人在大学这个赛段并不是赢家,但是后来他们赢了。为什么能赢?就是他们不气馁、不服输,在后来的赛段中能够坚持不懈。你可以鼓励学生专升本、考考研,想提升科学文化知识水平,有很多机会。当然,人生有没有出息,不在于在哪里读书,读什么专业。看看这次表彰的“七一勋章”获得者,他们之中就有不少人根本没有学历。我常讲，一些坐专车、有高学历的人，结果进了监狱；而给他们开车的司机，根本没有什么学历，这些司机却过得好好的。告诉学生不要追名逐利，要干什么像什么，做个本本分分的人。

一定要常到学生中看看，尤其是学生寝室。学生的许多思想和行为都体现和发生在寝室，你只有了解学生，思想政治教育才会增强针对性、说服力。

必须不断地学习。要把学习当成人生的追求，当成生存的方式。辅导员是大学生的人生指导者和引路人，只有自己清清楚楚，学生才能明明白白。不管怎么忙，都不能放松学习，坚持数年，必有好处。

把你的详细地址告诉我，我把我写的《我与大学生的交流》这本书签名邮寄给你做纪念，在书里有我回答的很多大学生关心的问题。到大连联系我。

祝一切都好！

感谢曲老师在百忙之中抽出时间为我解惑，定当谨遵老师教诲，不忘初心，不断学习。

080

提高辅导员理论素质应明确的几个关系

曲建武

一、灌输教育和自我教育的关系

有的辅导员认为:大学生都是有思想的人,他们善于独立思考,对他们的马克思主义理论教育不能采取灌输教育式,而应采取自我教育式。其实这是对灌输教育和自我教育的一种误解。所谓灌输教育,指的是教育者把正确的科学的思想、理论、观点、道德和科学文化知识等从外部传递、输送给教育对象,对政治辅导员来说,就是要把马克思主义"装进"大学生的头脑里。所谓自我教育,指的是受教育者自觉地学习马克思主义、毛泽东思想,自觉地联系自己的思想和工作实际,自觉地克服错误的思想和树立正确世界观的改造过程。我们是十分重视自我教育的,没有自我教育也就没有思想政治教育工作,那为什么我们还要强调灌输教育呢?灌输教育与自我教育并不矛盾,灌输教育是为自我教育服务的,为了很好地自我教育,首先必须进行灌输教育。人的大脑是思想的器官,表面看来,它像一个思想工厂,每天都生产着各种思想,似乎只要生产,就能产生思想,只要想生产正确的思想,就能产生正确的思想,可实际并非如此,如果一个人从生下来那天起就使他与社会隔绝,那么即使是活到老,他也不会有人的思想的。因为"人的本质在其现实性上是一切社会关系的总和"。这就告诉我们是社会为人脑这个思想工厂提供了原材料。为什么有的人思想正确，有的人思想不正确，这根本不取决于人脑本身，而取决于输送到人脑这个思想工厂中的原材料的质量，自我教育的过程是用马克思主义的立场、观点、方法改造自己的过程，我们要求大学生树立无产阶级的世界观，试想一下，如果他们的头脑里根本就没有马克思主义，或者被各种非马克思主义的东西所充满，那么这种履行改造自己的过程会是一种什么样子呢？意识的园地是没有空白的，不管是无产阶级的意识还是资产阶级的意识；不管是唯物辩证法的意识，还是唯心形而上学的意识；不管是科学的意识，还是迷信的意识，从广义来讲，不是马克思主义意识就是非马克思主义的意识占领人的头脑，因此，为了完成思想政治教育的任务，政治辅导员必须发挥教育主体的作用，用马克思主义思想去统率大学生的意识园地。这就要灌输，“工人本来也不可能有社会民主主义的意识。这种意识只能从外面灌输进去”。灌输原则是思想政治教育不可动摇的原则，当然，灌输教育还有方法上的理解，应针对大学生的特点，采取多种形式，甚至“寓教于乐”，但这与我们作为教育原则讲的灌输教育是不一样的。

二、理论教育和实践教育的关系

有的辅导员认为：“既然实践是认识的来源，人的正确思想是从实践中来的，那么对大学生的马克思主义理论教育就只能采取实践教育的方法，即让大学生广泛接触社会，通过各种实践活动来了解；掌握和运用马克思主义理论，在改造客观世界的同时，改造自己的主观世界。”这种观点同样失之偏颇，实践是认识的来源，离开了实践，人的认识就成了无源之水；实践是检验真理的唯一标准，人的认识正确与否，最终是要经实践来检验的；特别实践还是认识的目的，如同毛泽东同志所说：“如果有了正确的理论，只是把它空谈一阵，束之高阁，并不实行，那么这种理论再好也是没有意义的。”在大学生的思想政治教育过程中，我们针对大学生从书本到书本，缺乏对国情、社会的了解，解决实际问题能力较差的弱点，积极开展社会实践活动，以弥补他们上述的不足，最终达到理论联系实际，增强大学生改造客观世界和主观世界的能力的目的。实践证明，这种做法效果还是很明显的。但这并不能成为我们忽视对大学生进行理论教育的理由。人的正确思想固然来自人的社会实践，然而，人的社会实践并不能给所有的人在一切问题上都带来正确的认识。即使同样的社会实践，往往也是仁者见仁，智者见智。理论是对客观世界的总结,马克思主义理论是被实践检验过了的真理,加强理论教育,可以使青年学生的头脑装进正确的理论意识。另外,人的正确的思想内容是多样的、复杂的,个人要想通过自身实践尝遍每一个"梨子"的味道,那是绝对不可能的,理论教育是人们掌握对客观事物规律性的认识的一条"捷径",理论教育的重要意义还在于列宁说过的一句话"没有革命的理论,就不会有革命的运动"。人们从事实践的活动,必须在一定的理论指导下进行。正确的理论指导正确的实践,错误的理论指导错误的实践,盲目的实践不仅无益反而有害。懂得了理论教育和实践教育的关系,作为政治辅导员来说,在对大学生进行思想政治教育的过程中,首先就要注意讲清马克思主义、毛泽东思想这个"理",以使大学生在自己的实践中有"理"可遵循,以免犯方向性的错误。

三、思想教育和管理教育的关系

有的辅导员认为:"现在的大学生自理能力差,思想教育对他们来说磨破嘴皮子不如给点'颜色'看,只有通过严格的行政管理才能达到思想政治教育的目的。"对于这种观点,我同样不敢苟同。所谓管理教育,指的是用行政的规定、制度、条例、守则、章程等规章制度约束教育对象,以使这些规章制度成为人们共同遵守的行动规范。我之所以承认管理教育在大学生思想品德形成中起着重要作用,道理很简单,古语讲"不以规矩,不能成方圆"。比如,拿纪律处分来说,正确的纪律处分对于那些沿着错误道路走下去的人来说,就能起到醒悟的、从而矫正自己的行为习惯的作用。再如,我们召开对全体学生进行思想教育的大会,如果没有纪律约束,愿来就来,愿走就走,恐怕就很难开起来,还谈什么思想教育呢?可见,只抓思想教育,不抓管理教育,思想教育就发挥不了它的应有作用,所以,思想教育不是万能的。可是如果进一步分析就会发现,人的行为是由什么支配的呢?是思想;人的行为又为什么会有这样或那样的差别呢?是思想动机的不同。由此可见,在处理思想教育和管理教育的关系时,搞思想教育一定要突出思想教育中的思想性,即突出马克思主义、毛泽东思想的教育,重点解决人们思想中的政治思想问题、世界观问题,搞管理教育一定别忘了管理教育的层次性,着眼点要放到帮助人们实现思想教育的任务上来,否则的话,管理教育既无助于思想教育任务的实现,也没有长久的意义。

明确了上述三个关系,政治辅导员就应当掌握马克思主义教育的主动权,从而要求首先提高自己的马克思主义理论素质。

那么,提高政治辅导员马克思主义理论素质的途径有哪些呢?我认为:

1. 建立政治辅导员的培训制度

目前政治辅导员队伍从年龄结构上看可分为两部分。一部分是年纪较大的同志,这些同志从事思想政治教育工作多年,在实践中提高了自己的马克思主义理论素质,他们是高校对大学生进行马克思主义理论教育的重要力量。因此应该很好调动这部分同志的积极性,使他们的作用得到充分发挥。但这部分同志也有一个继续提高的问题,马克思主义本身就是不断发展的,要想掌握住马克思主义的精髓,就只有不断地加强学习。由于这部分同志年龄较大,职称为中级以上,多数同志又担任一定的领导工作,行政事务较多,因此,对于他们的理论学习可以采取短期轮训的办法,如把他们送到各级党校干校进行学习。另一部分是年纪较轻的同志,主要是近期留校的同志,由于上述谈到的原因,他们面临着迫切需要提高马克思主义理论素质的问题。因为这部分同志年纪轻,工作、家庭负担少,所以,对于他们的学习可以从长计议,如让他们参加双学位班、助教进修班等。

2. 注意政治辅导员的马克思主义理论素质的考核

如果说前段时期忽视了政治辅导员马克思主义理论素质的要求还有情可原的话,那么在今天的形势下我们将没有任何理由不注重政治辅导员的马克思主义理论素质的要求。

首先,在毕业选拔辅导员的时候,同等条件下应选拔那些具有较高的马克思主义理论素质的同志;其次,在工作内容方面,应要求或布置给他们一定的行政管理工作。但最终评价一个政治辅导员的政绩,不只是看他深入学生中的次数及管理卫生、早操、食堂乃至课堂纪律的好坏,更要看其能否结合国际、国内的形势及党在现阶段的任务,及时准确地解决大学生中存在的思想认识问题,尤其是政治思想方面的问题。比如,能否讲些高质量的党课、想品德课,做些解决思想问题的报告。我认为对大学生的马克思主义理论教育主要是在课堂里进行的。第三,主管部门应把理论素质的考核纳入评选先进个人及教研室(组)的条件之一,定期研究大学生带有普遍性、倾向性的思想问题,布置研究题目,按期完成研究任务,探求解决办法,找到规律性的东西。

3. 加强实践环节锻炼

提倡大学生在实践中加深对马克思主义理论的认识，辅导员更应首先于学生深入实践、深入社会，主管部门应有计划、有目的地选取实践基地，组织辅导员参观、调查，也可与社会先进人物交往，增强自己的使命感。

4. 举办思想政治教育工作者专业班

一些留校工作的政治辅导员感到自己的马克思主义理论素质不高，从而导致不同程度地影响到对大学生进行思想政治教育的效果。他们也想提高，可由于大学时代根本没有想到毕业后能做辅导员工作，学的又是理工专业。这样，马克思主义理论素质便出现“先天不足”的情况，无奈只好人心思动，出现马克思主义理论素质“先天不足”的情况固然与主观的重视程度以及客观影响有关，但更主要的还是“学非所用”而致。因此，我们建议在有条件的高校开设思想政治教育工作者专业，录取时就讲清楚他们将来的培养方向，对毕业时的具体问题再做具体解决。学员可以是统招中政治条件较突出的，或中师、高中保送的尖子生，也可在大学二年级结束时挑选一些品学兼优并愿意从事思想政治教育工作的学生，再学习两年关于思想政治工作专业所要求的理论。

[发表刊物:《辽宁师范大学学报》(社科版)1993 年第 2 期]

081

发挥辅导员在大学生学习邓小平理论中的作用

曲建武

总结党的十一届三中全会以来的20年,我国改革开放和现代化建设之所以能够取得举世瞩目的伟大成就,最根本的就是靠邓小平理论的指导。正因为如此,党的十五大要求把邓小平理论作为统领全局、贯彻各项工作的灵魂,号召全党高举邓小平理论伟大旗帜,把建设有中国特色社会主义事业全面推向21世纪。作为高校辅导员,我们一定要认识到这项工作意义深远、自身责任重大。

《中共中央关于在全党深入学习邓小平理论的通知》中指出:“用邓小平理论教育广大青年特别是青年学生,是关系改革开放前途和21世纪国家面貌的大事,是坚持党的基本路线一百年不动摇的长远大计。”从一定意义上考虑问题,我们完全可以说,能否把建设有中国特色社会主义事业全面推向21世纪,关键看当代大学生能否用邓小平理论武装头脑。这是因为,未来是青年的,而大学生是青年群体中接受社会文化教育较多的群体,伴随着知识经济时代的悄然到来,大学生自然地要成为社会各条战线的骨干,特别是他们中的一些优秀分子还将走上党和国家的各级领导岗位。很显然,大学生接受邓小平理论的程度如何,将会直接关系到贯彻党的基本路线的坚定性和持久性,关系到把一个什么样的中国带入21世纪,所以,

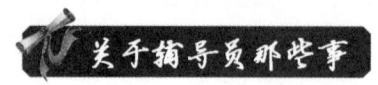

大学生学习邓小平理论的问题必须引起我们的高度重视。

大学生学习邓小平理论的工作需要从多方面来做,由于辅导员角色的关系,决定了辅导员在这项工作中有着特别的作用。原因有以下几点:一是用邓小平理论教育大学生是辅导员最根本的任务。我们常讲,辅导员的工作比较忙,日常工作杂乱、具体,从就寝纪律、学习秩序到行为文明,辅导员没有管不到的。但是,仔细研究起来,我们就会认识到,大学生的日常行为习惯是要有人管的,辅导员当然也应当管,可是,如果辅导员的工作只是停留在这些日常琐事上,那就本末倒置了,或者说是“种了别人的田,荒了自己的地”。高校为什么要有辅导员,说到底是因为大学生正处在世界观、人生观、价值观确立的关键时期,他们需要有人给予正确的理论指导。辅导员的工作意义,正在于他们可以在这方面给大学生以帮助。有些辅导员是“两课”教师,他们可以通过课堂这个主渠道对大学生进行正确的理论教育;有些辅导员还是大学生政治进步的导师,他们可以通过党课、团课、报告会等形式对大学生在世界观、人生观、价值观方面提出的问题给予正确的回答。理论之树常青,大学生只有从理论上认清了问题,他们的行动才会自觉和持久。邓小平理论是当代中国的马克思主义,它无疑是大学生行动的指南。辅导员要把用邓小平理论教育大学生当作自己工作的头等大事来抓,这项工作做得越扎实有效,大学生就会越自觉地运用邓小平理论指导自己的行动,进而坚持党的基本路线一百年不动摇的信念就会更加坚定,至此,辅导员工作才算真正做到了位。二是辅导员工作的特点,有利于及时、准确、有效地解决大学生头脑中的模糊认识。在理论教育方面,课堂是主战场,这一点是没有疑义的,在这里可以系统全面地阐述邓小平理论的科学体系和精神实质,回答大学生普遍存在的共性问题。但是,课堂教学的不足之处在于它不能及时、准确、有效地解决特殊的矛盾问题,对于个别学生头脑中存在的模糊认识没有针对性。解决这样的问题,辅导员有其有利的条件。辅导员的职责就是做学生思想教育工作,他们比较善于观察、了解学生的思想状况,容易发现学生思想中存在的问题;辅导员与学生朝夕相处,与学生的感情比较深,容易得到学生的信任,学生有许多对父母、亲朋不愿说的想法,愿意对辅导员说;辅导员可以针对学生的深层思想问题,平等地、反复地与学生交谈,直到问题解决。这样,辅导员就可以通过自己的工作把学生头脑中的一些模糊认识消灭在萌芽状态中,避免一些模糊认识由于得不到及时准确有效的解决，而在大学生头脑中扎下根来。三是辅导员开展的主导性实践活动，有利于大学生加深对理论问题的理解。“纸上得来终觉浅，绝知此事要躬行。”大学生从书本到书本，缺乏对国情、社会的了解，针对他们自身的这一弱点，辅导员可以有目的地开展一些社会实践活动，这样，可以使大学生把在课堂上了解、掌握的邓小平理论拿到实践中去检验，从而使他们坚信邓小平理论的正确性。

以上我们谈到了辅导员在大学生学习邓小平理论中有着不可替代的作用，但是，这种作用的发挥并不是自然而然的，它需要解决相应的几个问题。一是辅导员要处理好大学生理论学习与专业学习的关系。之所以提出这个问题，是因为我们有的辅导员总是摆正不了这种理论学习与专业学习的关系。他们认为，现在是知识经济的时代，以经济建设为中心的关键是要提高大学生的智力水平，至于理论教育则可有可无。正是基于这样的认识，在一些辅导员的工作当中，理论教育就不能处于应有的位置。重视大学生的专业学习无可非议。科学技术是第一生产力，大学生没有高的科学技术水平就无法迎接科学技术的挑战。可是，我们从事的建设有中国特色的社会主义事业，是前无古人的开创性事业，我们工作和生活的环境已经发生了深刻的变化，大量新事物、新思想在不断丰富着我们的头脑，各种消极的、腐朽的东西也在随时影响着我们，大学生如果不能用邓小平理论来指引自己，没有正确的世界观、价值观和人生观，就不会焕发出高涨的学习热情，更不会持久地保持这种热情，特别是当要把书本知识这种潜在的生产力变成现实的生产力的时候，他们就会患得患失，这样，他们就很难在社会实践中有所作为。所以，辅导员一定要重视大学生对邓小平理论的学习，舍得在这方面花费气力，这是大学生学习邓小平理论取得成效的重要一环。二是辅导员要成为大学生学习邓小平理论的表率。辅导员的工作性质决定了他们是大学生最熟悉、最亲近、最信任的人。辅导员的一言一行对大学生影响最直接、最深刻、作用最大。谈到邓小平理论学习，有的辅导员说并不是这项工作不重要，可是整天陷入大量的日常事务中，腾不出时间和精力来，这样下去，自然会对大学生学习邓小平理论产生不好的影响。如前所述，对大学生进行邓小平理论教育是辅导员工作最重要的方面，可是，如果辅导员自身不能够自觉地“挤”时间来学习邓小平理论，那就很难深刻地理解和掌握邓小平理论的科学体系和精神实质，因而也就不能及时准确地回答大学生提出的一系列理论方面的问题,如果真这样,辅导员对大学生学习邓小平理论的要求就缺乏信任感和说服力,大学生对邓小平理论的学习就不会产生浓厚的兴趣。三是学校要努力提高辅导员的理论素质。总的来看,由于工作性质的要求,辅导员还是比较注重自身的理论素质,但是,我们不得不承认的一个现实是:一些辅导员的理论素质并不高,与其所担负的工作任务要求相比还有不小的距离,我们认为这个问题的产生,既有先天的不足(如有的辅导员根本就没有做辅导员的素质准备,只是因为其他的原因做了辅导员),也有后天的原因(如主观上不努力、客观上学校要求不严等)。为此,我们建议聘任辅导员时,理论素质如何,应作为很重要的一个条件;另外,对辅导员工作的考核,对理论素质的要求要有量的规定,如一年必须写一篇较高质量的论文,必须有准备地搞两次思想教育讲坛等;再有,要建立辅导员理论学习制度,经常布置理论学习内容,研究理论问题,检查学习成果;最后,对辅导员的进修提升也要创造力所能及的条件。这样做,对辅导员的理论素质提高必会产生有力的促进。

(发表刊物:《中国高教研究》1999 年第 4 期)

082

辅导员要提升自己的理论素养

曲建武

谈到理论的意义，我常常想起一句列宁所说的话："没有革命的理论，就不会有革命的运动。"辅导员所从事的思想政治工作是一项神圣的育人工作。试想一下，一个对社会发展规律缺乏科学认识的辅导员，怎么会用辩证唯物主义和历史唯物主义的观点去教育和引导大学生，怎么会有信心在大学生中培养青年马克思主义者，怎么会深入细致地做好大学生的思想政治教育工作呢？

理论的意义还表现在辅导员对自身工作的认识上。有的辅导员之所以工作热情不高，与他们对自身所从事的辅导员工作缺乏正确的认识有关。许多辅导员看不到自身工作的价值，认为学校也不重视辅导员工作，将来没有出路。这种看法是短浅的，也是不科学的。辅导员工作的对象是朝气蓬勃的大学生，学生是大学的主体，没有学生也就不会有大学。大学可不是单纯传授知识的场所，大学的核心在育人，在"明德"，在"止于至善"。这就需要有人来做这项工作。辅导员就是做这项工作的主体力量。思想政治工作是有规律的。为什么有的辅导员做得很出色，深受大学生的欢迎，而有的辅导员却相反呢？假设其他条件一样的话，谁对大学生思想政治教育有研究，找到了规律性，并按照规律的要求去做，谁就能收到好的效果。

在我做辅导员的时候,大学里对辅导员工作的认识与今天的氛围相比要差得多。当时在对辅导员应不应当评职称这个问题上存有很大的争议。辅导员为什么不能评职称呢?很多人的解释是,辅导员是做思想政治工作的,属于党务干部,没有学术性。对此,我不理解。我的实践和研究表明,辅导员工作是研究大学生思想品德形成的规律并遵循这样的规律来培养学生良好的思想品德的,而学生思想品德的养成是一个非常复杂的问题,是由社会、学校、家庭、个人、理论、实践、心理等多方面因素综合作用的结果。仅从心理学的角度看,大学生思想品德形成的结构,便包含品德认知、品德情感和品德行为方式这三种基本成分。只有当这三种基本成分都得到相应的发展时,才有可能形成稳固的道德品质。而在这三者中,道德认知又是道德品质形成的基础,没有正确的道德认知,是不可能形成良好的道德品质的。我坚信辅导员的工作从属于思想政治教育学科,这个学科很大,要研究的问题很多,不下一番功夫是研究不好的。

不管别人怎样说,辅导员自己一定要加强理论的研究。许多辅导员没有评上职称,是我们的辅导员没有按照职业化、专业化、学科化的标准来要求自己。一些辅导员在品德情感方面对学生一点都不差,心里时刻想着学生;在品德行为方面也能够积极开展丰富多彩的"寓教于乐"的实践活动,但是在品德认知方面却显得力不从心,不能够用正确的理论及时、科学地解答学生们存在的思想问题,对思想政治教育的规律性把握不准,这就使得辅导员工作成了吃"青春饭":年轻的时候还能"蹦蹦跳跳"地与学生打成一片,一旦过了这个时期,便"力不从心"了,不"适应"了。

(来源:龙源期刊网;2019-08-06)

关于主观能动性

083

理想和现实之间

2019-07-25

有位辅导员给我写了下面这段话：

曲老师您好！

不好意思打搅您，我在整理您微信的时候看到您说："辅导员不是筐，不能什么都往里边装。要让他们腾出精力帮助学生确立正确的价值观。大学生正处在价值观确立的关键时期，需要有人来引导，不然建设辅导员教师队伍干什么？一些高校把就业率当成考核辅导员的硬指标，这是没有道理的。帮助学生就业，体现了辅导员的一种人文关怀，这也无可厚非。辅导员教师如果说和就业有点关系的话，就是要关心学生抱有什么样的择业观，因为择业观也是价值观的一部分。"我十分赞同您的这段话，分享给我们办公室的辅导员老师们，大家表示这段话准确深刻、鞭辟入里。但看完后大家只能一声叹息，因为现实情况是就业率确实和辅导员考核紧密挂钩，年底完不成就业率，上级领导大会小会全点名，天天打电话问学生的就业情况，使师生间产生一定矛盾。那作为势单力薄的辅导员，我们应该怎么办呢？如何改变这种被动的局面呢？

谢谢曲老师。

看完这封信，我做了这样的回复：

××你好！

谢谢你讲了这么多心里话，这也确实是一些高校的现状和辅导员的心声，不然我也不会写那篇文章。不过辅导员一定要有辩证思维，要历史地、发展地、全面地看问题，不然就会把问题看窄、看偏、看死，影响主观能动性的发挥。

在回答你的这个问题之前，我先和你谈谈什么是理想。

理想是什么？理想就是合理的想法，反映了人们对某种事物的认识和愿望。大到实现共产主义，小到吃上一顿美食，这些都可作为理想。理想因其没有实现才称其为理想，理想和现实总是有差距的。理想的实现需要条件保证，而这些条件不是天然具备的，需要不断地努力。共产主义是等不来的，天上也绝不能掉馅饼。

辅导员教师是大学生的人生导师，是负责学生思想政治教育的。拿就业这件事来说，辅导员所应当做的是帮助学生树立正确的就业观。就业观不正确，即使百分之百就业又有什么意义呢？

显然辅导员教师的职业理想应当是这样。但是现在大学制度不完善，对辅导员教师的地位、作用尚缺乏科学的认识，因此许多杂活都交给了辅导员。

这怎么办？

这需要辅导员教师主观上要抱有积极的工作态度，尽量把就业率和就业观结合起来。思想政治教育需要人文关怀，需要为学生服务。就业是学校的大事，也是学生的大事，辅导员能够在解决了学生就业观的前提下，更多地帮助学生就业，又有什么不可以呢？学生记住了你，不就是因为你让他明白了道理，帮助他们解决了生活中的一些事情吗？至于有的学校把就业率作为衡量辅导员工作的唯一（或重要）标准，这确实没有道理，应当尽快改正。

大学制度会不断完善的，辅导员教师的工作界域一定会越来越清晰，辅导员的“杂活”会越来越少，辅导员教师的工作也会日益接近理想状态。眼下还不能说辅导员的春天来了，只能说春意越来越浓了。

084

千万不能跑偏

2019-07-24

前些天我在河南新乡给由中组部、教育部、团中央共同举办的辅导员骨干和“青马班”学员培训班做了一场报告，我谈到了政治要强的问题。我说我们现在有些辅导员之所以有工作的倦怠、牢骚、不知足，根本还是忘了初心，动摇了信仰。报告结束后，有个辅导员在我的公众号下面留下了这段话。我想借此再跟辅导员们，特别是年轻的辅导员们聊几句。

下面是这个辅导员的留言：

曲老师，一直订阅着您的公众号，可是每天在辅导员工作中忙忙碌碌，连看公众号内容的时间都没有，从一方面也说明我连学习的时间都没有。这次有幸参加了暑期一周培训，在河南新乡见到了您，并聆听了您的讲座，您不仅是在学生心中，在我这个辅导员后辈心中也种下了真善美的种子。让我突然从忙碌的工作中清醒了过来，又找到当年留校任职的初心，更懂得了初心的重要性，以及失去它的可怕后果。

留言最后不想表态了，只想说庆幸有这样一次学习的机会，庆幸在我职业生涯中又找回初心，不至于让工作跑偏、人生跑偏！

向您致敬，向您学习！

××你好!

谢谢你的认同和点赞。很高兴看到你能找回初心,避免了跑偏,又坚定地行走在辅导员这条路上。你谈到的这个问题具有普遍性。很多辅导员,尤其是一些年轻的辅导员,没工作几年,便对工作产生了倦怠,发牢骚、不知足。所以,我想借你这段话,把这个问题提出来,跟他们聊两句。

我多次讲过,客观上讲,当前辅导员的工作条件和环境确实存在诸多令人不如意的地方。但是这是外部的问题,作为辅导员自身还是要多从主观上看问题,多发挥主观能动性,也就是不能忘了初心。

初心是什么?初心就是政治上的“钙”,就是坚定的信仰追求,就是不能把学生“落下”。初心没了,就站不直了,就会跑偏,就会把学生“落下”。

当下,中华民族正行进在实现中国梦的伟大征途上,这就需要培养担当民族大任的时代新人。

辅导员在培养担当民族大任的人的过程中,就应当不忘初心,为学生点亮理想的灯,照亮前行的路。辅导员有信仰,学生才能有信仰。在你们前行的路上,总是会有不如意之处,你要想的是主观上努力得够不够,至于外部条件和环境,那就“肉食者谋之”吧。一味地发牢骚、不知足,只会耽误你前行的路。

085

发挥好主观能动性

2019-12-12

曲老师您好！

我是××大学辅导员××，在今年刚研究生毕业就参加了学院的学生工作，之前也一直关注着您的公众号，感觉到学生都很信赖您，您也给予了他们很多思想上的引导，我们读公众号文章的时候也学到了很多与学生进行沟通的角度和方式。

××你好！

谢谢你的关注、你的认同！你刚走上辅导员工作岗位，现在还怀着满腔的热情，一些辅导员干着干着就倦怠了，和学生之间产生了代沟。解决这一问题的关键是你怎样看待辅导员工作。也许客观环境上有诸多不如意，但是如果你总是沉陷在其中，又怎么会信心满满地做好辅导员工作呢？一定要不忘初心、牢记使命，想一想自己在党旗下所发下的誓言，想一想自己是怎样应聘上辅导员岗位的，不能做“两面人”，做了辅导员便把此前的承诺忘得一干二净了。这样会让人家瞧不起，学生也会疏远我们。辅导员工作值得一生拥有，需要脚踏实地做。这样才能真正点亮学生理想的灯，照亮学生前行的路，成为学生的人生导师。

要带着问题意识做工作,不要把辅导员工作看简单了。最难的事不就是把自己的思想装到别人的脑子里吗?注意积累,厚积才能薄发。

到大连记得联系我。

祝好!

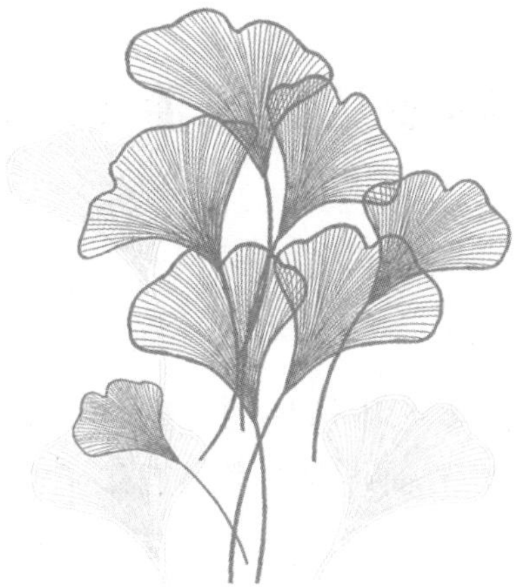

086

和辅导员的交流（一）

2019-12-14

曲老师您好！

谢谢您今天给我们上了充满情怀的一堂课，让我对辅导员又有了全新的认识。我去年9月开始了辅导员生涯，工作了一年多，有困惑、有失落，也有迷茫。告别学生这个身份后，再也没有老师的谆谆教诲，直到今天又找到了那种感觉。曲老师，再次感谢您给我的职业生涯上了生动的一课，让我更加确定自己当初的选择没有错，也谢谢您通过我添加好友的验证请求，让我有机会向您表达谢意。

××你好！

谢谢你的认同！人的强大首先是自我内心的强大，对辅导员来说更是如此。很多人看不起我们，很多辅导员可谓“不打自垮”。我们左右不了客观环境，但主观世界应当由自己做主。别人怎样看那是别人的事，不能把别人看不起我们当成自己看不起自己的理由。不要困惑，辅导员就是一份美好的职业；不用失落，我们会在服务学生中变得崇高。你这么年轻，好好培养自己，将来会有大批的学生为你点赞，这是多么值得追求的事业！

087

和辅导员的交流（二）

2020-08-01

曲老师您好！

我是今天在××大学参加培训的新辅导员，听了您的课，也加了您的微信，感受到了您满满的正能量，您就像一盏明灯，也像一位父亲，您是我们的榜样。很荣幸能认识您，您还抽出时间与我们打招呼。感恩！

××你好！

我是一名老辅导员，在大学生思想政治教育岗位工作了三十八年，其间职务多次变动，但是无论在哪个岗位上，我的初心未改，就是为学生服务好，帮助学生系好人生的“扣子”。我在任辽宁省委高校工委副书记的时候，在全省辅导员大会上强调的是：谁爱学生，我就爱谁。我就是希望通过辅导员这支队伍来把学生培养好。我算是走在了你们的前面。我说过，辅导员队伍建设的环境总体向好，但是还有很长的路要走。辅导员队伍建设必须形成共识。不只是学校内部的共识，从某种角度讲，学校外部的共识更重要。就拿评职称、辅导员数量来说，很多地方高校有这个积极性，但是有关部门没有形成这个共识。当然，我们辅导员自身的努力也很重要。不是“有为才有位”嘛。近些年来辅导员队伍得到了重视，也是与广大辅导员努力工作分不开的。所以,我们工作做得越好,越有利于形成共识;越不好好工作,越有碍于形成共识。我刚留校做辅导员的时候,有的辅导员也是不好好工作,一些领导、老师、学生便觉得辅导员没有用。我还是通过努力得到了大家的认可。我们院长在会上就说:"小曲要是半天不在学院,马上就看出来了。"你比较年轻,年轻就是资本,同时也意味着还要面对更多的困难,这是需要勇气的。望继续努力!

嗯,曲老师说得很对,我也充满了期待和希望,时不时充充电感觉很好,向曲老师学习。面对困难要勇敢跨过去。老师您要注意休息,勿要劳累。不仅做您的学生很幸福,做您的培训学员也很幸福。

谢谢!

088

和辅导员的交流(三)

2021-10-30

曲老师您好!

第一次给您写信,我内心非常激动。我是一名即将入职××大学的准辅导员,我叫××。我在××大学读研期间所接触的辅导员老师和我所从事的学生工作让我对辅导员这一职业无比向往,我认为这份工作非常有意义,尤其是对一些迷茫、内向自卑、家庭贫困的学生等特殊群体,辅导员老师的一句话、一个眼神甚至可以影响他们的一生。后来我看到您的公众号,了解到您的事迹,让我更加坚定地想要成为一名像您一样能真正帮助到学生的辅导员。

从研二下学期,我开始准备辅导员考试,2021 年 6 月研究生正式毕业时我没能实现自己的职业理想,那时的自己无比沮丧。2021 年 4 月底我去了××学院当了一名专业课老师,但我依然没有放弃我的理想,还是想近距离地与学生接触,还想成为一名辅导员。我始终坚持学习。幸运的是,在 2021 年 5 月 27 日您来××学院做了一场师德专题讲座,那是我第一次见到您。通过那一次的讲座,我更详细地了解了您、了解了您的事迹,这又给了我很大的动力,终于在 2021 年 9 月我成功“上岸”,这期间我从未动摇过、从未放弃过。

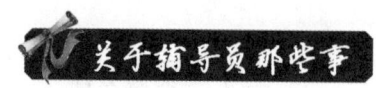

电影《守望青春》上个月上映了，电影一上映我就立刻去看了，电影中您的事迹让我感动，让我心生敬佩，看后我更是庆幸自己选择了这样一份有意义、有价值的工作。我相信自己有足够的爱和责任感，我一定会时时刻刻围绕学生、关照学生、服务学生，努力成为他们的人生导师和知心朋友。我也希望自己能在十年、二十年、三十年之后，依然坚守在学生工作第一线，对得起党的教育事业，无愧自己的初心、无悔今天的选择！

但正是由于意义重大、责任重大、期望之高，我更是有些担心。我怕自己经验不够、能力不足，在实际工作中不能像您一样把学生的事情处理得这么好，不能成为自己理想中那样的辅导员。所以正式入职之前，激动兴奋之余，我特意给您写了这封信，既想和您表达一下自己的兴奋，更想听听您的嘱咐和教导。

谢谢曲老师！

××你好！

电影《守望青春》中有这样一句台词："我年轻过，你没老过。"我今年六十四岁了，我对辅导员的认识还是比较深刻的，不仅思考过，更有许多实例来证明。

辅导员对大学生的成长至关重要。我在我写的《一个老辅导员的心声》一书序言中说过："许多大学生的成功得益于辅导员的教育引领；一些大学生的失败，不得不说与辅导员也有着关联。"你能认识到这一点，说明你对走上辅导员工作岗位还是有一定的准备。不过这是不够的，还需要不断地提升认识，尤其是当上了辅导员之后，再结合自身的实际，好好思考一下为什么当辅导员、怎样当辅导员。有些辅导员刚走上工作岗位的时候也是满腔热忱的，结果没做多久，便开始抱怨了，有的还"逃离"了辅导员岗位。

希望你能够成为一名职业化、专业化、专家化的辅导员。对你来说，虽然这个目标还比较遥远，但是路是走出来的，"不积跬步，无以至千里"。只要一步一步向前走，离目标的实现就会越来越近。

辅导员工作的确有个积累的过程，急不得，但是又不能安于现状。要把主观能动性发挥到最大限度。你年轻，既要向理论学习，也要向实践学习，要注意积累，把辅导员工作当成学问做。把你的详细地址告诉我，我把我写的书签名邮寄给你做纪念。

祝一切都好！

曲老师，收到您的回复我非常感动。您在百忙之中还能给我写这么多的话，我一定时刻谨记，在今后的工作中不断学习，既学习理论，又积累实践，不断提升自己的认识和技巧。我也一定以您为榜样，不忘自己的初心，争取做一名优秀的辅导员！

曲老师，您平时也要注意身体，祝您生活愉快！

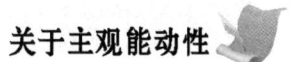

089

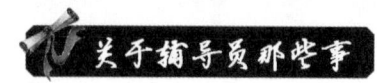

把主观能动性和乐观心态统一起来

2021-11-13

曲老师您好!

这么晚打扰您很不好意思,但又很想得到您的指点,所以给您发了这条信息:我是××学院的一名入职一年半的辅导员,其实我一直有个困惑,您下午在交流会上说让我们不忘初心,铸魂育人,同时您也说到,其实辅导员也常常忙于日常工作,我现在的困惑就是:我自身其实在语言表达能力方面、思想认识高度都是不够的,加上我一直忙于日常的行政性工作,晚上也常常加班到八九点钟才能结束,用在学生身上的时间很少,跟他们交流的时间更是少之又少,即使有所交流,感觉我能给予学生的有用的东西基本为0,对于现在的我首先该做什么,对此,我有点不知所措,感觉要做的事情很多,可是又不知道先从哪方面入手,生怕给学生带来一些不好的影响。

××你好!

常有辅导员提到你提的问题。一言以蔽之:客观环境影响了你们做学生的思想政治教育工作,有的辅导员就说整天忙于事务性的工作,没有把精力放在思想政治教育上。现在大学制度不完善,辅导员职业化、专业化还在路上,大学管理确实存在着界域不是很清晰的问题,不仅是辅导员工作,其他方面的工作也存在着类似问题,不过辅导员工作更突出罢了,辅导员被看成了“筐”,什么都往里边装。另外,辅导员太年轻,对自身工作职能尚未明确,这也是造成辅导员工作界域不清的一个原因。不过我们应当相信,随着职业化、专业化辅导员队伍建设的深入,界域不清的问题会逐步加以解决。现在的环境比我三十九年前做辅导员时要好得多。当然,想尽善尽美也是不可能的。这就需要发挥主观能动性了。年轻人不要养成经常发牢骚、经常抱怨的坏毛病,这对环境的改变无济于事。真的没有一点儿时间做学生的思想政治教育工作啦?辅导员真的每天忙乎的都是杂活儿,与学生的思想政治教育无关?心在哪儿,学生就在哪儿。心中有学生,就会想方设法接触学生、了解学生、关心学生、帮助学生。我讲这样一个例子:现在高校都办了教工食堂,有的办得很不错。结果我们的辅导员再不到学生食堂吃饭了。不用每天都到学生食堂吃饭,一周去一次行不行?都是吃饭,就是时间花在哪里的问题。食堂不去了;教室不去了;宿舍不去了;操场不去了;图书馆不去了……这些和干没干杂活儿有关系,又根本没有关系。作为思想政治教育,如果辅导员不熟悉学生,不知道学生所思所想,从哪里下手呢?我做辅导员、上思政课,都准备两套学生登记表,一套放在包里,出差的时候经常拿出来翻翻;一套放在床头,睡觉前翻上几页,穿衣服的时候也可以看两眼。学生的名字都记错了,还做什么思想政治教育工作?如果你能张口就叫出学生的名字,并且了解学生父母的名字、学生家庭的情况,学生自然会敬你三分,他们会把你看成把他们放在心上的人。什么叫“亲其师,信其道”,要让学生感到你在乎他。

现在对辅导员队伍建设的认识还不像建设其他专业教师队伍那样达到高度的一致。教英语的教师一定会从学英文专业的毕业生中选拔,教计算机的教师一定会从学计算机专业的毕业生中选拔,教化学的一定会从学化学专业的毕业生中选拔,教物理的、教生物的、教文学的、教历史的……没有专业背景怎能当该专业的教师?而辅导员教师不是。似乎谁都能干,因此什么专业背景都行。这就造成一些辅导员跟学生只能婆婆妈妈,讲不出“道理”。辅导员是大学生的人生指导者、引路人,自己若是对很多问题都看不明白,又怎么能帮助学生看明白?眼下急于达到高等学校按总体上师生比不低于1∶200的比例设置专职辅导员岗位的要求,因此也就把数量放在了第一位,还没有从学科属性上来认识辅导员教师的学术范畴,也可以说是工作界域。不过辩证地看这也是应当给予肯定的,这与原来很多高校辅导员"短斤缺两"来比,毕竟有人干了,这是前提,我想随着人们对辅导员队伍建设认识的统一和加深,辅导员教师队伍素质也必然能得以提升。说了半天,似乎没有回答你的问题。不是的,其实我说得已经很清楚了。你的问题就是因为我们还没有按照辅导员教师的素质要求进行选聘造成的。好在你看到了你的"短板",那就抓紧时间弥补上。就是要学习、学习、再学习,围绕学生、关照学生、服务学生,终身学习,向理论学习,向实践学习。总之,无论怎样都要重视学习,把学习当成使命和责任。不要找借口,忙不是放弃学习的理由。现在学习条件多好啊,有手机,要充分利用上。习近平总书记在庆祝建党百年大会上的讲话我自己朗读,录在手机里,利用"碎片化"时间反复听,有许多段落我都能背下来了。表达能力也是锻炼出来的,越不讲,越不敢讲,越不会讲,越没有讲的。讲多了,就敢讲了,也就锻炼出来了;熟悉、了解了学生,也就知道应当讲什么了,这时你就会"没话找话说了"。

把你的详细地址告诉我,我邮寄一本我签名的书给你,你好好看看,应当对你和学生交流有帮助。

不要着急。做什么事只要扎扎实实就好。

祝好!

090

对一个辅导员提出的问题的回答

2021-11-19

一次在和辅导员搞互动的时候,有个辅导员问了下面这样一个问题:

曲老师您好!

辅导员的日常工作与学工、教务、保卫、财务、后勤等各部门都要保持业务对接关系,因此,进行思想政治教育引导工作的时间常常被大量事务性工作所占用。请问,在辅导员日常工作中该如何权衡?

××你好!

你问的这个问题具有普遍性,时常有辅导员也问到类似的问题,由于大学制度不完善,客观上现在辅导员的工作界域不清晰;加上辅导员尚处在年轻化时期,这就使得学院里的一些确实本不属于辅导员的活儿都被推到了辅导员的身上。我相信,随着大学制度的完善,随着辅导员队伍职业化、专业化、专家化的发展,诸多本不属于辅导员的活一定会越来越少。

眼下怎么办?只能发挥主观能动性以适应这个环境。辅导员是大学生的人生导师。我说过,导师就要比学生看得远、看得深、看得明白。这就要不断学习。我能理解大家,但是我不完全赞同上面提到的观点。

表面上看似乎辅导员被大量的事务性工作所缠绕，但剥开“面纱”我们会发现，这里还是有大量的空间可以充分用来做学生的思想引领工作的。这里关键看你是否真正把学生放在心上。

我对我的工作有个要求：绝不能让学生在思想上犯错。为此就要想方设法了解学生在想些什么，也要千方百计地解决学生思想上的问题。现在有了科技的平台，手机就是我们做思想政治教育的好帮手。我和学生建立了微信群，无论我在哪里，学生都在我的心里。我在等车、候机的时候，在高铁上、在飞机上的时候，都会编辑、发送微信，这不也是在做学生的思想政治教育工作吗？只要你用心，就能找到做学生思想政治教育的时间。所以不要一言以蔽之，认为大量的杂活使你没有时间做学生的人生引领者了。

另外，我还在想：大家都在一个学院，有时让你做些杂活也没有什么不好，可以加深和同事之间的联系。不要忘了，人们对于你的工作不都是通过你自身的工作来进行评价，从而达到认同的。从某方面来讲，你的工作是要通过同事们的评价来得到认可的。你们年轻，不要斤斤计较，能帮别人做些什么也是缘分、福分。我在刚留校做辅导员的时候，我们学院的资料员年龄大了，特别是在冬季的时候行走不便，我就主动做了“资料员”。校党委组织部拟提拔我做政治系党总支副书记，当他们到学院考核我的时候，这位资料员说：“小曲早该被提拔了。”

再说了，我们不是教育学生要有集体主义精神吗？如果我们总是斤斤计较，别人有了困难漠不关心，学生就会“模仿”我们，我们的集体主义教育也就难以取得令人满意的效果。

不要着急，慢慢都会好起来。一定要保持好的心态。没有白白的付出，付出了就会得到回报，只是早晚的事。

091

心中想着学生就会有使不完的劲儿

2021-11-29

曲教授您好!

向您学习。我从毕业后到现在,在辅导员岗位上已经工作了八年,正值成长的瓶颈期与倦怠期。今天听了您的讲座,如一场及时雨,使我受益匪浅。面对您,我有愧于谈瓶颈与倦怠,回想起毕业时的选择,我想我会坚守青春成长情,不忘初衷选择志。

不忘初心。我们为什么要当辅导员,只是为了我们个人吗?

我相信很多辅导员都是为了把学生培养好。既然我们选择了辅导员的职业,就不要让别人看不起,努力做一名优秀的辅导员。心中想着学生就有使不完的劲儿,不然就会倦怠。

不只是辅导员工作,其他工作也是如此。如果为自己考虑得多了,就会患得患失,就会影响工作的热情。不然为什么说自私自利的情感会限制一个人才能的发挥呢?坚持下去,把学生培养好就值了。

祝好!有事联系我。

曲老师您好!

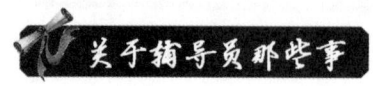

我是四川××学院的专职辅导员×××,刚进入工作岗位不到一年,今天听了您的讲座,对我来说感触太深了。

您对学生的处处关心和细心周到,都是我在未来职业道路上需要做到的。希望多年以后,我也能像您一样,谈到自己带过的学生都是满满的骄傲与自豪!无论付出多少都是值得的,谢谢您!我相信我们以后一定会再见的,再次感谢。

学生工作就是要有爱心、要细心,要多深入他们、了解他们,知他们所思所想,力所能及地帮助他们,和学生打成一片,这样学生才会信任你,才会听你的。

你有这份情怀,你将来一定会成为一名优秀的辅导员。我相信我们一定还会见面的。

有事就联系我。

祝好!

关于爱心

092

对学生要有爱心

2020-01-21

爱是教育的灵魂。培养学生的过程也是爱的过程,一定要让学生感受到你的情怀。

现在的辅导员大多是独生子女,从小就被宠着养,得到的是父母无微不至的关爱,还不懂得怎样去关爱别人。辅导员是离学生最近,也是学生最信任的人,理应成为学生最亲的人。大学生正处在"拔节孕穗期",这个时节对他们的人生成长十分重要。他们能否成长得挺拔、强壮,经得住风吹雨打,在一定意义上取决于他们是否吸收了足够的阳光雨露,是否得到了辅导员的关爱。

我刚留校做辅导员的时候,住在一间十几平方米的工作室里。就这么一个小屋子,我也没舍得自己住。我从我带的三个班级中每个班挑了一个学生住在我的房间里:一个最内向,他说:跟他妈都不愿讲话;一个年龄最小,我怕他管不住自己;一个是非团员,我怕他表现不好。这三个学生后来发展得都很好。最内向的那个学生现在是位厅级干部;最小的那个学生现在是位局级后备干部;非团员的那个学生现在是副教授。最内向的和非团员的那两个学生,我还去过他们家家访。现在是副厅级干部的这个学生,我现在还给他的母亲拜年,不然她觉得年过得像缺点什么似的。现在是副教授的那个学生,我去他家家访时是在一个寒冷的冬天。当我进到他家的时候,他父亲紧紧握着我的手说:“您怎么来了,我家孩子变了,我应当到学校感谢您的。”开学的时候,这个学生的父亲赶到学校,给党委送了一封用毛笔写在两张大红纸上的感谢信。他说:“贵校培养了如此优秀的政工干部,这样的干部应当早提拔、早任用。我们家长一千个放心,一万个满意。”

我到大连海事大学做辅导员后,学生有什么困难我都力所能及地给予帮助。几十年来我始终保持这样的情怀:每逢佳节倍思“贫”。元宵节、端午节、中秋节,我不仅给学生买元宵、粽子、月饼、水果等食品,还尽量帮助困难的学生解决回家的路费和生活费。我继续坚持家访。有个家在云南的学生说:“您走后,我妈说,难得有这么好的老师,一定要听老师的话。”这个学生现在已经成为博士生。

有了对学生的情感,你就不会觉得学生麻烦,甚至你会觉得麻烦越多越好。因为正是这些麻烦才奏响了你人生的乐章。没有麻烦,学生就不会记住你;没有麻烦,就凸显不出你的本色;没有麻烦,也就失去了辅导员的价值所在。

你说不用回了,本想简单地回复你,可是一写起来就想起了我们那些年轻可爱的辅导员们。我是真心希望大家能够深刻认识到自己的选择,一心一意、扎扎实实地把辅导员工作做好,做一个有信仰的人、懂得幸福的人、有爱生如子情怀的人。这样的人,祖国一定不会把他忘记,人民一定不会把他忘记,学生一定不会把他忘记!为此,努力前行吧!

我从海口到大连了,飞机着陆了。除了经停厦门的时候我给一个过生日的学生写了生日祝福,整个航程都是在给您回复了。这也应当是我最长的回复了。真是“无心插柳柳成荫”啊!

祝你的明天更美好!

曲老师您好!

您长长的、耐心认真的回复让我好感动。不知道该说什么来表达我现在的心情,太感谢您了!

您发来的话语我收藏了,我会认真解读,好好领会,争取在辅导员的道路上,找到合适的方法,实现自己的价值,也获得和您一样的幸福!

还是那句话,向您学习!

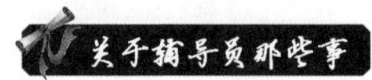

快过年了,您要多注意休息,保重身体,提前祝您和您的家人新年快乐,愿健康与您常相伴!

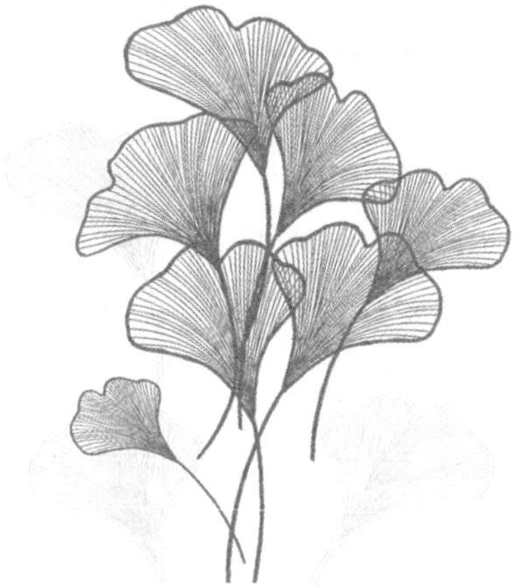

093

与一个辅导员的交流（一）

2021-10-30

曲教授您好！

很抱歉在周末还打扰您。有个问题一直困扰着我，这学期我带了四个大一的班级，实在是太忙了，今天终于能坐下来看看书，向您请教这个一直想解决的问题。曲教授，今年我带的大一的卓越班里，有个学生我特别想帮助他，可是却不知道该如何帮助他。这是我入职以来第一次带班，虽然学生的家庭情况是应该为学生保密的，可是我的这个学生的问题就是由于家庭原因造成的。所以，在这里我想简单地叙述一下这个孩子的情况。我对这个孩子的注意是军训时，这个孩子先天性中耳炎犯了，耳朵旁起了很大的一个包，他告诉我要请假回家。我们学校的规定是大一新生请假回家必须要联系家长，然后他让我联系的是他三叔，他三叔说等孩子回家后他带孩子去看医生。当时，我就在心里纳闷他为什么不联系父母，我也问了一下这个问题，他说话声音特别小，我也没听清楚。因为孩子的耳朵起了那么大一个包，我就让他先回家看病了，想着回来再问问他。他从家回来的那天，正好我开了一下午的会，也没来得及找他，晚上我让大家提交贫困生申请，然后评议小组评分，我看了看他并没有申请，然后我就把他叫出去，问了问家里的情况。他说在他一岁多的时候母亲就离家出走了，再也没回来过，父亲终身残疾，常年卧床不起，还有阿尔茨海默病，没有生活能力。就在那一刻我很自责又很心疼他，没有提前去了解情况，然后我就让他申请贫困生补助，他说他不敢，特别紧张，然后一个人蹲在墙角里，那一刻我感受到了作为一名辅导员的责任。我当时就在想如果他执意不申请，我就拿出我一个月的工资给他。后来我代表他大体说了一下情况，同学们都很支持我的做法，我很感激。之后，我为他申请了C档奖学金，那一刻我觉得我的工作很有价值。现在让我苦恼的是，通过我从他舍友班长那里的了解，这个孩子第一天报到时在宿舍表现得很不安，每次我找他聊天时他也很紧张，我问他什么，他一般就回一个字"哦"。正好班长和他一个宿舍，我经常告诉他们要鼓励他、带带他，班长现在跟我说他变得好点了。曲教授，我想多关注一下这个孩子，可是又害怕他多想，我总觉得老师的一句话可能会改变一个孩子的一生，可是我不知道该怎么帮他，怎样才能帮到他。前几日，我带这个班开展了一次感恩教育活动。我把地点选在了操场，我也一直在观察他，他一直站在最后的墙边上，我想叫他却又害怕他敏感，最后合影留念的时候拍出来的照片我没找到他，感觉他被挡到了，我就开始自责，为什么没让他和我站在一起。曲教授，您是辅导员们学习的榜样，请问我该怎样帮助这个孩子，谢谢。

××你好！

我太忙了，忘了回复你的微信。我现在从成都去宜宾，在车上整理今年的微信，看到了你写了这么长的一段话。抱歉！

这个学生现在怎样？面对这样的学生，首先，还是要树立他的自信心，不能让他感到自卑。同学间的相互关心也很重要，不要歧视、瞧不起他，形成大家友好相处的氛围。其次，要发挥你辅导员的作用。你不仅要多关心他，让他感受到一种温暖，力所能及地给他生活上的帮助，还要关心他的学习情况，不能把学习落下了，这样会增加他的自卑感。

曲教授您好！

谢谢曲教授在百忙之中还记得给学生回复。学生一定谨记曲教授说的，用心、用情帮助这个学生。曲教授，通过大家的共同努力，这个孩子现在变得比以前开朗多了，刚开学的时候他特别紧张，现在晚上回宿舍，会去别的同学宿舍聊天。班长正好和他一个宿舍,我会让班长和他们宿舍的同学带上他一起做事。这个学生学习也特别好,我在晚自习的时候经常会去教室走走,也会找他聊聊。谢谢曲教授的关心和指导,我会向您学习,做好学生工作。

你是有爱心的辅导员,越是情况特殊的学生,越是要给予特别的关注。

094

与一个辅导员的交流（二）

2021-11-02

曲老师您好！

很荣幸今年两度聆听您的分享，受益匪浅。我是 2014 年× × 大学研究生毕业，之后在加拿大工作了 5 年。2019 年由于家庭原因，我回到国内，又因为一直怀揣着成为高校教师的梦想（本来打算毕业留校，但是没留成），所以选择了门槛较低的× × 学院做了一名英语教师。今年是我当英语教师的第三个年头，我也向学校申请了担任兼职辅导员老师（因为评职称要求）。恕我直言，在接触这一行业之前，我是不认识您的，自从听了您的讲座之后，我对这一辅导员岗位有了全新的认识，回想自己当初回国为了“初心”进入这所学校，到现在我不得不接受辅导员这一岗位，我何不转埋怨为喜悦呢？辅导员的工作并没有那么复杂，就是跟学生用爱去交流。这也是我从您身上学到的感触最深的地方。怀揣着赤子之心去工作，要博爱、包容，做到润物细无声。

感谢您为全国的辅导员工作所做出的贡献，再度听您的分享，体会更加深刻，您一定听过很多敬佩的话语，我不多讲，您能接受我的“好友申请”，后辈何德何能，谢谢您！

××你好！

我们还是校友呢！很高兴你跟我说了这么多心里话，我想这都是你真情的流露。确实是这样的，很多老师因为评职称的需要，不得已当了辅导员，结果每天像“服役”似的，期盼着“役期”的结束，这是做不好辅导员工作的。也确有像你这样的老师，虽然是“不得已”做了辅导员（班主任），但是慢慢地和学生产生了感情，因而爱上了辅导员工作。你说得对，辅导员工作没有那么复杂，就是将爱贯穿在教育的全过程，这样学生就会听从我们的引领。这正像有些家长，为什么能把孩子培养得很好？说到底不是因为家长有多深的家教理论，而是家长融入血液中那种对孩子无微不至的爱。你要好好培养这种爱生如子的情怀。因为不管明天是做辅导员还是做专业课教师，教育的本质都是爱。

等疫情结束了，欢迎来我们学校看看，我请你吃烤鱼。

祝好！

谢谢前辈，请记住我的名字！其实也好记，您不是说了“辅导员就是大学生的引路人”嘛！

今日观看《守望青春》，虽然是一场精心编排的电影，但是我也能极其深刻地感受到您在辅导员这条路上的付出。说实话，我觉得您所想所做是非常人之所想所做！人都有七情六欲，而您太纯粹！我之前有些许纳闷，这位曲教授，到底做了什么才能被授予如此之高的荣誉？今天看了电影，我懂了，是三十多年您对初心、原则的坚持，就是这么简单。历史上被写进史册的，无不是平凡之人，却做了不平凡的坚持！“不积跬步，无以至千里”。您对我而言，最大的财富就是让我认清“坚持”二字的意义。希望您的身体如电影结尾一样表述的那样“康复、痊愈”，虽然您明年要退休了，但晚辈预祝您的“基金”事业蒸蒸日上，如果有晚辈能做到的，烦请默默地发个朋友圈，我等您的面试！

关于脚踏实地

095

和一个辅导员的交流（一）

2019-11-26

曲老师您好！

昨天听了您的课，令我受益匪浅。当前，许多理想信念教育总是充斥着鸡汤文与教条化，很多时候大家并不认同但又心照不宣，教育效果不好，但您的分享能够激发听众内心的认同，真正提升听众“四个自信”，我想这是极其不容易的。

我认为，您的自身经历与多年坚守是最大的佐证，仅仅以您的事迹便能让人心服口服，您所传递的价值观能自然而然地深入人心，正可谓“润物细无声”。很多时候，我也考虑我们党、我们国家开展许多形式和许多层次的宣讲，我本人也是××大学马克思主义学院博士宣讲团的成员，但宣讲到底是应该首先保证宣讲效果，跟听众多套近乎，还是保证政治站位，义正词严？您的课帮我解决了这个问题，原来二者并不矛盾，只看内心是否信念坚定，并落实到实际工作中。

我是一名高职院校的老辅导员，高职院校生源特征与本科院校有很大的不同，最多时，我同时带了560名学生，日常事务管理占了几乎全部时间，有时持续十几天连续加班到深夜，但在2017年，我顶着压力考取了××大学高校思政骨干在职攻读马克思主义理论博士学位专项计划，估计明年毕业。听了您把辅导员作为终身事业来做的事迹，我愈加感觉到自己的选择无比正确，我会向您学习，把职业当事业，全心全意为人民服务。

同时，我也希望您的理念能够惠及更多同事，让他们也感受到与我一样的激励。祝您身体健康、万事如意！

××学院辅导员××

××你好！

今天的思想政治教育从一定意义上讲还没有达到令人满意的效果，其原因是多方面的，一个重要的原因是我们从事思想政治教育的同志没有真正弄清楚思想政治教育到底应当怎样做，即便认识清楚了，也没有想真正去做。

我多次讲过，思想政治教育不是总结出来的，也不能像油浮在水面上。现在思想政治教育存在的一个很大的问题就是我们说得太多，做得太少；“高大上”的太多，“形而下”的太少；要求学生的太多，要求自己的太少。习近平总书记在纪念马克思诞辰200周年大会上引用了毛泽东同志1938年说的一段话——“如果我们党有一百个至二百个系统地而不是零碎地、实际地而不是空洞地学会了马克思列宁主义的同志，就会大大地提高我们党的战斗力量”，我想就是提醒全党一定不能把马克思主义当成教条，当成只照别人的“手电筒”。

大学生正处在人生的“拔节孕穗期”，需要我们的引领。这不是只要求他们怎样，而应当是我们给他们做出样子。我被树立为“时代楷模”时，《焦点访谈》为我做了一期节目。采访结束的时候记者问我能不能用一句话总结一下我三十多年的思想政治教育体会。我说不用一句话，我用四个字概括：“向我学习！”这期节目播出的时候题目就是“一个敢于喊出‘向我学习’口号的辅导员”。我常跟学生们讲，雷锋、郭明义他们是人们的榜样，是许多人人生目标的最高峰，先走到老师身边来，老师领着你们一起攀登人生的最高峰。

你现在就读辅导员专项博士，正在系统地学习马克思主义理论和思想政治教育理论，一定要学到真谛。马克思主义理论的本质属性是实践性，思想政治教育一定要知行合一。想要学生知行合一，我们首先就要知行合一，这样马克思主义才能不断焕发出强大的生命力，思想政治教育才能充分展现无穷的魅力。

096

和一个辅导员的交流（二）

2020-10-24

曲老师您好！

我是××大学辅导员××，一直关注您的公众号，您的文章给了我很多启示，以后还请您多指导。谢谢您通过我的好友申请，我会向您多请教。您的文章对我启发特别大，通过各类培训听到您的讲座，也使我受益匪浅。

谢谢！我们共勉！

我从事辅导员工作时间不长，您的经历启发我，一定要脚踏实地为学生成长引路。

脚踏实地很重要。我刚参加工作的时候把邓小平同志的一句话写在工作手册的扉页上："少说空话，多做工作，扎扎实实，埋头苦干。"邓小平同志还说过这样一句话："不干，半点马克思主义也没有。"不是"一点"，是"半点"。辅导员工作越扎实，就越有成效。

097

和一个高专院校辅导员的交流

2020-10-31

曲老师您好!

这么晚了您还没有休息啊。刚才我在看您的公众号“仍然在路上”里面的文章,突然发现了您的微信号就试着加了,没想到真的通过了。首先自我介绍一下,我是××农业经济职业学校的一名辅导员,您曾经来我们学校做过报告,我有幸还与您合过影。

今天冒昧地加您微信,打扰到您休息了,真的很不好意思,我在看您文章的时候突然联想到我们学校的学生,有几点困惑想向您请教。我们是一所大专院校,学生的自我控制力不强,知识面也不广,甚至有些根本就不是来上学的。虽然我有自己的一套管理学生的办法,但是您说过教育不能缺少爱,所以我想请教一下曲老师,您能给我一些关于引导管理高职专科学生的意见和建议吗?曲老师,您刚出差回来,不用现在就回复我,早点休息,谢谢您能加我为好友。

晚安!

××你好!

昨天晚上确实比较晚了,就没有回复你。早上我写了这段回复给你,因为你提到的这个问题带有普遍性，一会儿我在我的公众号“仍然在路上”再推送一下。常有辅导员提出你提出的这个问题，认为高职高专学生知识层次上比本科生低，自我管理能力比较差，因此不好教育。这里首先是解决教育者的教育观念、教育信心问题。教育是什么？教育是心灵的唤醒，是帮助受教育者按照教育者希望达到的教育目标转变。没有不愿接受教育的学生，只有怎样教育学生的问题。真正的教育一定会使受教育者有所改变，这种教育信心必须有，不然还要教育干什么？当然教育一定要遵循两大原则：一是有教无类，二是因人施教。所谓“有教无类”，就是对每个学生都要进行公平的教育，不能偏着哪个、向着哪个，甚至“抛弃”哪个；所谓“因人施教”，就是要区别每个受教育者的情况，在总的教育目标下，帮助学生实现各自能够达到的目标。比如，培养青年学生入党，不可能每个学生都写“入党申请书”，都加入党组织，有的学生懂得感恩父母就不错了；比如，为实现中国梦而刻苦学习，有的学生可以专升本、再考研，有的学生能保证毕业就可以了；比如，教育学生为社会多做贡献，有的学生能够成为守法的公民就行了……教育不可能千篇一律，也不是万能的。作为教育者，就是要担负教育的使命和责任，按照培养学生成为社会主义建设者和接班人的要求，努力使每个受教育者再迈上一个新台阶。所谓教育不能缺少爱，是说教育过程一定要让受教育者感受到他们在你的心中，你是为了他们才来到了他们身边。你为什么要当辅导员？如果你把辅导员工作看成“饭碗”，整天想的是“双重晋级”，学生就感受不到你的爱，自然就不会悦纳你的教育。作为教师，尤其是辅导员，是大学里离学生最近的人，理应成为学生的人生导师和知心朋友，这就必须自觉做到“捧着一颗心来，不带半根草去”，不然学生就会失去对你的信任，学生就会疏远你。正所谓“亲其师，信其道”也。

谢谢你对我的信任，在育人的路上我们共勉！

祝好！

098

和一名民办高校辅导员的交流

2020-11-24

曲老师您好!

我是民办高校的一名辅导员××,很高兴能够有幸听到您的讲座。原本应该昨天第一时间回复您消息,忙完工作就有点晚了,不知道给我发消息的是您本人还是工作人员,不便太晚打扰就没回复,很抱歉。您的讲座让我对辅导员工作有了一个新的认识,对自己的职业也有了更深入的理解。原本我对工作存在诸多疑问,看了您公众号的部分文章,我感觉很实用,可以为我解答很多问题,我会一直关注您的公众号。最后,我会不断向您学习,在此向您致敬,祝身体健康、工作顺利!

××你好!

因为太忙了,没有及时回复你,请理解。这些年高校辅导员队伍建设越来越被重视,尤其是自去年学校思想政治理论课教师座谈会以来,不只是思想政治理论课教师队伍有了很大变化,辅导员队伍建设也得到了长足发展。原来一些民办高校辅导员队伍严重缺失,处于应付状态,现在情况有了很大好转,尽管还有很长的路要走。但无论“公办”(国家投资)、“民办”,都是“党办”,都要“为党育人,为国育才”。不过实事求是地说,相对来说“民办”高校对辅导员队伍的重视程度比“公办”高校对辅导员队伍建设重视的程度是要差一些,这就意味着在民办高校做辅导员的条件保障会弱一些,工作难度要大一些。事物都是两个方面的,在这种情况下,如果能更充分地发挥主观能动性,辅导员得到的锻炼机会就会更多些,发展就会更快些。这里的发展指的不是“双重晋级”,而是指能力培养。现在辅导员编制还有事业编与非事业编之别,将来随着人事制度的改革,这种“铁饭碗”的人事制度就被打破了。等施行真正的人事聘任制后,不只是辅导员,所有的事业单位都要实行聘任制,那时就可以彻底实现竞争上岗,“铁饭碗”就被打破了。所以,不要看眼前是什么编制,关键是你能不能干什么像什么,要能干事、干成事。看得出来你现在还没有受到编制的影响,这是对的。你要坚持这一条:无论在哪里做辅导员,都要把学生培养好,都要注重自己辅导员能力的提升,解决根本的问题。现在一些民办高校的辅导员纷纷应聘到公办高校做辅导员,这是可以理解的,但未必是上策。什么是人才?被需要才是人才,在民办高校得到锻炼培养的机会要更多些,羽翼丰满了,才会以不变应对万变。希望你能像你说的那样,对辅导员工作有了更深入的认识、更深刻的理解,把辅导员工作做得扎实有效,朝着民办高校学生工作职业化、专业化、专家化方向发展。有需要我做的事情就联系我。有机会欢迎到我们学校看看。把你的详细地址告诉我,我把我写的书签名邮寄给你做纪念。

祝好!

099

把工作做实

2021-01-07

曲老师您好!

我是一名高校的留学生辅导员。在角色定位和职业发展上我有很多困惑,所以想请教您一下。一、背景:目前我校只有我一名留学生辅导员,由于学生群体不同,工作内容和中国辅导员完全不一样,如没有党团思政教育,但是有留学生招生工作,中央或教育部门下达的很多文件也无法针对留学生开展。由于自身工作的差异性和特殊性,在评比标准、课题申请、业务培训等方面往往会有很多不一致的地方,但是又都和大家在一起,没有专门的政策,我自己也很困惑。二、困惑和问题:1. 面对自己这种特殊的工作内容和学生对象,我应该如何进行角色定位? 2. 在评比方面不知道如何参与。每次评比都是学院最后一名,因为工作内容的不同,评比标准完全不一致,但是年底考核与评定标准和其他辅导员是一致的。虽然疫情防控期间工作量较大,但是今年评比并没有因此加分,所以我在这方面也很困惑。3. 论文和课题申请。针对思政的论文和课题申请,几乎都是针对中国思政辅导员和教师的,我自己不知道应该如何撰写申请。我希望和自己工作内容相关,工作、学习一起进步,但是十分困惑。4. 现状和日常工作。由于我校留学生规模只有不到 300 人,所以各方面工作都由我们留学生办公室负责，缺少像学工处这样的集中统一领导，在日常工作和汇报时缺少统一领导。三、自我总结分析。能够进入高校成为辅导员，我是十分开心的。但是目前处于困惑和迷茫期，完全不知该如何是好，希望自己能够有所进步、成长，但是又没有分清方向，所以想向您请教。十分感谢您的阅读，祝您万事顺意、身体安康！

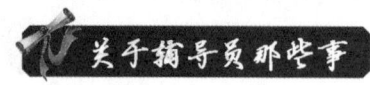

××你好！

你愿意做辅导员，就是愿意做学生的教育引导工作，这很好。职业的认同是一个人做好工作、发展自身的重要前提。不过你所烦恼的是你做了留学生辅导员，你觉得在工作评比中你总是“吃亏”。我没做过留学生辅导员，我觉得若是能做好他们的思想教育工作亦相当有意义。比如，我们现在讲“共赢”的价值理念，“一带一路”就是“共赢”理念下的实践模式。“共赢”理念也是我们中华优秀传统文化的组成部分，从我们的祖先那里就开始倡导“以和为贵”。我们多年来奉行的外交政策，都充分地体现了平等、尊重、互利。每个留学生都是一部“播种机”，都是一名“宣传员”，让留学生带着中华优秀传统文化回到自己的国家，通过他们，中华文化就会得到很好的传播，这多有意义。再有教育比较问题。抛开意识形态属性，不分阶级、不分国别，教育存在着许多共性的东西，怎样借“他山之石，攻己之玉”？这里有许多问题值得研究。现在讲大、中、小学德育一体化，怎样衔接各个阶段的教育，国外是怎样做的？还有国外的家庭教育、学生的自我教育怎样？留学生的宿舍文化怎样建设？记不起是哪所大学了，我住过他们学校的留学生公寓。一进楼里，扑面而来的就是浓浓的东西方文化交融的氛围。你怎么没有课题呢？问题就是出发点，就是课题。你研究起来不是占有优势吗？还有评比问题。前两天我刚推送了一篇公众号文章《学生是你工作的“轴心”》，你找来看看。不要把评比看得太重。你应当最有数，做了什么，做到什么程度，有什么样的效果，这些早晚会得到评价的。工作也好，科研也罢，不要着急，一定要扎扎实实去做。坚持数年，必有所得。

祝你新的一年一切都好！

与一个辅导员的交流

2021-01-14

一生不求名利收，唯愿学子各有为。

——致敬曲建武教授

三十多年前，他是一名普普通通的辅导员，他说他想要去做这份职业。三十余载，他从一名辅导员变成了省教育厅副厅长、变成了正厅级巡视员；成为"时代楷模"，头顶着"全国道德模范""最美奋斗者"等荣誉称号。三十多年后，他重新回到最初的辅导员岗位中，他说他值得去做这份职业。这位优秀辅导员的心灵里永驻着一颗真善美的种子，用自己一生的信仰和坚持去浇灌，他的名字叫曲建武。2020年，在这特殊的一年里，曲建武老师做出了很多令人感动的事情。他完成了一场场演讲报告，笔耕着一篇篇公众号文章，这深深感染了每一个学生。记得在此疫情防控期间，令我印象最深刻的是，我们"海大"有近400名学生加入志愿者队伍中，有90多名学生都存在家庭困难的现象。曲老师了解情况后，随即从自己建立的"励志基金"中给每个困难学生补助1000元"辛苦费"。即使学生们纷纷拒绝，曲老师仍坚持选择将基金送到每个学生手里。"你为祖国服务，我为你服务"，这是曲老师"励志基金"成立的宗旨，同时也是在向我们讲述一个

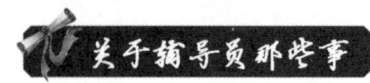

道理——为祖国服务的人,祖国不会忘记;那些关心祖国的人,必会得到关心。很荣幸,志愿者里有一名我的学生。这名学生来自新疆维吾尔族。听她的描述,曲老师十分关心新疆孩子的生活和学习,虽然她的家庭条件比较差,但是在成长过程的方方面面都得到了曲老师的帮助。生活上,每年里重要的节日,曲老师都会给每个孩子送上礼物或者为他们举办活动,为每个孩子送上生日祝福,赠送每个新疆的孩子一箱新鲜水果。坚持做到给予每个孩子无微不至的关心和呵护,若是孩子生活条件尤为艰辛,曲老师更会关爱有加,由始至终成为他们坚强的后盾。思想上,曲老师非常重视对新疆和西藏孩子的思想教育工作,每次的交流中都能深刻体会到他的爱国情怀,在交谈中感受祖国之强大,感恩祖国的扶持与栽培。在曲老师的悉心指导下,我的这名学生思想素质不断提高,她现在已经成为一名入党积极分子。学习上,曲老师一直很支持和鼓励学生们刻苦学习。据这个学生回忆,大四那年考研没有成功,准备想要继续考的她出于家庭条件的原因在考虑是否需要重新开始复习的问题上摇摆不定。幸运的是,恰巧在曲老师为每年新疆毕业生举办的毕业晚宴上,老师充分了解了她的情况,争取到了给她留校复习的机会。在复习期间,曲老师还会每月给她寄生活费,照顾她的日常起居;带她吃新疆羊肉串,怀念家乡的味道;鼓励她读书不畏艰难,要迎难而上。在曲老师的细心照顾和鼓励下,她最终考上了研究生。研究生录取并不意味着学生的培养计划就此结束。为了鼓励她研究生阶段更好地学习,曲老师还自掏腰包给她送了台电脑。入学之后曲老师仍然细致入微地照顾着这名新疆学生,像过年发红包、疫情防控期间发生活补贴等等。曲老师对每个学生就像是对待自己的孩子,这名新疆学生和我聊起曲老师的时候说道:“曲老师为我做的远远超出大家的想象,甚至比我的父亲对我还要好!在大连海事大学因为有他,新疆和西藏的孩子是最幸福的。老师那么忙还处处为我考虑,有的问题甚至我自己都想不到,老师却为我考虑到位了,非常幸运遇到这么好的‘父亲’。”学生们从曲老师身上不仅感受到了师生情,更感受到了一份温暖的亲情。作为一名高校辅导员,我在学习了曲建武教授的先进事迹之后深有感悟,我也认识到辅导员职业使命的崇高和职责的神圣。首先,作为一名思想政治工作者、一个党团工作的建设者,要忠诚于党的教育事业,积极弘扬社会主义核心价值观,努力培育新时代社会主义建设者和接班人。要有终身投身大学生思想政治工作的决心，积极探寻思想政治教育的规律，不断改善和创新思想政治工作的方式方法，提高教书育人的质量。其次，作为学生健康成长的指导者和引路人，要加强自身的理论学习，进一步提高专业知识。积极培养自身“以学生为本，与学生同行”的观念，努力拉近与学生之间的距离。做到以身作则，正确引导当代大学生的思想，使学生能够树立正确的人生观、懂得感恩、关爱他人、做事踏实、乐观向上。最后，作为一名教育事业的奋斗者，要致力于将教育热血洒向更需要我们的地方，始终立足于岗位，坚持“学生工作无小事”原则，将学生工作更精细化。脚踏实地地做事，一丝不苟地做人，努力争做新时代“四有”好老师。曲建武教授的事迹告诉我们，爱国不能只停留在口号上，而是要把自己的理想同祖国的命运、把自己的人生同民族的命运紧密联系在一起，扎根人民，奉献国家，努力成为爱国为民的实践者、先进思想文化的传播者、一党执政的坚定支持者。结合自身出发，我将曲老师的先进事迹作为自己学习的榜样，把曲老师传递的“辅导员精神”践行到底，真正切实地落到具体的行动中。不断告诉自己要坚定理想和信念并付诸行动，就像曲老师所经历的一样，坚守辅导员岗位，走访无数贫困学生，资助多个困难学生，圆梦大批有志青年。现今我们身处在纷繁复杂的社会环境中，更应该静下心来，沉淀自己；致力于做好一个辅导员的本职工作，努力拼搏，埋头苦干。也许现在，我还无法达到曲老师那样的高度，但我会在未来的工作中，朝着曲老师引领的方向迈进，深入了解学生，积极走进学生，时刻把学生放在心中。若是了解到学生家庭有困难的，会切实考虑学生的实际情况，及时给予最大的鼓励和帮助，做到无私奉献，不求回报。除此之外，曲老师还在繁忙工作中参与编写大量的思政教材，不忘学术科研。这也驱使我在琐碎繁杂的工作时间中潜心学习，努力提升自己的学术水平。不断告诉自己要用理论知识武装自己、充实自己，以更好地服务于现在和将来的工作。今后我想努力成为一个具有新时代特征的优秀共产党员、一名崇高的思政教育工作者、一位优秀的辅导员。正如曲建武教授的公众号“仍然在路上”名字所述，不忘初心，继续前行。以德立身、以德立学、以德施教，三十多年来，他用自己的选择和坚守彰显了一名教师的崇高信仰，一生不求名利收，唯愿学子各有为。三尺讲台上的他，是光，照亮学子的方向；家访途中的他，是梁，承载人生的希望岁月。三十多个春秋，他的鬓发间已增添白发，但他的初心始终未改，这是他的人生选择，也是他对幸福的理解。曲建武教授是我们每个辅导员的榜样，他的先进事迹感动着每个人。

××你好！

你写了这么多，令我感动。这几年国内主要媒体对我进行了一系列的报道，辅导员们也是纷纷地向我表示祝贺、要向我学习，一些辅导员也总是问我怎么坚持下来的。一定要把辅导员工作看成是党的事业的组成部分，作为一名辅导员，要理想、信念坚定，始终保持对党的事业的忠诚；要有爱人民的情怀，要把学生始终放在心上；做好辅导员工作意义重大而深远，既然选择了，就要无怨无悔，脚踏实地地把辅导员工作坚持做下去。

101

与一个辅导员的交流（一）

2021-03-15

曲教授您好！

我是××大学××学院辅导员××，今天下午有幸听了您的报告，受益匪浅。“少说空话，多做工作，扎扎实实，埋头苦干”，这句话尤其让我印象深刻，感谢您的分享、鼓励和鞭策。您是我们广大辅导员的思想导师，希望日后能得到您更多的指导。祝您身体健康、一切安好！

××你好！

思想政治教育不是总结出来的，不能像油浮在水上面，那样做出的“菜”就会发腻，学生就吃不出味道，甚至“反胃”。思想政治教育来不得半点形式主义，要扎扎实实，掷地有声。“少说空话，多做工作，扎扎实实，埋头苦干”是邓小平同志说过的一句话，我三十九年前做辅导员的时候就把它写在了工作手册上，以此来激励自己。自我表扬一下，我基本做到了。在辅导员的道路上，你还有很长的路要走，一定要养成扎实的工作作风。习近平总书记说“空谈误国，实干兴邦”，也是要我们脚踏实地。尤其对学生工作来说实在是含糊不得。我们共勉！

102

与一个辅导员的交流（二）

2021－04－11

曲老师您好！

我是×× 学院的辅导员×× 。这是我第三次听您的报告，又一次感动到哭。谢谢您的精神引领，我会细致深入地做好辅导员工作，做好大学文化的传承者。从膜拜您、向您学习开始，我希望通过个人努力和组织培养，有朝一日能赶超您！

真心地祝愿您身体健康、一切安好！曲老师，您不用回复我了。

×× 你好！

谢谢你的点赞。我去过你们学院。那年我从大连赶到哈尔滨，又坐了一晚上的火车到了你们学校。我为什么要去？一个重要的想法是我要把我的体会讲给年轻的辅导员们听，让他们切实担负起教育培养学生的责任。辅导员使命光荣，责任重大，一定要把自己的工作做好。有的辅导员总漂在上面，工作不深入，结果不清楚学生在想什么、在做什么，由此就导致了学生不是出这样的问题就是出那样的问题。所以有机会我就强调辅导员工作一定要细致深入。唯有这样，才能避免许多问题的发生。

曲老师所言极是。您来我们学校做报告，也是我第一次现场聆听您的讲座；第二次是我 2017 年去贵校参加学习，大连海事大学很美，文化氛围很好，只可惜没能参观“育鲲”轮，当时正赶上有外出任务。不过也去了模拟实验室，印象很深刻。

做您亲自带过的学生很幸福，听您报告讲座的学生同样也很幸福。真心感谢您！

谢谢！我们共勉！

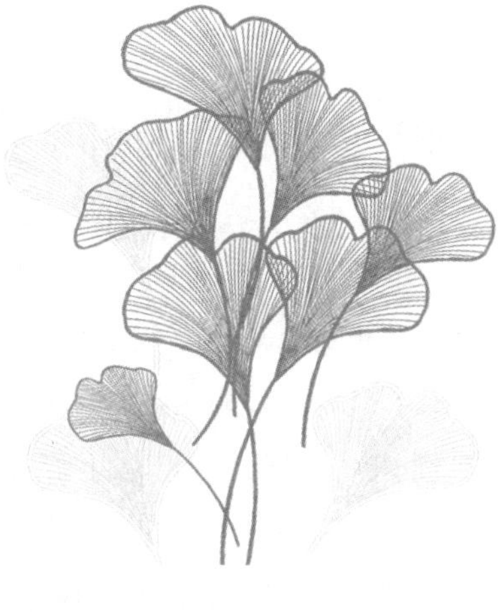

103

与一个辅导员的交流（三）

2021-10-12

曲老师您好！

这是我第三次听您的报告。我是一名工作了七年的辅导员，我很爱这份职业，也在与学生的交往中发现了这份工作的魅力。现在学生中发生的一些现象，我知道很多时候是学生的思想出了问题，需要我们辅导员做好思想引领工作。我也知道，习近平总书记召开了一系列思政会议，提出了“四有好老师”“四个引路人”，以及对青年提出了很多殷切的希望，这些都为我们辅导员的价值引领提供了方向。这两年新冠肺炎疫情，明显感觉事务性工作多了好多，思想教育疏忽了很多，好多工作没有做到很细致，没有很好地把解决思想问题和实际问题结合起来，我感到很惭愧。今天听了您的报告，我备受鼓舞。就像您说的：“之前要是工作得很优秀，就继续坚持下去；如果没有做得很好，就抓紧补救。”这句话就像给我注入了“强心剂”一样，您是我职业的灯塔，谢谢您，曲老师！希望以后能有更多的机会向您学习。

××你好！

谢谢你的认同。“思想政治教育需要进行思想政治教育。”这句话不是简单的字面重复,还涉及对思想政治教育的定位,以及思想政治教育应当做什么的问题。辅导员是大学生的人生导师,毫无疑问,辅导员应当把思想引领放在首要的位置。这就是我常讲的一个观点,管住了学生的行为,管不住学生的心是不行的。辅导员必须为学生解疑释惑,提供思想力。实事求是地讲,现在有些辅导员在这方面做得还不是很到位。当然这里有客观的原因,由于大学制度不完善,辅导员的杂活太多,使辅导员整天陷入事务性工作当中。也有辅导员主观上的原因,一些辅导员把思想政治教育简单地等同于管理,认为学生只要不出事就算做好了辅导员工作。在青少年"拔节孕穗期",辅导员一定要给足学生阳光雨露,不能使他们的心灵长草,要增强学生的"四个自信",增强他们做中国人的志气、骨气、底气,这才是思想政治教育的根本任务。

感谢曲老师在百忙之中的回复,对于我来说这是莫大的鼓舞。我特别爱我的学生,也爱这个职业,我一定会坚持下去。有时候遇到棘手问题我也想退缩,但是这份职业总是能给我带来意外的惊喜和感动,让我觉得一切都值得。疫情下,管理的模式变了,"00 后"学生的特点也变了,但是我们作为辅导员那颗爱学生的心不应该变。有了这颗爱心,我相信我会把这份工作做好。

是的,爱学生的心不能变。没有爱,就没有教育,爱是教育的灵魂。把你的详细地址告诉我,我邮寄一本我签名的书给你做纪念。

谢谢曲老师,祝您工作顺利、身体健康!

104

与一个辅导员的交流（四）

2021-10-15

曲老师您好!

今天上午听您的报告特别有收获,我也曾经一直特别看重评职称,听完您的报告后感觉自己的思维也有所转变,“一切从实际出发”,不是为了评职称而写论文,更应该发现实际问题,挖掘学生的真正需求,能跟实际联系相结合,那样研究就更有价值,更具有实际意义。

感谢您! 您为我们做报告很辛苦,一直站着。请您多注意身体。

是这样的。科研一定要围绕学生、关照学生、服务学生,不然就是“无病呻吟”,如果没话找话说,那就失去了科研的意义。最好的学问是帮助学生系好人生的“扣子”,帮助学生健康成长。不要徒有其名,要扎扎实实。习近平总书记说“把论文写在祖国的大地上”,而你要把论文写在学生的心坎上。

学习到啦,谢谢曲老师指点,真的需要深入了解学生,更需要努力看书。

曲老师,这是我第一次带班,2019 年的新生中有一个患重度抑郁症的学生,其父母离异,他跟着爸爸生活。通过半年多的药物治疗和学校生活环境的影响,加上家长的自身转变,孩子变化特别大,现在基本平稳了。我曾经跟他爸爸打电话沟通,让他爸爸多关心孩子,把重心放在孩子身上。后来由于工作调整,我不带这个班了,这个学生的爸爸主动跟我联系表示感谢,说正是我跟他说的,他先转变的,孩子才越来越好。所以其实学生快乐幸福的关键,一部分是学校,更多的是家庭。

曲老师,我 2019 年曾想写关于提升大学生人生幸福的文章,拟了标题和大纲,后来搁置,因为我发现幸福和幸福感不一样,幸福是哲学研究内容,幸福感是心理学研究内容。一是混淆了概念;二是发现关于哲学层面幸福的定义每个人都不一样,这又属于价值问题,存在个体差异。追溯个体差异的原因还是家庭影响更多。

曲老师,我也在尽力把博士论文题目的选择跟工作相结合,今天听了您的报告,我有了一个想法,还要实用性多一点。以前想要从大方向写与道德选择相关的内容,现在听了您的报告后,想在大方向不变的情况下,增加些实用性。

还有一件事情想跟您分享。我有个学生在贫困生上报时,我没同意他报。昨天晚上他给我打电话问我别的班级同样条件的都可以报、都能通过,我为啥“卡”他。不考虑别的班级,只说他个人,虽父母离异,可每月 2000 元生活费,穿名牌衣服、晒朋友圈,问得理直气壮,还口口声声说“我不差补助我差事”。我在班级贫困生方面管理得很严格,必须要条件真实才行。

其实确实家庭贫困的学生问的时候会说“老师,我想申请报贫困生”,语气中底气略有些不足。没有那么真实的、投机取巧的学生就会问:“老师,贫困生怎么报?需要啥条件?”有时还理直气壮的。有时候真的特别想瞬间把他们的价值观扶正。

这么晚打扰老师了,感恩老师在百忙之中的回复,学生成长好多。

××你好!

你说得很对,学生教育一定要与家庭教育结合起来。我从毕业留校做辅导员开始家访,至今足迹横跨全国二十二个省份。当然家访不只有到学生家访问这一种形式,还可以有信访、电访等多种形式,就是说辅导员要有这个意识，要保持与家长的沟通。你做得很好，能够及时地与家长联系，形成教育合力。确实是这样，有些学生的问题是家庭带来的，而有的家长认识不到这个问题，当我们跟家长交流后，他们就会注意到这些问题，家长转变了，学生也就好转了。

你正在读博士，这里确实有个怎么写论文的问题。我们现在有些辅导员读博士为的就是一个学位，研究的问题不接地气，也就是说与工作没有什么联系，当然这与导师也有关系。我赞同你说的注重实践性。实践性是思想政治教育的根本属性，写出这样的论文能够用得上，和你的付出也是等值的。

助学金不是简单地发钱问题。这里涉及相互帮助、相互关爱的问题，可以培养学生的谦让精神。助学金体现的是一种关心，不可能根本解决学生的生活困难问题，还是要引导学生正确看待困难，培养学生艰苦奋斗的精神。助学金也是对学生进行诚信教育的过程。有些学生确实有千方百计骗取助学金的情况，这需要辅导员把工作做细，对于弄虚作假的学生不仅不能享受助学金，还要给予严肃批评。你做得对，就应当把好这道关，这对其他同学也是个教育。

祝好！

谢谢曲老师，祝您身体健康、吉祥如意！

曲老师，敬佩您走了那么多路，这么多年依然热情不减，我也深受感染。

曲老师，我一直认为贫困生应自食其力，而不是坐享其成，自身具备独立面对这个世界的勇气和能力是最重要的。今年我班有一个小姑娘自己暑假打工赚钱，她主动告诉我，不再申请贫困补助。我鼓励她专升本，逐步提升自己的能力价值，从体力劳动提升到脑力劳动，创造更多价值。那一刻，我看到了她眼睛里闪烁着星星一样的光芒，更加自信，对未来充满了向往和希望。

要读书、走路、做人。“不忘初心、牢记使命”，就会行稳致远。是这样的，这也是思想政治教育的力量所在、魅力所在、价值所在。

谢谢老师，我相信自己也一定能寻找到学术研究的精准切入点，能在学术有所成就的同时，对大学生思想教育有所贡献，要是能扩展到家庭教育和道德水平的提升层面，那就更有成就感啦。我的博导正直善良，对学术研究和教师职业有着一腔热血。我也具有很好的研究空间和研究环境，所以感到很幸福。

我一直对工作和学术研究的冲突感到迷茫，与您交流后，我现在有了更多热情，也更加提升了自身对学术的根本价值的认知，感激您的指导和鼓励。

我们共勉！

105

与一个辅导员的交流（五）

2021-10-28

曲老师您好！

抱歉这么晚才回复您，下午的课程刚结束，真心觉得听您的讲座可以“疗伤”，能让自己重新斗志昂扬！每次我都会热泪盈眶，有时是因为感受到了您对学生无私的爱，有时是因为看到了您的努力和付出，对比出了自己的渺小和懦弱。您说“要不断学习，是基于责任，在于重视”，自己由衷地感动。暑期里我也每天看书跑步，可以说这是自己一天中最快乐的时光，但最终因为各种理由而放弃，现在想来是因为自己责任感不强、对学习不够重视，任何成长和成就从来都是靠奋斗、拼搏换来的。找准自己的人生靶心、工作初心，活到老、学到老。向您学习，您是我们永远的楷模！

谢谢！辅导员工作一定要用真心、真情，虚情假意是打动不了学生的，学生也就不会跟你走。我们共勉！

106

莫把功夫都下在总结、概括、描绘人生上

2021-11-18

生活原本就是实实在在的,一天天把它过好就行了。

经常有人问我是怎样做到常年如一日坚持做一件事的(就是指做大学生思想政治教育这件事)。我说很简单,把每一天都当成新的开始,把一生当成一天过。昨天能过去,今天就能过去,明天照样也能过去。不要把功夫都下在总结、概括、描绘人生上,要把这些时间省出来用于践行上。

我们经常会看到一些关于总结、概括、描绘人生的文章。这些文章写得真是太精彩了。可是细细地品起来又总是让人有一种文字堆砌之感和哗众取宠之嫌。我们没有时间,也没有必要去考察写这样一些文章的人都是做什么的,更没法了解,也没有必要知道这些作者是不是都像他们文中认同的那样去生活。有一点我们把握住就好了:人生的美好都是创造出来的,不是总结、概括、描绘出来的。

我常想,人的精力都是有限的。你总结、概括、描绘人生的时间多了,践行、品味、欣赏人生的时间也就少了。

尤其是大学生思想政治教育工作,真不是总结、概括、描绘出来的。我写过这样的公众号文章——《思想政治教育不是总结出来的》,为的就是提醒大家,特别是辅导员朋友们,千万不要总是在总结工作上下功夫,要在践

行上下功夫。邓小平同志有句话说得十分言简意赅:“不干,半点马克思主义都没有。”不是这样吗?有的同志谈起思想政治教育,那真是娓娓道来、头头是道,可是实际工作中又做得怎样呢?可能做的与说的则相差甚远了。几十年来我一直要求自己“少说空话,多做工作,扎扎实实,埋头苦干(邓小平语)”,我一开始工作就把这句话写在我的一本工作手册上。我真心认同这句话,不干能有什么呢?

思想政治教育工作来不得半点虚假。不能只是在那里喊,一定要弯下腰来做。做出来了,自然就讲出来了,也可以概括、总结、描绘出来了。虽然可能不像“纯粹”总结、概括、描绘出来的那么有“文采”,但是细细地“品味”起来会更可口,对你的工作会更管用,乃至会为你的人生增添无尽的色彩。

关于情理交融

107

和一个辅导员的交流(一)

2019-08-10

前几天在北京师范大学举办的一个辅导员培训班上,我做了一个报告。报告结束后,有位辅导员给我写了一封长信。这让我很感动。为了鼓励她,我给她回复了一封长信。接着我们又通了几封信。为了鼓励更多的辅导员,经这位辅导员同意,我把这几封信推送给大家。

曲老师您好!

亲爱的曲老师,下午培训刚结束就看到手机里有您的微信,没及时给您回复,我在这儿向您道歉!

曲老师,我一口气读了好多遍您给我写的回复,心脏怦怦地加速跳,眼睛也湿润了,心情真的是激动、紧张却又沉重。

沉重在于,曲老师您是校级、厅级干部,是我们党和国家的"时代楷模",却给我一个晚辈写了这么长的回复,句句都是对我的指导、对我的帮助、对我的祝福,更是对祖国、对学生们的爱。您是希望能通过指导我这个晚辈辅导员,来间接帮助我引领的大学生们,来间接帮助国家培育有用人才! 曲老师,我被您深深地感动了,心情沉重,思绪万千,更加思考我从事辅导员的初心以及今后要走的路。

曲老师,您问我的追求,问我想得到什么,这个问题学生处处长前段时间也单独问过我,我还是那样回答您,我应聘辅导员是真正想教育好学生,我想用我的力量培育好他们,让他们踏出校园后真正成为对国家、对社会有用的人才。我大学时候的辅导员是由学生会主席兼任的,平日很少管我们。我明白了一名不合格的辅导员会带来什么样的后果,如学生们大量挂科、沉迷游戏、班风散漫等。到现在我们大学的班级同学都没有多少感情,本科很多同学的就业选择也相当失败。曲老师,我更加深知,要想教育好学生,要想给学生一杯水,自己首先得有一桶水。工作之余我也想要不断进步、不断充电,让自己持续提高能力和水平,从而更好地教育学生。感谢信息时代,可以让我们一介晚辈结识您这样的辅导员,您就是我一生的标杆!

曲老师,我听您的,开学之后"以情感人"会首先成为我工作的主线,然后再慢慢"以理服人"。您的这个做法,其实之前我就在您的公众号里学习过,但今天您再次针对我这个刚入职的新人提出来,使我醍醐灌顶,对今后的工作有了新的方向和信心。今后如何具体落实,我会慢慢摸索,一定让这两条在我身上落实好,不枉费您对我的教导。

感谢您,曲老师,劳烦您关心我的身体锻炼,我每天早晨都会坚持抻拉半小时,晚上会做跑步等有氧运动,有了您的鼓励和祝福,我一定继续坚持运动,保持良好的身体素质,希望等六十岁了也能像您那样站几个小时都腰直腿直,底气十足!曲老师,希望您多多休息,多多注意身体,我们非常心疼您。衷心祝福曲老师及家人健康安泰!

曲老师,说来也巧,我男朋友本科就是在大连理工大学读的,所以之前去过大连。您在大连,我一定会带着他一起去拜访您,让他也接受一下您的教育,就是到时恐怕会耽误您时间了。我想,等我俩去大连拜访您,那一定会让我们终生难忘,会让我们终身受益!感谢您,曲老师!满满的都是感动!

曲老师,我的联系方式是山东省烟台市莱山区××小区10-1-301,×××,13256××03××。给您打这地址都很激动,收到您的书我一定会开心得跳起来。今天听讲座时我给您拍了视频,想珍藏着,万一哪天偷懒了、懈怠了或者遇到挫折了,就拿出来看看您的讲座,有了您的签名书籍,就更加有激励、有指导了!感谢曲老师的文章,对我以及我们后辈有太多的激励和教育作用。文章写得太好,非常值得我们背诵记下。我也会以此为标杆和准则教育我的学生。

抱歉给您回复得不及时,也比较啰唆。多少年后我再来看和您的聊天记录,我一定会拍着胸脯给您回复:“曲老师,我做到了!”

曲老师,衷心祝福您和家人身体安康、幸福美满!也期待和您再次相见!

××你好!

有志者事竟成。看了你的长信,我相信,你一定行!起点都没有落下又信心百倍地要跑向终点的人,怎么可能不是人生的赢家呢?我期待着!

我说了,我的基金正式建立的时候,我会重新建个群,把那些立志终身为祖国服务的大学生、辅导员拉进来。你自然就在群里。到时候大家有什么事喊一声,什么事也就不算事了。

你写的这些对新入职的辅导员会有启发和教育意义。我准备把这些内容放在别的地方编辑一下推送给大家看看,可以吗?

随时欢迎你到大连来。

夏天炎热,注意防暑!

太好了,感谢您曲老师!您的“励志基金”项目,今天我听了后觉得太伟大了,又是中国辅导员的一大创举!很荣幸能在您的群里,我一定会尽我的所能为祖国奉献,为学生服务。我也会向群里优秀的辅导员学习,向前辈们学习。

推送给大家太可以了,我们都新入职,很多地方有共性,这里又得到曲老师的指导和鼓励,万分感谢!

真切期望早日跟您再次见面,真切祝福曲老师一切顺利!

今天太值得纪念了,是您给了我与您取得联系的机会,感恩您,曲老师!爱您!

保持联系!

好的,谢谢曲老师,我会和您保持联系!

108

和一个辅导员的交流（二）

2021-04-20

曲教授您好!

打扰您了,今天我听了您的讲座之后受益良多。作为一名刚毕业的大学生,通过考试进入到学校任辅导员,在工作中有很多的困惑和不适应,希望以后能向您请教一些工作和生活中的问题,也希望您能够多多指教。

谢谢你的认同,我们共勉！我跟你们说过,像你们这些新入职的年轻辅导员,工作热情还可以,但是由于没有亲自做过辅导员,这就使得有的辅导员对工作不适应。而在诸多的不适应中,理论上的不适应很普遍。一些辅导员不知跟学生说什么,不知怎样回答学生提出的问题。这是“先天”短板,没有办法,只能慢慢地弥补。而对于眼下来说,最重要的一点是要热爱自己的工作,带着情感来做辅导员工作,和学生打成一片,让学生感受到你对他们的关爱。一旦学生信任了你,工作就好做多了。把你的详细地址告诉我,我把我写的书邮寄给你做纪念。

收到您的回复真的很惊喜,您工作那么繁忙,平常要多注意身体。听了这么多讲座,您是唯一一位站着给我们讲那么久的老师,您的这种精神很值得我去学习。我很崇拜您，昨天能够聆听您的讲座感觉很幸运。非常感谢您给予我的建议，感谢您能给我邮寄您亲手签名的书籍。曲老师，我的地址是：××××××××。

再次谢谢曲老师！

不用谢！站着讲，一是尊重大家，二是锻炼身体。我今天六十四岁了，我有个宗旨，就是我建立的“励志基金”中的那句话：“你为祖国服务，我为你服务。”能够帮助更多的辅导员为学生做好服务是我十分愿意的事情。今天就能把书给你邮寄过去，注意查收。

祝好！

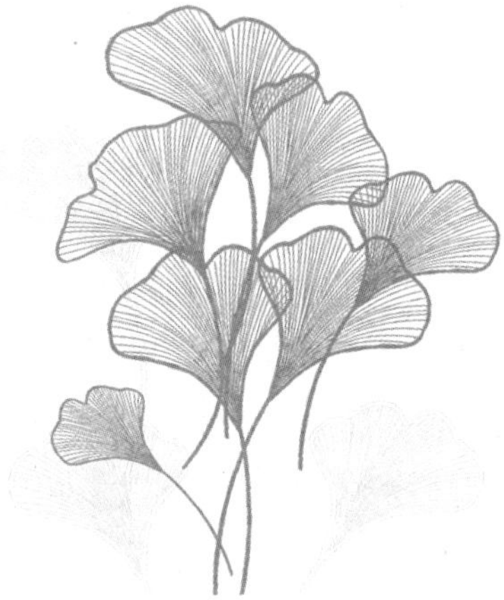

关于双重标准

109

给一个辅导员的回复

2019-12-02

曲老师您好!

我是今年 9 月份才走上辅导员工作岗位的,这两个月给我的感觉是“一地鸡毛,无从下手”。今天听了您的讲座,我觉得我对学生的关注和关爱真的太少了,您对学生的关注和付出令我感动和敬佩。

××你好!

你能反省自身,认识到自己的不足,这是难能可贵的。我们有的辅导员自己工作做得不怎么样,却自我感觉良好,这怎么可以呢?这既会耽误自己,也会耽误学生。

你在辅导员工作岗位上还是一名新兵,从现在起一定要努力工作,对得起辅导员这个光荣的称谓。

经常有辅导员问我怎样才能做好辅导员工作?我说你真想做好辅导员工作吗?做好辅导员工作并不难,只要别搞双重标准就好。

有的辅导员做学生的时候希望辅导员一个样子,在自己做了辅导员后就成了另一个样子。这就自然做不好辅导员工作。既要多读被别人感动的故事,也要写一点自己的故事。辅导员要对得起学生,让学生为你点赞,成为让学生难忘的人。

110

与辅导员的交流

2020-10-29

曲老师您好!

我是××学院辅导员××。今天听了您的讲座,我感到受益匪浅。我是今年刚入职的辅导员,当时选择这个岗位也是因为我非常喜欢辅导员这个职业,非常想帮助学生们,为他们做一点自己能做的事。我读大学的时候也是因为班主任和辅导员的帮助和点拨才收获了自己丰富多彩的大学生活,所以我也想将这份情怀传递下去。入职两个月,由于辅导员岗位的事情多且杂,有时候就会渐渐地忘了自己的初心。今天听了您的讲座,我觉得在繁忙的工作中也应当不忘初心,以学生为本,能体现自己的价值,为学生服务就是最大的收获。付出才会有回报,非常感谢您今天的演讲。

××你好!

很多辅导员问我怎样才能做好辅导员,我说很重要的一点就是不能搞"双重标准"。就是你在做学生的时候希望辅导员是什么样子,你现在是辅导员了,你就应该按照那个样子去做。你谈到你想当辅导员就是因为受到了你的辅导员的影响,你现在当上了辅导员,那就不要改变自己,从学生的成长需要出发,多为他们服务。一些辅导员刚开始也有热情,但是做着做着就倦怠了。一是没有真正理解辅导员工作的意义和价值；二是考虑自己多了，忘记了初心，忘记了党旗下的誓言，忘记了竞聘时的承诺。辅导员的工作事多且杂，这又怎么了？相比较而言，战士在干什么？工人在干什么？农民在干什么？在大学里工作，还不满足？关键是看你做的工作有没有价值。为学生服务就是最大的收获，学生的成长就是对你最好的回报。“待到山花烂漫时，她在丛中笑。”等到我这样的年龄，你就知道了你的选择、你的执着是多么充满智慧、多么值得！若是丢掉了，多么短视、多么可惜！有事联系我。

祝好！

谢谢您的指导！我将不忘初心、砥砺前行。也祝您身体健康、阖家幸福。

111

辅导员不应入职前后两个样

2020-12-17

前些天,有个学生给我写了下面这封信:

曲教授您好!

我是××大学的本科生,从入学的开学典礼,我就听过您的讲座,感触颇深,内心十分敬佩您。您放弃了那么高的职务,来大学做一名基层辅导员的精神是值得我们学习的。如果辅导员都像您一样,那该有多好啊!我想向您抱怨一下,我们的辅导员是这几年转正的,他对我们不管不问,他秉承的原则就是,你别给我惹麻烦就行,你有事别找我。临近毕业季,他更加失误连连,不但不帮助我们,甚至他的一些本职工作也做不好了。遇到事时各种推诿,给人的感觉就是"我找到稳定工作了,学校不能开除我了,我无欲无求了……"

这个同学反映的情况或许是个别,但是确实反映了我们辅导员队伍中存在的一个问题,就是我们有的辅导员在入职前还是有积极性的,要想方设法当一名辅导员,但是入职后就像变了一个人似的,忘记了自己竞聘辅导员岗位时所许下的承诺。辅导员都是共产党员,首先要想到自己的第一身份是共产党员,我们是在党旗下举起右手向党宣过誓的人,什么时候都不能忘了我们是党的人。辅导员工作绝不是一份简单的职业,更不能把辅导员工作当成谋生的手段。辅导员工作直接与“为党育人,为国育才”相联系,这项工作做好了,事关党之大计、国之大计。辅导员一定要自觉成为大学生人生成长的指导者和引路人,辅导员在培养学生做到“四个自信”方面担负着重要的责任,可谓使命光荣、责任重大。所以作为辅导员,千万不能应聘的时候一个样子,当上了辅导员就变成另一个样了,这样既对不起“共产党人”这个称谓,也让学生瞧不起。我常说这样的话:我们有的辅导员真应当好好想想,多大的利益让我们“卷着”舌头说话?人还能活两辈子吗?我带过的一个学生党员,中学就入党了,刚来时思想还不是很成熟,她说她有些气馁,觉得党员的口碑不好。我说党的宗旨从来就没有变过,变的是有些人忘记了党的宗旨,我们举起的右手即便粉碎了也不能再放下。这个学生后来发展得很好。辅导员一定要坚定理想信念,为学生服好务,这是一名共产党员不忘初心,践行全心全意为人民服务宗旨的集中体现。

有的辅导员入职前后不一样,这也是短视的表现。辅导员应当认识到,现在我们对一些辅导员的选拔还是基于学生的管理考虑的,对学生的教育引领作用突出得不够。这使得一些辅导员觉得自己还能够胜任本职工作,甚至绰绰有余。其实,这是一种“假象”,辅导员的第一职责是大学生的人生导师。导师就是比学生看得远的人,就是走在学生前面的人。我们有的辅导员显然没有达到这样的标准。作为一名辅导员,我们必须认识到自身存在的“短板”;在做了辅导员之后,就应当能尽快补齐“短板”,增加为学生服务的本领,就要努力把辅导员工作做好。以为自己是事业编了,谁也不能把你怎么样,由此可以高枕无忧了,这就太短视了。一切都在改革之中,一切都要按照规律办事。随着高等教育改革的深化,高校教师的用人方式也必将发生变化。以事业编的身份,不管工作怎样,一劳永逸地“占据”教师的岗位,对这种“不合理”的人事制度的改革是指日可待的。这里也包括辅导员教师队伍。当然,不管怎样变,干什么像什么还是一切工作岗位最基本的条件,滥竽充数是不行的。

112

与一个辅导员的交流

2021-10-30

曲老师您好！

第一次给您写信，我的内心非常激动。我是一名即将入职××大学的准辅导员，我叫××。我在××大学读研期间，所接触的辅导员和我所从事的学生工作让我对辅导员这一职业无比向往，我认为这份工作意义非凡，尤其是对一些迷茫、内向自卑的学生，以及贫困生等特殊群体，辅导员老师的一句话、一个眼神甚至可以影响他们的一生，后来更是接触到您的公众号，了解到您的事迹，让我更加坚定地想要成为一名像您一样能真正帮助到学生的辅导员。从研二下学期我开始准备辅导员考试，2021年6月研究生正式毕业时我没能实现自己的职业理想，那时的自己感到无比沮丧。2021年4月底我去了××学院成了一名专业课老师，但我依然没有放弃我的理想，还是想近距离地与学生接触，还是想成为一名辅导员，所以我始终坚持学习。幸运的是，在2021年5月27日您来大连××学院做了一场师德专题讲座，那是我第一次见到您，那一次的讲座让我更详细地了解了您、了解了您的事迹，这又给了我很大的动力，终于在2021年9月我成功当上了辅导员，这期间我从未动摇过、从未放弃过。上个月电影《守望青春》上映了，我立刻就去看了，电影中您的事迹让我感动，更让我敬佩，看完电影后我更是庆幸自己选择了这样一份有意义、有价值的工作，我相信自己有足够的爱心和责任感，我一定会时时刻刻围绕学生、关照学生、服务学生，努力成为他们的人生导师和知心朋友。我也希望自己十年、二十年、三十年之后，依然能够坚守在学生工作第一线，对得起党的教育事业，无愧自己的初心、无悔今天的选择！但正是由于意义重大、责任重大、期望之高，我更是有些担心，我怕自己经验不够、能力不足，在实际工作中不能像您一样把学生的事情处埋得那么好，不能成为自己理想中那样的辅导员。所以，在终于实现了自己想要成为一名辅导员的梦之后，在正式入职之前，激动兴奋之余，我特意给您写了这封信，既想和您表达一下自己的兴奋心情，更是想听听您的嘱咐和教导。谢谢曲老师！

××你好！

辅导员工作意义非凡，一定要做一名学生信任的辅导员。怎样才能成为这样的辅导员？有许多方面需要注意，这里我只提示你一点：一定不要搞“双重标准”，也就是你在学生时代的时候希望辅导员什么样子，现在就要那样做，这样辅导员工作就一定能做好。

关于师德建设

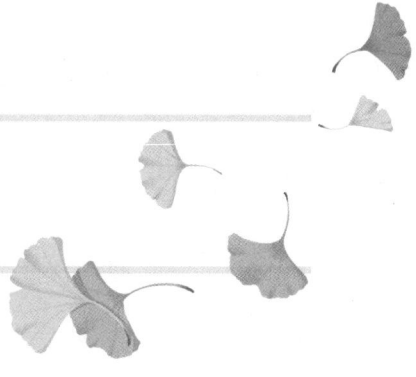

113

优秀辅导员师德建设之探讨

马其南　曲建武

新中国高校辅导员制度已经走过了六十多年的历程。目前,我国高校辅导员的角色定位越来越准确,辅导员队伍建设的体制机制越来越完善,以优秀辅导员为代表的辅导员群体的社会认同越来越广泛,辅导员专业化发展的前景越来越明晰。一大批职业归属感较强、工作胜任力较好、工作特色化显著、理论科研水平较高的优秀辅导员脱颖而出。优秀辅导员是辅导员队伍中的先进典型,也是高校师德典范,他们在立德树人的实践中彰显突出的优秀特质,推动新时代高校师德建设,更是以实际行动回应了辅导员队伍专业化发展的时代命题。

一、师德是辅导员专业化发展的核心要义

2004 年教育部颁布了《普通高等学校辅导员队伍建设规定》(教育部令第 24 号),提出了高校辅导员队伍专业化、职业化发展的新命题。此后十多年间,教育部先后印发了《高等学校辅导员职业能力标准(暂行)》《2006—2010 年普通高等学校辅导员培训计划》《普通高等学校辅导员培训规划(2013—2017 年)》等文件,扎实、积极地推进辅导员队伍专业化发展。

专业化发展需要具备专业素养。专业素养作为教师身心品质的总和,是能够胜任教育实践活动的必要条件。一般来讲,教师的专业素养是一个由职业理念、职业道德、专业知识和专业能力构成的结构体系。面对复杂、多变、多面的教育教学工作需要,合理的专业素养结构是教师专业化发展的直接目标。

职业理念是教师专业化发展的内在动力。职业理念也是人生理想的重要组成部分 ,是教师在教育实践中渴望达到的理想的职业境界,体现了教师对教育事业的执着追求,本质就是教师对教育事业、对学生的热爱。

职业道德是教师专业化发展的关键要素。职业道德是职业的道德要求和规范,也是符合职业特点所要求的道德准则、道德情操与道德品质的总和。立德树人是教师工作的主题,教师的职业道德尤为关键。教师的职业道德由教师的职业责任、职业态度、职业纪律、职业良心、职业作风和职业荣誉等因素构成。教师既要在教育实践中以德育人,也要以德律己,以良好的师德维护教育行业形象,以高尚的师德影响社会。

专业知识和专业能力是教师专业化发展的重要条件。教师不仅要具备合理的专业知识结构,还要具备开展教育教学实践工作的素养与技术条件;既要掌握教育知识、通识性知识、学科教学知识等多学科的知识,还要具备教育教学设计能力、活动组织能力、语言表达能力、沟通合作能力、教育研究能力等。

可见,辅导员专业化发展就是辅导员专业素养的发展。专业素养涵盖的职业理念、职业道德、专业知识和专业能力,也是一名教师应该树立的教育观、学生观和职业观,其中的核心要义是师德。师德是最基本、最重要、最核心的专业素养。

二、新时代师德的内涵和特质

教育工作,其本质是一种导人向善的、具有道德性的活动,“教师承担着传播知识、传播思想、传播真理的历史使命,肩负着塑造灵魂、塑造生命、塑造人的时代重任”。师德,是教师的灵魂所在。既是为师之德,也是为人之德;既指职业道德,也指专业道德;既要“学高为师”,以博达通识传道授业,也要“身正为范”,以高尚的道德情操和人格魅力感染人、教化人。习近平总书记高度重视师德建设,把师德作为新时代中国特色社会主义思想体系的重要组成部分。“一个优秀的老师……既要精于‘授业’‘解惑’,更要以‘传道’为责任和使命”“要有理想信念、要有道德情操、要有扎实学识、要有仁爱之心”，这是对师德内涵做出的新时代的诠释。

师德特质是指教师身上表现出来的相对稳定的、特有的师德品质，主要表现在以下四个方面。

一是境界的高层次性。教师的职业特性决定了师德是一种特殊的、更高尚的、更具典范性的职业道德的凝练与升华，在整个社会道德规范体系中占据“标杆”地位，始终和谐地将职业性和社会文明进步性有机地融为一体，并保持二者之间的良性互动：既吸纳社会文明进步因素，又推动社会文明的进步。

二是意识的高自觉性。教师要有大国良师、容人为怀的胸襟意识，德育为先的育人意识，自修自养的自省意识；自觉认知“国家富强、民族振兴、人民幸福的重要基石”的社会地位与时代使命；自觉坚定实现中华民族伟大复兴的中国梦，打造中华民族“梦之队”的理想信念；自觉践行师德规范、伦理规范和教师专业道德的基本准则；自觉践行社会主义核心价值观，加强师德的自我修养。

三是行为的示范性。孔子提出教师要“以身作则”，强调“身教”是高尚师德的集中表现。陶行知先生指出，教师的“一举一动、一言一行，都要修养到不愧为人师表的地步”“老师是学生道德修养的镜子”。在教育教学过程中，教师要以身立教、以身示范，以精神塑造精神、以人格濡养人格、以道德引领道德，强调师德在行为示范方面的特质。

四是影响的深远性。师德对学生、教育工作、教师自身以及社会都会产生重要的影响，对教育行为具有规范作用，对教师道德修养和专业素养具有提升作用，对教育质量具有保障功能，对教师正确教育价值取向的确立具有推动功能，对学生发展具有教育功能，对社会风气具有引导功能。强国就要强教，强教就要强师，新时代加强师资队伍和师德师风建设已写入政府工作报告。师德是社会道德的重要组成部分，加强师资队伍和师德师风建设可促进公民道德建设，净化社会风气，影响社会道德风尚，为全社会的精神文明建设创造理想的氛围。

三、优秀辅导员的师德特质表现

“时代楷模”“全国师德标兵”“全国高校辅导员年度人物”、大连海事大学曲建武教授，从辅导员到“厅官”再到辅导员，工作三十多年，始终情系大学生思想政治教育，将辅导员事业融入血液，把教书作为职业、把育人作为追求，用爱生如子的信念谱写了一曲新时代的园丁赞歌。近年来，以曲建武老师为代表的优秀辅导员群体在社会上产生了广泛而深刻的影响。这些优秀辅导员集中展现出高尚的时代风貌和精神气节，以立德树人的典型事迹诠释了新时代的师德特质。

用责任和爱诠释育人初心。责任和爱是辅导员工作的职业理念，也是辅导员工作不竭的动力。优秀辅导员把辅导员工作作为践行育人初心的事业，将事业融入血液，践行责任，以爱育人。党的十九大代表、第五届全国辅导员年度人物、2019年全国高校“最美高校辅导员”、广东技术师范大学辅导员陈小花教授在十六年的辅导员职业生涯中，始终坚守在思想政治教育工作的第一线，参与了一批又一批青年学子的筑梦成长，她把扎根辅导员工作一线、一花引得万花开、让祖国花朵绽放得更加灿烂作为辅导员职业理念。第九届全国辅导员年度人物、辽宁大学辅导员刘巍，为了帮助一个学生戒掉网瘾，陪学生住了五年学生宿舍，为了在“非典”的特殊时期保护学生，几次拖延婚期，为了学生的健康，腾出婚房给学生做隔离观察室，用担当诠释了辅导员的职业理念。第十届全国辅导员年度人物、沈阳工业大学辅导员李青山，把家访作为工作“常”项，几年时间走访学生家庭一百余户，通过家访为七十多个困难家庭送去温暖，帮助三十多个“双困”学生成功“脱贫脱困”，用坚守和执着践行辅导员的职业理念。第十届辅导员年度人物、南华大学辅导员马军毕业后没有从事医学专业的工作，毅然坚持留校担任辅导员，秉承“教育无他、唯爱与榜样而已”的理念，爱辅导员岗位，爱学生就像爱自己的孩子，在工作中给予学生充分的关爱，用爱写意辅导员职业的荣光。

敬业修德潜心立德树人。教育的主题是立德树人，高尚的师德修养本身就是一部培养、教育、感化人的生动教材。优秀辅导员坚持以德育人、以德立己、自尊自律，以高尚的情操和良好的思想道德风范教育和感染学生，将积极的情感和正确的价值观融入教育教学全过程，以自身的人格魅力和学识魅力赢得社会的尊重。第十届全国辅导员年度人物、江西科技师范大学辅导员刘雄仕在谈到自己的职业选择时，他深情地说：“为什么当辅导员？师德之真、师德之善、师德之美深深地吸引着我。”全国优秀教师、第四届全国辅导员年度人物、沈阳师范大学辅导员赵颖说：“作为一名辅导员，更要做师德的模范，价值观要正、人格品德要高、自我要求要严，用自身的师德魅力潜移默化地影响学生、感化学生、带动学生、教育学生、感染学生。”第八届全国辅导员年度人物提名奖、辽宁中医药大学辅导员葛骁欧说：“作为大学生的思想政治辅导员，我们要‘德’字当先，明大德、讲公德、守私德，用‘四有’好老师的标准严格要求自己，践行新时代师德要求，做践行社会主义核心价值观的表率。”第九届全国高校辅导员年度人物、清华大学辅导员马冬昕，从“清华学霸”到“教学相长”，她说：“你想把学生培养成为什么样的人，你就应该是什么样的人，高尚的道德情操、良好的道德品质、崇高的道德风范都是辅导员应具备的基本素质，也是教育学生生动的教科书。”

以精湛的专业知识和专业能力胜任工作。专业知识和专业能力是辅导员胜任本职工作的重要条件，也是辅导员专业化发展的重要基础。“术业有专攻”，专业化发展就要有合理的专业知识结构、开展思想政治教育工作的实践素养和技术条件，既要具备教学知识、学科知识、通识性知识等知识综合体，又要具备组织实施能力、沟通合作能力、反思发展能力、教育研究能力、激励评价能力等能力综合体。从近十年全国高校辅导员年度人物来看，优秀辅导员群体中多人在全国、省级辅导员职业能力大赛中获奖，多人在工作的同时攻读思想政治教育专业博士学位。优秀辅导员群体并非都有与思想政治教育相关的专业背景，但他们在思想政治教育实践中勤于思考、苦于钻研、善于创新，在思想引领、职业生涯规划与指导、心理健康教育与危机干预等方面形成了许多特色鲜明、富于时代感、实效性强、可推广的立德树人的经验、案例和做法，有效提升了大学生思想政治教育工作质量，充分展现了优秀辅导员精湛的专业知识和专业能力。第八届全国高校辅导员年度人物、哈尔滨工业大学辅导员马云香，创新“3+3”平台化工作模式，提升了学生就业、创业工作质量。安徽大学辅导员王慕清，搭建虚拟“青春银行”，给学生办理“青春存折”，引导学生珍惜韶华，勤奋学习。与习近平总书记面对面做过工作汇报的“最美高校辅导员”、北京师范大学辅导员任雅才，对学生成长进行私人订制，帮助学生解决思想上的困惑、生活中的困难；并以大学生生活微视频的形式创新社会主义核心价值观教育方式，对学生进行深度辅导、精准辅导、生涯辅导。

以全国辅导员年度人物为代表的优秀辅导员群体，在立德树人的思想政治教育实践中，以优秀的专业素养彰显师德特质，具备较强的影响力，在高校师德建设中发挥了较好的示范引领作用,带动了辅导员群体整体素质的提升,有力推动了辅导员队伍的专业化发展。

[刊载于《学校党建与思想教育》2019,(21)]

114

十年携手与共，坚守创刊初心

——《高校辅导员》创刊十周年笔谈

见证“一棵树”的长大

曲建武等

“十年树木，百年树人”。转眼十年过去了，《高校辅导员》经历了十个春秋岁月，由一粒“幼小”的种子已经长成“参天大树”。作为过来人，一个老辅导员，也算陪伴人，我感到十分欣慰、万分高兴。

十年前，为了进一步贯彻落实高校“立德树人”的根本任务，努力实现把大学生培养成为德、智、体、美、劳全面发展的社会主义建设者和接班人的目标，中国高等教育学会辅导员工作研究分会在教育部思政司、社科司的指导下，创办了《高校辅导员》期刊，旨在提升辅导员的理论素养、交流辅导员的工作经验，以加强辅导员职业化、专业化队伍建设，推动思想政治教育的科学化水平，更好地完成党和国家交给的育人任务。应当说，刚开始创刊的时候，这本刊物的水平还不是很高，也没有现在这样的影响力，甚至有的同志担心会不会“戛然而止”。但是，这也符合事物发展的客观规律。期刊当时毕竟还没有“用事实说话”。岁月是最好的老师。如今的

《高校辅导员》,已经如办刊人所愿,实现了其价值追求。现在作为一名辅导员,若是不知《高校辅导员》,那可就贻笑大方了。《高校辅导员》已经成为广大辅导员的“亲密”朋友,成为辅导员的“营养大餐”,成为辅导员交流工作的平台。辅导员们正在《高校辅导员》这棵大树的庇荫下,辛勤地耕耘在学生心灵这片沃土上。我是辅导员工作研究分会的顾问,作为见证人,值此《高校辅导员》创刊十周年之际,发自内心地感到,为了这棵“参天大树”的成长,大家付出了太多的努力。这里有教育部思政司、社科司的关怀与支持,有无数“大家级”学者的鼓励,有广大辅导员的积极参与;更有研究会同志的坚毅执着。三千五百六十多个日夜,《高校辅导员》就是这样向着光明走来。

当今世界正经历百年未有之大变局,我们正处在实现中国梦的关键时刻。“我们对高等教育的需要比以往任何时候都更加迫切,对科学知识和卓越人才的渴求比以往任何时候都更加强烈。”在这样的时间节点上,《高校辅导员》应当有更大的担当、更多的作为。回首过去,展望未来,真心希望我们大家携手并肩,把《高校辅导员》办得好上加好!我也相信《高校辅导员》一定会不辱使命,走向更加美好的明天!

(来源:知网空间;2022-03-12)

关于榜样引领

115

做身上有光的人

2019-10-31

昨天在广西师范大学给全国辅导员培训班学员做报告。报告开始前有的辅导员让我签名留念。有位辅导员递给我一张他画的明信片。因为还有一些辅导员在排队签名,我只是说了句“谢谢”,就没能更多地同他聊天。

报告结束后在我赶往机场的途中,他给我写了下面这封信:

曲老师您好!

我是××大学辅导员××,今天很荣幸听到您的报告,您在报告中提到您和您学生的故事,我很感动,也很受启发。教育者要有大爱,没有爱的教育不是教育。教育者要有信仰,没有信仰的教育是不成功的教育。

教育者只有在实践中才能更加完善自己的教育方式。您提到的要教育引导学生明白自己为什么而读书,让学生明白高远的人生追求比专业知识更重要,让我很受用。我们辅导员做工作、培养学生,就是要把个人利益和国家利益统一起来,让自己,也让学生成为一个有理想、有担当、有格局、有情怀的时代青年。看到您对学生的付出,我也会像您一样,始终把学生的事情放在心上,趁着年轻,好好地向学生学习,与学生共同成长。

送给您的这张明信片是我去年做微信公众号的时候画的第一张明信片。那时候看到您公众号的文章之后，我很兴奋，于是当天晚上画了这张明信片。我觉得您就是那座灯塔，既为在知识海洋中遨游的迷路“小船”找到了航行的方向，也不断地为他们指引着航行的方向，让他们在人生成长路上乘风破浪，不断前行。同时您也指引着我们辅导员，不断地为我们打气加油，让我们在立德树人的道路中继续阔步前行。

后面的寄语是我看了您的事迹之后我写给自己的，我期望自己能够成为那个有亮光的人。今天，有幸见到您，并且获得了您的签名版的书，我觉得这是您对我辅导员之路的一次新的指引。谢谢曲老师！我也会在辅导员这条路上继续做好自己的工作，陪学生一起成长！

祝您身体健康、万事如意！

这封信写得很真挚，表达了一个辅导员要为学生照亮前行之路的坚定信念。看了这封信后，我给他做了回复。

××你好！

你写了这么长，要占用你多少时间啊！不过人都是这样的，做自己喜欢的事，其他的也就无所谓了。我给我的学生和大家写了那么多的微信，是怎么做到的？恐怕除了责任就是喜欢吧。

我愿意这样，就像你也愿意这样。

你在信字里行间表达了你对学生的一种情感，一种对学生负责的精神。辅导员工作就应当这样，如果没有责任心，对学生很冷漠，甚至烦学生，又怎么能培养好学生呢？

辅导员要成为身上有光的人。因为辅导员是点燃学生理想之灯，照亮学生前行之路的人。你身上黯淡无光，学生自然就难以看清脚下的路。为什么习近平总书记在学校思想政治理论课教师座谈会上把“政治要强”放在“六要”之首？“政治要强”就是一束强烈的“亮光”，有了这束光才能照亮你要去往的地方，学生才会看清前行的方向，走好脚下的路。

现在辅导员工作还没有取得令人十分满意的成果，一个重要的原因不就是一些辅导员身上“缺光”吗？我看你有这么一股劲儿，那就把它发扬下去，成为身上有光的人。像你说的那样，和学生在一起，帮助学生好好成长，成为担当民族复兴大任的时代新人。这样的人生才是有意义、有价值的，才值得回味，也会令学生难以忘怀。马上到机场了，先聊到这里呢。

到大连时联系我，祝一切顺心如意。

谢谢曲老师！刚查完宿舍，看到您的回信，太感动了！我一定会按照您的要求，把自己的工作做得更加扎实，让自己有“亮光”，帮助学生好好成长。再次感谢曲老师！

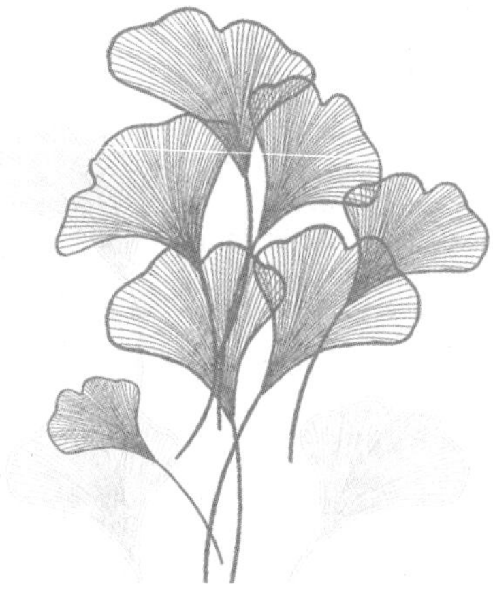

116

为大学生树起引导的旗帜

曲建武

榜样的力量是无穷的,许多人的成长都伴随着榜样的引导。大学生朝气蓬勃,正处在人生发展的重要时期,他们的成长更需要引导。问题是由谁来引导,或者说他们的榜样是谁?许多辅导员总是号召学生学习这个人物,学习那个人物,这当然有必要,但是,他们却忘记了一个重要的学习对象,那就是辅导员自己。有个毕业生给我写信说:“正是在您的关爱下,我才拥有了今天。”辅导员,对于刚刚进入大学的学生来说,是重要的,甚至说是至关重要的,因为大学生活将影响其整个人生旅途。辅导员能否引导大学生,应该学习什么、思考什么,奋斗方向是什么,包括在大学期间寻找接受锻炼的机会,这些可以说都取决于辅导员的能力、水平和人格。

还有个毕业生对我说:“大学的往事一桩一幕现在依然记忆犹新。记得我刚入学的时候,是您教给我怎样学习、怎样处世,在思想上如何努力要求进步。在您的启发下,我向党组织递交了第一份入党申请书;是您坚忍不拔的毅力、勇于进取的精神鼓励了我,使我在学业上取得了一定的成绩。您给我的印象太深刻了,不论是现在还是将来,您都永远是我学习的榜样,我庆幸遇到了您这样的辅导员。”事实说明,一个好的辅导员,便会带出一个团结互助、蓬勃向上的集体;反之,这个集体则会变得很糟糕,问题层出不穷。我做辅导员时，虽然在嘴上没有说我就是他们的榜样，但是在心里，我却有个十分坚定的信念：一定要成为一个能够推动和鼓舞学生前进的人。古人云："欲胜人者，必先自胜；欲论人者，必先自论；欲知人者，必先自知。"辅导员与学校里其他工作人员的身份不同，他们是学校里与学生接触最多的人。可以这样讲，辅导员就是大学生入校的第一个要交往的人。辅导员从事学生教育管理的过程，实际上就是一个与学生交往的过程、一个展示自己形象的过程。辅导员是个什么样的人，往往会影响到学生，使学生成长为一个什么样的人。道理很简单，一般而言，榜样离学生比较远，没有共同生活的环境，缺乏情感的沟通，即便受到他们事迹的感染，学生也常常是当时激动不已，但是很快便平静下来。而辅导员离学生很近，每天都出现在学生的面前，他们的一言一行学生看得最清楚，因而对学生的影响也就最迅捷、最直接、最深刻。

做辅导员时，我每天都是第一个起床到操场跑步，每次都跑上万米。我个子矮小，天生不是做运动员的料，但是，就是凭着坚强的毅力，我成为一名小有名气的业余长跑运动员。我参加过大连市首届马拉松比赛，在大连市教育系统的万米比赛中获得过铜牌。在我的影响下，我的许多学生都养成了锻炼身体的习惯，有的还成了学院的中长跑运动员。体育，绝不单纯是体育，它传递给人的是一种不屈的精神和向上的力量，可以说我的学生始终都处在一种积极进取的状态中。

学习是大学生的天职，作为辅导员，应当引导学生刻苦学习。当然，辅导员的引导不是具体到对学生的所有学习问题都能解疑释惑，而应主要表现在对于学生学习态度的引导上。为了引导学生的学习，我每天都到办公室学习，有时出完早操就在教学楼前晨读。星期天除了参加学生活动之外，便"躲"在学校图书室看书、查阅资料。

那个年代没有电脑，我手抄了近万张的读书卡片。有个学生问我："学习是个苦差事，老师都参加工作了，还这么学干什么呢？"我对他说："一方面，学无止境，应当活到老、学到老；另一方面，也是为了影响你们，让你们不要松懈下来，抓住现在这段美好的时光好好充实自己，免得'书到用时方恨少'。"听过我的解释，这个学生当即表示要以我为榜样，好好学习，争取考上研究生。毕业时，这个学生果然以优异的成绩考上了国内某重点大学的研究生。在大学读书时，我曾积极报名献过血；做辅导员时，为了给学生做表率,我又坚决要求无偿献血。在我的影响下,我的学生纷纷要求献血,全年级顺利完成了学校下达的献血任务。积极主动献血,实际上也是在表明我对公益事业的一种态度,或许正是在这种理念的影响下,我的学生还经常到社区帮助孤寡老人;同学中谁有了困难,大家都能伸出援助之手,给予力所能及的帮助。有个学生在信中对我说:"老师都'功成名就'了,还这样努力,为我们树立了很好的榜样,我们做学生的没理由不好好表现。"

如今,大学生与社会的联系增多了,受到各方面信息的影响加大了,但是无论怎样,教育的内在规律都没有改变:教育具有主导作用,榜样具有引领作用。希望年轻的辅导员们能够努力前行,带起一支团队,形成浩荡的大军。

(发表刊物:《河南教育·中旬刊》2008年第03期)

关于教育信仰

117

教育信仰的坚定性问题

2019-03-17

何谓教育信仰？就是承认教育的有价性，承认教育在改变学生中的作用。

应当说很多年轻的辅导员也是怀着满腔的热情开始了自己的辅导员职业生涯的。可是没干多久，热情便开始消退了。造成这种状况的原因是多方面的，其中的一个原因是我们有的辅导员缺失了教育的信仰，认为现在的学生不好教育、不服从我们的教育、不愿接受我们的教育。事实上哪有不愿接受教育的学生？哪个学生不是带着美好的愿望来到了大学？关键是我们给了他们什么样的教育。“十年树木，百年树人。”教育不能急功近利。教育还是不教育，结果一定是不一样的。从一定意义上讲，越是不愿接受教育的学生越要多教育，越是不服从教育的学生越要加强教育。不能学生还没有改变，我们先退下阵来，这样自然就失去了教育的价值所在。

118

教育怎么能没有力量

2019-08-03

总有辅导员说，现在有的学生不愿意接受我们的教育。我觉得还是我们没有给学生真正的教育。别说学生，经常有辅导员在我的公众号后台、微信里留言，谈他们听了我报告的体会。这里给大家推送几条，目的就是让辅导员们相信教育的力量，主动做好学生的思想政治教育工作。

1. 曲老师您好，昨天听了您的报告，备受启发。您和我所认识的、见过的党员都不一样。过去在组织生活会上总是不知道怎样做批评与自我批评，直到见到您，听了您的报告，我才发现差距是多么的大。您是有大爱、有境界的人，过去，我甚至不知道做一个有坚定理想信念的党员是什么意思……有幸见到您，看到您我就明白了，就是您的样子。羡慕您的学生们，他们很幸福。祝您生活愉快、身体健康。

2. 曲老师您好！聆听您的讲座，感动于您对学生无私的爱和对辅导员工作一生的追求，让我对辅导员工作的发展前景和自我职业生涯发展有了更强的信心。谢谢您！

3. 深深受到触动，几次热泪盈眶，不忘初心，整装前行，感谢曲老师与我们在一起，仍然在路上！感恩有您！

4. 尊敬的曲老师您好！昨天在“学习强国”平台上看了您“时代楷模”的感人先进事迹，有种与您相识恨晚的感觉。视频中的镜头几次让我热泪盈眶，我对您充满了崇高的敬意和深深的爱，您就是我学习的榜样。如果未来有一天我能到大连，我一定会登门拜访，不管您愿不愿接见（我想您一定会的，因为您是我心目中最崇敬的老师，您对学生的爱远远超过了自己）。在以后的学习、生活中我一定向您学习、向您看齐，不知发表在您的公众号下面您能不能看见，这是一个来自甘肃在校大专生的肺腑之言。我最尊敬的曲老师，祝您工作顺利、身体健康！

5. 谢谢老师，今天的讲座让我笑了，也让我哭了，让我看到了希望，感受到了力量！

6. 今天看了曲老师的感人事迹，很受鼓舞，同时也感到很惭愧。我也是一名一线辅导员，但工作中时有倦怠，今后一定要改正和提醒自己。

7. 曲老师您好，上周五有幸听了您的讲座，受益颇丰，谢谢您。会上，有幸跟您交流了一些辅导员工作方面的经验，更坚定了我在今后从事辅导员工作的信心。

8. 今天有幸听到了曲教授的谆谆教诲，如醍醐灌顶。三尺讲台，一方天地，我会坚持下去，坚定理念，坚守承诺。

9. 曲导，刚刚听完您的讲座，感受颇多，深深被您所震撼。您做的事情是伟大的、先进的、光荣的！

10. 感谢您，曲老师。听了您今天的演讲，我才明白什么是“立德树人”，您的境界对我来说实在是太过远大，但我会尽我所能，以您为榜样，在今后的路上做一个无私奉献、以德服众的人。

11. 曲老师您好，两个多小时，您一直站着给我们做报告，没喝一口水，没有看稿，整个过程流利顺畅，仿佛演练了无数遍。胸有成竹的气魄让学生敬佩！听君一席话，胜读十年书。您让我想到了教育的意义是“育人”，先成人后成才。

12. 曲教授您好，我是北京理工大学的辅导员×××。您在今天讲座结束后合影时说可以寄书，我好开心，好想拜读您的著作。虽然您公众号里的所有文章我都读过，但是当您说还有书时，我就更加期待了，所以厚着脸皮在您这里留言。我留下自己的地址，您如果方便的话就给我寄一下，太谢谢了。一直看您的公众号，一直从您这里汲取精神力量，今天听了您现场的讲座，令人更加震撼。我把我老公和孩子也都带过来听您的讲座了。看到您，我就想到了毛泽东同志的那句话“一个高尚的人，一个纯粹的人，一个有道德的人，一个脱离了低级趣味的人，一个有益于人民的人”，这些用在您身上就是最贴切的。谢谢您。祝您身体健康、事事顺意！

13. 昨天有幸听了曲老师做的报告，作为一名从事学生工作十三年的辅导员，感悟良多。曲老师带给我的不仅是知识的传授，更是心灵的震撼和鼓舞！辅导员的工作希望得到更多人发自内心的认可。我们是在有情怀地做事，有温度地教育！

14. 让我坚定走思想工作之路！这是启迪心灵的讲座，感谢您！

15. 尊敬的曲教授：

您好！

我是来自商丘一所高校的辅导员，四月底听了您的讲座，返校之后我久久不能平静。您的一句“有了学生就有了一切”，真真切切地唤醒了我，更加坚定了我的辅导员之路。是您让我明白，青年人的未来在我们，国家的希望在我们。

谢谢大家的点赞。希望大家一定把辅导员工作做好。莫抱怨，莫发牢骚，要常常想：我是谁？我在哪里？我在做什么？我将通向哪里？时间有限，为学生服务无限。有了学生也就有了一切！

119

相信学生会听从我们的引领

2019-10-26

一个月前,当我在一所高校做完报告后,有个学生到主席台前递给了我一封信便转身离开了。

我简单地看了一眼,他写了很多。回到宾馆我仔细地看了这封信,感到这个学生真是费了心思。他被我的报告所打动,立志要成为热爱祖国的大学生。

当下我们总是会听到这样的声音:现在的学生和我们有代沟。有吗?如果有,也是我们自己挖的。

作为思想政治教育工作者,不仅要有政治信仰,还要有教育信心。青年学生正处在人生的"拔节孕穗期",可塑性很大,只要我们给予他们真正的教育,他们就会跟我们走,也就一定会在原有的台阶上再上一个新台阶。这个学生的信再次说明了这点。

尊敬的曲教授:

您好!

我是来自××学院的2019级大一新生,您的讲话让我深受感动,我也想像您一样为祖国贡献出自己的一份力量,就像您说的,祖国的未来掌握在我们手里。是您让我懂得大学到底要怎么学、学什么，并不是像大多数人那样单纯地只是为了考证。听了您的话，我觉得我已经下定决心。学习，不能只是为自己，不能为金钱、为利益，而是有朝一日为祖国贡献出自己的一份力量。我也会像您所教的那样一步一个脚印地走下去。做实事，我会为之付诸行动，我不能辜负您。

因为我觉得，您是我的一个信仰、一个榜样，因为我做梦都没想过能遇上您，或者像您这样的教育者。我总觉得爱国是虚的，直到您来到衡师，见到了真人后，才发现，其实自己也可以去做的，爱国不是只有大人物才能做到，我们一样可行。

曲教授，不好意思这是我在您的讲座中途偷偷地一个人跑到寝室写的，因为我觉得，有了白纸黑字，我会更加坚定信念，谢谢您。

虽然还有很多没说，可是我怕来不及，怕您演讲完毕，所以匆忙结尾了，对不起。

学生×××

×××你好！

不好意思，这是一封迟到的回信，请你谅解。我就是事太多了，真有点忙不过来的感觉。我说过几次了，大家在我公众号上的留言，常常我连“谢谢”两个字都没有时间回，真是“理解万岁”啦。

好在那天我在回宾馆的路上，我们恰巧碰上了，还一起照了相，做了简单的交流。我还知道了你是体育专业的学生。这更加深了我对你的印象。

很多人都说学体育的学生“四肢发达，头脑简单”，我从来不这样认为。在我留校做辅导员的时候，兼上思想政治理论课，其他同志都不愿意给体育专业的学生上课，我却偏偏相反。我觉得体育专业的学生头脑并不简单，他们有着强烈的求胜欲，又有着坚忍不拔的品格，而这些是一个人成功的重要因素。你看你也是学体育的，你对祖国又有如此的情怀，没有头脑能有这样的追求吗？

再看看你这手字，你应当是在心情极不平静且又匆忙的情况下写的。在这样的情况下你都能写得这样好，若是在平静的时候一定会写得更好。而我们有些大学生，即便是学中文的，也就是专门学“说话”和学“写字”的，那话说得也是让人不敢恭维，那字写得也真是不堪入目。

你完全应当有这种自信。一个人对祖国的情感与专业、学历毫不相干。正像你说的:“其实自己也可以去做的,爱国不是只有大人物才能做到,我们一样可行。”老师希望你把这种信念坚持下去。我看得多了,知道得多了,一个人无论在哪里、无论做什么,关键是心和祖国是否在一起。只要把心和祖国连在一起,心在哪里,祖国就在哪里。

我常说,青年人的最大优势是仰望星空;青年人的最大不足是不能脚踏实地。你做得对。“空谈误国,实干兴邦。”一定要做实事,一步一个脚印地往前走。在当下,就是要刻苦学习,培养本领,以便将来更好地服务祖国、回报社会。学习确实不能只为了考证,为了自己的利益,那样会限制一个人才能的发挥,不会有大的出息。

谢谢你把我当作榜样,我们共勉吧。你把你的详细地址、电话告诉我,我把我写的书选两本签上名邮寄给你,也算作一种纪念吧。来大连时联系我,不要客气。我几十年始终奉行这样一条:“你为祖国服务,我为你服务。”我至死不渝。欢迎有机会到大连旅游。

祝一切都是那么的美好!

120

教育是有力量的

2019-12-07

有个学生听了我的报告后，给我写了这封信，看后我给她做了回复。

曲老师您好！

我是今天坐在第一排的外语系的学生，不知道您还有没有印象，我叫×××。

这是我长这么大唯一一次听讲座没有玩手机，全程认真听完了您的讲座。而且您比我们更辛苦，全程站着，不知道您的病有没有好一点？今天听见您咳嗽了好几声，您一定要多喝水呀！

我今年大三了，是党支部推荐的重点发展对象，也许不久就会成为一名党员，之前可能还不知道党员的意义、服务的意义，今天听了讲座真的是顿悟，起码比起之前我在思想上进步了很多。

明年就要面临考研的重任，我还是要选择英语学科，所以不出意外的话我会成为一名教师。就算我刚开始只是一名普通任课老师，以后是一名班主任，我还是会记得您的“辅导员精神”，您的这次讲座，对于我来说（我相信对于这次听讲座的所有人来说），都是一次莫大的启迪，感谢！

一日为师，终身为父。以前我很羡慕那些被您教的学生，现在我不羡慕了,因为我也得到过您的一次启迪。

×××你好!

我每次讲座结束后都会有学生给我留下他们的感言。这些感言都是对我的激励和鞭策。你写了这么多,字里行间流露出你的真情,使我看到了你的追求和你的坚定!

老师很高兴地看到你已经站到了党组织的大门口,再往前迈一步,就进入了党组织的大门。你考虑的是对的,一定要做到思想上的入党,只有思想上的入党才有根本的意义,才会不忘初心、牢记使命,真正起到一名共产党员的作用,不然人家会戳我们的脊梁骨的。

你还有考研的打算,老师支持你。要以德立生,以德立学,以德立业。有了德是前提,再就是刻苦学习,增强本领了。空谈是要误国的。把自己的聪明才智都奉献给实现中国梦的伟大事业,这是多么光荣、神圣、有价值的人生啊!

你还选择了教师这个职业,希望未来成为一名人民教师,我相信,凭着你现在这样的思想基础,这样的人生追求,你一定会成为一名优秀的人民教师,一定会培养出一批又一批为祖国服务的优秀学生,要加油啊!等这一天真正实现的时候一定莫忘告诉老翁一声哦。

谢谢你对我的关心,我没事的。为了党和人民的事业,我会鞠躬尽瘁、死而后已。感冒已经基本好了,再有两天就痊愈了。

你告诉我详细地址、电话,我把我写的书签名邮寄给你做纪念。

有机会到大连一定要联系我。

刚才在飞机上给你写了这封信,等飞机一着陆就发给你。已经是夜里十二点多了,但愿你关机了,没有打扰你的休息。

祝好!

太感动了!老师您那么晚还不休息,太辛苦了。老师您一定要注意身体(不过看您的身体那么硬朗,我也不那么担心啦),您的精神太值得我学习了。

关于相信学生

121

要相信学生

2020-07-04

前天有个新疆学生过生日,我给她写了一封信,祝她生日快乐。她也给我回了封信。读后我感到教育一定要相信学生,这是教育的主要出发点。

××你好!

老师每天早上起来有两件必须做的事:一是看新闻,了解国内外都发生了什么事情;二是看你们新疆学生和我去年下半年授课年级学生的名册,看看谁过生日,每个过生日的学生我都给他们写封信,送上我的生日祝福,再借机嘱咐他们几句。早上看你们新疆学生的名册,知道今天是你的生日,老师祝你生日快乐!

想想时间是不是过得很快?这半学期就这样过去了,三年也是一晃而过。我在和学生交流的时候,常嘱咐他们惜时如金,大学四年连眨眼的工夫都不够啊!

时间不只是用来增长你的自然生命的,更重要的是让你丰富你的社会生命,也就是在你自然年龄增长的同时,一定要增长你的社会生命。越长大,越要像长大了的样子。什么是长大了的样子?这不是从你学了多少知识、有了多少能力来讲的。这主要是从你的责任和担当来讲的。在小的时候,往往是和父母的情感占据了你的全部。有的学生读大学,就是为了报答父母的养育之恩,这是对的。前两天我在参加一个辅导员婚礼讲话时就说“不能娶了媳妇忘了娘”。没有父母的养育,哪有婚礼这幸福的时刻。我读大学时家庭条件不是很好,我母亲说能不能不读大学了,早点工作贴补家里。我理解我的母亲。改变这些,让父母晚年过上富裕的生活是我读好大学的一个重要动力。当然,随着知识的增多,我更加开阔了视野,有了人生的更高追求。我不仅属于父母,更属于祖国。祖国不强大,我们个人的小家算什么。我从此坚定了做一名好老师的信念。我爱我的祖国,就是培养学生爱国,这已成为我的初心,从未改变过。你也要随着年龄的增长,不断提升你人生的格局。

老师去过新疆三次。伴随着实现中国梦的步伐,新疆也发生了巨大的变化,但是与人民的新期待还有不小的距离。这就需要你们年轻的一代像参加接力赛一样,把接力棒从前人那里接过来,再传承下去。我们学校有许多毕业了的新疆学生,他们现在都奉献在新疆这块生养他们的土地上。你也要向他们学习,学好本领,建设家乡,做一个对民族团结、祖国建设大有作为的人,无愧于这个伟大的时代。

适应现在的学习环境了吧？越是这样,越是要把损失减少到最小。马上要放假了,一定要把假期利用好。你们不是带薪休假的。每一分每一秒对你们来说都是要付费的,都要“物”有所值。不是说“一寸光阴一寸金”吗？对你们来说更是如此,莫负光阴啊!

看来只能下学期相见了。这边有事你就联系我,我会尽力为你们做我能做的一切。

祝你开心每一天!

曲老师您好!

近来身体好吗？一大早就收到了您的生日祝福,真的非常感动,谢谢您在百忙之中给我写信。想着还有您像父亲一样心系着我们,我就感觉很温暖。很幸运在大学能有您这样一位老师关心我们、照顾我们、鼓励我们。您是我们最好的榜样。您把自己献给了祖国、献给了学生,却不要求什么回报,只想着我们能好。您常常跟我们讲您的经历,这也让我们重拾信心,努力学习。感谢您在大学生活中对我们如父亲般的照顾,每一个节日您都不会错过,按时给我们发节日祝福和礼物,我想没有哪个大学的新疆学生会享受到这种待遇,所以我们非常珍惜。

说到这次在家里的学习生活,我还是比较顺利地结束了大三的课程,刚开始因为新疆有时差,上早课有些吃力,但是后来还是适应了,线上学习的课程都顺利结束了。不过我还是更喜欢在教室里上课,能随时跟老师、同学交流,学习效率会更高些,在家里会多多少少地受外部因素的干扰,学习效率就没有在学校时高,现在就是希望疫情能早点结束,我们能按时开学,按时跟老师、同学见面。请老师多保重身体,祝老师一切都好,期待疫情早日结束,我们早日回校。

××你好!

看到你的回复,就像是看到了你的身影。谢谢你对我的点赞。老师很珍惜和你们在一起的日子,总想力所能及地为你们做些什么。这也是应当的。我爱我的祖国,就是要爱你们这些学生。以老师这样的年龄,深深知道你们此时的奋斗对于祖国的意义和对你们人生幸福的价值。缘分使我们相识、相知。好好培养自己,实现人生的最大追求。

有需要找我。期待早日相见!

关于倦怠期

122

克服“倦怠期”

2021-12-24

尊敬的曲老师您好!

我是× × 大学辅导员× × ,真诚地向您致敬和学习! 之前一直会看到有关于您的媒体报道或者文章,心中想着您到底是一位怎样的人。今天听了您的讲座,我的感触颇多,最深的感受是我坚信您是一位理想信念坚定的人,是敢于表达和影响他人一起坚定理想信念的人,这样的人原来真的可以很“帅”。回来之后,我迫不及待地读了您的著作,虽然还没读完,但思想上就像触电一样,让我坚定了很多东西,也想明白了很多事情。我不禁开始深思自己的十年辅导员之路,该往哪里走、要怎么做。我也是本科留校工作,十年间有过激情,也有过迷茫和倦怠。您的书犹如宝典一样,给了我很多答案,比如,要不要继续在学生战线上战斗、为什么而战斗、怎样战斗等。正如您说的那样:“浮躁的今天,思想教育好像是演出,你演给我看,我演给她看,结果就是学生都没看。工作是扎实干出来的,少一点形式主义,多一点实干精神。要求别人的太多,要求自己的太少。高大上的太多,实在的太少……”是呀,现在回想起自己的疑惑,何尝不是想要的太多,从而干扰到了自己的育人初心和主责主业。每十年可能是辅导员的一个坎,我想这个时候的自己,需要静下来、沉下去,让自己变得更加厚重和有真本领，让自己回归初心使命做好立德树人根本工作。虽然现实生活还不能让我百分百不去想工资待遇、职称评定……但我告诉自己尽量别去想那些身外之物、别在意别人说的"你都干十年了，还要干一辈子辅导员吗?"的评议，等等。做我所爱、行我所行、以生为本、无问西东，其他风轻云淡。我想见贤思齐，今后我也要尽量让自己成为高尚的人，成为学生更加真心喜欢的人，成为堪当民族复兴大任的人。也只有这样，我们辅导员才能影响、推动自己的学生更好地成长成才。思想上的畅达真的让人神清气爽，一直在等待您同意好友的申请，因为很想和您说一句感谢您的大实话，感谢您传递的思想和言论，因为它们真的很有力量。

××你好!

你写了这么多，一定费了不少心思，谢谢你的点赞、你的认同。

辅导员工作意义重大，不仅关系到培养什么样的人、怎样培养人、为谁培养人，也关系到办好人民满意的高等教育。所以，我常说，辅导员工作"功在当代、利在千秋"。作为辅导员，没有理由不把学生培养好。

怎样才能把学生培养好?辅导员必须围绕学生、关照学生、服务学生，把学生放在心上。这就要扎实、细致地做好工作。辅导员不能"想当然""拍脑门"，一定要对学生的情况了如指掌。你引用我的那些话，就是我对辅导员们的嘱咐：不能把思想政治教育当成"演出"，表面上轰轰烈烈，却没有深入学生的心灵，最好的思想政治教育一定要触动学生的心灵。

辅导员也有现实的利益，要评职称、晋级别，对此有所考虑是正常的，但是这不是出发点，不是初心。辅导员应当"不争而得"，在服务学生成长成才中实现自身的价值。我经常讲，即便我们一无所有，有了学生也就有了一切。

任何事物难能众口一词，对辅导员工作也是如此。想让大家都认识到辅导员工作的重要性是不现实的，也是不可能的。作为辅导员，我们还应当有这样的自信，在帮助大学生成长成才中，我们的定位和作用是无可置疑的。有了这种自信，我们才会全身心地投入到工作中，才会在服务学生中实现我们的人生价值。

有些辅导员总说到了"倦怠期"。出现这样的问题，说到底就是理想信念有所动摇。信仰坚定的人是不会有"倦怠期"的。所以，要想克服"倦怠期”,就要坚定理想信念。习近平总书记说:“理想信念就是共产党人精神上的‘钙’,没有理想信念,理想信念不坚定,精神上就会‘缺钙’,就会得‘软骨病’。”辅导员工作是否可以一生拥有,关键在于有没有这样的勇气、这样的执着。

我说的都是“实话”。我常讲,我说的每一句话未必都对,但是我说的每一句话都是饱含真情的。做你所爱,行你所行。你没有错,要做笑到最后的人。

飞机着陆了,先聊到这里。到大连联系我。

祝一切都好!

谢谢您指点迷津,我会继续补“钙”,认真走好辅导员之路。祝您一切安好,期待和您再次见面。

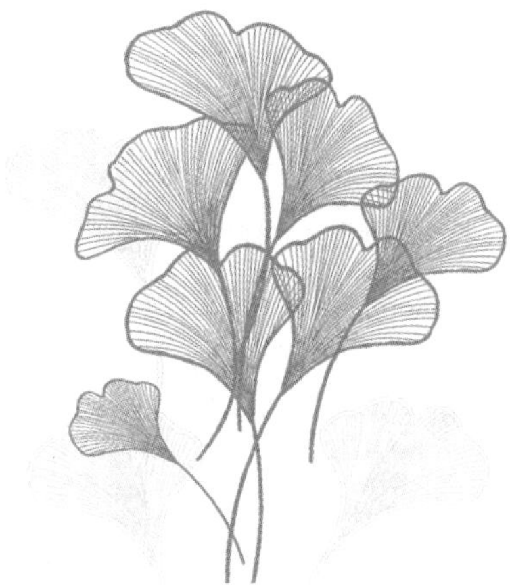

关于代沟

123

“代沟”不是因为年龄而产生的

2019-12-06

有位老辅导员给我写了一封信,信里谈到代沟的问题。很多辅导员谈到和学生有代沟。此前我写过这类文章,借这封信我再谈两句。

曲老师您好!

我之前是在行政管理岗位,出于对辅导员工作的热爱,在2017年年底转到了辅导员岗位。

我很喜欢跟学生打交道,想把辅导员作为自己的事业做下去。但是身边有很多刺耳的“声音”,有人说辅导员就是在年轻的时候做一做还行,年龄大了跟学生之间就有了代沟,就没法做了;还有人说,辅导员在学校就是最底层的岗位,没有追求的人才会一直做,不求上进。

说实话,这些“声音”一度让我对自己的想法产生了质疑、有了动摇。今天听了您的报告,我更加坚定了自己的想法。我会坚持初心,努力做一名优秀的辅导员,无愧于自己,无愧于学生。

谢谢您。

代沟不是因为年龄而产生的。“代沟”一词的本义是因年龄而出现的代际沟壑,这是从自然的视角来说的。一些人把它原原本本地套用到思想政治教育当中,认为辅导员若是和学生年龄差大了,必然会产生代沟。这种结论是不科学的。

事实证明,在思想政治教育领域,即便辅导员和学生之间出现了代沟,也不是因年龄造成的。那是怎样造成的呢?原因有多个,其中一个重要的便是思想理论水平。从某种角度可以说,辅导员和学生之间的“代沟”恰恰不是因为年龄大,而是因为年龄小造成的。

辅导员是大学生的人生导师。什么叫人生导师?人生导师就是要帮助学生把握人生方向的。自己还在生长期,缺乏人生经验、思想理论不成熟,怎么告诉学生人生往哪里走?怎样走?现在这种“娃娃辅导娃娃”的现象是产生思想“沟壑”的一个重要原因。为什么有些学生不愿意跟辅导员交流,就在于跟你交流了你又能告诉他什么?岂不是浪费时间?为什么有些辅导员虽然年轻,学生引导得也很好,那是因为他注意学习,借鉴了别人的经验。

所以,千万别把“代沟”一言以蔽之为年龄造成的,更不能以此搪塞我们的教育责任。一定要加强学习,提升思想政治教育的本领,这是避免产生代沟的一个重要方面。

我从20世纪80年代做辅导员,到现在又做回辅导员,学生没有因为年龄而疏远我,这里除了情感因素外,很重要的是他们都“说不过”我,学生是愿意追寻真理的。我开通公众号之后,多少学生想跟我交流,就是没有时间啊,所以在公众号上我多次表示歉意,今天也算一次吧。我在学校里,很多学生都约我谈话,若是和我谈话了,他们会发朋友圈说:“我和曲老师谈话了。”

非常高兴你能回归初心,又坚定了做一名优秀辅导员的决心。努力前行吧!

至于你谈到的有人认为没有追求的人才做辅导员,等我之后找时间再专门谈一下这个问题。

祝好!

曲老师,您这么忙,还给我回复得这么详细,我真的太感动了,非常感谢您的指导。我想我会坚定自己的初心，练就扎实的本领，填平和学生之间的代沟，做一名优秀的辅导员。

好的。你一定会的！

124

和辅导员的交流

2020-08-10

曲老师您好!

我是××学院的一名辅导员,昨天特别有幸听了您的讲座,受益颇深,感动至极! 您所体现出来的正是我想坚守的辅导员的初心。作为一名工作不足一年的辅导员,我想通过微信平台的交流和朋友圈向您学习,感谢您的通过。

××你好!

现在大学制度不完善,辅导员队伍建设发展还有许多亟待解决的现实问题。不过这些都是外部的环境。作为我们个人,还是要发挥好主观能动性。路都是走出来的,贵在坚持不懈地走下去。很多辅导员刚走上辅导员工作岗位的时候也是信心满满,要怎样怎样,结果没做多久便倦怠了,和学生有“代沟”了。为什么会这样? 说到根本还是总强调客观环境,没有把辅导员工作当成人生的追求,信仰不坚定,忽视了主观上的努力。看看每年评选出的优秀辅导员,是因为他们的工作环境尽善尽美? 显然不是。他们的共同特点就是有一颗爱学生的心,把辅导员工作当成了事业来做,当成了人生追求,当成了幸福所在。你年轻,有激情,这对你做好辅导员工作是有利的。但是做好辅导员工作最重要的因素还是体现在理想信念上。对党忠诚、热爱祖国、热爱人民，如果这个根本问题解决了，就会产生强大的精神动力，就会信心满满地奋勇前行，也就没有什么时间用来发牢骚、抱怨、倦怠、摇摆、彷徨了。

好的，谢谢曲老师，受教了！

关于有为才有位

125

与辅导员的交流

2021-11-30

曲老师您好！

我是× × 学院的辅导员，我是2012年硕士研究生毕业后从事辅导员工作的。到目前为止听过您的报告六次，每次都听得热泪盈眶。您兢兢业业，为学生鞠躬尽瘁，为辅导员争取了太多太多，您是我终身学习的榜样。昨天听了您的报告，我又深受鼓舞，坚定了我在辅导员岗位上继续发光的决心。在此我深深地向您鞠一躬，感谢您为我指引方向。

× × 你好！

哈哈，听六次了啊，谢谢！你也从事了九年的辅导员工作，一定会有很多感悟。辅导员工作意义重大，一定要把它做好。不管别人怎样看我们，我们不能看不起自己。我就是这样走过来的。今天辅导员工作环境有了很大改善，但是离理想的实现还有不小的距离。“有为才有位”。希望你能踏踏实实地做下去。

我一定会的。这九年面对学生的事，我不敢有半点疏忽，我会踏实走下去的。请曲老师多保重身体！

126

关于有为才有位

曲建武

写在前面:

在辅导员的视域里,“引导”二字尤为重要,这其中包含两个层面的意义,即引导学生和自我引导,二者密切相关。从本期开始,“辅导员”栏目特别设立专栏,重点关注辅导员的引导工作,希望能给他们带去有益的帮助。专栏作者曲建武先生是全国知名的辅导员工作专家,在这一领域有着独到权威的研究,同时,他又是辽宁省委高校工委副书记、辽宁省辅导员培训基地博士生导师。在这里,我们感谢曲建武先生在百忙之中为本栏目撰写文章。

“有为才有位”,这句话很流行,辅导员朋友们也一定很熟悉,但是真正理解并照此去践行,有的辅导员却做得不是很好。

鲁迅先生曾经说过这样一句话:“其实地上本没有路,走的人多了,也便成了路。”辅导员制度是新中国建立大学制度的产物。20 世纪 50 年代初,清华大学首创了高校辅导员制度。伴随着新中国前进的步伐,辅导员制度走过了半个多世纪的历程。这其中不乏辉煌的岁月,亦有艰难的时刻;有过在“加强”中“改进”,也有过在“改进”中“削弱”,总的来看,辅导员制度还是一直在努力地完善中。

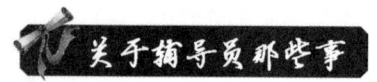

大学应不应该有辅导员制度？这个问题很大，一句话难说清楚。我认为，辅导员制度应当是我国社会主义高等教育的一个特色，这支队伍对大学生的成长起到了重要的作用。当然，有些辅导员同志工作不认真，做得不好，引起一些人对辅导员制度有看法，这是另外的问题，或者说是非本质的问题。我于1982年大学毕业，组织上安排我做辅导员工作。我当时带了80个学生，后因工作调动，我只做了他们两年半的辅导员。在那段时间里，我每天都做到了真正和学生在一起：在我带的3个班级中每班选了一个有“特点”的男生同我住在一个寝室（一个年龄最小，一个性格很内向，一个是非团员），我和他们一样每天轮流值日；我每天都到其他学生寝室、教室看望学生，随时和他们交流；我的家就在离学校十几里远的地方，但我没有在家休息过一个星期天；我参加了学生们开展的所有班级活动，还利用寒暑假去过多数学生的家。在这个年级里，有92%的学生要求入党；毕业时考上了8名硕士研究生，有个学生后来还考上了北京大学的博士生；没有一个学生受到过年级以上的批评，更没有受处分的。临毕业的时候，他们每人送给我一张两寸大小的照片做纪念。可以这么说，我的辅导员工作得到了学生、学校的认可。1983年，学校破格给我涨了一级工资；1985年，学校党委任命我为政治系党总支副书记，当时我27岁；后来又做了学生处处长、校党委副书记；同时，还当上了德育教授，被聘为思想政治教育专业的博士生导师。逝去的时光并不都是对往昔的忘却，它还催促人们不断地追忆那些令你欢乐的岁月。我留恋什么呢？当一些世俗的东西不停地闪现在周围，特别是又无法改变它们的时候，我非常留恋和学生们在一起的日子，非常渴望那时的一种感觉：我真有用！二十多年过去了，学生们经常想起我，我也经常想起他们。去年我带的那届学生搞毕业20年聚会，我因参加教育部的一个会议没能和他们在一起，很是遗憾。有个学生给我发了这样一条信息：“不是每一朵鲜花都代表着爱情，但是玫瑰做到了；不是每一棵树都能耐得住饥渴，但是柏杨做到了；不是每个人此时都能想到您，但是我们做到了。”我当时在新疆和田，泪水顿时湿润了双眼。

辅导员朋友们，经过50年的风风雨雨，在这条风雨兼程路上的人越来越多了，重要的是看谁能够沿着这条路永不停歇地走下去。与20年前我做辅导员时相比，你们今天所处的环境要好很多，特别是2004年以来，国家出台了加强和改进大学生思想政治教育的意见，对辅导员队伍建设提出了明确要求。2006 年 5 月，国家又专门召开了辅导员工作会议，这些都为辅导员制度建设提供了坚强的保证。我国的高等教育已实现了从精英教育向大众教育的转变，这个转变的大方向是正确的，当然也存在着缺失。何为人文教育？就是做人的教育。

有人这样论述过：教育不可能没有功利和技术的层面，但从根本的目标来看，教育主要是对人类心智的开发、个性的培养、理想的建构。所以，它庞大的“功利性”就在于将人类从物质的囚禁与权力的奴役中解救出来，从非自由、非尊严、非心灵境遇中解救出来，也就是文化的、审美的、心灵的。如果说这样的教育理念已经成了所有从事高等教育的人的一个共识，这未免言过其实，但大学的本质在于育人，实乃越来越引起人们的高度关注。大学不能离开对灵魂的塑造，大学若没有了精神的家园，就没有必要再办下去了。

辅导员朋友们，你们正行进在一条业已宽广但并不十分平坦的大道上，前面还有很长的路要走，要做的事情很多，你们大有用武之地。期望你们能够坚定信念，排除干扰，脚踏实地地走下去。要记住，一切忧郁、彷徨、牢骚都是无济于事的。走好自己的路，让别人羡慕去吧！

（刊载于《河南教育》2008 年第 1 期）

127

共同创造属于辅导员们的美好春天

曲建武

早在中华人民共和国成立初期，清华大学就率先在全国建立了辅导员制度。半个多世纪以来，辅导员队伍为大学生的成长做出了重要贡献。但是，实事求是地讲，由于诸多因素的影响，辅导员队伍建设还存在着发展很不平衡的状况，特别是在前些年，在为数不少的高校，尤其是一些民办高校，把辅导员队伍看成了办学中可有可无的部分。与此同时，许多同志即便是从事了辅导员工作，也是抱着“不得已而为之”的心态，辅导员在别人眼里被看成了另类，其作用的发挥受到了不同程度的影响。最近这五年，情况有了很大的改变，在中央16号文件的推动下，在全国加强和改进大学生思想政治教育工作会议精神的鼓舞下，辅导员队伍建设出现了可喜的局面。从全国的情况看，不仅有了一支数量相对充足的辅导员队伍，特别是在辅导员职业化、专业化理念的引领下，还涌现出了大批素质高、能力强、肯钻研、勤奉献，乐于终身从事大学生思想政治教育的优秀辅导员，从每年进行的全国辅导员年度人物的评选中就可以领略到这一点。

这几年，或许是由于我曾经是一名辅导员，并且至今仍在从事大学生思想政治教育的缘故吧，一些省份和大学纷纷邀请我就辅导员队伍建设这个专题到他们那里做报告，这使我有机会接触了许多全国的、不同类别院校的、年轻的、年长的辅导员。在谈到辅导员队伍建设时，我看到他们都在兴高采烈地谈论着这样一个话题："辅导员的春天来了！"每当此时，我首先是被他们的热情所感染，紧接着我便会陷入深深的沉思：辅导员的春天真的来了吗？凭我的经验和认识，辅导员的春天还远没有到来，现在只能说春风浓了些。

为什么要这样说？就是因为辅导员队伍建设的内外部环境和主客观条件还没有完全形成。这里略举几例：既然辅导员是教师，那就应当名副其实地给他们评职称，落实他们的身份，可是这个问题在许多省份和高校并没有得到很好的落实和解决，许多辅导员的身份就是临时工。既然辅导员工作具有职业化、专业化的特点，那就应当拿出像抓其他学科建设一样的力度，首先就应当保证辅导员工作的经费投入，在这方面，有些省份和高校，不仅省财政没有专项，高校也不设。有一次我代表教育部去某个大学调研辅导员队伍建设情况，这个学校的校长侃侃而谈他们是如何重视辅导员队伍建设的。这个校长说："辅导员非常有用，学生欠学校上千万元的学费，辅导员下去一收，就剩几十万了，今年我还要再留些辅导员。"可以试问一下，如果大学制度完善了，把诸如此类的本就不应属于辅导员工作范畴的事项纳入科学化、规范化的管理当中，这样的学校还会有辅导员吗？在大学里，辅导员工作还远没有像从事其他专业的教师那样得到大家的认同和喜爱。在很多人看来，许多人是做不了别的教师才做了辅导员。事实上也确实如此，一些辅导员的专业思想很不牢固，从事辅导员工作完全是一种无奈的选择，远不像英语教师、计算机教师那样安心。如此说来，共享一个真正属于辅导员春天的季节还有待一段时日。

好在坚冰已经打破，道路已经开通，加强辅导员队伍建设越来越成为全社会的共识。以《高校辅导员》杂志创刊为例，现在国家对审核办理各类刊物管理还是非常严格的，在这样的背景下，《高校辅导员》杂志能够得以出版发行，这其中自然有负责这项工作的同志的奔走呼号，但它也从另外一个角度说明了近几年在大家的努力下，高校的辅导员队伍建设得到了长足的发展，其作用和影响已经得到诸多方面的认可，由此推动了全社会对加强辅导员队伍建设的理解和支持。近日，国家还要召开加强和改进大学生思想政治教育座谈会，这次会议要对近六年加强和改进大学生思想政治教育的经验进行总结，更为重要的是要对今后一个比较长的时期里加强和改进大学生思想政治教育工作进行部署。我们完全有理由相信,伴随着这次会议的召开,加强辅导员队伍建设的内外部环境一定会得到进一步的改善。与此同时,这也促使我们这些身在其位从事大学生思想政治教育管理的同志,更要以饱满的热情、百倍的信念做好自己的本职工作,为辅导员春天的到来创造良好的条件。从这个意义上可以说,《高校辅导员》杂志的创刊真可谓是"当春乃发生"。作为一个老辅导员,我衷心祝愿《高校辅导员》杂志办出水平、办出特色,切实为辅导员春天的到来送去缕缕浓浓的春风。当然,我还认为,共创属于辅导员们的美好春天,绝不能离开辅导员自身的努力。为此,在这里,我想同广大的辅导员朋友们多说几句话。

我们常说"有其为,才有其位",这话有一定的道理。我 1982 年毕业,服从组织安排留校做了一名辅导员。时光荏苒,我在大学生思想政治教育工作岗位一干就是几十年。辅导员们可以想象一下,我当时的工作环境会是什么样。我写过一本书,叫《识读大学——一个老辅导员的心声》,书中我用了"抗争"这个词来形容我当时辅导员工作的处境,现在看来,这个词用得一点都不过分。"好人还有做辅导员的?"那时学校内外对辅导员的看法恐怕就是如此。我挺了过来,并以自己的"抗争"得到了学校师生的认可。我不仅行政上有了级别,学术上评上了职称,还是省里思想政治教育专业的第一个辅导员出身的博士生导师。辅导员朋友们渴望属于自己的百花盛开的春天的到来,这种心情完全可以理解。但是辅导员朋友们千万要记住,百花盛开的春天的到来既需要有利的客观环境,更离不开你们辛勤的努力。"天道酬勤",你们的努力一定会令学生们感动。不然的话,客观环境再好,也会失去它存在的意义。放眼今天的高等教育,辅导员队伍建设的内外部环境确实在一天天好起来,越是在这样的时刻,越需要辅导员朋友们做出更加不懈的努力。要通过自身的行动来证明:辅导员队伍是大学育人不可或缺的一部分,建设一支职业化、专业化的高校辅导员教师队伍,是大学生全面成长的需要。只有广大的辅导员朋友们真正做到了这一点,属于辅导员朋友们的春天才会尽快到来。

(刊载于《高校辅导员》2010 年第 1 期)

128

有为才有位

曲建武

2008年1月至2009年12月，我应邀为《河南教育》（高校版）杂志《大学辅导员》栏目开设了两年的专栏——《建武谈心》。这个专栏有三个特点：一是内容很“杂”。有写辅导员要加强理论学习的、有写辅导员要关爱家庭经济困难学生的，等等，但纵览各篇，却是“杂”而不“乱”，都是紧紧围绕“如何做好辅导员工作”这一主题展开的。二是不讲“大道理”。辅导员工作是育人的工作，如果辅导员总是端着架子给学生讲大道理，即便讲得头头是道，学生也不可能听进去。相应地，我写给辅导员的这些话，都是我做辅导员时的点滴感受和体会，通过与广大辅导员谈心式地交流，把道理寓于情感之中，给辅导员以启发。三是文章都很短小。我写的每篇文章都不超过2000字，这既源于编辑部开设专栏时的约定，也考虑到辅导员的工作都很忙，“两眼一睁，忙到熄灯”，我实在不忍心占用他们更多的时间。

我与《河南教育》（高校版）杂志有着深厚的感情。一是由于这个杂志长期以来对大学辅导员倾情关注，做了大量的策划和报道，刊发了一批有分量、有见解、有新意的文章，在改进和加强辅导员队伍建设方面做出了积极努力。二是源于应约为杂志撰写专栏文章。虽然离开辅导员工作岗位已经几十年，但是从事辅导员工作的经历和过程却让我受益匪浅，可以说那是一段使我终生难忘的宝贵记忆。因此,我答应编辑部的邀请,开设专栏。三是被编辑赵× 的工作热情所感染。在今天这样一个"物欲横流"的年代,有几人能耐得住清贫、耐得住物质的诱惑而投身精神世界?赵东身上就有那么一股劲儿,他很热爱他的工作,愿意为辅导员做一些事情。

仔细翻阅书稿,我认为本书有三个特点:一是可读性。每篇文章都是一个故事,发生在辅导员身边,与辅导员工作、与大学生的学习和生活密切相关,有的还不乏趣味性和曲折的情节,真实可信,可感可触。二是可借鉴性。每篇文章都是一个案例,不仅有事情的起因、经过、结果,更有具体的处理办法,对广大辅导员尤其是新辅导员来说,具有很强的借鉴性和可操作性。三是附有精彩的点评。每篇文章后面都有思政专家的点评,篇幅虽短,却直指要害,分析鞭辟入里,将我们对案例的思考引向深入,由点到面,触类旁通。因此,我希望广大高校政工干部和辅导员都能够认真读一读这本书,不断提高自身的政治素质、思想素质、业务水平和工作能力,做一名优秀的大学生健康成长的指导者和引路人。

"有为才有位"是我在《河南教育》(高校版)杂志专栏开篇文章的题目,今天用在这里也是想表明我的一个最基本的观点:辅导员的工作是辛苦的、琐碎的,但却是大有可为的,只要你有"为",就一定会有"位"。

辅导员朋友们,你们正行进在一条业已宽广但还不十分平坦的大道上,前面还有很长的路要走,要做的事情也很多。希望你们能够坚定信念,排除干扰,脚踏实地地走下去。要记住,一切忧郁、彷徨、牢骚都是无济于事的。走好自己的路,让别人羡慕去吧!

(刊载于《河南教育·中旬刊》2011-11-10)

关于心态

129

心理平衡问题

2019-03-17

应当说辅导员群体还是应届毕业生中比较优秀的群体。他们刚走上辅导员工作岗位的时候,还比较体面,与其他教师相比也说得过去。

可是,由于一些客观原因,比如,没有真正兑现他们的教师身份,没有按照辅导员教师的职业特点评职称,以及辅导员的工作界域不清晰等问题,造成辅导员不仅在经济待遇上与同期参加工作的同志有了差距,特别是在尊严上也有失体面。在有的高校里,辅导员是干什么的?辅导员就是打杂的。这使很多年轻的辅导员产生了极度的心理失衡。这个问题不解决好,势必严重影响辅导员工作的积极性。当然这个问题的解决不是单方面的。从外部环境来说,国家一定会越来越重视辅导员队伍建设,辅导员的客观工作环境一定会越来越好。从辅导员自身来看,一定要树立正确的人生追求,讲觉悟、讲境界。辅导员工作本身就不是"致富"的职业,就具有鲜明的奉献色彩。它的价值既不是以拥有多少物质财富来体现的,也不是靠双重晋级来体现的,而是拥有学生就拥有了一切,在培养学生的过程中使自己变得崇高。

我以为,上述四个问题,是当下年轻的高校辅导员在成长的过程中必然会遇到的主要问题,也是四个主要的关口,只有这几个问题解决好了,其他一些技术性的问题(比如,方法上的问题)也就迎刃而解了。

130

关键是做好自我调适

2020-08-14

常有辅导员问我如果职业倦怠了怎么办，从旁观者的角度来看，解决的办法就是不忘初心，常想想谁都不容易。职业本身没有什么好坏之分，只有对待职业的态度之别。当然更重要的还是要做好自我调适。前天有个辅导员给我写了封信，我觉得她调适得挺好，这里我把和她的微信交流推送给大家。

曲老师您好！

我是来自××应用技术大学的一名辅导员，几年前还跟您通过电话，或许您早已不记得，但您对我的教诲却让我无法忘记。记得学校曾接到文件，要求学习您的事迹，我带领支部党员讲述您的事迹时，既激动又自豪，因为我曾跟您通过电话。记得有位同事得到一个去大连海事大学交流学习的机会，带回来您签名的一本书，我如获至宝。今天想跟您聊聊我的经历，也想再次聆听一些您的指导和教诲。

当年我是因为学院有辅导员的缺口，服从组织安排转岗来当的辅导员，当时真的没有考虑太多利益、前途、发展等问题，只是因为组织需要，那么我便义不容辞。此外，以当时我对辅导员的初步理解，我觉得辅导员是一个非常有存在感的职业,因为会被那么多学生所需要,所以我便开始了辅导员职业生涯。原因就这么简单。

我的第一届学生是2013级的,记得您也是带的2013级学生。当了辅导员后,我的确体会到了这份职业的存在感。辅导员,这是一个可以看尽世间冷暖、喜怒哀乐的职业,也是一个责任重大的职业,这种重大的责任甚至会让责任心强的人更加有一种窒息感。渐渐地,我身边的辅导员转岗的、跳槽的,换了一轮又一轮。这途中,我也曾有转岗机会,但我没有这样做。我考虑再三,因为如果离开这个岗位,我的生活会寂静得让我害怕,我可能会因为工作不够刺激而感到寂寞。那个时候我觉得,我已经习惯与这个职业为伴了。

后来,在晋升为学工办主任后的一个聘期,我认为这是我成长最显著的一个聘期。在我的辅导员职业生涯里,我觉得我一直在闯关,在挑战自己,而工作的难度一直呈直线上升状态,从来没有过拐点出现。我不但已经熟练掌握了所有基本业务流程,还懂得了如何在千头万绪中捋出条理,如何处理复杂的人际关系,如何指导后来者进步……更懂得了作为党员干部的责任与担当、奉献与牺牲。

时光如白驹过隙。我做辅导员已经七年了,新的聘期又将开始。在婚姻中有"七年之痒"的说法,在职业生涯中也会面对职业倦怠,我想,这很正常吧。岁月不饶人,各方面的压力接踵而来,健康、家庭、工作量、科研……情绪崩溃的频率越来越高。出于对他人感受的在意,有些事对同事不能说、对家人不敢说,只能憋在心里,也曾多次把自己逼到了绝望的边缘。前不久,我做了一件事,即假设自己要离职了,写一份离职申请。写的时候,真是令人心如刀绞,这个模拟实验使我明白,或许我此生都离不开这个职业了。这可能真的如爱情的道理一般,打打闹闹,分分合合,反而让感情更加牢固了,这便是生活吧。

小米CEO雷军的个人签名是"热爱是所有的理由和答案"。我想坚持下去,不仅仅是因为热爱,还因为我想看看这样热爱的我究竟可以坚持多远、走多久。不瞒您说,您的故事也是激励我一直坚持下去的动力源泉,不知多年以后我会不会也成为一位"奶奶级"的老辅导员,我很期待。或许我并不优秀,但坚持足以让我变得优秀。

本想听听您对职业倦怠的见解和建议,没想到我都把自己给开导了,真是职业病啊。但依然期待能得到您的一些建议,在充满挑战的新学期、新聘期即将到来之际给自己打一剂强心针。我爱大连,我爱大海。若不是新冠肺炎疫情,这个暑假我很可能又去大连看海了。

真心祝您身体健康、工作顺利!

××你好!

昨天我在整理和大家交流的微信的时候看到了你此前给我写的微信,本想跟你打个招呼,但确实挺忙碌的,就想再找个时间联系你吧。刚才跑完步回来,就看到了你写给我的这段微信。这些都是你内心情感的真实写照,也是许多辅导员的心路历程。不同的是,有些辅导员没有经受住这段路程的考验,放弃了曾经的追求,停止了前行的脚步。我很赞同你的选择、你的坚守。我在公众号文章中多次讲过,人生做不成几件事,能把一件事做好就可以了。辅导员工作值得拥有、值得一生追求。一个人若总是摇摆不定,终将一事无成。希望你一直走下去。

我又出了新书,把你的详细地址告诉我,邮寄一本我签名的书给你做纪念。若来大连,可以联系我。

祝你一切都好!

谢谢曲老师的鼓励。对于一个处于职业倦怠期,但又热爱这份事业的辅导员来说,您的鼓励真的很宝贵。您是如此平易近人,那么用心回复每位师生的信息,让人真心敬佩。疫情反复,单位不让离津,将来若有机会,一定再去大连,我也好想看看大连海事大学。这么晚了,您早点休息!

谢谢曲老师。期待看到您的新书。我的地址是:××××××××。

晚安,好梦!

晚安!

131

和一个辅导员的交流

2020-10-24

曲老师您好！

我是××大学辅导员××，久闻您的大名。之前两次去大连，但因没有您的联系方式，未曾前往拜访。我对党和国家的信仰与您一样，希望追寻您的脚步，在辅导员这个岗位上实现自身价值。

××你好！

谢谢！再到大连一定要联系我。现在很多单位都在搞辅导员的能力培训，这是必要的。没有能力是做不好辅导员工作的。其实辅导员工作的核心素养还是信仰追求问题。马克思创立马克思主义就不是为了“双重晋级”。马克思为实现共产主义奋斗了一生，他得到了什么？无数共产党人为了人民的幸福抛头颅、洒热血，他们又得到了什么？有了信仰的追求，就不会觉得工作苦、工作累了；没有了信仰，一切问题都找上来了，就总觉得自己做多了，得到的却很少。所以，当好辅导员首先还是要解决信仰的问题。要不忘初心、牢记党旗下发过的誓言，真正做到言行一致。希望你能像你说的那样，对党和国家始终保持坚定的信仰和追求，把辅导员工作做好，在服务学生中实现人生的最大价值。有事联系我。

祝好!

谨记,感谢。忙了一天,您早点休息。以后有什么问题,我定会向您请教。

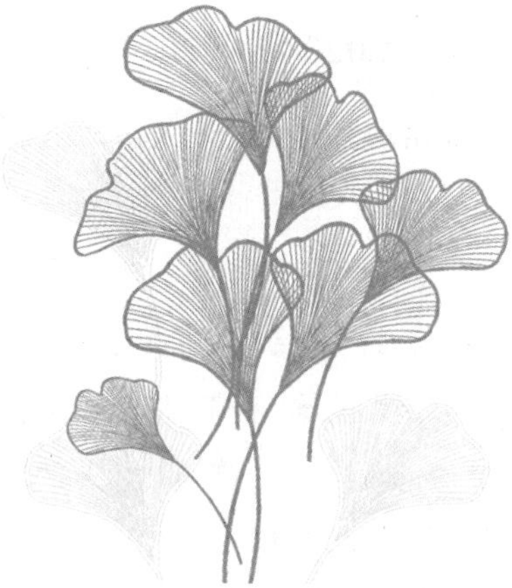

132

安心辅导员工作

2020-11-20

这是今天早上我和一个辅导员的交流。

曲老师您好！

您能通过我的好友申请真的好惊喜。我是××大学刚入职的辅导员。您在公众号留了您的微信号，我记录了下来，又一直不敢添加，怕打扰您。今天冒昧添加，实想向您更多地学习。您在这样的年纪还在为青年一代的成长辛苦地付出，您是我们学习的榜样。

我本科毕业后曾经留校担任辅导员，那时候自己也很年轻，对辅导员岗位没有多少认识，更多的是把它当成一份工作。后来逐渐意识到这份职业的重要性，辅导员是与大学生最亲近的人，对一个学生的影响可能是一辈子的。对它的认同也逐步加深，打心眼里开始热爱这份职业。今年硕士研究生毕业以后，我一心想要重返这个岗位，想把它当成一生的事业来经营，特别想帮助每一个同学，走好人生路，做一个对国家和社会有贡献的人。但是，越学习越觉得自己的知识和能力都有所欠缺。

今天在学校辅导员交流会上我见到了很多优秀的前辈，也听到他们对于学生工作和职业发展的困惑。一方面，自己又有了很强的紧迫感，学习仍然不可松懈,理论和实践都是我应当学习的内容,可是在西部地区能接触像您这样优秀的思政专家的机会相对来说比较少。知道您经常给学生和老师做讲座,我也曾在网上想要搜索这些相关视频,但似乎很难找到。另一方面,听了前辈老师的发言,我又会有点担心在辅导员岗位上的发展受限。虽然学校已经在打通辅导员双线晋升的路径,但名额少而条件要求又很高,能达到的老师寥寥无几,有很多老师都提出了转岗申请,其中有年轻的辅导员,也有头发已经花白了的老辅导员,感觉在辅导员岗位上的发展到了瓶颈。

大晚上还打扰您,真的不好意思,望您早点休息,多注意身体!

××你好!

谢谢你对我的点赞。你写了这么多,我这两天事情比较多,没有及时地回复你,请谅解。

你谈到的这些问题目前还比较普遍,但是我想这些都是发展中的问题,是可以解决的。我今年六十三岁了,去年我非常荣幸地参加了国庆观礼和焰火晚会,那天在天安门广场待了十几个小时,脑海里不时地翻滚我三十八年大学生思想政治教育的历程。特别是习近平总书记在天安门城楼上庄严宣告"今天,社会主义中国巍然屹立在世界东方,没有任何力量能够撼动我们伟大祖国的地位,没有任何力量能够阻挡中国人民和中华民族的前进步伐"的时候,我泪流满面。我们党不容易,我们的人民不容易,中国不容易!只是七十多年的时间,我们就由一穷二白发展成世界第二大经济体。我们由站起来到富起来再到强起来。特别是中华人民共和国刚成立的时候,国外敌对势力对我们采取了遏制、封锁的策略,中华人民共和国所处的环境十分恶劣。我虽然六十三岁了,但是想一想我当初做辅导员时的情景,想想我辞去厅领导职务回到学校做辅导员时的情景,我觉得我的选择是对的、是值得的,所以我会在"为党育人,为国育才",服务学生这条路上"鞠躬尽瘁,死而后已"。

看得出来,你是一位年轻的辅导员,抱有热爱学生工作的热情,你要把工作做好,成为一名优秀的辅导员。我很赞同你的这种选择。其实职业和人生的追求密切相关,和人生的幸福紧密相连,关键看你需要什么。一些辅导员做着做着就不想做了,为什么会出现这种情况?很大一个问题是没找到人生的幸福在哪里。大学生朝气蓬勃，代表着未来，和学生在一起，就是和未来在一起，把他们培养成才，就是我们的幸福所在。不要总是这也不满足，那也不如意，要常想那些不如我们的人。我经常说，我们在大学里如果还不幸福，那些戍边的战士们，那些在矿区工作的人们，那些在边远山区辛勤劳作的人们，他们的幸福在哪里？没有他们的戍边，没有他们的劳动付出，也就没有我们今天这样的工作环境。想想我们身边的学生，有些就是他们的孩子，当这些孩子来到我们身边的时候，我们没有理由不把他们教育好、栽培好，不然对不起人民的养育，况且把他们培养好还直接关系到我们民族的未来。

加强学习是对的。做思想政治教育工作的同志，必须不断提升自己的工作水平，其中就包括理论和实践两个方面。应该看到，现在我们一些辅导员还不是按照职业化、专业化方向发展来选拔的，因此存在理论上先天不足的问题，这就更加凸显了学习的重要性。辅导员工作很重要的一点，就是要以理服人，所以一定要加强理论学习。您有了理论的基础，才能很好地为学生解疑释惑，才能帮助学生确立正确的价值观，系好人生的“扣子”。行为都是受思想引领的，理论上明确了，行为就正确了。

一些辅导员仍然存在不安心的问题。一方面，从客观环境来说，我们在辅导员队伍建设上确实还需要不断地完善；另一方面，一些辅导员也是比较“短视”，总是站在原点看问题，总是看以前怎么样，没看到明天会怎么样、未来会怎么样。党的十八大以来，立德树人成为教育的根本任务，建设一支职业化、专业化的辅导员队伍是明确了的，建设好辅导员队伍的合力正逐步形成，不用怀疑，辅导员这支教师队伍一定会得到更好的发展。现在这些问题都是历史遗留的问题，是发展中的问题，像辅导员评职称不符合辅导员教师学科属性的问题，都会加以解决的，一支职业化、专业化的辅导员教师队伍一定会建设起来。我一再讲这样的观点，现在我们提出了辅导员与学生 1∶200 的比例，这还不够，辅导员队伍建设应当在 1∶200 的比例基础上合理地设置辅导员教师的职称结构。其他专业教师职称结构教授、副教授都占比较高而辅导员教师队伍中则没有几个教授，特别是一些辅导员，即便评上教授也被充实到机关了，一线辅导员教授寥寥无几，这不符合职业化、专业化的发展要求。现在我们聘任了大量的年轻辅导员，他们工作也很努力，但是与完成人生导师的任务还有不小的差距。应当从制度设计、合理设置辅导员职称结构这个制约辅导员职业化、专业化发展的根本瓶颈着手解决辅导员职业化、专业化与“娃娃辅导娃娃”的状况。令人欣喜的是,对这一点也是越来越形成共识。所以我们完全可以乐观地来看,明天的辅导员队伍建设一定会更加完善,不断地攀上新的台阶。

你还年轻,有很好的未来,一定要把自己的选择坚持下去。实际上人的成功很关键的方面也在于坚持。我今天能够得到大家的认可,很重要的一点也在这里。我在三十八年里就做了一件事,陪伴大学生成长。希望你能够围绕学生、关照学生、服务学生,成为大学生的人生引路人,点亮学生的理想之灯,照亮他们的前行之路,这是多么有价值的一件事。人生做不了多少事,不要三心二意,犹豫彷徨,要勇往直前!

把你的详细地址告诉我,我把我写的书签名邮寄给你做纪念。有事联系我。先聊到这里,我把这些先发送给你,有些文字你对照我的录音就明白了。我现在整理一下,今天在公众号上推送我们的交流。

感谢曲老师这么早的回复,聆听了老师的教诲,内心久久不能平静,更加坚定了我在这条路上一直走下去的信念。我非常认同您所说的,这份职业确实是一份获得感和幸福感很强的职业,我一定会像我在应聘时表达的那样,始终牢记“为党育人、为国育才”的初心和使命,一定会做好学生成长成才路上的人生导师和健康生活的知心朋友。希望有机会可以现场聆听您的讲座。真的十分感谢您!我的地址是:××××××××。

好的。我们共勉!这两天我就把书邮寄给你。我于12月11日在云南开会,你可以联系我。

133

给一个辅导员的回复

2020-12-11

曲教授您好!

我叫××,是一名辅导员。听您讲座受益颇多,您能看到辅导员工作的本质,您了解辅导员思政育人的重要性,您也始终践行用爱育人的理念。感谢您带来这堂课,让我又找到了继续从事这一职业的动力。我们常说辅导员被事务性工作缠身,影响学生工作实效。但看您这一路走来,我觉得我们做得远远不够。在今后的工作学习中还望您能不吝赐教,指点迷津。

祝您返程一路平安!

××你好!

虽然你写的文字不多,但是能够看出你在辅导员工作上的用心。什么事都是如此,不用脑、不用心,是做不好的。表面上看,辅导员工作被一些琐碎的事笼罩着,甚至说是被湮灭了也不为过。可是剥开"面纱",你会发现,正是这些琐碎的事奏响了辅导员人生的乐章。学生没事,还要我们干什么?思想政治教育是什么?是服务。对学生的服务涉及方方面面,有思想上的服务,有生活上的关心,也有行为上的管理。大学生正处在"拔节孕穗期",他们的基础教育阶段又处在片面追求升学率的氛围当中;很多学生的家庭教育也只关注了孩子的学习成绩，我们面前站立的就是这样一群大学生，不引导他们，行吗？有人说辅导员没有用，那说的是不用心的辅导员。一个优秀的辅导员对学生的成长至关重要。学生往往是辅导员的“复印件”，辅导员这个“原件”质量怎样，决定复印出的“产品”质量。也有人说美国大学没有辅导员。这有什么奇怪的？辅导员是我们社会主义国家大学的一个重要特征。我们的教育原则是帮助学生系好人生的“扣子”，一切为了学生，为了学生的一切，为了一切学生。美国的好大学基本上都是私立大学，那是追求利润最大化的。我考察过美国100多所大学，我看到过一个资料，美国只有23%的学生可以住在自己学校提供的宿舍里，并且费用很高，一般都是一年级的学生可以申请，其余的只能自己租房住。我们只要办大学，高职高专也是如此，就要保证每个学生都居住在学校里；我们还要求学校必须有操场，有的还有体育馆……辅导员是培养学生矢志不渝跟党走、实现中国梦的筑梦人；辅导员是大学爱国文化的传承者；辅导员是提升高等教育质量不可或缺的一部分教师。辅导员一定要坚定信心，明确方向，把丰碑建在学生的心坎上。如果做一辈子一线辅导员，和学生在一起，帮助他们解疑释惑，给他们人生引领，力所能及地给予学生帮助，这是多么有价值的事，值得一生拥有。等到年龄大的时候才会真正懂得什么叫“付出才有回报”；什么叫“苦尽甘来”；什么叫“在乎别人，别人才能在乎你”；什么叫“为祖国服务的人，祖国不会把你忘记”。大家周边都会有这样的人，刚退休就开始有孤独感了，有“人走茶凉”的感叹。那是因为他们从来没有沏过热茶；那是因为他们没有做过辅导员；那是因为他们即便做过辅导员，也还算不上优秀的辅导员。现在就开始孤单了？这才是“序曲”。我今年六十三岁了，愈加坚信，有了学生就有了一切，学生的成长就是我幸福的源泉。有的辅导员工作十多年了，还是要想方设法离开辅导员队伍，这是要干吗呢？以前如果做得不好，还来得及，赶紧弥补上；以前如果做得很好，那就要坚持下去，中断了多可惜！

把你的详细地址告诉我，我邮寄一本我写的签名的书给你做纪念。飞机着陆了，就谈到这里吧。

祝好！

曲教授，您的话我记住了，职业生涯最重要的是要有信仰，我们的信仰就是为学生服务，为国家育人。“有为才有位”，只有自己发自内心地坚信辅导员工作有价值、有意义，才会获得别人的尊重和个人精神的富足。辅导员工作或许可以有短暂的迷茫期，但不该有倦怠期，更不该退却。感谢您的谆谆教诲，有朝一日，我一定可以骄傲地跟您汇报我的辅导员工作实绩，我会继续努力。另附上我的地址：×××××××××。感谢您慷慨赠书，我一定认真拜读学习，并学以致用。天气愈发寒冷，愿您身体健康。

好的！我们共勉！明天就邮寄书。

谢谢您！

134

要学会“制怒”

2021-02-08

前些天有个辅导员给我写了下面这段话，因为忙没有及时回复，今天我说几句。

曲老师您好！

关注您很久了。一直默默地看您发的消息。今天我实在忍不住了，伤心得要死，就想着跟您倾诉下。我从事辅导员工作四年了，很喜欢这份工作，也喜欢跟学生相处，同时自认为学生对我还是比较满意的。今天一名学生给我发 QQ 消息，我漏看了，一直没有回复。到了晚上他在朋友圈发文骂我，简直不堪入目。他的朋友圈把我屏蔽了，是别人截图告诉我的。虽然后面他跟我道了歉，但是这仍然让我难以释怀。我都有点儿怀疑我工作的意义了。以前，总想着做好学生的工作，服务好学生，让学生满意就好。现在想来，好像也做不到。我觉得自己兢兢业业做工作，真真诚诚对学生，到头来却因为漏回消息而被学生破口大骂。对于这名学生，我真的不想再跟他多说一句话。虽说教育要引导，但是心里真的不想再理他。准确来说，对于一个骂我、否定我工作的学生，我不知道该怎么处理了。希望曲老师能给我一些建议。

祝曲老师安好。

××你好！

我能理解你，一时怒气而已。不过凡事都要“制怒”，因为怒气冲天就容易失去理智，就会做错事，等平静下来的时候就会觉得“冲动是魔鬼”了。

你才做了四年的辅导员工作，经历的事还是少了一些。现在高等教育大众化了，加上学生成长过程中受到的一些不好的影响，使有的学生随心所欲，做事没有规矩，甚至没有底线，这也正是思想政治教育存在的一个原因，也凸显了辅导员工作的价值所在，不然还要思想政治教育干吗呢？还有必要有辅导员队伍吗？

不过作为辅导员，也就是作为教育工作者，当与学生，也就是与受教育者发生矛盾的时候，还是首先应当从自身找原因，在教和学这对关系中，教育者起主导的作用。你应当思考的是学生为什么能“公开”地否定你？能因为这么点的小事就在他的朋友圈“骂你”？这里是不是有你工作不细致、不到位的地方？甚至有没有工作中不自觉地表现出不公平的情况？退一万步讲，即便问题百分之百地出在学生身上，作为辅导员，也就是作为一名教育工作者，也是要做好耐心细致的思想政治教育，绝不能和学生赌气。教育要为学生的一生负责，而不是把学生“打发”出校门就完成任务了。教育要为学生成为一个什么样的人，怎样成为这样的人把关定向，要让学生走上社会后有更大的担当、更大的作为。大学是学生走向社会的最后一个驿站。在这个阶段，辅导员一定要下功夫帮助他们健康成长，当发现他们“长出枝杈”的时候，要帮助他们及时地砍掉。不然等他们长成了粗壮的“歪树”，到社会上再修整，不仅要付出更大的成本，恐怕也很难修正，那损失就无法估量了。

135

与一个辅导员的交流（一）

2021-04-27

曲老师您好！

我是××大学辅导员××。怀着和您一样的信仰——愿意做一辈子辅导员，我于去年研究生毕业后争取到了辅导员岗位。

今天听了您的报告，我感受很多，触动很深。辅导员是我的理想职业，可近一年来辅导员工作似乎不是靠我的理想信念和一腔热血就能支撑得住的，还需要不断学习、不断探索，帮助学生要如何帮到学生心里，怎样才能真正走进学生的内心。当经济、时间、家庭条件不允许时，如何去权衡其他干扰因素和学生工作间的冲突，我感觉我还需要学习很多，要不断地去看、去听、去钻研。诚望能和曲老师多交流学习工作方法，尽快成为学生真正信得过、靠得住的辅导员，为祖国输送更多德才兼备的社会主义建设者和共产主义接班人，向您看齐！

××你好！

看得出来你对辅导员工作还是充满了激情，甚至立志做一辈子辅导员，这难能可贵。做一辈子辅导员其实没有什么不好，想一想那么多的学生在你的引导下走向社会，有了幸福的家庭，为祖国做贡献，这是多么值得的啊！我们都是有大文化的人，大文化讲的是格局、视野，做崇高的人。当然做一辈子辅导员还是有挑战性的。在当前的环境下是需要强大的心理建设的，因为辅导员工作还没有得到应有的共识，甚至辅导员的尊严还没得到应有的尊重。这就使得有些辅导员干着干着就动摇了。能力好办，只要想干，就会干好，解决问题的方法总比问题多。关键是要坚持下去。你有这样的信心就是很好的开始，希望你能不断地提升自己的精神境界，把辅导员工作扎实地做下去，像你说的那样，尽快成为学生真正信得过、靠得住的辅导员，为祖国输送更多德才兼备的社会主义建设者和共产主义接班人。有事联系我。到大连可以找我。把你的详细地址告诉我，我把我写的书签名邮寄给你做纪念。我报告中的很多内容在书里都可以找到。

祝一切都好！

十分感谢曲老师在百忙之中能给我回复，能和您一对一交流，作为小辈，我真的深感荣幸。今天学习了一天，刚刚结束了和小组成员的交流讨论，我感觉受益良多。回到我们的交流中来，我之所以对辅导员岗位很向往，也是因为有一位好的辅导员在我的求学道路、人生道路上帮助了我很多，让我的人生轨迹发生了不小的改变，所以我也想成为这样“大写”的人、崇高的人，从而造福、影响更多的学生，让学生走上更好的路，有更好的未来。

我立志做一辈子辅导员的理想信念也是由这样的原因和想法支撑起来的，每每想到党和国家为人民办实事，想到各行各业、各种重大事件中党员干部冲锋在前，都令我感动落泪。正是因为这种“舍小我、成大我”的精神，使中华民族站起来了、强起来了，我深深地感受到，人生在世，必须要活得有意义，浮名小利，不过尔尔；家国大义，才得我心。所以我才立长志，国家强必须从教育入手，青年强则国家兴！

不过雄心大志在心中，想要达成却不易，入行一年，感受颇深，故今日向您求教，希望得到您的指导。

如果有幸能得到您的专著，我将用对辅导员事业的赤诚之心报答于您，还望将来在学生工作中碰到疑难之处，曲老师能指点一二。

136

与一个辅导员的交流（二）

2021-07-13

曲老师您好！

我是××大学辅导员××，加您微信是想向您多多学习，劳烦通过。

我是一名新入职的辅导员，本来自己对于三十多岁才入这一行就非常迷茫，也经常焦虑，看不清方向，但是今天听了您的讲座，我收获了很多之前没听过的经历、思想、规划，感触颇深、受益匪浅。以后我也会随时关注您的朋友圈和公众号。谢谢您！

××你好！

谢谢你的信任。一定要清楚自己到底需要的是什么。为什么要做辅导员？就是为了“双重晋级”？这样干不了几年就倦怠了，想“躺平”了。推动一个人勇往直前、永不懈怠的动力主要是精神上的，也就是理想信念方面的。如果总觉得自己吃亏了，还会有干劲吗？总觉得自己做得不够，还能没有拼劲吗？毛泽东同志曾说“人是要有一点精神的”，说的就是这个道理。

137

把心沉下来

2021-08-25

一些辅导员工作没多久就急于求成,恨不能立刻当上什么领导,发表高档次的论文,评上职称,世上哪有这么便宜的好事。

我在20世纪80年代做辅导员的时候和现在有点不同。我当上校党总支副书记(副处级)不到三年的时间,算是比较早的。但是那时候百业待兴,也十分需要干部。不过尽管如此,也不是所有的辅导员都这样。

我算是工作比较优秀的,就在我们学校,工作十几年没有提到副处的比比皆是。我工作的第一个寒假去一个学生家家访,骑了十多个小时的自行车,到学生家的时候全身都冻麻了。一到学生家,车子就扶不住了,若不是那个学生的母亲扶住我,我就会一头栽到院子里。

通过家访我知道这个学生的弟弟因患先天性心脏病在市内医院住院。我让我母亲包了一饭盒饺子,我要骑自行车到医院看他。因为路滑,我小心翼翼地生怕摔倒了。结果还真摔倒了。那一刻我的第一反应是饺子别撒了。我抓起跌落在地上的饭盒,一看饺子“安然无恙”,我感到幸运极了。这个学生的弟弟一边吃着饺子,一边流着激动的泪水。后来他还是去世了。我这个学生告诉我,他弟弟去世前对他说:“将来一定替我报答三个人,一是父母,二是曲老师。”

我工作很努力，无论是学生还是教职工，他们都很喜欢我。学校党委顺应民意，任命我为政治系党总支副书记。这样我不争而得，在工作不到三年的时间便干到了副处。千万不要“争”，大家心里有杆秤，再说争来的东西早已失去本来应有的味道。

科研也是如此，急不得。

思想政治教育有其内在的规律性，不下一番功夫是不可能一下子就掌握到的。尤其是辅导员搞科研，一定要了解和熟悉学生。你为什么搞科研？说千道万还不是为了学生的成长？因此一定要和学生“打”成一片，从实践中发现问题、研究问题。这样的研究才能顺理成章。现在有的辅导员说起科研就想搞“高大上”的，这种态度不可取。再不就是为科研而科研，追求文章数量，不求“质量”，也就是对现实问题的解决犹如“隔靴搔痒”，这样也就失去了科研的意义。

科研需要日积月累。真想搞科研，就需要把在教育培养学生过程中得到的体验及时记录下来，再丰富自己的理论知识，从理论视角审视你所从事的实践活动的科学性，以找到其规律性。

开始可以写一些“豆腐块”的文章，写多了，就觉得有很多的话要说了。也不要急于追求发表刊物的档次，循序渐进，这样才能搞出真学问。

我于 1982 年留校做辅导员，1996 年才发表了第一篇国家级的论文，这时候我已经工作了十四年。你或许可以快些，但也绝不是快到一工作就想发国家级文章的程度。

职称是随着工作和科研走的，尤其干好工作是前提。道理很简单，思想政治教育的关键是要学生“内化于心，外化于行”。这是检验思想政治教育水平的最重要的标准。文章写得再多，发表的档次再高，学生教育管理却一塌糊涂，能评职称吗？各个高校很快就会形成共识，辅导员教师评职称，绝不能以论文为王，一定要变论文导向为业绩导向，这是由思想政治教育学科的性质和辅导员教师的特点决定的，此种做法指日可待。

关于坚持

138

你也是我的坚持

2019-12-03

曲老师您好！

我是一位从业十四年的辅导员，在这十几年的工作经历中，有过很多次的怀疑、抱怨、疲倦。

周四上午您所做的讲座，及时地帮我按下了暂停键。您对待学生的大爱、对待工作的使命感让我敬佩不已而又心生惭愧，您与学生及家长的故事深深打动了我，也唤起了我很多工作中的回忆，让我几度落泪。

我开始重新思考自己的初心，重新审视辅导员这份职业，深感教师的意义重大，正是因为在这些学生成长的过程中扮演着重要的角色，从而一刻不能懈怠，必须要更加严格地要求自己。

谢谢您，让我第一次为自己是一名辅导员而自豪！祝您早日实现梦想！

××你好！

我收到过辅导员写给我的许多信，因为时间关系，我不能一一回复，可是看了你的这封信，还是决定给你写封信，只是回复得有些慢了，请你理解。

我是三十七年前留校做辅导员的。从留校那天起，我就想做一辈子的辅导员，只是我干得比较优秀，总是被“安排”，2013 年，在我五十六岁的时候我向省委组织部提出辞呈，坚决回到学校做一名辅导员，带一届完整的学生，画上我职业生涯的句号。我不仅辞去了行政职务，还辞去了行政级别，我现在可谓是“无官一身轻”啊！

我为什么愿意做辅导员，一个重要的原因是我把辅导员工作当成了最美好的工作。我在大学读书的时候看过捷克斯洛伐克反法西斯战士伏契克写的《绞刑架下的报告》一书，书中有这样一句话：“为了生活的美好，我投入了战斗。”这句话至今还在影响着我，它给了我鼓舞、给了我激励、给了我鞭策。

我怎么啦？我错了吗？

刚留校的时候系主任介绍新员工，当介绍我是留校的辅导员时，那些搞专业教学的教师根本连看都不看我一眼。打毛衣的打毛衣，看杂志的看杂志，她们内心恐怕想的是好人还有做辅导员的吗？‘好人’还能嫁给辅导员吗？

我相信我会拥有爱情，我会拥有事业。我们系主任，还有给我上过课的老师三番五次地劝我上专业课，我感谢他们。

但是我认为在大学里，最有学问的就是辅导员了，把自己的思想装进别人的思想里多难啊，这怎么就不是学问了呢？我认为最重要的课程就是思想品德课（现在是思想政治理论课）了，厚德载物，没有品德，学那么多知识有什么用呢？能“承载”得了吗？

我每天都信心满满，迈着坚定的步伐，迎着属于我的那缕谁也剥夺不去的阳光行走在校园里。

如今，我的学生很多都成了祖国各条战线的骨干，有的走上了省部级领导岗位，有的家长对孩子说：“可以忘了父母，但不能忘了曲老师。”想到这些，我就觉得自己是世界上生活最美好的人。

我为什么要从领导岗位上下来？就是为了把美好的生活传承下去。马克思创立了马克思主义，还有一种学说像马克思创立的学说这样是为了让最广大的人民群众过上美好生活的吗？这份事业值得拥有，值得付出。正如马克思所说：“面对我们的骨灰，高尚的人们将洒下热泪。”

我经常自我表扬，也经常批评一些辅导员，我是要突出自己吗？这对我有什么意义吗？我只是想告诉辅导员我们怎么就不行，我就是要给辅导员鼓劲，希望辅导员把马克思主义事业发扬光大。蜡梅在“已是悬崖百丈冰”的时候依然“花枝俏”，我们在春天即将到来的时候怎能不心花怒放呢？前两天我写了《辅导员工作不是良心活》。但有个别的辅导员仍认为是“良心活”。说到底还是没有把辅导员工作当成事业来做，如果真正把辅导员工作当成美好的生活，真正践行党旗下的承诺，就不会看成“良心活”了。

这也恰恰说明辅导员应当不忘初心、牢记使命，不管别人怎样看我们，我们还是应当以一名共产党员的标准要求自己。这不是在“唱高调”，我们的选择和我们的党性，就要求我们成为这样的人。

谢谢你的认同。尤其你开始重新思考自己的初心，重新审视辅导员这份职业，让自己第一次为自己是名辅导员而自豪，这也感动了我。

我今年六十二周岁了，做不了几年了，辅导员这份事业需要你们这样的年轻人不断传承。我乐此不疲地跟大家讲要热爱辅导员工作，要把辅导员工作做好，就是希望能有更多像您这样的辅导员坚持党性，不忘初心，为了学生的成长尽自己最大的力量。我能影响一个是一个，能影响一批是一批，你也是我坚持下去的理由。

想想我们党刚成立的时候，才几十名党员，现在已经发展到9000多万名了；想想原来很多高校没有辅导员，现在辅导员队伍也是号称二十万大军了。这其中难免有滥竽充数的，不过我相信，绝大多数辅导员是爱岗敬业的，特别是随着高校内外部环境越来越向好改善，一定会涌现出更多像您这样把辅导员工作当成事业、当成“美好生活”追求的辅导员，辅导员的春天一定会到来，你们的生活一定会更加美好。加油吧！

把你的详细地址告诉我，我把我写的书签名邮寄给您做纪念。

祝一切都好！

139

把选对的事坚持做下去

2020-01-04

曲老师您好!

很高兴能与您交流,希望得到您的宝贵指导意见。

十分感谢您通过我的好友申请并鼓励我与您共勉,您的精神在我高中时期的政治课堂中就一直影响着我,大学期间一直关注您的微信公众号“仍然在路上”。

您说在“起跑线”上输了就输了吧,你只能认输。这是无法改变的现实。好在谁先冲到终点并不取决于谁先赢在了“起跑线”上。人生就像长跑比赛,你还有很多机会超越那些比你先冲出“起跑线”的人,但是如果你不以加速度奔跑并且“终生”奔跑的话,你就很难取胜了。这句话一直激励着我不断前进并在 2019 年通过了自考本科所有考试和大学英语四级考试。

读书的意义重大,就像周恩来同志所说的“为中华之崛起而读书”。我会好好珍惜读书时光,提升自我,为祖国繁荣富强而读书,并在研究生考试中选择思想政治教育这个专业,再准备考博,向您学习,努力成为像您一样的人,把小我融入祖国大我之中。不知您什么时候有时间,希望可以到大连海事大学向您请教,聆听您的教诲!

××同学你好!

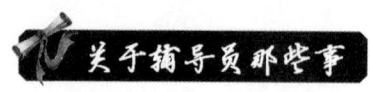

没想到几年来我一直在影响着你,成为你的榜样,谢谢你的认同,我们携手同行!

能够感受到你是一个锲而不舍、砥砺奋进的人,这非常重要。看看古今中外,大都如此,倒下的人都是自己打倒了自己,怨天尤人毫无意义。你能认识到这一点很重要。正是因为有了这样的认识,你才表现出不服输的精神,才能够实现跨越式的追赶,相信跑到终点的人一定是你。

难能可贵的是你喜欢上了思想政治教育专业。这个专业说到底是门奉献的学科。马克思在创立马克思主义的时候并没想过通过他的学问发财致富,恰恰相反,马克思知道由于这样一个追求,他将面临被迫害,陷入贫困潦倒。但是他坦然处之,毫不畏惧。这就是马克思的伟大之处,但这也是我们一些从事马克思主义教育同志的短处,是站在马克思面前使我们感到汗颜的地方。马克思说:"面对我们的骨灰,高尚的人们将洒下热泪。"从事思想政治教育工作,最重要的素养是信仰问题,最高的境界就是向马克思学习!

你还特别谈到了对大学文化的认识,这也是我所欣赏的。大学就是爱国的产物。近代中国受到了欺辱。一些有识之士便纷纷倡导"废科举,兴学堂"。于是北京大学建立了起来。蔡元培先生做北京大学校长时明确提出:"入法科者,非为做官;入商科者,非为致富。"他要求学子们不能把大学当成个人使用的地方。我常讲我爱国,我爱国就是教育学生爱国,让青年学生在服务祖国中做出贡献,实现价值,不然就没有必要办大学了。我支持你不断地追求,把理论和实际结合起来,成为担当民族大任的时代新人,这也是我们马克思主义理论学科建立的初心,不然这个学科也没有必要办了。

你现在在哪里? 等我有机会到你那里,可以看看你。你就不必到我这里了,我比你方便。

把你的详细地址告诉我,我把我写的书签上名邮寄给你做纪念。

祝你在新的一年里万事顺心如意!

曲老师您好！

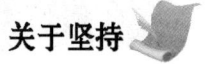

十分感谢您的回信，看了许久，深有感触。我近日在大连金州，这个假期会好好研读您的著作，向马克思学习，将理论与实践相结合，成为担当民族大任的时代新人。我也希望有机会能够聆听您的教诲。再次表达对老师的感谢，谢谢老师，祝您身体健康、万事如意！

140

为什么要做辅导员

2020-01-20

前些天有个任职刚满一年的辅导员给我写了封信,表示她对做辅导员工作还是信心满满的。我知道很多辅导员刚走上工作岗位的时候也是这个样子,可是做着做着就不安心了,就想赶紧离开辅导员工作岗位。这种情况的出现,无疑是由主、客观条件决定的,这里我无意去更全面、深入地分析客观条件,我只想谈谈我对辅导员主观条件的认识。

这个辅导员很客气地说:"您忙着,不用费心回复我了。"而我却觉得我有必要回复她,我就是想通过这封信,来对广大的辅导员谈谈为什么要做辅导员。于是我不仅回复了她,而且回复的文字很长。从字数上看,这次回复应当是我给大家回复字数排在前几位的一次。那天我正好从海口回大连,飞机起飞不久我就开始给她写信,途经厦门的时候我还给我授课的年级一个过生日的学生写了生日祝福。飞机一着陆,我就将这封信发给了她。因为文字比较长,我分三次推送给大家。

曲老师您好!

我是××大学××学院的研究生辅导员,我叫×××。我是刚刚研究生毕业不久,担任辅导员才满一年的新人。但是特别有幸两次听过您的课和分享(2019 年 7 月的大学辅导员岗前培训,加上今天上午的培训),也关注了您的公众号。通过听您讲述的经验和经历,看您的文章文字分享,我很感动,也获益很多,有了努力的方向。

也欢迎曲老师有机会来×× 大学,这里有好多和我一样受益于您指导的新入职辅导员。

您忙,不用费心回复我了,感谢您的指导,继续向您学习,一直在路上。

×× 你好!

这些天不是因为你说“不用费心回复我了”就没有回复,客观上确实是太忙了。你写了这么多,我总是要有个回应的。

很多人刚做辅导员的时候还是有些热情的,有些人更是信心满满。可是做着做着,有的人便倦怠了,想离开辅导员工作岗位。这种情况的出现是由主、客观两个方面原因造成的。

从客观方面来说,这些年来,虽然辅导员工作的环境得到了很大改善,但是还不平衡、不充分,诸如:辅导员教师身份问题、辅导员职称评定问题、辅导员工作界域问题、辅导员工作条件保障问题等。这些都没有很好地解决,就使得一些辅导员“不识庐山真面目,只缘身在此山中”,做了一段时间辅导员才像突然发现似的,“辅导员原来是这个样子啊!”令他们失望。

从主观方面来看,有些辅导员也是没有充分的思想准备,缺乏坚定的信仰追求。有的辅导员是不得已而为之:考博士没考上,先做辅导员吧;考公务员没考上,先做辅导员吧;想做专业教师没做上,先做辅导员吧;想去机关没去上,先做辅导员吧……“身在曹营心在汉”,想的就是如何创造机会离开辅导员工作岗位。还有的辅导员由于信仰不坚定,惧怕苦难,患得患失,自然也不会有长期作战的打算。

辅导员一定要从以下视角认识自己的工作。

一是要有坚定的政治信仰。

马克思主义诞生 170 多年的历史证明,马克思主义是最伟大的学说。那些资本主义国家的统治者总是要不择手段地遏制马克思主义的传播,他们的愿望部分地实现了,东欧的剧变、苏联的解体就是他们收获的最大成果。他们以为东方的中国也会像多米诺骨牌一样顺势倒下。

曾有人露骨地说:“中国有一天也会走上东欧和苏联共产党政权的道

路,美国必须做它所能做的一切来鼓励这个进程。”但是他们错了。习近平总书记在中华人民共和国成立七十周年大会上庄严宣告:“今天,社会主义中国巍然屹立在世界东方,没有任何力量能够撼动我们伟大祖国的地位,没有任何力量能够阻挡中国人民和中华民族的前进步伐。”2019 年我被邀请参加了国庆观礼,我在天安门广场聆听了习近平总书记的讲话,那浑厚的声音久久回荡在天安门广场的上空。

中华民族五千年的历史文化,为人类文明做出过巨大贡献,只是在近代我们落伍了,受到了欺辱。而当我们站到了离实现中国梦就剩下“最后一公里”的时候,我们又怎能停止前进的脚步! 青年代表着未来,中国梦更是青年的梦。从某种意义上讲,实现中国梦关键要看当代青年。

辅导员是大学生的人生引领者,所以,辅导员一定要信仰坚定、站位高远,把辅导员工作同党和民族的命运结合起来,就是要培养矢志不渝跟党走的人。不要管别人怎样,关键是我们怎样;别人越不重视辅导员,我们就越要重视。

我在大学毕业做辅导员的时候,辅导员更不被重视。但是我重视我自己,从来不看轻自己的工作。我把捷克斯洛伐克反法西斯战士伏契克的这两句话写在我工作手册的扉页上:“在生活中是没有旁观者的。我爱生活,并且为它战斗。”“我们曾经为欢乐而斗争,我们将要为欢乐而死。”每天以此激励和鼓舞自己。我觉得,我做辅导员,就是在培养马克思主义的传承者,这就是最美好、最崇高的事业,值得一生坚守。当我评上“时代楷模”“道德模范”“最美奋斗者”的时候,国内许多主流媒体都采访过我,在问到我“为什么对辅导员工作情有独钟”的时候,我都坚定地回答:“我爱我的党,我爱我的祖国,我爱我的学生。”每每想到这些,我就浑身充满了力量,没有什么困难能够动摇我做辅导员的决心。

141

和一个辅导员的交流（一）

2020-07-10

曲老师您好！

好久没和您联系了！

看您的推送文章，很受教育！每当想放弃的时候，看到您在前面的引领，我就会重拾信心！我的博士论文写得差不多了，由于疫情的原因，我有了很多时间来完成论文的大部分。我们学校从2016年就制定了相关政策：如果走辅导员（教学）系列，可以评教授，但不能担任学校各个部门的领导职务；如果走辅导员（管理）系列，有机会去竞争学校各个部门的领导职务，但不可以评教授。我当时选择的是辅导员（教学），到现在评上副教授有八年多了。我们学校辅导员评职的政策也总在变化，还不知道以后我还会缺少什么随时变化的评职条件。目前从我们学校的情况来看，我可能就缺少辅导员技能大赛的获奖，不是不敢去参加，实在是不好意思跟着年轻人一起同台竞技了。

我的人生理想是做一名像您一样全心全意为学生服务的辅导员，最后在辅导员岗位上退休。每当我想放弃的时候，我就会看您的推送文章，让我重新振作精神，开心面对每一天！

谢谢您，曲老师！请您注意休息，保重身体，有机会见面！

× × 你好！

谢谢你的认同！你很优秀，你现在需要的就是这种坚持。我认为你的选择也是对的。你已经评上辅导员副教授八年了，放弃了多可惜。往长远看，实事求是是马克思主义活的灵魂。今天下午教育部有关司局召开部属八所高校思想政治工作情况汇报会，非常荣幸让我做点评专家，给了我一次难得的学习机会。我在建议中还谈到了辅导员职业化、专业化、专家化的路径问题。我建议按照职称结构评聘辅导员职称。这就是我以前在公众号上谈的，辅导员与学生 1 ∶ 200 的比例要求只是解决了辅导员的数量问题，并没有解决质量问题。这样造成的结果就是辅导员像“割韭菜”一样，一茬又一茬地更新，与辅导员要完成的思想政治教育任务还是有一定差距的。时任思想政治工作司的领导在做会议总结的时候，再次强调辅导员队伍建设问题。部里还会加大辅导员队伍建设的力度。辅导员的明天一定会更好。

现在有些辅导员总是站在原点向后看，这就容易泄劲。一定要站在当下向前看，相信一切都会好起来。我说过，成功的人都是在对的路上坚持不懈地朝前走。退一步说，即便没有职称又能怎样？我总说，有了学生就有了一切。眼下辅导员工作还存在界域不清的问题，这使得辅导员做了许多杂活。这也需要保持好的心态，不要总是发牢骚。大家在一起，能多做就多做些，别斤斤计较，否则是不会有出息的。我们教育学生要互相帮助，同事间不是也很需要相互帮助吗？大家在一起，多干些活没有什么。把学生培养好，职称的事都是水到渠成的事，可以不争而得。

谢谢你的关心。我一切都好，身体也很好。因为疫情，一切都有了规律。我每天都坚持跑步，能跑 3000 米啦。从疫情以来，我瘦了 18 斤呢。我跟同事开玩笑说，明年运动会我要是参加学生组 3000 米比赛，我保证不会跑在最后。

又有一段时间没去哈尔滨了。相信相见的日子不远啦，我们共同期待着。有事联系我。

祝一切都好！

谢谢曲老师的教导！我会坚持到底的！期待见面的日子！

142

和一个辅导员的交流（二）

2020-07-27

曲老师您好！

我是××职业技术学院的××。两年前，我看过您的事迹，被您为学生所做的事情深深地感动着。受您的影响，我爱上了辅导员的工作，并成功带班，更把您亲笔签名的书视为珍宝。

我自2005年参加工作以来就一直从事行政工作，是您给了我勇气让我成为一名辅导员。那时虽然我没有带班经验，但我坚信只要对学生有爱，就能做好所谓的“琐碎”工作。两年的时间，我更加喜欢上了这个岗位，享受与学生沟通交流的每一刻。感谢您的大爱，感谢您默默地引导着无数个像我这样的新手。

愿您身体健康、幸福平安！

××你好！

你也工作十五年了，而且为你自己现在做了一名辅导员而感到高兴。看来你是真心喜爱辅导员工作，这很难得。当然我认为你的选择是对的。

我在学校做党委副书记的时候，经常跟机关里年轻的同事谈心，建议他们有机会要到学院做辅导员。不然在机关里工作一辈子,也是在大学工作了一辈子,结果退休的时候连一个学生也没有,这应当是种损失。这就是图清闲的结果。做辅导员是麻烦些,可是正是这些麻烦才奏响了我们人生的乐章。现在有些辅导员也是嫌辅导员工作麻烦,总是想办法转到机关工作。把学生带好会培养出多少有用的人才?眼光放长远些,学生成长是辅导员最大价值的体现。

虽然现在做辅导员了,但是相对说来你还比较年轻,还需要磨炼。辅导员工作党性强,需要有坚定的政治信仰;辅导员是大学生的人生导师,需要有深厚的理论素养;辅导员是大学生的知心朋友,需要与大学生密切接触;辅导员是大学生的人生引路人,需要走在学生的前面……当前辅导员工作的发展环境越来越好,但是还有许多亟待改进的地方,这需要一个过程。越是在这种情况下,越需要大家把工作做好。有为才有位。这样才能有助于形成更大的共识,对辅导员队伍建设产生更为积极的影响。愿你在辅导员工作岗位上不忘初心,肩负起"为党育人、为国育才"的神圣使命,为学生点亮理想的灯,照亮前行的路,成为一名让学生记得住的辅导员。

等学校放开了,有机会欢迎你到我们学校看看。

祝好!

谢谢您,曲老师,谢谢您给我的鼓励。我认为辅导员工作非常伟大,有时候会觉得自己是几十个家庭的核心,能得到学生、家长的信任,当他们把自己的问题向我倾诉、寻求我的帮助时,我感到很骄傲,也尽全力想各种办法尽快解决问题。现在,我最着急的是没有经验,理论基础不扎实,可能目前的工作状况就是能把学校要求辅导员做的一件件事情做完、做好。我需要抓紧时间学习,每个学生的成长都不等人,我不能因为自己的业务不熟练而耽误学生。您给我回复这么多,我会仔细看,好好消化。很期待能跟您面对面交流,也真诚地欢迎您、邀请您到我们学校看看。我校是一所民办高职院校,依山傍海,校园很美。我校近几年的发展虽然艰难,但是我的同事们非常努力、负责任,愿意为学生的事情甘心付出。欢迎您莅临我校指导。

你们学校以前我去过,等下学期我可以再去一回。把你的详细地址告诉我,我把我写的书签名给您邮寄过去做纪念。

谢谢您,曲老师。我的地址是:××××××××。

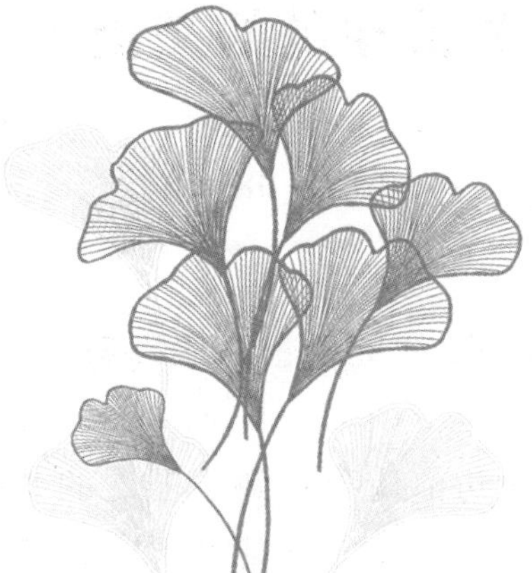

143

和一个辅导员的交流(三)

2020-08-26

曲老师您好!

我叫××,今天跟您合影的穿绿色衣服的就是我,今天辛苦您了,望您一定注意身体!

您今天讲到的字字句句都让我感到了强烈的共鸣。几年前,我对辅导员职业产生了困惑,面对职业信仰和现实环境的巨大差距,我的内心非常痛苦,可是您的出现和一位老大哥的离世(他将自己的生命全部奉献给了学生管理事业)让我更加坚定了信念!我能力有限,周遭资源也相对匮乏,不过我一直在努力,“孰知不向边庭苦,纵死犹闻侠骨香”!

我会牢记您今日的教诲,尽量快速成长。希望一直能向您学习,跟您交流,做真人、办真事!有点紧张,如有表达不当之处,还请您原谅。

××你好!

看到你给我写的微信了,字里行间渗透着你对从事辅导员工作的坚定!我赞同你的这种执着,人生就应当有担当的精神。

谢谢你对我的认同。其实我在和你们交流的时候,在台上已经注意到了你。你从开始到结束,可以说一直目不转睛地看着我,跟随着我的思路。

你不时地伸出大拇指为我点赞,几次要带头鼓掌。本来我也想在交流结束的时候和你合个影,留做纪念。你主动走了过来,要和我照相。我记住了你这个目光中透出刚毅的小伙子。我相信你一定能把辅导员工作做好。

你说你曾经动摇过。这也是一些辅导员经历的过程,现在有些辅导员仍在经历这个过程。从客观上看,辅导员工作还存在着诸多不完善的地方,但是这毕竟是外部的环境。越是在这种情况下,越要把辅导员工作做好。不是"有为才有位"嘛。这样才更有利于形成共识,辅导员工作的外部环境也才会得到改善。不要管别人怎样看,首先辅导员自身要认识到自己工作的意义和价值。走自己的路,坚定自己的人生追求。

其实人生的过程就是选择的过程。谁对了、谁错了,不是以一时一事来检验、衡量和评价的。我知道很多辅导员,当年他们想尽一切办法离开了辅导员队伍,看到现在辅导员队伍被重视起来,他们有些后悔了。尽管有些人走上了教学岗位,评上了职称,但是身边没有学生了,也是很遗憾的事。一些辅导员虽然没有教学职称,但是他们被学生记在了心里。我在高校待的时间比较长,每当学校举行校庆、搞一些大型活动的时候,很多学生回母校参加,其实主要是回来看辅导员的,他们感谢大学四年里辅导员对他们的陪伴。许多学生讲:如果说他们取得了一点成绩的话,很大程度上归功于辅导员大学时代对他们的教育引导。

你们书记说你很优秀,《大众日报》也报道过你的事迹。希望你一步一个脚印,扎扎实实地把辅导员工作坚持做下去、做得更富有成效。把你的详细地址告诉我,我把我写的书签上名邮寄给你做纪念,也欢迎你有机会到大连的时候联系我。

祝你一切都好!

真的没有想到您能给我留言,并且说了这么多,真的非常非常感动!您说的这些,我深有感触!也正是因为学生们给我的真情实感,让我一直在这个过程中不断增加力量,我考取了心理咨询师、创业指导师和体育指导师,就是为了能全面地给学生们一个无悔的人生!学生们就是我的眼睛,他们带我看遍我此生不曾看过的世界,经历我不会经历的人生,这一切都让我觉得自己活得精彩、有价值!老师(请允许我这样称呼您),我会一直将您作为精神坐标!

老师,其实我跟您有很多说不完的话,首先我会把您的教导,对您的情感全部投入辅导员工作中去!做出成绩,以回报您的鼓励!承蒙不吝!××铭记在心!

有想法可以发给我,我有时间会给你回复的。加油!祝好!

144

和一个辅导员的交流（四）

2020-09-26

曲老师您好！

我是××大学辅导员××，是在电梯口麻烦您帮我签名的那个人。我是辽宁人，听着熟悉的乡音和您激情澎湃的报告，我深受感动。今年是我参加工作的第二年，我想我会一直热爱我的工作，以此为终身事业。您今天的讲座让我这个决心下得更加坚定。我平时性格有点急，做事有些毛躁，我想在以后的工作中耐下性子，踏踏实实做事。期待着可以见到您一直是我的梦想，希望以后有更多的机会跟您学习。祝您身体健康、万事顺遂！

××你好！

因为忙，今天才回复你，希望你能理解。

你说要把辅导员工作当成终生的事业，我为你点赞！起码你现在有这样的勇气，敢于表达这样的态度，这是做好辅导员工作的重要思想基础。有的辅导员从当上辅导员那天起，也没有想过把辅导员当成事业做，更没有想过做一辈子。他们之所以当了辅导员，是因为考公务员没有考上；想当专业教师没有博士学位；想上机关没有机会。所以，他们就先做了辅导员,等待机会,希望早一天离开辅导员岗位,这样辅导员工作也就大打折扣了。

辅导员怎么啦?去年国庆节我参加了国庆观礼。当习近平总书记在天安门城楼上讲到"今天,社会主义中国巍然屹立在世界东方,没有任何力量能够撼动我们伟大祖国的地位,没有任何力量能够阻挡中国人民和中华民族的前进步伐"这句话的时候,我泪流满面。我想到中华人民共和国七十年的不容易,想到为祖国我做了什么。我这辈子就做了一件事,和学生在一起,教育引领学生爱国。虽然我的工作岗位多次变动,但是我的心始终在学生身上。我辞去领导职务回到学校做辅导员,我觉得我做对了,值了。每当节假日学生送来满满的祝福,他们感谢我的陪伴、我的教育引领的时候;每当看到学生在祖国各条战线努力工作,为实现中国梦而拼搏的时候,我觉得辅导员工作可谓"功在当代,利在千秋"。我把辅导员工作当成一生无怨无悔的追求。我真心希望你能做到像你说的这样,把辅导员工作当成终生的事业。不过你还年轻,现在对辅导员工作还保持着满腔的热情,想保持住这些热情,还是需要不断提升自己的境界,尤其是政治信念要强,就是要有信仰。要想到辅导员工作与党的事业、与祖国和人民的命运紧密相连。马克思创立马克思主义的时候,不是为了"双重晋级",马克思是要为最广大劳动人民的幸福而奋斗。所以,要想做一辈子辅导员,就不能动摇这样的信仰。为什么一些辅导员做着做着就倦怠了,说到根本还是信仰的问题。习近平总书记说:"理想信念就是共产党人精神上的'钙',没有理想信念,理想信念不坚定,精神上就会'缺钙',就会得'软骨病'。"有了信仰,什么问题都没了;没有了信仰,自然什么问题都来了。

你说你工作急,那要从两方面看:一方面,说明你想干事,这是好事。当然更要干成事,这就需要讲究方法。有了想干事的前提,方法就好办了,解决问题的方法总比问题多。另一方面,辅导员一定要熟悉学生、了解学生,和学生打成一片,要成为学生的知心朋友。这样,你就会从实践中来,到实践中去,把握学生成长的规律,有条不紊地开展你的工作了。

你是辽宁人,我们是老乡。再开学或放假可以从大连走,我们就能见面了,我可以为你提供力所能及的服务。你说得对,工作一定要扎扎实实,要深入、深入、再深入,细致、细致、再细致。学生工作来不得半点马虎。要注意把自己做学生工作的体会积累下来。既要勤动脑,也要勤动手。长期坚持下去，你就成为思想政治教育专家了。

飞机要着陆了，就写到这里。

祝你一切都好！

145

和一个辅导员的交流（五）

2021-01-22

曲老师您好！

××在电视直播里看到您啦！您一定也很辛苦，注意休息。您什么时候回大连呢？好久不见！前段时间想问候您，但一想到您平时很忙，还是默默关心、关注您吧。向您汇报下，经过报名、考核、面试、公示，我现在也进入辅导员这个大家庭的队伍啦！这是我到学校几年以来最开心的事情，虽然没什么特别的，只是因为您，我现在也加入了这个队伍，真正能为学生做点事情，遇见更好的自己，新的环境也能让自己不断成长。在我心中任何工作都一样，我都会同样去对待，但是经过几年的历练和考验，或许去做辅导员，和学生在一起，这个环境才更适合我。哪怕需要面临的特殊问题可能会增多，但是对于内心的一种向往与憧憬，还有情怀以及日常工作、生活的积累，我有信心把这份工作做好。有时候我也在想，经历的一些事情看似有些浪费时间，但是只要初心不变，时间也会给我答案，在最恰当的时间，在我有点儿快要绷不住的时候，一切都水到渠成，又都合情合理，在这样的环境下我用自己的努力去做选择，心里是很踏实的。之前在有那么一点暗淡的日子里，考研，自费学习心理学还有职业生涯规划的课程，起初我的想法很简单，就是不想落后，多接触优秀的人，哪怕没有环境也要给自己创造环境。现在看真的不白学,恰恰学习的这些都是辅导员工作中需要用到的知识与技能。学校暂时发展的滞后其实没什么,我现在接触了学生,觉得只要想把自己学的分享给他们,学生就会越来越好,学校也会越来越好。现在还没有正式交接工作,我今天主动去找了所在系书记了解辅导员日常工作内容,表达了我的想法,他也是一个能够在很多事情上与我同频的人。我很热爱学生工作,但是对于辅导员工作可以说我还是一个"小白",所以有很多东西需要自己去学习、去摸索、去实践。我做过学生,感受过好老师对一个学生的影响有多大,所以我坚信我会做好。我会默默地向您学习,向身边优秀的、有经验的辅导员老师学习,希望您能够一如既往地支持我,给我更多的指点与帮助,也希望有更多的学习提升自己的机会。我特别想利用这个有点长的寒假到大连海事大学或者与辅导员相关的培训中心去学习,尽快提升自己的理论水平,开阔视野,然后更好地在实践中为学生服务。今天在您的公众号上看到了以"辅导员"为主题的影片开拍,很是期待!想说的话太多,您那么忙,每次都尽力抽出时间见我,真的让我很感动,谢谢您!

××你好!

我在成都,本来还想问问你的情况,看到你的微信,知道你已经如愿地当上了一名辅导员,想象你开心的样子,我也替你高兴。你对辅导员工作应当不陌生,即使你以前没有做过辅导员。你说得很对,怎样才能做好辅导员?做到像你在读大学时感受到的那样,就能当好辅导员,辅导员对学生的成长十分重要。不过具体做起来恐怕会有一些因素影响到你做辅导员的坚定性,比如,遇上调皮的学生、不讲道理的家长,你的工作没有得到实事求是的评价等。解决这些问题的关键还在于你的追求,也就是你想得到什么。如果把心思放到学生身上,这些问题就不是问题了。一个把学生放在心上的辅导员,就会深入学生、了解学生、关心学生,急学生之所急,想学生之所想,工作就会认真、认真、再认真,细致、细致、再细致,这样就会减少很多烦恼、避免很多问题的发生。为什么有的辅导员带的学生总是出事,"摁下葫芦浮起了瓢",一个重要的原因就是工作投入得不够,"苗头"没有解决好。把学生放在心上,就没有工夫在乎别人的评价,就没有心思想"双重晋级"的事,想的就是只管把学生带好。要把评价建在学生的心坎上，学生的拥护就是最好的评价。你的素质还是很好的，特别是做人的素质，这是做好辅导员工作的根本素质。“亲其师，信其道”，辅导员工作需要强大的人格力量，有了人格才能走在学生的前面，学生才会跟在你的后面前行。我常讲这样的观点，思想政治教育最简单的概括就是给学生打样，说的就是这个道理。心理学、职业生涯这类知识对做好辅导员工作会有帮助，但是这还不是根本。辅导员是大学生的人生导师，辅导员工作最为关键的还是帮助学生系好人生的“扣子”，在学生的心灵埋下真善美的种子，让学生做到“四个自信”。就像我此前说过的，辅导员不是管就业率的，辅导员首先是管就业观的，在解决了就业观的前提下，再解决就业率。就像是否考上研究生都算在就业率里，辅导员不能只是关心学生考上了研究生，辅导员更要关心学生为什么要考研究生。如果考上研究生，到国外跟我们打贸易战了，这就失去考研的意义了。作为辅导员，你还要加强政治理论的学习，加强思想政治理论教育学科理论的学习，增强理性思维，这是做好辅导员工作的重要方面。还要特别注意向实践学习。每年教育部、各省都会评选“最美辅导员”“辅导员年度人物”，他们是辅导员中的优秀代表，多向他们学习，把他们一些好的做法运用到你的工作实践中。你算是辅导员队伍中的新兵。这几年辅导员队伍建设得到了长足的发展，这支队伍会越来越得到重视。安下心来，朝着职业化、专业化辅导员方向发展，做一辈子辅导员也是很值得的事情。有事联系我。

祝好！

谢谢曲老师！清晨收到您的回复，有温暖，也有力量！我会谨记您的话，把所学用于引导学生的辅助知识技能上，最重要的是首先做好自己，想学生之所想，坚定理想信念，树立正确的人生价值观。付出真实的爱、真心的好，建立信任，我想学生是会感受得到的！

相信你一定会成为一名被学生喜爱的优秀辅导员！

146

坚持下去

2021-01-27

曲教授好,向您致敬!

信念不能动摇,我做了十二年的辅导员,一直这样激励自己!很多亲朋好友和大学同学都问我“为什么要做辅导员”,我会笑着说“因为信仰”。我把这当作工作迷茫时的“调和剂”和现状的“兴奋剂”。

××你好!

贵在坚持!中国革命能够胜利,应当感谢江西人民。反“围剿”,红军长征,江西人民做出了巨大贡献。习近平总书记说:“理想信念就是共产党人精神上的‘钙’,没有理想信念,理想信念不坚定,精神上就会‘缺钙’,就会得‘软骨病’。”你是对的,一定以信仰的力量来做支撑,这是做好辅导员工作、能够坚守在辅导员工作岗位上的根本。常有人说,现在时代不同了,讲什么信仰、理想,理想,有钱就想。不管别人怎样想,作为辅导员不能这样想。我们都是共产党员,都是在党旗下宣过誓的人。辅导员工作到底有多难?这就看你信仰的坚定性了。有了信仰,再难也不难,并且会以此为快乐;没有了信仰,说多难就有多难,并且由此还会产生烦恼。我们生活在现实当中,都有个人的利益,我也做不到毫不考虑个人利益而全部想学生利益。我还要考虑怎样让孩子、爱人生活得幸福(我和我爱人的双方老人都过世了,不然还要考虑他们)。但是,作为辅导员,我们还是应当尽量地,或者说最大限度地为学生的幸福、祖国和民族的未来着想,这是我们的使命和担当。这不是唱什么高调,这是应当做到,也是能够做到的。常听有的辅导员说,我没有"条件",不然我也会为学生做这做那。真是这样吗?那些更多地为学生着想的辅导员是因为他们比你有"条件"?一些对学生还不那么关心,甚至"克扣"学生的是因为他们的"条件"差?不能这样认为,说千道万这还是信仰的问题。信仰才是万能的"钥匙"。一旦信仰"生锈"了,就打不开学生心灵之"锁"了。有的辅导员也常问怎样才能做好辅导员工作?有什么秘籍没有?其实秘籍就是信仰。为了自己的利益选择做了辅导员,必然患得患失,没评上职称,觉得亏了;没晋上级别,觉得冤了,这就没有信心坚持了。相信你会带着信仰在辅导员工作这条路上走到底;也希望广大的辅导员朋友能够把信仰排在辅导员所应具有素养的首位。心中有信仰,脚下有力量!真心希望你们一切都好!

147

再坚持二十年

2021-01-30

曲老师，我是一个工作近二十年的老辅导员，身边的同事换了一批又一批，有的去了机关，有的回学院里当任课老师……我热爱这个工作，很享受帮助学生解决问题后的成就感和帮助学生解决困难的价值感。我觉得奉献让我更快乐，这些年我一直在努力地为学生付出，也心甘情愿地付出，在很多问题的解决方式上有了自己独特的方法。但由于这些年只忙于事务性工作，不善于总结，不善于学习，闭门造车，所以没有形成自己的工作特色。但我现在想进步，想把工作做得更加职业化、专业化，您能给我一些引导和建议吗？我该怎么努力才能成长起来？

你是对的。我经常跟辅导员们讲，别年纪轻轻的就想“舒服”，怕麻烦，一心要到机关去。在学校怕接触学生，如果在学校一辈子，没有一个自己的学生，岂不是缺憾？各学校都经常有机关的同志、专业老师找辅导员帮助他们找毕业生协调些事情，到这个时候就知道辅导员“好”了。当然我这是从低层次来讲的，说得“高大上”些，辅导员工作就像你谈到的，在帮助学生的同时，你得到了幸福和快乐，实现了人生的价值和追求，这多值得拥有！没人会拒绝幸福，那就到学生这里寻找。特别是辅导员工作是在“为党育人、为国育才”,这项工作“功在当代、利在千秋”。一个民族,没有一代又一代承前继后、为之奋斗的人,这个民族岂能发展?眼下我们要实现中国梦,中国梦能否实现,说千道万要看我们能否培养出矢志不渝跟党走的人。所以,辅导员工作意义重大。我们共产党员,是在党旗下向党许下过承诺的人,即便辅导员工作麻烦些,我们又怎能逃避呢?那多让人瞧不起,多令人耻笑?你是对的,就应当在服务学生的路上一往无前!你谈不上闭门造车。你整天和学生在一起,这就是鲜活、生动的思想政治教育实践。你可能专业方面的书看得少些。术业有专攻。思想政治教育是学问,需要学科支撑,一定要多看书。把你做的工作分一下类,寝室文化是怎样建设的,得失在哪里;学生干部队伍是怎样建设的,得失在哪里;社团是怎样建设的,得失在哪里;谈话是怎样进行的,得失在哪里;家访是怎样开展的,得失在哪里;班会是怎样开展的,得失在哪里;社会实践是怎样开展的,得失在哪里……排列开这些,然后从中找到规律性的东西。就聊到这儿吧。成功都在坚持之后。愿你在对的路上坚持到底!

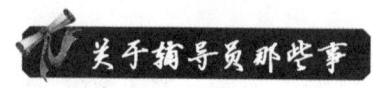

祝好!

曲老师,刚看手机,对我这样一个平凡的小人物,您居然给我发了这么一大段激励我的文字,让我十分感动!正像您说的,我确实专业书看得少,工作不善于总结,我现在学还不晚吧?希望您多给我些指导,从来没有人指点我,都劝我早点离开辅导员队伍。可我想干一辈子,我想做自己喜欢做的事情。我会努力成长起来的,像您一样,帮助更多的人,让世界充满爱!太开心了,有您的指引,我更有力量了!

148

你还需要坚持

2021-03-15

曲老师您好!

我是××学院的一名辅导员,刚刚工作快满三年,有幸听到您的讲座并见到您本人,让我感到尤为激动。我看到了仍然有人一直坚守自己身为辅导员、身为老师努力培养学生的初心,这也激励我坚定地在这条道路上一直走下去。我也特别希望能成为像您这样的人,踏实努力、满怀真诚和对学生负责。感谢您像一束光,照亮并指引我们前进的方向!

××你好!

谢谢你的点赞。我算在学生工作岗位上摸爬滚打了一辈子。我能坚持下来,并且无怨无悔,就是因为我没有忘记初心,把将学生培养好当成了矢志不渝的追求、实现人生价值的体现。我也知道我们有许多辅导员爱生如子,为祖国培养了一批又一批优秀的学子。他们的事迹都很感人,你要以他们为榜样,向他们学习。你已入职快满三年,还保持着初入职时的热情,这是值得点赞的。我们有的辅导员没干几年就“倦怠”了,这也是不应当的,希望你能始终保持这样的热情。做好辅导员工作离不开“精气神”,别还没怎么样,自己就先耷拉下了脑袋,这怎么能行呢?你的心中也要装满光,努力为学生的人生照亮前行的路。有事就联系我。

149

与辅导员的交流（一）

2021-04-09

曲老师您好！

我是××，认识您很荣幸。今天听了您的分享，既心灵震撼，又精神振奋，很受教育。我四岁就失去了父母，吃百家饭长大，在大学也做过辅导员，您说的这些，我深有感触，听到心里去了，再次向您致敬。

××你好！

本应当早些回复你，因为想多说两句，便拖到今天，请谅解！

你还是很努力的，也取得了一定的成绩，能够获得“全国辅导员年度人物”入围奖也很不容易了。你虽然在学历上有短板，但你还是能够正确地对待它，不仅没有受到太大的影响，反而更努力地工作，这是对的。“短板”是先天的，只能通过努力来弥补，以事实说话，如果被“短板”困住了，那就会止步不前，败下阵来。你现在已经是在读研究生，没有什么可犹豫的，那就下功夫把它攻下来。当然学习和工作的关系还是要摆正，说到底学习也是为了工作，工作也是学习。毛泽东同志说过：“读书是学习，使用也是学习，而且是更重要的学习。”我们现在有的辅导员没有摆正好工作和学习的关系，把考博当成了唯一，把学生工作放到了第二位，读博就是为了评职称,这样的学习对工作意义不大。比较重要的一点是,做辅导员工作一定要有问题导向,要把辅导员工作当成学问做。这样日积月累,即便没有学历,也会很有学问,同样可以成为辅导员工作领域的专家。贵在用心!贵在坚持!贵在始终把学生放在心上。

祝好!

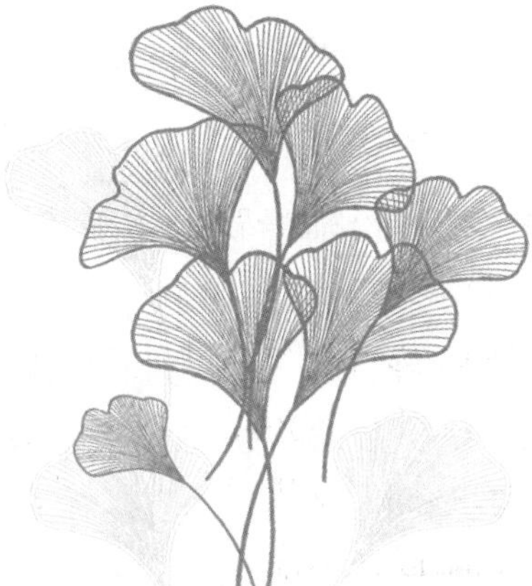

150

与辅导员的交流（二）

2021-06-09

曲老师您好！

昨天晚上我认真读了您写给辅导员的文章，实如您所说，辅导员对学生影响是深远的，学生成长我们就高兴。我2006年读大学，毕业前普通话考试没有通过，我的辅导员跑前跑后帮我咨询教师资格证办理政策，我才第一次明白大学里有人指导和帮助学生是多么的重要，也第一次对辅导员工作有了认识。2013年我研究生毕业后选择做一名辅导员，服务了两届学生，确实感觉到是学生促进了我们成长，是学生铸就了我们的辉煌。在这条路上，有不满意的，有不理解的，有不认同的，有不配合的，确实不容易，我也产生过动摇。然而2018年您来给我们做讲座，再一次让我感受到辅导员对成长中的学生的重要性，让我明晰了工作任务，正视了自身价值。昨天听说您又要来重庆，又能有幸听到您的讲座和拿到您签名的书籍，我们感到万分高兴，在此，祝您身体健康、万事如意！我也会努力向曲老师看齐，继续在辅导员岗位上不忘初心、牢记使命，担当作为、铸魂育人。

××你好！

你选择做辅导员，就是选择了一份事业，选择了人生的追求，不要犹犹豫豫,一定要排除干扰,坚定地走下去。谁都想领略无限的风光,“无限风光在险峰”嘛。到大连可以联系我。把你的详细地址告诉我,我邮寄一本我写的书给你做纪念。

祝好!

好的,一定谨记曲老师教诲!我的地址:×××××××××。非常感谢曲老师,我一定会好好学习您的著作。

151

与辅导员的交流（三）

2021-07-14

曲老师您好！

您的讲座让我热泪盈眶。我是一名刚入职的辅导员，下学期开始带学生。很荣幸能够在这个时候听到您的分享，无法用语言来表达我对您的敬意和谢意。您让我对辅导员这个岗位有了敬畏感，也让我们平时听着觉得很假大空的东西、辅导员誓词里面干巴巴的文字富有了鲜活的生命。谢谢您，希望有机会去大连可以拜访您，您多保重身体。

谢谢对我的认同。关键是要坚持下去。很多辅导员开始的时候也是充满了热情，但是做着做着便倦怠了。这有多方面的原因，比如，辅导员到底做什么、怎样给辅导员评职称等，当然尤为关键的一点还在于辅导员主观上是怎样看待辅导员工作的，人生的追求在哪里。辅导员工作相对来说是有这样或那样一些麻烦，可是又能麻烦到哪里去，不正是因为这些麻烦才奏响了我们人生的乐章吗？“风物长宜放眼量”，到了我这个年龄，感悟就会很深，培养一批又一批学生真是幸福的事情。

谢谢曲老师，我会记住您的教诲，慢慢地、可持续地做好学生工作，努力和学生一起成长。如果以后在工作中有问题,我还想向您请教,但愿不会打扰到您。

152

与辅导员的交流（四）

2021-10-12

曲老师您好！

我叫××，是这次参加培训中的一员。听了您的课，我真的是受益匪浅！我是一名企业辅导员，很荣幸能够参加这次培训，没来培训之前我的大学老师就和我提起过您，真的是百闻不如一见。我是专科学校毕业，自考的本科。大学期间担任小导带大一学生。也是由于这个原因，我一直都有当辅导员的梦想。因为一些机会，我有幸当上了企业辅导员。我现在正在努力争取早日成为一名高校辅导员，就在前几天我考研报名了辽宁大学马克思主义思想政治教育专业。希望自己越来越优秀，这样离真正的辅导员梦想就更近了一些。向您学习！

××你好！

看得出来你有育人的情怀，那就努力追求下去。希望你能成为一名思想政治教育专业研究生，将来有机会在高校做一名辅导员。心有希望，才有希望。向着太阳升起的地方进发，你一定会实现你的愿望。

我有足够的积累，又一直在路上，所以我有无限可能。曲老师，谢谢您,听了您的课之后我的目标更明确了。

是这样的,成功属于在正确的路上永不停歇的人。

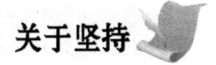

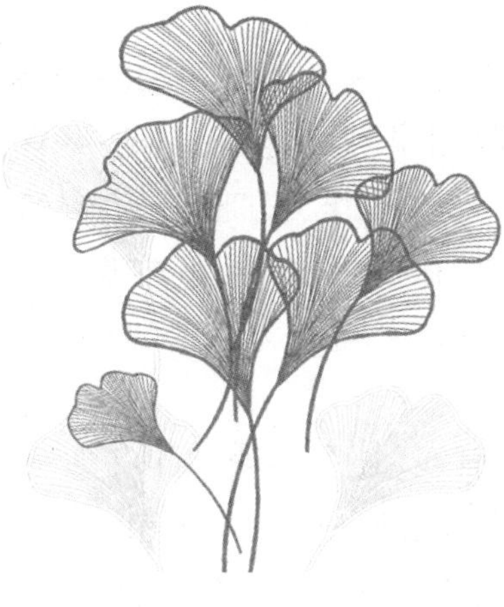

153

与辅导员的交流(五)

2021-11-02

曲老师您好!

我是× × 学院的辅导员 × ×。2001—2008 年我就读并毕业于× × 大学。您一直是我特别尊敬和崇拜的老师,但是一直没有和您加微信,今天听了您的报告,让我备受鼓舞。作为工作十三年的民办高校一线辅导员,虽然尽力保持着工作的激情和热情,但是难免偶尔会有消极的情绪。今天,再次被您激励!我将始终秉持育人初心,牢记立德树人的使命,继续努力!感谢您!您辛苦了!

曲老师,看到您有些消瘦,还是有些心疼,您一直奔波劳累,一定要注意身体。虽然一定有很多人会叮嘱您,但是我也想表达我对您的关心。很多事情,放弃不难,但是坚持下来是多么不容易!我也要向您学习,爱工作、爱学生、爱生活!

不打扰您了,您好好休息,愿您每天都有好心情。

× × 你好!

谢谢你!选择辅导员不难,坚持下来确实难。选择和坚持的背景是不一样的,这就使思想发生了变化。做好辅导员必须不忘初心、牢记使命,始终保持对党的事业的忠诚,保持对教育爱的情怀。希望你能不断地陶冶自己、提升自己,在服务学生中有所作为。

154

与辅导员的交流（六）

2021-11-13

曲老师您好！

我是来自××学院的辅导员××。很荣幸可以加到您的微信，感谢您上午的分享。平时一直都在看您的公众号，我想跟您说，您是我的榜样，潜移默化地影响着我。每当感到困惑或迷茫时我都会去翻阅您的文章，看完后能量满满。感谢您的一路指引，我会努力跟随您的脚步，做一名优秀的辅导员老师。

××你好！

谢谢你的点赞。看得出来你对辅导员工作有着深深的眷恋，这让我很感动。不得不承认，当下辅导员的工作还存在着许多不如意的地方，有的辅导员由此产生了抱怨，甚至倦怠，而你却是勇敢地面对。年轻人一定不要惧怕困难，不是说“艰难困苦，玉汝于成”嘛。不要图舒舒服服，那样就干不成大事了。希望你能做到像你说的那样，成为一名优秀的辅导员老师。有目标是一回事，奋斗又是另一回事，那些成功的人都是沿着正确的目标永不停歇的人。

把你的详细地址告诉我，我把我写的书签名邮寄一本给你做纪念。

祝好！

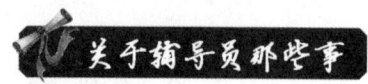

感谢曲老师的耐心回复，荣幸至极，备受鼓舞。太多语言都显苍白，一切用行动证明。希望下次有机会能见到您，与您分享我的进步和成长经历。

超级开心可以得到您的书，我就厚着脸皮收下了，真是太幸运了。

我的地址是：×××××××××。再次感谢您的回复与鼓励。

155

与辅导员的交流（七）

2021-11-15

曲老师您好！

听了您的讲座，我感到受益良多。我是一名刚毕业就加入辅导员队伍的新人，希望以后可以和您多多沟通、多多交流，接受您的指导。

不管你抱着什么样的想法加入辅导员队伍，从今天开始都应当坚定你的信仰，把陪伴学生成长当成人生的追求。做辅导员没什么不好，不就是麻烦些吗？也正是这些麻烦才奏响了你人生的乐章，让学生记住你、感恩你、祝福你。

谢谢曲老师的教导。我会坚定信仰，做好学生工作，奏响属于我人生的乐章！

曲老师您好！

之前有幸在学校带学生参加老师的签名赠书活动，今天再次听到老师的讲座依旧收获满满，深受感动！您是我们所有辅导员的领路人，向您致敬！希望以后有机会继续跟您学习，请您多保重身体！

谢谢！我老了，而你们正当年。实现中华民族伟大复兴，需要培养一批又一批矢志不渝跟党走的人。希望你不忘初心、牢记使命，不怕困难、勇于担当，努力成为大学生人生成长道路上的指导者和引路人，在服务学生中实现人生的价值。

学生一定牢记您的教诲，坚定不移！

156

与辅导员的交流（八）

2021-11-20

曲老师您好!

我是××学院的辅导员××。听完您的讲座,我感到受益匪浅。我是一个刚刚起步的辅导员,总觉得自己像个太阳,白天升起燃烧自己,黑天落下自我充能,第二天再冉冉升起,日复一日,总害怕会把自己的激情烧尽。听完您的这几十年的心路历程,我觉得自己找到了方向。谢谢您!

谢谢你的点赞。你们不是总说你们是独立思考的一代吗?为什么做起事来就没有独立性了呢?很多辅导员张口就是别人怎样说的,关键是自己怎样想、怎样做。当年熟悉我的老师、领导、朋友,哪有愿意让我做辅导员的?可是我坚持了下来。前两天我写了三期关于“不争而得”的文章,如果说争的话,我还真有一件事是争来的,就是我通过“争取”,回来做了辅导员。那时有谁同意我这样做呢?做事要听从你内心的想法,做和不做,其判断标准就是不能从自己的利益出发。只要你坚持了这一点,你就会每天信心满满,充满光和热,学生就会感受到你的温暖。

157

与辅导员的交流（九）

2021-12-19

××你好!

实在对不起,忘了回复你的微信。我现在在从成都到宜宾的路上。我在车上整理今年的微信,看到了你写给我的微信。谢谢你对我的关心和祝福。

很多事情就在于坚持,看准了的,就做到底。坚持数年,必有成效。

我一切都好。因为疫情,生活更有规律了,我每天都锻炼身体,也就消瘦了,这是在掌控中的。

有我能做的事就联系我。

祝好!

曲老师您好!

感谢曲老师给我的回复,今天晚上我感到非常开心。我当过辅导员,因长时间在牵头辅导员队伍建设的学工部工作,有时候感觉身边的辅导员们就缺乏了对这份职业的认同感,缺乏对学生满腔热忱的爱。现在网上总有一种声音,认为辅导员是进入高校工作的一块“敲门砖”,认为通过辅导员进去后可以通过做事转行政岗,可以通过考博转教师岗,心一直定不下来，所以在辅导员工作中难以付出自己的耐心和真心，对学生也缺少那一份真挚的爱，也许这也体现出了我们在工作中的一些不足。

感谢曲老师对我的鞭策，人生难能可贵的是坚持，我会谨记曲老师的教诲，保持自己的热情。辅导员队伍是支年轻的队伍，我有时候会觉得，能够从事这份职业十余年是件不容易的事儿，但这就像曲老师您所说的，只要信念坚定了，又有什么困难能难倒呢？

在备忘录编辑好消息之后我发现已是深夜十二点，不便再打扰曲老师，只好早上再将信息发出。

听到曲老师说能抽出时间来我们学校，并和我们学校的辅导员进行交流，真的感觉特别开心、特别荣幸，让我们学校的辅导员有机会聆听一名老辅导员的心声，能够更加坚定自己的信仰，更加坚定对辅导员这份职业的认同。

今晚我已经和我们学校联系，诚挚地邀请您来我们学校和辅导员们做一个交流。烦请曲老师告知 21 号上午交流的时间和主题，以及本次交流后续工作完善的联络人，以便我们学校做好准备。

再次感谢曲老师，给了我和您交流的机会，也给了我们学校辅导员和您交流的机会。

祝曲老师身体健康、事事如意！

望回为盼。

158

越坚持，行走得越远！

2021-12-21

曲教授您好！

很荣幸听了您做的精彩的报告，让我深受感动、备受鼓舞，也让我再一次想起七年前毅然决然选择辅导员工作的初心，同时也深知自己肩负的责任与使命。学生在学校里是几万分之一的个体，但是每一个学生都需要我们百分之百地去教育、去服务、去引导。辅导员的工作体现在方方面面，而辅导员的育人却是“润物细无声”，学生的成长成才离不开辅导员。我一直为自己能成为一名学生工作人员感到自豪，近几年也取得些许的工作成绩，但是我一直认为最高的褒奖是学生的认可，是学生取得成绩时的一条报喜、感谢的短信……学生才是我们胸前最耀眼的勋章。很荣幸在辅导员“中年期”听了您的报告，让我审视了自己的过往，同时也对未来的工作唤起期待，背起行囊，一如既往，继续前行。

××你好！

你写了这么多，我一定要回复你的，只是因为最近太忙了，回复迟了，请理解。

你也算是资深辅导员了，难能可贵的是，到今天你还信心满满地行走在辅导员道路上。现在有些辅导员没干几年便有了“倦怠”期,便想离开辅导员工作岗位,这也是一种短视、缺乏眼界的表现,当然从根本上讲还是境界不够造成的。整天患得患失的,又怎么能安心辅导员工作呢?辅导员工作是党的事业的组成部分,当选择了辅导员的时候,就应当坚定理想信仰,始终保持对党忠诚的态度。看看那些为了党的事业“抛头颅、洒热血”的先烈,他们得到了什么?我们在和平的年代里为党工作,我们付出了什么?我们又得到了多少?我们想的就是锦上添花的事。你说得对,既然我们做了辅导员,就一定要教育和引导好学生,要让他们成长成才。这不只是他们个人的问题,他们怎样,既关系到“国之大计,党之大计”,又关系到他们家庭的幸福。不能让一个学生落下、倒下,为此辅导员真应当尽最大的努力,不然我们的良心怎能不受到谴责?你还年轻,我们现在离建设高素质的职业化、专业化辅导员队伍还有不小的距离,希望你能做到像你说的那样:一如既往,继续前行!我想,坚持得越久,行走得必然越远。你一定会把学生培养得更好,在你的胸前挂满学生送给你的不朽的勋章。

有事就联系我。把你的详细地址告诉我,我邮寄一本我签名的书给你做纪念。

祝好!

关于读博

159

何来晚矣之说

2020-01-13

曲老师您好!

我是××大学××学院团委书记××。2018年7月,在我工作的第十个年头,我从教务处转岗到二级学院做辅导员,实现了我想进这个队伍的夙愿。周围很多人对此都不理解,说我三十七岁进入这个队伍,错过了跟学生沟通交流的最好年纪。今天,面对面聆听您发自肺腑的教诲,我几度落泪,感谢您!希望以后能有更多的机会向您学习。春节将至,祝您阖家幸福、身体健康、万事如意!

××你好!

我昨天在公众号发了《你是对的!》一文,其中就谈到我是赞同在一线做辅导员的。接着你便告诉我你放弃了机关工作到一线做了辅导员,我认为你这样做是对的。为什么是对的?在昨天的文章中我说了这个问题,这里不再赘述。你又谈到有的同志认为你错过了与学生沟通交流的最好年纪,这对不对呢?这是不对的。这里关键问题是没有弄清楚辅导员是干什么的。

辅导员是大学生的人生导师。导师就是起引导作用的老师。这个定位多高啊！这个职业多难得啊！自己都没明白事的时候又怎么让学生明白呢？所以，从某种意义上来讲，在责任心、爱心一定的情况下，年龄越大，越有利于做辅导员。不是有这样一句老话吗？“我吃的盐比你吃的米都多。”就是说年龄大的人比年轻人知道得多、经历得多，这些对年轻人都可以提供宝贵的人生借鉴，如果再加上愿意学习、愿意思考，一个年龄大的辅导员所起的作用不用怀疑，一定比年轻的辅导员要大。

辅导员不是干杂活的，靠的不是体力；辅导员是做细致活的，要解决学生思想上的问题，这是“慢活”，需要精工细做。

我写过这方面的文章，辅导员队伍建设必须改变“娃娃辅导娃娃”的状况。为什么学生的思想那么不清晰？为什么一些辅导员和学生有代沟？一个重要的原因就是一些辅导员太年轻了，不能及时为学生解疑释惑，使得学生陷入苦闷当中，渐渐地疏远了我们。我们常常会听到这样的评价：“这个辅导员干得不错。”这种评价往往都是从管理上来说的，学生的行为关键取决于内心的自觉。不然你管住了学生的行为却管不住学生的心，这没有根本的意义。辅导员一定要职业化、专业化、专家化。这是需要一个培养成长过程的。

曲老师您好！

感谢曲老师的认真回复、深刻剖析和耐心引导。作为这支队伍中的“老新兵”，可以预见，今后我会遇到很多解不开的结、转不过的弯、迈不过的坎，到时再向您请教。感恩遇见，好人平安！

砥砺前行！我们共勉！

160

和一个辅导员的交流

2020-07-13

前两天一个辅导员问我考辅导员博士的事，我把今天早上给他的回复推送给大家。

曲老师您好！

我是××学院的辅导员××。我先向您介绍一下我自己。2015年年初我在沈阳一所大专院校从事辅导员工作。2015年7月我在辽宁大学岗前培训时听过您的讲座。2019年我通过考试进入××学院担任辅导员，在大连海事大学培训的时候又见到了您。一直关注您的公众号，看您解答了各种问题，不仅非常具有前瞻性，更有对这份工作独到的见解。

我在职业发展上也有一些困惑，希望有机会能够向您请教。近年来，关于辅导员继续深造学习的专项博士，以辽宁省为例，一些大学的专项博士都是得益于您的工作才得以落成。根据相关文件要求，硕士毕业，在编在岗，从事辅导员工作三年以上，在学校和上级主管部门推荐下可以报考辅导员专项。

本着想在辅导员一线更加努力地工作，提升自己的想法，我也有考专项博士的打算。可是在报考前，周围的人就有两种"声音"：一种"声音"

是，这种专项博士，一般导师更倾向于要有一定职称或行政职务的从事学生工作的工作者；另一种声音是，博士毕业后，就转岗当思政课教师了，肯定不会再从事辅导员工作了。这样的声音使我在选择这条路时产生了一些困惑，想请您指点一下。

您具体困惑什么？

我现在是助教，实际上我应该可以参评讲师了，但是因为换了工作单位，所以还是助教。关于辅导员专项博士是不是如他人所说，一般导师会愿意要有职称或者有行政职务的辅导员。

××你好！

你提的问题具有普遍性，今天我就把给你的回复推送到公众号上。

关于辅导员考博士的问题，我此前写过专门的文章，你可以把我以前写的文章找来看看。辅导员考博士首先要解决的还是为什么要考博士的问题。众口一词、表面的理由都是要把辅导员工作做好，需要提升自己。实际上很多人内心想的还是怎样更有“面子”，怎样才能评上职称。特别是在一些“双一流”大学，没有博士学位是很难评教授职称的。

如果真是为了把辅导员工作做好，不读博士也能做好，甚至做得更好。什么意思呢？读博士需要大量的精力投入，如果有写大小论文那样的时间和拼劲，可以了解多少名学生，可以和多少名学生谈话，可以去多少个学生家家访，可以解决多少名学生的实际问题。况且现在辅导员的博士学科建设不完善，一些辅导员的导师根本不具有学思想政治教育管理的学术背景，这样有的辅导员读了博士，夸张点说，就是给导师“打工”了。结果一是难毕业，二是即使毕业了，所学的理论很多也用不上。也就是说，你博士毕业了，职称评上了，学生却“落下”了。这会有助于提升辅导员工作水平吗？这到底值不值得？可以说，有的辅导员读博就不是为了把辅导员工作做好，那只是一个借口、一个合适的理由，而恰恰是为了不想把辅导员工作做好，早日离开辅导员岗位，读博是“精致”的自我设计。

大家都懂得，现在只有辅导员可以硕士起点聘用，其他专业的教师都是博士起点聘用。有的辅导员想搞专业教学，苦于没有博士学位，尽管硕士阶段学的不是思政专业，也硬着头皮读了博士。在他们看来，这是他们改变自己、“逃离”辅导员队伍的唯一机会和通道。所以，不能说读了博士就能提升自己，就能把工作做好。要想把工作做好，就要在实践中学、在实践中做。理论水平不够，就抓紧时间学习理论；实践经验不够，就多向有经验的辅导员学习。围绕学生、关照学生、服务学生，只要把学生放在心中，就一定会成为让学生喜欢的辅导员，成为大学生健康成长的知心朋友、指导者和引路人。

我于2000年读的博士。那时我已经是校党委副书记、教授，硕士生导师。我之所以要读博士，一是为了进一步丰富自己的教育理论。我读了北京师范大学教育经济与管理专业，师从谢维和教授。在导师的指导下，我更全面、细致地研究了学分制背景下大学德育模式的构建问题。为了写好这篇毕业论文，我考察了国内外上百所大学，写了20多万字。我那时研究的成果，不谦虚地讲，很多观点今天仍具有前沿性。再就是我要给我的孩子做表率。那时我的孩子正读初中。我要告诉他学习是一种追求、一种生活方式，饿不死就读书。上大学是学习，工作是为了更好地学习。

至于你顾虑的导师愿意录取什么样的学生，这不是问题。辅导员基地建立的初期，就是专招一线辅导员的。现在可以招党务干部，但是教育部有严格的规定，每年党务干部录取名额不能超过三分之一。这还是为了保证一线辅导员能够占绝大多数。至于职称，那是学术水平的一个证明。有学术成果和没有学术成果，面试的时候评价会有不同。有的学校把面试成绩作为重要的依据，而有的学校只作为参考。你若真想考，就把学校的录取办法了解清楚。导师当然愿意招有研究能力的学生，这也是对学生的负责。别还没有考，就有这样或那样的顾虑，关键在于你的本心、你的追求。还有你担心转到其他岗位的问题也大可不必。你想做辅导员，如果有了博士学位便被转到其他岗位了？如果你说什么也不转，谁会转你？

就聊到这里吧。你是辽宁的一名辅导员，方便的时候可以到学校找我，我们再好好聊聊。要做有格局的辅导员，敞开心胸，把学生都放在心里。要把心思放在能培养出什么样的学生上，而不是自己有什么发展上。学生发展了，你自然就跟着发展了。

祝好！

161

为什么读博（一）

2020-10-16

这是我和一个辅导员的交流。她读了博士，为毕业后是否继续做辅导员而犹豫。

曲老您好！

我是××大学的一名辅导员，2013年在××大学听过您的一场讲座，当时特别震撼。作为辅导员小白，我入职一年，工作烦琐，对未来感到迷茫，已经找不到做辅导员的初心了。2020年年初，我们学校邀请您做了一场线上的讲座，听完后心潮澎湃。而彼时我的状态已大不同以前，入读辅导员专项的博士三年了，自己一直在学业、工作、初为人母之间寻找平衡。一直很难、很艰辛。但是有像您这样的前辈，感觉一路阳光，努力坚持。很多辅导员读博之后就转教师岗了，而自己一直在徘徊，转教师岗意味着有更多的时间看书、学习，也可以更好地兼顾幼子。而每每想到此，心头都会一紧，只有一种感觉：舍不得离开我的学生，舍不得辅导员这个岗位，所以还在艰难地坚持着。您的博士论文是高校大思政格局研究。我确定的选题是××研究。现在在看书，准备中，希望开题顺利。昨天看到您在公众号上的分享，冒昧地加了您的微信，渴望跟您有更多的交流。您是我辈楷模，自已当砥砺前行。季节交替,曲老多保重。

××你好!

谢谢你对我的关注。能看得出来你是一位很优秀的辅导员,心中有学生。现在开辟了辅导员读博士的途径。但有的辅导员读博士不是想职业化、专业化,而是想有了博士学位后就有机会转到马克思主义学院做教师,甚至转到其他专业当教师。这只能是看自己怎样选择了。从我看来,一些辅导员工作了好多年后读博士,等做完博士后再转到马克思主义学院,时间上与毕业就在马克思主义学院做教师的博士差了许多年,即便转过去了能有什么作为?恐怕就是图个相对"清闲",把思政课当成了"饭碗",这样又怎能上好思政课?而我会这样想:已经做那么多年的辅导员了,丢掉实在可惜。博士毕业了,再接着做些年,就可以成为专家型辅导员了,这不挺好吗?在大学里还是应当和学生在一起,虽然麻烦些,但正是这些麻烦让学生记住了你。大学制度会不断地完善的,辅导员的工作界域也会越来越清晰,许多麻烦事一点点就没了。

谢谢你对我的认同。你可以把你的博士论文提纲发给我,我谈谈我的看法。我还是希望你能够在辅导员工作岗位上坚持下去。把你的详细地址发给我,我把我写的新书签名邮寄给你做纪念。

祝一切顺利!

感谢曲老的回复,有点受宠若惊的感觉。我会坚持自己的初心,好好干好辅导员工作。在这条路上有您这样的引路人,我想接好这个接力棒。曲老,看您都是在休息时间回复,实在抱歉,影响您休息啦。感谢曲老愿意给我的论文提纲提供指导,我晚几天给您发,最近还在改动。

162

为什么读博（二）

2021-01-24

这两天网上又在炒作武汉大学一次性招聘30名学历为博士的辅导员的事。这些博士全部来自名牌大学，其中毕业于北大、清华的就有6人，还有一人是留学生。一些同志让我谈谈对此事的看法。招聘博士毕业生做辅导员已不是什么新鲜事，关于辅导员队伍建设我写了很多文章，也主持过相关课题，2009年我还完成了一项国家社科基金项目：《建构高校辅导员队伍长效机制研究》，并形成专著公开出版。这里我阐述了辅导员工作的地位作用；辅导员工作的内容；辅导员工作的方式方法；辅导员的选拔聘任；辅导员的培养、发展路径等。我开通公众号以来，能有上百万文字都与辅导员队伍建设有关。我也说过，关于辅导员队伍建设我不想说什么了，可是一到这个时候，我就憋不住，还想说两句。因为我这辈子就做了一件事：做大学生的思想政治教育工作，也可以说就研究了一个问题：怎样建设好高校辅导员队伍。这不是吹牛，在辅导员队伍建设上我还是有点发言权的。那么怎么看待武汉大学一次性招聘了30名博士毕业的辅导员这件事呢？我这个人很直，不隐瞒我的观点，此事反映出武汉大学对辅导员队伍建设的重视，但是这种做法不是建设辅导员职业化、专业化的思路，这也正是武汉大学一次性招聘30名博士毕业生的原因。

我们先由武汉大学说开去。实事求是地说,这些年来辅导员队伍建设得到了长足的发展,有了很大的起色。一些高校由原来的没有辅导员到有了辅导员;由原来的不给辅导员评职称到给辅导员评职称;由原来的不按照辅导员的学科属性给辅导员评职称,到现在的尊重辅导员的学科属性;由原来的评聘职称时没有名额到有了名额……一些高校正在向职业化、专业化的辅导员队伍建设迈进。可是我们从发现问题的视角出发,不能不看到的是,辅导员职业化、专业化队伍建设还是步履维艰的。一些高校好不容易打通了"最后一公里",给辅导员评了教授、副教授,结果评上的教授、副教授又"优出"了,他们到了马克思主义学院做教师;到了机关做干部,一线辅导员教授仍然是"0",包括有的"双一流"高校也是如此。一些高校对所谓辅导员职业化、专业化的理解,只限于这是一个职业,要有专门的人来做,至于由谁来做、怎样做、怎样长期做就没有研究了,更缺乏相应的制度设计。这个问题的出现有多个原因,在此我只是简单地谈三个方面的原因,要是感兴趣,可以查阅我此前在公众号上推送的相关文章,那里都有相关阐述。

首先,还是出在认识上,就是说高校到底有没有必要有一支职业化、专业化的辅导员队伍。现在有些同志之所以"重视"辅导员队伍建设,那是搞"政治正确",为了保持一致,这是对的。我常讲这个观点,大学不是你家的,不能你想怎么办就怎么办。办大学一定听党的、听国家的,让你怎么办就怎么办。高校辅导员队伍体现了社会主义大学的本质特征,从这点来看,建设职业化、专业化辅导员队伍,确实是一个政治问题,培养什么样的人、怎么样培养人、为谁培养人,必须作为头等大事来抓。但是仅仅这样来理解职业化、专业化辅导员队伍是不够的,这样的认识在行动上只会被动地服从。建设职业化、专业化辅导员队伍还是一个学术问题,关系到思想政治教育学科的建设发展、尊重学生成长成才的规律问题。思想政治工作要寓于教育教学的全过程,这正是对长期思想政治工作规律认识的结果。术业有专攻。越是这样,越凸显了思想政治工作具有学术性、科学性,需要尊重学科特点和学科规律,不是谁都可以做的。不用考量,武汉大学招聘这 30 名博士毕业生做辅导员,一定不是从学科属性上考虑的,虽然他们都是博士毕业,但是从事思想政治教育的思想准备、学术准备如何?有博士学位就具备了辅导员工作的素养?一定不是这么回事。大家都懂的,这其中有多少是不得已而为之的呢？这样的心态怎能做好辅导员教师呢？又怎能长期从事辅导员工作呢？

其次，问题出在发展路径上，就是到底怎样建设职业化、专业化辅导员队伍。这个问题跟第一个问题相关。由于没有把辅导员看成高等教育不可或缺的一部分教师，因此就没有职业化、专业化辅导员队伍建设的制度设计。一些同志在思想上就认为辅导员是“流水”的兵，这里没什么学问，只要有人做就可以了。应当说有些同志的出发点也是好的。从事辅导员工作有些年了，便想方设法帮助他们解决出路问题。很多学校把一些辅导员调到机关工作，把评上教授的辅导员调离辅导员岗位，也是想解决他们的“后顾之忧”。如此看来，只给辅导员评职称是解决不了辅导员队伍职业化、专业化的，评上以后就调走了，那还有什么意义呢？为什么现在辅导员队伍总是“青黄不接”？总是像割韭菜一样割了一茬又一茬？说到根本，就是没有建设职业化、专业化辅导员队伍的长远打算，一些高校的辅导员队伍建设就是在“应景”、在“对付”，即便数量够了，质量又怎样呢？与思想政治教育所要完成的任务还是有不小的差距。的确有些机关也缺人。从辅导员中选聘辅导员到机关工作不是不可以，关键是要保证辅导员队伍的正常师生比，尤为重要的是要保证辅导员队伍要有合理的职称结构。评上教授、副教授调走了可以，但是岗位要留下，辅导员队伍建设要科学化。武汉大学一下子就聘任了 30 名博士毕业生做辅导员，这意味着什么？两年后全部“双重晋级”？五年后呢？十年后呢？一些辅导员不安心，跟这种聘任也是有关系的。辅导员队伍怎样职业化、专业化？怎样长期从事此项工作？恐怕这些辅导员从聘任上辅导员那天起就在琢磨怎样离开辅导员队伍；有些领导同志恐怕也是这样认为的，从想聘任他们做辅导员那天起，就开始为他们的“出路”着想了。他们可以干几年就分流嘛，有了博士学位，人到哪不行？辅导员岗位就是为这些博士搭设的跳板。

最后，是问题出在督导评价上。现在教育部有关部门和一些地方党委、政府部门把辅导员队伍建设纳入督导检查当中，有的还纳入巡视当中，这对辅导员队伍建设是极大的推动。不过从现实情况来看，对职业化、专业化辅导员队伍建设的督导、评价、巡视还需要进一步加大力度。“力度”就是导向，就是指挥棒。加大力度，就是在强调辅导员与学生比例 1∶200 的基础上，辅导员职称一定要有合理的结构，不仅要重视数量，也要重视质量。这也不是说一年就要解决辅导员岗位上有多少教授、多少副教授的问题,起码应当有个基本的规划,几年内应当达到什么样的水平。这样辅导员就安心了、有盼头了。很多辅导员想职业化、专业化,一辈子做辅导员教师,可是他们没有办法,只好另觅他路。不管怎样讲,辅导员队伍职业化、专业化建设已经提出多年了,现在有的"双一流"高校一线都没有一名辅导员教授,这总是说不过去吧?我在《光明日报》上也发表过相关的文章,思想政治教育教师队伍不一流,怎么能建一流的大学呢?武汉大学聘任了30名博士毕业生做辅导员,从学历上、从改变"娃娃辅导娃娃"上是有意义的,如果不是长期从事、只是"不得已"从事了辅导员工作,那对建设职业化、专业化辅导员队伍也没有什么大的意义。

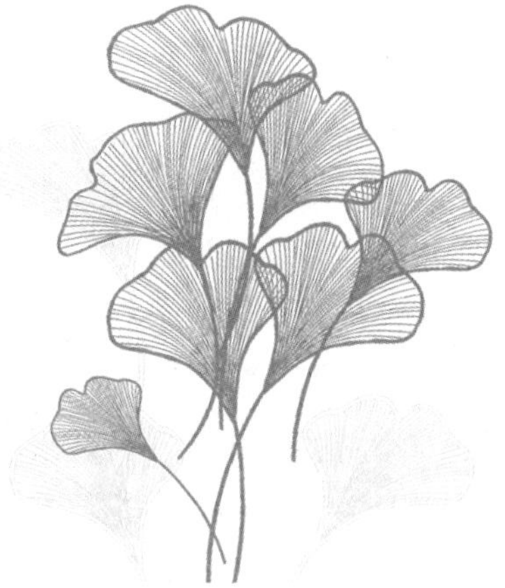

163

要不要考博

2021-03-18

曲老师您好!

我是××,在读硕士研究生二年级。今天您说晚上要约以前教过的学生聚餐,我就想着先不来打扰您了。没想到您先与我打招呼了。关注曲老师的个人公众号“仍然在路上”已经有三年时间了,推送的内容都是日常工作中的所见、所感,还有很多对一线辅导员、准辅导员的回信。很多对大学生的建议和指导,读后让我很受用。曲老师编著的《我与大学生朋友的交流》《我与辅导员的交流》既有思想理论高度也很接地气,我想这就是大量实践案例经验带来的、十分具有真实价值的研究,在方法论层面也给我们很大启发。在我的身边,我们很多研究生同学,也是对辅导员这个工作饱含很高的热情,而且相对于一些理工科专业来说,我们在教育专业领域知识储备,还是比较契合学生的引领指导的。当然,也会有更多的同学前往全国各地的中小学和高校任职,将自己所学知识奉献给我国基础教育和高等教育事业。您今天的报告给了我们极大的信心和鼓舞,无论身处教育战线何处,为了我们的祖国、为了我们的人民、为了我们的学生,我们都要继续努力。

我个人是很希望从事辅导员工作的。我在本科时候就入了党,我是真心认可、喜欢学生工作，想为同学们的学习、生活做点事情，成为同学们的伙伴。前不久，我也办了自己的微信公众号，里面记录了我选择坚持在辅导员工作岗位上的初心。曲老师，我大学学的是中文，研究生读的是语文课程教学论，不是思想政治教育科班出身。目前我还想继续读博，多学点东西，提升自己。今天很想请教曲老师，您觉得如果我想今后从事辅导员工作，是去跨考到思政教育专业读博，还是继续在我本专业领域内学习下去呢？现在考博是申请考核制，导师比较看中专业一贯性，我也怕自己因为专业课底子薄一些而被拒绝，所以，就想听听您的意见。您太忙了，若是有空的时候给我说上一两句就很感谢了。您注意身体，早些休息。

××你好！

谢谢你对我的认同。一直在忙，才给你回复，请谅解。

你想做一名辅导员，并且你现在的基础也不错。那么有没有必要再读博了呢？这要听从你内心的召唤，也就是你想做辅导员的坚定性如何。即便你读上了本专业的博士生，毕业后还是做辅导员的话，那你硕士毕业有机会当上辅导员，你直接当辅导员就可以。因为你读上了博士，你的专业和辅导员工作联系也不大，到头来你还是要重新熟悉、重新开始。你可以做几年工作之后，再考辅导员工作领域的博士。当然，不考也没有什么了不得。现在，尤其在上海，高校陆续有些博士生毕业当了辅导员，加上有的学校评职称要求有博士学位，这使得有些辅导员有“紧迫感”，其实这大可不必。辅导员工作的一个重要特点是实践性。虽然理论重要，但是一定要与实践相结合。不是说硕士学历就够用了，而是说有了博士学位对辅导员工作未必会有直接的帮助。就目前状况看，辅导员队伍不是博士学历的问题，主要还是学科背景离思想政治教育太远。这使得许多辅导员说理能力差，对学生就是“管”。对这一点，辅导员自身要有数。考博是解决这个问题的一个途径，但是最主要的还是辅导员自身的理论自觉、问题意识。不管读不读博，辅导员都应当带着问题来工作，解决问题的过程也是理论水平提升的过程，边工作，边学习，日积月累，同样可以提升理论水平。读博不是唯一的途径。

祝好！

谢谢曲老师详尽的回复！您回答的虽然是我个人的问题，但也是一批人的问题。您给我的建议，不同于我专业课教师们的视角，是从作为一位老辅导员的视角出发，因此我觉得这些经验是非常值得我反复思考的。现在在一个“跳一跳够得着”的位置上，家里人很支持我继续读书，自己也有求学的兴趣和动力，我想多读书、多掌握理论知识是好事，或许我还是会抱着不想后悔的心态，试着申请的。总觉得工作后在职读博，那时的精力和专注度不可和二十多岁相比了。在专业选择上我会尽可能向思政教育方向靠拢或者说即便专业仍然属于教育的其他领域，但研究的方向、论文的方向我也会有意识地更偏向于思政教育，若顺利考取，在读博期间，我也会一如既往地多参与学生工作，为今后真正成为一名专业的辅导员积累经验。当然，若没有申请上，那我便更加坚定和专一了，好好准备笔试、面试，为自己顺利求职而努力。不管继续深造还是奔赴一线，真希望下一次的沟通，是我向您报告离理想的辅导员职业又近了一步！祝老师一切顺利，期盼再有线下见面的机会。

如果你能读上博士，如果你能留在本专业教学，你就未必会选择辅导员工作岗位了。你热爱学生工作，可以做一名班导师，也可以真正做到课程思政，这样会更凸显你的特色和优势。教育最难能可贵的是有爱生如子的情怀。愿这份情怀永远伴随着你的职业生涯。相信你一定会成为一名优秀的教师，无论是做辅导员教师还是其他专业教师。再去上海的时候我方便时会联系你。欢迎到大连联系我。

祝明天更美好！

谨遵您的教诲，其实我决定毕业后回到家乡去工作。现在交通那么便利，从哪儿到哪儿都是一张车票的事情，相信我们很快就可以再见面的。再次向曲老师表达感谢，实实在在帮我理清了很多头绪。人就是要弄清楚怎么做才能过好更幸福的一生，才能明白怎么样的一生才是有价值、有意义的。希望我也可以像您一样，为我的学生解决学业困惑，引领思想进步。

关于付出

164

给辅导员的建议

2020-04-30

在这里就是给大家提个醒,这本是常规性的、大家一直在做的一项工作。就是大家要关注困难学生的情况。

这次疫情会给一些学生的家庭带来经济上的变化。在我与我授课年级和我指导的少数民族学生交流的时候,就有学生告诉我他的家里发生了这样的变化。辅导员现在可以通过微信做些了解,学生返校后再做深入的了解,帮助学生渡过这段艰难的时期。

辅导员很忙碌、很辛苦。整个疫情防控期间,辅导员是学校里最忙碌的群体。辅导员是大学生的人生导师和知心朋友。从学生的成长出发、从为中国梦的实现培养建设者和接班人出发,辅导员要认识到我们工作的价值和意义。我们一定要从"围绕学生、关照学生、服务学生"开展工作。不管别人怎样看我们,我们要知道我们是离学生最近的人,也是学生在校园里最亲的人。我们有些辅导员也是因为年轻,还看不到、意识不到我们今天的付出意味着什么。有了学生就有了一切。你们只管想你们应当做的事情,有些事是领导者谋之的。真正属于辅导员的春天一定会尽快到来!

祝大家一切都好!

165

一定要多想想生活困难的学生怎样过节

2020-09-29

思想政治教育的方法多种多样，简单说来就是以理服人，以情感人。人的行为都是受思想支配的，因此一定要把道理说明白，让学生认同、信服。而思想政治教育又有一个显著的特点，仅仅靠讲道理也是不行的，还需要用情感感化学生。我们的教育为什么与我们的期望有差距，情感不够是其中一个原因。就像有的家长理论上并不行，孩子却很听话，就是情感起了作用。所以理论教育要想取得好的效果，需要用情感来润色。这就要让学生感受到我们是在真心地关心他们，有了情感，学生就会悦纳我们的教育。尤其是对家庭生活困难的学生，更要给予特别的关爱，在节假日的时候更是如此。我在大学生思想政治教育岗位工作了三十八年，无论在哪个位置上，我都始终坚持这样一个教育理念：每逢佳节倍思“贫”。

我在做省委高校工委副书记的时候，寒假前召开沈阳地区家庭生活困难学生座谈会，我还从有关部门争取经费发放给有困难的学生，让他们回家过年；春节期间，我选择一些困难的学生家庭去看望他们。有的学生通过辅导员转达他们的感谢，立志成为建设祖国的栋梁之材。我在做学校党委副书记的时候，每年新年前夕，都会组织家庭生活困难的学生包饺子，学校还给每个生活困难的学生 20 元零用钱。有一年中秋节正值军训期间，我将全校几百名家庭生活困难的学生集中在主楼前的广场搞集体赏月，给他们准备好月饼、水果，年级辅导员、军训教官和学校、学院领导一起参加。我还邀请了大连市高校的一些学生歌手现场演出。我在做辅导员的时候，中秋节都给学生准备月饼，给他们送去节日祝福，嘱咐他们好好学习，感恩父母、报效祖国。我现在做我们学校少数民族学生的指导教师，他们过民族节日的时候，我都给他们送礼物，有时间就和他们一起吃个饭，给他们写信，祝他们节日快乐！前些天我到义乌考察陈望道故居，体味“真理的味道就是甜”，我还专门去了义乌国际商品城买了一批袜子让浙江师大的一个辅导员给发送过来，等中秋节时分发给少数民族学生、孤儿学生、授课年级家庭生活困难的学生。今天晚上我安排了中秋联欢会，全校新疆、西藏、孤儿学生集中在我们学校中心餐厅，大家在一起畅谈。前两天我在有的学校做报告，把报告费给了他们学校的孤儿过中秋节，有个孤儿给我写了很长的信，我回信鼓励他。我把我们的交流推送给了大家。记得有一次下午上思政课，正好第二天是五一劳动节，我让年级负责人把我上午做报告的费用给了年级里家庭生活困难的学生。让这些生活困难的学生改善一下生活，买点学习用品。第二天，这些学生每个人工整地给我写了一封感谢信，有的写了上千字。他们说他们知道了为什么要上好思政课，明白了要做一个什么样的人的道理。

思想政治教育要围绕学生、关照学生、服务学生；要入微、落细、落小、落实。只要能让学生感受到我们尽心、尽力了，学生就会听我们的，我们的教育就会取得预期的效果。一定要多想想生活困难的学生怎样过节。

166

你的付出学生都会记住

2020-12-20

曲老师您好!

我现在差不多也是您当时刚做辅导员的年纪,正在带一届学生。今天听了您的讲座深有感触,辅导员最大的成就感就是来自学生的肯定。看到您“桃李满天下”,我真的很感动,以您为标杆,向您学习!

××你好!

你是刚入职的辅导员,真应当好好想想初心在哪里。一些辅导员只是看到了自己的辛苦,总想图轻松,这能做出什么业绩来呢?辅导员对得起学生最重要。对于辅导员的付出,学生看得清清楚楚,都会记在心里。我现在六十多岁了,当年为学生做过的事情有些早都忘记了。我有个官职达到厅级的学生给我写了一封约5000字的信,他说我是他的精神导师。他能列举出我在大学时对他教育和帮助的点点滴滴,而我哪能想起这些。现在看来,正是当年和学生在一起的那些琐事,奏响了我人生的乐章。我要感谢他们给我带来的那些“麻烦”,如果没有那些“麻烦”,就没有学生心目中的我;没有那些“烦心”的事,学生就不会把我记住。谢谢你的点赞,我们共勉!愿你在属于你的那片田野上开垦出一片绿洲。有事联系我。

祝好!

谢谢曲老师的提醒和勉励!确实当时不管是做学生兼职辅导员还是通过面试正式成为辅导员,自己的初心都是想要做一名合格的教师,引导学生、帮助学生。去年成为教师后的第一个教师节,我收到班级每个同学一起送的祝福贺卡,真的很感动,感觉自己再苦再累都值得!就像您说的:"我们带很多学生,可能不一定记得为每个学生做了什么,但是真心对他们,他们就会记得我们做的每一件小事。"这些小事对我们可能已经习以为常,但他们却可能铭记一生,也可能顺势影响更多人。只要我们用真心对待学生,他们都是能感受到的。我一定不会辜负曲老师的期望,谢谢您!

我常讲,在乎别人的人才能被别人所在乎。我们有的辅导员总说学生不懂感恩,其实这样的辅导员应当问问自己为学生做了什么才会让学生感恩于你。辅导员可不能把让学生回报当成工作的出发点。辅导员是大学生人生成长道路上的指导者和引路人,要多想为学生做了什么,千万不能和学生斤斤计较,与学生形成利益关系,那样就太短视、太没有格局了,这又怎么会培养出有作为、有出息的学生呢?

是的,您说得对,不能有追求回报的想法,不管学生有没有反馈,自己得问心无愧,对得起这份事业。您早点休息。

167

与辅导员的交流（一）

2021-03-29

曲老师您好！

我是××，很荣幸今天能够近距离聆听您的演讲，感触很深，也受益匪浅。我要向您学习，用心、用情、用爱做好学生工作，服务学生成长成才，希望以后能够多多向您请教。

××你好！

谢谢你的认同，我们共勉！我的感触也很深，你们今天二十多名辅导员给我写来了感受，他们都谈到了今后要把辅导员工作做好，对得起学生，对得起这份事业。我从做辅导员那天起就非常自信：辅导员怎么啦？大学里多么需要这样一支队伍，他们是给学生人生价值引领的人。读了大学，找不到人生的方向，不知道所学的知识用到什么地方，这个大学读个什么劲儿？弄不好还会把自己毁掉了。辅导员一定要围绕学生、关照学生、服务学生，给学生的心灵埋下真善美的种子，这无论对党、对国家、对人民、对自己，都是“功在当代，利在千秋”的事，不管别人看不看得起我们，我们一定要看得起自己。现在比前些年辅导员的工作环境好多了，辅导员再努力一下，明天一定会更加美好。

祝好!

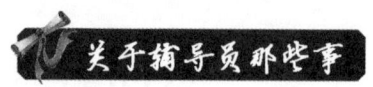

谢谢曲老师! 确实,辅导员工作不仅是一份职业,更是一份事业,如果我们的工作做到位了,党和国家的事业就可能多一个建设者和接班人,社会也会多一份正能量;如果我们的工作没有做到位,可能我们党和国家的事业就会多一个旁观者。实不相瞒,两年前我刚刚参加工作,一开始什么都要学并且都要从头开始学,基本上每天晚上都工作到十一点,我都是摇摇晃晃走出办公室的。那时感觉辅导员就是一份很苦很累的工作,找不到工作的意义和价值。后来我逐渐走近学生,走近他们的学习生活和内心世界,和他们打成一片,把他们当作自己的弟弟妹妹一样看待,用自己的所学和二十几年的人生阅历为他们解答人生疑惑、解决遇到的困难,帮助他们更好地成长成才。当他们遇到困难都来找我寻求帮助的时候,当他把我当作哥哥的时候,我才终于找到了辅导员工作的意义和生命的价值,自己也有了坚定的理想信念,每天再苦再累都精神饱满,充满力量,充满斗志。现在,我不仅要求自己把每天的工作做好、做深、做细、做实,我还加倍努力学习,通过读书学习增长自己的本领,以便更好地服务学生,也为他们做一个榜样,“我这个辅导员每天都学习到十一二点,你们有什么理由懈怠堕落”!曲老师早点休息,相信以后我们还会再见的,有机会再来向您请教! 做辅导员就要像曲老师一样把工作做到学生的心坎上!

168

与辅导员的交流（二）

2021-04-10

曲导您好！

我也是一名辅导员，对您仰慕许久。我们有幸争取到名额，今天从海宁这边过来聆听您的分享。您本人也很幽默，又很有革命前辈的情怀和信仰，感觉真的是发自内心的那种收获满满，感谢您！今天讲了那么久，您都一直站着，也没有喝水，真是辛苦您了！

××你好！

谢谢你的点赞。我之所以愿意站着讲，一是对大家的尊重，二是有意锻炼身体。辅导员工作首先就是信仰，体现的是对党的事业的忠诚。这种信仰缺失了，就会患得患失，就不会全身心地投入到对学生的培养上。辅导员工作也是一种情怀。学生们从天南海北来到我们身边，他们每个人就是他们家庭乃至家族的希望。一个学生倒下了，就意味着一个家庭乃至一个家族幸福的破灭。作为辅导员，我们没有理由不为学生着想，要尽其所能地帮助学生健康成长。

曲导您的境界是我所望尘莫及的，但却是我努力的方向。让我深有感触的是您说的那句:一个学生对于学校来说可能是万分之一,但对于家庭来说却是百分之百!所以作为一名辅导员,我也要向您学习。首先,自己要有信仰,才能有解决一切问题的勇气。其次,要尊重人,更要换位思考,在无愧于心的同时也要无愧于每一名学生家庭,还有您在做的高校系统和教育基金,都让我感觉您真的很伟大。您在百忙之中还回复我这么多文字,并且能叫出我的名字,令人深受感动。向您致以深深的敬意!打扰您了,再次恳请曲导在为国育才的同时一定要注意休息!

169

与辅导员的交流（三）

2021-04-30

曲老师您好！

我是×× 学院的辅导员×× 。

谢谢曲老师的精彩讲座，不仅让我们看到了自身存在的不足，也汲取了作为辅导员用心用爱的思想滋养学生的力量。

曲老师，上午人太多，没有单独向您请教的机会。请问您对当下的高校辅导员有什么建议和意见？尤其是您上午说到的辅导员抱怨苦、抱怨累，不能转岗问题。

×× 你好！

辅导员一定要把学生放在心上。不能应聘时一个样，当上了辅导员后又一个样，这样学生怎能信服你呢？这就自然做不好学生工作。辅导员一定不能忘了初心，要“为党育人，为国育才”。我们有个人的利益，但是更要想到学生的需要。千万不能因为我们而耽误了学生，这样学生就会戳我们的脊梁骨了。我们有的辅导员现在还是带着观望的态度当了辅导员，不能三心二意，要把心思回归到学生这里，犹犹豫豫的不仅耽误自己也耽误学生。一些辅导员抱怨工作累，可是累又能累到哪里？工人不累？农民不累？战士不累？学生不累？信仰坚定就不累了。我常说，先烈们流的是血，我们充其量流点汗。辅导员怎么啦？有了学生就有了一切。怎么能总想逃离学生呢？不爱学生什么也做不好。

嗯，谨记曲老师的建议，受教了。

曲老师，看您对学生资助比较多，这些虽然不完全是资金问题，在您当时任辅导员期间，是否经常关注学生的生活方面，给自己的学生买吃的呢？

这些都是需要资金的，平时我们会给班委犒劳一下，买些水果之类的，但是受众体不是大部分同学。

是的。我经常请学生吃饭，给学生买食品。现在条件好了，更是常态。

我们辅导员工资目前不是很高，可能现在大家不太会这样做。

班委会做工作是应当的。要关注那些家庭生活困难的学生。不是说要请学生吃饭，如果学生病了，尤其是住院了，辅导员买点水果还是应当的。

好，回去我也慢慢开始试着去关注家庭生活困难的学生，比如，单亲或离异家庭的孩子，赣南地区还是有一些条件艰苦的学生。

曲老师，对于从事两年的辅导员来说，可以从哪些方面提升或者改进专业能力呢？

可以看看思想政治教育类的专著，再涉猎相关学科的知识，党的十八大以来从国家层面召开的关于教育，尤其思想政治教育的会议，习近平总书记关于立德树人的一系列论述等都要好好学习。开卷有益嘛。要把读书学习当成一种习惯，当成重要的人生存在方式。

170

与辅导员的交流（四）

2021-07-09

曲教授您好！

我是××学院的辅导员××，能够聆听您的讲座倍感荣幸，也让我非常感动。辅导员工作中存在很多困惑，主要是如何走进学生的心里。您的形象很伟岸，我想有很多学生会仰慕您，您的话他们也特别听得进去，学生工作成效大。您的人格魅力在学生中激荡起的爱国情怀远远胜过乏味的理论说教。

佩服您的大爱无疆，远见卓识，无私奉献，坚定执着，您说您会用几十万字的聊天去感化一个人，难以想象您是怎么做到的，我如何才能做到您的千万分之一呢？

当今时代各种思潮涌动，西方价值观来袭，让学生真正厚植爱党爱国情怀，明白生而为人的价值，需要日积月累的引导，需要付出很大的心血。

作为小城市的普通辅导员，每天忙于琐碎的日常事务，虽然也会和学生谈心谈话，但思政工作缺乏深度和广度，自身能力水平的局限，决定了对学生的影响力有限，很惭愧！

最后，我想说谢谢您，感谢您对国家教育事业的付出，感谢您的谆谆教诲。

××你好！

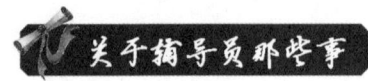

爱是教育的灵魂。没有爱，便没有教育。想当好辅导员，一定要始终保持对学生抱有浓浓的爱意。不要“嫌弃”那些琐事，正是那些琐事才奏响了我们人生的乐章。你年轻，还需要不断努力，慢慢就会成为学生喜爱、尊重的人。

171

学生就是自己生命的延续

——观《守望青春》有感

2021-09-11

“我是鹰，云中有志。我是马，背上有鞍。我有骨，骨中有钙。我有汗，汗中有盐……”伴随着这首诗歌，我的思绪久久不能平复，这是一种前所未有的酣畅淋漓，直击心扉般的震撼，是怎样一种信念才能让一个人如钢铁般坚强，是怎样一种精神才会在平凡的岗位中铸就伟大？是热爱，是感动，是我们这支队伍中每个人身上肩负的崇高使命。

曾经我也是“丢丢”，一个迷茫、执拗、不受约束且天马行空的问题少年，成为“丢丢”并不可耻，也许在青春期，每个人内心里都埋藏着一个“丢丢”，他代表着青春时期的状态，躁动、不安、迷茫、伪装，但他心中仍有希望，缺少的正是关爱、鼓励、引领和榜样的力量。而现在的我恰是“王一凡”，日复一日地做着看似热爱、实则无奈的工作，生活被经济所困，理想受事业所限，在犹豫与不甘中努力地挣扎，自私且贪婪地追求着那些不知何时才能得到的所谓的优质生活。直到今天，当思政教研室主任“刘威”的出现，就像在漆黑的海面上突然闪烁起的航灯，他既是孤独的，不会照亮整片大海，只能指引一个正确的航向；他又是不孤独的，所有的船儿都会向他驶来，无论是在阿根廷布兰卡港还是在北冰洋上，无论是在南非好望角还是在黄岩岛旁,只要他在,他就是夜空中那颗最亮的星,我多么希望以后也能成为像您这样的辅导员。

作为一名辅导员,在学校里看似很普通,只是千百教职工中非常渺小的一颗螺丝钉,但却能成为一个学生四年的回忆和灯塔,我会在学生们最年少轻狂也是最意气风发的时候,成为他们最好的引路人和知心朋友。记得我读大学那会儿,本来想在毕业前找个机会和辅导员好好谈谈心,谁曾想离校前见的那一面就是最后一面,人生难得久别重逢,更多的是天各一方。辅导员看着我们远行,我们为祖国服务,他们曾为我们服务。如今我成为当年的他们,我一定牢记育人使命,甘为人梯,甘当铺路石,愿能不辱使命扶学生上马,送一程,关怀一生。

辅导员见证了无数青少年的成长,陪伴了很多懵懂少年走向成熟,直到他们走出象牙塔,走到社会上去追求各自的梦想,而我们依然停留在学校这个大花园里,准备亲手种下一批新树苗,用自己的辛勤和汗水去浇灌,使其茁壮成长为参天大树。我们仿佛是一个永远站在路边为学生鼓掌的人,守望着他们的青春。当学生取得成就时,我们会为之喝彩;当学生走错路时,我们会提醒拨正;当学生失意难过时,我们会拍肩安慰。我们和其他教育工作者的区别是,我们更侧重于育人。记得每年新生入学教育的第一堂课,我都会讲“从这里迈好人生的第一步”,从大学的第一天起我就要从思想上正确地引领学生们,把他们当成自己的孩子,曲建武老师曾说过这样一句话:“学生就是自己生命的延续。”

我经常会问自己一个问题,即我是否是被学生需要的那个人。自从走上这个岗位的那天起,每天就伴随着给学生开班会、写假条、走路谈心、解决情感困惑、陪着去医院看病、组织文体活动、帮助联系就业单位等相关事宜,每一件我都尽最大可能做到事无巨细。走在校园里当学生们向我露出会心的笑容和真切地问候时,我总会觉得自己是被需要的那个人,被需要就证明自己还有价值。

记得刚入职的第二年,发生了一件让我对这份工作坚定认可的事。当时一个学生在跑步时不小心摔断了脚踝,当我得知后,第一时间赶到了医院,看着手推车上痛苦的学生,那一刻我强忍泪水,从晚上七点多一直到凌晨两点多学生家长赶到之前,我忙前跑后,生怕耽误了最佳救治时间。当我在住院须知上签上自己名字的时候,我真切地体会到了自己存在的价值。对于一个在外地求学的孩子来讲，我就是他在这座城市里唯一的监护人，学生的安全责任，我必须要担负起来。也正是从那一天起，我不再抗拒半夜响起的手机铃声，不再厌烦清早去寝室检查卫生，也不再觉得自己做的这些是多余的。半年以后看见那个学生又能在篮球场上跳跃的时候，我们四目相对，都开心得像个孩子。我承认辅导员是一个很平凡的岗位，但却是一个很有意义的职业，在这里能够见证无数个学生的成长，引导学生走上正轨，培养学生养成良好的道德品行，甚至可以拯救一个学生的生命。

时隔多年，我依然感谢曾经帮助过我的辅导员，不知道他是否还依然坚持在岗位上默默奉献自己最初的那份爱。对于现在的我，即便青春已不在，但只要跟学生们在一起，便能瞬间找回活力。对于辅导员来说，青春永驻也许是真的吧，只要心里有光，便能成为光，便能释放光。

我不仅要教会我的学生们专业技能，还要教会他们什么是民族大义、什么是国家荣誉等。我很钦佩像您这样不忘初心，坚守自己梦想和追求的老师，您甘于平凡，却依然不凡，是您让我再次相信榜样的力量。

我是雨，雨中有水。我是虎，刚中有柔。我有血，血中有情。我是辅导员，我无限自豪！

××你好！

你不仅谈得很好，做得也很好。你谈出了一名辅导员的情怀，谈出了一名辅导员的担当、对学生的关爱。辅导员工作是一项伟大的事业，这伟大体现在平凡当中，体现在日常的琐碎事情当中，体现在我是否是被学生需要的那个人上面。经常有辅导员会振振有词地说自己和学生之间有“代沟”。有吗？即使有也是我们挖的，学生怎么会来到学校就挖条拒绝辅导员和他们交流的沟呢？在我看来，没有不愿接受教育的学生，只有我们怎么教育的问题。你问得好、问得对，每个辅导员都要问问这个问题：“我是否是被学生需要的那个人？”这个问题问清楚了、解决好了，辅导员工作就会做好。只想自己，学生必然疏远你；一心关爱学生，学生必然靠近你。你工作的年限还短，还会有许多影响你做好辅导员工作的因素存在，这需要你勇敢地面对。很多人在没有路的地方走出了一条路，现在我们已经有了一条比较宽阔的辅导员之路，我们难又能难到哪去呢？坚定地走下去，未来属于你们！

我正在编辑整理《我和学生的故事》一书，你可以把你这篇稿子改一改，再充实一下和学生的故事，写4000多字的文章发给我，我把你和学生的故事收录其中。

把你的详细地址告诉我，我把我写的书签名邮寄给你做纪念。到大连联系我。

祝好！

曲老师您好！

抱歉没能及时回复您，今天我一直在参加线上辅导员培训讲座。

很感谢您能在百忙之中聆听我作为基层辅导员的心声，虽然我在工作中还没有您那么多让人感人肺腑的经历，但是我在工作中的这五年里也确实有很多感触，其中最多的就是来自学生带给我的感动和欣慰。

感谢曲老师对我的鼓励和信任，我一定不会辜负您对我的期望，再充实一下文章内容，然后尽快发给您，等到疫情结束时，我会亲自去大连拜访您，到时当面向您请教，期待那天早日到来。我个人对您十分敬重和崇拜，如果日后有幸能成为您的学生，我将会以更高的标准来要求自己，奉献无悔青春。

祝您身体健康！

172

与辅导员的交流

2021-09-13

曲老师您好!

我断断续续地读完了《爱是教育的灵魂》这本书,深受教育和启发。为此我数度泪目,为您博大的胸怀,为您只言片语间流露的真心真情,为您对辅导员工作的坚守与热爱。我是2009年研究生毕业留校做学生工作的,算起来有十二年了,也算是辅导员队伍里的老人了,当然跟您比还差得远。当我研究生毕业时,我们班同学很羡慕我,说我是幸福的,因为所从事的职业是自己热爱的。实践与兴趣相统一,我确实感觉非常幸福,也很享受我的工作。这些年来,我最大的遗憾是我带的第一届学生大四时因我休产假,没有送他们毕业。我负责学校辅导员队伍建设专项,切切实实地感受到了各方面政策对思政队伍建设、发展越来越重视,辅导员队伍迎来了发展的春天。如果因为我的某一句话能影响到孩子的想法,就是我的工作最大的动力源泉。我会在陪伴学生的道路上继续努力,尽力做到问心无愧。谢谢您,您是我前进路上的榜样。

××你好！

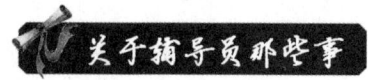

你也是在辅导员工作岗位上忙碌了十几年，能够想象得到，这其中有你无数的付出。怎样看待这些付出？许多辅导员想的就是“双重晋级”。这虽然是一种评价、一种肯定，但是真正的评价在学生的心里。要“不争而得”，有了学生就有了一切。

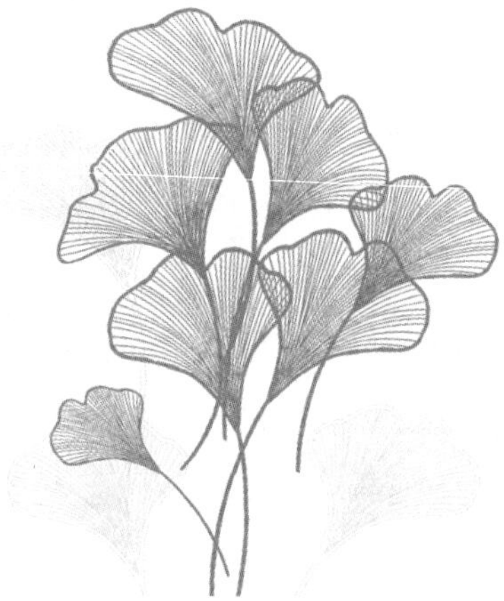

173

从《守望青春》看辅导员的使命与担当

曲建武

观影者说：

《守望青春》是国内首部以“高校辅导员”为题材的电影，以“最美奋斗者”“时代楷模”“全国道德模范”曲建武教授为原型，从一位老辅导员的视角，讲述了自己近四十年来和学生之间的感人故事，反映了高校辅导员为学生成长成才所付出的艰辛努力和给予的关心关爱，塑造了广大辅导员在“立德树人”路上不忘初心，勇于担当，为党育人、为国育才的形象。电影自开播以来，在全国辅导员中反响热烈。

《守望青春》生动地再现了高校辅导员坚守立德初心，担当树人使命，呵护学生成长，用一生的不离不弃引导学生实现青春梦想的崇高形象，对学生永久炽热的爱作为辅导员最宝贵的职业情怀贯穿于影片的始终。作为工作在辅导员一线十八年的老辅导员，我感同身受，为之动容。同时，影片中的故事情节以及人物原型的感人事迹也深深地激励着自己，坚守立德树人的初心使命，为党育才、为国举贤，在辅导员专业化、职业化道路上攻坚求索，怀着对学生的爱奋斗终身。

培养什么人、怎样培养人、为谁培养人，这是事关国家民族发展大计的根本性问题；何为青春、如何让青春更美丽、青春向何处去，这是我们辅导员一直探索的时代命题。《守望青春》完美地诠释了曲建武教授在从事教育事业过程中无私奉献的精神，做到了一心为学生、一切为学生，为全体辅导员树起了一个标杆。在这部电影里，我们感知到了“时代楷模”的高尚人格、崇高品质和大爱境界，再现了青春引领者、青春陪伴者和青春唤醒者的最美风采。我们要以“刘威”老师为榜样，培养学生有志气、有骨气、有底气，努力培养“雷锋式”的时代新人。

观看电影《守望青春》是在第 322 期全国高校思想政治工作骨干示范培训班上，非常荣幸的是，电影的原型——“时代楷模”曲建武教授给我们培训班带来了片源，并现场讲述了《守望青春》拍摄背后的故事。半个多月过去了，影片中的感人情节仍历历在目，感恩于心，感恩于行，作为内地高校少数民族学生专职辅导员的一员，我的学生们不远千里来内地求学，在这里我们就是他们的“家人”，我要用专业的能力、悉心的关怀、真情的陪伴帮助他们点亮青春的光彩。

与家人一看《守望青春》，笑中带泪、无限感慨。作为一家四口中有三个教师的家庭，我们深感刘老师是千千万万热爱教育、热爱学生的教师的缩影，把教师“三尺讲台、两袖清风、一生秉烛”的执着与坚守展现得淋漓尽致。与同事二看《守望青春》，心生敬意、无限敬仰。我们深知有限的电影时长，只能展现出主人公原型——曲建武老师为党育人、恪尽职守、心系学生感人事迹的万分之一；为每一个青春指方向、对每一个学生不放弃、让每一项工作有温度，是全国高校辅导员的努力目标与奋斗方向。与学生三看《守望青春》，明晰责任、勇担使命。我们都正值青春年少，我们都盼国富民强，我们都想美梦成真！我们将以新时代中国青年的强大志气、深厚底气、坚硬骨气，接好时代的接力棒、写好我们的“奋进笔”！

以曲建武老师为原型拍摄的《守望青春》真实地反映了辅导员工作的责任与担当。在笑声和感动的背后，更多的是辅导员对于学生情真意切的爱。我始终认为辅导员面对学生永远都是“一把钥匙开一把锁”，辅导员的工作就是在学生有困惑的时候能够给予他们解开问题的“钥匙”，在学生遇到问题的时候拉他一把，这是辅导员最大的责任与担当。在我十四年的辅导员工作中，也会经常去解决很多属于“青春的问题”，而现在回头看到学生都有了自己的事业和追求，就会觉得一切的付出都是值得的。

用足迹丈量教师的情怀，用行动赢得学生的信赖。二十年前，正是影片主人公的原型曲建武老师引领我走进了辅导员队伍;20年里,我也是在曲老师的精神影响下逐步成长起来。我们辅导员这一平凡的群体,为学生成长成才付出艰辛努力、给予关爱引领,带领学生从自卑走向自信,从虚度走向奋起,从迷茫走向坚定。把学生培养好,带领学生走好“最后一公里”,我们的民族才能强大,国家才有未来,这是我们辅导员需要终身坚守的事业。

没有人能够永远年轻,但永远有人正年轻,《守望青春》就是一部反映“与青春有关的日子”的电影。认识曲建武老师,是在2015年辅导员刚入职的岗前培训中,很幸运从职业生涯的起点就有名师指路。看过这部电影,身为高校辅导员每每想到的是自己与学生之间的过往,既是自省的过程,又是洗礼的阶段。习近平总书记强调:共产党人要有“我将无我、不负人民”的崇高情怀。面对青春最关键时期的大学生群体,做好引路人、知心人、热心人的过程,就是塑造学生灵魂、学生生命的最好体现。感恩遇见的同时,审视本职工作,能做到的、能做到更好的还有更多。向每一位人生导师、知心朋友致敬!向奋战在一线的高校辅导员们致敬!

“辅导员是要帮助刚步入大学的孩子找到新目标的靶心,这可能会影响学生一生,影响一个家庭甚至社会。”观看影片感动之余,是我作为一名大学生思想政治教育工作者的自省与自觉,站在“两个一百年”奋斗目标的历史交汇点上,奔跑在培养堪当民族复兴重任时代新人的接力赛中,深感责任在肩、使命光荣。我们要牢记习近平总书记对涉农高校的殷殷嘱托,坚持围绕学生、关照学生、服务学生,对标“四个引路人”,争做“四有好老师”,培养更多知农爱农、强农兴农、德智体美劳全面发展的社会主义建设者和接班人。

《守望青春》是我国首部以“高校辅导员”为题材的电影,塑造了一位优秀辅导员的形象,他既是大家熟悉的“刘威”老师,也是众多平凡而伟大的高校辅导员群像;电影真诚地向大众介绍了辅导员的工作究竟是什么样的。电影里年轻辅导员王一凡这个角色的转变引起了我的反思,辅导员也会受到纷繁复杂的环境干扰,也有迷惘盲从的时候,但无论遇到什么,我们都要坚守初心,忠于真实,对得起学生的期盼。我们要在工作中动真情、用真心、说真话、办真事,以学生为中心,思考和探索紧跟时代步伐的育人模式,做好大学生成长的领路人、引路人、同路人。

机缘巧合,我有幸前后三次观看了电影《守望青春》,每次看完都有新的收获。家访、迎新、毕业、谈心谈话、校园活动、危机事件,影片中刘威老师工作的一幕幕令我感到熟悉又亲切;贫困生教育、学生干部选拔、女生成长守护、亲子关系修复,从影片中四位大学生的成长故事也仿佛读到了自己学生的影子。看罢影片,在备受感动的同时,我也加深了对工作的思考:辅导员在做思想政治教育工作时,面对两百多个不同背景、不同性格、不同问题的学生,或许任务会很烦琐、或许问题会很棘手,但是《守望青春》告诉我们"是锁都能开,只要能找到合适的钥匙",我们辅导员要做的,就是努力去寻找通往每个孩子心门的那把钥匙。

《守望青春》电影所反映的就是辅导员工作的真实写照,作为一名在边疆地区工作的辅导员,我深知自己肩负的责任与使命。我们的学生来自全国各地,工作以来我始终将"用胡杨精神育人,为兴疆固边服务"作为行动指南,大力培养扎根边疆、献身边疆的有用人才,师生协力用心在祖国边疆的大地上写好每一篇论文,在边疆的泥土里运用好每一项技术,积极发挥屯垦戍边的光荣使命和胡杨精神。新时代,我们更要以胡杨精神为依托,以胡杨精神育人,鼓舞广大师生建功立业新时代,开创弘扬和践行胡杨精神的新篇章。

观看完电影《守望青春》后,我感触颇深,电影里的每个片段和细节,都是我们辅导员工作的真实写照。能够一直从事这份工作我感到非常幸福和骄傲。接下来,我将继续坚守岗位,践行立德树人的根本任务,陪伴学生成长成才,争做"四有"好老师,做一名心中有信仰、脚下有力量的新时代高校辅导员,为培养担当民族复兴大任的时代新人、培养德智体美劳全面发展的社会主义建设者和接班人而努力奋斗!

"是锁都能开,只要你找到对的钥匙"……观看整场电影以及到现在,我都是神经紧绷、情绪高涨的。每一句台词、每一个画面,都直击心灵、扣人心弦。熟悉的场景、熟悉的情节,不仅叩问立德树人的初心,更拷问育人育才的使命。泪眼蒙眬中,我告诉自己,选择一份守望青春成长成才的职业,是此生最好的选择。今年,是我担任辅导员的第十八个年头。刚走出男生宿舍的我,看着校园远处闪烁的星光,觉得每束星光都是一个等待守望的青春,是一个个需要去陪伴和指引的学生。因为,一个守望青春的辅导员,应该是有温度、有亮度的。成长路上,需要育人温度——春风化雨润物无声；成才路上，需要育人亮度——严管厚爱培根铸魂。只有这样，我们才能为学生点亮理想的灯、照亮前行的路，培养社会主义建设者和接班人，为实现中华民族伟大复兴的中国梦贡献智慧与力量。

电影《守望青春》从上映到现在，我已经看了三遍了。可是每看一遍，我的眼眶都会湿润一次，理解会更深一层。在充满着欢笑与眼泪、平凡而又伟大的讲述中，我看到了每一位辅导员的缩影，也勾起我与学生点点滴滴的回忆。作为一名辅导员，我是幸福的。这是国家给的幸福、同仁们给的幸福，更是学生们给的幸福。我们要“守”住底线，为学生扣好人生的第一粒“扣子”；“望”尽桃李繁茂，培养学生成长为祖国栋梁；“青”尽所有，为学生照亮前行的路；“春”意暖心，让温暖常伴学生，让爱为教育铸魂。在育人的道路上砥砺前行！

观看《守望青春》时，属实被深深地戳中了心里最柔软的地方，总是情不自禁地含着泪水。作为一名工作八年的辅导员，当眼前掠过电影画面时，脑海里总是不停地闪现着那些曾经带过的学生的模样。影片给我印象最深刻的一句台词是“是锁都能开，只要找到对的钥匙”，因为这也是身边许多辅导员老师的信念。影片中主人公“刘威”老师的原型，正是我尊敬的博导曲建武老师，感谢这部影片，带我穿越时空去感受了老师从前的故事。辅导员是一项陪伴成长、唤醒灵魂和守望青春的事业。我将继续学习老师的赤诚情怀和崇高精神，努力教育引导青年学生扣好人生第一粒“扣子”，为学生把好人生的“总开关”。愿天下辅导员同仁一道，为人梯，为灯塔，为远帆，“于道各努力，千里自同风”。

“本来我是不想看的，就是走个过场，但是从开头坐下的那一刻，就没能离开。”

我相信这可能是每一个观看这部电影的辅导员的最初心理，甚至在放映阶段不时传来抽泣的声音，电影的刻画实在是逼真。无论是电影中的老师“刘威”，还是现实的原型曲建武老师；无论是对于学生的关心，还是看到学生走上岔路的伤心；无论是新人辅导员“一凡”那句两三百个学生怎么关心得过来，还是“一凡”面临的现实的压力——娶妻生子以及“辅导员算是一个职业吗？算是老师吗？”这种一线的发问，都汇聚成为两个字：真实。

正因为真实，看到电影中刘老师千方百计地呵护学生会有同感，看到

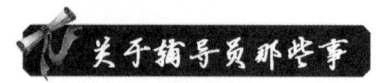

“一凡”的困惑会有移情,看到最后一句句“老师好”会潸然泪下;因为真实,因为这就是辅导员的生活,所以才会感动,才会在电影放映中传来啜泣,才会在电影某些情节相呼应的时候感到激动和自豪。

孟子说:“行有不得,反求诸己。”《守望青春》,与其说是给我们共鸣,不如说是实实在在地给我们全体辅导员上了一次思政课,课程的核心就是两个字:榜样。因此,我自己看后,有三点感受。

第一,打铁必须自身硬。辅导员是守望者,是离学生最近的人,也是会无形影响学生的人。所以,势必反求诸己,看看自己哪里还有不足,“针尖大的窟窿能漏过斗大的风”,务必不断完善自己,成为学生的榜样。

第二,守得云开见月明。最开始工作的辅导员,一定会面临着自我的怀疑和否定。就像电影里面一凡说的:“会有两三百个学生,我怎么都能记得住?”“我是最优秀的人,结果现在混得不如他们”之类的感慨。范文澜曾经说“板凳得坐十年冷”,无疑,化用到辅导员事业中也是如此,因为辅导员不是职业,是事业,是电影中刘老师说的“要走心的”。所以需要在工作中寻找到自己的价值追求和职业崇高感,因为不是所有人都可以成为灵魂的工程师,也不是所有的职业都可以成为园丁。

第三,事上练。阳明先生倡导“事上练”,通过“事上练”来达到“致知”的目的。对于有六七年辅导员经验的前辈,能够继续坚守,不忘初心,就是对于后辈的莫大的鼓舞;能够继续保持热忱,继续培育后辈,就是最大的坚持与付出。电影中的“刘老师”是,现实中的曲建武老师是,身边的继续坚守的“守望者们”,更是。

我曾经有幸见过曲老师一面,聆听过他的讲座,确实从他的身上感受到的是对于这份事业的热爱与不计回报的付出。反观自己周边,虽然不如曲老师有名气,但是默默付出、不计回报的前辈也比比皆是,这就是榜样的力量,更是传承的力量。

大家好!

拍摄一部反映辅导员题材的电影是我早有的一个想法。我在省厅工作的时候,曾经跟国内一所师范院校的领导建议,由他们学校师生写剧本、做演员、做编导,“原汁原味”地展现辅导员的风采。电影拍摄完后,在人民大会堂搞首映式。我只是建议一下而已。我获得“时代楷模”后,我们省委宣传部曾想拍摄电影《曲建武》,我没同意。我觉得我与雷锋、黄大年这样的同志相比,还差得很远。要拍,就拍辅导员群体。因为影片也算"缘于"我,这样就加上了以我为原型。我考虑为了扩大影片的影响力,也就同意了。这部影片讴歌的是广大辅导员在教育培养学生中的付出,折射的是大家关爱学生的身影。我们共勉!为学生成长找到打开心灵之窗的钥匙。

关于着装打扮

174

辅导员还是注意一下自己的装束为好

2019-07-08

人的思想不只是通过语言表达出来的,还会通过形体和装束来表达。辅导员想什么、做什么,对学生会有潜移默化的影响。道理很简单,如果是你喜欢和赞同的,就不会反对和阻止。

在现今的社会层面和校园里,流行穿破洞的牛仔裤,很多学生都追赶这样的时髦,有的很夸张,一条裤子破好几个大洞。有的辅导员也穿这样的牛仔裤。穿衣戴帽属个人所爱,我本不应说什么,但是作为辅导员,还是要注意场合和地点,在学生面前、在学校里还是应当尽量注意装束得体。

穿衣戴帽虽然是个人的喜好,但其深层折射的是一个人对一种文化的认同和追求。

辅导员是大学生的人生导师,其核心就是要做大学生的人生引路人。怎样来体现人生引路人的角色? 简单来说就是要始终代表先进文化,给学生积极向上的人生激励。虽然现在高校没有统一着装的要求,但是作为辅导员,还是应当有这样的意识,自己的装束就是一种文化符号,表明了一种文化欣赏水平、一种生活态度,对学生必会产生不同程度的引领作用。

人的精力是有限的,在这个方面用多了,在另一个方面就用少了。

辅导员还应当把精力更多地放在用先进文化引领学生成长上，以积极向上的生活追求为学生做出榜样。穿衣戴帽虽然是个人所爱，但是一些学生的思想变化恰恰就是从追求所谓的时髦、追求穿衣戴帽开始的，辅导员中恐怕也不乏其人。

一些学生虚度了光阴，荒废了学业，甚至走向了违纪违法的道路，与其把精力过多地用在穿衣戴帽上不无关系。某高校有个大学生就图虚荣，赶时髦，为了穿名牌、穿流行装，结果四处骗钱，受到了法律的惩处。类似的案例大家司空见惯，作为辅导员不能视而不见。

要从细微处见精神。辅导员要及时发现和解决学生思想上存在的一些不好的苗头，有些事情给学生做个提醒，哪怕给个暗示，学生就会明白，也就注意了，也就不会最后酿成不好的结果。当然这首先需要辅导员自身能够引起注意，你都满不在乎，并给予学生以暗示、以导引，那自然就不会在意学生穿衣戴帽这类个人所好的事了。

前几天我到延边大学考察交流。早上学校校长和几个相关部门的同志来看我。马克思主义学院的院长穿得西装革履，打着领带。我问他："不热吗？"他说："我们马克思主义学院要求所有的教师平时都穿西服。"可以想象，穿着这样的装束站在课堂上给学生上马克思主义理论课，一定比穿着漏洞的牛仔裤给学生上课带来的影响要好得多。

关于以情感人

175

还是尽量融入学生

2019-05-03

前几天有个辅导员给我写了下面这段话：

曲老师早！

刚看到您的朋友圈，工作中我也经常有这样的困惑。有时候大量的事情交织在一起，工作难免会本末倒置，为了应付迫切紧急的杂事而忽略了与学生更多的交流。我还有个问题想问问您，怎样做才能真正地和学生走到一块去，总觉得跟学生做不到很亲，也困惑有没有必要融入学生，如果真融入学生了，学生还能不能被管理好？您看是保持一段距离好，还是尽量融入学生好？

看到这个辅导员写给我的话，我给他做了这样的答复：

××你好！

你在信中提到：和学生到底走得近些好还是保持一段距离好？同样的问题有好多辅导员也问过我。这还真不好说得太绝对了，关键是远和近的尺度应该怎样把握。

作为一个辅导员，我是主张应当和学生近些。

所谓近些，就是要把学生放在心上，把学生的事当回事。

这就要多深入学生，了解学生的所思所想，对学生的事不能麻木不仁、无动于衷。“亲其师，信其道。”学生和你有感情，信任你了，才会有利于辅导员工作的开展。

1. 但是“近”并不是没有原则

发现了问题要及时解决处理，不能搞亲疏远近，一定要公平地对待每一个学生。不然的话，看起来你像是交往了某些人，那你必然会得罪另一部分人，你的工作就会“摁下葫芦浮起了瓢”，那也就失去了“近些”的意义，你的工作就会事与愿违。

2. 所谓保持一段距离的意思

辅导员不能也没有必要故意和学生保持一段距离，不要以为这样就会有威严、就会管住学生，让学生听你的。

古语里有这样一句话：“吏不畏吾严，而畏吾廉，不畏吾能，而服吾公；公则民不敢慢，廉则吏不敢欺。”

这里起码可以引申出这样一层意思：学生怕不怕你不是因为你的“严”，而是你对学生公不公、廉不廉。

辅导员和学生间的交往如果仅靠严厉，会把学生在表面上看起来管得规规矩矩，但是最好的管理是内心的认同而不是表面上行为的整齐划一。

这种管理方式同样会失去思想政治教育的意义。思想政治教育要以理服人，以情感人。

学生有了感情才会悦纳你的教育。记得前些年我到一个省调研辅导员队伍建设情况。这个省要求高校从转业军人中选聘辅导员。为什么？就是为了能管住学生。结果大家都能想到的，辅导员和学生的“距离”有了，但是亲情没有了，并没有教育好学生。

现在很多辅导员都是按照管理型选拔的，这样就“天然”和学生有了“距离”，这正是我们需要加以改正的。总体来看，当下辅导员和学生不是过于“亲近”的问题，而是相对来说“距离”有点远了的问题，这是需要加以注意的。为了把工作做好，我还是主张尽量融入学生得好。

谢谢曲老师您的点拨！我也是像您所说的在困惑中摸索，今年是我做

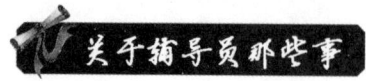

辅导员的第三个年头，很多事情处理起来比刚开始会游刃有余一些，有时候确实不把自己当作那种“有威严”的老师，也尽量寻求和同学们比较轻松一点的、融合的方式方法，今后也会把握好“度”！我挺喜欢学生的，也非常愿意为他们服务，今后我会更努力地为学生着想，谢谢您百忙之中的回复！

176

谁也没让你请学生吃饭

2019-07-09

有个辅导员说，他有两个孩子，日子过得挺紧张，没有条件请学生吃饭，这还能做好辅导员吗?

思想政治教育有两个重要的原则:一个是以理服人，另一个是以情感人。下面我们就说说怎样理解“以情感人”。

有的辅导员把以情感人片面地理解成了“以钱感人”，认为以情感人就是为学生花钱，甚至看成是请学生吃饭。

以情感人不是让你请学生吃饭，而是要关心学生的情感，让学生感受到你总是把他们放在心上。

我刚留校做辅导员的时候，学校给我在学生宿舍分了一间工作用房。虽然房间不大，我却没舍得自己住。我当时带了三个班，我从每个班找了一个学生住在我的房间里。其中一个年龄最小，我担心他管不住自己;一个非团员，我担心他表现不好;一个性格内向，他说他和他妈妈都很少说话。

我和他们在一起住了两年。我是历史系的辅导员。我们这个房间所在的楼层是供中文系女生住的。我怕这三个学生来来往往给她们带来不便，于是就到那些女生寝室做解释。有个女学生开玩笑地说:“老师，我们辅导员要是像您这样关心我们,住到我们房间都行。”

后来我调到政治系任党总支副书记,毕业的时候我原来带的历史系学生还是把我当成辅导员。那三个和我曾经住在一起的学生,现在一个是厅级干部,一个是局级后备,一个是副教授。他们对我说:“若不是老师当年那样关心我们,我们不会有今天这个成绩。”

我从当辅导员那天起,就要求自己不能让学生在思想上犯错。思想错了,行为必错无疑。我常想,自己的孩子是孩子,别人的孩子也是孩子,要多关心学生们在想些什么。

我来到大连海事大学做辅导员的时候,与学生建立了微信群,实现了和学生的“无缝连接”。每个学生过生日,我都会给他送去生日的祝福,少则百八十字,多则上千字。我告诉学生们在增长自然年龄的同时,一定要增长自己的社会年龄。这种情感打动了学生。

有个学生说:“谢谢老师,您是我大学里最亲的人。”

还有个学生说:

曲老师您好!

首先谢谢您的祝福,也希望您的生活能够和和美美、万事如意!

说真的,您在百忙之中还能记得我的生日,真的太令人感动了!确实,时间过得太快了,我也马上就要毕业了。如果说大学生活中最幸运的事,绝对就是能遇到像您这样的导员,不夸张地说,是您让我对大连有了一种像家一样的归属感;也是您,在一定程度上重塑了我的三观,让我更加乐观地看待这个世界,感谢您!

哪个学校也没有规定辅导员必须请学生吃饭;学生也没渴求辅导员请他们吃饭,作为辅导员,关键是不能和学生涉及经济上的往来,不能吃学生请你吃的饭。

当然条件若是允许,辅导员请学生吃个饭也不是不可以,但是辅导员要清楚的是,你和学生间的感情是用真心换来的,不是拿钱就能买回来的。和学生必须真心实意,半心半意不行,虚情假意更不行。

177

对学生好一点

2020-01-16

曲老师您好!

今天听了您的课,令我受益匪浅。尤其是您最后说的一句话:“拜托你们,对学生好一点。”我感动得都要哭了。您真是太伟大了,当您的学生是多么幸福啊!

回顾自己一年来的工作,在学生身上花的时间真是太少了,对此我也深感愧疚。我会谨记您的谆谆教诲,要更加爱我的学生。愿今后还能有这样的机会听曲老师的讲座。谢谢曲老师,祝您身体健康、开心每一天。

××你好!

这些天挺忙,就没有及时回复你,请理解。

当我说“拜托你们了,对学生好一点”时,我看你都要哭了,我也掉泪了。辅导员是大学生的人生引路人,我们怎么样,直接关系到我们党和国家的未来,关系到学生们的幸福。

想一想我这三十八年的思政路,我就抱定一条:“对学生好一点。”我要求自己绝不能让学生在思想上犯错,我要力所能及地帮助他们。为此,我付出了很多,也可以说付出了一辈子。我已经是六十多岁的人了,每当和辅导员交流的时候,我都在想:“我做不了几年了,关键在于你们这些年轻的辅导员,你们将陪同青年学生参与中国梦实现的全过程,你们对学生一定要好一点。”

所以,在和辅导员交流结束的时候,我常说这句话:“对学生好一点。”我现在心情已经比较平静了。刚开始说这句话的时候,我都是眼含泪水的,我的脑海里浮现出的是我们祖国和学生的明天。有一次说完了这句话,我激动得再也无法讲下去了。

我在做学校党委副书记的时候有个惯例,每周都要带几个学生工作部门的同志到学生食堂吃两次饭。一次在吃饭的时候,食堂的电视里正在播放《同一首歌》。我听着听着便流泪了。团委书记问我:“书记,您怎么啦?”我说我想到了两点:一点是生活如此的美好,一定要认真地投入;再就是一定要对学生好一点。等学生离开的时候我们想对他们好一点都没有机会了。我刚留校做辅导员时有一年春节期间到一个困难学生家家访,临走的时候我给了这个学生十元钱,我后悔当时为什么不给学生十一元钱呢?

对学生好一点。你们有的是机会,但是千万不要错失良机。因为机不可失,失不再来。珍惜和学生在一起的时光,珍惜每一次为学生服务的机会,这样等你老了的时候,你才会问心无愧,才会感受到活着是如此的美好!

祝假期愉快、一切顺心如意!

曲老师您好!

非常感谢您在百忙之中给我回复这么长的信息,您辛苦啦!

一直以来都关注您的公众号,看到您给好多人回复,没想到我也非常荣幸地成为其中的一员。我自 2017 年 9 月正式开始从事辅导员工作,繁杂的工作内容占据了我大部分的时间与精力,有时候甚至对辅导员这份职业产生了倦怠感。听了曲老师的课,我认真进行了思考,产生这种倦怠感的原因可能是我没有真正和学生们在一起,没有真正体验到和学生在一起的快乐。我一定会将“拜托你们了,对学生好一点”这句话铭记在心里,并尽最大努力对我的学生好。

再次感谢曲老师!

提前祝您新春快乐!

把你的详细地址告诉我,等开学后我把我写的书签名邮寄给你做纪念。

太激动了,谢谢曲老师! 我的地址是:××××××××。

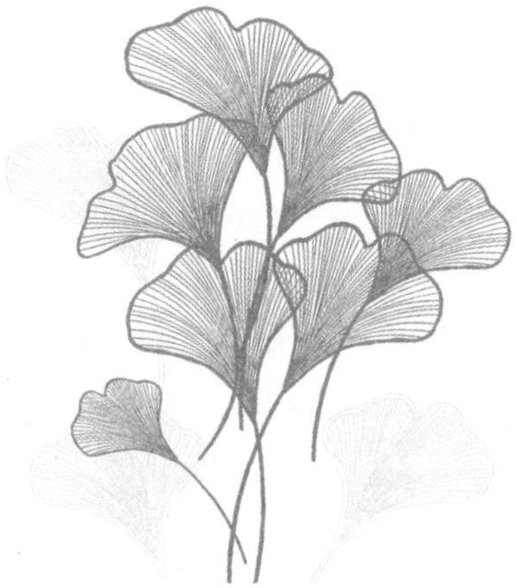

关于技能大赛

178

正确地看待辅导员职业技能大赛

2019-07-16

前天有个辅导员问我："辅导员自身要加强学习，特别是多读辩证唯物主义、历史唯物主义等经典著作。除此之外，您认为还应该学习哪些方面的知识？有没有什么捷径可走？"

前几天我写过一篇公众号文章，关于共产党员学习马克思、恩格斯经典著作的，这是习近平总书记对党员的政治要求，对我们辅导员来说也应当如此，这里就不谈辅导员为什么要学习经典了。你说得对，辅导员除了学习经典之外，还要多学习自身工作需要的知识。这些知识涉及很多方面，可以说辅导员最好是个"杂家"，辅导员的知识储备越丰富，越有助于做好学生的教育引导工作。而事实上辅导员即使有三头六臂，也不可能什么都会，这就要分清主次，抓住主要矛盾。

总体来看，当前辅导员的聘任还是以管理为主的，这在客观上使辅导员的管理能力见长，而从事思想政治教育所需要的理论知识存在"先天不足"。因此，作为一名辅导员，首先要丰富自己在思想政治教育方面的理论知识。

一些高校开设思想政治教育本科专业，还有些高校设有思想政治教育方向的硕士点、博士点，其中有许多相关的课程和书目，辅导员可以找来一些读读。现在国家非常重视思想政治理论课，在马克思主义理论学科设立了许多硕士、博士方向，都列出了相关的课程和书目，特别是部分高校面向辅导员每年招收大量的博士，根据他们的理论和工作实际，也开设了许多课程，列出了一些书目，辅导员都可以找来看看。

辅导员教师主要依托的是思想政治教育学科，但是有些学科知识也是应当借鉴的，像教育学、心理学、伦理学、社会学、法学、管理学等，在思想政治教育过程中都会用到。无论是思想政治教育学科，还是上面提到的那些学科，都有相关的学术刊物出版，辅导员都可以经常学习。

有没有捷径可走？恐怕是没有。“学海无涯苦作舟。”学习是苦差事，就得有不畏劳苦、敢于下地狱般的勇气。鲁迅说：“哪有什么天才，我不过是把别人喝咖啡的工夫用到了工作上。”我还算看了些书，也写了很多文章，我能做到这一点，和聪明不聪明半点关系都没有。我只是拥有了比别人更多的剩余时间。我从上大学到今天就不怎么睡午觉，每天睡得很晚，起得很早。知识就得靠日积月累，只有厚积才能薄发。

我知道的很多知识都是在旅途中学的，乘飞机、坐火车，我从来都不睡觉，这也是我的一个习惯。有一次我去美国，乘了十四个小时的飞机，这是多么难得的、整块的学习时间啊，一架飞机上二三百人都在睡觉，我不舍得睡。累了，我就到服务间活动活动，一个服务员伸出大拇指为我点赞。

现在大学制度还不完善，辅导员的杂活较多。辅导员要处理好这些问题，把学习当成使命和责任，只要坚持下去，他们的理论水平就一定会有很大的提升。

关于关爱学生

179

从多方面关爱特困生

曲建武　周伯伟

特困大学生作为大学生当中的一个特殊群体,成为近年来高校中客观存在的现实。特困生现象引起了全社会的广泛关注,国家实施了助学贷款制度,各高校对特困生采取了减免学费等措施,一些社会团体和热心人士纷纷慷慨解囊,这些举措为特困生很好地完成学业提供了基本的保障。然而,有的特困生在得到了经济资助后,并没有充分认识到这是国家、社会、学校、老师和同学对他们的关爱,反而觉得他们理应得到帮助,有的甚至抱怨得到的补助费太少;有的缺乏艰苦奋斗精神,追求物质享受;更有的触犯了校规校纪。这些问题使我们充分认识到:对特困生工作不能只助其贫困,还要育其精神,才能使特困生工作取得预期的效果。

正是基于这样的认识,近些年来我们加强了对特困生的思想教育。

1. 以报告会的方式教育、引导和鼓励特困生战胜困难。我校在新生入学伊始便召开全体特困生大会,由主管学生工作的校党委副书记做“贫困的家庭无法选择,人生的价值可以创造”的主题报告。邀请一些社会名人做报告,鼓励特困生们奋力拼搏,为实现人生的价值不断努力。通过这些报告会,特困生们充分认识到:贫困的家庭并不可怕,重要的是精神不能倒下;理想目标的实现、人生价值的创造还需要自身的不断努力。这种从开学伊始就加强对特困新生进行精神鼓励和培育的育人方式，为特困生的大学生活和人生旅程奠定了良好的思想基础。

2. 通过实施各项工程，帮助特困生摆脱贫困心理。(1)收缴特殊团费，实施“一助一”工程。我校团委每年号召学校的共青团员无私奉献，每人每月节省一元钱，全校近万名学生每年就可节省10万余元，学校对学生节余的款额进行统一收缴、管理和发放，学校近200个团支部，每个团支部资助一名特困生，这样，学校每年就有近200个特困生受到资助。(2)实施“一元钱就餐制”。给300名特困生每人发放一张特殊的就餐证，每餐只需付一元钱就能吃饱吃好。(3)受表彰的学生和教职员工捐款。全校师生广泛开展“献爱心”活动，很多老师拿出自己的科研奖金资助特困生，很多优秀学生将获得的奖学金全部捐给特困生。(4)创办“红烛协会”。既让每个特困生承担一份美化、清洁校园环境的义务，又给他们一个勤工俭学的机会，使他们能够通过自己的辛勤劳动得到一份收获，树立自强、自立的信念。我们还把一些优秀特困生的先进事迹，拍摄成电视剧或者专题片，通过校新闻中心的思想教育电视频道播出，组织学生收看，以优秀特困生刻苦努力、不畏困难的生动事迹来激励广大特困生努力学习，奋发向上。多年来我校已形成一种惯例，每逢重大节日，校领导和有关老师都要去看望特困生，走访特困生寝室，了解特困生的生活和学习情况。与此同时，我们还与特困生家长保持联系，每年给特困生家长写信，及时反映他们的子女在学校的表现。这些活动使广大特困生受到了多方面的教育，纷纷表示要以实际行动回报社会和学校对他们的关爱。现在，我校90%以上的特困生向党组织递交了入党申请书，15%以上的学生加入了党组织，85%以上的特困生当上了学生干部，27%以上的特困生受到了市级以上的表彰。

(刊载于《中国高等教育》2002年第3期)

180

用爱浇灌无悔的事业——由任晓勤所想到的

曲建武

任晓勤，第一次在电话里从编辑小赵那里听到这个名字的时候，并没有引起我太多的注意。后来小赵把她的事迹发到我的邮箱里，在一口气读了两遍之后，任晓勤这个看似普通的名字便深深地印在了我的脑海里。

任晓勤原本从事教学工作，她对教学很投入，在每次学校教学效果的检查中都被评定为“优秀”，是一名深受学生喜欢的好教师。照这样发展下去，她本可以评上副教授，继而评上教授，这应当是许多在大学里工作的同志所追求的。特别是随着知识经济时代的到来，大学里的知识女性也日益得到人们的羡慕。而她却主动要求转岗为专职辅导员，并且坚定不移，这在大多数人眼里显然是不可思议的，因为在他们看来，辅导员怎能与专职教师相比？对此，我感触颇深。

任晓勤是有勇气的人，八年前的弃“教”从“政”，表明她真正理解了教育的内涵。美国当代著名教育家、纽约州立大学前校长欧内斯特·L·博耶是这样定义大学的：“教育的目的不仅是为学生的职业生涯做准备，而且要使他们过一种有尊严和有意义的生活；不仅是生成新的知识，而且要把知识用来为人类服务；不仅是学习和研究管理，而且要培养能够增进社会公益的公民。”爱因斯坦也很明确地指出：“只教给人一种专门知识和技术是不够的，专门知识和技术虽然使人成为有用的机器，但不能给他以一个和谐的人格，最重要的是人要借着教育得到对事物及人生价值的了解和感觉，人必须对从属于道德性质的美和善有亲切的感觉。”大学的发展已有近千年的历史，在漫长的发展过程中，大学的规模、模式、类型等都发生了许多重大的变化，但是有一点是确定无疑的：为什么要有大学？大学为什么会不朽？是什么在支撑着大学？探索这些理念性的东西，会使我们毫不怀疑地归结到是大学育人的本质内涵在发挥着灵魂的作用。任晓勤敏锐地发现有些学生在这方面出了问题：他们有的只关心书本知识学习，产生了一定的自闭心理；还有的学生对未来充满激情，思想却很幼稚。她认识到，作为一名教师，不但要教给学生需要的专业知识，更要帮助学生纠正思想和行为上的偏差。每当想起学生们那些期待的目光，她的心里就会升腾起一份深深的责任：要做学生的引路人，使他们不仅学好知识，更要学会做人。

辅导员，一份崇高的事业，付出的是心血，收获的是希望。辅导员工作的对象是一群朝气蓬勃的大学生，他们充满朝气，代表未来，做好他们的工作实在是一项“功在当代，利在千秋”的伟业。在今天这样一个物质发达的社会里，人的生存本没有什么问题，关键是怎样生活才更有意义。许多大学生讲，他们需要精神上的引导，希望能从辅导员那里得到价值的追求。任晓勤做到了，日复一日，年复一年，一干就是八年。她把人生最美好的时光献给了学生，献给了她所选择的事业。她工作以勤自勉，任劳任怨，坚持以人为本，结合青年学生的身心特点，不断探索和总结新时期大学生思想政治教育的规律，帮助大学生树立正确的世界观、人生观、价值观，养成高尚的思想品质和良好的道德品质。辅导员是干什么的？千万不要忘了，我们通常所称谓的“辅导员”只是个简称，其实在它前面是有“政治”这个限定词的。辅导员不仅要帮助学生养成良好的文明习惯，更要帮助他们培养高尚的政治理想和道德情操。八年里，任晓勤始终不渝地践行着辅导员工作这份神圣的职责。

辅导员工作是一项很细致的活，要想把它干好，必须对自己的学生了如指掌。现在的辅导员要带几百名学生，加上高等教育的内外部环境在不断发生着新的变化，他们确实很难做到了解每个学生每时每刻都在想什么、在做什么。但是，辅导员工作的性质的确要求辅导员应当知道每个学生一般会想什么、会做出什么，这就需要投入，需要把大量本属于自己的休闲时光用到对学生的熟悉、了解上面。为了尽快熟悉学生，任晓勤能够顶着烈日和新生一起军训；为了了解学生，她几乎放弃了所有的休息时间，只要有学生在，就有任晓勤在。她做到了：很快地叫出自己所带的每个学生的名字；很快地掌握了自己所带的年级每个学生的基本表现。这是辅导员工作的基本功，也是做好学生工作的重要前提。我们经常会听到有些辅导员抱怨现在的学生个性强，不好管。试想一下，如果你连他的名字都叫不出来，他怎么愿意让你来管，又怎么会听你的教导？在学生的眼里，任晓勤就是他们的“知心大姐”，他们有什么想不开的事情都愿意找她倾诉。这样的思想政治教育怎么会缺乏针对性？这样的思想政治教育又怎能收不到“润物细无声”的效果？

今天的思想政治教育需要把思想教育与解决学生的实际困难结合起来。由于多方面的原因，在大学里存在着较多的贫困生，他们的生活、学习需要帮助，他们的精神压力需要“减负”，做好他们的工作是高校思想政治教育的重要一环。任晓勤发起成立了山东建筑大学第一个爱心超市，为贫困学生提供参与管理的机会，帮助他们解决生活中的困难。特别是任晓勤还力所能及地从自己的收入中拿出一些去资助贫困学生。物质的贫困需要帮助，比物质贫困更需要帮助的是精神上的“贫困”。有的大学生被物质贫困所吓倒，结果精神上也“贫困”起来，最终毁掉了自己，这是十分令人痛心的。辅导员应当坚定地告诉自己的学生：出生在贫困的家庭是无法选择的，但人生的价值是可以创造的。事物的发展是个辩证的过程，年轻时吃点苦算不得什么，“苦难也是财富”，它可以激励人“知耻而后勇”，向命运挑战，向希望进发。任晓勤正是这样来教育她的学生的。她的学生没有一个因为贫困而消沉下去，反而更加积极向上，圆满地完成了学业。

任晓勤是一个充满激情的人。通览她的事迹，给人的最大启迪是：教育是一种爱，没有了爱，也便没有了教育。有位校长说过这样一句话：“爱自己的孩子是人，爱别人的孩子是神。”用爱来审视今天的高等教育，我总觉得缺少点什么。许多学生在座谈的时候都发出“大学真大”的感慨，但是他们缺少感悟。“所谓大学者，非谓有大楼之谓也，有大师之谓也。”大学应有一种情怀，有一种爱，有一种大爱，使学生置于爱的包围当中不能“解脱”。要知道，只有进校如家，才能爱校如家，进而才能深深地爱上养育他的祖国。教育的问题首先是教育者的问题,学生都是很可爱的,千万不要埋怨他们。任晓勤深深地懂得教育的真谛,是爱,使她弃“教”从“政”,走上了辅导员工作岗位;是爱,催促着她每天都忘我地工作;是爱,使她与学生紧紧地连接在了一起;是爱,使她的学生生活在充满阳光的日子里。任晓勤在用爱浇灌着她所选择的祖国所需要的无悔事业。

鲁迅先生讲:“其实世上本没有路,走的人多了,也便成了路。”在高校设立辅导员制度,在我国的大学里已有五十多年的历史。在半个多世纪的进程中,辅导员工作始终走在一条并不平坦的大道上。大学生思想政治教育“喊起来重要,做起来次要,忙起来不要”,似乎成了一条定律,其阴影总是笼罩在辅导员们的心头。他们不知道如何是好,常常陷入困惑当中。2004 年中央 16 号文件的颁发,标志着辅导员工作春天的来临,为高校辅导员工作创造了良好的外部环境,下一步关键看辅导员们如何努力工作了。

任晓勤的信念是坚定的,她始终不渝地耕耘在属于自己的这片沃土上,尽自己的力量无怨无悔地拓展着走在脚下的这条路。“有为才有位”,任晓勤用她的爱浇灌她所选择的事业,赢得了全校师生的尊重。她的事迹也感染了我这样一位老辅导员,我希望辅导员们都能以任晓勤为榜样,尽量地多想工作,多想学生,只要大家用心用力,通向未来的路一定是一条充满阳光的康庄大道。

(刊载于《河南教育》2007 年第 10 期)

181

要特别关爱那些家庭贫困的学生

曲建武

由于多方面的原因,在我国的大学里,还有着为数不少的家庭贫困大学生。对这部分学生,辅导员一定要给予特别的关爱。

我做辅导员时,曾去过一个贫困学生的家。那是一个寒冷的冬天,这个学生当时正在山上配制花泥,为的是把这些花泥卖到城里的植物园挣点学费。我顺着他母亲指点的方向走去,这个学生看我来了,眼泪一下子便涌了出来,他紧紧地握着我的手,激动地说:"老师,您怎么来了?"我的眼角也湿润了,心里在想:"这些学生多不容易啊!作为辅导员,我们一定要做好自己的工作,才对得起这些可爱的学生。"

从总体上看,贫困学生群体还是积极向上的。我曾经做过一次统计,在入党学生、三好学生、学生干部和考研成功者中,贫困学生的比例远远大于其他学生群体。虽然贫困学生在物质上贫困些,但是在精神上还是很富有的。他们表现出了一种积极向上的人生态度,他们中涌现出许多令青年人学习的榜样。但是因为贫困,的确会使个别学生产生自卑感。我做辅导员时,把做好特困学生工作放在了很重要的位置,除了力所能及地给予他们一些物质上的帮助外,我更注重培育他们自强不息的精神。我经常跟他们讲的一个主题是:贫困的家庭是无法选择的,人生的价值是可以创造的。激励他们做一个精神上的强者,面对困难绝不低头。我带过这样一个学生:家庭非常贫困,上大学后他很自卑,从来不好意思同别的同学一起去食堂吃饭,因为他基本上是以吃主食和咸菜为主。我找他谈话,告知他贫困不可怕,更不丢人,关键是自己的精神不能倒下。我告诉他,我曾经就是个贫困学生,刚上大学的时候,因为学校宿舍紧张,学校就让家在大连的学生每天走读。这样,我每天的午饭都是从家里带的。一到吃午饭的时候我也犯难,怕同学笑话。因为家里穷,从来带不起像样的饭菜,但是我很快就正视了它。家庭贫困怎么啦?贫困不是过错,关键是要做到“穷且益坚,不坠青云之志”。听了我的话,这个学生说很受教育和启发。后来,他考上了研究生,如今已是一所大学里的教授、院长。

我在做学生处处长时,一天有个贫困学生到我办公室申请缓缴学费。当时我刚好收到《人民日报》给我寄来的 200 多元稿费,我顺手把这些钱给了这个学生。他刚开始坚决不肯收,最后在我的再三劝说下才收下,然后含泪离开了我的办公室。过些天,他母亲给我寄来了一封信,信中说:“我不会说也不会写,我的心情用语言是表达不出来的,只好代我的全家在这里道一声:衷心地谢谢您。孩子说从现在起,一定要好好学习,用实际行动来报答您。当天晚上,宿舍里的灯都熄了,孩子的心情久久不能平静,他把这件事记在日记里,他说决不辜负曲老师的期望。”还有一个得到过我帮助的学生,他在毕业后领取到第一个月工资后给我寄来一封信,他说:“尊敬的曲老师,父母创造了我的生命,而您却创造了我的人生。首月工资 600 元,我留下 100 元伙食费,500 元交给老师支配吧。君子之交,不仅淡如水,也在于心,所以老师别介意、别生气,我有信心做好工作。”

尽管二十多年过去了,那些曾经物质上贫困而如今物质和精神都富起来的学生非常感激我对他们的帮助。有个学生给我来信说:“尽管多年不见,但每逢提到辽宁师范大学,心里首先想到的就是您。您是我进入大学后的第一位老师,是给我启迪与教诲最多的老师,是在我们身上花费心血最多的老师,更是陪伴我们时间最长的老师。二十多年过去了,我也经历了不少事情,但我仍对您——大学时期的辅导员十分敬佩,怀着深深的感激之情。您身上透着智慧、执着、责任、坚强、关爱和永不懈怠,一直感染着我、鼓励着我。”

这些年来,我们国家的经济水平有了很大的提高,人民的生活也富裕起来，但是大学生家庭间的贫富差距还是很大的。今年春节前夕，我去一个贫困学生家走访。这个学生的家虽是在省城的一个郊区，可住的仍然是几间茅草房。一进村子，这房子就格外“刺眼”，这正是一部分贫困学生家庭的写照。

对于辅导员来说，做好贫困生工作实在是件“功在当代、利在千秋”的事情。我从事了二十多年大学生思想政治教育工作，看到一个个贫困大学生没有被困难所吓倒，坚强地走了过来，我真是打心眼儿里高兴。他们用知识改变了自己的人生，甚至改变了家族的命运；他们成了国家的栋梁之材，正在为民族的振兴建功立业。辅导员朋友们，请以自己的关爱，耕耘于这片暂时“贫瘠”的土地，使之得到丰富的养分，酝酿成肥沃的土壤，最终长出茂盛的参天大树。

（刊载于《河南教育》2008 年第 5 期）

182

思想政治教育工作者要有仁爱之心

曲建武　刘伊娜

2014 年教师节前夕，习近平总书记到北京师范大学看望和慰问广大师生时指出，做好老师要有仁爱之心。思想政治教育工作者应当深刻认识习近平总书记重要讲话精神对思想政治教育产生的极大推动作用，以仁爱之心把思想政治教育工作做得更加扎实有效。

一、思想政治教育工作者具有仁爱之心的客观依据

（一）仁爱之心是中华优秀传统文化的重要组成部分

中华文化源远流长，有着优秀的传统。在中华优秀传统文化庞大的体系当中，其最为倡导的归结起来就是“仁爱”“善”。众所周知，儒家思想长期占据我国历史的统治地位，中华优秀传统文化是以儒学为代表的，儒学的创始人孔子提出“仁爱”思想占有突出地位。孔子曾周游列国，四处传播其以“仁”为核心的儒家思想，在孔子看来，“仁”即“爱人”，并由此提出了“己所不欲，勿施于人”的为人处世之道。孟子发扬了孔子“仁”的思想，提出了“恻隐之心，仁之端也”。在孟子看来，有了恻隐之心，才会有仁心，推而广之才会“老吾老以及人之老，幼吾幼以及人之幼”。明代万历年间编撰的《古今贤文》一书，蕴涵了丰富的“爱人者，人恒爱；敬人者，人恒敬”哲理，贯穿书中的一条主线就是中华优秀传统文化所极力传承的“仁爱”思

想。尤其值得肯定的是，在中华优秀传统文化当中非常看重这样一点："大学之道，在明明德，在亲民，在止于至善。"对此我们可以做这样的理解：学问多的人更应当有大德，即"明德"，通过"推己及人"，即"亲民"，最大限度地实现人的善性，即"止于至善"。这同孔子所主张的"君子不器"是完全一致的。君子是有思想的人，是教育别人的人，千万不能把自己当成器物。君子更应当成为"仁爱"的传播者、践行者。从这个意义上讲，今天的思想政治教育工作者，就是有"大学问"的人，就是"君子"，就是教育引导学生成长的人，他们既没有理由不自觉地承担起传承中华优秀传统文化的责任，也没有理由不积极成为具有仁爱之心的人。

（二）仁爱之心是党的思想政治工作的应有之义

中国共产党是以马克思主义理论为指导思想的，党的宗旨就是全心全意为人民服务。为什么要推翻"三座大山"的压迫？为什么要建立新中国？为什么要建立和谐社会？说到底就是为了实现在马克思主义理论指导下武装起来的中国共产党人全心全意为人民服务的宗旨。这"宗旨"是什么？就是中国共产党人的"仁爱之心"，就是把受苦、受难的广大人民群众解放出来；就是不断发展生产力，解决人民群众的实际需要；就是要让人民群众过上好日子。党的思想政治工作的传统告诉我们，"全心全意为人民服务"不能仅仅停留在纲领中、口号上，还必须体现在党的思想政治工作的实践中。早在 1934 年，毛泽东同志在《关心群众生活，注意工作方法》一文中就提出，要把关心群众生活作为中心任务之一，并且强调指出："我们的同志如果把这个中心任务真正看清楚了，懂得无论如何要把革命发展到全国去，那么，我们对于广大群众的切身利益问题，群众的生活问题，就一点也不能疏忽，一点也不能看轻。"党的十八大提出到 2020 年实现全面建成小康社会的宏伟目标，说到底也是从全面提高人民群众生活质量出发的。正是有了这样的宗旨，有了中国共产党人"仁爱之心"的大力弘扬，我们党的事业才得到了人民群众的坚决拥护，我们前进的脚步才迈得如此坚定有力。大学生思想政治教育是党的思想政治工作的重要组成部分，把大学生培养成为社会主义事业的建设者和接班人是思想政治教育的中心任务。毫无疑问，从事大学生思想政治教育的工作者只有牢记党的宗旨，积极践行仁爱之心，才能使党的路线、方针、政策更加得到青年学生的拥护，进而增强他们坚定不移跟党走的信念。

（三）仁爱之心是增强大学生思想政治教育实效的现实需要

思想政治教育需要感染人、打动人，需要受教育者从内心真诚地悦纳教育者的教育引导。怎样达到这样的效果？理论上的正确、彻底无疑是重要的，但是理论要想说服人还必须靠情感的润滑，情理交融才会使受教育者自觉地增强对理论的信服。比如，我们教育学生要爱国、爱校，可是学生进校不如家，怎么会爱校如家？今天不爱校，明天又怎么会爱国呢？2004年中央16号文件颁布以来，广大的思想政治教育工作者遵循思想政治教育的规律，从学生的思想实际、生活实际出发，在对学生进行理论教育的同时，注重架设与学生间情感的桥梁。他们深入到学生当中，与学生“结对子”、交朋友，及时地了解学生的所思所想，力所能及地帮助学生解决生活上遇到的困难，成为学生的知心人。有的思想政治教育工作者还在节假日期间克服很多困难到学生家家访。学生们被他们这种爱生如子的情怀所感动，把他们看成在大学里最关心自己的人，因而他们也成为学生最信任的人。思想政治教育工作者和学生有了这样的情感基础，再做思想政治教育工作自然就会收到事倍功半的效果。当然也应看到，就高等教育来说，这些年来我们还不同程度地存在着重视学科建设、专业建设，忽视思想政治教育问题，这使得一些思想政治教育工作者把大学生思想政治教育停留在了说教上，对学生缺乏情感，对一些本可以及时解决的问题视而不见，这样的结果会使学生对思想政治教育产生逆反心理，这也从另一个侧面提醒我们，思想政治教育工作者一定要有仁爱之心。

二、思想政治教育工作者具有仁爱之心的现实体现

思想政治教育是一项“功在当代、利在千秋”的事业，培养的是学生，关涉的是民族的未来。由此决定了思想政治教育工作者的仁爱之心既体现在对事业的追求和职业的热爱上，亦体现在对学生的具体关心上。

（一）大爱无疆的事业追求

如今我们正沿着中国特色社会主义道路朝着实现中国梦的伟大目标奋勇前进。中国梦是每个中国人的梦，为中国梦的实现贡献力量是每个中国人义不容辞的责任。青年兴则国家兴，青年强则国家强。教育培养好青年学生，关乎国家的前途命运，关乎中华民族的繁荣富强。思想政治教育工作者的仁爱之心，不能简单地与父母对子女的爱画等号。思想政治教育工作者通过践行仁爱之心教育引导大学生孝敬父母、懂得感恩是必要的，

但这还不是“明德”,还只停留在“齐家”这样“儿女情长”的范围内,思想政治教育工作者的仁爱之心更要体现在“明明德”上,体现在为中国梦的实现培养“筑梦人”上。国和家的命运是紧密相连的,没有国家的繁荣富强,就没有小家的幸福安康。大爱无疆,思想政治教育工作者的仁爱之心必须体现在教育引导学生把个人价值的实现与中国梦的实现统一起来。当代大学生的主流思想是积极向上的,在许多关涉国家发展的大事情面前,大学生展现出了“充满理想、值得信赖、堪当重任、大有希望”的精神风貌。但是值得注意的是,在今天这样一个文化多元的背景下,因受错误思潮的影响,一些大学生的人生价值观出现了不同程度的扭曲,如果任其发展下去,势必会影响中国梦的实现。这就需要思想政治教育工作者以大爱无疆的精神境界提升自己的事业追求,为了把学生教育引导好,为了中国梦的早日实现,自己付出再多也是值得的。

(二)积极进取的职业态度

法国词典大师利特雷说过:“珍惜自己生命的人应该总是在积极地工作,好像他会长久地活下去;同时他又应该总是争分夺秒地来安排他的时间,就好像不久他就要离开人世。”这里所反映的就是一种积极向上的人生态度。毫无疑问,积极进取的人生态度一定是建立在对职业的热爱基础之上的。很难想象出一个对职业毫无兴趣的人会满腔热忱地干好自己的工作。教师的职业特点在哪里?我们通常用“燃烧自己,照亮别人”来形容教师的崇高和伟大,这其中无不蕴含着教师职业所需要的仁爱之心,无不诠释着没有爱就没有教育的深刻道理。把自己“燃烧”掉,把别人“照亮”,这需要多么厚重的爱意!这不也正是我们思想政治教育工作者具有仁爱之心所应当抱有的职业态度吗?由于多方面因素的影响,今天的教师职业还没有成为“太阳底下最光辉的事业”,尤其是思想政治教育在某种程度上还是容易被忽视,这就决定了思想政治教育“天然”地存在着诸多不如意的地方,还有许多困难需要思想政治教育工作者去克服。态度决定一切。一个人有什么样的职业态度就会有什么样的职业行为,而有什么样的职业行为最终将产生什么样的职业结果。思想政治教育工作者只有具备了博大的仁爱之心,才会“为了一切学生,为了学生一切,一切为了学生”,才会不惧怕任何困难,想方设法地把自己的工作做好,努力为学生的成长创造更好的条件。当然,思想政治教育工作者也不是生活在真空里,也有个人的利益需要满足，但是如果有了爱，就会把自己人生价值的实现同职业的追求、学生的成长紧密结合起来。

（三）爱生如子的育人情怀

古人云："师者，所以传道授业解惑也。"关爱学生，首先是关爱学生在想些什么，清楚地知道他们想成为一个什么样的人。因为思想的正确与否关系到大学生是否能够走向成功。我们说思想政治教育工作者要以仁爱之心关注学生的成长，就是要成为学生的良师益友，倾听他们的心声，及时为他们解疑释惑，用社会主义核心价值观引领他们成长。学生出息了，我们为之高兴；学生犯错了，我们为之惋惜、为之痛心。思想政治教育工作者的仁爱之心还特别体现在"把特别的爱送给特别的你"。在大学生群体中，还有很多学生生活比较困难，他们有的为吃饭犯愁，有的为穿衣犯难，有的父母患病，有的自己有恙。思想政治教育工作者是与大学生最亲近的人，也是学校里学生最信任的人。在学生有了困难需要帮助的时候，学校其他人员帮不帮他们，他们并不怎么看重，但是思想政治教育工作者若是不能给予他们力所能及的帮助，他们就很在意。这会使学生感到"失望"，悄然拉开他们与思想政治教育工作者的距离，形成两者间的"沟痕"，使我们的理论教育显得苍白无力。

"亲其师，信其道"，如果学生的周围时刻都飘逸着我们思想政治教育工作者散发的仁爱芳香，学生就一定会积极主动地悦纳我们的教育。

三、思想政治教育工作者仁爱之心的自我养成

人的品德的形成与客观因素有关联，但更取决于主观的努力。事实证明，人的主观能动性的发挥会克服诸多消极因素的影响，有助于良好品德的形成。因此，思想政治教育工作者的仁爱之心一定要注重自我养成。

（一）着力提升人生境界

马克思说过："如果一个人只为自己劳动，他也许能够成为著名的学者、伟大的哲人、卓越的诗人，然而他永远不能成为完美无瑕的伟大的人物。""如果我们选择了最能为人类福利而劳动的职业，那么，重担就不能把我们压倒，因为这是为大家而献身。"思想政治教育是什么？不正是能够为最广大的人民群众带来幸福的职业吗？广大的思想政治教育工作者应当认识到，我们今天所从事的工作，是党的思想政治工作的一部分，而且是极其重要的一部分，学生们的健康成长与中国梦的实现紧密相连，关涉国家

的繁荣富强、社会的和谐稳定、人民的幸福安康,也关涉学生自身的幸福快乐。人不可能不朽,但是我们所从事的事业是伟大的,“面对我们的骨灰,高尚的人们将洒下热泪”。我们选择了思想政治教育工作,从某种意义上讲,就是选择了一种生活方式,就是选择了“麻烦”(在今天的环境下,最难的一件事恐怕就是把自己的思想装到别人的脑袋里。现在的学生是在应试教育模式下培养出来的,一些学生的头脑里已经固有了许多模糊的思想认识。加上现在的大学制度还不完善,思想政治教育工作者还要干一些本不应属于他们的“杂活”),选择了付出、选择了生命意义,也就是选择了爱!

(二)依靠学习走向未来

思想政治教育工作者有无仁爱之心最终是通过道德行为来体现的,而道德行为养成是以道德认知为前提的。思想政治教育工作者一定要注重丰富自身的道德认知,清楚地懂得自己应当做什么、不应当做什么,而加强学习无疑是增强道德认知的一个重要途径。习近平总书记指出:“好学才能上进。中国共产党人依靠学习走到今天,也必然要依靠学习走向未来。我们的干部要上进,我们的党要上进,我们的国家要上进,我们的民族要上进,就必须大兴学习之风。”作为一名思想政治教育工作者,必须通过自觉认真地学习,了解我们的党史、国史,“这门功课不仅必修,而且必须修好”;了解世界社会主义 500 年的历史;了解改革开放前后两个 30 年的关系,只有以丰富的道德认知武装自己,才能深刻地把握历史规律、认清历史趋势,才能坚定地沿着中国特色社会主义道路前进。爱事业、爱职业、爱学生,思想政治教育工作者所表现出的这种道德行为是与他们清楚地懂得实现中国梦对我们中华民族的伟大意义紧密结合在一起的。学习是个苦差事,需要拿出勇气,我们所从事的事业需要我们这样来做。实事求是地讲,一些思想政治教育工作者对学习的重要性还缺乏一定的认识,在我们的队伍中还没有形成一种浓厚的学习氛围。这种情况的出现固然有客观的原因,或许我们的事务性工作是多了一些,但主要还是我们主观上的努力不够。少一些“忙碌”,多一些学习还是可以做到的。

(三)积极践行仁爱之举

“你要知道梨子的滋味,你就得变革梨子,亲口吃一吃。”毛泽东同志用诙谐的语言讲明了一个深刻的道理:“感觉到了的东西,我们不能立刻理解它，只有理解了的东西，才能更深刻地感觉它。”思想政治教育工作者仁爱之心的养成，需要他们加强学习，懂得“是什么”的问题，但如果仅仅到此，没有亲自实践，得不到实际的体验，也就搞不清“为什么”的问题，这样在他们的内心就形不成坚强的信念，行动起来就不会那么坚定有力。许多思想政治教育工作者都讲述了他们践行仁爱之举所得到的体会、受到的教育。有个思想政治教育工作者谈到，有一次他买了几百元钱的年货到一个学生家家访，临走的时候，学生的奶奶一下子给他跪了下来，紧拽着他的裤腿说：“谢谢老师这么远来家访，拜托老师一定要把孩子培养好。”那一刻我震撼了，家长们对我们寄托了多大的希望啊！我没有理由不爱我的学生、不爱我的工作，只要把学生培养好，自己多付出些又有什么呢？还有个思想政治教育工作者把自己讲课的一些酬金给了他所任课年级里的一些困难学生。有个学生给他写信说：“这一次是真的震撼到我了，就如您所说，或许这100元并不能给我的物质生活上带来较大的改善，但是那种来源于心灵的浓浓的关心，使我对生活与学习有了更加坚定的动力，等我能够真正独立时，也将这份爱的种子播撒下去。”对此，这位思想政治教育工作者深有感触地说：“教育需要爱的阳光雨露，我们所给予学生的帮助看起来是微不足道的，但它所产生的教育作用往往是巨大的，课堂无法替代。我要让爱的教育始终相伴相随。”

［刊载于《思想教育研究》2015，(02)］

关于思想引领

183

给一个辅导员的回复

2019-04-29

前些天有个辅导员给我写了下面这段话。经常有辅导员谈到类似的问题，这个问题比较普遍，在此我谈谈自己的看法。

曲教授您好！

我是一名普通的辅导员，最近陷入了矛盾之中，想要跟您交流一下。

这个问题主要涉及我们学校的考核体系。我们学校学生教育管理有一套非常细致的考核体系，把各个活动（不论大小）都纳入考核体系，而且指标是随时增加的，并不是年初就设计好的。现在所有活动的通知都会加上“活动参与情况纳入年终考核”这句话。

其实我内心挺反感这句话的，觉得它没有任何温度。即使没有这些考核的要求，没有这句话，我们也会积极落实的，也会组织一些有利于学生成长的活动的。每次看到通知里的这句话，我就会产生一种消极情绪，觉得学校是不信任我们，才用这句话来压我们的。

从去年的考核来看，我们需要花费大量的时间和精力“应付”这套考核体系，反而占用了我们与学生相处的时间。有时特别想抛开这个考核体系，去多走近学生，但是又不想因为自己的任性而影响学院的评比结果。

所以有时挺焦虑、挺矛盾的，作为思想政治辅导员，自己不能把更多的时间留给学生，而是用在“应付”这些考核上，觉得自己挺对不起学生的。这种矛盾困扰我很久了，不知道您是怎么看待这种事无巨细的考核体系的？

××你好！

你谈到的核心问题还是辅导员到底是做什么的问题。这本不是什么问题，可是实际工作当中有人却把它弄成了问题。

辅导员就是大学生的人生导师，就是大学生人生成长的指导者和引路人。“导师”“指导者”“引路人”，说的都是要在帮助学生确立正确的价值观上下功夫，给学生的心灵埋下真善美的种子。这是天经地义的，不然没有必要建立辅导员教师队伍。我们有些同志没有认识到这一点，因此把辅导员看成了“筐”，什么都往里面装。由于大学制度不完善，这个问题的解决还需要些时日。

那怎么办呢？

应当看到，这些年来，辅导员教师队伍建设有了长足的发展，辅导员的工作界域越来越清晰。但是确实有些高校辅导员就是“打杂的”。

辅导员如果真处在这样的环境，还真得主动适应这种环境。至于你说到的各种考核，每个学校都有它自己的管理办法，究竟哪种考核办法好？应当怎样进行考核？这里的确有个管理水平问题。你们学校就是那样的管理方式，也就是那样的水平。作为辅导员，如果学校征求你个人意见的话，你可以积极地说出你的看法；如果不征求个人意见，你也不必牢骚满腹的。错误也是一本教材，它告诉了你什么是对的。你可以认真地总结你们那种管理错在哪儿，你把一个一个错误产生的原因都找到了，你也就聪明了，你的经验教训就增多了，不也是“多年的媳妇熬成婆”吗？等你当上了“婆婆”，那你管理起来不就得心应手了吗？

不过你应当相信，辅导员队伍建设一定会越来越规范化、制度化、科学化，辅导员想走近学生总是会有时间的，想为学生做事总是会有机会的，只要保持积极的心态，很多想为学生做的事就一定能做成。客观方面会有影响，关键不能放弃主观的努力。

184

辅导员该不该帮助学生学习

2019-07-12

前天有个辅导员给我写了一封信。

曲老师您好!

我是××大学的一名兼职辅导员××。虽说是兼职,但工作量和全职是一样的,只是多了个学生的身份,这个身份拉近了我和同学们之间的距离。同为学生,感同身受,大家可以一起学习,共同进步。

关于学生的学习,我之前做过这样一件事,而这件事现在有了好的结果,想和您分享一下。

因为学生在考试中不及格的科目多,成绩差,受到两次学业警告,照这样下去,绝对是“毕业困难户”。那段时间我就在想,学生之所以养成这样的状态,不是因为学不会,而是因为没有动力去学。怎么给学生动力?我的想法就是与学生一起学习,同时让学生对学习有所期待。我开始与有十几门不及格的十二名同学谈心谈话,了解学生对待自己学习的态度。在他们不知道的情况下,为他们制作了一个爱心小本,记录每次与他们谈话的内容。也和他们说好,每周进行一次学习交流,说一下这周的收获。让人很开心的是,那学期期末这十二个学生成绩都比之前要好很多,而且七名学生一门课都没有挂科；还有一个只挂了一科，新学期开学补考也过了；其他四名同学挂科了，补考没过。于是我和这四名学生找原因，并安慰他们，挂科少也是一种进步，毕竟还有机会。

因为每周都会与学生聊天、谈心，我和他们之间的关系也好了起来。他们知道辅导员对他们好，知道辅导员对他们有期待，然后就会很努力地不想辜负辅导员的期望。这个学期，学生每次有进步的时候总是会想到我，而他们能给我讲他们的进步，这也让我很开心，觉得自己的付出是值得的。

今天下午在去办公室的路上，迎面碰到十二名学生中的××。他看到我，又折回来，说要陪我去办公室，路上聊一会儿，他跟我说的第一句话就是："老师，我这学期没有挂科，平均学分绩点2.98，之前挂科的也都补回来了，不欠账的感觉很好。现在入校来的平均学分绩点是2.1，可以拿到学位证了（我们学校要求毕业前的平均学分绩点高于2.0才有学位证）。"然后跟我讲："这学期有门课应该考90多分的，结果看错题了，有个数字代错了，然后没考好，得了85分。"听学生讲他考试的故事，那一刻，我感觉很幸福。

晚上，同样是这十二名学生里的一个，把入校以来的平均学分绩点截图给我——2.02，他没有挂科，也同样把之前的都补回来了。他还告诉我，成绩出来后，第一时间就告诉了我。这个学生当时因为挂的科太多，要降级，我拦着不让。我心里是知道的，他如果降到低年级，就不太可能会有现在的这个条件，要重新修课，要重新融入新的班级，而且，从往年降级的情况看，状况并不会好转，唯有心态转变才可以，而只要心态转变了，即使不降级，也可以毕业。就让他先试着补补，然后我一直跟踪他的成绩进展情况。结果他也真的做到了，可以正常毕业了。

知道消息之后，那种辅导员的职业成就感从心底油然而生，因为你做的事情，学生会记在心里，会因为辅导员的努力、关注、期待、陪伴而取得进步。他们的那种开心也让人感到温暖。类似的事情还有很多，也许职业幸福感就是这个样子吧。一句话、一件事，真的可能会影响学生的一生。

您之前跟我们讲，说学生受您的影响而进步很大，这份职业真的就是这样，学生总是会时不时地让我们看到希望，让我们看到用心付出就会有所收获。念念不忘，必有回响。心里想着学生，学生也一定不会辜负我们的期望。

愿曲老师幸福。

看了这封信,我想起不久前看过的一位辅导员在群里写的一篇文章,也是谈论帮助学生学习的。不过有所区别的是,她不是“帮困”,而是助力考研。这个辅导员指导考研有套办法。为了帮助学生考上研究生,她下了很大的功夫,一些学生在她的帮助下如愿考上了。我想给这位辅导员写封信,谈谈帮助学生学习的事。

××你好!

看了你写给我的这封信,给我的第一感觉是你很用心,为了帮助这些“学困生”,你下了很大的功夫。这使我想起不久前有位辅导员在群里发的一篇文章,在她的帮助下她的一些学生也考上了研究生。你们俩的共同点都是帮助学生学习,不同的是你帮的是“学困生”,她帮的是“考研生”。你们这种关心学生的情感、责任心是应当被充分肯定的,但是,我想借用你们说的这些,来跟辅导员们谈谈应不应当帮助学生改善学习状况的事。因为像你们这样把着力点放在帮助学生学习上的辅导员很普遍。

辅导员应不应当帮助学生学习?

这是问题吗?现实中它已经成了问题。说它是问题,是因为很多辅导员着急的是学生怎样把学习搞得更好,能不能毕业,能不能考上研究生,而没有很好地帮助学生解决为什么要把学习搞得更好的问题。

其实,说到根本,怎样把学生的学业成绩搞得更好这是教学部门的事,教务处应当抓好教师队伍建设,提高教学水平,加强教学管理,采取激励措施,充分调动学生的学习积极性。

辅导员主要是管学生学习目的的。要解决好学生为什么上大学、怎样上大学的问题,也就是要解决好培养什么样的人、怎样培养人、为谁培养人的问题。这个问题不解决,学习得再好又有什么意义?弄不好会适得其反。有些大学生德行不够,能力很强,他将来会不会帮助美国跟我们打贸易战?我们常说的一句话是,“科学没有国籍,掌握科学的人是有国籍的”,说的不就是这个道理吗?所以辅导员不是不可以帮助学生学习,而是在帮助他们明确了学习目的的前提下,再力所能及地帮助他们学习。

道理很简单，辅导员是大学生的人生导师，设立辅导员教师队伍是为了帮助大学生系好人生的“扣子”，给大学生心灵埋下真善美的种子。换句话说，辅导员就是帮助学生树立价值观的，不然没有必要设立这支队伍，对于这一点，辅导员一定要记在心上。

现在的辅导员都是硕士、博士毕业，这在客观上使辅导员有了学习（专业）特长，且运用起来得心应手。不过千万不能以此来替代思想政治教育。辅导员一定要学会另一手，而且是主要的一手，就是做好学生思想政治教育工作。要拿出帮助学生学习的劲头帮帮自己，迅速提高自己的思想政治教育水平。当下一些辅导员思想政治教育能力、水平还达不到应有的程度，甚至还存在“不及格”的问题，恐怕这比学生考试不及格、考不上研究生更值得关注。

185

关键是帮助学生树立正确的学习目的

2020-08-15

学生的学习都是有目的性的。教师和辅导员与学生的学习都有关联。当然两者也是相互交融的,不是截然分开的。现在讲课程思政,就是要将教书育人融入教学全过程;辅导员加强学生纪律教育,自然也包含遵守上课纪律,只不过两者是有主次之分的。前两天有个辅导员给我写了一封信,这也是个具有普遍性的问题,我把我们的交流推送给大家。

曲老师您好!

打扰您一下,我有件事想向您请教,有个大二学生今年降级到我们班,他在做事和学习方面都很拖延,学习小组长和我布置给他的学习任务,他总不按时完成,任课老师留的作业也不按时交;学习效果也差,可能别人复习三个小时比他复习十个小时的效果都好。我们经常网上联系,不知道是我的方法原因,还是他自己的原因,就是感觉学习上进步小。马上我们就要进行线下考试了,他还是拖延。想向您请教下,我怎么做才能让他改掉拖延的毛病呢?我以前也带过几个降级生,虽然花费精力较大,但学习成绩均有所提高,可是这次我却觉得力不从心。

谢谢您,麻烦您了,您方便时再回复我吧。

××你好!

此时我能感受到你为学生着急的样子,我也在为你着急、为辅导员们着急。辅导员的确应当围绕学生、关照学生、服务学生。问题是,辅导员是万能的吗?这就像我们常说的教育不是万能的一样,辅导员当然也不是万能的。辅导员不是万能的,也不是包罗万象的。此前我说过,学生学习不好,不愿学习,如果真是探讨起责任到底归谁的话,毫无疑问首先是学生自己。都成人了,为什么不好好学习?谁又能替代他学习?自己的事自己要着急。搞好自我教育是首要的。其次是教师的教学管理,包括两个方面:一方面是教师一定要有扎实的学识,要教授学生真知识、新知识、前沿的知识,通过生动的课堂教学吸引学生,培养学生的兴趣;另一方面要加强教学管理,学生没完成作业,包括翘课,这本来就是内含在教学过程当中的,搞好教学管理是教师应尽的职责。

不能让辅导员管着学生完没完成作业、翘没翘课。就像我原来谈到的,有的学校把过级率、考研率、就业率都压到了辅导员身上,并且把这些作为考核辅导员工作的主要内容,和奖金分配挂钩,这是没有道理的。如果说学生不愿意学习和辅导员有些关系的话,那也只是体现在帮助学生增强使命感,或者说树立正确的学习目标上。大学生就业对辅导员来说也是如此,关键要解决好学生的就业观,然后才是就业率。说直白些,就像大家现在常说的有些学生出国不回来了,甚至辱国,当了专家却帮助人家遏制我们,他们哪个不愿意学习?这种学习有意义吗?若是知道他们这样,当初我们是不是莫不如就不鼓励他们好好学习啦?是不是就不应当让他们保研啦?学生不愿意学习,辅导员可以关心,也应当过问。你只要做好自己应当做的就可以了。有的学生只能用教学手段管理,该取消考试资格的取消考试资格;该不及格的就不及格,该降级的就降级,该除名的就除名。有的学生学校教育不了,那社会早晚也会教育他。我刚做辅导员的时候,有些学生专业思想不巩固,我也是做了些工作,后来这些学生改变了,现在有的学生当上了教授。但是还真有个学生,我在他身上也是下了很多功夫,可他就是对专业不满意,不愿意学习,“主动”导致成绩不合格,后来退学回家重考了。

虽然思想政治教育要抓两头,但是也不能忽视了大多数。有些需要思想启发,有些需要纪律教育。每个人的情况不同,自然没有对于每个人都适用的办法。从辅导员角度来说,还是要坚持以理服人、以情感人。真遇到那样不讲理的、不领情的,你也只能是尽职尽责就好。你工作的重心还是应当放在学生的学习目的上。

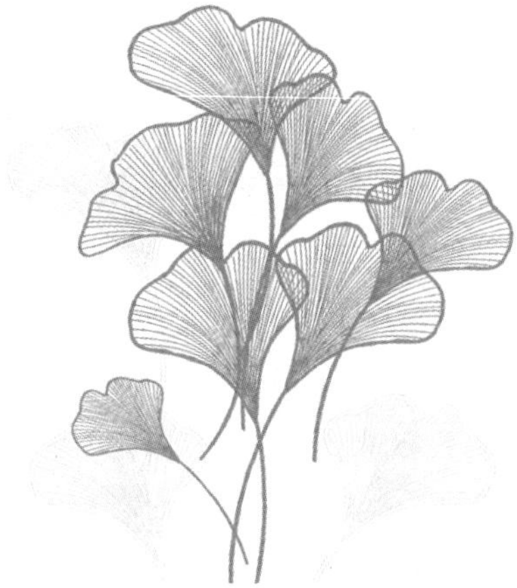

186

和一个辅导员的交流

2020-09-01

尊敬的曲老师:

写这个留言不知道您能否看到,但我心里有些困惑,所以还是想通过这个留言和您聊聊。我是一名来自贵州的辅导员,今年是从事这个工作的第四个年头,头两年是在独立学院工作,后来考到了一所职业院校当辅导员,因为自己在学生时代就喜欢学生工作,而当时的辅导员认真负责的态度又深深地影响着我,所以我立志要成为像她那样的人。入职四年,我一直抱着为学生负责的态度在工作,把学生当作自己的兄弟姐妹,有时也因为太为学生考虑而被领导批评,但我不后悔,我一直认为一个老师的成就感不在于自己获得多少荣誉,得到多少领导的赞赏,而在于自己的学生在大学期间收获多少、成长多少,毕业之后有多少人愿意和你分享毕业后的情况,和你成为亲人。

高职的学生和本科的学生真的有很大不同,这两年带他们,我觉得用以前带本科学生的方法有点行不通,所以最近我有点迷茫,迷茫在职业院校学生的培养目标和本科不同。我想要改变之前带本科学生的方法,可不知道该如何改变。假期也看了很多优秀辅导员的事迹,想去看些书,可又不知道从哪里入手,突然有种对这个职业的陌生感,感觉自己之前带学生的那份自信荡然无存,内心产生了困惑和不安。请曲老师有时间给予点拨,谢谢您!

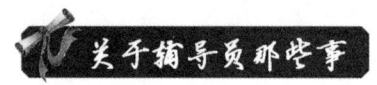

××你好!

你写给我的留言我看到了。我在外地,今天一早给过生日的一个学生写了生日祝福后,便给你写了这封信。

其实这两天我推送的公众号文章跟你提出的这些问题都有相关性。那天一个辅导员跟我说,他想考博士,然后到本科院校做辅导员。他认为高职高专院校影响了他的发展。这样的认识是不行的。高职高专院校也是大学,与本科一样,都是在培养社会主义事业的建设者和接班人。自己都瞧不起自己,这怎么能培养好学生呢?实事求是地说,高职高专和本科院校是有些差别,其中一个差别在于本科的学生是"知识型"的,高职高专的学生是"应用型"的,也就是大家通常认为的本科是"动脑"的、专科是"动手"的。当然最终还都体现在应用上。学习的目的就在于应用。由此决定了我们的一个工作目标,就是对高职高专的学生不要用"知识型""学术型"的标准来要求和衡量他们。有的学校、有的辅导员替学生着急,想办法让学生"专升本",认为这样学生才能有发展、有出息,甚至把"专升本"的比例作为衡量学校办学、辅导员工作的一个标准。这种认识也是不正确的。说重些,这是"劳心者治人,劳力者治于人"的翻版。无论是知识型、学术型还是应用型,也就是无论是"劳心"还是"劳力",其实都是在做着同一件事情:都要懂得感恩父母、服务社会;有正确的人生追求,为自己的一生负责。

辅导员首先要给学生以信心,要让学生认识到这种差别,不能由此气馁。有的人确实善于"动脑",属于学术型的;有的人确实属于动手型的,这就像有的人设计汽车不行,但是修理汽车却很在行。显而易见的是,社会不能只有设计汽车的,一定还要有制造、修理汽车的。当然,这都是从技术层面讲的。作为辅导员,更为重要的是要在精神层面教育引导好学生。昨天我在推送的那篇《在伟大面前便能看到我们的渺小》文章中谈到的麦琼方,36年挑断18根扁担,抚养87个孩子,其中有20人考上清华大学、北京大学。她被人们赞誉为"中国伟大母亲"。她的伟大和学历有什么关系呢?毛泽东同志在《纪念白求恩》一文中说:"一个人能力有大小,但只要有这点精神，就是一个高尚的人，一个纯粹的人，一个有道德的人，一个脱离了低级趣味的人，一个有益于人民的人。”无数事实说明，人的伟大、崇高和学历没有什么关系；人的幸福和快乐与权力和金钱也没有必然的联系。辅导员一定要教育引导好学生树立正确的人生观，懂得感恩、关爱他人、做事踏实、乐观向上，把身体锻炼好。我看做好这些就足够了。

187

给学生正能量

2020-10-17

每次给学生做完报告后,都会有学生给我留言。他们的留言告诉我,学生的主流思想是积极向上的。我们一定要给他们正能量,在他们的“拔节孕穗期”培养好他们。

老师,您的讲座太振奋人心了,真心佩服您。

谢谢!人生要汲取正能量,这样脚下才有力量。

听了您的讲座,我深有感触啊,作为当代大学生,我们真的缺少为祖国学习的意识啊!

每代人有每代人的使命和责任。实现中国梦,你们责无旁贷。爱国不都是别人的事!要从自己做起,从身边的事情做起。“空谈误国,实干兴邦。”为祖国学习才有动力,才会有所作为。

曲老师您好!今天听您的讲座受益匪浅!在听您讲座之前我老闹心

了，都感觉人生灰暗了。听完讲座真应那句话了，“听君一席话，胜读十年书”。

同学你好！不是给你们看了我拍照的一块石头吗？整个石头几乎被大雪封住了，但是恰恰石头上刻着的“爱”字露了出来。真是环境再恶劣，爱是掩埋不住的。毛泽东同志还写过这样一句词，“已是悬崖百丈冰，犹有花枝俏”。你是一个什么样的人，关键要看你想成为一个什么样的人。不管别人怎样，坚定自己的目标，成为你想成为的那样的人！心中要装满正能量，只有心中阳光充足了，灰暗的东西自然就消失了。

您好，曲老师！听了您的精彩演讲，我感觉到了不一样的人生，感觉人生变得更有意义了。

谢谢你的认同。人生的确是这样，就看你追求什么，想成为一个什么样的人。为什么不把自己变得崇高？让人们尊重？让人们记住？人就是不能本能地活着，只想自己的事，一定要有尊严地活着。

是啊，听了老师的话，我现在很想让我的人生变得更有意义。我会好好学习，将来用我所学的知识造福社会。非常抱歉，这么晚了还打扰您休息。老师您多包涵，您早些休息。

好的。路在脚下，一步步走好！晚安！

您好，曲老师，我一定会以您为榜样，树立远大目标，努力学习，不断追求进步，谢谢老师的教导。

好的。你年轻，又生逢伟大的时代，你一定能做大美的事，成为大美的人。

曲教授您好，听了您的讲座，我受益匪浅，更加清楚地认识到了自己真正想要得到的，明确了自己的发展方向和目标。从小我就有过援疆支教的梦想，家里人也非常支持。听了您今天讲的一桩桩真实例子，我更加坚信原来的梦想。我一定向您学习，做一个有责任、有担当，心中有大爱、时刻爱党爱国的好青年。非常感谢您今天的分享，希望有机会再次与您见面，向您学习。

××你好！

看了你的微信，我的眼前闪现出的是一个刚毅挺拔的身影。老师非常欣赏你能有这样的人生方向和奋斗目标，老师给你点赞。老师相信你们是敢于担当、大有作为的一代。好好努力，真正做到像你说的那样：做一个有责任、有担当，心中有大爱、时刻爱党爱国的好青年。老师相信你一定会做到的。加油！需要我时一定要与我联系，我会力所能及地帮助你实现心中的梦想。

祝好！

作为中国人，首先最重要的就是爱国和爱党，曲导说了很多，让我感觉非常荣幸，能够出生在中国。其次，也要尊敬、感恩生我养我的父母，是他们给了我生命，把我带到了这个世上，又含辛茹苦地把我抚养成人。现在，我上大学了，更应该努力向前冲，力争上游，凭借自己的努力，将来带父母去好好感受一下这个世界别样的风情。最后，不仅要努力学习，更要坚持锻炼身体，唯有强健的体魄才能支撑起强大的灵魂，所以，我会在这最该努力的时候积极进取，为自己也为家人赢得一个美好的明天。

好好努力！全面培养自己。在大美的中国做大美的事，成为大美的人！

188

与一个辅导员的交流

2021-11-04

曲教授您好!

今天有幸聆听了您的讲座,受益匪浅。我深知达到您那个高度和深度是有难度的,只能尽自己最大的努力去争取做到最好。今天感悟最深的是做好对学生思想上的引领,这个工作做好了,就会事半功倍。马上先从这里入手,带着爱党、爱国、爱学生的情怀,服务好学生、让学生更好地为祖国服务。再次感谢您的分享,希望您常来××大学做客。

××你好!

思想政治教育需要管理,但是管理是为思想政治教育服务的。要把思想引领放在学生工作的主要位置。

189

给学生以希望

曲建武

经过十几年的拼搏,众多结束了中学生活的学子来到了大学。大学是什么?对他们又意味着什么?在大学工作时,我经常与年轻的大学生谈起这个问题。而每当这个时候,有的大学生就会发出这样的感慨:"大学真大呀!"若问大学大在哪儿呢?一些学生便会说大在操场、大在图书馆、大在教学楼,也有学生会说大在食堂、大在宿舍楼等。这些或许就是许多大学新生理解的"大学之大"。

大学到底大在哪儿?在《礼记·大学》中有这样一句话:"大学之道,在明明德,在亲民,在止于至善。"这里说的大学虽然与我们今天谈论的现代大学不完全是一回事,但是它所强调的接受"大学问"教育的人应当有大的德行,有高尚的品行,还应当有关爱人类的情怀,对未来应当充满希望,这些教育理念与我们今天的大学教育理念应当是一致的。

前些天,有个辅导员跟我讲,他非常看不惯一个学生,为此经常批评他。有一次,这个学生说:"老师,你为什么不能相信我会变成一个好学生呢?"这句话给了该辅导员很大的震撼。他突然明白,学生是可以引导的,好学生是培养出来的,不能与学生对立起来,要给学生以希望。我以为,这个辅导员对大学之大有了较深的理解。大学者,乃大学精神之魂也,乃给学生以向真、向善、向美、向上以鼓舞与力量也，乃给学生以希望也！这应当是“大学之大”最重要的内涵。

曾经有个学生总是精神不振，我找他谈话，问他为什么会这样。这个学生说，来到大学后挺自卑的，总觉得自己这也不行，那也不行，因而没有前进的动力。我跟他说，大学是人生最重要的关口之一，这一步能否走好，对未来至关重要。“人生能有几回搏?”行与不行不是天生的，只有后天的努力。只要努力，谁都会在原来的台阶上再迈一步。我还告诉他，对未来要充满希望，生活总是青睐那些辛勤耕耘的人；要相信自己，别人行你也行，千万别说自己不行。这个学生后来变化很大，性格开朗了，积极参加学院里的一些活动，各方面的能力也有了很大提高。大学毕业后，他被分配到一所高校，不仅工作很努力，成绩也很突出，很快就成了××学院的中层干部。每当回母校看我时，他总是很有感触地说，若没有当初我对他的鼓励，他就没有什么希望了，也就不会有现在的成绩。

大学里这样的例子很多。一些大学生之所以走上了成功之路，正是因为他们的心中始终燃烧着希望的火焰。正像有部影片所说的那样：“要心存希望，只有心存希望，才有希望。”知识可以改变命运，这种表述需要从更深层的角度理解，知识只是改变命运的前提，知识是不可能天然地改变命运的，命运的改变需要希望把知识点燃并使之永远燃烧。我有一个来自偏远山区的学生，她的家庭经济困难，她又是一个女孩，长得也比较瘦小。在这样的境况下，有的学生或许就只会听从命运的安排了。可是她没有，她相信从来就没有什么救世主，要创造人生的幸福，只有不断地奋斗。她始终怀有一个梦想：一定要改变自己的命运，把父母从大山接到城里。她做到了。研究生毕业后，她留在了大连工作，现在是某品牌汽车大连分公司的董事长。她不但把父母接到了一个非常高档的小区里居住，而且还用自己的收入做了许多有益于社会的事情。

现在正处在高等教育大众化时期，处在国家经济社会发展的关键期，由于家庭经济困难、就业压力大等方方面面的原因，会让有的大学生信心不足，失去生活的热情，熄灭心中曾经燃起的希望之火。但这毕竟是少数，况且又不是不可改变的。谁不想成功，谁不向往光明？这种渴望是流淌于每个大学生的血液之中的，可以说是与一个人的生命共存的。辅导员应当成为点燃和助燃大学生希望之火的使者，帮助他们度过大学这段人生的重要时期。只要学生心中存有希望，他们的明天就会升腾起熊熊燃烧的火焰。

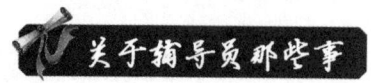

（刊载于《河南教育》2009 年第 3 期）

190

在“无序”中追求永恒

曲建武

辅导员工作常常处在“无序”的状态中:有时要给学生做报告(讲座)、与学生面对面地谈心,帮助学生弄清一些道理,进而使他们能够树立起正确的世界观、人生观、价值观;日常又要做大量的管理工作,要进行班集体建设,经常参加学生的一些活动;学生若是有病住院了,还要到医院看望;许多高校辅导员还负责学生宿舍的安全管理工作,学生宿舍有没有违章用电都成了辅导员要管的事;更有些高校把学生考勤也交给了辅导员去做,一些辅导员每天要很早从家里赶到学校,为的是点一下名,看看今天谁缺课了。上大学实行收费制后,许多辅导员还成了学校里的“编外收费员”,学费收缴占去了辅导员很多的时间。为此,许多辅导员有怨言,发牢骚,结果是不但影响了和学校、学生的关系,也影响了自己的发展。

我做辅导员时,工作比现在还“无序”。那时,经常有外地的家长到学校来看望学生,因为没有电话,我又是系里年龄最小的辅导员,找学生便成了我的一项“重要”工作。有时还出现过这样的情况:刚回到系里,又来了要找学生的家长,我只好再跑出去一趟。那时我还成了系里的“编外资料员”,当时负责资料室的一位教师到了快要退休的年龄,每天收发报刊是她很犯难的一项工作,特别是在天气不好的时候。这样,收发报刊的活儿“自然”成了我的一项分内工作。至于上面提到的现在辅导员们干的那些工作，除了收缴学费外，我一样不少，全干过。

我没有发过牢骚，每天都在默默地承受着这一切。我经常想的问题是：我年轻，多干一点没什么，免得让人觉得你是一个斤斤计较的人；让我干，说明我还有用，在别人的眼里我是一个乐于助人的人；做学生工作需要方方面面的配合，多做些“无序”的活儿，正是与大家建立感情的好机会，你做得越多，大家越觉得“欠”你的越多，你的工作也就越好开展了。我工作满一年的时候，学校给3%的员工涨工资，经过投票推荐，结果我排在了第一位。我对书记说：“我这么年轻就不要给我涨了吧！”书记说：“不行！不给谁涨也要给你涨。”我工作不到三年的时候，学校党委要提拔我做学院的党总支副书记。组织部到系里考核的时候，负责收发报刊的那位老教师对组织部的同志说：“你们怎么才来考核啊！小曲早该被提拔了。”我三十岁时才恋爱，这期间系里的许多老师都要给我介绍女朋友，他们都在用自己的方式来感谢我曾经给予他们的帮助。现在回想起来，如果我当年总是牢骚满腹，恐怕就没有那么好的人缘了。失去了“群众基础”，也就失去了今天的发展。

当然，在这种“无序”中，我体验最多的是一种对永恒的追求。辅导员是大学生的引路人，既然我选择了这条路，就应当坚定地走下去。我经常想起毛泽东同志曾经说过的一句话：“社会主义制度的建立给我们开辟了一条达到理想境界的道路，而理想境界的实现还要靠我们的辛勤劳动。”能有一个职责分明、井然有序的辅导员工作环境当然更好，但是面对现实我们不得不承认，这种“有序”的工作环境还需要一个过程，因为我们的现代大学制度还不是很完善，责、权、利还不是很统一。那怎么办呢？只能是辅导员多从关心学生成长的角度来考虑问题，从某种意义上讲，就是需要辅导员多做一些牺牲。况且完善的大学制度也不是辅导员发牢骚就能建立的。应当说近几年国家已下了很大的气力促进大学建立一支职业化、专业化的辅导员队伍，我想这必然会加快对“无序”的辅导员工作环境的改变，辅导员工作的春天一定会到来。

在“无序”中追求永恒，还特别有这样一种要求：辅导员一定要时刻不忘自己的主业，做好大学生的思想政治教育是辅导员工作的核心内容。辅导员不能因为“无序”的工作太多，而整天陷入杂乱无章的事务性工作当中,要提高自己的理性思维。大学生思想政治教育需要管理,但是管理是为教育服务的。在今天这样一个多元文化相互影响的时代,大学生最为需要的是我们如何帮助他们选择正确的价值取向。这就需要辅导员很好地“摆布”自己了。

“无序”是一种现实,是一种状态,不变的应当是永恒的追求。辅导员应当学会在这种“无序”当中,把一切积极的因素都挖掘和利用起来,变被动为主动,以建设性的态度来审视自己所处的“无序”环境,不管遇到什么样的困难,都要初衷不改,坚定地朝着既定的目标走下去。要知道学生的利益才是最大的利益,学生的需要才是我们的出发点和着力点。

[刊载于《河南教育》(高校版)2009 年第 1 期]

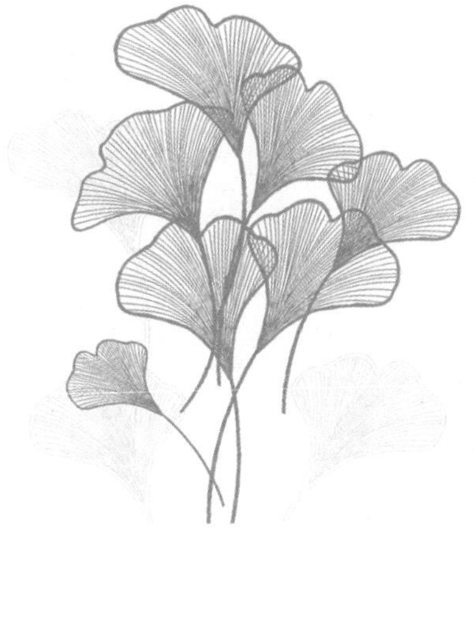

关于了解学生

191

辅导员工作要细致、耐心

曲建武

在大学校园里，学生们的个性都很强，这就需要辅导员做工作时一定要认真、细致、耐心。有些学生很爱表达自己的思想，愿意主动找辅导员谈自己的学习和生活，辅导员也容易了解并把握他们的思想轨迹和行为取向。当然，也有些学生性格内向，不善言谈，但他们有着自己的打算。辅导员应当对自己提出这样的要求：或许我们可能不知道学生每时每刻都在想什么，但是我们要知道学生一般会想什么；或者我们可能不知道学生每时每刻都在做什么，但是我们要知道学生一般会做什么。

做辅导员时，我每天都在学生上课前到教室走一趟。有一天早晨，我发现黑板上写了这样一首诗："金樽清酒斗十千，玉盘珍馐直万钱。停杯投箸不能食，拔剑四顾心茫然。欲渡黄河冰塞川，将登太行雪满山。闲来垂钓碧溪上，忽复乘舟梦日边。行路难！行路难！多歧路，今安在？长风破浪会有时，直挂云帆济沧海。"这首诗表现了李白极度愤懑、抑郁不舒的心情。学生为什么要写这首诗呢？我找到了这名写诗的学生谈话，原来他在班级干部选举中落选了，有怀才不遇之感。我及时对他进行了开导，这个学生心中的郁闷消解了。

我还有一个工作习惯，就是每天都要到学生宿舍看一看。有一次，我发现有个学生在她床边的墙上画了一个大问号。我心想,她画这个大问号干什么呢?因为屋里还有别人,我就没有当面问她。第二天,我把这个学生叫到办公室。她说画这个问号是要问问上帝在哪里,为什么不惩罚那些作恶的人。后来我了解到,她是带着怨恨来到大学的。她出生在一个偏僻的农村,父母都是老实巴交的农民,从懂事起,她就觉得别人都瞧不起她家。在中学参加农业生产劳动时,她总觉得自己分的都是既脏又累的活。有一次,她想进乡政府礼堂看电影,可是看门的人说电影已经开映了不让她进,她央求了半天也没有用。这时,又来了一个小女孩,长得比她漂亮,没费什么口舌,看门的人就让这个小女孩进去了。她气坏了,狠狠地瞪了一下那个看门的人便转身而去。她刻苦学习,如愿以偿地考上了她心目中理想的大学。可是当她到邮局寄行李的时候,邮递员头也不抬地问:"这所大学在哪?"她的自尊心又受到了打击。她在中学比较爱好写诗歌,在学校也算得上一位小诗人。到大学后,她以为自己有才华,还故意将买来的《诗刊》摆在床头,可是大家并不以为然。她认为是别人嫉妒她,她的内心一直在同别人对抗着什么。那天中午,她躺在床上,室友不小心弄出的声响,一下子触动了她那根愤怒已久的神经,于是便在墙上画下了那个大问号。

了解到她的情况后,我觉得这个学生之所以产生这样一些想法,一个重要的原因是缺少关爱,她的一些苦闷没处诉说。为了转变这名学生的思想认识,我先后与她谈过 30 多次话。为了让她感受到我对她很关心,我还专门陪她看了一次电影。那时,每到周末的时候,学校礼堂都要放电影,各系工会都会发一些票。我平时不怎么看电影,但那次我多要了一张票。我找到她说:"晚上我们一起到学校礼堂看电影吧。"她听后高兴坏了。后来,一谈到这事她就很兴奋,她觉得她很幸运,她是唯一和辅导员一起看过电影的学生。我还组织全班的学生为她过了一次生日。那天晚上正下大雨,我先去了宿舍。我说:"今天是你的生日吧,老师祝你生日快乐。"她非常激动,根本没想到我会冒雨来看她。一边说"谢谢",一边给我深深地鞠了一躬。我说:"你看,老师还把你们班的许多同学带来了,他们都祝你生日快乐!"当班长代表全班把写满了赠言的纪念本送给她时,她哭了。后来,这个学生变化很大,变得活泼开朗起来。她比较有思想,还经常给我提些工作建议。大学毕业后,她回到家乡做了一名教师,如今生活得很幸福。这件事说明,辅导员在做学生的思想工作时,一定要细致、耐心,只要工夫到,方法得当,学生一般是会听从劝导的。

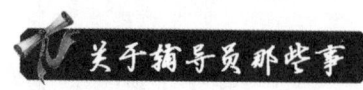

应当说,今天的大学生与我做辅导员时的大学生相比已经有了很大的不同,他们与外界的联系增强了,思想上受到的外界影响比那时的学生要大得多,这使得辅导员工作的难度增大了。但是正因为如此,辅导员就更应当与学生建立一种更加密切的联系,以取得学生的充分信任,善于发现和解决学生思想和行为方面存在的问题,帮助学生确立最佳的价值目标,选择最佳的行为方式,度过幸福美好的大学生活。

[刊载于河南教育(高校版)2008年第10期]

192

辅导员工作要带着情感去做

曲建武

辅导员工作的对象是风华正茂的大学生。做好他们的工作，既关系到国家的昌盛、民族的未来，也关系到大学生家庭及他们个人生活的幸福。辅导员一定要带着情感去做好自己的工作。

情感是辅导员工作的重要前提。只有使受教育者感到你是真心关心他，你的爱无处不在，受教育者才会悦纳你的教诲，才会遵循你的导引前行。我曾经做过多年的辅导员工作，我热爱自己的工作。想起那些逝去的岁月，我不知度过了多少个难以入眠的夜晚，也不知有多少个深夜被学生们那期待的目光催醒！我带了三个班。我从每个班里选了一名有特点的学生与我同住。一个学生全年级年龄最小；一个性格内向，不善言谈；一个是全年级唯一的非团员。这三个学生起初有点紧张，后来我们相处得非常融洽。这三个学生现在发展得都很好：年龄最小的那个，研究生毕业，已是处级干部；非团员那个，在大学里任教，是副教授；性格最内向的那个，也是副处长。

辅导员工作要带着三方面情感去做：一是对祖国的热爱。爱国是每个公民基本的道德义务。爱国是对自己的祖国的一种最深厚的情感，是人生价值观的一种体现，是推动个人前进的精神动力。许多人能够成为伟大的人物、能够为社会做出杰出的贡献，是与他们具有深厚的爱国情感分不开的。当代大学生肩负着重大的历史使命，实现中华民族的伟大复兴是他们义不容辞的责任。辅导员工作的意义在于通过自省的努力，为实现中华民族的伟大复兴培养一批又一批国家所需要的建设人才。这也是辅导员最好的爱国方式。辅导员有了这样的情感，就会少有怨言，从我做起，始终保持旺盛的精力，全身心地投入到工作当中。

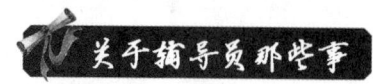

二是对学生的家庭要有情感。大学生既是国家的财富，也是家庭的财富。对于国家来说，一名大学生成功与否，只是数千万分之一，而对于一个家庭来说却是百分之百！每个大学生的身后，都有一个充满了期待与渴望的家庭；每个大学生的身上，都凝聚着一个家庭乃至整个家族的希望。我1982年毕业留校开始做辅导员工作，在之后的两年多时间里，我利用假期去过近50个学生的家，有的学生的家是我在过大年的时候，顶着凛冽的寒风，骑十几个小时的自行车去的。培养一个大学生实在是不容易，许多家庭是倾其所有。而每当离开这样的学生的家的时候，我都会落下眼泪。"求您了，老师！一定把俺的孩子培养出个人样来。"家长们那些发自肺腑、朴实无华的话语，真是字字千金，让人刻骨铭心啊！正是怀着这样的情感，我每天都急盼着黎明的来临，以开始新的一天的征程。有一天我到学生寝室，发现有个学生在床上躺着。我问他："你怎么不学习呢？"他搪塞着说："我累了。"我说："你坐起来不行吗？"他坐了下来。"你站起来不行吗？"他站了起来。"你出去不行吗？"他刚要往外走，眼泪就流了下来。他说："老师，我明白了。"这个学生现在也发展得很好，而且非常孝敬自己的父母。"爱自己的孩子是人，爱别人的孩子是神。"我常想，作为一名辅导员，或许我们很难把自己所有的精力都投入到自己的工作上，但是，有了这样的情感，想到那一个个充满期待的家庭，辅导员就定会把个人的利益想得少些、再少些。

三是对学生个人要有情感。作家柳青说过："人生的道路虽然漫长，但紧要处常常只有几步，特别是当人年轻的时候。"大学阶段无疑是人生发展的一个重要时期。在这一时期，辅导员工作对学生的成长太重要了。有那么多学子在辅导员的教育引导下走向成功，走向辉煌；也有的学子碌碌无为，甚至走向毁灭，这又怎能说与辅导员的工作毫不相干？德国教育家雅斯贝尔斯说过这样一句话："我是有罪的，因为当罪恶发生时，我在场，并且我活着。”每个辅导员都需要这样一种职业情怀。有个学生对我说:“回首大学四年,您给我的影响是巨大的。是您教会我们这些不懂事的中学生怎样生活、怎样成为一名真正的大学生的。如今我们这些学子能够有点出息,真得感谢辅导员您当年的教诲。”

几百年前,弗兰西斯·培根发出了“知识就是力量”的呐喊,现在的大学生欣赏“知识可以改变命运”的话语,对此应当正确理解。我认为,知识不可能天然地成为力量,知识也不会必然地改变命运。有的大学生专业知识掌握得倒是不少,可是缺乏进取精神;更有的大学生没有德行,在人生观方面出了问题,结果知识并没有给他们带来什么福音,有的甚至还因此毁掉了前程。本来念大学就不容易,最终还毁掉了自己,这多让人痛心啊!辅导员应当通过自己的辛勤工作,为学生的全面成长指明前进的方向。让每个学生都全面发展,让每个学生都幸福快乐,应当成为辅导员工作的最大心愿。

(刊载于《光明日报》2008 年 7 月 16 日)

关于工作开展

193

莫“逼着”学生干部向你反映同学情况

2019-08-20

前两天有个学生干部跟我说,他很苦恼,原因是他的辅导员动不动就“逼着”他反映同学的情况。若是跟辅导员说吧,他担心同学知道了会另眼看他,他和同学就不好相处了;不跟辅导员说吧,又怕得罪了辅导员,辅导员要是找他的麻烦怎么办?

学生干部是辅导员工作的助手,应当主动帮助辅导员开展学生工作。

有些同学做了错误的事情,作为学生干部,要及时劝说和阻止,不能视而不见。不然对同学而言不是关心,最终还会害了同学。对于有些解决不了的问题,学生干部有必要及时反映到辅导员那里,让辅导员做同学的工作,以避免使同学犯更大的错误。这样做有的同学会不理解,但是只要你是真心地为他好,同学一定会理解的,即便一时不理解,时间长了也会理解的。

我们有些学生干部处事没有原则,和同学一团和气,在一定程度上助长了同学犯错的心理。等同学回过味了,不仅不会感激你,还会责怪和怨恨你。所以,作为学生干部,该向辅导员反映的问题一定要及时地反映。

作为辅导员,工作一定要深入细致。你或许做不到对每个学生每时每刻在想什么都了如指掌,但是对每个学生一般会想什么还是应当清楚的。

辅导员可以通过了解学生干部来了解学生的情况，对有的学生干部没有原则，工作不主动、不配合，甚至对同学的错误采取包庇态度的，该批评的要严肃批评，该调整的要调整，这样徒有虚名的学生干部不仅对我们的工作没有帮助，还可能会影响我们的工作。作为辅导员，绝不能让学生干部的工作三心二意。

同时辅导员一定也要为学生干部着想。他们和同学吃住在一起，如果同学有点事情就反映到辅导员那里，那么，对辅导员来说，可能只是一时一事，可是对学生干部来说，有的确实就和同学结下了四年的“怨恨”，甚至更久远。

辅导员不能工作简单化，能自己了解和掌握的学生情况，一定要自己了解和掌握，千万不要“逼着”学生干部反映学生情况，弄不好还会培养出“投机”分子，整天看着辅导员的脸色做事。

教育要为学生的一生负责。若是真培养出了这样的学生干部，等他们走上工作岗位，乃至于做了“大干部”，岂不是很可怕的事啊！

194

保证公平的教育环境

2019-08-27

有个辅导员问我:“新生开学了,辅导员最应当注意什么?”我说从新生入学开始,就一定要创造公平的教育环境。

什么是公平的教育环境?

就是公平地对待每一个学生。受多方面因素影响,当然主要是自身的追求影响,有的辅导员做不到公平地对待学生。有的辅导员也了解学生,但是看的是学生的父母对自己能不能帮上什么忙。有的辅导员得到了学生一点好处,便把他们安排成了干部,安排到了条件好些的寝室,或是给予了更多的关照……这是辅导员工作的大忌。我写过这方面的文章,千万不要把学生分成三六九等。

辅导员一定要做到一切为了学生,为了一切学生,为了学生的一切。一些辅导员得不到学生的认同,不是差在能力上,而是差在对学生的公平性上。许多毕业生和辅导员感情不深,这是重要的原因。

我从做辅导员就非常注意这一点。我有九本工作手册密密麻麻地记着每个学生的情况。我了解学生的家庭情况,就是为了更好地帮助他们。尤其是对那些家庭生活困难的学生,我一般对他们格外地关心。

刚留校做辅导员的时候,我就去过许多学生的家家访,临走的时候,有的家庭我还尽量地给他们十元八元的。那时我好像每个月也就挣三十六元钱。有次我去了一个困难学生的家,我一咬牙给了这个学生的母亲二十元钱。这个学生的母亲几乎念叨了我一辈子。去年我还去看了这位九十多岁的老人。

我从省里回到学校做辅导员后,去过一个学生家家访。这个学生家生活得很困难。我走后这个学生告诉我她妈掉泪了。她妈说:“咱们家穷,没人瞧得起,谁也没来过咱家。你老师来了,一定要听老师的话。”我鼓励她好好学习,用知识改变命运。这个学生以优异的成绩被保送到浙江大学硕博连读。

辅导员别太短视了,培养大气的学生,让他们为祖国、为父母担当。这样,学生有作为的时候,会多感激你!不然形成让学生搞小恩小惠的风气,这多让学生瞧不起。等学生离开了,你想弥补还没有机会了呢!

××老师,你好!

对你有印象。你能坐在第一排,这无声的语言本身告诉我的就是你对我的尊重。社会学有个“距离理论”,说的是人和人之间关系的亲密程度是由距离来标明的。用不着用有声的语言来诉说你和他关系怎样,你和他在一起的距离就说明了这一点。所以,能不能平等地对待每一个学生不是说出来的,而是做出来的。到大连联系我。凭着坐在第一排听我的课就够了。在乎别人的人才能被别人所在乎。把你的详细地址告诉我,我把我写的书签名邮寄给你做纪念。

曲老师,我真的特别感动!我是2006年开始做辅导员的,那时候就读过您的书籍,知道您特别爱学生、关心学生。后来调到人事处工作,有一年学校请您来做报告,我又快速赶到会场去听,每次都会受到精神的洗礼,感到只有辅导员工作才是我心中最爱。去年我终于又可以回到学生工作队伍,最近看到中国高等教育培训中心的微信公众号,知道您是这场报告的主讲老师,我就赶快报名了。既然来了,我是一定要坐第一排的,向我心中的精神导师看齐!

曲老师,我的地址是:×××××××××。我一定认真把您的书籍好好阅读,认真践行!

195

与一个辅导员的交流

2019-11-19

曲教授您好！

今天听您讲座，受益颇多，曾经同样身为辅导员的您也是带那么多学生，还能够事无巨细地为学生考虑，发自内心地去爱每个学生，令我感到十分敬佩。爱国从爱校开始，从爱学生开始。而身为辅导员，更应当在其位、谋其政，一切出发点都应该是为了学生。由衷地感谢您今天的分享。

是这样的。学生工作一定要做得细致。只有心中有学生，才会不厌其烦地把学生工作做好。对学生一定要一视同仁，千万不能把学生分成三六九等，那样学生会在心里记恨你的。辅导员一定要在其位、谋其政。不然既耽误学生也耽误自己。把学生装在心里，学生就会把你记在心上。祝好！

今天的整场讲座我都很认真在听，边分享，边思考。

在辅导员这个职位，自己需要改进的地方太多太多，听讲座时，我突然想到金庸小说里面的一句话："侠之大者，为国为民。"

而辅导员也应该是这样子，爱校，爱生，为国，为民。不应该只想着工作体面,或者是薪资待遇。如此,那未免太过肤浅。

确实,反观自己,需要改进,需要成长的地方还有很多,希望今后还能有机会和您交流。

是的。辅导员应当成为有格局的人。我说了,你们都是优秀的学生,留校做了辅导员。此前诸多努力不能只为了建立自己的小家,过安稳的小日子。你们可以有更大的作为,为什么不施展一下呢?不然到了老年就会后悔的。

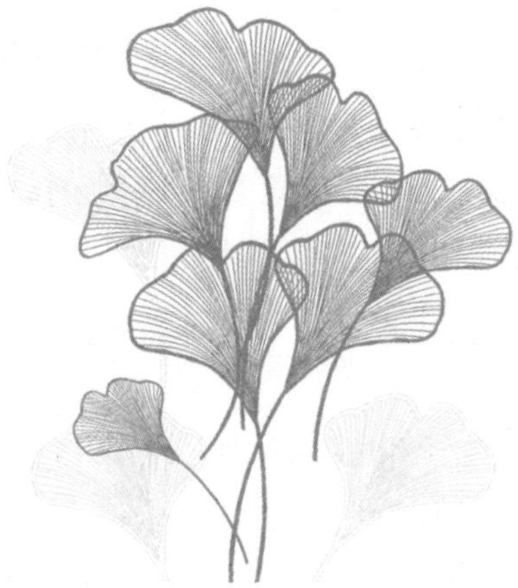

196

千万不要把学生分成“三六九等”

2020-06-02

经常有毕业生跟我谈他们在大学读书时的辅导员，也时常有学生在我的公众号和微信里反映他们的辅导员做事不公平。有一个大连的学生，她到学校找到我，让我向她所在的学校党委反映她的辅导员对待学生不公平的情况。我告诉了这个学校的学工部部长，提醒一下这个辅导员。

其实学生并不在意辅导员的工作能力怎样，但是会很在意辅导员对待学生是否公平。

公平如血液一样流淌在学生的躯体里，辅导员剥夺了本应属于他们的公平，这就犹如剥夺了他们的尊严。哪个学生该入党，哪个学生该评优，哪个学生该得奖学金，就连寝室床位的安排学生都会很在意，他们对此也是清清楚楚。你不公平，学生就会疏远你；你不公平，学生就会瞧不起你；你不公平，学生就会在内心鄙视你；你不公平，学生就会永远记恨你。

千万不要把学生分成“三六九等”，每个学生都是你的“骨肉”。

学生的家庭背景怎样，甚至学生的相貌怎样，这些怎能成为你不与学生谈话的理由？爱是可以放大的，你公平地对待了应该得到公平的学生，其他学生都能感受到；恨也是可以放大的，你不公平地对待了应当得到公平的学生,其他学生也能感受到。

我现在也经常得到我带过的一些学生的关心和帮助,虽然我原来并没有直接帮助过他们,但是他们说,我是一位公平的辅导员,我帮助了应该帮助的每一个学生。不要把自己变得那么浅薄,那么没有层次,那么没有品位。辅导员和学生的关系不是“买卖”关系,不能太功利了,也不能太短视了。不然,你就彻底失去了你在学生心目中的地位。如果真是这样,眼下,你的工作就会受到影响;久而久之,你就会成为孤家寡人。

“心底无私天地宽”,做事,一定要以学生的利益为衡量标准;一定不能失去公平,让学生心寒。

我留校做辅导员的时候,就采取民主的管理办法,相信学生、锻炼学生。党员的发展、班级干部的产生、三好学生的评选、助学金的评定等,这些都是通过学生评议、选举的办法解决的。我把这些“权力”都给了学生。我的任务就是为学生的成长创造公平的环境。

197

第一次班会讲什么

2020-09-08

有个辅导员在我的公众号后台留言,问我第一次班会讲什么。这个问题不会有统一的答案,可以根据具体的情况来安排。

社会学有个理论,人的第一印象对他的发展会产生重要的影响。应当说,第一次班会很重要,从某种意义上讲,第一次班会会使同学和老师之间产生第一印象。比如,你告诉学生几点准时开会,结果你却来晚了,跟学生讲了一大堆理由。这理由还重要吗?事实是你已经来晚了。开班会的时候可能有的学生会来晚,他也会解释什么。作为辅导员,就不要让他们养成做错了事还总是辩解的毛病。这样等将来到了工作岗位上是不行的。再比如,有的同学开会总愿意坐到后排。你可以提示他尽量早点参会,坐到前排。人的思想、想法,并不都是通过口头语言和书面语言表达的,有些是通过形体语言表达出来的。坐到后面,给人的印象就是不关心这个团队,或者对做某事缺乏积极性,说重些就是对别人不在乎。这需要你引导他们,对你在不在乎不重要,重要的是如果一个人失去了对团队的依恋,变得对生活失去热情、对他人缺乏关心,这恐怕就是大事了。我们一定要学会在乎别人,要学会与人相处。坐在前面的人,自然更容易得到别人的了解。我在省教育厅工作了八年,开了无数次的辅导员会议,有些和我现在还有交往的辅导员就坐在会场前排,我是在会前和会议休息时与他们交谈中认识的。所以第一次班会,辅导员一定要给学生留下美好的第一印象。上面的例子是要你告诉学生们,你是一个严于律己、关爱学生的老师。所以第一次班会,首先你要介绍一下自己,然后讲讲你有什么样的追求、你准备怎样和大家相处、怎样管理这个班级,等等。

第一次班会,重点还是要告诉学生目前学校、学院有哪些需要马上做的事情,要告诉学生你有哪些具体的想法和要求。尤其要跟学生讲一下这几件事:一是大家一定要友好相处。世界有七十多亿人,大家能来到一起,这需要多大的缘分,尤其是住到一个寝室。要学会尊重别人,千万不要把家里的一些有个性的东西带到集体的环境里。二是让一些家庭生活困难的同学安心。我们管不了他们吃好,但我们可以想办法让他们吃饱,让他们处理好学业和勤工助学的关系。勤工是为了助学。有的学生爱攀比,有虚荣心,认为勤工是为了致富,改善生活,结果耽误了学业,得不偿失。只要饿不死就读书,要处理好眼前和长远的关系。三是嘱咐学生处理好和老乡的关系。老乡会不是正式的组织,老乡的素质参差不齐。有的学生就是受到了低素质老乡的影响,结果大学生活过得一塌糊涂。让学生尽快融入班级这个大家庭。四是嘱咐学生注意安全。安全意识要时时有,如走在马路上、使用各种电器、晚上在校园里谈恋爱,等等。五是嘱咐学生注意身体健康。小病让学生自己看,大病一定跟父母打招呼,也要及时跟辅导员打招呼。有的病等父母来了再去治疗,肯定来不及。

第一次班会也可以让班级临时负责人表一下态,他打算怎样为同学服务。一定要培养学生干部扎实的工作作风,这对形成良好的班风非常重要。前两天我写过公众号文章,谈到把学生干部队伍建设好的问题。如果你的班级实行选举制,第一次班会你也要讲一讲你准备怎样产生班级(年级)干部,要让学生懂得干部就是为别人服务的道理。

第一次班会确实很重要,算是你的第一次亮相。如果讲好了,对形成良好的班风会有积极的促进作用。因此,确实有必要好好谋划,认真想好跟学生讲些什么。

198

关于高校辅导员工作的几点思考

曲建武

辅导员工作可谓千头万绪，要想把它做好需做许多方面的工作，这里笔者仅谈一下辅导员工作应该把握住的几个主要环节。

一、了解学生是辅导员工作的首要前提

辅导员工作说到底是思想教育主体对思想教育客体进行教育的过程。而教育过程绝不应该是盲目的、无序的状态。所以，谈到教育过程，就必须谈到其目的性，或者说要有其确立的目标，即想要达到的境地或标准。

一般说来，确立目标并不难，可以说，每一位教育主体都是抱着善良的教育愿望投身到教育过程的。我们所要探究的是为什么在教育过程里面，我们常常会听到或看到与教育主体的愿望相反的教育结果呢？就教育主体与教育客体的关系而言，这主要是教育主体的愿望与教育客体的实际不相符使然，换句话说，是由于教育主体对教育客体缺少了解造成的。经验告诉我们，没有教育主体对教育客体的了解，就不会有教育过程的开始，更不会有真正有效的教育。辅导员工作的对象，是那些朝气蓬勃的大学生群体，而他们恰恰又处在传统与现代相遇、新生与陈旧交锋、先进与落后对垒、东方与西方文化碰撞的变革时代，这就更容易引起大学生们社会心理、思想观念、生活方式的急剧变化。他们的人生观也会在社会震荡中摇摆，在一定程度上呈现出充满矛盾的多元取向。很显然，面对这样一些丰富、多彩、易变的教育客体，作为教育主体的辅导员群体，如果把握不住大学生们的时代脉搏，不知道他们在想些什么、要干些什么，那就只能出现这样两种情形：一是无法起始教育主体对教育客体的教育过程；二是即使起始了这一过程，那也只能是一厢情愿，缺少针对性，教育主体的要求引发不起教育客体的共鸣，自然也就不会达到教育主体所期望的境地或标准。而解决这一问题的唯一办法，就是了解大学生这个教育客体，做到“知己知彼”。

二、关心学生政治思想进步是辅导员工作的首要任务

我之所以提出这个问题，是想在辅导员工作中确立这样一个主题：一定要牢牢抓住培养大学生具有较高的政治思想觉悟这项工作不放松。从理论上讲，培养大学生具有较高的政治思想觉悟这个问题是由学校方方面面齐抓共管的，可是我们为什么偏偏要强调辅导员在这方面的作用呢？这主要是基于这样三个原因：一是辅导员是学校党委贯彻党的教育方针，培养大学生具有较高政治思想觉悟的直接实践者，换句话说，培养大学生具有较高的政治思想觉悟，辅导员义不容辞。从工作分工来说，大学生的求知需要应由教务部门完成，大学生生活上的需要应由行政后勤部门完成，而大学生政治思想上的问题（即德的问题或者说政治思想觉悟问题），则应由辅导员来完成（当然这种完成不是孤军奋战，除了辅导员自身努力外，很大程度上他们还起着组织协调的作用，关键是辅导员各方面的工作要以“德育”为核心）。学校为什么要有辅导员队伍，说到底是因为大学生政治思想上的问题需要辅导员来帮助解决。对大学生学习、生活上的事，辅导员应当给予关心，但是，最重要的“关心”是辅导大学生政治思想上的进步。二是一些辅导员对关心学生政治思想进步这个问题没有引起足够的重视。有的辅导员忽视政治理论的学习，没有掌握从事政治思想教育需要的理论知识，对学生提出的一些政治思想问题不能给予很好的回答；有的辅导员整日陷入事务性工作当中，以行政工作取代政治思想工作；有的辅导员强调“寓教于乐”，形式上看活动搞得既不少，又热闹，但细品起来，活动品位不高、层次不深，政治教育功能不强，许多时候是“种了人家的地，荒了自己的田”。三是关心学生政治思想进步有着很突出的现实意义。从国家来看，江泽民同志在党的十五大报告中号召我们：高举邓小平理论伟大旗帜，把建设有中国特色社会主义事业全面推向二十一世纪。毫无疑问，完成这

样重大的跨世纪任务，需要当代大学生具有强烈的时代责任感、使命感，坚持党的基本路线不动摇。从个人来看，受各种非马克思主义因素的影响，一些大学生的政治思想觉悟还不太高，在许多方面，他们常常表现出个人主义的倾向。这就告诉我们，辅导员工作必须下大气力解决大学生政治思想方面存在的问题，帮助他们摆正个人与国家的关系。辅导员工作必须以对学生、对国家负责的态度来关心大学生政治思想的进步。

三、情理交融是辅导员工作的首要原则

情，即以情感人。心理学家研究结果表明，人的心理活动是由客观事物所引起的，同时又会在人的行为和表情中表露出来。“以情感人”正是抓住客观事物、心理活动与行为表情的内在联系，从情感入手，通过心理活动规律，增强思想教育工作的有效性。在辅导员工作的实践中，也常常会遇到这样的情况，有的辅导员做学生政治思想教育工作时学生们非常愿意接受，甚至主动找辅导员交心；而有的辅导员则恰恰相反。为什么会有这种差别呢？这里虽然有辅导员自身工作能力和工作方法的差异问题，但是，不可否认的是，作为教育主体，他们在教育客体心目中的情感程度不一样。列宁讲：“没有‘人的情感’，就从来没有也不可能有人对于真理的追求。”（《列宁选集》第20卷，第55页）你在大学生的心目中没有位置，他们瞧不起你，甚至认为你是在违心地做你所做的事情，那你的教育自然就引不起他们的“追求”。

理，即以理服人。理性认识是人们通过抽象思维把握事物本质和内部联系的认识。经验告诉我们，教育过程仅仅停留在情感阶段是不够的，就情理而言，情是教育前提，理才是教育目的。毛泽东同志说：“感觉到了的东西，我们不能立刻理解它，只有理解了的东西，才能更深刻地感觉它，感觉只解决现象问题，理论才解决本质问题。”路是自己走的，但是，走什么样的路却是需要选择的。如何走一条正确的道路呢？这就需要正确理论的指引。当代大学生正处在新旧世纪更替的交叉点上，他们能不能完成时代赋予他们的历史使命，从一定意义上可以说取决于他们是否以正确的理论武装自己的头脑。在大学生们前进的道路上，难免会有这样或那样的坎坷，要想把它克服，必须使他们能够用科学的理论去分析和解决所遇到的问题。辅导员不仅要给学生“食粮”，更要给学生“猎枪”。理论之树常青。只有使大学生确立起正确的世界观、人生观、价值观，才会使他们在改造主观世界和客观世界的过程中有所作为，辅导员工作才算真正做到了家。

（刊载于《中国高教研究》1998年第2期）

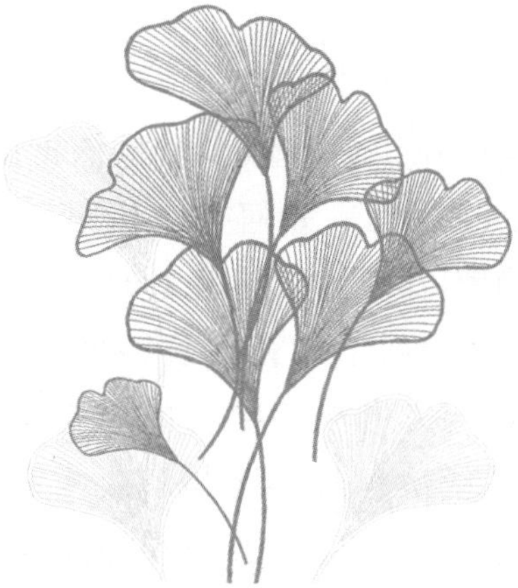

199

辅导员应把握和运用好思想政治教育的五大原则

王娟娟　曲建武

所谓“原则”，是指人们在说话和做事时所依据的准则。一件事情需要如何做，其中蕴含着一定的道理。如何把它做好，就应当遵循事情发展变化的规律。高校辅导员作为开展大学生思想政治教育的骨干力量，其工作若想富有成效，必须遵循思想政治教育在长期发展过程中所形成的五大原则。这五大原则是科学性与方向性相结合的原则、理论与实际相结合的原则、疏与导相结合的原则、解决思想问题与解决实际问题相结合的原则、教育与自我教育相结合的原则。在此笔者分别加以论述。

一、科学性与方向性相结合的原则

所谓“科学性”，是指人的思想活动有其内在的规律性，从事思想政治教育，就应当自觉遵守人的思想产生、发展和变化的规律。科学性要求辅导员在对学生进行思想政治教育的过程中，一定要遵循学生思想活动的客观规律，不能单凭自己的主观意愿行事。例如，从思想政治教育内容上，低年级学生与高年级学生应当采取何种不同的方法？从思想政治教育心理上，贫困家庭学生与家庭经济条件相对宽裕学生分别选择何种方式加以引导？从思想政治教育过程上，管理与教育的地位应当如何协调一致？对于这样一系列问题，辅导员如果没有科学性的认识，就容易使自己的工作陷入盲目性和随意性。所谓“方向性”，是指思想政治教育一定要为党和国家的大政方针服好务，要解决好“培养什么人，怎样培养人”的问题。辅导员是大学生人生成长的引路人，方向性要求辅导员工作的主业一定是要在帮助大学生系好人生“扣子”上下功夫。归根结底，增强思想政治教育的科学性，准确找到其落脚点也是为了保证思想政治教育的方向性。反之，我们下了很大的气力，培养出来的学生在人生方向上出现某些问题，思想政治教育也就失去了其本质意义。

对思想政治教育有科学性的认识，首先要加强学习。大学生思想政治教育依托于马克思主义理论学科，辅导员一定要认真研读从事大学生思想政治教育所需要的相关专业知识。有的辅导员连一本专业的书籍都没有认真研读过，又怎能对思想政治教育有科学性的认识呢？客观地看，现在辅导员的事务性工作多了一些；辩证地看，这也有利于从实践层面加深对思想政治教育科学性的认识。辅导员要有学术意识，善于分析总结自己的工作，找到事物发展的规律性。许多思想政治教育“大家”的成长过程揭示了这样的道理：谁也不是天生就对思想政治教育有科学性的认识，都是日积月累出来的。有的“大家”还“先天不足”，他们的学科背景并不是思想政治教育学科。认清了思想政治教育的科学性，就要在具体的工作中加以运用。辅导员对学生的教育管理一定要合乎学生思想品德养成规律和思想政治教育规律的客观要求。对于什么时候做什么事情，怎样去做，都应当了然于胸。在思想政治教育过程中，辅导员要始终保持清醒的头脑，要敢于“亮剑”、勇于“发声”。在今天，就是要充分发挥其在高校加强宣传思想工作中的作用，坚持马克思主义意识形态的指导地位，旗帜鲜明地开展对学生的爱国主义、集体主义、社会主义教育，帮助学生抵制社会上各种错误思潮的影响。只有把大学生很好地培养成人，才能充分实现思想政治教育的价值性与合理性，也才能体现出辅导员存在的必要性。

二、理论与实际相结合的原则

所谓“理论”，是指人们对于事物的理解和论述，也可以理解为思想和主义。思想是行为的前提和保障，理论上清楚了，行动才能自觉和坚定。重视理论教育是无产阶级政党的一个光荣传统，中国共产党就是以马克思列宁主义、毛泽东思想、邓小平理论、“三个代表”重要思想和科学发展观作为自己的行动指南。思想政治教育一定要注重用科学的理论武装学生的头脑。所谓“实际”，是指改革开放的实际，学生成长成才的实际。没有革命的理论，就不可能有革命的运动。从另一个角度理解，理论就是为实际服务的，对实际没有指导和推动作用的理论是没有生命力的，也是毫无意义的。中国的改革开放之所以取得了如此伟大的成就，其原因在于，我们始终以中国特色社会主义理论为指引。学习理论，掌握马克思主义的基本立场、观点和方法，不是为了装点门面，更不是用来吓唬人。受多方面因素的影响，在一些大学生的头脑中还存在着错误的思想认识，这既需要辅导员结合学生的思想实际，通过理论教育，使学生学会用科学的方法认识世界、认识社会、认识他人、认识自我，也需要辅导员紧密结合改革开放的实际，深入开展实践教育活动，帮助学生加深对理论的认识，不断增强大学生的“四个自信”，使他们能够正确处理好个人价值的实现与奉献社会之间的关系。“传道”“解惑”是辅导员工作的应有之义。这就需要辅导员在开展学生思想政治教育的时候，一定要“理”字当先。道理讲清楚了，学生明白了，思想政治教育就容易收到实效。辅导员切不可因为繁忙的事务性工作而放松了对学生的理论教育。实践是认识的来源，也是认识的目的。理论要想入心入脑，还需要辅导员引导学生把他们在课堂上所学到的理论在实际中加以运用，以获得对理论正确性的认识。组织学生开展社会实践是理论与实际相结合的重要途径。但是，辅导员在组织学生进行社会实践的时候，要注意目的性、计划性、选择性，要清楚此次社会实践要解决学生哪方面的理论问题。社会实践如果离开了目的性、计划性、选择性，离开了学生思想实际，就根本达不到使学生加深对理论正确性认识的目的。此外还要注意的是，思想政治教育是面向每一个学生的教育活动，辅导员将理论与实际相结合的时候，活动设计应当面向所有的学生。

三、疏与导相结合的原则

所谓“疏”，即疏通，是指让受教育者讲出自己真实的想法。“知己知彼，百战不殆。”辅导员做好学生思想政治教育的一个重要前提，就是应当更多地了解学生在想些什么。当然，辅导员是人不是神，不可能对学生每时每刻在想些什么都能了如指掌，但是辅导员应当对自己提出这样的要求：哪个学生一般会产生什么样的想法，还是应当做到心中有数的。知道了学生在想些什么，工作才好入手，才会增强针对性，一些思想问题才会及时得到解决。有的辅导员对某个学生表现出来的行为感到惊讶，那是被学生蒙在了鼓里，诸如此类令辅导员惊讶的事情恐怕在学生的头脑里不知酝酿了多久。所谓“导”，即引导，是指在对受教育者的思想观点有了清楚的了解基础之上，对他们的思想观点进行归纳概括、分析梳理，通过有效的方法，帮助受教育者澄清错误思想的影响，把他们的思想、行为引导到积极、健康、正确的轨道上来。大学生的头脑里不会天然地存在正确的思想，特别是在今天这样一个繁杂的社会、开放的世界里，一些错误的思想还会通过多种途径侵入学生的头脑，使有的学生表现出错误的行为。辅导员是学生思想、行为的引领者，应当时刻关心学生思想的进步，帮助学生积极培育和践行正确的价值观。

现在的学生虽然表面上思想比较活跃，对事物愿意表达自己的看法。但是，许多学生思想上还是表现出了自我封闭的特点，他们内心深处的想法一般不愿轻易流露。这就需要辅导员“放下架子”，和学生“打成一片”，通过平等、耐心、细致地交流，让学生感受到你是在真正地关心他们。“亲其师，信其道”，学生对你产生了信任，事情就好办了，他们甚至还会讲出一些不愿意跟父母沟通的事情。在大学生身边有许多优秀人物都是学生成长的导引者，辅导员要充分发挥这些榜样的示范作用。又如马克思所言：“如果你想感化别人，那你就必须是一个实际上能鼓舞和推动别人前进的人。”辅导员应当有勇气喊出“向我学习”的口号。辅导员与大学生朝夕相处，是了解大学生思想最多的人，也是校园里学生最信任的人。辅导员的一言一行对学生的成长起着潜移默化的作用。许多毕业生在谈到大学生活的时候，都把辅导员视为对自己人生影响最大的人。

四、解决思想问题与解决实际问题相结合的原则

所谓“解决思想问题与解决实际问题相结合”，是指教育者要清楚地认识到，人们的思想问题不是凭空产生的，是受现实存在所决定的。有什么样的社会存在，就会有什么样的社会意识。解决思想问题一定要从其赖以存在的现实环境中找到其产生的原因。解决思想问题与解决实际问题相结合的原则是我们党思想政治工作的又一大传统，也是一大优势。毛泽东同志早在1934年1月发表的《关心群众生活，注意工作方法》一文中就曾这样讲道：我们应该深刻地注意群众生活的问题，从土地、劳动问题，到柴米油盐问题。只有群众真正感受到了“共产党真正好，什么事情都替我们想到了”，就会跟着共产党走。青年兴则国家兴，青年强则国家强。从根本

上说，大学生思想政治教育也是为了动员和鼓舞广大的青年知识分子用社会主义核心价值观武装自己的头脑，使他们自觉做到“四个自信”，在实现中国梦的伟大事业中继往开来。大学生不是生活在真空当中，改革开放所取得的伟大成就使他们欢欣鼓舞，与此同时，社会上存在的一些问题又使他们的思想产生了困惑。对于在学生中存在的这样一些思想问题，辅导员不能简单地用“先进”和“落后”加以区分。要从实际出发，把解决思想问题与解决实际问题结合起来。一是要帮助学生学会用辩证唯物主义和历史唯物主义的观点看问题。我们还是一个发展中的国家，根本满足人民群众的物质利益需求还要走很长一段路，正是因为这样，才需要大学生不断奋斗，一些问题的产生并不是社会主义制度带来的。而从另一方面看，正是因为我们坚持了中国特色社会主义制度，我们才成为世界第二大经济体，在满足人民群众的物质利益需求方面我们才有能力做更多的事情。二是要力所能及地帮助学生解决生活中的困难。实际上许多学生需要的是一种情感，辅导员通过帮助学生解决一些生活中的困难，会使学生感受到一种关爱。学生对辅导员有了情感认同，就会悦纳辅导员的教育。一些学生主动找辅导员交流思想，寻求辅导员的指导，这种融洽的师生关系是建立在一定的情感基础之上的。

五、教育与自我教育相结合的原则

所谓“教育”，是指教育者有计划、有目的、主动实施的一种实践活动。在这一过程中，教育者运用科学有效的方法，把一定的政治观点、思想体系和道德规范传递给受教育者，使受教育者得到教化，因而自觉地按照教育者指引的方向发展。所谓“自我教育”，是指自己教育自己，在教育者的启发引导下，受教育者主动自觉地投身到完善自己的思想品德和个性特点的自主建构活动中。外因是变化的条件，内因是变化的根据，外因通过内因而起作用。从自我教育的视角看，最好的教育就是“不教育”。没有内化为受教育者内心的教育，不能视之为有效的教育。

辅导员要落实党的教育方针的要求，按照大学生思想政治教育的规律，积极主动占领思想政治教育的阵地。要相信教育的力量，下好“先手棋”。教育还是不教育，效果是不一样的。常常有这样的情况，看似成长条件相同的两个年级，学生们所表现出的思想行为却有很大的差异性，这其中的一个原因就在于，两个年级的辅导员在对学生的教育上存在着差异性。辅导员不能追求于把学生"管住","管住"了行为管不住心。教育的目的是实现学生自我管理。辅导员要充分利用自身在大学生思想政治教育过程中处于主导地位的优势,通过运用正确的教育手段和方法,搭建科学的自我教育平台,有计划、有目的、有选择地传递思想政治教育的信息,将单一直白的教育内容以生动、多样的形式表现出来,使学生受到鼓舞,得到激励,进而唤醒学生的心灵,坚定他们的信念,使他们向着我们要求的方向发展。有个大学生说,在清明节的时候,他参加了祭扫烈士墓活动,思想上得到了极大的洗礼。为了中华人民共和国的建立,烈士们抛头颅、洒热血,视死如归。在以后的日子里,他也要发扬烈士们这种勇于担当的精神,刻苦学习,增强本领,为中国梦的实现贡献正能量。

[刊载于《思想政治教育研究》2015,(06)]

关于评价学生

200

辅导员怎么能不把学生的事放在心上呢?

2019-02-18

昨天网上有个《大学生假期私聊辅导员,两人互怼,大学生被拉黑,网友评论:没红包》的帖子火了。我本不想说什么,我觉得这就是一个很正常的学生与辅导员的交往关系处理问题(也可以反过来说是辅导员与学生的交往关系处理问题),很快就自消自灭了。有位同志把这个帖子转给了我,我觉得从一个老辅导员的角度说两句也是未尝不可的。

让我们先追溯一下《召公谏厉王弭谤》中的一句话:“吾能弭谤矣,乃不敢言。”这句话的意思直译过来就是我们所熟知的:我能够禁止非议了,人们不敢说了。这样好还是不好呢?自然不好了:老百姓有意见却不敢说,憋在肚子里。产生思想的“意识土壤”没有改变,这种不满就会不断“发酵”,最终的结局难免“不在沉默中爆发,就在沉默中灭亡”。当然学生和辅导员之间还不是这种“剑拔弩张”的关系,但是“吾能弭谤矣,乃不敢言”,这句话所蕴含的寓意,还是适用于辅导员和学生关系的处理上的。

1.思想引领

辅导员是干什么的?说到本质上就是为学生解疑释惑的。辅导员是大学生的人生导师、知心朋友,是大学里离学生最近的人,也可以说理应成为大学里学生最亲的人。

学生来到大学,当他们有了困惑的时候,能够想到辅导员,说明辅导员在他们的心目中还是有一定地位的,这是好事。如果学生把思想困惑都憋在肚子里,躲着辅导员走,那辅导员还怎么引导学生的成长?

为什么我们有的辅导员对学生中出现的问题常常感到"突然""不可思议",那是被表面的"祥和"气氛欺骗了。

所以,当学生有困惑找到我们的时候,我们应当感谢学生的这种信任,应当笑脸相迎。不仅如此,我们还应当主动出击,把思想问题消灭在萌芽状态。

我对自己三十七年思想政治教育工作的首要要求是,绝不能让学生在思想上犯错。这就要有猎人般的眼睛和思想家的敏锐。这里列举我给几个学生发的微信来说明这个问题:

其一,早上我在一个学生的朋友圈里看到她说了"我只是希望最近的事能顺利点"这句话。

××你好!

早上看朋友圈,看到你说"我只是希望最近的事能顺利点",不知道你又遇上什么不顺心的事啦?其实生活中不顺心的事处处都在、时时都在,恐怕解决的办法就像你们在群里所聊的那样,一定要有好的心态。我若是每天都去在意那些不顺心的事,那估计早就被"折磨"完了,也就做不成什么事了。辩证地看,不顺心的事往往也是好事,它提醒你经常想一想自己还需要在哪些方面努力,避免由于自身的原因发生一些不顺心如意的事情。

你考完试了吗?感觉怎样?还有最后一学年了,抓紧时间好好学习,完善自我,以圆满结束你的大学生活。

身体没有什么不适了吧?(注:这个学生患急性阑尾炎时我带她看过医生)什么时候回家?给你父母问好。

祝旅途顺利!

曲导,谢谢您的关心,就是学习上出现一些小问题,我会调整好自己的心态的。

其二,有个学生在群里说,他夜里突然醒来,有件遗憾的事使他伤心地哭了。我早上看到后便给他写了这段微信。

××你好!

什么遗憾的事让你那么伤心啊?鲁迅先生讲:“无情未必真豪杰。”男子汉也是一样,该流泪的时候可以流泪。我母亲去世的时候我哭得死去活来,殡仪馆里男男女女中我可以算上哭得最伤心的了。我的内心只是在想:“母亲,您为什么不能再等等呢?您操劳了一辈子,我才刚刚开始孝敬您呢。”许多人的流泪都是因为遗憾而伤心。问题是为什么会有那么多的遗憾?有些遗憾是不是真的应该成为遗憾?有些遗憾是不是本不应该成为遗憾?老师的意思是你这么年轻,有着美好的未来,一定要好好发展自己,让人生少留些遗憾,特别是少留些由你个人的原因而造成的遗憾。

你有健身的习惯,这很好。强壮的身体是你从事任何职业的根本保证。但是健身不是你的专业,你要把握好度。我了解到你做了些兼职,这我也不反对,但是正像以前我嘱咐你们的那样,一定要把兼职的目的搞清楚,为了生活的补贴、为了了解社会,这些都是可以的,但最根本的还是要保证自己的学习。身体强健、知识丰富、价值观正确,这三者统一起来你就会无往而不胜。还有一年的时间了,看看你还缺什么,抓紧时间补上吧。

家里都好吧?有我能做的事情就告诉我。

祝天天都有好心情。

谢谢曲导的关心,我一定认真听取您的教诲。遗憾的是高二那年我父亲病危,我在学校,距家70千米,不能及时赶回,没能见他最后一面。妈妈说爸爸离开前一分钟死死盯着房门说要等等我,很遗憾,我没有赶到。这是我的遗憾,也是父亲的遗憾。

昨晚不知怎么又梦见这个情景,所以我哭了。真心感谢曲导能够关注到我,您对我的关怀我铭记在心。

我能理解。大小伙子,好好奋斗,不能再留下对母亲的遗憾,一定要让母亲晚年过上最幸福的生活。

其三,2014 年暑期我去美国考察大学文化的时候,给× × 发去了生日的祝福。

× × 你好!

我在美国考察大学文化呢,我已经看了二十多所大学了,虽然累些,但是很有价值,等我把网站建起来,你们就可以通过这个网站了解世界的大学了。7 月 30 日你过生日的时候我给你发了信息,祝你生日快乐,可能是普林斯顿大学的位置比较偏,短信没有发出去。我现在到宾夕法尼亚大学了,这里位于市中心,应当能发过去,收到后回复一下。

你们年级你是假期里第一个过生日的,也是我第一次在国外祝贺别人的生日,对我来说是件挺有意义的事,感谢现代科技,感谢移动公司!

一学期的大学生活很快就结束了。你感觉怎样,还满意吗?朝着你梦想的目标又走了多远?你说你要拿到双学位,要考研究生,在大学里要学很多东西。这学期的学习成绩理想吗?我觉得双学位最好和你打算要考的研究生方向一致,不然会分散你的精力,意义也不是很大。考研是对的,当我置身在国内外名校的时候,被那种磅礴、深厚的文化底蕴所震撼时,我想我已经没机会再入学了,但是你们可以,你们可以通过学习使自己强大起来。

当然,大学不仅仅是传播知识的地方,你说你要在大学里学习很多东西,这里一定包含着很多做人的道理。

老师祝你生日快乐,祝你的大学生活丰富多彩!

回国见啦!

应当说,这些微信(短信)都是我“自讨苦吃”的。特别是在我和学生相处的近些年里,仅节假日我就发了数十万字的微信(短信)。

我为什么要这样做?

我认为思想没有“真空地带”。要想避免学生在思想上犯错,就要紧紧把握住学生思想的脉搏。

学生在哪里,思想政治教育就在哪里。思想政治教育没有课上、课下,校里、校外之分。从对学生关心、负责的角度出发,从辅导员所应具有的精神境界来说,思想政治教育没有“假期”,只要是学生的事,辅导员就要上心。

2. 加强建设

当然，我们有些辅导员和学生之间的关系有些疏远、紧张，从党性来说，主要责任还是在辅导员身上。我们有些辅导员淡忘了初心，没有把自己的工作与党和人民的事业紧密地联系起来，因而也就缺乏那种吃苦、奉献精神；从教育的原则来看，主要责任也在辅导员身上。在任何教育过程中，教师都是处于主导地位的。要想推动别人前进，自己就应当是一个能够推动和鼓舞别人前进的人。

但是，如果仅仅这样一味地责怪辅导员，也无益于问题的根本解决。辅导员生存在现实的世界里，他们的思想和行为也要受到客观现实的影响，他们身边的环境怎样，对他们必然会产生这样或那样的影响。从这个角度来讲，今天辅导员和学生之间的这种关系疏远、紧张，难道与我们学校没有关系吗？要我说，这种疏远、紧张的关系，退一万步来说，也恰恰是“吾能弭谤矣，乃不敢言”的后果。

201

给我一个新任辅导员学生的回信

2019-09-28

这个新入职的辅导员是我带过的一个学生。前些天他给我写了一条微信，几天后我在去北京参加“最美奋斗者”表彰大会时，在飞机上给他写了一封回信，一下飞机我就发给了他，现推送给大家。

曲导您好！

我是2013级社会工作专业的××，不知您是否还记得我？我现在也做了一名辅导员，在湖南××大学(长沙)。今年9月份刚入职，其实一开始得知面试过了之后，我就想找您聊一聊关于如何带学生的方法。但仔细想了想，我还是决定自己先去摸索之后再向您汇报。这样一来，一方面能少耽误一些您的宝贵时间；另一方面，也多一些自己在做学生工作方面的实践与反思。

其实，一开始我对自己能否做好辅导员工作还是很没有信心的。我先入为主地认为辅导员工作太杂、太多、太累，直到开学前几天把您的公众号推送都看了一遍，其间也不时地回想起大学四年您对我们真诚的爱与付出，自己过往浮躁的心才慢慢平静下来。所以非常感谢您，不仅在大学时能包容当时幼稚的我，同时在我工作后，也给予我很宝贵的启示。

现在我已经上班两周了，工作还挺顺利。最近比较重要的工作就是一直在跟进几位心理危机在档的学生，自己也一直在用心、用爱去接纳他们、支持他们，希望能帮助他们健康快乐地成长。

今天听一位衡阳师范学院的辅导员朋友提起，您今天要去做讲座，于是我就想着顺便将自己近期生活工作状况向您汇报一下。

最后，也诚挚邀请您以后有时间能来长沙。吾当感谢师恩！

××你好！

看到你的信，了解了你的近况，谢谢你能对我说这么多，心中还想着我。

我当然记得你。你是我印象中较为深刻的一名学生。一来大学我就感觉你虽然话语不多，但是善于思考，对许多问题都有自己的看法。我遇到过很多像你这样的学生，有的很好，对问题看得比较正，有的就看歪了。我们是辅导员，“导”什么呢？很重要的就是思想上的引导。

从当辅导员那天起，我就对自己提出了这样的要求：绝不能让学生在思想上犯错。你现在做了辅导员，也可以对自己提出这样的要求。所以，你在大学读书的时候，我就愿意跟你交流，就是想对你加以引导，避免你在思想上犯错。四年的大学生活应当说你还是很好地把握了自己，有了追求，考上了研究生，特别是你现在选择了做辅导员，要成为学生的人生引路人。我是赞同你选择辅导员工作的，因为我就对这份工作情有独钟。

当年我留校做辅导员的时候，我们系主任对我非常好，他要安排我上专业课，劝我别做辅导员了。我感谢他，同时我认为辅导员工作就是一门学问，而且很深，不好好研究是做不好的。

我坚持了下来。应当说我培养了很多学生，他们有的在省部级领导岗位上，有的当了博导，有的成为工作单位的骨干。是辅导员工作使我实现了人生的价值，得到了尊严，拥有了幸福。如果有来生，我还会无怨无悔地选择做辅导员。

现在国家越来越重视辅导员队伍建设，一些研究生毕业后选择做了辅导员。有的比较坚定，就想做辅导员；有的也是因为考公务员没有考上而选择做辅导员；有的或想当专业教师没有博士学位。不知你是否坚定？我想，人生能做好一件事就不错了，没有更多的时间让你左右摇摆。既然选择了辅导员工作，就要把它做好。

不是这项工作没有出息，而是一些人没有干好。辅导员是给予学生幸福、为祖国服务的人，这怎么能不值得从事呢？你年轻，刚做辅导员，热情可以，但做着做着就有可能倦怠了。很多辅导员都谈到这一点。为什么会出现这样的情况？一个重要的问题是这些同志没有把辅导员工作当成学问来做，没有感受到其中的乐趣。研究动物的学者都能有那么大的乐趣，我们研究人的，尤其是研究青年人的人怎么能没有乐趣呢？想当好辅导员就必须找到这个乐趣。老师希望你能坚持下去，找到这种乐趣。

几次去湖南都想到你，就是太忙了没有时间联系你。去年我还去你们学校做过报告，只是那时你还没有任职。我还会去湖南的，再到长沙我一定联系你。

把你的详细地址告诉我，我把我写的几本关于大学生教育，也是关于你们当年的书邮寄给你，我们共勉！我做过你们的辅导员，我跟你们说过，我们不仅是四年的师生，我们还是一生的朋友。大连这边有事联系我，千万不要客气。

我很荣幸地当选了“新中国70年最美奋斗者”，现正在去北京参加颁奖大会的路上。利用在飞机上的时间给你写了这封信，飞机马上着陆了，先聊到这里。

祝一切都好！

202

和一个辅导员的交流

2019-11-10

曲老师您好！

我是此次成都培训人员中的一员，来自河南××学院的辅导员×××。今年5月份的时候在青岛第一次听您的报告时就收获满满。

回到学校以后，我把您关于爱学生的理念、扶贫扶智的观点分享给我们学院的辅导员，当真有了打开辅导员新世界大门的想法。

原来只沉迷于管理学生，没有系统思想的引领，工作也是摸索前行，后来我们在您爱学生的观点指引下，我们学院的辅导员各自依据自己擅长的领域，在前期工作的基础上，系统打造辅导员精品项目，大家的工作积极性都被调动了起来。

今天在成都，我聆听了您的报告，对于爱国主义教育怎么做，如何培养学生良好品格又有了新的更深的感悟，回去后会及时和他们分享。

曲老师，非常感激您，对于我们辅导员工作的指引，为了我们辅导员更好地工作而不辞辛苦地奔波于各个城市。

虽然我们在工作中还有很多不足之处，但是我们有爱学生的心、有青春奋斗的意志，还有您的指引。我们会坚守我们的初心，努力提升自己，为学生做我们力所能及之事。

谢谢你的认同。让我感动的是,你们学校的辅导员都在默默地向我学习,转告我对大家的谢意,我再到河南一定安排时间过去看看大家。

为什么要有辅导员队伍?从根本上讲,就是做大学生思想政治教育的,就是做大学生的人生引领者,点亮学生理想的灯,照亮学生前行的路。

所以,要把对学生的思想引领放在首位,教育学生爱国,不然就没有必要有辅导员队伍了。管理是必要的,但是管理是为思想政治教育服务的,两者的关系一定要摆正。

相对来说辅导员工作是辛苦些,但苦又能苦到哪里?坚持下去,把学生培养好,这是最有价值的事。

有事来大连时联系我。

祝好!

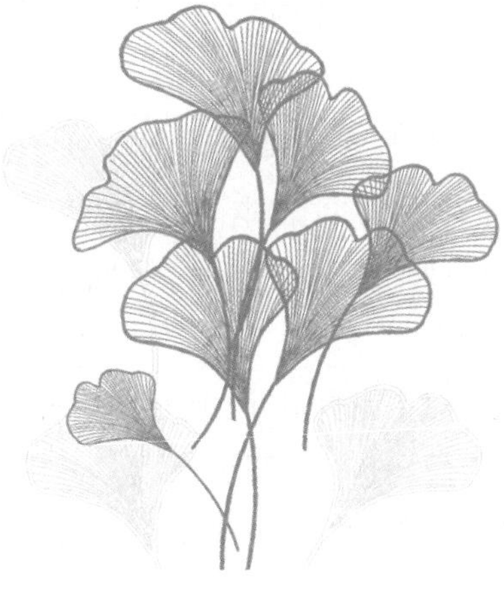

203

不要总去“寻找”学生的缺点

2020-01-17

曲老师您好！

我是××职业技术学院的×××，算是半个专业课教师，因为教的课程是专业基础课建筑制图，但我同时也是一名班主任。今天上午听了您的报告，我感触挺深，虽然我也是一直抱着对学生负责的态度去工作的，但是相对您来讲简直不值一提。

我们平时会过多地发现学生的缺点，很少关注学生的优点，导致一部分学生习惯了被指责，而失去了回归本真的机会。这几年我也一直在学习中国传统文化，在学习的过程中收获很大，平时也会鼓励学生做回自我，引导学生去热爱我们的文化。

听了您的报告，我觉得您是真正做到了知行合一，对于广大的老师来讲，“知”不难，难就难在“行”上，大部分都是“理论上的巨人，行动上的矮子”。如果早几年能听到您的教诲，我相信我会有更快的提高，真心希望以后能听到您的思政课。

××好！

今天才回复您，实在抱歉，希望理解。

著名教育家陶行知先生说:"千教万教,教人求真;千学万学,学做真人。"作为一名教师,排在第一位的还是要教育学生把人做好。为什么要有知识?说千道万也是为做人服务的。人都没做好,知识学得越多,恐怕对社会带来的危害也越大。

您是班主任,对学生成为一个什么样的人有直接的影响,一定要有教育的情怀。我们现在有些班主任也是不得已而为之,因为要评职称、有考核任务等。要把当班主任当成自觉。在大学里工作了一辈子,没有自己带过的学生应当是不圆满的。

您说的那一点也很有道理。不要总去寻找学生的缺点,要去发现学生的闪光点。尤其对高职高专的学生来说,在当今以分取人的环境下,更是把他们看"矮"了、看"低"了,这是错误的教育观念。对学生就是要多鼓励、多引导,给他们信心。

要求学生知行合一,教育者首先就要知行合一。教育是互动的过程,教育者是动力源,教育者的初始力越强,对学生的推动力越大;教育者的推动力越持久,对学生的作用力就越持久。希望您能成为给学生持久推动力的班主任。

飞机着陆了,就写到这里。

祝假期愉快!

谢谢曲老师的回复。

您的事迹就是我一生的奋斗目标,王阳明曾说过,"破山中贼易,破心中贼难",实际上人的一生就是不断地"破心中贼"的过程,破除心中的小我,才能实现人生的大我。

我当初报班主任的时候并不是为了评职称,只是觉得作为老师,不接触学生就不能真正上好课。只有了解了学生,讲课时才能对症下药。所以每学期学生的评课我都是全优。但是看了您的事迹,我的这点成绩就是九牛一毛。祝您身体健康、好人一生平安。

谢谢!我们共勉!祝一切都好!

204

辅导员工作从熟知学生开始

2020-08-24

在这段日子里，很多高校和教育厅有关部门都在对新上岗的辅导员进行培训。有的辅导员问我："作为一名新入职的辅导员，怎样做好辅导员工作？"怎样做好辅导员工作这个题目很大，今天我先跟大家说这样一点："做好辅导员工作要从熟知学生开始。"

记得我刚毕业做辅导员的时候，学校上午公布完毕业方案，下午我就到学生工作部将我带的那个年级学生的档案借来仔细阅读。我就像背课文一样，背诵着关于他们的一切信息。首先我开始熟记他们的名字。我把学生登记表拿在手里，看着他们的名字，脑海里与他们长什么样子进行对号；看他们的照片，逐一对上他们的名字。张三的家是哪里的，李四的父母是做什么的；哪些学生来自工人家庭，哪些学生来自农民家庭，哪些学生来自干部家庭，哪些学生来自知识分子家庭；哪些学生在中学做过干部；哪些学生有什么样的特长；每个学生的高考成绩是多少，每科考试成绩谁的最高；谁是学英语的，谁是学日语的……我对每个学生都了如指掌。我们年级有两个非团员学生，一个男同学，一个女同学。通过他们，我对年级的情况有了更进一步的了解。

新生入学报到的那天，有个学生在匆忙之中把衣服的扣子系串了。当他在报到处签名的时候，我喊了他的名字。我说："××，你怎么把衣服扣系串了呢？"这个学生愣了一下，看了看我，估计心里在想："他怎么知道我的名字呢？"别的同志告诉他，我是他的辅导员。我刚留校时在历史学院做辅导员，做了不到三年，学校党委任命我做政法学院党总支副书记。在和学生分别的时候，这个学生跟我说："老师，您知道您在我心目中是什么印象吗？"他说刚入学那天，他的心里就想：一是我这个人工作非常认真，二是我这个人很难对付。那时候他就很敬畏我。我把学生各方面情况密密麻麻地记了好几个本子。我在和学生谈话的时候，我们娓娓道来、潇洒自如、谈笑风生，就好像是非常熟悉的朋友。特别是当我能说出他们高考成绩是多少的时候，这时这些枯燥的数字像甘甜的乳汁流淌进学生的心灵，学生觉得我是一个把他们放在心上的人。很多学生说："老师，谢谢您对我们的关心，我一定按您的要求去做。"

古语讲："知己知彼，百战不殆。"我来到大连海事大学做辅导员后，也保持了这样的工作习惯，把熟知学生看成是做好辅导员工作的首要前提。我也是首先从学校学生工作部把我带的学生档案借来认真翻阅。有一个学生是个"双棒儿"之一。在档案中我还了解到这个学生的妹妹和她一起考上了大学，同时她的姐姐也正在读硕士，她的父母都是农民。我在第一时间找到了这个学生。我告诉她，我会和她一起克服学习、生活中的困难。怕她不接受，我便把我的一台电脑以借的名义送给她用。还有个同学的登记表填写得十分潦草。若是不知道她叫什么名字，你根本看不清她写的是什么。我找她谈话。我说："你们都说现在竞争激烈，激烈在哪里？不是细节决定成败吗？自己的名字都写不清楚，会给人一种做事不认真、不踏实的印象。当年我在做学院党总支副书记的时候，省教育厅有个用人单位到学校来挑选毕业生。我把一个学生推荐给了用人单位。用人单位先是看了他的档案，感觉不满意。原因就是这个学生的入学登记表写得非常潦草。我说这是他刚来到大学时的情况，现在改变了。可以让他当你们的面，把他的简历再写一遍。后来这个学生来到我办公室，写了一下他的简历。这下用人单位放心了，感到很满意。现在这个学生已经是厅级干部。若是当年失去了这次机会，他今天会做什么呢？其实每个人都有成功的机会，只是有些人没有抓住而已。"

为了尽快地熟知学生，我深入他们的宿舍、军训现场，和学生一起在食堂吃饭。我还在学生中搞调查问卷,了解学生在中学都读过什么书;哪本书对他影响最大;他都知道哪些人物;他最敬佩谁;他的梦想是什么;他打算怎么样实现他的梦想;他最关心什么问题;考不考研;想不想入党;谈没谈恋爱;打算谈恋爱没有;想不想当干部……我们有些辅导员,学生入学已经很长时间了,甚至还叫不全学生的名字;甚至把学生的名字叫错了;再不就是把学生的籍贯搞错了;对学生的自然情况不了解,学生会感到你没把他们放在心上。你若是应付了学生,学生就会应付你;你不在乎他们,他们自然也不会在乎你。所以,想当好辅导员,一定要有严谨、认真的工作作风,而熟知学生就是这种工作作风的体现,就是辅导员工作良好的开端。

205

和一个辅导员的对话（一）

2021-11-03

曲老师您好！

我是××学院辅导员××。很荣幸又一次聆听了曲老师的讲座，让我受益匪浅。说实话，在引导学生的过程中总会有迷茫、无助的时候，曲老师的公众号和在每次讲座中指引方向的话，都能让我重整旗鼓，带着满满的自信心继续前行。从校外到校内，从国外到国内，因为喜爱所以选择，都说热爱可抵岁月漫长，感谢曲老师带着我们在辅导员的道路上一路向前。希望以后有机会可以多与曲老师沟通，向曲老师学习。

××你好！

谢谢你的认同。我去过你们学校，与辅导员进行过交流。从总体上看，辅导员队伍还是一支年轻的队伍，加上我们现在又急于把学生管住，因此很多辅导员在思想引领方面都存在着短板。这就需要辅导员自身能够认清这个问题，提升自己成为大学生人生导师的能力。一个优秀的辅导员一定是价值观能得到学生认同的辅导员。要把提升价值引领当成使命、当成责任、当成追求，绝对不能让学生在思想上犯错。等疫情结束了你到我们学校来，我请你吃烤鱼。

谢谢曲老师。我虽然没与曲老师深入交流过，但是曲老师的话一直在指引着我。您来我们学校的时候，我也非常有幸地坐在教室里，聆听您分享辅导员工作。2020年来党校培训的时候，我非常幸运地留了曲老师的签名，并与您合了影，虽然没有做过曲老师的学生，但是能从辅导员队伍中结识曲老师，也是我工作中很幸运的事情。一直感觉曲老师非常亲切，以后有机会，我一定去学校拜访、学习。

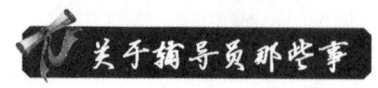

206

和一个辅导员的对话（二）

2021-11-13

曲老师您好！

上次您来××学院，我因外出，未能见到。今天上午聆听了您的讲座，令我受益匪浅。我有两点体会：一是正视、认同自己的职业，平时会概括说自己是高校老师，没有直白说我是高校辅导员，以后会直白说自己是辅导员；二是与学生的关系，今年我带2021级新生，除了说纪律和规划外，平时因事务多，一直想要以宿舍为单位进行谈心谈话而未实现，后面补上。另外，即使再忙，只要学生来了，也要多微笑，多聊几句，多询问最近情况。感谢您的指导，我体会到了这个职业的价值，因为我能感觉到学生也非常关心我。我会好好做下去。

辅导员工作的主旋律是引领学生思想进步，也就是树立社会主义核心价值观，这是检验辅导员工作成效的主要标准，不然没有必要建立辅导员队伍。

另外，我想拿钱给辅导员出一本书，书名叫“耕耘在学生心田”，讲辅导员和学生的故事，讲一个学生可以，几个学生也可以。要写5000字左右，你有兴趣参加吗？月底前交稿。

关于上思政课

207

辅导员教师可不可以上思政课

2020-04-03

前些天有个辅导员给我写了下面这封信：

曲老师您好！

因为您来广西宣讲，我坐前排被您的深情所感染，第一次感觉到辅导员这个岗位的重要与光荣。关注了您的微信后，我还吐槽了现实遭遇的一些不公和阴暗。可是，通过不断地读您的作品，我觉得自己的思想观念得到了很大的改变，没有绝对的公平和完全的光明，我们所做的一切都是为了建设一个更好的世界。以前心里的愤懑一扫而光，我现在踏实了很多。

我是学马克思主义的，领导不让我当思政课老师，那我就好好地工作在本岗位上。不管是老师还是辅导员，其宗旨都是带好学生，那我就立足岗位，真心关心、教育、引导好学生，让他们成长成才，让他们一代又一代地传递正能量，为建设祖国、实现复兴，推动人类社会向前和人的全面发展而奋斗。谢谢您让我思想开阔很多、境界提升很多，我也会继续向您学习，集中精力做好自己的工作。

看了他的信，我给他回复如下：

××你好！

谢谢你对我的点赞。本想早些回复你，实在是太忙了，拖到了今天，请谅解。

之所以想给你回信，也是因为你在信中提到了一个现在很普遍又很被辅导员们关注的问题：辅导员可不可以上思政课？你说“领导不让我当思政课老师”，现在想开了，要专心做好辅导员工作。当初你为什么要上思政课呢？是不是因为评职称要有课时？可以说很多辅导员都是这样想的。我要跟你和大家交流的一个问题是：辅导员工作不是“两眼一睁，忙到熄灯；两眼一闭，提高警惕”吗？还有时间上思政课吗？思政课那么好上吗？

所以，我是不主张辅导员上思政课的，各有各的“责任田”，能把辅导员工作做好就行了。有的辅导员说，有文件规定，辅导员可以上思政课，学校也有这样的安排。我以为，这都是一时之需，特别是有些学校为了建马克思主义示范学院，或者有的地方对马克思主义学院建设督导、检查得比较紧，因此，一些高校便采取了“拆东墙，补西墙”的办法。国家有明文规定：高校思政课教师和学生比例为1∶350。道理很简单：如果马克思主义学院达到了1∶350，怎么还会有辅导员的课上呢？眼下就是周瑜打黄盖——一个愿打，一个愿挨的事。所以，辅导员还是要安心做好自己的工作。至于有的辅导员想离开辅导员队伍上思政课，那是另外的问题了。不过，我一直在思考这个问题，辅导员是教师，是教师就应当有辅导员教师的核心课程，我也基本考虑成熟。辅导员教师课程的最大特点是知行合一的。现在的就业课、心理课，那不是辅导员教师的核心课程。严格说来，前者是教育学的课程，后者是心理学的课程，充其量这类课程只能算是辅导员的辅修课，依据这样的课时给辅导员教师评职称也是不符合辅导员教师的学科特点的。至于将来是不是要进行思政课教学方式、体制改革，打通辅导员和思政课教师的编制，这个问题也不是不可以考虑。不过这个问题太大了，只能由决策者来谋之了。

我认为，没有上思政课对你来说不是坏事。静下心来，好好研究学生的教育培养规律，这是具有长远、根本意义的。不然两头忙，都做不细、做不透，到头来都是平平淡淡，这也就难能成为专家型的辅导员了。

有些辅导员也问过这个问题，在此算一并答复了。

以上只是一己之见，仅供参考。

208

与辅导员的交流

2021-12-30

许多辅导员讲,他们都在上思政课,把大量的时间都用到了上课上。辅导员不是很忙吗?他们怎么能有时间上思政课呢?他们到底是辅导员还是思政课教师?辅导员们上思政课为什么就不“抱怨”了呢?这是“愿打愿挨”的事。这个问题很大,关系到辅导员教师在高等教育中的地位、作用问题,关系到辅导员教师职业化、专业化的问题,说到根本就是辅导员教师队伍的工作(教学)界域到底在哪里。辅导员教师通过怎样的教学途径完成“立德树人”的根本任务。有些同志也提出过辅导员工作课程化问题,但是还没有触及辅导员工作课程化的核心内容,更有的把上思政课等同于辅导员工作课程化。前段时间有个辅导员跟我交流,关于辅导员工作课程化问题我谈了几句,今天推送给大家就是希望大家能够深思这个问题。

曲老师您好!

今天下午的沙龙交流让我们深受教育和启发,更加坚定了我们从事辅导员工作的信念。辅导员要上属于自己的课,而不是上狭义的纯粹意义上的思政课,如果上纯思政课,那就不是专职辅导员了。我们要开发属于我们自己的、与辅导员实际工作特点相吻合的课。辅导员工作课程化是我们长期的实践与思考，请您指导。

××你好！

是这样的。辅导员应当有自己的核心课程。这个问题不是你们辅导员个人能够解决的，这需要专家们来研究怎样构建辅导员的课程体系。现在辅导员上的心理健康课、国防教育课、就业指导课，这些都不是辅导员的主干课，而是辅助课。还有的辅导员上思政课，这是不是辅导员的主干课呢？形势政策课，特别是“思想道德与法治”课可不可以划归为辅导员的课程，这不仅需要进一步探究，也涉及思想政治工作队伍的体系问题。从我的本意上看，我是主张把思政课教师、辅导员教师、心理健康教师、党校教师（包括组织员）等统称为高校思想政治教育教师的，他们的根本目标一致，只是达到目标的路径不同而已。眼下之所以有的辅导员承担了思政课，那是“愿打愿挨”的事。辅导员为了评职称，需要课时；而思政课教师缺编，就用辅导员来顶替。如果思政课不缺编，怎么会用辅导员来上思政课呢？这些课还没有划归由辅导员来上，辅导员来上这些课就是“在种别人的地，而荒了自己的田”。必须构建辅导员教师的课程体系，这是迫切需要解决的一个问题。辅导员的教师属性、辅导员的职称评聘标准等都与此有关，现在辅导员评职称认识不统一、标准多样化，同样与此有关。当然对这个问题要想形成共识，仍然需要一个过程。作为辅导员，应当从学生成长规律出发，探究应当为学生提供什么样的“显性课程”和“隐性课程”，把对大学生的教育引领纳入课程体系当中。随着高等教育的不断发展和完全学分制的到来，辅导员课程育人的重要性便会凸显出来。“人无远虑，必有近忧”。从这点来看，辅导员真是要把自己的工作转化为教学过程，把工作当成学问做，带着问题来教学，这样才会尊重学生的成长规律、高等教育的发展规律，增强辅导员教学的实效性。

关于教育管理

209

这种情况还真要管一管

2020-11-07

有个学生给我留言说:

老师您好,不好意思,打扰您了。今天早上8点上课,我早上6点56分到达教室,教室里虽然没有人,但是前两排已经被人用纸条占好座位了。我英语比较不好,所以想要往前坐一点,麻烦问您一下:这种情况我应该怎么办呢?

我给他简单地做了回复:

“有三种解决办法:一是再‘忍耐’一下,把情况反映给任课教师,让任课教师强调一下,不准占座;二是把情况反映给辅导员,让辅导员给协调一下;三是你直接坐在那里,与他(她)据理力争,但要防止辱骂、发生肢体冲突。”

这个学生说:

“谢谢老师！因为这种情况已经很多次了，我每次起个大早，也没有用，所以才冒昧打扰您，谢谢您！”

看得出来，这个学生已经忍无可忍了。我做辅导员的时候，在年级会议上经常强调这一点：同学之间一定要相互尊重。每个人都有自己的个人利益，但是个人利益的满足绝不能建立在损害别人利益的基础上。比如，寝室有按时熄灯的要求，有的同学在家有“开夜车”的习惯。可是这不是你家，不能随心所欲，要考虑其他同学的需要，到点就要熄灯。还有的同学到图书馆占座，这也是为了满足个人利益而不顾他人利益的表现。像这个同学反映的上课占座的情况，同样显示出一些人心中只有自己，对别人的利益漠不关心的态度。为什么社会上会有“霸座男女”？为什么一些人总是不顾公共利益？他们中就有大学生。他们之所以今天成为这个样子，与他们在大学时我行我素惯了不无关系。大学，不能为这种恣意妄为的行为提供土壤。我们说思想政治教育要贯穿教育教学全过程；要课程思政；要把思想政治教育落微、落细、落小，就是要每个人都担负起育人的责任。谁负责寝室管理？谁负责课堂教学？谁负责思想政治教育？学生在哪里，思想政治教育就跟进到哪里；问题出在哪里，思想政治教育就解决到哪里。“无规矩，不成方圆。”一定要把学生身上长出的类似占座这样的“枝杈”早点剪修掉，这既是对学生个人的关心和负责，也是对其他同学的关心和负责，不然等这些枝杈长大了，再剪修难度就大了，到了社会上就可能危害社会。大学是“止于至善”的地方，绝不能让类似占座这种没有德行，满足了个人利益却损害了他人利益的行为充满校园的各个角落。类似占座这样的行为看起来是小事，不必大惊小怪、小题大做，实则不然，解决不好还可能酿成大祸呢。今天占座，明天占什么呢？

210

与一个辅导员的交流

2021-01-11

曲老师您好！

很抱歉加您微信5天之后才有时间来向您问好，最近实在是过于忙碌，忙到我都快要忘了当初想要向您诉说的委屈。但是工作一停下来，委屈还是忍不住涌上心头。

2020年7月辅导员岗前培训时，我听过您的课，也听过很多优秀的辅导员前辈的课，当时的我对辅导员这个岗位充满了热爱、充满了向往、充满了干劲，甚至给自己定下目标，有一天我也要成为一名优秀的辅导员，走向讲台向别人分享我的经验。

走上岗位半年来，可以说，每一个工作日我都分身乏术，总有做不完的事；每一个休息日我都不敢离学校太远，怕学生有事，而我赶不回来。其实我想花更多的时间与学生交流，我愿意去寝室、去课堂，但总被各种杂事压得抽不出身，好像我已经不是一名辅导员，而是一名高级打杂人员了。

都说辅导员要爱学生，可也正是因为感受到了学生没有爱，才给了我重重一击。前不久学生宿舍出了安全事故，虽然没有人员伤亡，但是造成了财产损失。而学生却说，老师从来没有去过她们宿舍检查，也从来没有开会讲过。为此，她们的班主任老师被调离了岗位。那是位非常认真负责的老师，是我职业生涯的引路人，我真的觉得心寒。同时，我也被以教育不当之名，责令批评教育。在事故发生后，好几位老师为学生们奔波忙碌，却从来没听到她们说一声“谢谢”，仿佛是我们欠他们的。

我知道以您的胸怀，您可能会劝我“学生就是要引导、要教育”，但是我真的不知道应以怎样的心态去教育她们。说她们说得不对？好像是在推脱责任。说她们要懂得感恩？好像是我“胁”恩图报。

我甚至觉得这个岗位不值得，或许这个想法不对，所以请您指点。

××你好！

此类问题我在以前的公众号文章中推送过，在这里不再赘述。学生教育管理问题要融入情感，让学生感受到你是在关心他们。教育和管理要相统一，管理是为教育服务的。管理不能“生硬”，要“以柔克刚”，让学生理解，从而心服口服。辅导员工作千头万绪，要抓“总”，抓主要的方面。把学生干部作用发挥好，使他们成为你的“三头六臂”。辅导员工作要从党性上来认识，不要总感觉我们做多了，得到的少了。看与谁比、怎样比。我常讲，烈士们流的是血，我们流的是汗。有境界了，一切牢骚就都化解了。

祝好！

211

关于学生教育管理

2021-01-19

昨天夜里一个辅导员给我写了下面这封信，今天一早我给她回了信。学生考试作弊是许多辅导员要面临的问题，在此我把我们的交流推送给大家。

曲老师您好！

这么晚打扰您实在不好意思！想与您倾诉一下今天工作中出现的状况。今天我的两个学生考试作弊被抓到，直接被学校开除了。这让我第一次有了深深的无力感。我在年级群、上周班会都反复强调了严禁作弊，强调了作弊的后果，可是依旧刹不住学生想作弊的心，直到开除的通知发出来。本来到了大三，学生们都快要毕业出来工作了，但是因为这次行为，却影响了他们的一生，我真的无力了，很无力。我不知道我还能做什么，也不知道我该怎么做才能杜绝这些情况发生。今晚我的心情比这两个学生还沉重。不知道您是否遇到过这样的情况？我该如何做好我下一步的工作呢？我该如何调节我的情绪呢？希望能得到您的指点，感谢您！

××你好!

我能理解你此时的心境。两个学生因为考试作弊被开除了,这也应当算是轰动全校的大事了。学生考试作弊是一种严重的违纪行为,必须严肃处理,不然怎样保证公平公正呢?怎样激发学生的学习积极性?怎样养成良好的学风?怎样做诚实守信的大学生?学生考试作弊和辅导员有没有关系?对于这些问题,我们是要认真思考的。有些学校领导,学生一出事,便全怪罪到辅导员身上,这是不公平的。学生考试作弊是个复杂的行为过程,会有多种“诱因”。比如,我在做学生处处长的时候,有个辅导员工作很努力,带出了很多优秀的学生,但是有一年这个优秀辅导员带的年级学习部部长作弊。处分时找这个学生谈话,她说她之所以作弊是想多落下其他同学一些分数。她虚荣心太强了。这样的学生考试作弊可谓“防不胜防”。学生考试作弊与教师的教学自然也有关系。教师教学的严谨、严格,对学生的关心程度,都会对学生的学习起到引导、督促和威慑作用,使学生“无机可乘”。辅导员更要从中吸取教训,查找自己平时的工作有哪些不到位的地方。有的辅导员,只要学生一出事,便首先把自己推脱得一干二净,这虽然是不对的。学生考试作弊和班风也有关系,良好的班风会形成一种压力,使有的学生“不敢”“不好意思”作弊。当然,从辅导员这个角度出发,还是应当把工作做细、做早,考试前的强调是必要的,但是当“木已成舟”的时候,如果平时落下了太多,有的学生就会铤而走险。纪律教育要常抓不懈。一般来说,大学的课程没有高考难,只要平时抓点紧,都不会有问题的。从辅导员这个角度来看,要了解和掌握的是学生愿不愿意学习,为什么学习。对不愿意学习的学生,辅导员要帮助他增强学习的动因;对愿意学习的学生,也要帮助他们树立正确的学习目标。思想教育一定要防微杜渐,不能总是“恍然大悟”,那就晚了。我的学生没有碰到这种情况。我刚毕业时带的第一个年级80人,他们毕业时有10人考上了研究生,那时录取率还是比较低的,而当时他们所学的专业在我们学校没有一个硕士点,他们全部考上了现在的“211”“985”大学。有个学生是我们年级年纪最小的,刚来大学时贪玩,不爱学习,我把他还有两个学生安排在我的工作室,和我同住。平日里我要求他不能待在屋里,必须到教室、图书馆学习,毕业时他以优异的成绩考入了吉林大学。他现在是名处级干部,局级后备。谈到大学生活,他说若不是我这样督促他,他可能就毕不了业。那他会不会作弊呢？

以前我们交流过，你应当是位工作很努力的辅导员，不要有无力感。事物都是由主客观条件促成的。考试作弊对于大学生来说应当自负其责。你的工作才刚刚起步，你要做的就是好好总结一下，看看哪些是你应当做的，做得怎样，怎样才能做得更好。谢谢你对我的信任，还有此前的点赞！希望你尽快地从“无力感”中摆脱出来，积极面对明天的工作、生活。

祝心情愉快、一切都好！

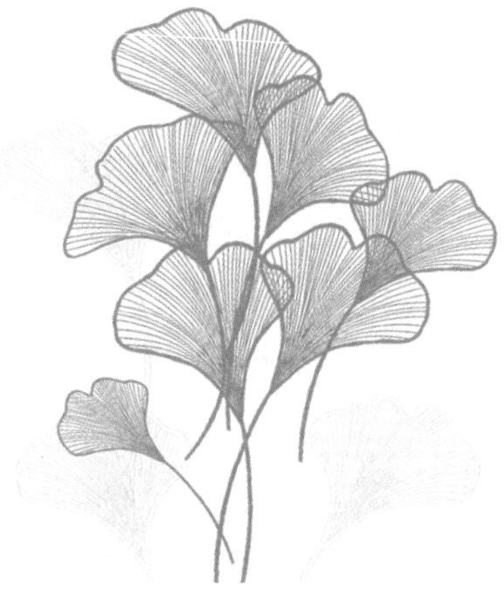

关于辅导员与班主任的关系

212

辅导员与班主任应是怎样的关系

2020-04-05

曲老师您好!

我听过您的报告,不是我恭维您,您的报告是我听过的最吸引我的报告。您有激情,爱生如子。您的精神给了我莫大的鼓舞,我要向您学习,做好本职工作,为学生服务好。可是我眼下有个困惑,也让我很苦恼,影响我的工作情绪。是这样的:我们学校对专业教师评职称有要求,让他们必须有学生工作的经历。因此,一些专业老师便被安排做了班主任。我带的六个班级每个班配备一名班主任。从此各班级的管理步调不一致了。班级干部调配、发展党员、评优都由班主任说了算,我被"架空"了。您说我该怎样和班主任处理好关系呢?

××你好!

谢谢点赞。这些年国家加强辅导员队伍建设,涌现出了一大批优秀辅导员。像每年评选出的辅导员年度人物,他们的事迹都很优秀,值得我们学习,应多以他们为榜样,把学生培养好。

其实,你首先要搞清楚的是你和班主任是什么关系。定好位了,再来考虑怎样处理好和班主任的关系。也就是说,定好位了,才知道哪些是属于你要做的,哪些是属于班主任要做的。该你做的,你当仁不让,并且还要做好;不该你做的,你自然就不要管了,那是属于班主任职责的事,这何来的“架空”呢?若有苦恼,也就只能是自找的了。

不过你提的这个问题,与我昨天提到的“如何看待专职教师当兼职辅导员”这个问题有相似之处。为了保证专业教师有做学生工作的经历,学校安排了专业教师做班主任。应当说学校的出发点也没错。不过,学校在安排专业教师做班主任的时候,还应当划分好辅导员和班主任的工作界域,也就是要把他们之间的关系搞清楚,不然势必会出现你说的这种情况。实践反复证明:班主任全权管理班级的,就是说,班级的所有事项都是由班主任包办的,和辅导员很难搞好关系。原因很简单,除了一些工作认真的班主任,恐怕为数众多的班主任,像兼职辅导员的心态一样,也是不得已才当了班主任,这就决定了他们的重心还是放在不能耽误了专业发展上。这同时也决定了他们对学生的了解不会像辅导员那样全面和深入。因此,一般来说,辅导员比班主任对学生要更了解些。由此便出现了你谈到的问题,有的班主任的做法可能不符合实际,所以你有被“架空”的感觉,你便替学生着急。

我个人觉得,班主任也好,辅导员也罢,他们的工作界域应当定位在对学生思想、学习乃至生活的关心上。通过与学生接触,更多地了解学生的实际情况,然后力所能及地在思想、学习、生活上多帮助学生,增进和学生的情感,增强自身的责任感,提高教学的针对性、实效性。至于班级的具体管理,像上面提到的班级干部调配、发展党员、评优等,还是由辅导员统一管理为好。

辅导员要多征求班主任的意见、看法,及时采纳班主任的合理意见、建议。

辅导员应经常向班主任介绍年级情况,以便解决一些年级里具有共性的问题。

我也知道,其实有些学校对班主任的职责规定得很清晰,就像我前面提到的那样,包括对学生思想、学习乃至生活的关心。但是有的班主任很有积极性,愿意管具体的事项,他也认为他是一班之主,班级的大事小情都要由他说了算,不然就被“架空”了。极为个别的班主任还与辅导员唱反调,结果“政”出多门,弄得学生无所适从。可见,年级管理还是“一盘棋”

为好。

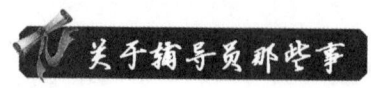

辅导员按照学校、学院的要求进行统一部署、统一管理,班主任可以多做协助工作,多提建设性意见。辅导员如果确有做得不对的地方,可以从爱护、监督的角度,督促辅导员改正,对于不虚心、拒不认错的辅导员,可以向学院反映。总之,无论学校有怎样的界域划分,辅导员和班主任都要从学生的利益出发,把学生培养好才是根本。不要在那点儿具体的“事权”上计较。

高职高专与本科的情况有所不同。特别是从“小中专”来到大学的学生,总体年龄偏小。因此,一般采取的都是班主任制,相当于专职辅导员。需不需要改变管理模式?我个人认为,也是可以讨论的问题。

目前这种班主任管理办法,很大的一个背景是原来没有强调辅导员队伍建设。现在提出辅导员队伍职业化、专业化、专家化建设,其核心意义是为了保证学生的人文精神培养,保证学生社会主义核心价值观的确立。在“小中专”班级设立班主任的办法,主要还是基于“管”的思维,学生不出事就行。最好还是设立以辅导员为主、班主任为辅的管理办法。辅导员与学生的比例适当缩小一些就可以了。不过这又是一件很费周折的事。

213

与辅导员的交流

2021-05-20

曲老师您好!

我是本次培训班的辅导员××。我是一名新来的辅导员,能够遇见您,何其有幸!

现在于我而言,对您不只是认同,还有敬佩和崇拜。虽然遗憾没能争取到背诵古诗的机会,没能在餐厅出口等到与您合影留念,但更多的是感到幸运和获得力量。有幸能加上您的微信和您进行交流,有幸关注“仍然在路上”进行持续充电,更有幸能够做一个“只听了您一堂课”的学生,听了您的讲座后我更加坚信了自己的职业理想和人生追求。在此真心地感谢您。

入职不到一年,让我最开心的事是能够与年轻大学生们在一起成长,但目前的我还有些困扰,望曲老师方便时能够指点迷津。入职以来,由于配备情况和分工安排,我经常要疲于完成诸多事务性工作,无法很好协调与学生在一起的时间。虽然大多数学生都说我很尽心尽责,但是自我感觉做得还不到位,只能做到初步了解学生的情况,谈不上走进他们的内心。所以在此请教下曲老师,我该如何在这样的情况下有效地走进学生们的内心,知其所想,帮其所需呢?

最后在此由衷地祝福您身体健康、万事顺意!

关于爱党爱国教育

214

引导学生矢志不渝听党话、跟党走（一）

2019-08-19

“青年兴则国家兴，青年强则国家强。”当代青年怎样，明天的中国就将怎样。思想政治教育一定要放在世界百年未有之大变局、党和国家事业发展全局中来看待，真抓实做，厚植青年学生的爱国主义情怀，让他们担当民族复兴大任，矢志不渝地听党话、跟党走，把爱国情、强国志、报国行自觉融入坚持和发展中国特色社会主义事业、建设社会主义现代化强国、实现中华民族伟大复兴的奋斗之中。

今年校庆期间，我和校长签订了协议，建立“励志基金”，用于激励那些为祖国而努力工作的优秀辅导员、优秀思想政治理论课教师和优秀大学生。前些天，利用江西省教育厅邀请我赴井冈山为江西省高校党委书记做报告的机会，我组织了首批十人（一名高中生、一名本科生、一名辅导员、一名博士生、一名“村官”、五名硕士生）与我一起去井冈山参观考察（后来那名“村官”临时有任务、一名硕士生受台风影响，他俩没有成行）。我们一起参观了井冈山革命博物馆、毛泽东故居。在我做报告期间，他们还参观了烈士陵园等景点。回来后，他们给我写了感言，从今天开始我分四次推送给大家。

××你好!

我们登机了,一会儿就起飞了。我给你打100元钱,你买点吃的,别饿肚子。

今天推送了到你家家访后我们之间的微信交流。好多人给我留言,佩服你努力奋斗的精神。早上在井冈山革命博物馆前我跟你说了,跑在人生终点的人都是品德线不输的人。你在那样的环境里能够成为班级里的第一名,考上山东财经大学,你就是强者,只要坚持下去,成功非你莫属。

路上注意安全。回家给你父母带好。

我会将您与我们在井冈山的故事讲给我爸妈听,您对我说的话我会一直铭记在心,感谢老师,我会继续努力加油!

曲老师您好!

很高兴能够来到井冈山,认识了很多优秀的哥哥姐姐,更加深了我内心对于未来、对于梦想的信念与执着。来到这儿,我更进一步地感受到了那个战乱的年代,毛主席和其他共产党员共谋中华崛起之路的胆识。来到这儿,也更进一步了解到了您,您的孜孜不倦,您对学生的爱,您的无私奉献。

虽然我今年考上了山东财经大学,这与我一直想要去的大学差了很多,但是这会更加激励我在大学里刻苦学习和钻研。很多人都认为,考经济院校就是赚钱嘛。其实无论做哪一份工作,都要不忘初心,在获得利益的时候,要想到是如何获得的,获得又是为了什么。对于我来说,我的本心就是创造自我价值,为祖国、为社会做力所能及的事,无论在哪个工作领域,都能够做出一番成就,做一个对社会有用的人。

我有很多偶像,如外交部发言人华春莹、女飞行员宋寅、央视主持人董卿等。她们都是当代的女性,也是我的榜样。这次去井冈山的学姐们也很优秀,她们热爱祖国,有爱心,羡慕她们做了我一直很想做的事情——支教。还有几个哥哥,他们也很努力地奋斗着。

我要向他们学习,无论是技能还是理论,以及为人处世等各方面,都需要一步步来学。现在我还年轻,还有很多时间让我慢慢去提升。

老师,您虽没有教过我,却给我上了一堂值得用一生去体会的课。我会铭记您的话，去努力，去奋斗。这个暑假，我背了一些英语单词，看了一些课外书，练了书法，做了兼职，去了一些地方，学习了一些岭南文化与历史，也到湖南省博物馆、广东省博物馆、广东科技馆、广州农讲所、广东东濠涌展览馆去参观，再加上这次的井冈山之行，我的收获更多了。

我会继续加油奋进的，望老师保重身体。这次您回到大连处理完事情好好休息一下，把身体养好才是首要的。请相信，老师，未来您带的学生们一定会用行动交出一份精彩的答卷！

××你好！

我们下飞机了，你顺利吗？看了你给我写的这封信，感觉到你的思想认识在不断提升，我很高兴。学习就应当和人生追求结合起来，和祖国命运结合起来。你努力前行吧，我会鼎力帮助你。

好好休息一下，不用回了。

215

引导学生矢志不渝听党话跟党走（二）

2019-08-20

曲老师您好！

老师，我定下来啦，和你们去井冈山考察学习，太好啦！

谢谢老师愿意带着我一起去考察学习，我非常愿意和你们一起去，我会虚心学习的，感谢老师。

愿你能点亮理想的灯，照亮前行的路！

我一定不忘恩师嘱托，阳光、向上、向善、向前！而且以后我也要把这些带给我的学生，用一言一行影响他们，就像您一样，以身作则，言传身教。您对事情的见解独特、通透，让我深受启发，这次去井冈山学习的机会真的太宝贵、太有意义、太值得终身回味了，希望以后还有这样的机会，我也可以多多参加、多多学习。能够遇到您、靠近您、向您学习，我觉得我是这世上最幸运的那一个人。

感谢老师，真的感谢老师！不忘恩师嘱托，砥砺前行，我一定要做一个爱国，对祖国、社会有用，对他人有影响的“大写”的人！

老师，我知道您的体力很好，身体很棒，甚至我觉得您真的很年轻！但我还是想说，您有时间多陪陪师母呀（其实我好想有机会见一见师母，她这么伟大，在背后默默支持您）！老师，工作再忙，您也一定要注意身体，不要太累了啊，我真的很挂念您，我只希望您可以好好照顾自己，什么都比不过您的身体重要！

××你好！

不经风雨，难见彩虹。从井冈山回来，我感觉你们都像长大了一样。你们写给我的微信我都看了，你们的思想比原来更加成熟了，这也是我让你们去井冈山所要达到的目的。当然，你们今天思想的形成也并非一日之功，是你们长期注意培养的结果。

从你带着你们班级的学生干部代表班级同学来看我那天起，我就感到你是一个积极向上的有为青年。在当下，确实有很多青年学生在想自己的事，而你能够认同我，这足以说明你想成为一个像我这样的人。因此，我就想一定帮助你们成为你们希望成为的那样的人。那次到东北师范大学看你们，你作为班长，精心组织了班会，大家在会上展现出的良好的精神风貌也是对你平日工作的折射。我们有些班级散乱得如同一盘散沙，全怪同学吗？关键是班干部的带头作用没有发挥好，尤其是一班之长的作用没有发挥好。由此能够看出你是一个心中有他人的人。你怎样，同学就怎样，你心中有同学，同学心中就一定有你。

虽然你还不是党员，但是在政治上积极要求进步。我想，组织上的入党对你来说已是指日可待的事，关键是要在思想上入党。什么叫在思想上入党？说到根本就是解决为什么要入党的问题。有些大学生没有解决好这个问题，组织上刚入党，没等毕业便不像党员的样子了，让同学瞧不起；也有的在装着，即便坚持到毕业了，一有机会还是原形毕露了；一些党员经不起考验，忘记了党和人民的利益，结果还是倒下了。

你现在年轻，还没有经受政治的考验，也就是说还没有遇到大的利益让你面对，所以，在思想上是否成熟还缺乏根本的检验。但是只要你能够真正解决为什么入党的问题，再大的利益也不会把你压倒。这次井冈山之行，对你的思想是一次洗礼。你们要向那些先辈学习。他们有的比你年龄还小就参加了革命；有的像你这个年龄就为中国革命献出了生命。

你们年轻一代都是后来人，一定要把井冈山精神传承下来，在今天，就是把个人的发展同祖国的命运、同实现中国梦紧密结合起来。不管别人怎样，但管自己怎样。用自身榜样的力量影响更多的人，听党话、跟党走。

我建立了“励志基金”，就是要帮助像你们这样为祖国而奋斗的人。你为祖国服务，我为你服务，这是我心甘情愿做的事。努力前行，有困难就找我。我相信中国梦一定会在你们一代又一代青年学子的接力奋斗中实现，你们未来的生活一定会万分美好。虽然我可能看不到那一天了，但是只要想到这些我就感到十分的欣慰，替你们高兴。

确实应当注意身体。我在你们这个年龄每天都跑步，少则几千米，多则上万米，这也是我今天能够做一些事情还没感到那么疲劳的一个原因。只是现在比较忙，尤其没有规律，也就不能像原来那样保证锻炼身体。但是，平日里我还是有这个意识的。比如，我乘高铁，上下车能走楼梯的话就不坐电梯；做报告都是站着讲；在办公室办公也是这样，能站着就不坐着。你也要养成好的生活习惯，年轻时就要想到老年的事。我确实应当多陪陪你师母，没有她的支持我也难有今天。我的很多做法都得到了她的认同。我再有几年就退休了，可以在体制外继续做我喜爱的学生工作，可以继续写文章、做报告、发微信、建网站，当然我还可以更自主地陪陪你师母，弥补欠她的那些时光。

一口气写了这么多，核心还是希望你能坚定人生的追求，体味人生的美好。

祝开心、快乐！

216

引导学生矢志不渝听党话跟党走（三）

2019-08-21

最敬爱的曲老师：

谢谢您和我讲了这么多，那不是唠叨，而是启发和教导，您的话总是能带给我不一样的思考。您带给我的成长和影响有时候是靠语言，而有时候是您的行动。

我的思想的形成得益于我的家庭、我的学校、我的学院、我的老师的栽培和同学们的影响，也深受您的启发。我很感恩遇到的每一个人，有些感激的话或许永远没有机会说出口，但它就在我的血液里，在我对老师们的每一份尊敬和爱戴里。这次的井冈山之行，各位优秀的哥哥姐姐是我学习的榜样，同样让我心怀感恩！

其实自从递交入党申请书以来，我一直都在问自己为什么要申请入党，我认为初心最重要。因为我的梦想是在很小的时候就有的，虽然很纯粹但可能很模糊，是想成为一个可以为社会做出突出贡献的人。那时候只知道，共产党员是我们的榜样，是我们的楷模，是我永远羡慕、敬仰但却无法触及的英雄！

共产党员的目光比任何人都要坚定和闪亮，他们的身上闪烁着常人没有的光芒，他们在祖国需要的时候挺身而出，在人民需要的时候冲在前线，曾经以为这些人民的英雄离我太遥远,遥远到只能远远地瞻仰。而我,太渺小,渺小到只能尽自己所能多为身边人考虑,为身边的人多做一些事情,哪怕很小,哪怕微不足道,也只是想在别人需要的时候可以尽我所能提供帮助。

所以曾经我也有过从军梦,觉得只有军人才能保家卫国,才有机会为国效力。后来随着不断地深入学习,我才知道,也不仅只有军人才能为国效力,人民教师更是党的教育事业的根本保证,而我入党的初心是为祖国和人民服务。

井冈山之行让我的思想接受了一次彻底的洗礼,那些革命先辈们在很年轻甚至比我还小的时候就加入了党,参加了革命,甚至献出了宝贵的生命,他们愿意听党的话跟党走,将祖国和人民的需要放在首位,这种革命精神值得我终身学习和践行!我去过北京两次,每次都要做的事就是去前瞻仰毛泽东同志遗容,那一刻,我感到一切变得很安静,只有我的心在翻滚,血在沸腾。这一次,更是有幸参观了毛泽东同志故居,近距离地感受,轻轻地用手去触摸床上的草帘、墙上的画像,深感革命年代的艰辛和信仰的力量。

“星星之火,可以燎原。”我感受到了肩负在我身上的使命,我也明白了各行各业都能为党、为人民做出应有的贡献。身为一名人民教师,我的终身使命和职责就是为党的教育事业奋斗终身,矢志不渝!

您的一句话让我思索了许久许久,也不得不让我再次反思,我确实还年轻,没有经受过政治上的考验,思想上是否成熟还缺乏根本上的检验。您说得没错,我的思想可能还不够成熟,但我坚信只要不忘初心、坚定信仰,将党和国家的利益放在首位,不忘党的理想和宗旨,不负人民,就不会走歪路。虽然我现在还不是党员,但是我认为组织上的入党不在早晚,对我而言最重要的是思想上的入党,思想入党只有起点没有终点。明确入党的初心是最重要的事,不忘初心、牢记使命。只有这样,在将来我才能做一名名副其实的共产党员,真正发挥党员的先锋模范作用,用我的力量去影响和带动千千万万人。

和您一样,我也很喜欢学生工作,虽然有时候可能很烦琐,需要细心和耐心,但我觉得很有意义、很值得。入学以来我就申请做班长,承载着同学们的信任,我最初的本心是觉得大家来自五湖四海,能够相聚东北师范大学都是靠缘分，我相信这段奇妙的相遇带给我们的缘分，我也相信大家初来乍到会感到很慌张和陌生，而我又是本地人，我希望可以通过自己的努力帮助大家建立起归属感，身在他乡、远在东北能感受到这暖暖的真情传递，体会到温暖和真诚的力量。我希望把班级凝聚起来，大家能把这里当作第二个家，和我的班委们齐心协力工作了两年，我相信我们做到了。

同学们愿意和我诉说，我也愿意倾听和提供帮助，愿意和同学们一起感受喜怒哀乐，愿意和大家一起成长，我只希望大家可以每天开心又努力。我爱我的班级，我爱我班级的每一个同学，我爱他们就犹如爱我的家人，自始至终从未改变。一下子写到这里有点忍不住眼角有些湿润。其实我只是很欣喜，每一次我走进同学寝室、走进班级，看到同学们那一张张笑脸，我把这些都深深地藏在我的记忆深处，只有我自己知道我有多珍惜。

两年来我和我的班委们任劳任怨，共同努力，只是希望对得起自己的良心，不辜负同学们的信任。我也一直在努力，努力让自己变得更优秀！您说得没错，身为班长，我怎么样，同学们就怎么样。而日后身为人民教师，我怎么样，我的学生们就怎么样，祖国的未来就怎么样。所以，我更要有担当，有使命感和责任感，严格要求自己，为党的教育事业不断努力奋斗！

老师放心，我们会牢记您的叮嘱，阳光、向上、向善、向前！也要好好锻炼身体，像您一样，身体倍儿棒！我会替您向同学们问好，开学后组织班会带领大家一起学习井冈山精神，把井冈山精神传承下来。我也会告诉同学们今年您要来陪大家一起过年，相信他们一定开心得不得了！

我们都很挂念您，工作再忙您也要注意休息啊！您总是出差，一定要照顾好自己，保重身体啊！等您有时间了，我们再相约去大连看望您！

××你好！

我现在上火车了，也算有点空闲，给你回复一下。

像昨天晚上我简单告诉你的那样，看完你的信我很感动，眼角湿润了。我从事大学生思想政治教育三十七年，我从来没有放弃过教育的信仰。我始终相信，没有不愿接受教育的学生，只有不会教育的老师。只要付出了，学生都会在原来的台阶再上一个台阶。

我在获得全国“时代楷模”荣誉后，很多记者采访过我，他们常常愿意问这样一个问题:“您做学生工作这么多年,遇没遇到过有的学生给您弄得心烦意乱,让您不想做学生工作了?”我说:“确实没有。”把工作做在前面,许多问题也就迎刃而解了。

看看你的成长,一步一步走得那么扎实,能说完全是你个人努力的结果吗?显然这是教育的结果。你们恰逢其时,成长在实现中国梦的伟大时代。不要管别人怎样,爱国从自己做起,从身边的事情做起,从为同学服务做起。大学就是“小社会”,是社会化的最后阶段。你还是班长,这为你的成长提供了很好的锻炼机会。抓住机会,好好培养自己。

现在有些大学生谈起学生干部,就是非部长以上干部不当。年纪轻轻的,官气却十足,这实在不可取。我觉得当学生干部重要的还是要有为人民服务的思想,解决了这个问题,比做多大的干部都要有意义得多。我在大学里最高“行政级别”就是班级生活委员,我给大家打了四年水,扫了四年地。在什么情况下都要心中有他人。用党的宗旨来说,就是心中要有人民。即便将来做了再大的事,也要相信没有人民我们什么也不是,我们将一事无成。群众观点,是历史唯物主义的基本观点。像现在这样,多为同学着想,多做对同学有意义的事,把一班人带好。明天的你是由今天的你成就的。

我们说定了,今年元旦前我一定过去和你们班同学过新年。过两天我再给你打200元钱,中秋节帮我给班上家庭生活困难的同学买些月饼和水果。

快乐地学习,快乐地工作,追求快乐的人生!

有事联系我。

217

引导学生矢志不渝听党话跟党走（四）

2019-08-22

曲导您好！

昨天刚回来处理了些事情，这会儿总算能静下心来，和您聊一些最近的感想。大概是去年这个时候，我兴奋地给您发了一篇长文，讲到自己似乎像开窍了一样，对很多事情有了清醒的认识。今天偶然看到一句心理学方面的话，深有感触：当你的潜意识没有进入你的意识，那就是你的命运。我很庆幸我的意识捕获了我的潜意识。最鲜明的体会就是，那些从前隐隐约约觉得正确与错误的事，现在我不仅知道它们的对与错，还能深刻地认识到它们为什么是对的或错的，而这就给了我坚持下去或及时抽身最好的理由。就像跑步，就像读书，包括对待父母、同学，以前真的只是知道应该怎么做，不应该怎么做，但是现在我越来越清楚它们的意义。

而每当我想得越清楚，我就越发意识到，您在我成长道路上的重要作用。实事求是地讲，我的父母在教育抚养我的过程中，其实有些东西是缺失的，比如：对于自信的培养，对于独立思考的锻炼，包括如何与人交往等。当然我不能否认他们给了我很多美好的品德，比如：勤劳、善良、真诚等。这些做人最基本的道理恰恰构成了一棵树的主干，没有了这些品质，也就无法在社会上立足。而您的出现不仅让这棵树的主干生长得更加粗壮，也让这棵树萌生了很多新的枝芽，因此看起来十分自然、健康。这些枝芽就包括在和您的相处中，受到您的点点滴滴的影响，包括您从容不迫的姿态、您井井有条的安排、您的豁达谦让、您的坦诚深沉。我该有多么幸运，在需要增长“枝叶”的年纪，遇到了您这位智慧又真诚的“园丁”！

前几天的井冈山之行给我的触动不仅是革命的精神，更重要的是在和您的相处中感受到您时时刻刻为我们着想的心意。无论是在饭桌上、走在马路上，还是在返程的飞机上，和您相处总是那么愉快，甚至我都有些过于“随便”了。这不仅是因为我做了您六年的学生，更重要的是因为我深深认同您的价值观。您的信仰已经自然而然地体现在每一个细微之处，而一旦被我察觉到，内心总是涌出深深的敬佩之情。

现在的我愈发坚定了自己的选择，我相信活得坦诚，不断努力，心中装着他人，就一定会遇见更好的自己，也一定会获得最高级的幸福。一啰唆又说了这么多，老师您懂就好啦，不用回我的。您的时间可以创造其他更多的价值。

希望您一切都好！

××你好！

看到你写给我的长信了，真为你的不断成熟而感到欣慰。特别是暑期开学你就将和你妹妹同时开始你们的博士学旅，这更使我感到你们这一路走来的不容易。好在一切最困难的日子都已经过去，等待你们的一定是更加美好的未来。

这次去井冈山，确实是我精心的安排，我真心希望你们能把个人的发展和祖国的命运结合起来。过“小我”的日子不难，过“大我”的日子还是有些挑战性的。你们这些青年人，生长在“知识第一”的年代，往往被看重的是考试的分数怎样，只要考试成绩好，似乎其他的都无所谓了。这恰恰颠倒了教育的本质。如果人文精神不行，也就是“人”做不好，那么，学再多的知识也是没用的。

我做你们的辅导员，最关注的还是你们抱着什么样的目的来学习。像你所说的，经过这些年的学习，你越来越清楚了读书的意义。你们当代青年就是要为中国梦而学习。这也是我来到你们身边最想做的事情。

你即将在更高的平台开始你的学生生活。那天在井冈山交流，你谈到对公共事业的兴趣，我相信你一定会学好你的专业，更好地为社会服务。这与共产党人所追求的全心全意为人民服务具有高度的一致性。期待着你学业进步，为社会公共事业做出你的贡献，做一名无愧时代、无愧人民的知识分子，对得起共产党员这一光荣称号。

分别是为了再一次相逢。我想我们很快还会见面的。我答应东北师范大学的××今年年底前我过去和他们班级搞一次新年活动，也就是说，最晚年底前我们还是可以见上一面的。

保持联系，有事找我。

祝一切顺心如意！

我觉得，当一个人真正把自己的命运和祖国联系起来的时候，才最有力量。我现在能感受到那份肩上的责任，我会学好自己的专业，实现自身的价值。期待再次与您相聚，老师要注意身体呀！

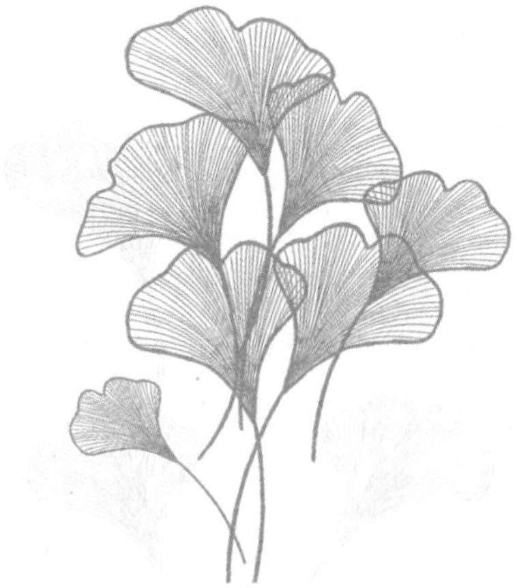

218

我想做的就是教育学生爱国

2019-10-18

我就愿意读教师教育专业,因为我想当老师,我觉得最好的工作就是教育学生爱国。

学生的爱国就是我的爱国。我从1982年毕业留校做辅导员到今天再做辅导员,三十七年里,我不离不弃,始终把教育学生爱国当作我矢志不渝的追求。

今年国庆节,我被邀请到北京参加国庆观礼。习近平总书记站在天安门城楼上发表了重要讲话,我就在天安门城楼东侧的观礼台上聆听了习近平总书记的讲话。习近平总书记向世人庄严宣告:“今天,社会主义中国巍然屹立在世界东方,没有任何力量能够撼动我们伟大祖国的地位,没有任何力量能够阻挡中国人民和中华民族的前进步伐。”听到这里,我流泪了。

七十年前,也是在天安门城楼上,毛泽东同志庄严宣告中华人民共和国中央人民政府今天成立了。然而,那些敌视我们的人,总是想尽办法阻挠和干扰我们。

是的,今天我们从站起来到富起来再到强起来,我们必须看到“厉害了我的国”,但还没有厉害到让某西方大国对我国停止说三道四、指手画脚的程度。

我们必须强大到让他们不敢来犯的程度,强大到一切来犯之敌无论是从天上来、从海上来,还是从地上来,都让他们“有来无回”的程度。要想达到这个目标只有一个办法,那就是实现中国梦!我在天安门观礼台上,看着意气风发的大学生们从我的眼前走过,我知道希望就在他们的身上。他们将全程参与中国梦的实现。他们怎么样,未来的中国就将怎么样!

今年3月18日,我非常荣幸地在北京参加了习近平总书记主持召开的学校思想政治理论课教师座谈会。习近平总书记语重心长地嘱托我们,在青少年成长的“拔节孕穗期”,一定要栽培好、引导好他们。在他们的心灵埋下真善美的种子,帮助他们系好人生的“扣子”。把他们培养成为德智体美劳全面发展的社会主义建设者和接班人。让他们为人民服务,为中国共产党的治国理政服务,为巩固和发展中国特色社会主义制度服务,为改革开放和社会主义现代化服务。

我听到了,也记住了。说到根本就是让我们培养学生爱自己的祖国,矢志不渝地跟党走。作为一名辅导员、一名思想政治理论课教师,我感到使命光荣,责任重大。

我们必须培养出爱祖国、跟党走的人。我经常到高校做交流。有的辅导员说不好意思对学生进行爱国主义教育。这就是因为讲少了,做得还不够。教育学生爱国是辅导员的主业、主旋律。不管客观环境怎样,主观上不能忘了这一点。学生能力再强、知识再多,如果不与祖国同心同德,那我们还办大学干什么?这样的学生又有什么用?

我三十七年的学生思想政治教育过程,我愿意做的可以说就集中在教育学生爱国上。我也做日常管理,也力所能及地给予学生生活上的帮助,其目的是让学生感受到老师对他们的关心和关爱,让他们把这种情感转化成为祖国而学习的精神动力。

近日国家要颁布《新时代爱国主义教育实施纲要》。广大辅导员一定要认真学习好,把文件精神落实到实际工作当中,把工作着力点聚焦在培养担当民族复兴大任的时代青年上。这样思想政治教育就有了“味道”,就会真正展现其自身的魅力和价值所在。这样,辅导员才能充分彰显其不可替代的地位和作用。

219

和辅导员的交流

2019-12-14

曲老师您好！

我是 ×× 大学 ×× 学院辅导员 ×××。

很高兴认识您，也很庆幸今天亲临现场聆听您精彩的报告，我深受鼓舞，感觉对辅导员的认识和价值进一步明确了很多，家国的情怀进一步得到了渲染。今后，我将以您的思想为标杆，不断努力。

谢谢你的认同！

辅导员就是要有爱国之情怀。大学本身就是爱国的产物，学生不爱国，办大学干什么？辅导员是大学生的人生引路人，就是要把爱国放在第一位，为祖国培养担当时代大任的人。这样才能充分体现我们辅导员工作的价值。

今后我将牢记您的分享和教诲，以您为榜样，做到一个辅导员应该有的样子。最后祝曲老师身体健康、工作顺利。希望以后能有更多这样的机会与您沟通。

220

给辅导员的建议

2020-04-30

昨天给大学生写了封信，今天再给辅导员提四条建议。

这次战“疫”，对广大人民群众，当然包括大学生是一次生动的爱国主义教育，广大青年学生展现了激昂的爱国热情。事实再次证明，在青年学生中蕴藏着极大的爱国力量。

2020年年初，中共教育部党组便印发了《教育系统关于学习宣传贯彻落实〈新时代爱国主义教育实施纲要〉的工作方案》。对此方案，各高校都会有具体的安排意见。从辅导员这个角度来说，这里不用讲太多的道理，就是要把大学生的爱国主义教育做实。

辅导员工作千头万绪，爱国主义教育要贯穿在辅导员工作的全过程。看看许可馨发表的辱国言论，这样的学生知识再多、能力再强又有什么用？对学生来说，不会有那么多惊天动地的爱国壮举，爱不爱国是从身边的事情体现的，例如：做不做志愿者，同学有了困难能不能力所能及地给予帮助，是不是对集体活动积极参与，心中是不是有他人……

有的学生学习也很刻苦，甚至到图书馆占座学习，这是为谁学习？是不是有些自私？前两天有的人说“爱国值几毛钱”，学生中也有这样的疑问。我们要让爱国有价，“开垦”涌现爱国者辈出的“土壤”。简单说来，就是对那些心中有他人的人要给予承认,不能让一心只为自己的人占了便宜。我们说爱国是流淌在祖国躯体里的血液,大学生为他人所做的点点滴滴应当是汇聚成这血液的重要部分。

221

不忘立德树人初心，牢记为党育人、为国育才使命

2020-09-10

今天是教师节,我收到了来自全国各地许多辅导员教师的祝福,借此之机,也向广大的辅导员教师们致以节日的祝贺!

昨天,习近平总书记向全国广大教师和教育工作者致以节日祝贺和诚挚慰问,强调广大教师要不忘立德树人初心,牢记为党育人、为国育才使命,不断做出新的更大贡献。作为一名老辅导员,我深感使命光荣、责任重大。

党的十八大以来,以习近平同志为核心的党中央将立德树人作为教育的根本任务,这是战略之举、英明之策。国家的未来在学生,民族的强盛在教育。辅导员是高等教育发展不可或缺的一部分,是大学生人生成长的指导者和引路人。从某种意义上说,辅导员教师的素质如何会直接影响高等教育发展的水平和培养人才的质量。这已经是被实践反复证明的一个问题,根本不必再像学术问题那样讨论来讨论去。当前需要我们的是进一步统一思想认识,凝心聚力,把辅导员教师队伍建设好,做到习近平总书记在全国高校思想政治工作会议上要求的那样:保证这支队伍后继有人、源源不断。

应当欣喜地看到,从中央 16 号文件颁布以来,特别是党的十八大以

来，尤其是高校思想政治工作会议以来，辅导员教师队伍建设越来越被重视，得到了快速发展，辅导员教师正朝着职业化、专业化、专家化的方向前进。他们中涌现出了一大批爱岗敬业、爱生如子、爱校如家的辅导员教师，中宣部、教育部评选的最美辅导员人物、辅导员年度人物和各省教育部门评选的辅导员年度人物、辅导员标兵人物都是杰出的代表。他们的事迹感人至深。可以这样来讲，在校园里，怀有身孕坚持工作到最后临产时刻的辅导员群体应当就属辅导员优秀群体了，她们构成了校园里一道靓丽的风景线。每每看到这样的情景，我都在想：如果她是自己的女儿、儿媳，我还会不会让她做辅导员？她们同广大的教师一样，用爱心和智慧阻断贫困代际传递，点亮万千乡村孩子的人生梦想，展现了当代人民教师的高尚师德和责任担当，她们像蜡烛一样，燃烧自己，照亮别人。

当前，伟大的中国人民正行进在实现中国梦的伟大征途上。看看一些西方国家对我们的拙劣表演，我们就应当清醒地认识到，实现中国梦是一项关系到中华民族命运的伟大事业，必将是一场艰苦卓绝的斗争，而越是关键的时刻，便也越是斗争最为激烈的时刻。今天青年站立的方向，就是明天中国的方向。我们必须培养一批又一批矢志不渝跟党走、勇于冲锋陷阵的战士。这就需要再加把劲儿，进一步完善辅导员教师队伍建设。辅导员教师队伍还比较年轻，正在成长的过程中，要对他们给予更多的关爱。对他们的毛病要及时地指出，该批评的地方，就要严肃地批评，对他们严格要求是对的。同时也要多鼓励，最大限度地调动辅导员教师的工作积极性。要科学化地建设辅导员教师队伍。辅导员教师的首要条件是政治站位高，信仰坚定，对党忠诚，对教育事业热爱；要配齐配强，尤其要配强辅导员教师队伍，不能总是“娃娃辅导娃娃”，建议师生比在 1∶200 的基础上，合理设置辅导员教师职称结构，推进辅导员教师职业化、专业化进程；要厘清辅导员教师工作界域，加快辅导员教师课程结构设置；要切实兑现辅导员教师的身份待遇，辅导员教师在劳动报酬上要与其他专业教师一视同仁，并应当努力为辅导员教师创设良好的工作条件。

广大辅导员教师要牢记在党旗下发下的誓言，牢记在竞聘上岗时的承诺，做有崇高追求、有尊严的人。这样的人，一定是不忘誓言、兑现诺言的人。要少发牢骚、少抱怨环境。

在参观瞿秋白纪念馆的时候，我站在瞿秋白临刑几小时前拍的一张相片前凝思了许久。他也有可爱的妻子、儿女,那是一种什么样的信仰让他在面对死亡时如此的泰然自若,此时他的心中是不是在默唱着那首令一切反动派胆战心惊的《国际歌》? 辅导员教师一定要坚定理想信念,要努力自觉地做到像习近平总书记要求我们的那样:不忘立德树人初心,牢记为党育人、为国育才使命,积极探索新时代教育教学方法,不断提升教书育人本领,为培养德智体美劳全面发展的社会主义建设者和接班人做出新的更大贡献。

人生没有彩排。辅导员教师一定要对得起党的培养,对得起祖国的期待,对得起家长和学生的渴望。我们也有自己的利益,但是为了学生的利益,应当尽量少想我们自己的利益。有了学生,就有了一切。足矣!

222

理直气壮地教育学生爱国

2020-10-02

习近平总书记在纪念五四运动100周年大会上的讲话中指出:“历史深刻表明,爱国主义自古以来就流淌在中华民族血脉之中,去不掉,打不破,灭不了,是中国人民和中华民族维护民族独立和民族尊严的强大精神动力,只要高举爱国主义的伟大旗帜,中国人民和中华民族就能在改造中国、改造世界的拼搏中迸发出排山倒海的历史伟力!”2017年12月,习近平总书记给莫斯科大学中国留学生的回信中说:“青年一代有理想、有本领、有担当,国家就有前途,民族就有希望。实现中华民族伟大复兴的中国梦,离不开一代代青年的接力奋斗。希望你们弘扬留学报国的光荣传统,胸怀大志,刻苦学习,早日成长为可堪大任的优秀人才,把学到的本领奉献给祖国和人民,让青春之光闪耀在为梦想奋斗的道路上。”今年2月,中共教育部党组印发《教育系统关于学习宣传贯彻落实〈新时代爱国主义教育实施纲要〉的工作方案》的通知,提出以习近平新时代中国特色社会主义思想为指导,紧紧围绕中国特色社会主义伟大实践、“两个一百年”奋斗目标和实现中华民族伟大复兴中国梦,深刻认识中国共产党团结带领全国各族人民进行的革命、建设、改革实践是爱国主义的伟大实践,在教育系统要扎实开展深入、持久、生动的爱国主义教育,教育引导学生从感性到理性、从自在到自为,激发爱党、爱国、爱社会主义的巨大热情,凝聚奋进新时代、努力成为德智体美劳全面发展的社会主义建设者和接班人,为实现中华民族伟大复兴的中国梦贡献力量。该通知的下发,有力地推动了大学生爱国主义教育进入新阶段。辅导员一定要把爱国主义教育作为主旋律。学生不爱国还办大学干什么?大学本身就是爱国的产物。有的辅导员说“不好意思对学生讲爱国”,问题出在哪儿?一是认识不到位,二是讲少了,三是自身做得有差距。学生的内心深处都潜藏着一股力量,需要我们去挖掘、去唤醒。正所谓“教育是心灵的唤醒”。当学生离开学校的时候,评价他们的标准不是就业率,而是择业观。只要我们坚持不懈,积极教育引导学生,学生就会跟我们走。昨天我推送了《写给毕业三年学生的生日祝福》一文,这个学生给我回复了很长的一封信。教学相长,读了这封信,我更加坚定了教育学生爱国的理念。

老师,晚上好。今天是伟大祖国母亲的生日,也是中华民族的传统团圆节——中秋节,双节同庆,月圆人圆,在这个美好的日子里,祝老师节日快乐、身体健康、阖家幸福!谢谢老师的生日祝福,跟祖国母亲共庆生,我感到非常荣幸和自豪。今年公司假期长,昨天我从西安坐车回到家了。今天上午去家里的葡萄地帮父母剪葡萄,下午跟母亲坐车去看望外公、外婆。微信消息不及时,我看到老师在公众号写给我的生日祝福,非常感动、开心。现在我在外婆家里给您写信,想起大学期间跟老师相处的点点滴滴,想起中秋节老师请留校的同学们一起过节,想起老师的关心爱护与谆谆教诲,心里非常温暖。老家的中秋节有祭月、吃西瓜、泡月饼的习俗,今晚陪着外公、外婆一起祭月、吃月饼,很甜、很幸福。高中毕业远离家乡后,这是我第一次陪外公、外婆过中秋节,今年的中秋节对我来说愈加珍贵。外公回忆起中华人民共和国刚成立、国家还很贫弱的年代,人们吃完的瓜碗都是反扣在路面上,减少水分蒸发,行路的人捡来可以解渴止饿……忆苦思甜,今日的中国发生了翻天覆地的变化,看我们的祖国如今繁荣昌盛,更激发起我的爱国心,也深知当代青年人肩负的责任与使命,我们每个人都应该加倍珍惜今天的幸福生活,为了中华民族的伟大复兴,我们必须更加努力奋斗。去年七十周年国庆,我在单位看阅兵直播,看到五星红旗冉冉升起,看到老师在观礼台观礼,心情非常激动,为我们繁荣昌盛的祖国感到骄傲,也为老师感到骄傲和自豪。看到同学们在微信群、朋友圈里转发老师在天安门观礼台的照片，看到老师发的消息，我既感到振奋同时又很感激。老师无时无刻不在言传身教，教导我们爱国，关心我们的工作与生活。您就是我们的引路人。当习近平总书记庄严地向全世界宣告“今天，社会主义中国巍然屹立在世界东方，没有任何力量能够撼动我们伟大祖国的地位，没有任何力量能够阻挡中国人民和中华民族的前进步伐”的时候，我也心潮澎湃，久久难以平静。我们这代人出生在改革开放的新时代，见证着中国走向繁荣富强，没有吃多少苦，也没有受多少累，但我们也深知，祖国母亲的这七十年是多么不容易。“中国的昨天已经写在人类的史册上，中国的今天正在亿万人民手中创造，中国的明天必将更加美好。”接力棒已交给我们年轻人，老师，您放心，您的孩子们不论在什么地方、什么工作岗位都会努力奋斗，为我们的祖国母亲，为我们伟大的事业——建设社会主义现代化强国、实现中华民族伟大复兴而努力。老师，上次回大连，回到学校看望您是在2018年4月份，转眼又过去两年多了，学生也非常想念您。我现在在西安一家国企工作，一切都很顺利。公司非常注重文化建设，坚守向上向善，优良风气创未来。老师，这跟您在大学时教导我们的向善乐群表达的意思是多么一致。学生会牢记您的教诲与嘱托，爱岗敬业，努力干好工作。老师，您一直都在辛苦工作，一定要多保重身体。期待老师下次来西安，也期待下次去母校看望您。

老师，实在不好意思，消息回复有点晚，老家村子里的网络信号不是太好。谢谢老师的祝福，祝老师节日快乐、身体健康、一切顺利！

××你好！

昨天看到你的回复已经很晚了，就没有及时回复给你。老师感到你比以前更加成熟了，把个人的发展和祖国的命运统一了起来。这让老师很欣慰。教学相长，老师再次回到学校做辅导员，就是为了和你们在一起，培养学生爱国。你们的表现对我也是一种激励，我要为实现中国梦而培养更多的优秀学子，为此鞠躬尽瘁，死而后已。

不用回复了。老师在大连等着你。再去西安，老师联系你。

祝一切都好！

谢谢老师，我不会忘记您的教诲，努力奋斗。

223

和一个辅导员的交流

2020-10-24

曲老师您好！

我是××大学辅导员××。关注您的公众号很久了，今天看到您本人，我的心情特别激动，认真听完您的整个分享，被您的爱国爱生情怀深深地感动。您是我们辅导员队伍中的榜样，我们要向您学习，向书本学习。辅导员工作责任重大，我们应当不断学习与成长，用爱去关怀学生，把为国育才当成辅导员的终身使命。感恩您今天的分享，辛苦您了！

谢谢你！辅导员是大学生的人生导师，一定要把大学生的爱国主义教育放在首位。有的辅导员说不好意思对学生讲爱国。这里可能有两个问题，一是讲少了，二是自己做得还不够。现在客观上辅导员工作界域不清，辅导员事务性工作繁杂，影响到辅导员对大学生进行爱国主义教育；主观上有些辅导员也是忽视这个问题，追求的是学生不出事就行。这是要加以改变的。人生导师的根本作用还是价值引领。

祝好！

有句老话说："读万卷书不如行万里路，行万里路不如阅人无数，阅人无数不如名师指路！”谢谢您的谆谆教导，为我们指明了努力的方向。我会努力成为一名点亮学生们心中爱国情，激励学生们报国志的老师。祝您身体健康！

好的。我们共勉！

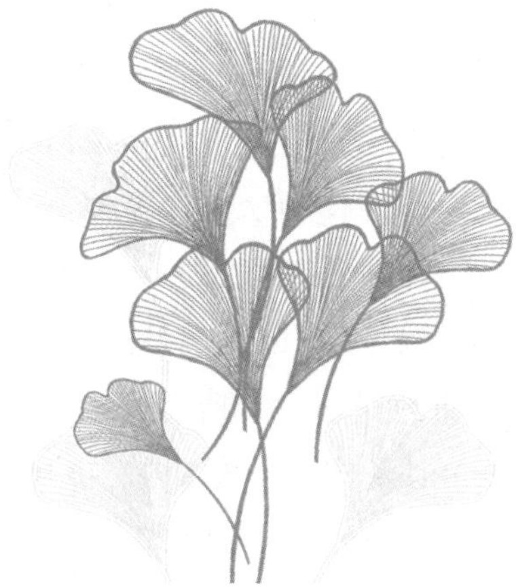

224

将爱国主义精神贯穿于大学教育全过程（新知新觉）

2020-12-23

青年兴则国兴，青年强则国强。习近平总书记勉励广大青年学生："爱国，不能停留在口号上，而是要把自己的理想同祖国的前途、把自己的人生同民族的命运紧密联系在一起，扎根人民，奉献国家。"加强青年学生爱国主义教育，厚植青年学生爱国主义情怀，是引导青年成长成才的重要方面。《新时代爱国主义教育实施纲要》（以下简称《纲要》）明确提出，"要把青少年作为爱国主义教育的重中之重"。高校要将爱国主义精神贯穿于教育全过程，引导广大青年学生把爱国情、强国志、报国行自觉融入坚持和发展中国特色社会主义事业、建设社会主义现代化强国、实现中华民族伟大复兴的奋斗之中。

坚持爱党、爱国、爱社会主义相统一。爱国，是人世间最深层、最持久的情感，是一个人的立德之源、立功之本。《纲要》指出："中华人民共和国是中国共产党领导的社会主义国家，祖国的命运与党的命运、社会主义的命运密不可分。""坚持党的领导、坚持走中国特色社会主义道路是实现国家富强的根本保障和必由之路。"高校加强青年学生爱国主义教育，必须坚持爱党、爱国、爱社会主义相统一，引导教师讲清楚、学生学明白中国共产党为什么能、马克思主义为什么行、中国特色社会主义为什么好，引导广大青年学生深刻认识中国共产党领导是中国特色社会主义最本质的特征，是中国特色社会主义制度的最大优势，坚持和完善党的领导是党和国家的根本所在、命脉所在，是实现中华民族伟大复兴的根本保证，进而激发广大青年学生爱党、爱国、爱社会主义的热情。

充分发挥课堂教学的主渠道作用。如何让爱国主义精神进课堂、进教材、进头脑，是高校需要解决好的重大课题。思政课是爱国主义教育的主阵地。要落实好习近平总书记在学校思想政治理论课教师座谈会上的重要讲话精神，紧紧抓住青少年阶段这个“拔节孕穗期”，理直气壮开好思政课，推动思政课改革创新。适应青年学生的群体特征不断创新思政课方法手段，让思政课既有思想性、理论性，又有亲和力、针对性。将爱国主义教育与哲学社会科学相关专业课程有机结合，加大教材和课堂中爱国主义教育内容的比重，深入挖掘各门课程所蕴含的爱国主义教育元素、所承载的爱国主义教育功能。高校爱国主义教育相关课程要做好顶层设计，以历史视野、国际视野规划爱国主义教育，让广大青年学生了解中华民族历史、秉承中华文化基因，不断增强民族自豪感和文化自信心。通过国情教育、形势政策教育、“四史”学习教育、国防教育等，形成爱国主义教育的课堂教学合力，引导广大青年学生不断坚定道路自信、理论自信、制度自信、文化自信。

用好高校教师这个重要群体。教育大计，教师为本。习近平总书记指出：“广大教师要始终同党和人民站在一起，自觉做中国特色社会主义的坚定信仰者和忠实实践者，忠诚于党和人民的教育事业，自觉把党的教育方针贯彻到教学管理工作全过程，严肃认真对待自己的职责。”将爱国主义精神贯穿于大学教育全过程，需要抓好高校教师群体，让他们成为信仰坚定、学识渊博、理论功底深厚的传道授业解惑者，在学生心灵埋下真善美的种子，引导学生扣好人生“扣子”。在教师中弘扬爱国奋斗精神，深入开展“弘扬爱国奋斗精神、建功立业新时代”等活动，引导教师立足本职、拼搏奋斗、创新创造。制定科学的教师评价标准，加强师德师风建设，坚持教书和育人相统一，坚持言传和身教相统一，坚持潜心问道和关注社会相统一，坚持学术自由和学术规范相统一，引导广大教师以德立身、以德立学、以德施教，全心全意做引导学生锤炼品格、学习知识、创新思维、奉献祖国的引路人。教师要把对学生进行爱国主义教育作为自己的重要任务，丰富和优化课程资源，增强课程对学生的吸引力、感染力。教师还要利用好同学生联系密切的独特优势，通过言传身教感染学生、启发学生，激励青年学生用中国梦激扬青春梦。

紧密结合青年学生特点。青年时期是价值观形成和确立的重要时期，抓好这一时期的价值观养成十分重要。青年学生活泼、热情、开朗，富有向上的激情，但由于社会阅历不够，对许多问题的看法还不成熟。高校应紧紧围绕青年学生的群体特征和成长需要开展爱国主义教育，不断提高教育实效。把爱国主义内容融入党日、团日、主题班会以及各类主题教育之中，广泛开展文明校园创建，组织开展丰富多彩的校园文化活动，在校园营造浓厚的爱国主义氛围，让学生时刻感受到爱国主义精神的熏陶。结合青年学生兴趣点和接受习惯，用好互联网平台，大力运用富有爱国主义气息的网络文学、动漫、短视频等作品开展爱国主义教育，激发青年学生的爱国情感。把握青年学生充满激情、积极向上的个性，注重发挥先进典型的示范引领作用，大力宣传爱国英雄事迹，用英雄人物的故事和身边人的事迹引导青年学生把敬仰和感动转化为立志报国的实际行动。组织学生参观纪念馆、展览馆、博物馆、烈士纪念设施，参加军事训练、冬（夏）令营、文化科技卫生“三下乡”、学雷锋志愿服务、创新创业、公益活动等，更好地了解国情民情，强化责任担当，厚植爱国主义情怀。

225

与一个辅导员的交流（一）

2021-05-21

曲教授您好！

我是××学院的辅导员××。很荣幸能成为您众多微信好友中的一员。今天听了您的报告，受益匪浅，在以后的工作中，我将向您学习，以更多的爱心投入到学生工作中，必将爱国主义教育贯穿教育始终，也将用自己的品格去影响学生的品格。

再次感谢您舟车劳顿、全程站立，为我们呈上一堂如此精彩的课。辛苦您了！祝您幸福安康！

××你好！

谢谢你的点赞。辅导员工作千头万绪，爱国主义教育要贯穿始终。我经常讲，大学还有个名字，叫爱国。学生不爱国，还办大学干什么？有的辅导员说不好意思跟学生讲爱国，原因只能有两个，一是讲少了，二是做得还不够。进行爱国主义教育要理直气壮，像你说的，要用自己的品格去影响学生。

谢谢你的祝愿，也祝你一切都好！

226

与一个辅导员的交流（二）

2021-07-21

曲老师您好！

我是××大学的一名普通辅导员，我叫××。今天万分荣幸，能有机会当面聆听您的教导。“听君一席话，胜读十年书。”您是我辈楷模，今天在台下听您的讲座，听得我热血沸腾。作为一名辅导员，今后我一定会更加努力，不断地向您看齐，不辜负自己身为一名思政工作者的责任与使命！

××你好！

谢谢你的认同，我们共勉！我不辞辛苦地讲学有多个想法，首先，我建立了“励志基金”，就是希望把这个基金做大，帮助更多优秀的学子“立大志、明大德、成大才、担大任”。其次，我希望你们能够切实认识到自身担负的使命和责任，把学生培养好。未来属于青年，希望寄予青年。只有广大青年矢志不渝跟党走，中国梦才能得以实现，中国梦实现了，我们一切就都好了。辅导员是大学生人生成长的指导者和引路人，必须知重负重，做好自己的工作，这样才无愧于党和人民的期待，才对得起学生渴望的目光。

227

发挥辅导员在高校哲学社会科学课程教学中的育人作用

曲建武

21世纪以来,党和国家制定了科教兴国、人才强国战略,并颁布实施了《国家中长期教育改革和发展规划纲要(2010—2020年)》和《国家中长期人才发展规划纲要(2010—2020年)》,对人才培养质量提出了更高更新的要求,提出要加快我国由人力资源大国向人力资源强国迈进的步伐。与此同时,党和国家高度重视高校哲学社会科学在育人中的作用。2004年关于进一步繁荣发展哲学社会科学的意见指出:"繁荣发展哲学社会科学的总体目标是,努力建设面向现代化、面向世界、面向未来,具有中国特色的哲学社会科学。力争用十年左右的时间,……形成人尽其才、人才辈出的人才培养选拔和管理机制,充分发挥我国哲学社会科学认识世界、传承文明、创新理论、咨政育人、服务社会的重要作用。"2011年《中共中央关于深化文化体制改革推动社会主义文化大发展大繁荣若干重大问题的决定》强调指出:"坚持和发展中国特色社会主义,必须大力发展哲学社会科学,使之更好发挥认识世界、传承文明、创新理论、咨政育人、服务社会的重要功能。"2012年党的十八大报告进一步强调:要"深入实施马克思主义理论研究和建设工程,建设哲学社会科学创新体系,推动中国特色社会主义理论体系进教材进课堂进头脑”。这些均为高校哲学社会科学课程发挥育人作用打下了良好的基础。这表明高校哲学社会科学的育人功能越来越受到重视,但实践中其育人功能的发挥状况不甚理想,仍然需要我们在理论上和实践中进一步探索、研究。

一、正确认识高校哲学社会科学在育人中的重要作用

人才培养是一项长期而复杂的实践活动,其既要有知识教育,又要有能力培养,更要德育为先。《大学》首篇第一句就言:“大学之道,在明明德,在亲民,在止于至善。”近年来,我国一直坚持育人为本、德育为先,并将立德树人作为教育的根本任务。在社会发展过程中,高等教育肩负着为我国社会主义事业培养合格建设者和可靠接班人的光荣使命,大学成了我国现代化建设必不可少的人才资源库。在此意义上,大学培养什么人、怎样培养人,成为事关中国特色社会主义事业前途命运之大事,具有全局性、根本性的战略意义。为此,我国高校培养的人才必须具有较高的马克思主义理论修养和坚定的理想信念,树立正确的世界观、人生观和价值观,养成全面的知识和能力、健全的人格和健康的体魄,成为全面发展的人。这就要求高等学校充分发挥高校哲学社会科学的中坚力量,“坚持和巩固马克思主义在意识形态领域的指导地位,在哲学社会科学教学中充分体现马克思主义中国化的最新理论成果,用科学理论武装大学生,用优秀文化培育大学生”。

首先,高校哲学社会科学的内容和性质决定了其在教书育人上具有重要的地位和作用。哲学社会科学研究社会现象和人类社会发展,是关于人的世界观、价值观和人生观的学说,是知识体系和价值体系的统一。它能够以其特有的人文精神和潜移默化的育人方式,引导人们形成正确的理想信念、道德品质、政治思想、法律意识和审美能力等。具有规范思想行为、思想政治教育、提升综合素质等育人功能,但核心功能在于思想政治教育。因为高校哲学社会科学课程内容丰富且量大面广,除逻辑学、语言学等极少数课程之外,大多具有意识形态性质。作为知识体系,高校哲学社会科学向学生传授知识,使其养成科学的思维习惯,不断提高创新能力;作为价值体系,它向学生渗透国家的主流意识形态,有益于提高学生认识和分析各种社会思潮的能力,进而树立正确的世界观、人生观和价值观。为此,时任教育部副部长李卫红曾明确指出:“高校哲学社会科学育人工作必须以

提高大学生整体素质,促进大学生全面发展为导向,不断扩大优质人文素质教育资源,积极拓展发挥育人功能的有效途径,弘扬优秀传统文化,发展先进文化,促进学生德育、智育、体育、美育有机结合。”

其次,辅导员的角色定位和工作职责决定了其在育人功能上与高校哲学社会科学课程具有内在的一致性。高校辅导员工作在大学生思想政治教育和日常事务管理的第一线,是大学生职业规划、心理指导与服务辅导的先锋和骨干力量,是大学生的人生导师和健康成长的知心朋友,对高校人才培养具有不可或缺的作用。在辅导员的育人工作体系中,一是以理想信念教育为重点,培养学生树立科学的人生态度,这是辅导员育人的核心工作;二是开展爱国主义教育,培育学生的爱国情怀和民族精神;三是发挥言传身教的作用,深入进行道德教育;四是以大学生全面发展为目标,深入进行素质教育。这在育人内容上与高校哲学社会科学课堂教学实现了高度的统一。另外,在育人方式上,高校哲学社会科学与辅导员也具有共性。高校哲学社会科学实现育人功能的主渠道是课堂教学,而辅导员的育人工作既要体现管理育人,又要体现教书育人。这表明辅导员作为开展大学生思想政治教育的组织者、指导者和实施者,必须参与到高校哲学社会科学课程教学中去,否则教书育人功能的实现将是一纸空谈。

重要的是,辅导员参与高校哲学社会科学教学已具有现实性和可能性。

第一,《普通高等学校辅导员队伍建设规定》(教育部令第 24 号)指出:“辅导员是高等学校教师队伍和管理队伍的重要组成部分,具有教师和干部的双重身份。”现实中,人们更多关注辅导员管理者的身份,而忽视其教师身份,甚至绝大多数辅导员自己也将其工作的重心仅放在大学生日常管理工作方面。这一偏颇将使人们忽视甚至遗忘辅导员教书育人的重要角色。而承担必要的高校哲学社会科学课堂教学任务,充分发挥辅导员在高校哲学社会科学育人中的作用,是辅导员强化职业归属、提升专业地位的重要途径,也是高校辅导员教师身份的必然要求。

第二,新时期的高校辅导员群体综合素质较之前有非常大的提高,所学专业多为思想政治教育、教育学、法律等哲学社会科学,且相当一部分具有研究生学历,其中的绝大多数已经具备开展哲学社会科学相关课程教学的能力。

第三，高校辅导员虽然与专业教师相比学术研究能力和科研时间尚有差距，但他们与大学生接触的机会最多、时间最长，掌握的信息最为全面准确，最知道大学生喜欢什么、困惑什么、需要什么，这也是辅导员从事思想政治教育和哲学社会科学课程教学的天然优势。

因此，积极发挥辅导员的专业知识背景和工作实践优势，让其在高校中承担并开设相应的哲学社会科学课程，是有现实基础和理论依托的。这不仅会调动辅导员工作的积极性，还会提高高校哲学社会科学课程育人的实效性。

二、辅导员在高校哲学社会科学课程教学中发挥育人作用的现状

在高等学校立德树人的过程中，辅导员起着独特的影响作用，因为“辅导员是开展大学生思想政治教育的骨干力量，是高校学生日常思想政治教育和管理工作的组织者、实施者和指导者”。现实中，辅导员主要通过两种方式来对大学生实施马克思主义教育：一是实践教育，即开展丰富多彩的校园文化活动和社会实践活动；二是理论教育，即用马克思主义理论和马克思主义中国化的最新理论成果武装大学生的头脑。其中，理论教育的开展多以课堂教学的形式实现。可现阶段，辅导员在高校哲学社会科学课程教学中发挥育人作用的现状不容乐观，主要表现为参与高校哲学社会科学课程教学的比例极低，或参与程度不深，尚未形成发挥育人作用的良性机制。究其原因，主要由以下几个因素造成：

第一，高校哲学社会科学课程设置不合理，在全部课程中所占比例较低。2002 年，清华大学在本科生培养方案中提出“通识教育”理念，以理工科专业为例，人文社会科学基础课程所占比例为 25% ，从而实现人文教育与科学教育的融合，培养“全人”。可实际中，我国绝大多数高校哲学社会科学课程所占比例远远低于此比例。“问渠那得清如许，为有源头活水来。”课程比重的偏低，必然使其育人功能的发挥成为无源之水、无本之木。辅导员通过哲学社会科学课程发挥教书育人作用的空间自然受到严重挤压，甚至毫无施展之地。

第二，高校哲学社会科学课程教学在发挥育人功能上也存在一些问题。如前所述，高校哲学社会科学天然地具有强大的思想政治教育价值，正如江泽民同志指出：“哲学社会科学，主要是帮助人们解决世界观、人生观、价值观。”那么，哲学社会科学课程教学必须相应地承担起对大学生进

行系统的人文知识和马克思主义科学理论教育的重任。可实际中，部分高校哲学社会科学教书育人意识淡薄，过于注重课程的知识性、专业性，这就在一定程度上造成了我国高等教育中存在着教书不育人、授业不传道的现象。特别应引起警惕的是，一些哲学社会科学忽视甚至否定学科的意识形态属性，在课程教学中放松了意识形态教育，对西方政治学术观点缺乏分析批判，甚至出现“去马克思主义化”的倾向。除此之外，哲学社会科学课程教学还存在教材陈旧、班级规模过大、教学方式单一等问题。

第三，相当一部分的辅导员在此问题上的思想认识不足，行为比较消极被动。在实践中，辅导员将较多的时间、精力放在日常管理上，认为哲学社会科学课程教学是专业教师的工作，而不属于其工作职责范围。可以说，辅导员既没有认识到高校哲学社会科学课程教学的重要育人作用，也没有意识到自己在其中的主体地位。没有育人意识的指导，何谈育人行动的落实。辅导员参与哲学社会科学课程教学的意识的缺失，在很大程度上制约了辅导员的专业化发展，更阻碍了大学生思想政治教育实效性的提高。

鉴于此，要增强高校哲学社会科学课程教学育人的实效性，发挥辅导员教书育人的作用，必须要深化育人意识，增加哲学社会科学课程比重，且各高校能按照自身实际开设相关课程，能科学配置专业教师和辅导员的教学比例，合理安排两者所承担的课程，真正实现专业教师和辅导员在哲学社会科学课程教学育人中的优势互补，从而有利于辅导员的专业化、职业化发展。

三、发挥辅导员在高校哲学社会科学课程教学中育人作用的措施

“如何针对大学生的思想特点提高思想政治理论课和哲学社会科学一些学科的针对性和实效性，增强这些课程和学科的吸引力、感染力、说服力”，胡锦涛同志在全国大学生思想政治教育工作会议上提出了这一重要命题。时任教育部副部长李卫红在“高校哲学社会科学育人功能”研讨会上明确指出：“随着社会进步，高校哲学社会科学的育人功能也会不断向更广、更深的领域扩展，各地各高校须继续组织专家对此进行深入研究，力争在理论上和实践上能有更多的突破。”2013 年 11 月，《中共中央关于全面深化改革若干重大问题的决定》进一步强调：“创新高校人才培养机制，促进高校办出特色争创一流。”这些重要讲话要求我们必须切实重视此项工

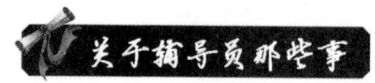

作，采取行之有效的措施进行完善、改进。

首先，应转变教育管理者、哲学社会科学专业教师和辅导员的思想观念。“大量事实证明，思想文化阵地，马克思主义、无产阶级的思想不去占领，各种非马克思主义、非无产阶级的思想甚至反马克思主义的思想就会去占领。”因此，树立全员育人、全过程育人的科学育人观念是当务之急，特别是要制定相关规章制度明确要求哲学社会科学课程不得淡化意识形态、回避思想政治教育。在此基础上，教育管理者应科学设计相关课程体系，使专业教师和辅导员在哲学社会科学课程教学中各有用武之地，且相得益彰；专业教师应注重课程教学的思想性、政治性，而不能仅停留在知识性、专业性上面；辅导员应增强对自身教师身份的认同，积极争取并参与到相关课程教学中。

其次，应注重辅导员教书育人技巧的培训和专业知识的培养，不断提高其教书育人能力，打破现实中对辅导员多按管理型人才进行培养的格局。比如，既邀请校内外专家对辅导员实行系统的专业培训，又鼓励和支持优秀的辅导员在职攻读思想政治教育学、教育学和心理学等相关专业的硕士或博士学位，不断提高辅导员队伍的学历层次，完善其知识结构。这样做有利于辅导员树立终身学习理念，从而不断自我完善、自我发展，最终有利于大学生的培养。

再者，辅导员在参与哲学社会科学课程教学时，应与该领域的专业教师建立健全的交流机制。在哲学社会科学课程教学中，辅导员与专业教师各有优势，又各有短板。因此，双方可以从不同的视角，对教学中碰到的大学生的思想热点、难点和兴奋点问题进行及时研讨，实现资源共享、思想碰撞、互相支撑，提高对重大理论问题的认识水平和一致性，从而形成高校哲学社会科学课程教学的育人合力。

最后，要建立更加科学的辅导员考评机制。考核是辅导员管理工作的核心，而考评机制对辅导员队伍的发展具有重要的导向作用，因此对于辅导员的考核应做到科学、全面、合理。这就要求不仅考评辅导员日常思想政治教育和管理工作，还要考评其承担哲学社会科学课程教学情况和学术研究情况。唯有如此，才能不断促进辅导员的可持续发展。

综上所述，辅导员承担高校哲学社会科学课程，并不是要与高校思想政治理论课及其他哲学社会科学课程的专业教师抢课时，更不是取而代之，而是依托其各自的专业背景，发挥与专业教师互补的优势，力所能及地承担并开设相应的哲学社会科学课程。

[刊载于东北师大学报（哲学社会科学版）2015，（06）]

228

大学是什么

曲建武

大学是爱国的产物,学生不爱国还办大学干什么?

正如大家所知道的,大学是分为两个历史时期的:一个是中世纪大学,一个是现代大学。而现代大学是以德国的柏林大学的建立为标志的。那么,这所大学是怎样建立起来的呢?

1810年,时任德国内政部宗教和教育司要职的洪堡先生组建了柏林大学。洪堡提出了培养"完人"的大学教育培养目标。他在《立陶宛学校计划》一文中指出,普通教育分为初等教育、中等教育、大学教育三个阶段,其培养目标在于培养"完人",初等教育和中等教育在一定程度上只不过是为大学教育做准备罢了,因此大学教育便成为培养"完人"最重要的阶段。那么什么是"完人"呢?

在洪堡看来,"完人"也就是"有修养的人"或译为"有教养的人"。而一个有教养的人必须是体现了完美无缺的人性的人,即个性和谐、全面发展的人。依据洪堡的教育思想,首任柏林大学校长费希特发表了主题为"致德意志人民"的著名演讲,他大声疾呼,只有靠文化与教育的伟大复兴才能真正自立。所以,柏林大学一开始办学宗旨就非常鲜明:坚决培养为国家利益服务的人。柏林大学对德国的发展影响很大。

为什么要办大学？应当怎样认识大学？做“大学问”的人应当什么样子？对此，蔡元培先生1917年在做北京大学校长时有过明确的阐述。他对师生们说：“予今长斯校，请更以三事为诸君告。一曰抱定宗旨。诸君来此求学，必有一定宗旨，欲求宗旨之正大与否，必先知大学之性质……大学者，研究高深学问者也……果欲达其做官发财之目的，则北京不少专门学校，入法科者尽可肄业法律学堂，入商科者亦可投考商业学校，又何必来此大学？所以诸君须抱定宗旨，为求学而来。入法科者，非为做官；入商科者，非为致富。宗旨既定，自趋正轨。二曰砥砺德行。方今风俗日偷，道德沦丧，北京社会，尤为恶劣。……诸君肄业大学，当能束身自爱。然国家之兴替……故必有卓绝之士，以身作则。诸君为大学学生，地位甚高，肩此重任，责无旁贷，故诸君不惟思所以感已，更必有以励人。三曰敬爱师友。……至于同学共处一堂，尤应互相亲爱，庶可收切磋之效。”蔡元培还提出：教育之于社会，有两大基本功能：一在引领，所谓“教育指导社会，而非随逐社会也”；二在服务，就是学校里养成一种人才，将来进社会做事，或者就是学生或教师一方面讲学问，一方面效力社会。

1949年10月1日，中华人民共和国成立了。我们由此开始了社会主义革命和建设时期。无论是社会主义革命还是建设，都需要高素质的人才。

毫无疑问，高素质的人才一定是又红又专的人才，是以品德为先的。这就要有爱国的情怀。这一点，始终贯彻在大学生的培养当中。中华人民共和国成立之初，党和政府就对高等教育进行了改革，要求高等学校陆续开设“马列主义基础”“政治经济学”“辩证唯物主义与历史唯物主义”“社会发展史”“中国新民主主义革命史”等课程，使马列主义教育进入高等学校，为学生的成长提供科学理论的支撑。

1950年6月，中央人民政府教育部第一次全国高等教育会议通过《高等学校暂行规程》，明确规定高等学校的第一项具体任务就是根据中国人民政治协商会议共同纲领，进行革命的思想政治教育，肃清封建的、买办的、法西斯主义的思想，树立正确的观点和方法，发扬为人民服务的思想。

2018年9月10日，全国教育大会召开。在此次大会上习近平总书记指出：“培养什么人，是教育的首要问题。我国是中国共产党领导的社会主义国家，这就决定了我们的教育必须把培养社会主义建设者和接班人作为根本任务,培养一代又一代拥护中国共产党领导和我国社会主义制度、立志为中国特色社会主义奋斗终身的有用人才。这是教育工作的根本任务,也是教育现代化的方向目标。”“教育引导学生树立共产主义远大理想和中国特色社会主义共同理想,增强学生的中国特色社会主义道路自信、理论自信、制度自信、文化自信,立志肩负起民族复兴的时代重任。”“要在厚植爱国主义情怀上下功夫,让爱国主义精神在学生心中牢牢扎根,教育引导学生热爱和拥护中国共产党,立志听党话、跟党走,立志扎根人民、奉献国家。”

我们现在提出了“双一流”“双高”建设,这都是非常必要的。“我们对高等教育的需要比以往任何时候都更加迫切,对科学知识和卓越人才的渴求比以往任何时候都更加强烈。”但是怎样来理解,怎样来建设,怎样来保证培养出我们需要的人才?我认为有的同志认识得不全面,行动上有偏颇。把建设“双一流”“双高”的着力点主要聚焦在科技教育、技能培养上。仅仅科技(技能)一流是不行的。不能忘了,大学不是工厂,更不是技术培训中心。

我们有些同志一谈办学成就就是我们培养了多少院士(包括引进的甚至双跨的),有多少专家、学者,有多少国家(省级)重点学科,这些是成就,但是不得不承认我们今天的教育也是有失误的,而教育的最大失误是人文教育的缺失,这些问题现在真需要我们深思了。

“世界一流”大学应该怎样建设?我认为习近平总书记已经阐述得很清楚了:党中央做出了建设世界一流大学的战略决策,我们要朝着这个目标坚定不移地前进。办好中国的世界一流大学,必须有中国特色。没有特色,跟在他人后面亦步亦趋,依样画葫芦,是不可能办成功的。这里可以套用一句话,越是民族的,越是世界的。我们要认真吸取世界上先进的办学、治学经验,更要遵循教育规律,扎根中国大地办大学。

关于价值观教育

229

对高校辅导员有效开展社会主义核心价值观教育的思考

曲建武　孙艺格

一、深化社会主义核心价值观教育的重要意义

党的十九大报告对社会主义核心价值体系、社会主义核心价值观做了重要论述，肯定了在过去五年国家思想文化建设取得的重大进展，社会主义核心价值观得到广泛弘扬。将坚持社会主义核心价值体系纳入习近平新时代中国特色社会主义思想和基本方略中，并在第七部分“坚定文化自信，推动社会主义文化繁荣兴盛”中阐述了社会主义核心价值观的重要意义以及培育和践行社会主义核心价值观的方法、途径。2017 年 10 月 24 日，党的十九大通过了《中国共产党章程(修正案)》，在总纲的中国共产党领导人民发展社会主义先进文化部分中，增加了培育和践行社会主义核心价值观这一重要内容。可见，国家对社会主义核心价值观的重视程度。

在党的十九大开幕会上习近平总书记对广大青年提出了殷切期望：“青年兴则国家兴，青年强则国家强。青年一代有理想、有本领、有担当，国家就有前途，民族就有希望。”青年学生在校学习的过程是树立正确价值观的重要阶段，只有不断加强社会主义核心价值观教育，以此凝聚大学生的共同价值追求，才能保证青年学生朝着正确方向发展。习近平总书记在对

中国政法大学考察时说道:“当代青年要树立与这个时代主题同心同向的理想信念,勇于担当这个时代赋予的历史责任。”践行社会主义核心价值观,是帮助青年学生树立正确理想信念的需要。高校辅导员要把社会主义核心价值观教育贯穿于育人工作全过程,这是关心和爱护青年,为他们实现人生出彩、搭建舞台的重要体现。

二、提高辅导员自身素养,找好角色定位

《大学》中写道:“大学之道,在明明德,在亲民,在止于至善。”人们对“德行”的修养从古至今就不断追求。高校辅导员就是学生做人处世的一面镜子,若要成为学生的榜样必须以身作则、不断提高自身素养,努力成为先进思想文化的传播者,将社会主义核心价值观的种子播撒到学生心中,担起引领学生健康成长的责任。党的十九大报告提到了要把坚定理想信念作为党的思想建设的首要任务,教育引导全党牢记党的宗旨,挺起共产党人的精神脊梁,解决好世界观、人生观、价值观这个“总开关”问题,自觉做共产主义远大理想和中国特色社会主义共同理想的坚定信仰者和忠实实践者。因此,辅导员若想为学生解决好这个“总开关”的问题,其自身必须是一个坚定信仰者和忠实实践者。习近平总书记在全国高校思想政治工作会议上强调,传道者自己首先要明道、信道。“传道授业解惑”的内涵是与时俱进不断发展的,认同这个社会,坚持中国特色社会主义的正确方向,对学生进行正面引导,坚持教育者先受教育,这是高校辅导员的职责所在。

首先,高校辅导员要提高自身素养,成为实践社会主义核心价值体系的模范。辅导员若想要达到“齐家、治国、平天下”的境界,最重要的就是先要“修身”。辅导员要深刻领会和把握社会主义核心价值体系,努力提高自身素养。辅导员要通过系统学习,真正掌握这一科学体系的内涵,以其扎实的知识基本功和良好的形象增强社会主义核心价值观教育的感染力和说服力,不断提高思想政治教育的水平。比如,社会主义核心价值观中的“爱国”,怎样才是爱国?这就需要先对传统历史、革命史、党史有正确的、扎实的认识。这样在向学生传递“爱国”的时候有理有据,更能让学生心服口服。其次,明确高校辅导员作为思想和行为引领者的角色定位。辅导员是大学生的人生导师,所有工作围绕的核心就是对大学生进行思想的引领。学校无闲人,人人都育人;学校无闲事,事事都育人;学校无闲处,处处都育人;学校无闲时,时时都育人。对大学生的引领必须贯穿在学校教育的全过程。从主观方面来说,大学生虽然在思想提升的过程中处在客体的地位,但是他们主观能动性发挥得如何却尤为关键。这就像自来水的"水龙头","水源"再足,不打开"阀门",水是无法流淌的。从这点来说,大学生要想提升自身的思想道德修养,就必须打开"安装"在大脑里的思想"阀门",这样思想之水才会源源不断地流淌进来。而高校辅导员在这个角色中就扮演了这样第一个打开学生"阀门"的人,高校辅导员是最贴近青年学生群体的引领者,学生在校时间,由学习、生活、社会实践等多元内容组成,几乎是和辅导员朝夕相处,辅导员的影响潜移默化、深远持久,他们容易成为学生学习的榜样和效仿的对象。辅导员的自身素养、表率作用,也直接影响着大学生价值观的选择和判断。比如,社会主义核心价值观中的"敬业",做一名有敬业精神的辅导员,如果学生看到辅导员每天恪尽职守、认真负责、爱岗敬业,这本身就是对学生的一种激励。核心价值观教育必须实现从宏观向微观、从抽象向具体、从口号向实际、从形式向内涵、从理论向实践转化。概言之,从异化向本真转变,要回归学生日常生活世界,要在实效上下功夫。高校辅导员必须懂得这样的道理:科学的理论要想让学生接受,我们就应当努力成为这种理论的积极践行者。

因此,辅导员更要以身作则、率先垂范,用自己的模范言行于润物无声、和风细雨之中,引导大学生形成良好风尚,推进社会主义核心价值观融入国民教育全过程。在全国高校宣传思想工作会议上,习近平总书记在谈到对广大师生进行社会主义核心价值观教育时,要求广大教师积极成为社会主义核心价值观的宣传者,同时又要求广大教师一定要成为社会主义核心价值观的积极践行者,就是为了使理论和实际结合起来,这样学生才会心服口服,我们的教育才有力量。笔者在做高校党委副书记的时候,有一位生活困难的学生找笔者谈缓缴学费的事,笔者顺手把刚获得的200多元稿费给了她,后来这位学生的母亲含泪给笔者写了一封信,告诉笔者她的女儿把200元钱夹在书缝中,时刻激励自己刻苦学习,将来想成为一个对社会有回报的人。笔者在大学做辅导员的时候,也是力所能及地帮助一些学生解决生活上的困难。学生们会把笔者的行动和笔者对他们的"说教"联系起来。他们觉得笔者就是一个积极践行社会主义核心价值观的人,因此笔者就会在他们的心中占有"一席之地",笔者说什么他们都愿意听。好多学生在留给笔者的毕业感言中都表达了这样的心愿:将来要做一个关心社会、关心他人的栋梁之材,因为他们的老师就是一个这样的人。

高校辅导员在高校中肩负着对学生进行社会主义核心价值观进行传播和培育的主要任务,要采取多种形式对学生进行社会主义核心价值观教育,成为践行社会主义核心价值观的楷模。高校辅导员一定要深入开展工作,多和学生接触,可以采取多种形式了解学生的思想,找到适应学生的心理需求和成长诉求的途径。为此,笔者在从事三十多年的辅导员工作实践中总结出几种社会主义核心价值观教育的途径与模式。

(一)加深理论认识,提高社会主义核心价值观教育说服力

“摆事实,讲道理”是我们党的优良传统和优势,是长期以来开展思想政治教育的宝贵经验,也是有效开展社会主义核心价值观教育的基本遵循。高校辅导员能不能把科学的理论和基本的道理说清楚、讲明白,决定着“谈话”能否真正深入学生内心,使之听进去。

从笔者1982年毕业留校做辅导员算起,至今已经有三十五年的大学生思想政治教育实践。笔者个人的体会是:思想政治教育最简便、最有效的方法就是“谈话法”。所谓谈话法,就是与学生面对面地交流,用正确的理论帮助学生解疑释惑,巧妙运用谈话的技巧使学生在潜移默化中加深对社会主义核心价值观的理论认识和理解。谈话可以同单个学生进行,也可以同多个学生同时进行。笔者有个学生现在在中华人民共和国澳门特区政府办事处工作,在赴任前夕,他给笔者写了一封长达几千字的信,信的题目是“我的精神导师”。他跟笔者说,他在大学读书期间,笔者同他在操场、教室、寝室、走廊谈了无数次的话。这些话笔者可能都记不住了,但是他一直记在心里并从内心感谢笔者对他的人生引领。从笔者辞去领导职务到大学当一名辅导员,笔者和学生之间的谈话就未曾间断过。每个学生在新学期开始的时候,笔者都要和他们单独谈一次话。谈话根据具体的情况可长可短。在每学期开学的时候,笔者会对全年级学生进行集体“谈话”,帮助他们总结上学期的表现,嘱咐他们这个学期应当做些什么,在谈话中潜移默化地提到一些理论知识,既不生硬也易于理解。笔者还经常同生活比较困难的学生谈话,让他们正确地面对困难,增强战胜困难的勇气。

和学生谈话要“择机而行”,就是要不失时机。习近平总书记强调:“做好高校思想政治工作,要因事而化、因时而进、因势而新。要遵循思想政治

工作规律，遵循教书育人规律，遵循学生成长规律，不断提高工作能力和水平。”①

新生刚入学，就是最大、最好的时机，千万不能“放过”。这个时期他们就像地里的庄稼，破土而出后生长得很快，而他们的生长环境是否“风调雨顺”，直接影响到他们能否茁壮生长。军训不能都“放手”给教官，思想政治教育必须及时跟上，不能“空档”。学生的生日同样也是和学生谈话的好机会。可以尽量在学生过生日的时候与学生进行谈话。但是，谈话不要流于形式，要融入情感，要坚持情感沟通的原则。就是把对学生的感情融入谈话之中，通过谈话的形式与学生进行情感交流，获得学生的信任。“情理交融”是学生最愿意接受的。了解学生要从细节做起，笔者的日记本中记录着每一名学生的生日，每当有学生过生日的时候，笔者都会结合学生自身特点送上一份四五百字的生日祝福，祝福就是间接地对学生进行一种引领。笔者带的年级里有个学生，笔者就是在生日这个节点上与他进行了一次谈话，学生便毫无保留地向笔者敞开了心扉。笔者在了解了这个学生内心的苦闷、思想的痛楚之后决定到他家家访。就这样，笔者先后同他谈了无数次的话，再加上期间十几万字的微信交流，这个学生的思想发生了根本的变化，他要“植大木以立长天，处江湖以忧国民”，要到西藏奉献他的一生。学生入党了、获得了奖学金等，这时候都可以找学生聊一聊。让他们不忘初心、再接再厉，不断取得更大的成绩。和学生谈话要主动捕捉谈话的内容，目的在于在谈话过程中将理论融入感情，和学生有情感上的共鸣。笔者在学生刚一入学的时候，就为他们建立了电子档案，把每个学生的情况都“记录在案”。辅导员要“吃透”学生档案中的信息，做到对学生情况了如指掌、心中有数。找学生谈话许多都是从他们的家庭情况谈起的，这样有亲近感，可以拉近和学生的距离。和学生谈话要心平气和，不能盛气凌人，也不要训斥学生，更不要动怒。即便真是学生错了，也要让学生感受到你是在真心地帮助他改正错误。学生既然已犯错，再责怪学生就没有什么意义了。我们能做的就是帮助学生总结经验教训，避免再犯同样的甚至更大的错。和学生谈话还要注意不能“没话找话”，尤其要注意不能让学生

---

① 《习近平在全国高校思想政治工作会议上强调把思想政治工作贯穿教育教学全过程开创我国高等教育事业发展新局面》，《人民日报》2012 年 12 月 9 日第 1 版。

感觉到你是在抱着猎奇的心态来窥探他们心中秘密的。这样的谈话学生是会反感的,自然他们也就不会说出真心话。当然,谈话的效果如何,除了上述这些之外,还有一个十分重要的保障条件,这就是学生对你的信任。没有信任,一切都无从谈起！当我们习惯于用宏大的词汇和枯燥的说教进行社会主义核心价值观教育时,“说不进去”“说不下去”的情况就会时有发生。对高校辅导员来说,说话方式的问题需要解决,否则做好社会主义核心价值观教育就会成为一句空话。

习近平总书记强调,要使社会主义核心价值观的影响像空气一样无所不在,无时不有。因此,高校辅导员应以校园活动为载体,与核心价值观教育紧密结合起来,促进社会主义核心价值观贯穿在教育教学的各个环节,渗透到学生学习、生活的各个方面。大学里经常举办一些讲座和报告,一些学生舍不得花时间去听。当然不是所有的报告都要听,因为确实搭不起那么多的时间。但是,一些精彩的报告还是要听的。何谓“精彩”？关键是给学生提供“正向力”,使学生的思想变得更积极向上。

辅导员可以通过组织辩论、座谈、讨论等形式丰富的活动,深化学生对社会主义核心价值观的理解;也可以开展以培育和践行社会主义核心价值观为主题的活动,如主题征文、主题演讲、学术沙龙等,使学生真正投入理论研究中来,加深对理论的进一步认识,使社会主义核心价值观深入人心。每到新生入学时笔者都会组织学生成立读书社,到书店为学生购买书籍,每个月举办一次读书报告会,要求每一个同学都参与进来,让学生养成多读书、读好书、好读书的习惯,辅导员可以平时多关注与社会主义核心价值观相关的书籍,及时更新书单,为学生传递有营养的知识。此类校园活动是大学生践行社会主义核心价值观的重要途径与组织形式,是把理论学习运用到具体生活实际的一个有效的好方式,能够达到使学生将社会主义核心价值观内化于心的目的。

(二)创新教育方法,提高社会主义核心价值观教育渗透力

党的十九大报告中提出培育和践行社会主义核心价值观要“坚持全民行动、干部带头,从家庭做起,从娃娃抓起”。家庭是人生的第一所学校,也是规矩、习惯养成的地方。培育和践行社会主义核心价值观,要从家庭做起。有必要通过家庭与学校的联动,充分发挥各自的优势,利用对方的长处弥补己方的不足,进而提升大学生思想政治教育的针对性。家访制度是

国家提高大学生思想政治教育针对性的有力举措。2004年，中共中央、国务院下发的《关于进一步加强和改进新形势下大学生思想政治教育的意见》明确指出“学校要探索建立与大学生家庭联系沟通的机制，相互配合对学生进行思想政治教育”，积极探索新形势下大学生思想政治教育的新途径、新办法。家访即家庭访问，是学校教育结合家庭教育的一种重要方式，是对学校主渠道教育的有效补充。当前，对高校大学生进行社会主义核心价值观的教育也应该高度重视家访的重要作用，通过家访实现学校和家庭之间的有效沟通。通过家访让辅导员切身感受学生的家庭环境和成长背景，了解学生和家长的思想动态和内心诉求。这种面对面的直接接触，可以最大限度地使辅导员了解每一名学生的“特殊性”，从而能够掌握学生形成当前思想现状的深层原因，能够有目的地制定有个性的教育对策，形成学校与家庭的合力，使家庭成为学校教育的有力助手，对学校教育起到监督和促进作用。

创新家访形式是社会主义核心价值观教育创新的重要途径。当前，高校家访制度尚未完全建立，家访还未成为高校思想政治教育工作必不可缺的组成部分，未形成家访的制度化和常态化。高校家访存在一定弊端：表现为学生对家访认识存在误区，比较抵触辅导员进行家访；由于财力、人力的限制，家访覆盖面还较窄，基本只能对本省学生进行家访，而达不到覆盖全国；家访队伍有待充实，当前进行家访的只是部分辅导员，由于辅导员队伍有限，还不能形成稳定的家访队伍；学校领导对于家访没有给予足够的重视。

鉴于高校家访制度不完善的现状，有必要完善和创新当前家访制度。当前，家访可以采取多种多样的形式，而且应该充分利用现代科技优势，既可以采取面对面的家访，也可以利用社交网络工具与学生家长交流，可以建立家长手机微信交流群，对于网络使用不方便的地区家庭可以采取信件等沟通方式。家访可以在时间上灵活多样，不限定于寒暑假特定时间，可以利用外出开会等机会在空余时间顺便走访。

社会主义核心价值观教育和传播不能一味地依靠传统教育手段，而是要开发和利用好新媒体，通过新型传播工具向学生传递正能量。手机是当下与学生沟通最便捷高效的通信工具，而且学会利用这一便捷的沟通手段，也能拉近与学生的距离，及时掌握学生的思想动态。在自媒体兴起、信息快速传播的当下，能够直接、及时渗透进学生群体，覆盖他们学业、生活、情感、心理方方面面的最佳途径就是微信这个载体。高校辅导员可以充分发挥微信平台的作用，以社会主义核心价值观为引领，注重舆论引导和政策传达，丰富学生的文化生活，并对学生的留言反馈进行分析，结合学生群体的主观体验，得出有针对性地对待不同学生群体进行社会主义核心价值观教育的最佳方案。

笔者在充分了解到微信平台成为高校社会主义核心价值观教育新阵地的基础上，建立了个人微信公众号，开发《大学生与历史上的今天》《写给大学生朋友们的话》《写给辅导员朋友们的话》等栏目，坚持每天给学生们发送500字左右的微信，对历史上出现的一些重大事件和人物进行评述，并希望学生们从中得到启发，受到教育；还利用微信平台，对社会上发生的一些大事及时地加以分析，引导学生正确地看待。向学生推送定制化的内容，从而提高社会主义核心价值观教育的针对性和实效性。例如，当前宗教对学生的影响较大，为了引导大学生正确地看待宗教，笔者在给学生们发送微信的时候提醒学生要正确对待宗教以及宗教问题，弘扬和宣传中国传统文化，为实现中国梦贡献青年学生自己的力量。通过微信进行社会主义核心价值观的教育比起传统的面对面教育覆盖面要更广，传播和扩散速度很快。同样，微信也是笔者与学生进行心灵沟通的重要工具，四年来笔者与学生发送微信共计二百余万字，涉及的内容大到国家大事，小到学生生活中遇到的小事、琐事。每到学生生日的时候通过微信送上生日祝福，在年级的微信群中发现学生遇到困难时通过微信及时表达关心。这样，通过微信这一较为简单便捷的沟通渠道打破了时间和空间的限制，即使不在学生身边也能及时与学生沟通交流，把工作做到细微之处。正是通过这一简单的交流方式，拉近了与学生之间的距离，使学生感受到了关心和爱护。

（三）开展社会实践，提升社会主义核心价值观教育感染力

社会主义核心价值观的培育和践行强调的是知行合一，大学要全力推进实践育人工作。作为高校人才培养与社会服务体系的重要组成部分，社会实践也是大学生深入社会、了解社会、服务社会的有效途径。将社会主义核心价值观教育融入社会实践中，把社会主义核心价值观的呼吁和培养落实落细，落到小处，使大学生在实践中接受锻炼和教育，亲身体会到社会

主义核心价值观的要求。社会实践以其灵活多样的形式和丰富多彩的内容有利于加深社会主义核心价值观的感染力和影响力,引导大学生与祖国共奋进、与时代同发展,在社会实践中熏陶思想情感,充实精神生活,达到增强责任感、使命感,增长知识才干的目的。习近平总书记强调"文化滋养心灵,文化涵育德行,文化引领风尚"。"要注重文化浸润、感染、熏陶,既要重视显性教育,也要重视潜移默化的隐形教育,实现入芝兰之室久而自芳的效果。青年要成长为国家栋梁之材,既要读万卷书,又要行万里路。高校学生支教、志愿行动等活动,都展现了学生的风貌和服务社会、报效祖国的情怀。许多学生正是在这样的社会实践和社会活动中树立了对人民的感情、对社会的责任、对国家的忠诚。"因此,思想只存放在大脑里是显示不出"威力"的,社会主义核心价值观教育仅凭思考"如何发挥效能"是不够的,还需要社会实践,并用正确的思想指导实践,在实践中加深对真理的认识。一些到西藏、青海支教的大学生说,通过实践,他们了解了国情,懂得了责任,思想上得到了极大的提升。

(四)加强情感关心,提升社会主义核心价值观教育亲和力

高校辅导员要把社会主义核心价值观的理念落实到学生日常管理中。社会主义核心价值观所传达的平等、友善等价值理念需要辅导员在日常的学生工作中体现出来。这种体现不仅仅是口头表达对学生的关爱,更重要的是要在日常的工作中以实际行动表达对学生的爱,使学生能够切实体会到教育者的教育思想。尤其对待实际生活中有困难的学生,更要特殊关心。例如,在进行大学生贫困生认定工作过程中,对学生进行平等和感恩教育;在班级党团建设过程中开展爱国主义和集体主义教育;在优秀宿舍和优秀班级评定过程中加强文明、和谐和友善教育。以日常工作为主阵地进行教育就能使社会主义核心价值观落到实处,这样更有亲和力。习近平总书记在全国高校思想政治工作会议上的讲话中强调:"提升思想政治教育亲和力和针对性,满足学生成长发展需求和期待,是新形势下提高高校思想政治工作实效性的关键。"高校辅导员在日常工作中与大学生接触最多,能够了解学生的价值倾向和感情需求,在这种融洽的师生关系中,社会主义核心价值观教育就会深入人心,亲和力十足,有了这种情感上的认同,学生们就会把殷殷关怀转化成默默前行的力量,他们就会成长为国家希望所成为的那样的人。"思想政治工作从根本上说是做人的工作。"这是一句

定基调、管方向、把全局的重要论断，要求我们必须坚持从学生中来、到学生中去，将围绕学生、关照学生、服务学生作为工作的出发点和落脚点。

广大的思想政治教育工作者们是大学里离学生“最近”的人，也是学生“最亲”的人。多关心学生就是多为祖国服务、多为中国梦服务、多为人民服务，也是在为自己服务。自己的孩子是孩子，别人的孩子也是孩子。我们可能难以做到都像关心自己的孩子那样关心每个学生，但是我们是“止于至善”的人，只要努力，我们还是能够做到当学生有困难的时候力所能及地给予帮助。从教育者的角度来看，我们就不能把“贫困”只看成他们自己的事，不要把解决困难当作一个空的口号，而应当想方设法帮助他们克服困难，使每一个生活困难的学生都能真真切切地感受到一种温暖和爱的关怀。特别是在节假日的时候，当我们在想如何度过假期的时候，一定要想一想那些生活困难的学生在哪儿怎样过节。

思想政治教育是什么？它就是一种服务，就是要满足学生的需要。将社会主义核心价值观传递给学生们的方法不只是要讲，还要做出来，也就是大道理要讲，“小事情”更要做，这样就不会是单纯地灌输，而是有效地分享、说服、交流。辅导员不能把核心价值观教育当成“花架子”，使之“华而不实”，要让社会主义核心价值观走进学生的心灵，不仅要有理论支撑，更要带头实践。从这点来看，践行比说教重要得多。我们教育学生爱校如家，但进校不如家，怎能爱校如家？学生们真正有了“家”的感觉，才会认同引领。为什么有的家长没有什么文化，孩子却培养得很好，那是因为家长就像家长样，孩子们感受到了：为了他们，父母尽心了。因此，辅导员尽心关心爱护学生，学生一定会记在心里，认同社会主义核心价值观的引领。每个人都是平等的，社会主义核心价值观教育既不是高高在上，也不是照本宣科就可以轻松完成的，要把平等的观念付诸在教育当中。中华传统文化中非常强调“平等”的思想，“不患寡，患不均”，这样的理念深深地植根于每个人的心里。辅导员要想得到学生的尊重、做好学生的思想政治教育工作，就要做到平等地对待每一个学生。辅导员要切记因为学生家庭背景的不同，给予学生不同的“待遇”。社会主义核心价值观是当代中国精神的集中体现，凝结着全体人民共同的价值追求。坚持社会主义核心价值体系，培育和践行社会主义核心价值观教育将会更好地构筑中国精神、中国价值、中国力量，为人民提供精神指引。如何有效地把社会主义核心价值观融入大学生的发展中来,转化为大学生的情感认同和行为习惯,才是当前高校辅导员应该思考的问题。

[来源:社会主义核心价值观协同创新上海峰会 2017,(11)]

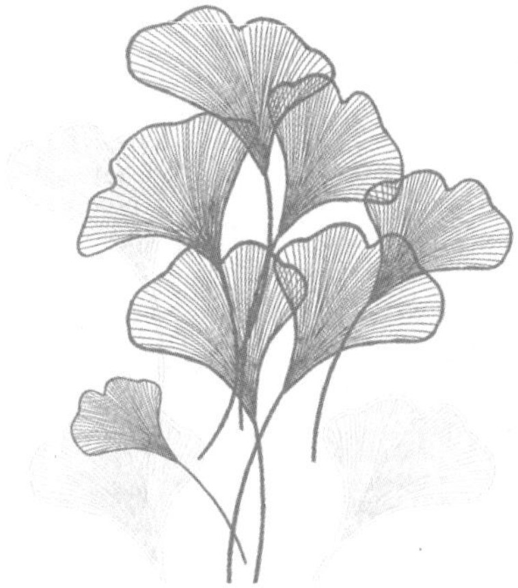

230

辅导员增强大学生社会主义核心价值观教育实效的途径探析

曲建武

学生在大学阶段夯实的价值根基,不仅影响个人的成长发展,更关乎整个国家和民族的未来。因此,对于正处在“拔节孕穗期”的青年学生,一定要让他们的心灵种上社会主义核心价值观这颗美好的“种子”,将他们的“爱国情、强国志、报国行自觉融入坚持和发展中国特色社会主义事业、建设社会主义现代化强国、实现中华民族伟大复兴的奋斗之中”。辅导员是大学生人生成长的指导者和引路人,工作在思想政治教育的第一线,理应在增强大学生社会主义核心价值观教育的实效上下功夫,通过理论疏通、情感关心、方法协同、率先垂范等途径,使社会主义核心价值观教育“春风化雨”“润物无声”,真正“入脑”“入心”,成为大学生人生成长的“定海神针”。

一、理论疏通,增强社会主义核心价值观教育说服力

习近平总书记指出:“理论上不彻底,就难以服人。”辅导员做好理论上的疏通,对增强社会主义核心价值观教育的说服力有着重要的作用。行动受思想的支配,没有正确的思想和理论,就不会产生正确的行动。重视理论武装,正是无产阶级政党区别于其他政党的一个显著标志。习近平总书

记指出:“中华民族要实现伟大复兴,也同样一刻不能没有理论思维。马克思主义始终是我们党和国家的指导思想,是我们认识世界、把握规律、追求真理、改造世界的强大思想武器。”

大学生践行社会主义核心价值观的实践活动,同样是受思想支配的。因此教育引导大学生积极践行社会主义核心价值观一定要让他们的头脑先“装有”社会主义核心价值观。这是我们长期以来开展思想政治教育的有效经验,也是进行大学生社会主义核心价值观教育的前提。列宁指出:“工人本来也不可能有社会民主主义的意识。这种意识只能从外面灌输进去。”大学生的头脑同样不会天然地装有社会主义核心价值观,这种价值观需要先“从外面灌输进去”。应当说大学生目前有较为充足的渠道获取社会主义核心价值观的理论灌输,但外部灌输仅仅是第一步,更重要的是有效的疏通,否则社会主义核心价值观教育就缺乏了持续性和内生性,也就容易流于形式和表面。因此有效的理论“疏通”就成了增强社会主义核心价值观教育说服力的关键环节,而辅导员在这一方面理应也有能力发挥更加重要的作用。在大学生社会主义核心价值观教育过程中,辅导员最大的优势在于他们是大学里距离学生最近的人,与学生有着“血缘”般的联系,因而从某种意义上也可以说他们是大学里最了解学生所思所想的人。这种特殊的关系和教育环境,使得辅导员可以把准学生的思想脉搏,“以透彻的学理分析回应学生,以彻底的思想理论说服学生,用真理的强大力量引导学生”,既能答疑解惑,也能将一些学生头脑中滋生的不好的“苗子”及时地“铲除掉”,腾出地方“装进”社会主义核心价值观并进行理论“疏通”,从而更好地完成社会主义核心价值观教育。

在具体做法上,辅导员要想实现更加有效的理论“疏通”,需要在理论学习和沟通交流两方面下足功夫。一方面,辅导员要切实了解和掌握社会主义核心价值观。习近平总书记在全国高校思想政治工作会议上强调:“传道者自己首先要明道、信道。”只有彻底地说服了学生,才能使学生积极主动地践行社会主义核心价值观。“倘若脱离了研究上的深化,没有深刻的体会和感悟,给予学生的就只能是不断重复的枯燥内容和浅尝辄止、无法深入的思想,这又如何能去打动学生呢?”辅导员必须增强理论学习的自觉性,保持理论上的清醒,这样才能深刻领悟社会主义核心价值观的内涵和要义,切实担负起对大学生进行社会主义核心价值观教育的使命和责任，将道理说清楚、讲明白，用科学理论疏导学生，使社会主义核心价值观真正深入学生内心。另一方面，辅导员在大学生社会主义核心价值观教育的过程中，要加强与学生的沟通交流，正确认识教育本质上是一种双向的良性互动，而非单向的灌输。良好的沟通交流有利于增强社会主义核心价值观教育的说服力，辅导员要转变工作思路和观念，不能企求于把学生管住，须知管住了学生的行为未必能管住学生的心。

二、情感关心，增强社会主义核心价值观教育亲和力

教育过程，从表面上看是教育者对受教育者进行知识传授的过程，但究其本质展现的是教育者对受教育者心灵的唤醒。大量的实例告诉我们，仅靠纯理论的说教是无法"唤醒"受教育者心灵的，这里需要的是爱，没有爱也就没有教育。被关心是人类情感的基本需要，只有当受教育者感受到其处在被关心的场域里，他才会悦纳教育者的教育，才能相信教育者传授的道理。大学生社会主义核心价值观教育的过程遵循着同样的教育规律，可以说社会主义核心价值观教育的亲和力与教育者的情感关心是相辅相成的。换言之，教育者需要发挥主体能动性对受教育者进行情感关心，赋予社会主义核心价值观以"情感"的温度，这样有利于增强受教育者对社会主义核心价值观的接受度，从而使社会主义核心价值观教育更具亲和力。

在培育和践行社会主义核心价值观时，有些学生表现出良好的精神风貌，而有些学生的表现则与社会主义核心价值观的要求相去甚远。其原因是多方面的，其中一个原因很可能是他们的辅导员对学生的情感不同，前者的辅导员会努力地使自己成为学生成长成才的人生导师和健康生活的知心朋友，想学生之所想、急学生之所急，时刻将学生放在心上，得到了学生的信任和爱戴；而后者的辅导员则可能对学生的事缺少关心，抱有宁少一事、不多一事的冷漠态度，因而无法得到学生的认同，学生也就会刻意疏远他，因此即便其对学生进行了社会主义核心价值观教育，在学生看来也不过是"走形式""装样子"，如此缺乏情感的教育，学生怎能不"我行我素"呢？由此可见，情感关心在大学生社会主义核心价值观教育的过程中是不可或缺的。习近平总书记指出："提升思想政治教育亲和力和针对性，满足学生成长发展需求和期待，是新形势下提高高校思想政治工作时效性的关键。"辅导员在坚持以理服人的同时，一定要以情感人，情理共融。辅导员与学生有着良好的情感基础，应当充分发挥情感关心的教育优势，将情感

关心作为大学生社会主义核心价值观教育的有效途径,以关爱和信任指引学生,增强社会主义核心价值观教育的亲和力,激发大学生积极培育和践行社会主义核心价值观的热情,促进大学生社会主义核心价值观的养成。

“思想政治工作从根本上说是做人的工作”,辅导员对大学生进行社会主义核心价值观教育时,要想更好地发挥情感关心的作用,就要经常深入学生中间,以学生为中心,围绕学生、服务学生,切实关注学生的需求,时刻将学生放在心上,做到学生的事无小事,要事事关己。诚然,辅导员可能难以做到对待每个学生都像对待自己的孩子般无微不至,但是一定要努力成为当学生有需要时第一个想到的人。面对生活困难的学生,要有每逢佳节倍思“贫”的育人理念,充分体现以情感人的情怀,力所能及地帮助学生。一个关心别人的人,才能得到别人的关心;一个在乎别人的人,才能得到别人的在乎。情感关心恰似一条纽带,将辅导员和学生紧紧地连接在一起,无法分离。想让大学生认同辅导员对他们进行的社会主义核心价值观教育,辅导员千万不能成为夸夸其谈者,不能单靠简单的说教,要在进行理论疏通时辅以情感关心,“大道理要讲,小事情更要做”,将情感关心贯穿在社会主义核心价值观教育的全过程,这样就会进一步增强社会主义核心价值观教育的亲和力,使社会主义核心价值观教育更为顺畅,大学生也就更容易接受、认同,进而自觉践行社会主义核心价值观。

三、方法协同,增强社会主义核心价值观教育贯通力

方法即是解决问题的手段,是实现主观愿望的桥梁。正确的结果来源于正确的方法,辅导员要想增强大学生社会主义核心价值观教育的实效性,就必须找到正确的方法。而社会主义核心价值观的培育和践行无法在单一的环境或措施中得到充分实现,因此辅导员要注重方法协同。在众多方法中,网络新媒体、社会实践、家庭教育作为开展社会主义核心价值观教育的重要媒介和途径,有着各自的优势与独特性,辅导员要切实将三者力量整合,增强社会主义核心价值观教育的贯通力与合力效应,共同构建互融互通的协同体系。

一是辅导员要将网络新媒体贯通于社会主义核心价值观教育中。当下以微信、微博为代表的网络新媒体已经融入大学生生活和学习的各个方面,对大学生价值观的形成与发展产生了重要的影响。习近平总书记在全国高校思想政治工作会议上指出:“要运用新媒体新技术使工作活起来,推

动思想政治工作传统优势同信息技术高度融合，增强时代感和吸引力。”这就要求辅导员一定要树立网络思维，提升网络素养，在大学生社会主义核心价值观的教育过程中，不能仅依靠传统的课堂教育手段，必须加强以网络新媒体为媒介的教育方式。需要注意的是，网络教育不能只打“防御战”“阵地战”，而是要以社会主义核心价值观为引领，通过微信、微博等网络新媒体，向学生积极主动推送定制化信息，打好“进攻战”，使大学生社会主义核心价值观教育实现课上与课下一致，网上与网下一致。辅导员要和学生实现“无缝对接”，捕捉学生的思想脉搏，及时一对一、一对多地进行社会主义核心价值观的引领，当好“群主”。现在一些辅导员把网络当成了便捷的“通知版”，只是进行简单的上传下达，这种状况应当加以改变。

二是辅导员要将社会实践贯通于社会主义核心价值观教育中。习近平总书记指出：“一种价值观要真正发挥作用，必须融入社会生活，让人们在实践中感知它、领悟它。要注意把我们所提倡的与人们日常生活紧密联系起来，在落细、落小、落实上下功夫。”辅导员需要发挥自身在大学生实践教育中的优势，将大学生社会主义核心价值观教育从课堂搬到课外、从学校搬到社会，通过组织学生参观红色教育基地、参加志愿服务、开展社会调研等实践活动，使大学生在实践教育中陶冶情操，提高明辨是非的能力，增强责任感和使命感，切实将社会主义核心价值观内化为大学生的精神追求，外化为大学生的自觉行动。另外，辅导员在教育中要运用好评价学生这个“杠杆”，在评优、评先、发展党员等工作中，将学生践行社会主义核心价值观的现实表现纳入其中，不能将学习成绩作为评价学生的唯一标准，否则就会违背大学生社会主义核心价值观教育的初衷，阻碍社会主义核心价值观教育的贯通。

三是辅导员要将家庭教育贯通于社会主义核心价值观教育中。“家庭是人生的第一所学校，家长是孩子的第一任老师”，由于家长和孩子间天然存在无法割舍的血缘关系，即使在大学阶段孩子对家长仍有较强的依赖性，家长会对其子女的社会主义核心价值观教育产生重要的影响。因此，辅导员在大学生社会主义核心价值观教育过程中，要积极建立与学生家庭的联系。具体做法上，可以通过家访、电访、与学生家长建立微信群等方式，更细致全面地了解学生的成长环境与性格特点，加强与学生家长的沟通，增强社会主义核心价值观教育的协同性。其中，辅导员家访要注重对象的代表性和典型性，特别是要注意在对“问题学生”家访时，千万不能把家访当成了“告状”，甚至把学生存在的问题“甩”给家长，这样就失去了家访的意义，也难以达到增强大学生社会主义核心价值观教育效果的目的。

四、率先垂范，增强社会主义核心价值观教育引领力

习近平总书记指出：“广大教师必须率先垂范、以身作则，引导和帮助学生把握好人生方向，特别是引导和帮助青少年学生扣好人生的第一粒扣子。”辅导员作为大学生培育和践行社会主义核心价值观的引领者，与学生朝夕相处，可以说辅导员是学生为人处世的一面镜子，其一言一行都对学生起着重要的示范作用。因此辅导员在进行大学生社会主义核心价值观教育时除了在理论疏通、情感关心、方法协同上下功夫以外，要自觉做为学为人的表率，从而更好地实现社会主义核心价值观对大学生的有效引领。思想政治教育的实践表明，教育者对受教育者的影响最直接也最大。从某种角度来说，受教育者的现实表现就是教育者的影子，希望受教育者成为什么样的人，教育者就一定要先成为这样的人。作为学生的人生引路人，辅导员对社会主义核心价值观的践行程度将直接影响学生的价值选择和判断。这就要求辅导员既要“真学”“真讲”社会主义核心价值观，又要“真信”“真用”社会主义核心价值观，不仅要做社会主义核心价值观的积极教育者，更要做模范践行者，成为“知行合一”的榜样。只有这样才能进一步实现理论与实践的统一，更好地诠释社会主义核心价值观，展现社会主义核心价值观的无穷魅力，使学生从中受到感染并加深理解，进而将社会主义核心价值观转化为学生的情感认同和行为习惯。

习近平总书记在学校思想政治理论课教师座谈会上强调，对于思政课教师，“第一，政治要强。第二，情怀要深。第三，思维要新。第四，视野要广。第五，自律要严。第六，人格要正”。这“六要”不只是对思政课教师提出的，更是对包括辅导员在内的广大教育工作者提出的要求。作为辅导员，要深刻认识到进行大学生社会主义核心价值观教育，是要引导学生矢志不渝听党话跟党走，为中国特色社会主义事业培养合格的接班人。这是一项崇高的事业，值得终身从事。辅导员必须政治立场坚定，自觉增强立德树人、教书育人的使命感和责任感，坚定理想信念，牢记初心使命，不惧任何困难，旗帜鲜明、理直气壮地开展好大学生社会主义核心价值观教育。辅导员有了这样的勇气，便能更好地将之转换为教育的底气。辅导员必须

情怀要深，要爱自己的祖国、自己的人民。要将学生培养好，让学生成为他们自身家庭幸福的源泉，用知识改变命运。引导学生“厚植爱国主义情怀，把爱国情、强国志、报国行自觉融入坚持和发展中国特色社会主义事业、建设社会主义现代化强国、实现中华民族伟大复兴的奋斗之中”，这也是大学生社会主义核心价值观教育的基本内涵之一。辅导员要热爱自己的工作，并辛勤、努力地工作，将祖国和人民的利益放在第一位，为了祖国和人民的利益尽量少想自己的利益。通过率先垂范，使学生从辅导员身上学到爱岗敬业精神，学会如何处理好个人和社会的关系，用所学为祖国的发展贡献力量。

［刊载于《思想政治教育研究》2020，(03)］

关于学生党建

231

入党前后不一样了怎么办

2019-11-27

这段时间好几个辅导员问我这样的问题:有的学生入党前后不一样了怎么办?

有的辅导员说有的学生党员入党前总是主动找辅导员要求做这个工作那个工作的,就怕从辅导员的视野里消失掉;等入党后则不同了,辅导员让他做什么,不是找这样的理由就是找那样的理由来搪塞,总想从辅导员的视野中逃脱。为此,有的辅导员感到束手无策,甚至挺苦恼。我能有什么好办法呢?

我认为这种情况只能是自己种下的果实自己尝。

什么意思?这样的党员是怎样入了党?有的辅导员会说他们经过考核才入了党,入党前确实表现很好。

我不这样认为。一个人的思想和行为怎么会这么快就发生了变化?说到根本还是没有真正从思想上入党。

怎样检验是否从思想上入党?那不能只靠写思想汇报,只靠和组织谈话,只靠学习成绩来检验。行动受思想的支配。行动上够不够格是检验思想成不成熟的唯一标准。我原来做过党总支副书记,负责学生党员发展工作。各学生支部推荐上来的要发展的学生入党积极分子,我都深入他们的寝室、教室、图书馆等公共空间进行考核。

比如，我去过某个要发展的学生党员积极分子上公共课的教室，等这个学生下课离开座位的时候我过去看到他的座位里堆满了杂物，我就宣布这个学生本学期不能发展入党；我到一个要发展的学生党员积极分子寝室，看到他的床位和寝室环境没有达到学院的要求，我也没有同意这个学生本学期发展入党；我还到图书馆看要求入党的学生有没有在图书馆占座，若是有占座行为也不能发展入党。学生的生活中没有什么惊天动地的大事发生，这些小事可以折射出一个人的思想境界。这些都告诉我们，发展学生党员是很认真、细致的工作，一定要深入、细致地了解要发展的对象，重在思想入党，重在实际表现。

这也是对党的事业负责的表现，绝不能让那些徒有虚名的党员混入党内。否则不仅不能增强党组织的战斗力，还会破坏党组织的战斗力；不仅不能协助辅导员做好工作，甚至还会给学生带来不好的影响。所以千万别到了这个时候再来想怎样教育他们，这就有点迟了。

再有一种情况就是不能让他们牵着鼻子走。

对于那些入党前后不一样的党员，可以先“礼”后“兵”。作为辅导员，代表一级组织，应当对那些不合格的党员加强教育，提出严肃批评，限期改正。对于坚持不改的预备党员的学生，可以延长预备期；对于正式党员，可以在毕业的时候有个说法，敢于“亮剑”，对他们的表现给予实事求是的总结鉴定，有的甚至直接写上“入党前后表现不一样”。

我们有的辅导员心里憋着气，却手下留情，这实际是一种不负责任的表现，这样的党员如果不改掉自己的毛病，早晚会出事的。你这样做了，后面的党员就会知道你会“较真”“动真格”的，这就会起到处理个别、教育大家的作用。这势必会使党员的作用得到更好的发挥。

当然辅导员也要把握好度，也不能什么事都让学生党员做，有些不该学生做的也不要“逼着”他们做。不能因为他们是党员就觉得一切都是应当的。

232

和一个辅导员的交流（一）

2020-08-10

前些天一个辅导员问了我下面这样一个问题。因为忙,今天给他做了回复。因为这个问题也比较普遍,我把我们的交流推送给大家。

曲老师您好!

我在辅导员岗位上已经工作一年了,现在主要管理专科学生。在工作之前,我没有想过我会管理专科学生,所以我觉得有些工作在他们身上很难开展。例如,入党积极分子问题,他们直接问三年之后会不会入党,而不会考虑自己会为同学做好哪些服务工作、自己能承担多少。专科学生的思想政治教育如何开展?就此还想向曲老师请教。

××你好!

你提的这个问题也具有普遍性。有一次有个高专主管学生工作的副书记到我办公室,他说有件事他挺上火,就是在给全校学生上党课时,学生认真听的很少,不是交头接耳,就是耷拉着头。若是不做不准带手机的规定,恐怕学生都会玩手机。我问他:“为什么要给全校学生上党课呢?”他说这是为了以抓党建带动学生工作。我跟他谈了我的看法。在大学里以党建带动学生工作是条经验，问题是怎样抓。对大多数学生来说，还是要对他们进行正确的人生价值观教育，也就是社会主义核心价值观教育；对少部分学生来说，要抓好他们的政治教育，也就是努力把他们培养成青年马克思主义者。因此，学生一入学，首要的还是对他们进行做人的教育，帮助他们系好人生的“扣子”。不必马上就对全体学生进行入党教育，这样做不会取得好的效果。教育要分层次，可以让各学院先做些前期教育，然后推荐些学生到学校层面进行培训。

你明白我的意思了吗？对学院来说也是如此。新生一入学，首先要排查的是有没有家庭生活十分困难的，怎样帮助他们解决实际困难。学生饿着肚子，怎能要求他们进步呢？思想政治教育不全都是政治思想教育，政治思想教育只是价值观教育的一部分，特别对高职高专的学生来说，思想政治教育主要还是价值观教育。当然要启发他们的思想觉悟，对少部分学生来说要使他们在政治上有坚定的理想追求，早日成为党的一员。有些学生受多种因素影响，功利思想比较重，把入党看成是个人能得到什么好处。这正是需要我们引导和教育的。对党员来说，一定要解决思想上入党的问题。要教育引导学生成为一个崇高的人、令人尊敬的人。而这样的人与党的全心全意为人民服务的宗旨又是一致的。我们对学生党员的培养既要在理论上引导，更要让他们在实践中成长，就是在为学生、为社会服务方面检验他们的思想觉悟。现在有一种不好的倾向，认为只要学习好就替代了其他各个方面，对这点要加以注意。重视学习成绩并没有错，在科技挑战面前没有真本事是不行的，但是人的学习的确有目的性问题。为了自己而学习，即便学习好，也能很好地为人民服务吗？发展党员还是应当把政治觉悟放在第一位，这就要在实践中做好考察。不能仅仅看入党申请书写得怎样、看党课学习成绩优秀不优秀，也不能只看专业成绩。确实要坚持“成熟一个，发展一个”的原则，不能追求数量。列宁讲过，“徒有其名的党员白给也不要”。因为党员不起党员的作用，对我们党的事业只能带来损害。从这个角度来看，你真应当有对党的事业负责的态度，在抓好普遍思想政治教育的基础上，更多地培养在政治上对党忠诚的人。党员队伍建设好了，必然会提升学生思想政治教育的质量。

233

和一个辅导员的交流（二）

2021-06-03

曲老师您好！

我是××大学辅导员××，就是今天下午和您交流学生入党动机的那个。今天晚上听了您的讲座，感觉您的讲座既有高屋建瓴的思想，又有深入实际的成果，给了我很多启示。我本科毕业后就开始从事辅导员工作，到现在差不多有十三年了，但是最近几年突然对自己的工作开始有些怀疑，感觉现在的学生认知水平和能力越来越高，他们接受知识的方式也越来越多元化，而自己学习的速度远远不够支撑现在的工作，有种知识枯竭的感觉。看着自己身边的同事不是被提拔就是离开了这个岗位，我心里感觉很迷茫，不知是应该坚守还是通过深造谋求其他出路，曲老师您的经验和经历都很丰富，您有什么建议呢？

××你好！

这两天我一直很忙，才回复你，请理解。

你负责学生党建工作，在启发学生入党动机的时候，一定要注重他们思想上的入党。思想入党无论对党、对党员个人都有着极为重要的意义。入党学生的数量多虽有意义，但比数量更有意义的是质量。党建工作一定要下功夫让学生解决思想上入党的问题。我带过的一个学生中学就入党了。我给她写信,跟她交流思想。她说她曾经气馁过。我说党的宗旨从来就没变过,变的是有些人忘记了党的宗旨。这多让人瞧不起,我们不能这样。这个学生后来在思想上成熟了起来,要做一名名副其实的共产党员。当今社会文化多元化,但是作为党员还是要坚持以马克思主义为指导,用习近平新时代中国特色社会主义思想武装头脑。和学生相比,你处在主导地位,又有多年的实际工作经验,只要高度重视学生的教育引导,学生还是会听从你的引领。但是要看到的是,想让每个学生都在政治上要求进步,积极创造条件加入党组织,这是不现实的,也是不可能的。有的学生爱党、爱国,有的讲文明,而有的遵纪守法就可以了。

我还是主张把思想政治教育当成事业来做,就像我跟你们交流时谈到的那样。我能坚守下来,就是因为我感到辅导员工作是党的事业的组成部分,辅导员对党要忠诚,既然我们选择了这份事业,就要踏踏实实地做好,教育引领更多学生矢志不渝地跟党走,做担当民族复兴大任的时代新人。别人怎样是别人的事,关键是你怎样。你的心在哪里?你的出路在哪里?无疑是在做好眼下的工作上。一些同志不安心做辅导员工作,晃来晃去又能做成什么呢?我并不反对考博,但是我不赞同为了考博而考博。本来没有什么基础,准备上几年,即便考上了再读个五六年,这就要影响辅导员工作。所以还是要从实际出发。水涨船高,辅导员队伍将来拥有博士学位的人一定会越来越多,但是现在讲破"五唯",对辅导员的评价一定会注重业绩的,这也是由思政学科的特点决定的。我常说,现在许多辅导员,如果把读博的劲头都用到工作上,辅导员工作一定会干得很好,不是同样可以评职称吗?这不就有出路了嘛。怕就怕总觉得别人比自己好,又不加倍努力,这恐怕什么都会耽误了。有事就联系我。

祝好!

曲老师,收到您的回复很高兴、很意外,这几天我也一直在思考您的话。今天看到您公众号里的文章《我们真应当把自己塑造成真正的知识分子》,里面有这样一句话:"不要总说学生'精致',如果我们不'精致',学生怎么懂得'精致'?"这句话说得真好,我会努力向您学习。

关于学生干部队伍建设

234

我和班级临时负责人的交流

2019-10-05

我参加完国庆观礼后于10月2日回到大连。这两天我给我授课年级的班级临时负责人(4人)、家庭生活困难的学生(13人)、非团员同学(11人)每人写了一封信,共有7000多字。在此我将我和他们之间的微信交流筛选一些推送给大家。特别希望大学生朋友们能从中得到一点有益的启发。今天推送的是和班级临时负责人的微信交流。

××你好!

你们辅导员告诉我,你和××、××、××是各自班级的临时负责人。你们怎么样原本和我没有什么关系,我就是给你们上"思想道德修养与法律基础"课的老师。我可以来上课,上完课就走人,但是我不这样上我的课。我觉得思想政治理论课就是要解决实际问题,围绕学生、关照学生、服务学生,为你们的心灵埋下真善美的种子。所以,我就愿意管些闲事,自找"麻烦"。既然你们是我的学生,我还是想跟你们简单聊一聊。这不只是在帮助你们辅导员做工作,也是这门课能取得实效性的需要。

你们是班级的临时负责人,责任在肩。"火车跑得快,全靠车头带。"这是我们这个年龄的人十分熟悉的一句话。一个班级的班风怎么样,关键在于班长怎么引领。你们是班级临时负责人,也就相当于班长的职务了。要心中有同学,做什么都是为同学服务,别总是让同学为你服务,那就颠倒了,也就失去了做干部的意义。

为什么要当干部?一是更好地为同学服务;二是更好地培养自己。

通过当干部感受到那种被信任的感觉,以此激励自己把工作做得更好。如果现在就能养成好的"官德",那将来就会做成大的事情,不然就会相反。社会上一些人官至高位,最终却倒下了,说到根本是官德缺失,就像盖楼一样,没有牢固的地基能盖几层大楼?即便盖起来了还不是照样倒下。

老师在大学一年级的时候什么干部都不是,第二年改选时当上了班级生活委员。我大学四年的最高职务就是班级的生活委员,可后来不是也做到了厅级干部!决定你能否有出息的不是你的位置,而是你是否在你的位置上做了你应当做的事。现在是如此,将来也是如此。

现在有些学生干部太把自己当回事了,千万不要这样。毛泽东同志早就说过这样一句话:"群众是真正的英雄。"当人民高喊"毛主席万岁"的时候,他说"人民万岁"。你们一定要养成群众观点,遇事大家商量,不要小小年纪就搞个人英雄主义,眼里没有群众。

我在做学校党委副书记的时候,有一次看到校学生会主席夹着包进主楼。我把他叫住了。"你怎么像职业革命家似的?"我告诉他,"你也是学校里一个普通的学生。"我还当过学生处处长,只要学生到我办公室,我都马上站起来笑迎他们,有时让他们坐下说,有时给他们倒杯水。

工作要认真。毛泽东同志说过:"世界上怕就怕'认真'二字,共产党就最讲认真。"没有认真的精神是不行的。前段时间某著名学府将热烈欢迎新同学的"烈"写成了"列";也是前些日子我参加过一个会议,报到册的"到"明晃晃地加黑印成了"道",这都是不认真造成的。这还好办,如果是在航母上、卫星上哪怕是螺丝钉拧错了后果都难以想象。认真也是一种习惯,现在就要好好养成。

我有点事情要处理一下,先聊到这里。好在这学期给你们上课,我还在校园里,等有时间我们再聊。有事可以找我。

祝你们工作顺利,学业有成,圆满度过你们的大学生活!

我们的学长和导员都说过，学生骨干也是普通同学，都是为同学服务的，我喜欢这种为大家服务的感觉。

谢谢曲老师，我一定会记住您的话，好好努力。

好的。做个大写的“人”。

听君一席话，胜读十年书！学生感激不尽，定当严于律己，不负恩师厚望。

培养好自己。胸怀祖国，放眼世界！

我会记住的，也会尽力去做的。

把对的事情做到底！

感谢曲老师的谆谆教诲，作为新一代中国大学生，特别是大学生骨干，我知道自己的责任，曲老师的话更让我看清自己，我定不负曲老师苦心，亲近同学、服务同学、绝对不打官腔、拿官调，请曲老师放心。

好的。无论在什么位置上，都要做好人民的勤务员。

以大格局放眼未来。我一定会努力走好大学这个小目标，接着走好未来人生路的大目标。感谢老师在百忙之中指导学生。

看你的实际行动了。

235

和一个学生干部的简单交流

2019-10-26

上一个星期六午间，我在我们学校学生食堂请了我授课年级每个班的班长、每个班一名女生代表和10月份过生日的同学一起吃饭。

我一边吃饭一边和他们交流。我对几个学生干部说："做干部不能辜负辅导员、同学们的信任，不能只想自己能得到什么好处。班级干部，就是为同学服务的。只有真心地为同学服务，才能得到同学的拥护，同学才能记住你们，才能感谢你们。等你们到了我这个年龄就知道了，当同学们谈起你是他们的老班长时那种由衷的敬佩，你就会觉得这一生真是很幸福；反之，大家都不愿提起你，都瞧不起你，你再'风光'又能怎么样？"

吃完饭后，有个班长给我发了一条微信，我和他简单地做了交流。

曲老师您好！

十分感谢您能与我们大家座谈畅聊，让我们获益匪浅，相信在接下来的学习过程中，在您的引领下，以服务同学为宗旨，我们干部会做得更加出彩。

好的。学生干部就是同学的"服务员"，要为同学服务好，把大家团结好。在服务同学的过程中提高自身能力，培养品德，将来成为更有作为的人。

谢谢老师指点。干部作为“服务员”，有责任让大家都能够在班级以及学院这个餐桌上共享盛宴，共同组成一个完美的大家庭。干部只是一时的，但是与大家培养的胜似亲人的友谊是一世的。

说得对。世界上有那么多人，你们能到一个学校、一个学院、一个年级、一个班级，这要多大的缘分啊！好好珍惜这个缘分。把同学当成战友，当成一生的朋友。

是啊，也许我们这一代人是独生子女较多的时代，所以我们喜欢互相培养更深的感情，也更加珍惜朋友。再一次感谢曲老师在百忙之中给予我的指点。

有事联系我。

236

把学生干部队伍建设好

2020-09-04

现在一名辅导员要带几百个学生,从某种角度讲,辅导员即使有三头六臂,要教育和管理好这么多学生也是有难度的。这不是为辅导员开脱。当然,这要看是辅导员的工作没做到、不细致,还是应当由辅导员做的事辅导员根本就没做。辅导员要想把工作做好,就要把学生干部队伍建设好。学生干部就生活在同学中间,是辅导员加强与学生沟通的桥梁和纽带,把他们的作用发挥好了,他们就会成为辅导员开展学生工作的左膀右臂。

首先是选好学生干部。有的辅导员说对此很犯难。因为选拔学生干部的时候,总有人"打招呼",他不知怎样处理。作为辅导员,最好早定规矩,用民主选举的方式选拔学生干部。想当干部可以,那就竞选。这样既可以避免人情,也可以使自己养成好的工作作风,这很重要。不然将来无论走到什么位置上,都会碍于这种"人情",被人左右,最后可能"前功尽弃"。辅导员一定要公平地对待学生。学生往往不在乎辅导员的能力怎样,他们在乎的是公不公平。辅导员"剥夺"了学生当干部的机会,就失去了学生的信任,这样学生怎么会听辅导员的呢?我在新生一入学时就跟他们讲清楚,班级(年级)干部通过选举产生。想当干部就好好表现,取得同学的信任。选举产生班级(年级)干部的时候,我参加他们的会议,我都没有投票权,找我根本没有用。

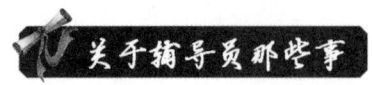

学生干部不是摆设,要让他们发挥带头作用。要求同学做的事情,学生干部应当带头做好。这对他们也是必要的培养。从长远来看,这也是“为党育人、为国育才”的需要。不能让学生干部年纪轻轻的就养成只说不做,只要求别人、不要求自己的毛病。学生干部只起辅助作用,辅导员不能把工作都分配给他们,有些工作辅导员还要亲自布置、亲自落实。特别是对极特殊学生情况的了解,更要采取科学的方法,千万别让学生干部“打小报告”。这样容易产生同学之间的矛盾,甚至发生不应该发生的事情。辅导员也要考虑学生干部的难处。学生干部可以采取“轮换制”,每年换几个。有的辅导员会觉得有的学生能力不行,担心影响工作。这是相对的。从某种意义上说,正是因为他“不行”,才要让他做,不然将来他到社会上去,我们怎么能放心呢?对于行的学生,我们就可以放手了。问题是现在有些学生不愿做干部。这需要辅导员培养他们的担当精神。大学生不能只想自己的事情,成为“精致的利己主义者”。大学生要有视野、有格局。辅导员要教育引导学生在服务他人、奉献社会中实现人生的价值。

237

与一个辅导员的交流（一）

2021-10-26

现在有些学生愿意做干部，有些学生不愿意做干部。这里我们不做原因分析。大学生要有责任意识，不能只想自己的事情。而当学生干部无疑有助于培养学生的责任意识。我知道很多这样的学生，他们刚来到大学的时候只想学习那点事，后来当了学生干部，觉得应当给其他同学做榜样，结果干部做得很好，学业也得到了提高。我也知道有的学生干部，总认为当干部影响了学习，因此坚决辞去了干部职务。由于在思想上放松了，没有了紧迫感，学习成绩反而下滑了。事物都是两方面的。我想要告诉学生的是，不要确立非此即彼的思维模式，要注意事物的相互转化，遇事多发挥主观能动性，积极向上的思维才有助于事物向着有利于自身的方向发展。

作为辅导员，我们就应当研究问题出在哪儿了。问题出在哪儿呢？自然有学生干部自身的原因。有的学生干部会觉得自己活没少干，但是并没有像想象的那样使自己的能力得到很大的提高；有的学生干部会觉得工作没少做，但是学习受到了影响，反而得不到奖学金，这样入党也会因为成绩不突出而被“搁置”；还有的学生会想，一心考研才是硬道理，别的都没有用。

238

与一个辅导员的交流（二）

2021-10-29

曲老师您好！

我是×× 大学辅导员×× 。感谢您今天的报告，让我汲取到了力量。

×× 你好！

我们共勉！

谢谢您，还望您保重身体，以后在工作中遇到困惑时我还要向您请教。

曲老师晚上好！今天在学校观看了电影《守望青春》，为您点赞！在电影刚开始时，出现了一个自卑的男生，我的眼泪就掉下来了。我太明白一个这样的孩子有多需要别人的理解、支持和关爱，看着电影，我脑子里全是我的学生们。

再次向您表达敬意，祝您和家人身体健康、平安喜乐！

×× 你好！

谢谢你的点赞。是啊，有多少个学生都需要我们拉他们一把、帮他们一下，哪怕只是一次谈话、一次食堂里的共同用餐、一个微笑和一条生日祝福，这些都是不难做到的。可是我们有的辅导员为自己考虑太多了，便忘了学生的需要，这太不应该了。为学生做得再多也不算多啊！这是在为党和人民的事业付出啊！

曲老师晚上好，看到您的回复我真高兴。学校今天有活动，我去学校加班了，活动结束后，我继续给新生班级开班会，其中就发现了一个不参选班委、啥也不想干的女生。我强制她必须参选，其实我是想帮她走出自己营造的小天地，后来我又单独和她聊了一会儿，把我的想法慢慢地渗透给她，这还需要一个过程。现在不改变，她四年后的样子我都能想象得到。开车回家的路上，我又给一个男生打电话讨论班委选举的事。这个男生还问我："老师，前两天看的电影，生活中真有那样的辅导员吗？"我给他讲了您和学生之间的故事。

您是我的榜样，虽然我还没有像您做得那么好，但我会尽力！

239

与一个辅导员的交流（三）

2021-12-14

曲老师您好！

向您请教一个问题。我是高职专职的辅导员，我们系从上学期开始允许学生举报学生干部的违纪行为，本学期也可以举报专兼职辅导员的违纪行为。这本是一个起到监督的手段，也算是好事，可是现在匿名举报、实名举报并存，难以分辨，举报内容也有真有假。关键是很多举报者，其举报的动机不纯，举报是为了“整人”，而不是救人。这也导致部分同学专门搜集辅导员，特别是学生干部的违纪行为，在关键节点时进行举报。比如，上学期有的学生干部抽烟，举报者将照片留存，等到这学期学生干部改选时再举报。学生干部如果真有问题，应该撤职处理，但举报者的这种居心也有问题。您是怎么看待这个问题的？请您指导。

××你好！

前些天我看到了你的这封信，因为忙，没有及时回复你。因为你提出的问题确实在一些学校不同程度地存在着，所以今天我通过公众号平台推送给你、推送给大家，以引起大家的思考。

其实，在你写这封信之前，我写过一篇文章，让辅导员注意一个问题，就是不要“逼着”学生向辅导员反映同学的问题。首先，从辅导员角度来说，对于学生干部表现怎样，一定要做到心中有数，怎么能让学生来举报呢？工作要扎实、细致，对学生干部要提出严格要求。辅导员只要平时注意观察、多深入学生，对学生干部表现怎样就一定会清清楚楚，该批评的及时批评，该调整的及时调整，不要使学生到了“忍无可忍”的程度，只能采取举报的方式来反映学生干部的问题，到了这一步，无论是对学生干部还是对普通同学都是一种“伤害”。让学生举报这种做法就与“钓鱼执法”差不多，辅导员对学生干部不闻不问，只等着学生举报，这种简单化的工作方法，既放纵了有的学生干部的错误行为，也助长了一些同学“嫉妒、恨”的心理。这对学生干部的成长不利，对其他学生的成长也无益。年纪轻轻就养成了如此心理，将来会是什么样子？教育要为学生的一生负责，对学生干部是这样，对其他同学也是这样。当然，不排除有些同学是从积极的方面“举报”问题，那也要培养学生勇于批评和自我批评的精神，要坚持真理、敢于“亮剑”，光明磊落地做人。对这样的学生要给予充分的肯定、爱护，要形成班级、年级、学院(系)风清气正的文化环境。对辅导员的举报和对学生干部的举报性质是一样的。从学院(系)级层面来说，就那么几个辅导员，怎么能不清楚学生干部的表现情况呢？这也太“孤陋寡闻”了吧？我做过学院党总支副书记，“管过”几个辅导员，他们工作怎样、在学生中的威信，我自然了如指掌，怎么还能到了让学生举报的地步呢？同样，对辅导员要严格要求，要关心、爱护，发现他们的问题要及时地提出，该批评的要严肃批评，不能做“老好人”，这不仅是对辅导员的负责，更是对学生的负责。千万不能等到问题“成堆”了，借学生之口说事，这不是“治病救人”的态度。学院(系)也要致力于形成和谐的文化氛围，大家比学赶帮，积极向上，心情舒畅。今天被“举报”，明天被“举报”，整天“提心吊胆”，再遇上“搬弄是非”的，那还有心思工作吗？

当然，无论从辅导员还是从学院(系)来说，出发点是好的，都是为了建设好学生干部队伍和辅导员队伍，把学生培养好。既然是好事，那就把它办好，养成平等、民主的工作作风，形成宽松、融洽的工作环境，创造互帮、互助的文化氛围。

240

给一个辅导员的回复

2021-12-17

曲老师您好！

我有个关于学生干部的问题想请教您。大一新生一般比较热衷于当学生干部，但是到了大二，很多人就不想干了。一个班级不可能没有班级干部，如果绝大部分同学都不愿意干，那要怎么办才比较好？谢谢！

我觉得这个问题现在的确比较普遍，有好几个辅导员都问过我这个问题，于是我在此一并答复。

××你好！

你问了一个现在在学生干部中比较普遍的问题，所以我想通过公众号平台给你做答复。

人们做事情时，总是希望动机与效果能够统一起来，谁也不愿做事与愿违的事情。

1. 为什么刚来大学时新生愿意做学生干部呢？

有的学生希望能够通过当干部得到辅导员和同学的认可，以使自己在以后的评优、入党等方面得到“先手”。当然也有的同学希望通过当干部使自己的能力得到锻炼，以便将来走向社会的时候能够很好地适应社会的需要。

2. 为什么一年之后有些学生干部就不愿做了呢？

在这里一个重要的原因恐怕就是在他们体验了什么是学生干部以后发现，原来并非如此，也就是他们并没有得到他们想要得到的。学生干部是谁的干部？是为谁服务的？毋庸置疑，学生干部是同学的干部，是为同学服务的。他们工作的出发点和落脚点都应当是为同学服好务。

但是事实上我们有的辅导员把学生干部当成了为自己服务的“工具”，什么事情都让学生干部做，甚至一些类似迎来送往、家庭的琐事都让学生干部代劳。

这就使有些学生干部被同学看不起，在同学眼里他们成了一帮巴结和讨好辅导员的人；还有的辅导员工作方法简单，“逼着”学生干部反映同学的情况，把学生干部推到了同学的“对立面”；也有的辅导员对学生干部的情况不闻不问，在学生干部需要指导和帮助的时候，辅导员并没有起到应起的作用。这就必然引起学生干部内心的怨言和反感，失去对做学生干部的兴趣。心气没了，等干满一届之后，一些学生干部自然也就会找各种借口辞去学生干部职务。

3. 辅导员一定要处理好和学生干部的关系。

学生干部是辅导员的“左膀右臂”，有些工作应当、可以协助辅导做，但是学生干部职务更是他们得以锻炼的平台，通过为同学服务得到能力的提升、同学的认可。他们表现怎样不是看为你服务怎样，而是为同学服务怎样；辅导员不能做“甩手掌柜”，对学生干部要多关心、多培养，要“扶上马，送一程”，教会他们怎样做学生的工作；特别是对于学生中一些“棘手”的问题，要亲自处理，不要给学生干部出“难题”；要教育引导学生干部树立为人民服务的思想，有奉献精神，一个心中没有他人的人知识再多、能力再强又有什么用呢？一定要创造“风清气正”的“从政”环境，不能让那些为同学真心实意服务的学生干部“吃亏”。

辅导员和学生干部形成融洽的关系，就会创设一个好的学生干部工作环境，就会使学生干部从中得到他们想得到的结果。如果辅导员真为同学、学生干部着想了，反过来他们也就会为你着想。他们有的就不好意思为了自己而提出辞职了，有的即便提出了辞职，你让他再做下去，他也就不好意思不做了。

关于民族生的思想教育

241

和三个少数民族学生辅导员的交流

2020-11-05

曲老师您好!

我是××师大辅导员××。今天听了您的讲座,受益匪浅,让我对工作有了新的认识与思考。特别感谢您!祝您身体健康、工作顺利!希望能有更多听您讲座的机会。

××你好!

看你的名字,你应当是新疆少数民族学生辅导员。做好新疆少数民族学生的教育引导很重要。要下功夫做好新疆少数民族学生的工作,不仅要以理服人,跟他们把道理讲透;同时要以情感人,关心他们的生活,只有情理交融,思想政治教育才会入心入脑。努力工作,争取达到工作的最佳效果。有事联系我。

祝好!

是的,曲老师,我是一名新疆少数民族学生辅导员。收到您的信息我很开心、很激动,反复阅读了好几遍。深深感受到了自己身上的责任重大,感谢您的教导,我定会加倍努力,不忘初心使命,踏踏实实做好少数民族学生的思想政治教育工作。今天真的是收获满满,真的是非常感谢您!

把你的详细地址告诉我,我把我写的书签名邮寄给你做纪念。谢谢你对我的认同,我们共勉!

太感谢您了,我的地址是:××××××××。

曲老师您好,我就是刚才找您拍照的大连医科大学少数民族学生辅导员,我叫××听了您好几次课,每次都有不一样的感受。我在硕士毕业以后一直当公务员,后来有机会考入了××大学成为一名辅导员。感谢您为新疆孩子的付出和帮助,这让我特别感动。我一直在向您学习,虽然感觉差距甚远,但是我会继续努力的。谢谢您通过我的微信好友申请。

我记得你。大小伙子,你很帅气。你能放弃公务员到学校当辅导员,说明你对学生工作是有感情的,在大学读书期间你应当是得到过辅导员的帮助,由此对辅导员工作有了认识。希望你把这种情感转化到你学生的身上,因为做好新疆学生的教育引领意义重大。希望你扎实工作,与学生打成一片,为学生成长点亮理想的灯,照亮前行的路。有事联系我。把你的详细地址告诉我,我把我写的书签名邮寄给你做纪念。

祝好!

谢谢曲老师,麻烦您了,第一次听到您的名字是在处长开会的时候,我就觉得您好厉害,后来又有机会听了您的讲座,更是觉得太厉害了,所以以您为目标,希望自己多做点儿实事、好事来帮助更多的孩子。您的书我经常看,有时候会从书中的故事悟出一些道理,不仅提醒自己继续努力,也经常用在学生工作中,令我受益匪浅。谢谢您,谢谢您的帮助和关心。我不太好意思让您给我寄书,我去买吧。

谢谢曲老师!

您好曲老师,我是刚入职的少数民族专职辅导员,之前在线上培训的时候听过您的讲座,加上昨天下午见到您本人,非常喜欢您。听您说您也在做少数民族学生的工作,所以想以后遇到问题再跟您讨论。老师辛苦啦!

××你好!

这些年国家对新疆少数民族学生的教育引领更加重视。你应当是在这样的大背景下走上了辅导员工作岗位。做好少数民族学生的教育引领工作有着特殊的意义。你刚入职,一定要多深入了解学生,要和学生打成一片,成为学生的人生导师和知心朋友。不要着急,要注意积累,要围绕学生、关照学生、服务学生,坚持下去,这样就会把握学生的教育规律,增强教育的针对性,进而取得实效性。有事联系我。

祝好!

谢谢老师!我一定会努力做好学生工作的。

242

与一个高职院校辅导员的交流

2020-12-14

曲老师您好！

刚刚结束在大连海事大学承办的“全省少数民族辅导员专题能力提升培训班”的学习，收获颇丰，再次听老师的报告，感觉对自己的工作又是一个新的鞭策。在行驶的列车上看着窗外，记忆让我不能不回到我们相识的十五年前。2005年您通过采用在高职高专毕业生中选拔优秀学生干部委托沈阳师范大学培养的方式，让我们攻读思想政治教育专业本科毕业后回到原保送学校从事辅导员工作。我们班48名同学就是辽宁辅导员的“黄埔一期”，在沈阳师范大学培养的两年里，您亲自给我们讲授辅导员工作知识；带我们参加各种学生工作会议，让我们乘坐大连海事大学实习考察船“育龙”轮去香港考察。虽然由于第一学历低，很多人不看好我们，但是现在班级同学中的大多数已经成为全省高职高专学校辅导员的骨干，全省辅导员大赛上有我们的身影，辅导员论文征集中我们也有获奖，2018年我还获得了全省“辅导员精品活动工作”一等奖。辅导员职称评审单列计划在我校实现了，我现在已经是辅导员系列副教授了，所有这些只是想让老师知道，我们这些同学仍在不忘初心地继续做好辅导员工作，请您放心。辅导员津贴在上周已经发放，我负责资助工作，我校的校级联合家访已经连续开展多年,孤儿减免学费在我校已经实施多年,这些都是您多年惦记的工作,也都在常态化开展。天冷,您多加衣。

祝您健康!

××你好!

做好少数民族学生教育引导工作意义重大。我在做省委高校工委副书记的时候,就组织过全省招收新疆学生的高校,每校派一名辅导员集体到新疆家访,收到了很好的效果。这次培训也是我考虑的,为大家提供交流的平台,提升大家的工作水平,很多辅导员感到收获很大。当年我在省教育厅工作的时候,从长远考虑,从你们专科生中选拔一批优秀的学生免试读思政本科,这是符合实际情况的。你们这些学生对母校熟悉、有感情,在品德上、在人生追求上不比读本科、硕士的差,而这是做好辅导员最为关键的素质。用事实说话,你们这些学生现在都成了学校思想政治教育的骨干力量,很多硕士毕业的也落在了你们的后面。思想政治教育一定要围绕学生、关照学生、服务学生,学生的需要就是我们的出发点和落脚点。我通过调研得知当时(2012年)全省高校有1078名孤儿大学生,他们的学习生活怎么办?我推动了这项工作的落实,免除了他们的学费和住宿费,从那年开始,我省的孤儿大学生再也不用为学费和住宿费犯愁了。有的孤儿大学生通过辅导员转达他们的谢意,表示一定好好学习,将来为祖国服务。其实这都是思想政治教育应当做的。最近省委又落实了给辅导员每月1000元的工作补贴,这是应当的。辅导员工作需要这样一笔费用,但是这是外部条件,辅导员们要看到这是省委、省政府对辅导员队伍的关心和重视,大家要把此转化为工作的动力,把辅导员工作做得更扎实有效,不然就失去了发放这笔钱的意义。你干得很出色,评上了副教授,这是对你工作的认可。要正确地看待"双重晋级",最好的评价在学生的心里,千万不能为了"双重晋级"把学生落下了。要不断努力,把自己培养成职业化、专业化、专家化的辅导员,把辅导员工作当成一辈子的事业来做。

我现在在机场,去交通运输部党校做报告。这次太匆忙了,没有时间做交流。等我安排一下,给你们高职高专的辅导员开个座谈会,我再更详细地了解一下高职高专的学生工作情况。高职高专学生也占据了半壁江山,做好他们的思想政治教育工作意义同样重大。

要登机了,就聊到这里。有事联系我。

祝好!

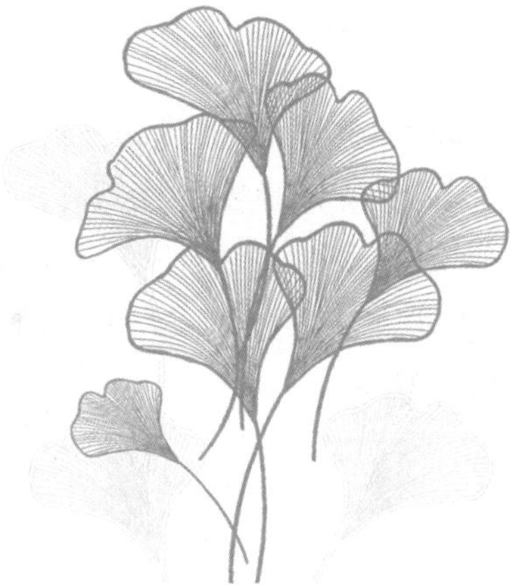

243

与一个民族生辅导员的交流（一）

2021-02-02

昨天推送了《路，不是别人帮你选择的》一文后，有个少数民族辅导员给我写了这封信。这所学校的领导确实很英明，二十年前就选聘少数民族毕业生为少数民族学生做辅导员。这是什么时间概念？当年很多学校还没有辅导员，还没有下发中央16号文件，更没有现在这样加强辅导员队伍建设的环境。这个辅导员在辅导员岗位上已经走过了二十年的历程。

曲老师您好！

一直以来我是“仍然在路上”公众号的忠实粉丝，这里是我吸收营养的平台。看了此文，我有了很多感慨，不知道如何描述内心的想法，只能大概说说了。在人生路途中，每个人几乎都会根据自己的实际情况选择自己的路。我也是二十年前因此做了选择，留在母校成为一名辅导员，是一个少数民族辅导员，是我们英明的校领导和学生处领导给了我这个机会。就这样从无到有，我坚持在这个道路上一步一步走了二十年，留下了一串串脚印。在这二十年里，一批一批来自西部地区的优秀学生毕业了，他们在各自的岗位上努力工作，为自己家乡做出了贡献。每每看到这些，我都更加坚定自己选择的路是正确的。工作这么久，我的倦怠感也会偶尔出现，但每当这个时候，我就会告诉自己，向优秀的前辈（向您还有很多很多在辅导员职业道路上依然用心用力奋斗的同行）学习，也会不断地给自己充电，很快倦怠感就过去了，再继续努力工作。谢谢您给我们扛旗，在前面引领着我们！

祝您身体健康！

××你好！

看到你的信，我很感动。你说你不知怎样描述你内心的想法，其实这已经足够了，二十多年的岁月足以看得出你对辅导员工作的执着和对辅导员工作的热爱。二十年前，辅导员的工作环境是什么样子？你的领导“英明”，可是还有多少人在“模糊”中。辅导员有必要存在吗？辅导员是干什么的？直到今天不是对辅导员队伍还颇有微词吗？这两天网上热议武汉大学招聘博士毕业生做辅导员一事。热议的一个焦点是博士毕业生做辅导员“大材小用”了。这是问题的关键吗？问题的关键是高校到底应不应当有一支辅导员教师队伍，辅导员教师到底应当具有什么样的素质。博士毕业就能当好辅导员？辅导员教师不需要博士毕业？更多的博士毕业生进入辅导员队伍指日可待。因为人们会越来越清楚地认识到，辅导员教师是提升高等教育人才培养质量的需要。我常讲，大学是以人文起家的，大学没有人文就是工厂，就是技能培训中心。梅贻琦先生为什么说“所谓大学生，非谓有大楼之谓也，有大师之谓也”，说的是大学不能没有人文之师，否则就不是大学了。而育人是最高深的学问，是人文的核心，高校就应当把辅导员教师打造成人文之师，使辅导员教师切实成为大学生人生成长的指导者和引路人，这是解决好高校培养什么样的人、怎样培养人、为谁培养人的重要保证。

你二十年前就做了辅导员，一路走来一定遇到过许多“否定”，来自自我的、外界的，但是你克服了这些，从未停止过前进的脚步，这点就值得年轻的辅导员向你学习。现在一些辅导员还不安心自己的工作，这是不应当的。还是静下心来好好做吧。珍惜现在所拥有的。整天三心二意，又能做成什么事呢？中华民族是个大家庭，做好少数民族学生的思想政治教育工作十分重要。望你再接再厉，在你选择的辅导员道路上勇往直前，直到永久。

你没说你是哪所高校的辅导员。你可以告诉我,若是有机会到你那里,我去看看你。把你的详细地址告诉我,我把我写的书签名邮寄给你做纪念。

我们是一家人。大连这边有事联系我,欢迎到大连找我。

祝你假期愉快、一切都好!

244

与一个民族生辅导员的交流（二）

2021-10-12

曲老师您好！

我是×× 大学少数民族辅导员×× 。

敬爱的恩师，您添加我微信，我太激动、太兴奋了，无限地爱您！入职以来最大的幸福和幸运，就是今天见到了您，听到了您的声音。

×× 你好！

谢谢你的认同，我们共勉！

少数民族学生的思想政治教育尤其重要，一定要做细、做实，特别要关注学生在思想上都有哪些困惑，澄清学生头脑中的错误思想。不要满足学生“听话”，不出事。解决学生深层次的问题还是需要下些功夫的。要取得学生的信任，就要深入学生，与他们打成一片，与他们交朋友，急学生之所急，想学生之所想。电影《守望青春》中有这样一句台词：“是锁，都能打开。关键是要找到打开锁的钥匙。”

“是锁，都能打开！”“让共产主义教育事业融入血脉！”这些话让入职三个月的我有了更加明确的目标。非常荣幸的是，能这么快就见到恩师，听恩师教诲,感受恩师身上的气质和德行。恩师,我现在带着一百多名少数民族学生,也有很多的问题和困惑,但是听完恩师平实的语言,看完《守望青春》这部电影,实实在在地让我感受到了一种力量,那种信仰的力量、坚守的力量。如果下次见面,学生就想拥抱您,您是学生一抬头就能仰望到的"星空"!

你把你的详细地址告诉我,我邮寄一本我签名的书给你做纪念。

啊!学生受宠若惊,但是迫不及待地想要看到。请求恩师以后叫我××,好吗?我的地址:××××××××。

关于辅导员工作室建设

245

把准辅导员工作室的定位(一)

2020-12-26

为了加强辅导员队伍建设,发挥骨干辅导员的引领作用,提升大学生思想政治工作水平,各高校建立了诸多辅导员工作室。参与此项工作的辅导员同志,还是很努力地开展工作,力争取得最佳效果。总体来看,辅导员工作室的工作与预期的效果相一致,但是也有需要注意的地方。前两天有所学校让我听听他们学校辅导员工作室的建设情况,我很感动的是这所学校很重视辅导员工作室建设,为工作室的建设努力创造各种条件。广大辅导员也积极参与工作室工作,他们尽心尽力,在工作室建设上克服了很多困难,下了很多功夫。辅导员工作室成为辅导员工作能力提升的重要平台,也成为加强大学生思想政治教育的载体。听完了他们的介绍后,我借点评的机会,谈了谈对辅导员工作室的定位问题。

曲老师您好!

我是昨天第一个汇报工作室建设情况的辅导员。您的点评让我有了特别深入的思考:通过志愿服务进行育人时,应该突出爱党爱国爱人民、责任担当和奉献精神这些教育内容,应该重点做好身边公益、关爱校园里需要帮助的人,让我们的学生接受教育。感谢您提醒了我们要坚守辅导员工作的初心，要跟学生交心、要对学生真心，这也是我以后做好工作的方向。

这个辅导员工作室的同志们还是很努力的，他们以志愿服务为主，开展了大量工作。项目负责人介绍说他们有一个志愿服务的学生到小学志愿服务了八九百个小时。志愿服务是大学生成长成才的一个必要途径。志愿服务为谁服务？为什么要开展志愿服务？大学生志愿服务根本还是要为自身的成长服务。我此前写过这样的文章《社会实践首先是为了教育自己》。也就是说要通过社会实践了解社会，增强使命感、责任感，进而把这种使命感、责任感转化为强大的学习动力，增强服务社会、报效祖国的本领。从根本上讲，志愿服务与社会实践的道理应该是一样的。大学生通过志愿服务加深对国情的了解，得到一种情感的体验，这有助于培养自己的品德。因为人的品德的形成是一个知情意行相统一的过程，志愿服务会更好地加深学生对所学道德知识的理解，从而把道德认知自觉地转化为道德实践。我们有些志愿服务，被单纯地看成是做好事，这与志愿服务的初衷有偏差，比如，到养老院照顾孤寡老人。社会是有分工的。养老院的工作人员都干什么去啦？上超市购物去啦？打牌去啦？洗澡去啦？志愿服务不能搞形式主义。像刚才谈到的那个学生花八九百个小时做志愿服务，她有了情感的体验，就要把更多的时间用到专业学习上。在正确的学习目的激励下专升本、本升硕、硕升博，实现人生更大的追求，这作用就大多了。所以，志愿服务首先要立足于学生、立足于学校。当然，社会上有些活动需要招募一些志愿者，那么作为大学生，应当有这种对社会的关切、关爱，把个人的发展和社会的需要结合起来。像北京奥运会、上海世博会等都招募了大批志愿者就是这个道理，这和辅导员工作室定位不是一回事。大家明白我的意思了吧？辅导员工作室要体现辅导员工作的特点，是为辅导员工作服务的，而为辅导员工作服务，就是为大学生的成长成才服务。这是辅导员工作室建立的初心和落脚点。所谓“把准辅导员工作室的定位”，就是要我们不忘初心，以实现我们的目标/为检验工作室工作的标准，任何偏移都要及时地加以矫正。不然我们又在为别人“做嫁衣”，虽然力没少出，但是到头来许多都是做无用功。

246

把准辅导员工作室的定位（二）

2021-05-26

这几年兴起了建立辅导员工作室的热潮，这是加强大学生思政教育的一个有效途径，有必要把辅导员工作室建好。应当说许多高校、辅导员对建设辅导员工作室还是十分重视的，纷纷建起了辅导员工作室，有效地促进了学生思想政治教育的开展。但是，有几个问题需要加以注意：一是辅导员工作室，是以辅导员为主，围绕辅导员工作建立的。有的学校由学校领导牵头，由学生工作部门牵头建立辅导员工作室，这不符合辅导员工作室建立的本意。学校领导、有关部门，可以为辅导员工作室的建立提供条件，做好组织、领导工作。二是有的辅导员工作室“规模太大”，说是辅导员工作室，其实和学生工作政策研究室差不多，辅导员队伍建设、就业指导、心理健康教育、寝室文化建设，以及学生工作的几大项都在其中。一个辅导员工作室怎么能研究这么多工作呢？这不替代了学生处的职能吗？三是“高大上”的东西多，就是多研究宏观的问题，而“应然”的问题没有落微、落细、落小。比如，运用红色文化资源教育学生，这里的重点是怎样教育的，而不是为什么要进行教育；对学生进行爱国主义教育，重点是辅导员怎样建构爱国主义教育模式，显然“为什么”的问题不是主要问题。四是申请建立的积极性挺高，待申请下来之后，便失去了建设的积极性。

一定要把辅导员工作室建设好。学校领导、有关部门要提高认识，把握全局，做好规划，加强组织领导。要充分发挥辅导员的工作积极性。要根据每个辅导员的特长，突出辅导员工作室的特色，就某一项具体的工作做出成绩，总结经验，加以推广。比如，某工作室的特色是班集体建设；某工作室是寝室文化建设；某工作室是学生奖助学金发放；某工作室是实践育人。辅导员个人一定要踏踏实实地做好研究工作。不要形式主义，不能做表面文章，不要急于求成，要把工作和科研结合起来，要日积月累，成为某项工作的行家里手，成为某个工作领域的权威、专家。

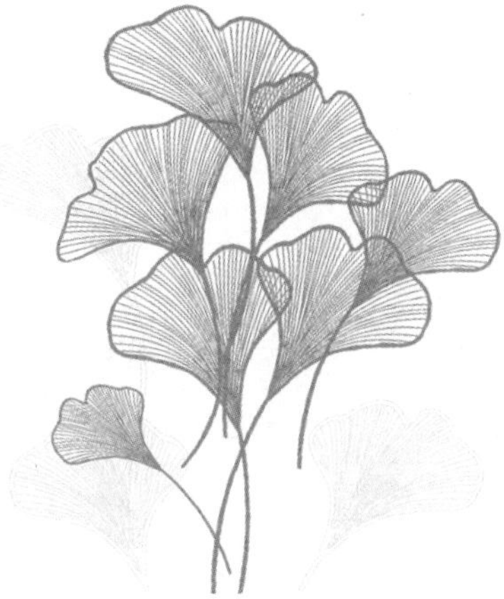

关于寝室文化建设

247

新老生同寝：寝室文化建设的一种途径

2019-07-18

1985年我做了××学院的党总支副书记。为了加强寝室文化建设，帮助大学生尽快进入角色，我在学院采取了新老生同寝的管理办法。经过几年的实践，效果很好。我在任学生处处长的时候，把这种做法做了总结，写了篇文章。这也是我在国家级刊物上发表的第一篇文章，今天读起来仍感觉很亲切，感谢中国高等教育杂志社。

新学期又要开始了，各学校都在研究怎样安排学生住宿。这篇文章只是给大家提供一个思路，真正实行新老生同寝管理办法，还有一些技术性的问题需要注意。

论新老生同寝对大学生角色确立的意义

“角色”概念按其本意是指演员在戏剧舞台上按照剧本所扮演的某一特定人物的专门术语。社会学把它借用过来，指个人在社会关系体系中处于特定社会地位并符合社会要求的一套行为模式。

换句话说，角色是一定社会关系所决定的个体的特定地位，是社会对个体的期待以及个体所扮演的行为模式的综合表现。由此，我们可以这样确认，大学生角色就是指社会对大学生行为模式的期待和要求。而这种期待和要求在当今的集中体现则是大学生应成为社会主义现代化建设的“四有”新人。

新老生同寝的做法在这方面无疑起到了很好的作用。所谓新老生同寝，即每年在安排新生寝室的时候，由组织上挑选高年级中的党员、入党积极分子，把他们安排到新生寝室与新生同住。

一、新老生同寝有利于大学生对自身角色的认知

角色认知是角色行为的重要基础。不知道自己正在扮演什么角色，就不可能演好这个角色，从一定意义上讲，学校教育的任务，就是要使大学生认知自身的角色。

因此，每年在新生入学的时候，学校教育的第一项任务就是告诉大学生们，他们现在正处在什么样的位置，应当怎样扮演好自己的角色。通过实践，我们发现，大学生们对自身角色的认知虽然来自方方面面的教育和影响，但是第一认知源却是寝室。形象点说，当方方面面的教育和影响还没来得及进行的时候，高年级学生的行为模式已经开始对新生认知自身角色产生了影响。

这主要是因为，对新生来说，经过多年的努力，他们终于迈进了大学的校门，这时的心情是迫不及待地希望了解自身所处的位置。这样初来乍到的新生在举目无亲的情况下，只能向与自己同住一栋宿舍的高年级学生打听，而高年级学生的一言一行无疑在潜移默化中影响着新生。

社会学原理告诉我们，人们交往中的第一印象对人们的认识有着重要的影响，它往往决定人们对以后活动的评价。因此，学校在教育大学生认知自身角色的时候，首先就应当从寝室开始。新老生同寝的做法，就是要通过老生的模范表率行为去影响、感染新生，为新生们扮演好自身的角色奠定良好的基础。我校政法系多年来一直采取新老生同寝的做法，收到了明显的效果。

二、新老生同寝有利于大学生角色行为的养成

认识是为实践服务的，教育大学生们认知自身角色应当具有的行为模式，其目的是要使大学生成为这种行为模式的扮演者，并且扮演得越像越好。这方面新老生同寝的作用十分突出。社会学原理告诉我们，同辈群体作为社会化的客观条件，对个性的社会化有着直接的影响。这种影响常常大于家庭、学校和师长。同辈群体指年龄与社会地位相似的人组合成的群

体，大学生寝室就属于这样的群体。

大学生们成长于相同的社会背景，有相似的价值观，趣味相投，感情融洽，情绪极易互相感染，行为极易互相模仿。

如果处在一个团结向上、朝气蓬勃的寝室，就会使他们精神振奋、心情舒畅，形成比学赶超的局面。

相反，如果处在一个离心离德、自私自利的寝室，则会使他们精神不振、心胸狭窄，甚至会走上极端个人主义的道路。

许多事实告诉我们，课堂上、报告中教师、报告者那感人肺腑的话语，往往只能使大学生们感动于一时，来自寝室同辈群体的“卧谈”，甚至一个眼神，就会中断他们角色行为的养成。

这就需要建设好大学生寝室同辈群体，而良好的大学生寝室同辈群体的建设需要从入学的第一天抓起。我们的做法是依据新生的档案和入学后的最初表现，在新生中指派一名同学做寝室负责人。由于受多种因素的影响，被指派的新同学工作起来常常是不知从何入手，派到新生寝室住宿的老生的长处在于他们的大学生活已度过两三年，大学阶段应确立的大学生角色已初步完成，况且他们又都是大学生中较优秀的学生，因而他们的言谈举止就容易得到新生的认同。

从学习科学文化知识来说，处在科学技术日益发展的现代信息社会里的大学生掌握较高的职业技能，是他们大学生角色行为养成的重要方面，但是，大学教学与中学教学的方式、方法有很大的不同，这对新生来说，确实存在一定的困难，在此时老生的帮助指导是十分有必要的。

另外，还有的大学生经过几年高中阶段的学习已觉得精疲力竭了，有想要喘口气的想法，更有的大学生受消极因素的影响，认为读书吃亏，何不及时行乐。派往新生寝室的老生，不仅思想素质好，而且专业知识一般都位于本年级的前列。

老生学习刻苦，并掌握了一些符合本专业特点的学习方法，这样，他们可以总结往届毕业生的经验，结合自身的体会，摆事实、讲道理、做榜样、教方法，可以随时解答新生们在学习中遇到的或可能遇到的许多问题。在某种意义上可以说老生就是新生的“活字典”，从老生那里，新生得到的不仅仅是省去了无谓探索的时间，更重要的是他们知道了惜时，知道了拼搏，知道了学习的重要性。在遵守学校规章制度等方面，老生也同样以自己的表率作用感染和影响着新生。我校生物系实行新老生同寝几年来,没有一人违反过校规校纪。

三、新老生同寝有利于老生自身的大学生角色行为的巩固和提高

派到新生寝室的老生,担负着“小辅导员”的任务,寝室群体虽然成员不多,但是来自社会、家庭、学校等方方面面的影响都可以在这里找到它的缩影。

夸张一点讲,各种思想、行为都会在寝室中被发现。所以,寝室虽小却联系广泛,要想把它建设成为大学生角色行为养成的良好环境,没有一定的水平和不下大力气是不行的。老生与新生朝夕相处,新生在思想上、学习上有许多不懂的问题难免随时要向老生请教,这无形中给老生增加了压力,但同时也是一种鞭策。新老生同寝还要求老生要有较强的观察力,要善于发现问题,防微杜渐。另外,新老生同寝的做法非常有利于对党员和非党积极分子的教育和培养。从这个意义上说,新生寝室同辈群体表现如何,正是对该寝室老生的考核,这种教育和培养为党员发挥先锋模范作用和组织上吸收新党员创造了条件,这样也就必然促进了老生自身素质的提高。

通过以上的分析我们可以看出,新老生同寝对大学生角色的确立确实有着重要的意义。我们相信,随着高校宿舍管理逐步走向社会化,大学生的自我管理和自我教育在宿舍管理方面的地位将尤为突出。从这点来看,新老生同寝是一种成功的尝试。

(刊载于《中国高教研究》1996 年第 4 期)

248

加强寝室文化建设，拓宽育人渠道

曲建武

对大学生进行思想政治教育，既需要“大手笔”，如举行报告会即是一种常见的形式，同时也需要从寝室文化建设这样的“小处”着手，小有小的妙处。思想政治教育是做“人”的工作的，要想做好，就必须了解受教育者的所思所想。寝室是大学生生活的第一场所，在这里，他们可以无拘无束地表达自己的思想，“随心所欲”地做自己想做的事情。许多事例表明，一些学生的健康成长正是得益于良好的寝室文化环境。有这样一个学生，看到室友上完党课后主动地写了入党申请书，出于好奇，他也随着“大流”写了入党申请书，之后他参加了党校的学习，对党有了深刻的认识，于是便努力地创造条件加入了党组织。在谈到自己的成长时，他说室友的表现给了他很大的影响。

我还知道一个学生，本来家里的经济条件很不好，但是同寝室的同学家里条件都不错，看到她们使用的化妆品都是名牌，过生日也讲究排场，于是该学生便隐瞒“家史”，谎称自己的父亲是个总经理，家里很有钱。为了攀比，她先是编造各种理由向他人借钱，后来走到了偷窃的地步。当然自己做的事情要由自己来负责，最终她不得不离开了校园，可见那种不正常的寝室环境对该学生的成长产生了十分消极的影响。很多辅导员也看到了寝室文化建设的重要性,经常深入寝室,开展“文明寝室”评比等活动。但是,他们工作的着眼点却在寝室的物质文化建设上,评比的主要内容是寝室的卫生情况:被褥叠得整齐与否、物品摆放得是否有序、门窗擦得干净不干净……这些可以是寝室文化建设的内容,但绝不是寝室文化建设的实质内涵。寝室是大学生生活的主要场所,更是大学生产生思想的主要场所,因此寝室文化建设应注重寝室成员的思想建设,使每一个生活在其中的大学生都能够始终保持一种团结互助、积极向上的精神风貌。

有一次,我去一所大学开会,会后我提出要到学生的寝室看看。当我来到一个学生寝室时,发现该寝室的地上堆放着几麻袋东西。我问一个学生:“为什么要堆放这些东西呢?”这个学生告诉我,这是他们寝室的一名同学利用课余时间捡来的废瓶子,等收集足够多了便送到废品收购站卖掉,所得的钱就是他平时的生活费。“你们不嫌有异味吗?”“不嫌。我们非常理解他。他学习勤奋,努力克服困难,有时我们还帮他捡废品,同他一起把捡来的这些瓶子送到废品收购站卖掉。”听完这个学生说的话,我很受感动。同学之间能有这样的一种理解和帮助是多么难能可贵啊!这不正是寝室文化建设应当着力实现的一个目标吗?

加强寝室文化建设有各种各样的方式方法,有的辅导员采取高年级寝室与低年级寝室结对子的方法,这会起到一定的“传、帮、带”的作用,但是这种做法的局限是很难深入到低年级寝室学生的内心世界。更有效的一种方法是实行“新老学生同寝”的管理办法,即把高年级的优秀学生派到低年级学生寝室。这样做的好处是可以使高年级学生融入低年级学生的学习生活当中,通过高年级学生发挥榜样的作用,引领低年级学生健康成长,使寝室保持一种昂扬向上的正气,从根本上杜绝“讲攀比”等一些不良风气的产生。这样一来,辅导员还可以随时了解和掌握学生的所思所想,有针对性地开展工作。

现在,高校都实行了学分制的教学模式,寝室成了思想政治教育的最基本的单位。尽管大学里都实行了后勤社会化改革,有些寝室的管理脱离了高校,但是加强寝室文化建设的空间还是很大的,辅导员一定要做好这项工作。

(刊载于《河南教育》2009 年 10 期)

关于择业教育

249

和大学生谈谈择业问题

2020-03-28

经常有大学生问我选择什么样的职业好,一些家长也在微信里问我这个问题。

择业无疑是件大事,它涉及能否通过知识改变命运的问题,也可以说择业和每个人的人生幸福密切相关。因此,不用教育,每个大学生都会认真对待择业问题。

问题是,什么样的职业能够带来幸福?或者换句话说,有没有一种职业能够给你带来幸福?

在一些同学看来,幸福就是职业带来的:体面的工作、颇丰的收入,就一定是幸福的;还有的同学会认为能在大城市里择业就是幸福的。因此,有的同学想尽一切办法寻找体面的职业;想尽一切办法在大城市里择业。不然,就觉得这一辈子都会很痛苦。

在我看来,职业能够带来幸福是个伪命题,因为事实上没有任何一种职业会完全保证一个人的幸福。就像领导幸福还是群众幸福,公务员幸福还是教师幸福,工人幸福还是农民幸福,空姐幸福还是列车员幸福,在国企幸福还是在私企幸福……其中是快乐还是酸楚,谁又能说得清楚?

在大城市里择业就是幸福？也不尽然。因为幸福或不幸福的确不在于你在哪里择业。我们能说在北上广的人就比在江浙一带的人幸福？在华东地区的人就比在东北地区的人幸福？恐怕真不是这么回事。

想想我带过的一些学生，有的已经工作了几十年，有的才工作了几年。几十年也好，几年也罢，很多学生刚参加工作的时候对自己的工作并不满意，对所处的地方也不满意，好在他们没有因此懈怠下去，而是积极地调整心态。现在他们对自己的工作也有了满足感、自豪感，对自己所待的地方很适应，有的还庆幸当初没有放弃自己的工作。

马克思在十七岁的时候就写下了《青年在选择职业时的考虑》一文，我觉得文中的思想在今天也不过时，仍然闪耀着真理的光芒。同学们在择业的时候一定要认真看看这篇文章，领会文中的思想。就我个人来看，在你们择业的时候一定要带上正确的择业观。

有一次我在一所大学里遇到一个小伙子，显然这个小伙子在这两年挣了一点钱。他手里拿着一沓百元一张的人民币，让别人帮助在地上插蜡烛。凡是帮忙的人每人给一百元钱。“I Love You”很快就插好了。小伙子便跪在那里向学妹求爱。怎样求爱是他的权利，我们无权干涉，这里想要探讨的是，择业的目的就是谈恋爱、娶媳妇？大学之道在“止于至善”，显然如果把读大学就定位在择业—挣钱—娶媳妇—生孩子……这就失去了读大学的根本意义。

择业一定要带着责任。择业绝不只是个人幸福的问题，心中要有父母、要有祖国。这样的择业才能有大的视野、大的格局、大的追求，才会有大的作为，也才像接受过“大文化”教育的人的样子。不然你即便从择业中得到了欢乐，那也是须臾就会失去，你所得到的幸福也不会长久。

谁都想被别人看成人才。什么是人才？需要就是人才。择业一定要选择到祖国需要的地方。

我当年大学毕业时就想去边远贫困地区当一名老师。我是理想主义者。我想我是学文科的，若是能有个志同道合的学理科的女孩儿也是这样的选择，我们可以在那里成个家，建所学校。从小学教起，然后把孩子们送进大学。如果是那样的话，也许联合国教科文组织都会关注我们。

现在一些同学非大城市不择业，这不一定是明智的选择。择业也要实事求是，要做长远考虑。当年美国高等教育大众化后，学生们也都想留在纽约这样的大城市里。后来随着地区差距的缩小与在纽约这样大城市生活成本的增加，学生们对大城市就不是那么留恋了。而先前选择“二线”“三线”城市，尤其早先选择“四线”城市就业的学生都成了人才。我国的城市发展、地区间的差距也应当是逐渐缩小的，现在就选择“到祖国需要的地方去”的学生恐怕去了就是人才，待十年、二十年后再到这些地方就“难以”成才了。早去、主动地去，一定比晚去、被动地去要好得多。我是主张立业在先的，有了立业的壮志又何惧身在何处！

无论从事什么职业，都一定要脚踏实地。习近平总书记在同北京大学师生座谈时期望青年学生知行合一，做实干家。

现在的学生存在一个明显的问题是做事不踏实，急功近利。择业想的是有什么样的待遇，这可以理解，但是待遇一定要建立在对工作扎扎实实的基础之上。我现在应当说挺好的，我很知足。想一想，如果离开奋斗、离开坚持，能是现在这个样子吗？

我留校做辅导员的时候有人就劝我早点离开这个岗位，说是做学生工作没有出息。我不这么看，做学生工作有什么不好呢？不就是麻烦些吗？不管从事什么职业，不好好干都是不行的。天上没有掉下来的馅饼。过去没有、现在没有，将来也不会有。

同学们一定要记住，谁也不会喜欢整天挑三拣四、牢骚满腹的人。不能活没干多少，总嫌待遇不好。“阳光总在风雨后”，谁也不会随随便便成功，没有付出又哪来的回报？这都是基本的道理，不能只是嘴上说说罢了。带着责任择业，到祖国需要的地方去，踏实地对待自己所选择的职业。坚持、坚持、再坚持！能够做到这些，你就一定是笑到最后的人。一切的择业烦恼就会随风而去。记住：只有工作干得好不好，没有工作好不好。

亲爱的大学生朋友们，你们的优势是勇于创新、敢闯敢干，但是你们一定要看到自身的不足，那就是好高骛远、急于求成，不能脚踏实地。希望你们无论选择了什么样的职业，都要扎扎实实地做、一点一滴地做。大量的事实证明，成功等于忘我的奋斗加上不懈的坚持。

250

“替”辅导员说几句话

2020-03-29

很多辅导员跟我讲,每年毕业季,也是他们的“闹心季”。我非常理解他们。现在一些大学为了就业率,把大学生择业压给了辅导员,甚至把就业率当成考核辅导员工作的主要指标,以此作为年底奖金分配的依据。

我多次讲过,现今的大学制度不是很完善,所以把很多不属于辅导员的工作加到了辅导员身上。就像学生就业率,本不应当属于辅导员职责范围内的,虽然和辅导员工作有联系,但是不是主要的。

辅导员要负责的是学生的择业观,要教育引导学生对择业有正确的认识,有良好的职业道德。

就业率是教学要解决的问题,给学生一流的教育、高质量的教育,使学生有较强的竞争力。所以,想要高就业率,就要在教学上下功夫。就像要上课率、抬头率一样,这让辅导员怎样管?把学生逼到了教室又有什么意义?学生的心在哪儿,课堂就在哪儿。教师是教学过程的主导者,根本还在于教学质量。辅导员只是在学习目的上对学生进行引导。

有一次我到一所“985”大学参加思想政治教育高端论坛。该校主管校长在谈学校思想政治教育特色的时候,一是强调了学校的创业教育,二是提到了学校的就业率。我就在心里犯嘀咕了:创业和就业与思想政治教育有什么关系呢？一所“985”大学把创业、就业当成了教育的追求，只能说在当今的社会环境下可以理解，但是这是绝对没有道理的，也是大学的悲哀。大学最应该关心的不是学生的创业、就业，而是学生的创业观和就业观。创业观不正确，即便创业了，第一个破产的公司会不会是他的呢？就业观不正确，第一个失业的会不会就是第一个就业的呢？

所以，最好的教育不是为学生创造了提升学历的机会，不是为学生创业做了充分的准备，不是为学生就业提供了条件，不是只为学生的四年负责，而是要为学生的一生负责。

何谓对学生的一生负责？

“他山之石，可以攻玉。”这里我先把国外著名教育学者说过的两段话推送给大家。

其一，美国当代著名教育家、纽约州立大学前校长、美国联邦教育署前署长欧内斯特·L·博耶撰写的《关于美国教育改革的演讲》一书说道：“教育的目的不仅是为学生的职业生涯做准备，而且要使他们过一种有尊严和有意义的生活；不仅是生成新的知识，而且要把知识用来为人类服务；不仅是学习和研究管理，而且要培养能够增进社会公益的公民。”

其二，20 世纪末，美国哈佛大学校长尼尔·陆登廷在北京大学向 800 多名师生发表《面向 21 世纪高等教育的改革和发展》的演讲时，表达了与欧内斯特·L·博耶同样的思想。他说：“大学的研究工作有助于经济增长是重要的；大学教育像目前这样有助于学生找到满意的工作，也同样是重要的。但是，对于优秀的教育来说，还有更加重要的、不能用美元和人民币衡量的任务。最好的教育不但帮助人们在事业上获得成功，还应使学生更善于思考并具有更强的好奇心、洞察力和创造精神，成为人格和心理更加健全和完善的人。”

习近平总书记在全国高校思想政治工作会议上指出，教育强则国家强。高等教育发展水平是一个国家发展水平和发展潜力的重要标志。实现中华民族伟大复兴，教育的地位和作用不可忽视。我们对高等教育的需要比以往任何时候都更加迫切，对科学知识和卓越人才的渴求比以往任何时候都更加强烈。

我想，这里绝不仅仅是从数量上讲的，关键是我们培养的学生要能够“为人民服务，为中国共产党治国理政服务，为巩固和发展中国特色社会主义制度服务，为改革开放和社会主义现代化建设服务”。由此，我们从事教育的同志，尤其是领导同志，一定要清醒地认识到，我们培养的学生，既要有知识，更要知道将所学的知识用到哪里。

就业率主要由教学过程完成；就业观主要由辅导员完成。当然也要发挥思政课程的作用。加强辅导员队伍建设，不是为了解决就业率的，而想要就业率，那就要提高教学质量。当然，最关键的还是经济发展形势问题。

我也知道，现在有些城市就业率把大学也压得喘不过气来。在此，特别需要学生理解的是，择业观要正确，像我昨天说的那样。其实国家有许多岗位需要你们，可是你们挑三拣四，甚至怕苦怕累，这就自然满足不了就业需求。有的同志说，是不是大学招生人数多了的缘故。这怎么说呢？从某种角度看有这个问题，少招些学生就业率会上去。但是大学生朋友应当理解的是，国家扩招是对你们的负责任，也是执政为民的体现。国家是想在你们接受高等教育时期，尽量别错过教育期，大家克服点困难（即便一时没有就业），但是毕竟素质在那，你们“东山再起”的机会有很多。如果错过了接受高等教育的机会，那就不是这么回事了。这就像寒冷的冬天，大家都在等公共汽车，车上的人希望人人都有座位，已经有人站着了，便开始嚷嚷了：“怎么还上呢？”车下的人想：“你们挤一点，多上几个人不行吗？”司机也是希望已经上车了的乘客挤一挤，多拉一个寒风中的乘客。毕竟在车里站着，总比在寒风中站着要好。

说到这里，辅导员也应当明白了，我不是硬要替你们说话，我是按照教育规律说话。

251

我理解你，但是我替代不了你

2020-05-25

在辅导员问我的问题中，择业应当是占比靠前的。关于择业，我在我的公众号文章中也多次谈到过。不过我始终认为，择业和辅导员工作没有本质上的联系。

因为从工作界域上划分，辅导员是负责学生择业观教育的，不是负责择业率的。以前我多次说过择业率，说到根本，是经济发展问题，是教学质量问题。辅导员如果在择业观上教育引导得好，对就业率就一定会有帮助。但是，如果择业观不正确，即便就业了也没有什么意义。因为教育是为学生一生负责的，是一项使国家长治久安的事业。所以，我常说，其实我们一些辅导员做的都是无用功。

当然，我也知道学生择业率是辅导员“奈何不得”的事情。这关键还取决于学校的办学思想，取决于学校领导的认识。

这个问题又是个连环的问题。我也知道有的领导也没有办法，上边也是把择业率当成考核学校办学如何的“硬指标”，并且与经费拨款挂钩。这就出现了学校领导“压”学院、学院“压”辅导员的情况。

为什么不“压”专业老师呢？

首先在学生教育管理上，在大多数人的认知里，学生就是“辅导员的学生”,因此只要是和学生相关的事,便一股脑儿地被推到了辅导员这里;更主要的是,辅导员职业化、专业化、专家化队伍还没有建设起来,辅导员相对来说比较年轻,在学院里是“小字辈”的。

因此,在大学制度还没有完善的情况下,在你还年轻的时候,别总是计较什么该干、什么不该干,只要对学生有好处,对学院的合理利益有好处,那就多做一些,我们不是讲团队精神吗?

辅导员是大学里离学生最近的人,也是学生最亲近、最信任的人。越是在还没有全员育人的情况下,我们越是不能置学生的利益于不顾。

我们有许多辅导员在帮助学生择业方面不辞辛苦地做了大量的工作,学生很感激他们,特别是今年的择业,又处在特殊的情况下。李克强总理在刚刚召开的人民代表大会上没有提 GDP 增长速度,却强调了优先稳就业、保民生,教育部领导到高校调研推动就业工作,足见就业问题极其重要。

因此,在特殊的时期,辅导员更应当把学生的择业重视起来。当然,最好把择业观和择业率统一起来。这就需要早做工作。所谓两者的统一,就是要先帮助学生确立正确的择业观,然后激发出学生学习的动力,进而就会丰富知识、增强能力,让学生把择业当成实现人生价值追求的“桥梁”,这样就会“天生我材必有用”。

择业难受很多因素影响,学生自身能力素质也是重要的因素。我当年想去西藏做教师,择业观解决了,每天想的就是怎样提升自己。人的发展不是由智力因素决定的,而是由非智力因素决定的,也就是取决于他的情感、责任和追求。我毕业做辅导员后,带了 80 个学生,我只带了他们两年多,就调到另一个学院做党总支副书记了,我给他们打下了很好的思想基础。他们毕业的时候有 10 个人考上了硕士研究生,后来还有两个继续读博的,现在做了博导。而当时我们学校这些学生所学的专业还没有一个硕士点。若是按照现在考研也算择业的话,我给学院增加了多少就业率?帮助学生择业一定从学生一入学就开始,一定从确立正确的择业观入手,等到毕业时再想起来学生的就业就已经晚了,说重些,也是对学生的不负责任。

252

别难为辅导员了

2020-05-26

我时常听到辅导员反映就业率造假这件事。有一次有个辅导员在电话里谈到就业率时还“难”哭了。每每听到这些,我的心都很痛。大学是追求真理的地方,怎么能“集体造假”?我们下了那么大的气力进行思想政治教育,教育学生用社会主义核心价值观引领自己,要讲诚信,等收口的时候,岂不是告诉学生那都是满足学分的需要?

大学生的择业是大事,关系国计民生。党和国家十分重视,办大学自然应当考虑学生的择业问题。择业率从哪里来?

昨天我说过,除了外部环境,主要是在经济发展环境之外,更取决于学校自身办学质量。“天生我材必有用。”只有学生培养过硬,才会“万事俱备,只欠东风”。

我们现在有的学校不是这样,到了学生毕业季,为了形象工程,学校领导在大会小会上强调的都是就业率,美其名曰这关系学校的生死存亡,要求大家一定要做好。怎样做好?大家对此心照不宣,就像“皇帝的新装”一样,谁也不愿意捅破。这事又落到了辅导员身上。有的学校设置了“择业辅导员”,专门负责帮助学生签订假的就业合同;有的辅导员被“逼”得没有办法,四处求人,更有的“哀求”学生帮帮自己……

就业率不能这样搞下去了。这样的做法会产生诸多弊端:

一是失去了教育的“本真”。陶行知先生说:“千教万教教人求真,千学万学学做真人。”这句话过时了吗?

二是误导了国家决策。

三是误导了家长、考生对学校的选择。

四是助长了一些官员的形式主义、弄虚作假。

五是“惯坏”了一些教师,不用好好上课,反正学生都“择业”了。

六是影响了辅导员不能全身心地投入思想政治教育当中。

尤其是教坏了学生。今天你能就业率造假,明天就能造假GDP。

这也是在违法办学。今天早上新闻还报道说,全国人大常委会工作报告指出,将制定个人信息保护法。我们现在很多学生“被择业”了,学生自己却不知道。这里要产生很多麻烦的。

当然我也知道有的学校领导也像辅导员一样,不得已而为之。但是根本还是对党和国家、人民的事业负责的问题。

有的领导说,省里就是这样考核学校的。“心底无私天地宽”,你不造假能把你撤啦?若真是这样,那你学校可就真的“名声大噪”了。“在其位,谋其政。”即便你难,你是领导那你就得扛着,怎能转嫁到辅导员头上?

还有的领导说,就业率上不去,会影响学校排名。这又能怎样?别把高校排名看得那么重要。“985”大学还能排到后面吗?可是又有谁能算出国家对一所大学的投入和其产生的“效能比”是多少?那么多的学生出国读研都算就业率了,若是不回来了呢?若是加入别国的国籍,帮助人家跟我们打贸易战了呢?这算不算教学质量问题?要我说那都是严重的“教学事故”。同样,那么多大学生自愿到祖国艰苦的地方去了,算不算教学质量优良?纳入排名了吗?权重应当是多少?国内的本科高校我去过800多所。有的学校当地政府投入确实不足,但是学校上下齐心协力,办出了人民满意的大学。“金杯、银杯,不如老百姓的口碑。”“功夫全在功夫外。”作为学校领导,还是要在提升教学质量上多下功夫。

我也知道有的学校做得就很好,实事求是,不追求“择业率”,真是省却了辅导员很多烦恼,使他们能够更专心地做思想政治教育工作。

作为辅导员个人,我在昨天的文章中已经谈了我的观点。择业率从本质上与辅导员关系不大。但是,辅导员也要关心学生的“择业率”。这就要把工作做在前面,多在培养学生的“择业观”上下功夫,这两者并不矛盾。

正确的择业观既关系到择业率,更关系到将来的职业态度,从某种意义上说,关系到学生成为一个什么样的人。

给我写信的这个辅导员问我怎么办。我们当年是计划分配,没遇到这个问题。现在我们学校“择业率”实打实地说,还是在前面的,这也不存在造假的问题。

如果我现在处在你这个位置上,我就会尽力把平时的工作做好,绝不做“择业率”造假的事。记住:人间正道是沧桑。做人、做事要看长远。没有一辈子的领导,只有一辈子的做人。

关于教育的层次性

253

教育是有层次的

2019-07-06

毛泽东同志曾经讲过,凡是有人群的地方就有左中右。大学生群体更是这样。由于每个人的家庭教育和基础教育环境不同,于是来到大学后学生的人生追求就会有所不同。

思想政治教育所能起到的作用就是使每个学生在原有的台阶再上一个台阶。原来台阶低的,恐怕就比较难达到制高点;原来台阶高的,就更容易达到制高点;当然也不排除个别的学生实现跨越式发展,也达到了制高点,但这不是普遍规律。

常有辅导员问我:"您带的学生怎么都那么优秀?"其实,我带的学生也不是个个都优秀的。有些原来起点就高,我只是更加鼓励了他们,让他们没有松懈下来。像我前些天在公众号中提到的那个学生,中学时就入了党,基础很好,来到大学时我帮助她逐步解决了在思想上入党的问题,她毕业时信仰才坚定起来。

还有个学生曾经犹豫彷徨过,甚至想逃离家庭那个令他"绝望"的环境,后来实现了跨越式发展,他要"植大木以立长天,处江湖以忧国民",去西藏奉献他的一生。

也有几个学生比较贪玩,偶尔翘课,玩游戏上瘾,若是想让他们在短时间里树立为祖国而学习的目标，甚至让他们树立坚定的理想信念，这恐怕就是“天方夜谭”了。

我在他们翘课的时候，给他们发了很长的微信，对他们提出严肃的批评；我找他们谈话的时候，要他们向我保证，绝不能毕不了业。

我教育学生到祖国需要的地方去，但有的也就是能保证找到个工作而已。我在回到学校做辅导员的时候，有的领导半开玩笑地跟我说：“你的口碑不错。你当辅导员期间若是有学生自杀怎么办？”我说我想过这个问题。我带的学生若是有自杀的，我会这样说：“因为我是他的辅导员，这个学生坚持到了毕业才自杀；如果我不是他的辅导员，这个学生可能一入学就自杀了。”这就是我的成绩。

有个学生后来跟我说，她是带着观望的态度来到大学的。中学的时候她买过刀片，想过割腕自杀，因为遇到了我，她坚强了起来。

还有个学生说，她来到大学的时候有的学姐告诉她，在大学一定要轰轰烈烈地谈一次恋爱，否则就是失败的大学经历。而我告诉她，凡是在大学里轰轰烈烈地谈过恋爱的，没有几人不失败的。她说她觉得我说的是对的，要不然她一入学就恋爱了，弄不好会失恋了，甚至自杀了。

有的辅导员说，一些学生朽木不可雕，简直就是“油盐不进”。其实，这里就涉及教育的层次性问题。

你要相信教育的有用性。教育怎么能没有用呢？那样的话教育还会传承到今天吗？

只是有些学生的表现还没有达到你希望的样子；有些学生你没有从他们的实际出发。变，是普遍的，只不过有些学生的改变甚至需要到了毕业或是到了毕业若干年后才显现出来。

不是说“十年树木，百年树人”嘛。所以辅导员对学生的教育一定要耐心细致，要相信教育的有效性，对教育不能“整齐划一”，不管遇到了什么样的学生，都不要放弃教育的责任。

254

与一名辅导员的交流（一）

2020-12-15

曲老师您好！

我是××体育学院的辅导员××。今年刚入职，我在××大学文学院读的研究生，一直以来我都想成为一名辅导员，今年终于如愿了。之前，无意中看到您公众号里的文章，觉得您真的是一位超级和蔼的老师，昨天晚上听完您的讲座也真的很受益。所以迫不及待地想加上您的微信，向您学习。

最近有一些细节上的事情困扰着我，想向您请教一下。因为刚刚入学三个月，我的学生总是满身活力，他们对于自己喜欢的体育运动能够全力以赴，但是，他们存在着对学习不够重视、作息时间不规律的共性问题。已经进入期末考试周了，通过走访宿舍和看同学们的朋友圈、抖音等社交软件，我看到还有很多同学心思没有放在学习上，部分同学晚上在宿舍喝酒，有的同学打球到关宿舍门还不回来，还有的同学总在微信朋友圈秀恩爱。他们总是在我面前表现得很好，在宿舍和其他场所的行为却让我觉得被欺瞒，有的同学向我做出保证后还会再犯错误，以至于我不知道用什么样的方法对他们进行管理和价值引领。因为我住校，也是新老师，就想多关注、了解他们一些，想快速地融入他们，所以总会去看他们上自习、跑早操，学生们说我管得太细了，觉得上了大学没有自己想象的那么自由。可能有时候我总用文化生的思维方式来看待他们的行为，总有恨铁不成钢的感觉。我真的很喜欢我的学生们，在体育场上他们会拿出很好的状态来，但只要涉及理论学习和生活纪律，他们的行为表现就会打折扣。曲老师，我不知道对他们各方面严格要求有没有问题，同时也想向您请教引领和管理体育生的方式方法，谢谢曲老师。

××你好！

谢谢你的信任，跟我说了这么多。体育专业的学生有他们的特点，好动、讲哥们儿义气、行为随便些。体育专业学生的最大特点是好胜、不甘落后，有进取精神。做体育专业学生的辅导员，首先你也应当选择一项体育项目坚持锻炼下去，这不是要求你也要有什么样的比赛成绩，而是要让学生感受到你对他们专业的认同，以及对他们的理解，取得情感上的共鸣，当然如果你再有点特长，那学生对你就会更加维护；你还可以了解体育界的赛事、明星，最好能说出个三四。我当年做辅导员时，还教授思想品德课，一些老师不愿意给体育专业的学生上课，觉得那些学生调皮，我给他们上。当时我是我们学校教工万米纪录的保持者；我足球虽然踢得不好，但是评论“世界杯”很在行。记不清是哪届“世界杯”了，半决赛的四个球队我猜对了三个。追求美好是不分专业的。问题是怎样才能实现美好？体育绝不单纯是体育，它是一种意志力，要有为国争光的拼搏精神。有些运动员技能很好，但是品德不行，结果不仅没有给祖国带来荣誉，反而有损于祖国形象；有些学体育专业的，体育有特长，但是并没有得到人们的尊重，这都实现不了人生的价值。学体育的也不是必然伴随着散漫、不拘小节，这也是自我管理、不能任性的问题。有些学生已经习惯了，改起来有些难度，但是我们帮不帮助他们改掉不好的毛病，结果是不一样的。该管的还是要管，要创设好的班级、年级、宿舍文化环境，经常“敲打”一下他们没有坏处，如果放任他们，这对他们恰恰是一种不负责任的表现。他们也要长大的，也要走向社会的，他们会理解的。那些关心学生的辅导员终将得到学生的关心和思念。当然也要讲究方法，看看我们的工作方法是不是有不恰当的地方。体育专业的学生很抱团，要培养好骨干，建设好干部队伍，发挥他们的作用。要相信这样一条教育原则：教育和不教育结果是不一样的。

也不要着急，不能恨铁不成钢。因为每个人的成长环境是不一样的，每个人的思想和行为也会表现出差异性。我们教育所要追求的是每个人都能在原有的台阶上再上一个台阶；我们希望学生都齐刷刷地站到最高的台阶上，但是那怎么可能呢？我们的底线是不能让学生又落下了一个台阶。有事联系我。把你的详细地址告诉我，我把我写的书签名邮寄一本给你做纪念。

祝好！

哇，曲老师，您那么忙还回复了这么长的微信，真的令人超级感动。我把您的话反反复复看了好几遍，觉得自己需要努力的还有好多好多，要多关注体育运动，要将自己的体育爱好发展为特长，要发自内心地认可我的学生们。您说教育和不教育的结果是不一样的，这更让我坚定了对他们严格要求的信心，但确实也应该探索一些合适的方法。之前听您讲课时说"拥有学生就拥有了一切"，这句话给了我深厚的力量，我也想尽我最大的努力去让他们每一个人变得优秀，让学生们真正成为德智体美劳全面发展的优秀青年大学生。真的很感谢曲老师在思想和方法上的指导，我会继续努力的。谢谢曲老师赠书给我，我一定会认真阅读的，我的地址是：××××××××。曲老师，最近天气寒冷，您多注意身体呀！

祝好！

谢谢！我们共勉！

255

与一名辅导员的交流（二）

2021-07-22

曲老师您好！

今天听了您的讲座，我感触颇深，也感受到了做一名辅导员责任的重大。我是××专业研究生，已经毕业七年了。我现在是××学院的素质教师，今年刚入职准备带2021级专升本的学生。说实话，我心中既忐忑，又有颓意，自以为专升本的学生不好带，也带不出什么成绩。但是听了您的课，我坚定了信心。这就是榜样的力量，向您学习！

愿您身体健康，早日实现心中所愿！

××你好！

辅导员是学生在大学里最信任的人。因此，辅导员一定要给学生积极向上的力量。我们有的高职高专的辅导员，既看不起自己，觉得自己在这样的学校做辅导员不会有大作为，更瞧不起学生，“你怎么考到这里来了？……”本来学生考上高职高专就有些气馁，等着来到学校你给他打打气呢，结果你不仅没有给他信心，反而还踹了他一脚，学生只好“顺势”趴下了。辅导员要告诉学生们比知识重要的是品德，来到大学首先要学会做人，而这与在哪里读书、读什么专业没有关系。许多道德模范、时代楷模，他们并没有学历，他们靠的就是理想信念和人生追求。什么是你的成绩？考上研究生？当科学家？这对高职高专的学生来说不能说不可能，但恐怕只能是凤毛麟角。教育成功的标志就是受教育者在原来的台阶上又上了一个台阶，哪个学生都可以实现这一点，这就是教育的魅力和力量所在。应当相信，教育和不教育的结果是不一样的。

感谢曲老师教导，不辞辛苦地为我们答疑解惑。您早点休息。我也会坚定信心，争取把每一件小事都做好。

关于恋爱问题

256

关于大学生恋爱问题

2021-01-09

前些天有个辅导员给我写了下面这段话。这个问题大家都很关注,我谈一下我的看法。

曲老师您好!

我是吉林省的一名高校辅导员,一直关注您的公众号,每次看完都会有很大的动力。一直有一个问题困扰着我,想向您请教一下。现在学生都比较早熟,上了大学之后谈恋爱的非常多。对此我们能够接受,也在一直做着恋爱观方面的教育,但是偶尔还会有女学生怀孕的事情发生。我想向您咨询一下,在这方面应该如何加强学生教育呢?感谢您在百忙之中阅读。

关于大学生谈恋爱的问题,我也说了很多。我总的观点是一进大学就谈恋爱是不明智的选择,或者说有些大学生本身就把恋爱看成是“稀里糊涂”的事。有些同志说,现在的孩子早熟,中学就开始谈恋爱了,到了大学自然更可以谈了。我多次讲过,恋爱是什么?它意味着一种责任、一种给予。你拿什么爱你爱的人?恋爱是一种社会行为,意味着一个新的家庭的诞生,意味着一个新的生命的降临,你准备好孩子的奶粉钱了吗?当孩子喊你爸爸或妈妈的时候,你好意思说你就是孩子的爸爸或妈妈吗?做人要懂得感恩,且不说你对祖国有多少回报,你有想过怎样照顾自己父母晚年的生活吗?大学是准社会化的过程,在大学里怎样过,对今后的人生影响重大。确实有这样的大学生,在大学里谈成了恋爱,学业、爱情双丰收,但这是普遍的现象吗?我在省里工作的时候,有个校长和我很熟,他说他就是在大学谈的恋爱,也没有影响他当校长。我说:"你要是那时不谈恋爱,把心思都用到学习上,凭你的能力,现在应当当上省长了。"有人说在大学里一定要轰轰烈烈地谈一次恋爱,但在我看来,凡是在大学里轰轰烈烈谈恋爱的,没有几人不失败的。也有的同志说:"恋爱一定成功吗?即便失败了,这些经验也是值得的。"那么我想说等你各方面条件具备了,还会有这些失败吗?不是大丈夫何患无妻、皇帝的女儿不愁嫁人吗?更有的学生把恋爱当成了"游戏",这就根本不在我们对话的平台上了。你谈到的女学生怀孕的情况确实屡见不鲜,现在都允许大学生在校期间结婚了。有的家长就催促孩子在大学谈恋爱,毕业了就"夫妻双双把家还"。恋不恋爱,怎样恋爱,很多话,家长会有嘱咐;学生个人也会有自己的选择和判断,作为辅导员,就是一个关心、提醒,解铃还须系铃人。当然我也不主张把恋爱完全看成是大学生个人的事,任由他们的性子来。辅导员作为过来人,作为大学生的知心朋友,在大学生的情感旺盛期、困惑期,可以与大学生进行推心置腹的交流,以帮助他们确立正确的恋爱观。

关于网络教育

257

用网络实现和学生"无缝连接"

2019-06-20

1.积极用网

思想政治教育必须面对这样的现实。问题是我们有的同志看到的只是网络带来的负面影响,没有积极地变被动为主动。

既然我们认识到网络是把"双刃剑",那么我们就不能任由负面那一"刃"磨得锋利,而我们正面这一"刃"却十分钝挫。我感谢网络时代的到来,它为我做好学生思想政治教育工作提供了重要平台,网络的出现使我很容易地实现了与学生的"无缝连接"。

2."无缝连接"

我和学生建立了微信群。我在群里主动发声。我每天挑选一件历史上发生的重大事件或出现的重要人物进行评述,再通过微信发给学生们。

如在一些重要的日子,我及时给学生发微信,进行思想引领。如学生过生日的时候,我都会送上生日祝福,有的生日祝福足有上千字,我告诉学生们一定让自己的社会年龄随着自然年龄的增长而增长;每当社会上发生一些重要的事情,我也及时谈我的看法。

有个学生在群里发了一张吃小吃的照片,我给她写了很长的一段微信,嘱咐她青春是用来奋斗的,而不是用来挥霍的。她回复说从此愿意到图书馆去学习。

我与有个刚来学校时思想比较低沉的学生先后有十五六万字的微信交流,我们不仅在平日里,在假日里仍不断交流,后来这个学生的思想彻底改变了。

有个学生家所在的省份发生了地震,我在第一时间给这个学生发了微信,询问地震对她家有没有影响。这个学生说她家平安无事,谢谢我对她的关心。

有个学生放假在家期间,她家所在的那个城市有座化工厂发生了爆炸,我马上发微信问她,并嘱咐她无论在哪里都要注意人身安全。

这些年我和学生之间有200多万字的微信交流,当这些文字摆在我面前的时候我都不敢相信。若是付钱的话,给我多少钱我能写这么多的微信呢?有发这么多微信的时间我能写多少篇“C”刊呢?

可是我还是觉得这些微信有用,它在我和学生之间架起了一座心灵的桥梁,帮助学生在心灵埋下了真善美的种子。

有个学生跟我说:“您开始说要给我们发微信的时候,我在心里可嘲笑您呢。”“为什么?”“我不相信有人能做到这一点,可是慢慢地我被您折服了。”我最多的时候一天发过四五千字的微信。

我老眼昏花的,汉语拼音的基础也不是很好,常常找一个字要好长时间。可是我坚持了下来,我也挺佩服自己的。许多事就是这样,不要想能不能做,而应当想应不应该做。为了和学生实现“无缝连接”,我做成了看似不可能做成的事情。

258

怎样看辅导员开通公众号

2020-05-09

常有辅导员问我怎样看辅导员开通公众号这件事,我也一直想写一下我的看法。前些天有个辅导员××写了很长一段文字问我这个问题,并且给我公众号打了赏,我觉得确实有必要来谈一谈,也算对得起这份打赏。

曲老师您好!

我刚转了"励志基金"里一点儿"小心意"。特别要向您致敬!您的语言文字是有无限魅力和充满正能量的。人的信念一旦坚定就只管风雨兼程、勇往直前!这是从您身上感受到的满满正能量。

近日,我看到一篇文章,得知原来开原创公众号如果达到一定的阅读量是可以有额外收益的。但我从您的公众号没有看到任何的广告插入,可见您将思想政治教育做得多么纯粹、多么崇高。相反,我发现有的辅导员公众号运营得非常好,但是随着阅读量的增加,一篇推文里广告插入得也越来越多。到底是为了广告运营公众号,还是真正为了公众号基本运营得到保障而同意链接广告?对此,您怎么看?

××你好！

首先谢谢你为我的“励志基金”所做的打赏。

从辅导员群体来看，我是不主张辅导员开通公众号的。其原因是：辅导员的主要工作对象是所带的年级的学生，主要做的是年级学生的思想政治教育工作。而要做好学生的思想政治教育工作，一个首要的前提是对学生要了如指掌。辅导员不是常讲“两眼一睁，忙到熄灯；两眼一闭，提高警惕”吗？辅导员工作要细致、细致、再细致，深入、深入、再深入。从这个角度来看，辅导员是没有时间开通公众号的。

我从2013年暑期开始做年级辅导员，到2017年他们毕业，我都没有开通公众号。

我和学生建立了微信群，每天都要进行交流。

我把历史上每天发生的大事、出现的重要人物进行评述，发送给学生们；

每个学生过生日，我都根据他们每个人的情况，给他们写少则上百字、多则上千字的生日祝福；

有个学生在群里发了一张吃小吃的照片，我给她写了近千字的提醒，她向我保证以后一定多去图书馆；

有个学生在群里发了一张穿着不太得体的衣服，我跟她私聊我的看法；

有个学生在群里的留言不恰当，我跟他私信交流……

仅考虑到这些事情的话，你就知道辅导员是没有时间管公众号的事的。

在四年的时间里，我给学生写了200多万字的微信。很多微信都是在等车、候机、坐出租车的时候写的。我从参加工作那天起就要求自己：不能让学生在思想上犯错。

另外，从群体来讲，我是不主张辅导员开通公众号的。这是因为辅导员这支队伍比较年轻，加上我们目前只是希望辅导员职业化、专业化，没有从职业化、专业化角度考虑辅导员的学术背景，这就出现了两个先天不足：一是阅历不足，二是理论素养不足。因此难以对公众事件有“真知灼见”，弄不好甚至会产生不好的影响。

从辅导员个体来看，我还是赞同有能力的辅导员开通公众号的。这是因为这些年国家对辅导员队伍建设越来越重视，一批阅历深、经验足、理论素养高的辅导员成长了起来，他们对社会上发生的“公众”事件有着较深刻的认识。加之，今天的教育已经是“大教育”，早已跳出了学校范畴。

辅导员作为一支思想政治教育队伍，理所应当对社会上存在的思想观念进行评判，这是构筑共同理想的需要，也是树立社会主义核心价值观的需要。

从一定意义上讲，只有社会这个“大课堂”风清气正，学校这个“小课堂”才能理直气壮。由此可以说，不仅辅导员，我们整个思想政治教育队伍的聚焦点、关注度都应当有所调整，要将“小课堂”与“大课堂”统一起来。在习近平总书记的“六要”中，为什么还强调了要“网上网下”一致？为什么提出要破“五唯”？

因为学生接受的教育可不仅仅是在课堂上。有些学生恰恰是上课睡觉、下课上网。我们现在的导向不够，思想政治教育工作者的主阵地在课堂，“冲锋陷阵”在“C”刊，自己在跟自己“打”，占领的是自己人的“高地”，而人家早就占领网络了。这也是为什么往往当社会上出现了类似梁艳萍这样的事情，似乎学术“大家”一边倒的原因。

2017 年 7 月，我带的这届学生毕业后，我正式开通了公众号。开始我每天推送一篇原创文章，后来又改为节假日不定期推送。

我克服了很多困难，推送了 260 多万字的原创文字。到目前，粉丝有 10 多万了，主要是家长、学生、辅导员、思政课教师等群体。他们给我留言几十万字（有的发在我的微信里），感谢我给他们传递了正能量。从去年 1 月，应粉丝的要求，我开通了打赏功能，我承诺所有打赏用于我设立的“励志基金”。这次战“疫”中，我们学校有 90 多名家庭困难的学生做了志愿者，我通过团委给了他们每人 1000 元补助，还给了几名孤儿和新疆少数民族家庭生活困难的学生 500~1000 元补助。到今年年底，我会把今年收到的打赏向大家公布，使用去向也会告知大家。

现在有的辅导员朋友开了公众号，也有一定的影响力。我刚才说了，从为社会和学生提供正能量的角度看，辅导员应当把公众号开好。不过确实有这样几个问题：

一是种了公众的“地”，荒了自己的“田”。我虽然不做年级辅导员了，但我还是主动地担当了我们学校新疆和西藏少数民族学生的指导教师。

每个学生过生日，我还是要给他们写生日祝福的；他们有些思想上的困惑，我还是要跟他们交流的；还有我任课的年级的学生，虽然课堂教学结束了，我现在还是尽量坚持给每个学生写生日祝福，就是嘱咐一下他们，让他们有事找我。从疫情出现以来，我写了几十万字的公众号文章，同时我还给学生写了10多万字的微信。

二是一定要突出主题。说简单些，就是要为学生、辅导员提供正能量。有的辅导员的公众号有时会偏离主题，这就失去了开公众号的意义。辅导员千万不要为了开公众号而开公众号。结果下了挺大的功夫，却没有达到期望的目的。还有的公众号文章推送比较讲究形式，这有必要，但是形式还是要为内容服务。有的辅导员可能还组织了团队，占用了学生的时间，给学生带来了“利益”损失。我的公众号我只聘用了一个学生在后台给我推送文章，我给他劳动报酬。

三是处理好广告问题。从开通公众号以来，有几十家广告商要跟我商量商务合作的事。我也希望多些经费，但是我没有时间跟他们商量。若是一些商业活动参与其中，我会不会被“绑架”？那就失去了我开公众号的意义。就我个人的意见，我是不主张辅导员公众号搞商务合作的。如果是公益性广告可以适当考虑。可是一旦瞄上了商业价值，那思想政治教育功能的实现就将大打折扣。到头来，会不会公众的“地”、自己的“地”一起荒废掉？

259

给某大学辅导员的回复(一)

2020-06-05

大家好!

谢谢你们的点赞。看了你们的来信,我的脑海中闪现出你们朝气蓬勃、昂扬向上的身影。围绕学生、关照学生、服务学生,你们把关心学生的成长当成义不容辞的责任。这体现了一名辅导员的时代担当精神。我想,有了这样的劲头,你们一定会把学生培养好。

做好思想政治教育工作,关键在人。从辅导员和学生的关系来看,大学生思想政治教育如何,辅导员队伍起着举足轻重的作用。因此,一定要建设好辅导员队伍。而辅导员队伍建设取决于外部环境和内在的自觉这样两个条件。外部环境就是我们通常所说的重不重视等;内在的自觉就是辅导员自身努不努力等,两者一定要统一起来。你们有着内在的自觉,这很好,这是建设好辅导员队伍的重要前提。只有愿意做,才会主动做,才会想办法做好。

当今时代,做好大学生思想政治教育,必须占领网络阵地,打主动仗。打仗,就需要"家伙",要有武器。对辅导员来说,就要有打"网络战"的功夫,要具备这方面的能力。只有愿望是不行的。我想,你们开通公众号不是不可以,但是一定要做好储备,不然"仗"打起来了,"弹药"很快用完了,而且“火力”也未必猛烈。我是自己在做，你们的优势是有一个团队。我觉得你们可以把这支队伍分成多个“兵种”，也就是分成多个主攻方向，即把大学生四年生活中容易出现的常规性思想问题和随着社会发展出现的问题分类，每个人有所侧重，这样就可持续作战。

当然，这里更为重要的一条，就是一定要加强学习。习近平总书记说要把学习当成人生的追求。我跟大家讲，辅导员一定要把学习当成一种生活方式，像每天要吃饭一样。这样，结合学生和社会发展的实际，加上你们实践经验的不断丰富，你们网络思想政治教育的能力就会得到极大的提升，网络思想政治教育就会取得更大的实效。

就在前几天，我在公众号上推送了《怎样看辅导员开通公众号》一文，你们可以找来看看，这里不再赘述了。

转眼过去了一年的时间，谢谢到你们学校时你们给予我的服务。有机会到大连联系我，我为你们提供服务。

祝大家一切都好！

260

给某大学辅导员的回复（二）

2020-06-12

曲教授您好！

我是××大学学生工作部的××，不知道您还记不记得晚辈。很长时间以前就想向您求教，但一直怕打扰到您。思来想去，我还是鼓起勇气给您写了这封信，把工作中的一点疑问写在了里面，期盼您方便的时候能够给我一点点指导。

尊敬的曲建武教授：

提笔致信，倍感亲切。想起上次与您见面，还是一年以前。记得当天下午您在大连临时接受采访，是改签夜车赶来长春的，到宾馆入住时已近夜里十二点。而令我们印象最深的，还是您进房间后的那套连贯利落的动作——打开行李箱，掏出电脑，回信答疑，整理公众号素材。实在讲，我们真的想不到一位德高望重、年过花甲的资深教授，还亲自操刀微信公众号“仍然在路上”的每一篇文章，着实让我们这些晚辈切身感受到“时代楷模”的榜样力量。

今天给您写信，还是想向您求教。我们全校辅导员都长期关注您的微信公众号，也一直从“仍然在路上”中汲取先进的思想和前进的力量。今年受新冠肺炎疫情影响，我们看到很多高校都在抓紧抓牢网络平台，依托线上资源加强思想引领，深化大学生思想政治教育，在疫情防控期间上好爱国主义教育、生命教育、社会责任感教育、规则教育、爱与感恩教育五节大课。

网络思想政治教育的成效是显而易见的，因此，我们也在深入总结经验，想要在加强辅导员队伍建设这项工作中，融入网络思想政治教育元素。近期，我们正在组建“辅导员网络文化工作室”，申请了“辅导员网络文化工作室”的公众号，希望能够聚合学习资源，发掘独特的工作思考，为辅导员提供一个交流分享、宣传展示的有效平台，努力把辅导员队伍也打造成一支优秀的网络思想政治教育队伍。虽然我们也在学习很多学校和团队的优秀经验，但是，对于“如何才能把网络思想政治教育队伍建好、用好”这个核心问题，还是特别希望能够得到您的指导，给我们一点工作上的启示，帮助我们提升工作水平。

最后，要向曲教授先道声“辛苦”，还要说声“抱歉”，打扰到您，给百忙之中的您添麻烦了。

再次感谢教授，期待您的回信。祝身体健康、工作顺利！

261

给某大学辅导员的回复（三）

2021-04-12

曲老师您好！

我是民办高校的一名辅导员，有点事情想请教您。是这样的，我带的都是同一个专业的学生，在您的影响下，我越发喜爱做一名辅导员，更想做好一名辅导员。在今年开学后，我们专业的学生开了一个公众号，鼓励学生学以致用。学生投稿质量参差不齐，而我也不是专业的。收到一些稿子（关于考入民办高校的迷茫、不自信、焦虑或者是因为家庭环境或突发问题导致一些问题）后，我的第一反应是您的公众号的回复，可我各方面的能力都不足以进行解答指导，包括我周围的老师，他们多数是比较年轻的辅导员，造成目前有几篇稿子还一直在搁置。想请教一下您：像这种情况，我应该怎么解决比较合适。

××你好！

这两天忙来忙去地没有及时回复你，请谅解。

看得出来你对大学生思想政治教育还是充满热情的，这很好，也很重要。热情是“助燃剂”，旺盛的热情才能使思想政治教育这团火熊熊燃烧，希望你能始终保持。

关于你说的开公众号的问题，记得此前在我的公众号里我推送过我写的文章，谈过这个问题，这里我再简单说几句。

思想政治教育必须利用好网络平台。习近平总书记也是强调过要网上网下一致。思想政治教育怎样利用网络平台？或者说可不可以开通公众号？思想政治教育当然可以开通公众号，公众号平台使一些普遍性的问题引起大家的关注；使一些好的经验得以更广泛传播；使一些错误的观点得以及时澄清，这些都是必要的。目前一些辅导员开通了公众号，还是较好地发挥了网络思想政治教育的功能。但是我也知道一些辅导员开通了公众号，刚开始还热闹了几日，一转眼就冷冷清清、办不下去了。一个主要的原因是没有开通公众号的实力，这个实力主要指的是思想力和表达力，其他如时间上的问题等还是次要的。刚开始一些辅导员也是有满腔热情的，可是集中火力回答、阐释一两个问题还可以，多了就回答不过来了，也没有那么多的“精神食粮”。所以，我是不赞同辅导员开通公众号的，或者说辅导员开通公众号一定要慎重，要量力而行，不然对于有些问题，辅导员不仅不能及时正确地阐述自己的观点，弄不好还会流露出不恰当的看法。辅导员可以和学生建立微信群，在群里回答和阐释你对一些问题的看法，把握正确的舆论方向。至于组织学生开公众号更是不切实际，也大可不必，这样起不到网络思想政治教育的作用。这些只是我个人的看法，供你借鉴。

曲老师，早上好！感谢您的认真回复，收到您的回复我很开心，也很认同。作为一名辅导员新人，“精神食粮”不足是最明显的，这一点我自己深深地感觉到了。也像您说的，对一些问题的阐述及回答是否“得体”是无法回避的，这也是我不敢把公众号的发展方向单纯地定为思政的原因。我的实力无法支撑这个公众号走得长远，这也是我一直没做的原因，因为一些其他因素，今年还是开了。但将公众号的定位转成了让学生在这个平台锻炼自己的专业能力，在公众号上开展了“诗词歌赋”“咬文嚼字”“原创作品”“学习笔记”等趣味活动，以此来锻炼学生的学习能力等。总的来说，我要认真做好本职工作，多学习，多实践。祝您身体健康、万事顺心！

关于思想教育与心理教育

262

思想教育与心理教育至关重要

2021-10-30

曲老师您好!

我是×× 学院辅导员××,希望能够从您身上多学习和汲取力量。希望在未来的日子里,以您为航标,不断提升自己,不断帮助学生解决问题,让他们走出困惑。我期待看到坚持了辅导员工作二十年、三十年的自己能够和您一起一直并肩战斗,不断得到您的指导。

×× 你好!

好的! 坚持下去。很多辅导员就是因为缺乏坚持,总患得患失的,结果耽误了自己。

谢谢曲老师,今年是我做辅导员的第十三个年头。这十三年来我有过职业倦怠,有过犹疑,有过不坚定,但是后来仿佛一下子顿悟了,因为这份工作是我喜欢的,我也非常适合,于是我又重新审视自己,重新开始规划自己的人生,找回了一度打折的热情。我本科专业是社会学,研究生专业是伦理学,而我又非常喜欢心理学,看了很多关于心理学方面的书。前几年我还考取了国家二级心理咨询师,自身得到提升的同时,能够更好地服务于学生工作,真的让我很开心。

好啊！你说你度过了“倦怠期”,但我是不认同“倦怠期”的。《中国共产党章程》里找不到“倦怠期”的字样。我们有的辅导员才入党几年,做辅导员几年,怎么就倦怠了呢？说到根本,就是信仰动摇了。希望你沿着服务学生这条路坚定地走下去。

你喜欢心理学没错,但是要注意心理学与思想政治教育学的关系。辅导员工作主要依托的是思想政治教育学,心理学是做好辅导员工作需要借鉴的学科知识,千万不能用心理学代替思想政治教育学。再丰富一下思想政治教育学科方面的理论。

谢谢曲老师,受教啦,我会经常向您汇报我的动态,希望自己可以把工作做得更好,对学生有更大的帮助。

今天打扰您了,时间有点久,实在不好意思,您先好好休息。

关于辅导员成长

263

给一位辅导员的答复

2019-03-17

我在好几个辅导员群里都处于“潜水”状态，每天只是浏览一下大家都发表些什么，确实没有时间参加到群里的讨论中。我首先要保证的是每天在公众号上为大家推送一篇原创文章。

前天晚上十点多，我写完昨天公众号上要推送的文章后，浏览了一个辅导员群。有个辅导员在群里问了这样一个问题：“请教一下，您认为我们年轻的高校辅导员，在成长的过程中主要会遇到哪些问题？”他不是问我，是问群里的辅导员。有两位辅导员给予了回答，不过他们的回答不准确。我觉得这个问题确实有必要回答清楚，我就在群里说，我今天在公众号上推送一篇文章，回答一下这个辅导员提出的问题。

年轻的高校辅导员在成长的过程中主要会遇到哪些问题？我认为会遇到这样一些问题。

为什么要做辅导员？辅导员是干什么的？对此很多年轻的辅导员并没有完全想清楚。

一些辅导员是不得已才做了辅导员，只是把辅导员当成了“跳板”，等待机会另谋他路。辅导员是什么？辅导员是马克思主义中国化最伟大成果的传承者，是党的事业的坚定维护者。辅导员要通过自己的工作培养社会主义建设者和接班人。这就需要辅导员有坚定的政治信仰。

我们有些辅导员虽然在组织上入了党，但是离思想上入党还有一定距离，因此对马克思主义的信仰尚缺乏那种坚定性。他们从书本到书本，对马克思主义的信仰只是限于理论层面，还没有在实践层面加以检验。

做了辅导员之后，必然会遇到一些困难，因此有的辅导员便产生畏难情绪，甚至发牢骚，忘记了共产党人的信仰和追求，忘记了一个真正的马克思主义者为了人民的利益是无所畏惧的。正是有困难，才需要我们辅导员，需要我们共产党人去解决。坚定的政治信仰是做好辅导员工作的根本前提。

所以，年轻的辅导员一定要不忘初心，不断锤炼自己，始终保持对党的事业的忠诚，始终保持对马克思主义的坚定信仰，不管环境怎样变化，为共产主义事业奋斗终生的追求不能变。

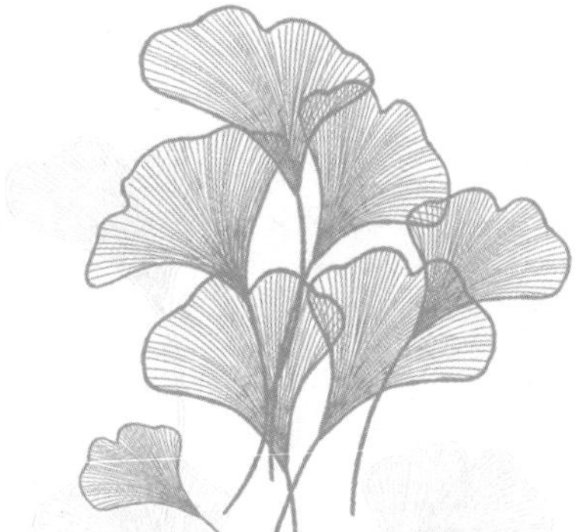

关于留学生教育

264

与一个留学生辅导员的交流

2021-03-26

曲老师您好！

我是今天向您提问的那个留学生辅导员××。特别荣幸有这样一个机会听您的报告，您朴实无华的语言真真实实地道出了当代辅导员该做的事、该有的样子、该前进的目标。说实话，一开始看这个通知我并没有很感兴趣，觉得这是中国学生辅导员的一堂课，跟我们的工作没有太大关系，甚至今天碰到别的学院的辅导员，他们也很诧异，我们这群人竟也会出现在那里。是的，我们就是这样"边缘化又国际化"的一群人。思政课、政治教育、学生活动、宿舍文化等永远不会有我们的学生和我们这群人的身影。我们永远也不是学校建设和校园生活的主流，可能仅仅是点缀。

入职到现在八年，我一直从事一线留学生辅导员工作，毕业前我在俄罗斯留学四年，学习俄语专业。我毕业后带的学生只有一小部分来自俄罗斯，更多的是来自非洲国家。现在我的俄语已经退化得非常严重，英语倒是进步不少，日常工作也是用英语和学生交流。今天听了您的课，我很惭愧，您亦师亦友地和学生相处，这些我确实有很多没有做到。我也很羡慕您的学生，他们能在人生最重要的几年遇到了像您这样如师如父的辅导员老师。

都说“十年树木，百年树人”，这句话在我有了孩子以后体会得更加深刻。我总是感到焦虑，因为孩子在我身边的成长就这么几年，我到底要教会他什么，怎么做才是有效的陪伴。那么对于我们的留学生孩子，更是这样，我们开会也好，独处也好，我总是反问自己，我们究竟培养的是什么样的人，究竟培养了多少亲华爱校的学生，我们培养的是朋友还是敌人，当学生毕业回到他们的国家，回想起在××大学学习的四年和陪伴他们的专业教师和辅导员时，留在他们心里的是爱还是恨，等等。我不敢回答这些问题，也不敢问我的学生。我们带的学生和中国学生有着本质的不同。中国学生的尊师重道在我们这里体会不到，如老师找你聊天是因为关心你，并不是想打探你的隐私，学生们可能领会不到；老师去寝室并不仅仅是想看看有没有违规电器，也是想走进学生的生活，他们也不是很理解。好像无论我们怎么做，和学生之间总是有一堵“隐隐的墙”。我们更多的日常工作好像总是在给这些孩子们“擦屁股”，签证到期了不知道，需要我们挨个提醒；不舒服了，去医院不会说汉语，不知道怎么和医生交流，我们要去做免费贴身翻译；互相借了钱不还，我们要去调节；学费没有按时交，我们要催缴……我们所有的热情、精力好像都消耗在这些事情上了，真的很难再利用闲暇时间微笑着去找学生吃吃饭、谈谈心，因为每天面对这些，下班以后也需要时间消化自己的不良情绪。我也经常反问自己，做这份工作的初心是什么，这些年我做了什么，说为国家有点夸大，那为学校、为学生，我做了什么。这些年也没有得到令自己满意的答案。

辅导员这个具有中国特色的职业，与思想教育工作息息相关，我很赞同您说的，专业水平再高也要有德。思想教育不仅是对中国学生，对留学生也同样重要。为人师表，提高专业素养很重要，中国学生辅导员可以在思政、心理等方面进行培训和学习，也有专业的标准去考核、评估、进职称。但没有人告诉我们留学生辅导员必须或者可以参加哪些培训来增加自己的技能，而不仅仅是靠自己摸索。

××你好！

你写了这么多，真是费了不少心血，这说明你在思考着。

这些年随着对外交往的扩大，大量外国留学生来华学习。为了加强对他们的教育管理，许多高校为外国留学生选派了辅导员。可以肯定地说，这些辅导员应当是高校辅导员的组成部分。不过确实存在着你说的这种情况，我们谈到辅导员队伍建设上，着眼点往往在本专科辅导员队伍建设，对留学生辅导员队伍建设不同程度存在着“边缘化”的问题。从目前的情况看，怎样做留学生的思想政治教育工作还没有明确的理论和实践定位，学校给留学生选派辅导员主要就是“管住”他们，别出什么事。这在某种程度上就失去了扩大招收留学生的意义。对我们的学生，我们提出培养什么样的人、怎样培养人、为谁培养人的问题，那么对留学生呢？也有一个培养什么样的人的问题。做不到让他们认同“四个自信”，起码应当让他们认同中华优秀的传统文化，让他们成为中华优秀传统文化走向世界的使者。你要以积极的心态看待做留学生辅导员工作。越是有这样或那样的一些不如意，越是需要你加强这方面的研究。我想留学生的教育管理与我们自己学生的教育管理有共通的地方，同样需要遵循以理服人、以情感人的原则。以理服人就是讲好中国故事、讲好优秀的中华传统文化；以情感人就是和他们交朋友，尽量地关心和帮助他们。教育就是一种关怀，像你说的，做留学生教育引导同样需要德，要让他们感受到你在关心他们。客观上留学生教育管理“杂活”很多，这需要你调整好，发挥好主观能动性。留学生辅导员工作意义重大。我们现在搞“一带一路”建设，如果每个留学生回国都能为我们说话，成为我们的人，那对中国梦的实现无疑也是一份强大的力量。不要小看自己，你的工作就是在为国家做贡献，对你们学校和学生来说，你对学校和学生所存在的意义，就是通过对国家的这种贡献体现出来的。相信留学生辅导员队伍建设也一定会越来越得到加强。飞机着陆了，就写到这里。到大连联系我。

祝一切都好！

关于遵纪守法教育

265

与辅导员的交流

2021-01-06

今天大连下了一场多年未遇的大雪。从学校回家的路上我的车开得很慢,大家的车都开得很慢,但是也还是见到有几辆车剐碰在一起。我又想到了学生的安全问题。

每年高校里都会发生许多危害学生人身安全的问题。有些是天灾,有些是人祸;有些是别人造成的,有些是自找的。天灾不用说了,往往防不胜防;而一些人祸,特别是自找的人祸是可以防范的,也是不应当发生的。比如,有个大学生违反了学校的校规校纪,回寝室晚了,怕门卫知道,汇报到学校,便想爬楼进寝室,结果掉下来摔坏了;有个大学生不走学校大门,翻墙走小道,结果掉到下水井里摔伤了;有个大学生在做实验的时候,操作不当,引起了爆炸;有个大学生在寝室点蜡烛看书引起了火灾,把上铺的同学烧伤了;有个大学生在校园里偏僻的地方谈恋爱,被坏人欺负了……这段时间因为疫情,一些学校实行了封校管理,外来人员一律不得进入校园,这自然也包括送外卖的人员。这就改变了一些学生的生活习惯,影响了一些生活富裕家庭学生的“生活”。为此,有的学生就想违章使用家用电器,自己做点可口的饭菜。有个辅导员说,他负责的年级中就有一个这样的学生,他在检查寝室的时候发现这个学生用电炉子做饭。起初他想教育一下就好,后来还是按照校规校纪处分了这个学生。这是对的,安全无小事,不能有含糊。放过了这一回,会有更多的下一回。为什么我们有的学生总是“摁下了葫芦浮起了瓢”,就是第一个葫芦飘起的时候没有摁下去。大学生一定不要有侥幸的心理。有的学生说全校那么多的学生,怎么就能发现我?生活中确确实实发生过万一的事。人生容不得你总是抱有侥幸的心理。年轻的时候不要什么都想舒舒服服,每天都想舒舒服服,吃点“苦”、吃点“亏”没什么,这也是一种磨炼、一种成长。“苦”尽甜来,没有这种比较,就难以真正品尝到生活的甘甜,真是没有必要冒着危险,抱着侥幸做因小失大、悔之晚矣的事。大学生中就发生过因为违章用电,烧伤了别人,自己受到了处分,还要包赔人家损失的事。到了这个地步真是谁也救不了你。当然,学校还是要把工作做细,要尽量为学生创造良好的生活环境。尤其在封校期间,一定要保证好学生的饮食、用水、供暖。昨天还有个家长给我留言说非常理解学校的封校管理,但是他孩子的学校的寝室温度是 17 ℃。我把情况反映给了这个学校。冷了,学生就会自己想办法,有的就会“铤而走险”,违章使用电器。今天午间我通过辅导员请了我授课年级两个生活最困难的学生吃饭,让他们帮我做些资料整理的工作,我给他们提供点劳务费,以缓解他们生活的压力。因为封校,许多家庭困难的学生原想通过假期打工贴补自己的学习生活,结果做不了,使得这些学生难上加难。学校可以做些排查,分清轻重缓急,采取点特殊的帮扶办法,比如,解决一下他们的洗澡费用等。我在省厅工作的时候,到一所高校调研,这个学校为了解决冬季学生洗完澡头发不速干的问题,每个宿舍楼层设立了一个公共空间,准备好简单的洗漱用具,让学生吹干头发再进寝室,这就避免了学生在寝室违章用电的问题。

学生安全无小事,事事要上心。辅导员要把工作做细,教育学生本人要做到慎独。

266

和一个辅导员的交流

2021-07-15

曲老师您好！

我是一名新入职的辅导员，有一个难题想请教您！我们学校是一所高职院校，好多同学都有抽烟的坏毛病。学校是严令禁止不准在寝室里抽烟的，但是还有好多同学在寝室里抽烟，学生会抓到以后会报给我，开始我也只是把他们叫到办公室教育一下，说明利害关系，但是他们还是屡教不改，对通报也已经不在乎，如果给他们的档案里加了处分，我又于心不忍！我想请教您有什么好的办法来解决这个问题，希望能得到老师的答复。

××你好！

我先跟你讲一下我做过的一件事。我毕业留校做辅导员的时候就跟学生约法三章，不准抽烟。抽烟不能做干部；不能列为入党积极分子；不能获得各种奖励；不能享受助学金；寝室里有一人抽烟不能参评文明寝室；班级里有几人以上抽烟便不能参评先进集体奖。学生干部、要求入党的学生积极带头遵守这个规定。当时我带的年级学生没有抽烟的。我工作两年后，学校党委把我调到另一个学院做党总支副书记，负责学生工作。我刚去的时候这个学院风气非常不好，学生抽烟成风，男生不抽烟的是少数。

为了改变这个不好的风气，我到任的当晚便召开了全院学生干部大会（包括寝室长）。我跟大家讲，这次会就专门研究解决抽烟这件事。我问大家有没有不想当干部的？不想当的马上可以离开。大家面面相觑，没有离开的。我说没有离开的就说明大家都想当。下面我讲干部条件，就一条，不许抽烟。能不能做到？做不到的可以离开。大家又是左顾右盼一阵，没有离开的。我接着说："既然大家都能做到，那就散会。大家可以走了。""散会啦？"大家一脸茫然。"真散会了。你们不走我走了。"我转身离开了。见我真走了，他们相信真散会了，于是纷纷离开了教室。会议只开了五分钟。

我在外面站了一会儿，等他们都回到了他们居住的宿舍楼，我也进到了楼里。我从楼上往下走。在三楼见到一个抽烟的学生，我问他是干部吗？他答应着。一看就是刚开完会回来。我让他跟我来。等我走到一楼门厅的时候，又遇到两个抽烟的学生干部。我当晚就免去了他们三个的干部职务，在门厅的墙板上做了公示。第二天早上我利用全院学生出操的机会，开了全院大会，也是只开了五分钟，专讲了不许抽烟这件事。谁若是抽烟，就要受到上面所提到的那些惩罚。后来有几个学生因抽烟"兑现"那些"承诺"。我在这个学院待了八年，使这个学院形成了良好的风气，各项工作都属于全校第一梯队的，许多都是领军的。我刚毕业带的年级有 80 人，现在他们中有三位厅级干部，这三人都不抽烟，这与我的教育管理分不开。我到学校做学生处处长、党委副书记后，不许抽烟仍然是学校的一条明文规定，也因此形成了良好的校风。我们学校两次本科教学评估被评为优秀靠的都是德育优秀，这同样与良好的校风有直接的关系。

的确，一些学校、学院学生抽烟成风，这给其他学生工作带来了负面影响。为什么会这样？除了外部原因之外，比如，有些同志不以为然，主要还是工作不实造成的。既然有了规定，就要坚决执行，不然就不约定；既然有了规定，干部、要求进步的同学就要带头执行。教育管理工作一定要注意这一点：千万不能说了不做，言行不一。因为抽烟给学生处分装进档案不一定合适，如果兑现了上面说到的那些条，抽烟的就一定是极少数，对于极为个别的，可以在毕业鉴定的时候写上一条，不能遵守学校学生不准抽烟的规定。真写上了这一条，后面的同学也就"不敢了"。当然还是要以教育引导为主。一些学生把抽烟当成了一种交往手段。这是一种误解，一种假象，现实生活中不抽烟反而更有利于交往。社会越来越进步，人们的社会行为也会越来越文明。一个不遵守社会秩序的人，一定是不受社会欢迎的人。在一切条件都相同的条件下，我要是用人的话，抽烟那个我一定不会录用，我想别人也是一样。

关于创造工作条件

267

这种观点是不对的

2020-11-01

为了加强辅导员队伍建设，现在一些省份为辅导员增加了经费，每个月500~1000元不等。怎样看待这笔经费？辅导员皆大欢喜。当然也有个别的辅导员高兴不起来。他们说本来杂活就多，一些其他同志更是把本不应该属于辅导员的工作“名正言顺”地推到了他们那里。在这样一些同志看来，给辅导员加钱，辅导员就应当多干。这种看法是不对的。

其实给辅导员加薪是比较复杂的事情。有的高校本身就不重视辅导员队伍建设，在辅导员的劳动报酬上与同期参加工作的其他专业教师、机关干部相比有不小的差距。这次即便给辅导员加薪了，也并没有达到与其他专业教师、机关干部的收入相当的水平。所以，对这样一些高校来说，这是“补账”，这笔费用应当由高校自己解决。

给辅导员加薪，这是由辅导员工作本身的特点决定的。所谓加薪，应当指的是辅导员的劳动报酬与同期参加工作的其他专业教师、机关干部相当情况下额外的部分。这部分钱不应当算作辅导员的劳动报酬，而应当是辅导员的工作条件费。也就是说，辅导员工作的特点需要这样一笔费用，而绝不是因为辅导员工作辛苦给他们的工作补贴，更不能把加薪当成增加辅导员劳动量的理由。我在任辽宁省委高校工委副书记的时候，负责起草了《辽宁省进一步加强和改进大学生思想政治教育实施意见》。在这个文件中明确提出每个月由省财政为辅导员发放200元工作条件费。在开始讨论的时候,有些同志就把这笔费用看成了劳动报酬,看成是辅导员工作的辛苦费。因此,他们不同意发这笔钱。他们说辅导员辛苦什么,有警察辛苦吗?有消防员辛苦吗?不应加薪。我说警察辛苦,抓人的枪不是用工资买的;消防员辛苦,救火的云梯不是从家里扛来的。同样的道理,辅导员的工作特点决定了他们在学生生病的时候要看望学生;他们的手机要二十四小时开机;他们需要经常加班;一些学生遇到了生活上的困难,他们还要救急……为辅导员提供这样一些费用是应当的。这就像学校的人事处、离退休处,教师节看望教师、走访离退休教师的费用不能由在处里工作的同志来承担一样。有的辅导员说:"能不能少给我1000块钱,我不干那么多的杂活了。"道理就在这里。从某种意义上讲,加薪也是辅导员工作特点的应有之义,而不应成为干杂活的理由。

现在大学都制定了章程,都在极力地使大学制度更加完善。辅导员作为高校不可或缺的一部分教师,他们的工作界域在哪里?这是必须清晰、必须完善的,这和加不加钱没有任何关系。当然,从辅导员自身来看,还是要有信仰、有追求,把"为党育人、为国育才"当成人生的追求,把辅导员工作当成毕生的事业。我们都是在党旗下举过手的人,我们要为共产主义事业奋斗终身。要奋斗就要有付出,甚至必然牺牲一些我们个人的利益,想想为了今天,多少共产党人献出了生命。我们在和平的年代里为党工作,这是多么幸福的事情!忙、难,都是相对的。有了坚定的政治信仰,一切忙碌、困难就避而远之了。从某种意义上来说,不正是因为有困难才需要我们吗?跟党和人民千万不要讨价还价。越是艰险就越要向前。每年评选出的"最美辅导员人物""辅导员年度人物",都应当成为我们学习的榜样。"有为才有位。"辅导员一定要肩负起培养担当民族复兴时代大任和时代新人的重任。千万别让人家把我们看成是一群给钱才干活的人。虽然一些人的看法不正确,但是我们一定要争气。

268

应看成工作条件费

2020-12-18

这些年来,在国家的重视下、在地方党委的领导下、在高校的努力下,辅导员队伍建设得到了长足的发展,辅导员开展工作的条件也不断地得以改善。

许多地方政府为高校设立了用于辅导员开展工作的专项资金,为辅导员开展工作创造条件。但是,各地对此认识并不一致。

我在任辽宁省委高校工委副书记的时候,具体负责中央16号文件的贯彻落实。在筹备我省大学生思想政治教育工作会议、制定我省实施意见的时候,我建议给辅导员每个月200元的工作经费补贴,为保证辅导员很好地开展工作。辽宁省大学生思想政治工作领导小组讨论的时候,财政厅的领导不同意这一做法。

每月给辅导员200元补助不是考虑他们辛不辛苦,而是考虑他们开展工作的需要,从一定意义上讲,这是开展辅导员工作必备的条件。

辅导员要带几百名学生,他们的电话要二十四小时开机,要经常用电话布置工作事项(辅导员与学生的沟通,多少也是需要些费用的),与学生交流,尤其是遇上心理有问题的学生,辅导员就要跟他们“软缠硬磨”,不然你放下电话,学生就可能出现意外。还有学生患病住院,辅导员都要到医院看望等。这样一些费用由辅导员个人工资来负担确实不太合理。

我在辽宁师范大学工作过，这就如同在化学学院工作的化学实验员，他们所穿的白大褂、一些化学药品、实验设备是不必用自己的工资来买的；还有各单位的清扫员，也是不必用个人的工资买清扫工具的。“不打不成交”，我2005年年底患病在北京住院的时候，这位财政厅的领导还带了几个处长去看我。我很感动。他说他理解了我。

辽宁省在2005年落实中央16号文件时就做出了规定，每个月给辅导员200元工作补贴，并设立了思政专项经费。2019年以来，各地、各高校都在贯彻落实“3·18会议”精神，有的省、一些高校就明确规定，每月给辅导员多少钱用于工作补贴（“条件费”）；有些省、有些高校便没有考虑。有的像上面那位财政厅领导之前的认识一样，认为若是给辅导员发放补贴，那么其他教师怎么办？有的高校把补贴算在了年底津贴里；有的高校说我们给辅导员的补贴和其他专业教师一样。补贴一样是不对的，因为不能把他们的工作“条件费”算到津贴里。

目前一些高校对辅导员工作没有专项补贴，就是没有工作“条件费”，一个重要的原因是把津贴和“条件费”混淆了。其实这是两笔账。

所以，地方财政也好、高校也罢，不能以经费紧张为由而不保证辅导员工作的“条件费”。每月百元、几百元都可，哪怕几十元也行，一码归一码。负责思政工作的同志要多费点心，多做些解释工作，有些时候“隔行如隔山”，一些负责经费的同志对我们思政工作不是十分了解也是一个原因。如果就是拿着文件，生硬地要设立辛苦费，那钱恐怕就难拿到了，的确要花钱的地方太多了。只要思想一致了，该花的钱应当是能保证的。

当然，辅导员可不能拿“条件费”说事。有了良好的客观条件，我们要努力地工作，条件一时不如意，我们也要努力地工作。任何时候都不可能有尽善尽美的环境。

在建设职业化、专业化、专家化的辅导员队伍时，各地、各高校有差别，眼下认识还难以达到高度的统一，这需要有关部门来加快解决。辅导员不能“置气”，不能损害学生的利益，不能影响对学生的服务。辅导员工作说千道万就是需要一种境界。

我常说，马克思为什么要创立马克思主义？就是为了实现共产主义事业。马克思知识多渊博，但遗憾的是他没有职称，不仅如此，他还被开除了国籍，一生处在贫困潦倒之中。早上看新闻，我眼角还含了泪水。前两天在救火中牺牲的烈士们，他们多年轻啊！还有奋战在疫情前线的医生们，他们真是顶着“敌人”的炮火在前进！我们有些优秀的辅导员也是做了一辈子，虽然没有职称，但是他们在学生的心灵上矗立起一座不倒的丰碑。这就叫“有了学生就有了一切”！

我刚当辅导员的时候，有个学生患病住院。做手术那天早上，正赶上下大雪，交通堵塞了。我顶着大雪，走了十多里路，好多路段只有我一人在走着，身后留下了一串串艰难跋涉的脚印。等赶到医院的时候我已经成了一个雪人。当我到了病房，这个学生躺在手术车上，正要往手术室送。见我来了，他的眼角立马噙满了泪水。我握了握他的手，他点了点头。我扶着车把手，向病房走去。在这个学生手术的时候，我到医院小卖部给他买了水果、糕点，以及生活用品。几十年过去了，当谈到大学生活的时候，这个学生说，大学里给他印象最深的就是他手术的那天早上，窗外下着大雪，在他觉得很孤单，认为不能有人来看他的时候我出现了。

我当年家访的时候，也克服了很多困难，路途艰辛不说，常常要省吃俭用。我仗着年轻，有时买站票，更不舍得买卧铺票，也没有这个钱。当时只想到学生家能多给学生一元钱。现在我不差钱了，但是养成了习惯。乘高铁，我从来不买车上的食品，我嫌贵，但给学生花钱我还是舍得的。

辅导员朋友们，这几天我“替”你们说了很多话。我说了，这也是在按照教育规律说话。你们也是懂得的。

理想和现实总是有段距离的，我们应当做的，就是不断缩小这个差距。不要等、不要靠，要把工作做好，充实自己，让学生记住我们，这才是硬道理。

当然，我是想借公众号平台把我的一些思考让更多的同志，特别是让一些领导同志有所了解，为他们在考虑辅导员队伍建设的时候提供参考。有个同志说：“曲老师，您讲的都是实话，有的领导会不愿听。”谢谢他对我的关心。“心底无私天地宽”，我有何求？其实，该讲的话，一定要讲，出发点在哪里很重要。记得我写过一篇《不说话就不得罪人了？》的文章，应当说对真理的追求是人的共性。我的公众号开通以来，就有不少校长联系我。他们说以前总是找不到好的办法，看了我的文章，受到了很大的启发。有的校长还邀请我到他们学校指导思想政治工作。但愿，我这几天讲的话能形成更广泛的共识。

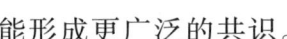

对于各个高校而言,多招一个或少招一个学生不是主要的,主要的是培养的学生一定要有爱国情怀,要让学生知道自己是谁“家”的孩子。这就要加强人文教育,这就离不开人文教育师资中负责人文精神“硬核”培养的辅导员教师队伍。必须把辅导员教师队伍建设统一到这种认识上来。这是对中华民族的负责、对办人民满意教育的负责、对学生一生幸福的负责,也是对自己后代的负责。

辅导员这支队伍相对来说还比较年轻,特别是他们一开始就要承担那么重的教育管理任务,因此,对这支队伍的建设更要格外地关心。因为年轻,在一些辅导员身上还存在着这样或那样一些不足,越是这样,越是要从爱护的角度出发,帮助他们克服自身的不足,使他们尽快成长起来。大家要齐心协力,补齐辅导员队伍建设的短板,共同朝着辅导员职业化、专业化、专家化的方向前进。

我多次讲过辅导员队伍建设,因为我觉得这个问题很重要。我也说过以后不再谈辅导员队伍建设了,可是这几天又说了这么多。以后还会说吗？但愿到此吧。

愿大家保持好的心态!

祝大家一切都好!

关于队伍建设

269

需要境界，更要靠制度（一）

2019-01-02

远的不说，从2004年8月《中共中央国务院关于进一步加强和改进大学生思想政治教育的意见》（以下简称“中央16号文件”）下发，到2016年年底全国高校思想政治工作会议的召开，辅导员队伍职业化、专业化、专家化建设也有十几个年头了。关于“需要境界，更要靠制度”这个话题，我分五次推送给大家。

应当充分肯定的是，辅导员队伍建设与十几年前相比，确实是发生了巨大的变化。与此同时，我们又不得不承认的是，辅导员队伍建设离职业化、专业化、专家化的要求还相差甚远。那么瓶颈何在？

原因很多。我认为，在诸多的原因中，辅导员队伍建设尚缺乏完善的、切实有效的制度设计是一个重要的原因。这里我想着重谈一下辅导员职称结构制度设计对辅导员职业化、专业化、专家化发展的影响。这个问题不解决，辅导员职业化、专业化、专家化发展就只能是空中楼阁，再有多少年也达不到我们期盼的辅导员职业化、专业化、专家化的发展愿景。

这是因为我们现有的辅导员制度设计还没能有效地导引辅导员队伍建设朝着职业化、专业化、专家化的方向发展。在阐述这个问题之前，我还是要先阐释一下思想境界对辅导员职业化、专业化、专家化发展的作用。

(1)思想源于热爱

我在大学生思想政治教育岗位工作了三十七年,不离不弃,无怨无悔。我做过辅导员,做过学生处处长,做过校党委副书记,做过省委高校工委副书记兼副厅长、巡视员,但我最愿做的还是辅导员。

我“不争而得”,被组织不断地安排做这样或那样的工作。我在五十六岁的时候坚决辞去了正厅级领导职务,到大连海事大学做一名辅导员。组织上对我还是很关心的,跟我谈话的省委组织部领导对我说:“建武,你为什么非要做辅导员呢?能行吗?”我说:“谢谢部长的关心。您放心,建武是聪明人,我不会把自己送到‘苦海’的。”我毕业被派到学校历史系做辅导员的时候,我们学校系主任认为我是把教学好手,一定能上好专业课,多次提议让我做专业课教师。有一次他跟我说别因为做辅导员而被耽误了。我跟系主任说:“我不就在上专业课吗?”在大学里我认为最重要的课就是思想政治理论课,最重要的教师就是辅导员教师,他们对学生的世界观影响最直接、最深刻、最重要。当学生离开学校的时候,他们带走专业知识是必要的,但是比这个更重要的是带走正确的价值观,懂得所学的知识往哪里用、为谁用,所以,从我当上辅导员的那天起我就觉得当一辈子辅导员没有什么不好。由于不断“被安排”,我在四十岁的时候做了校长助理,协助校党委副书记做学生工作;四十一岁的时候便做了校党委副书记,分管大学生的思想政治教育工作。在做校党委副书记的时候,我就想在做完两届党委副书记之后辞职回一线做一名辅导员,当时很多同志都以为我只是说说而已。

2006年上半年,国家在上海召开了加强辅导员队伍建设会议。为了配合这次会议,《光明日报》的一名记者采访了我。她问了我很多问题,最后一个问题是:“如果让你重新选择的话,你还会选择做辅导员吗?”我当时毫不犹豫地回答说:“我一定还会选择做辅导员。”在我到省里工作不到三年的时候,省里有的领导就问过我想不想到大学当党委书记,我说:“我不去了,等我把辽宁省辅导员队伍建设的相关文件制定完、把要做的工作做完,就回高校当辅导员。”他们还以为我对到高校做领导不感兴趣,想到省直机关任职。

2013年年初,在我五十六岁的时候我觉得不能再等了,我要到高校带一届完整的学生,也算了却我的一个心愿(我在学校做辅导员的时候没从头到尾带过一届学生)。我跟省委组织部的领导讲:“让我回去吧,我现在的心情就像足球教练,但却想下去踢球,再不下去比赛就结束了,我就不相信球踢不进对方的门。”我凭什么如此坚决? 2018 年暑期我参加了中央电视台大型道德教育片《平语近人》第三集的拍摄。主持人康辉在台下跟我交流的时候问我:“你为什么愿意当辅导员?”我的回答很简单:“就是爱。我爱祖国、爱人民、爱学生。”

(2)思想源于信念

我是学政治教育专业的。一进大学我就认真地学习了《共产党宣言》,我坚定地相信“两个必然”的结论:资本主义必然灭亡,社会主义必然胜利。我们的祖国在近代遭受了那么多的欺辱,是中国共产党领导中国人民推翻了“三座大山”的压迫,带领人民过上美好的日子。我们要把学生教育好,使他们懂得所应担负的使命和责任。而教育就是爱,没有爱就没有教育。只有爱学生,学生才能跟我们走,才能更好地建设我们的祖国,我们的祖国才能变得强大。只有祖国强大了,人民才能幸福安康! 我有很多机会离开辅导员工作岗位,离开教育岗位。我不仅有离开教育岗位的机会,也有经商的机会,但是我都没有动心。我觉得从事教育工作就是最好的爱国,作为一名教师无上光荣,尤其是作为一名辅导员教师,和学生朝夕相处,成为大学生人生成长的指导者和引路人,所从事的就是一份“功在当代,利在千秋”的崇高事业。

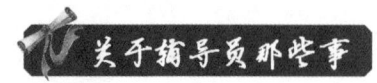

我在省教育厅工作期间因患癌症(我的颅外皮下长了一个鸡蛋大小的恶性肿瘤)耽误过一段时间的工作。在北京治疗的时候,有的医生建议我做头部植皮手术,做化疗、放疗。我问医生“我还能活多长时间”,医生说“治疗后就没事了”。“治疗需要多长时间?”“最少一年半。”我跟医生说:“我知道了,我最少能活一年半。我要出院,我要把最后的时光留给学生们。”就这样,我在刀口还没有拆线、流着血水的情况下就出院了。我戴着帽子参加了全省大学生纪念“一二·九”运动大会。我跟辅导员们讲了五分钟,让他们爱自己的学生;我跟学生们讲了五分钟,让他们珍惜时光,创造辉煌的人生,大家给了我雷鸣般的掌声。当时主管我的省领导给我打电话说:“建武,你不能为了工作把命都搭上了。”我们厅长也跟我说:“建武,你疗养去,好好休息。”我顾不上那么多了。我在辽宁师范大学工作了二十二年,在大连海事大学工作了五年,这二十多年里我没有请过一天病假。

包括节假日、星期天，只要家里没有事，我就到办公室办公、到学生中去。三十七年间，我还去过很多学生家家访，足迹遍布祖国大江南北。记得 20 世纪 80 年代我当辅导员时，去一个学生家家访，好不容易才挤上了一辆没有车门的公交车。这车就这样在山区公路上跑着，幸运的是我被挤在车里，若是离门口位置近的话，那得多忐忑不安啊！还有一次家访，夜里九点多开始下大雨，因担心发生地震，学生父母不敢让我住在家里。就这样我和学生一家人站在车棚里一直等到后半夜四点钟。那时头上漏雨，脚下流水。

270

需要境界，更要靠制度（二）

2019-01-03

（3）不忘初心，心中要有学生

从上大学时起我就是这样的性格：从不抱怨，从不喊累。

特别是做了辅导员之后，我更是把全部身心投入我选择的事业当中。我在讲学的时候经常跟辅导员们讲："谁抬起我们的手向党宣誓了吗？谁绑着我们到了应聘辅导员的现场了吗？没有吧。那我们为什么在当了辅导员之后便这也不顺心、那也不满意，把'累'字挂在了嘴边？说到底是我们的境界不够，我们忘了初心，忘了我们是从哪里来的、要到哪里去。与其他专业课教师相比，辅导员工作是要忙碌些，可是这又能怎么样？"

1983年冬天，我去一个学生家家访。早上我在路边一家小店喝豆浆，坐在我对面的一个矿工得知我是大学教师后，那羡慕的目光无法掩饰，他说："你太幸福了。你是在阳光下作业的人。我每天下到矿井里，能不能再上来见到自己的妻子、儿女都是问题。"那场景里的每句话，我至今记忆犹新。

2018年11月的一天，我去浙江大学做报告。夜里十一点我下了飞机。在机场的出口处，我见到一个老人正吃力地推着串在一起的几十辆手推车艰难地前行着。与这位老人相比，我们不幸福吗？那推车的老人比我们还幸福吗？恐怕不是这么回事吧！

关键还是我们要有境界，也就是心中要有学生。心中有学生，前行才有力量！

我去过李大钊、方志敏等革命先烈的墓地。我给他们献过鲜花。站在他们的墓前我肃然起敬，我说："先辈，我来了，我一定传承你们的遗志。"怎样传承？那就是要努力把学生培养成德智体美劳全面发展的社会主义建设者和接班人。这是多么崇高的事业，这是对先辈最好的慰藉。想想先辈们，我时常感到汗颜：他们献出的是生命，我只是少睡了点觉而已。当中宣部把我定为全国"时代楷模"，要进行宣传的时候，我让省委宣传部把我个人的意见反馈给中宣部，我不同意宣传我。我愿意做个不图名、不图利的人。在我看来，名利都是身外之物，没有那么重要，尤其到了我现在这样的年龄，我更是看淡了这些。

（4）思想源于信仰

我们要向马克思学习。2018 年为纪念马克思诞辰 200 周年，中央电视台播放了电视纪录片《马克思是对的》。

马克思哪些是对的？首先马克思的信仰就是对的。马克思的知识那么渊博，但他想过评职称的事吗？马克思有那么好的从政条件，他的妻子燕妮出生在贵族家庭，马克思本人的家庭也算富裕，可是他却从来没有想过做官。

有了信仰，自然就有了奋斗的精神，就有了干劲。为了大多数人的幸福，马克思把自身"陷入"贫困之中。现在教育部每年都有评选"十佳优秀辅导员"的年度任务，他们每个人的事迹我都认真看过，很感人。他们很多人的工作环境并不如意，但是他们的一个共同特点是思想境界崇高、人生信仰坚定，他们从不抱怨，并且都有爱生如子的情怀。他们"捧着一颗心来，不带半根草去"，为了学生的利益尽量少想自己的利益，因而得到了学生们的拥护和爱戴。他们靠什么？说到底靠的也是境界。

总结我和学生在一起的日子，我之所以能够每天迎着属于我的那缕谁也剥夺不去的阳光高高兴兴地上班，是因为有着一份支撑我前行的力量，这份力量不仅是我对教育事业的热爱，同样也是我对党和人民的事业负责的思想境界。

271

需要境界，更要靠制度（三）

2019-01-03

2. 制度支撑

如此说来，有了境界，一切问题不就都解决了吗？那辅导员们还抱怨什么，还讲什么条件？

有的同志就是这样看待辅导员队伍建设的，他们想要靠着“境界”一劳永逸地解决辅导员的“安心”问题。

我在省教育厅做高校工委副书记的时候，为落实中央16号文件精神，提出给辅导员创造工作条件，其中建议在省委、省政府下发的《进一步加强和改进大学生思想政治工作实施意见》中加上“给辅导员每月200元的工作条件费”这一条。

在征求意见的时候，有位省教育厅的领导同志不同意。他说：“凭什么给辅导员工作补贴？他们辛苦？他们有警察、消防员辛苦吗？”

我当即反驳说：“我们说的不是一个概念。我说的不是因为辅导员工作辛苦才要给他们补贴，我说的是要为辅导员工作提供条件保障。警察辛苦，警察抓人时用的枪是用他自己的工资买的吗？消防员辛苦，消防救火用的云梯也不是从家里扛来的。”

“辅导员要带好几百名学生，学生中经常有发烧感冒，甚至住院的，辅导员要常去看望这样的学生。他们能空手去吗？慰问品、交通费怎样解决？”

“辅导员工作的一个重要方式是和学生保持电话联系，通话费用从哪里出？他们也上有老、下有小，让他们从工资里出没有道理。”

我是个例，都像我这样，辅导员不都成了“时代楷模”了吗？我有我的优势，辅导员没有我这样的条件，要学就学我那种爱生如子的精神，绝不是比为学生花了多少钱。这么一支庞大的辅导员队伍，单靠境界是不可能实现职业化、专业化、专家化建设的。

2016年年底全国高校思想政治工作会议之后，有的省市给辅导员每月增加了1000元的费用，许多高校也给辅导员增加了费用。有的同志说这是“照顾”，是给辅导员付出辛苦的补贴。

这需要正名。这钱就是为辅导员工作提供的条件保障，或者说这钱就是辅导员教师“属性”所应带来的，不给是没有道理的。

这个名一定要“正”过来。

不然辅导员就成了一群向组织讨价还价的人；

不然一些杂活就更理所应当地成了辅导员分内的事；

不然学生就真成了辅导员自己的学生；

不然其他专业的教师就会说立德树人的根本任务与我们有什么关系；

不然就更难以将思想政治教育工作融入教育教学的全过程。

（1）要有境界，更要讲制度

从辅导员自身来讲，必须讲境界；从我们组织来讲，还是要讲制度。

“辅导员职业化、专业化、专家化”提出多年了，为什么离我们的愿望、我们的工作要求相差甚远？现在绝大多数高校一线辅导员都不是教授，说到底还是在制度上没有更好地完善辅导员队伍职业化、专业化、专家化建设。

这里有两方面的意思：一是地方主管教育的部门和高校应当更好地贯彻落实国家层面关于辅导员队伍建设的要求；二是国家要进一步完善加强辅导员队伍建设的制度设计。

（2）辅导员到底是什么身份？

辅导员到底是什么身份？国家文件里白纸黑字写得非常清楚，他们就是教师,是大学里不可或缺的教师。

是教师就要评教师职称,这是天经地义的,国家相关文件也是这样要求的。这根本不是什么高深的理论问题,可是却偏偏有些"说得算"的同志含含糊糊、闪烁其词,甚至也有同志态度鲜明,根本不承认辅导员的教师身份。态度决定一切。这就使得在抱有这样一种认识的同志主管的省份、学校,至今仍没有出台辅导员评职称的实施意见。给辅导员评职称就那么难吗? 辽宁省十年前就下发了给辅导员评职称的实施细则,为了避免辅导员在学校评上了但报到省里"大评委"的时候(那时高校还没有辅导员教师系列职称评审权)成为"分母",省里还成立了单独的辅导员教师职称评审委员会(相当于"大评委"会下设的分委员会),至今辽宁省已经评了六七百名辅导员教授、副教授,较好地稳定了这支队伍。

有些高校也给辅导员评职称,可是制定的辅导员职称评定条件根本不符合辅导员教师的身份特点和学科属性。

辅导员教师是什么教师? 他们应当追求什么样的专业方向?

辅导员教师的第一学术要求是成为大学生的人生导师,评价他们的首要标准是看他们把学生培养得怎么样,也就是看学生是带着什么样的价值观离开学校的。

辅导员要有论文,要看他们的理论水平,但是他们的学术研究、理论水平一定要体现在为学生的成长成才服务上。我们现在一些学校的辅导员职称评定条件简单化,在一些同志看来,既然辅导员是教师,要评职称,那么辅导员就要具备同人文哲学社会学科教师一样的条件,即课题、论文、专著、课时,一样都不能少。

面对这样严苛的条件,能有几个人评上职称? 这跟不给辅导员评职称没什么两样。我们有些辅导员把学生带得很好,本人是省级以上优秀辅导员,所带的班级获得过省级优秀班级称号,这些条件在评职称的时候却连一篇"C"刊都顶不上。辅导员评职称要有科研成果,更要突出业绩,这是由他们的教师特点、学科属性决定的。

现在一些辅导员的工作像油浮在水面上一样,他们追求的是学历、论文,根本没有走进学生的心灵,这与一些学校职称评定的杠杆引导有关。还有的学校不说不给辅导员评职称,可是每到评职称的时候辅导员就被抛在了一边。有的学校强调学科、专业建设,要保这些专业、学科,名额便向这里倾斜。思想政治教育难道不是学科？大学里还有比思想政治教育学科更大的学科吗？这个学科管所有的学生，要管四年的。有的学校说名额紧张，轮不到辅导员。辅导员与学生是按 1∶200 的比例配备的，其中有教授、副教授的名额，可是他们的名额哪去啦？其他专业教师副高级以上职称已经占比百分之五六十了，怎么还有名额？辅导员若是条件不够可另当别论，但是说没有名额是没有道理的。

为了推动辅导员队伍职业化、专业化、专家化建设，我认为职称评定应当向辅导员教师倾斜，在尽量短的时间里让够条件的辅导员都能评上相应的职称，让他们安下心来。

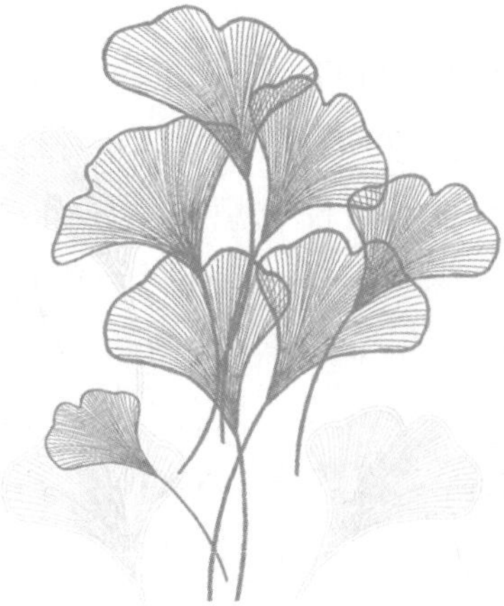

272

需要境界，更要靠制度（四）

2019-01-07

3. 制度设计

再说说完善辅导员队伍建设制度设计的问题。

2016 年年底全国高校思想政治工作会议之后，中共中央、国务院印发了《关于加强和改进新形势下高校思想政治工作的意见》（以下简称“中央 31 号文件”），提出高校辅导员与学生的比例要达到 1∶200。其实这个比例不是新规定，早在 2004 年 8 月印发的中央 16 号文件中就是这样要求的。

快十五年了，该要求落实得怎么样？

整体态势向好，但是仍有很多高校达不到这个要求，有的高校辅导员与学生的比例比 1∶200 要低很多。也有的高校出现了这种情况，曾经达到过 1∶200，可是现在又达不到了。为什么会这样？就是因为我们没有构建出使优秀的辅导员教师进得来、留得住的长效机制。

其实我们现在单纯地强调辅导员是教师，要给他们评职称；辅导员与学生要达到 1∶200 的比例，已经没有根本意义了。

（1）实际情况

虽然一些学校现在也评定一些辅导员为教授或副教授（当然还有不评的，不过这是早晚的事），但是评上了教授或副教授的辅导员教师，他们中的大部分却不在辅导员一线了。

一些辅导员教师评上教授或副教授后，学校便把他们“优出”了。（有些学校就是这样提出的，干好了就“优出”。不能这样“优出”，还继续留任在辅导员教师岗位上的不都成了“没干好”的吗？）

结果在许多高校都是如此，辅导员评上教授或副教授就离开了一线辅导员教师岗位；没评上的，也会想办法转到其他部门。相对来说，辅导员教师管理能力较强，许多学校把从辅导员教师中选拔“好的”到机关当成了常态，这就出现了“周瑜打黄盖——一个愿打一个愿挨”的局面。

这对学校、对辅导员职业化、专业化、专家化建设到底是好还是不好？

从长远看，说严重些会导致“两败俱伤”。试想一下，一所学校将来都是清一色的辅导员教师在管理（现在一些学校已经呈现这样的态势了，一些同志对学校的管理就是管学生思维），这岂不太单一、太“行政化”了吗？行政管理也需要职业化、专业化、专家化建设，需要行政权力与学术权力相统一。从辅导员角度来看，当上个校级领导还“划算”，要是当不上呢？哪有在一线做个辅导员教授好呢？

所以，对辅导员的关心，不是让他们都“优出”到机关从事管理工作，而是让他们“优留”在一线当教授。

众所周知，现在很多高校辅导员与学生配比达到或接近了1∶200的比例，可是为什么大学生思想政治教育还那么不尽如人意呢？其中有这样一个重要因素：我们所选留的许多“1”的辅导员教师素质还很难胜任辅导员教师的教学要求。如前所述，一些学校把素质好的“1”都“优出”了，结果辅导员教师每年都处于“青黄不接”的状态。为了保证1∶200的比例，许多高校像“割韭菜”似的，割了一茬再补一茬。

特别是有些学校还采取了“2+3模式”（本科毕业后先做两年“辅导员教师”，再读研究生）选聘“辅导员教师”（这里我之所以把辅导员教师加上了引号，是因为我是不承认这些“准研究生”是辅导员教师的）。这就出现了3个“准研究生”折算为一个“辅导员教师”的做法。

我唯独不解的是怎么3个“准研究生”就可以折算成一个辅导员教师

了呢？就算是 30 个、300 个“准研究生”，他们不还是学生吗？他们怎么可能一夜之间就转变成辅导员教师身份了呢？一个优秀的辅导员教师可以给 3000 个学生做思想政治教育报告，恐怕 3000 个“准研究生”也做不了一个学生的思想教育工作。因为这些“准研究生”就是些“娃娃”，“娃娃”是不可能给“娃娃”当人生导师的（极其个别的就另当别论吧），他们充其量也就是扮演个学生事务助理的角色。

由此看来，如果这样持续下去，虽然我们出了不少力，但是由于路子不对，建设职业化、专业化、专家化的辅导员教师队伍恐怕只能是“海市蜃楼”般的愿景。

（2）建立职业化、专业化、专家化辅导员教师队伍

我们必须建立职业化、专业化、专家化辅导员教师队伍。那么怎样建立？像现在这样只强调 1∶200 的比例是不行的。那么怎么办？

我提出的建议是要在 1∶200 比例的基础上，建立科学合理的辅导员教师职称结构。就是依据一所高校有多少学生，在辅导员教师一线科学合理设置辅导员教师教授、副教授、讲师、助教岗位，形成辅导员教师的梯队层次。唯有这样才能从根本上改变辅导员教师像“割韭菜”“走马灯”似的局面，才能保证辅导员教师队伍职业化、专业化、专家化建设，可以打破常规，不拘一格降人才。

其他学科教师可以从社会上引进，辅导员教师也同样可以从社会上引进。为什么其他专业教师一般不愿意到机关做管理？这里一个很重要的原因不就是他们有教授职称或有评上教授的奔头吗？也要形成辅导员教师不愿到机关做管理的氛围（凡是评上了教授或副教授的辅导员教师，若是调离了辅导员教师岗位，职称指数不能带走，必须留在一线辅导员教师岗位）。可以将那些辅导员教师出身到机关工作了的，或一直在机关工作却具有辅导员教师素质的同志再“吸引”、回归到一线辅导员教师岗位。

全校教职员工，凡是具备辅导员教师素质的，都可以应聘辅导员教师岗位。还可从退休了的教职员工中选聘一些做辅导员教师，以解决“燃眉之急”……

“机关怎么办?”有些同志会有这样的担忧，实际大可不必。每个人都会权衡得失，愿意在机关发展的，会设计去机关发展的路径；愿意在一线辅导员教师岗位上发展的，会设计在辅导员教师岗位发展的路径。况且由于

再不用担心辅导员教师的“出路”问题了，机关腾出的名额可以按岗位需要，向校内外公开招聘。相信“市场杠杆”“人才评价”等机制会自觉发挥引导作用的。

273

需要境界，更要靠制度（五）

2019-01-08

想要解决科学合理的辅导员教师职称结构这一问题，上级有关部门极为关键。靠着学校的自觉来解决这一问题会很难，也会很慢。

实事求是地说，与前些年比，尽管辅导员队伍职业化、专业化、专家化发展有了很大的进步，但是在高校应不应当有辅导员教师队伍的认识上仍存在差异，高校自身各层面的思想认识并不统一。这也是导致当前高校辅导员教师职称结构不尽科学合理的一个原因。

(1)怎么办？

这就需要“外力”的推动。上级有关部门可以在原来师生比 1∶200 的基础上，明确提出高校一线辅导员教师的职称结构要科学合理，并对此加以督导、检查、评估。要“较真儿”，不能只把措施落实在文件中。

我在省教育厅工作的时候，有位和我关系不错的校领导跟我讲：“你别太累了，冲着你，我们学校一定配齐辅导员队伍。你知道的，上级部门在对高校本科教学水平进行评估的时候，有没有辅导员队伍并不影响学校能不能评为优秀。”

实际情况确实如此。本来辅导员队伍建设的比例要求是以教育部的名义下发的，本科教学水平评估的文件也是以教育部的名义下发的，但是落实起来却各说各的,各做各的。

(2)工作现状

大家都知道,高校最在乎的是本科水平教学评估,而不是辅导员队伍建设。

如果在评估的时候把辅导员队伍建设当成“硬指标”,那么辅导员队伍职业化、专业化、专家化建设一定会是另一个样子。

现在我们搞“双一流”建设了,看看相关高校会重视到何种程度。

令我不解的是,世界一流能不包括人文一流?学科一流能不包括人文学科?人文学科一流能不包括思想政治教育学科一流?思想政治教育学科一流能不包括辅导员教师队伍一流?

特别应当认识到:思想政治教育学科是人文学科中的“人文”,处在人文一流的核心,没有思想政治教育学科的一流,怎么能有资格称为世界一流?

(3)灵魂没有带上,往哪里走?

这里我借用一下墨西哥的一个谚语:“一群人在走着,走着走着有个人站住了。别人问他,‘你为什么不走啦?’他说,他的灵魂没有带上。”说得多深刻、多发人深思!

我们难道不应当好好地思考一下吗?现在我们很多大学把就业率当成办学的主要指标,这只能说可以理解,但绝没有道理。

大学要关心的是学生的就业观,而不是就业率。毕业生都到哪里就业啦?祖国需要的、艰苦的地方又去了多少?

想想“校园贷”多可怕啊!这意味着在它的后面隐藏着一个庞大的犯罪大军。他们都是从哪里来的?从地里冒出来的?不都是这些年我们的大学培养的吗?有的还是名牌大学培养出来的。

(4)辅导员教师是重要的人文教师

世间一切事物中,人是最宝贵的。建设一流的人文就需要一流的教师。辅导员教师就是大学里一部分重要的人文教师,这就是他们的定位,这就是建设辅导员教师职业化、专业化、专家化的内在根据。

辅导员教师不是“筐”,不能什么都往辅导员教师这里装。眼下他们越是离职业化、专业化、专家化的要求甚远,越是不能完全胜任辅导员教师所应担负的成为大学生人生导师的教学任务,越说明我们要下大气力来抓好这支队伍的建设，越说明抓好这支队伍建设所具有的必要性、迫切性，越需要我们采取切实有效的措施把辅导员教师队伍建设好。

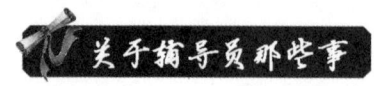

现在对高校巡视的内容就包括对辅导员队伍建设情况的巡视。这也是举措，也有推动，但是还不够。

现在的巡视主要是从意识形态角度出发的。这容易造成以“运动”式来抓辅导员队伍建设的错觉。

前面我提到了一点，高校要配有辅导员教师不仅是高等教育发展内在规律的要求，也是人才成长规律的必然。研究表明，一个人的成功23%取决于他的智力水平，剩下的取决于他的非智力因素。什么是非智力因素？就是一个人的情感、责任、毅力等因素。对当代大学生来说，就是是否能做到“四个自信”，是否为中国梦的实现而学习。大学生有了这样的非智力因素，就会刻苦学习，就会把这种强大的精神力量转化为无坚不摧的物质力量。这就需要发挥辅导员教师人生导师的作用，就需要有一批人格高尚、理论素养深厚、实际工作能力超强的职业化、专业化、专家化的辅导员教师队伍。

(5)亟待合理的制度

通过巡视来推动辅导员教师队伍建设有必要进行下去，但是如前所述，如果认为比例达到了，辅导员教师队伍建设的任务就完成了，这会建设出一支怎样的辅导员教师队伍呢？如此的辅导员教师队伍不可能是高素质的，因而也就保证不了辅导员教师所担负的成为大学生人生导师任务的完成。

为什么常常一到关键的时刻辅导员就顶不上去了，做不通学生的思想工作了？这是因为平时这些学生的思想困惑就没有得到很好的解决，这就使得他们的错误思想在不断地膨胀，到了“瓜熟蒂落”的时候，也就自然“释放”了出来。看起来突然、偶然，实际上是必然，这是早晚的事。因为一些学生错误的思想萌芽还在孕育状态的时候，我们一些辅导员教师就没有能力及时地把它们消除掉。

现在辅导员教师队伍号称多少万大军，但是“杂牌军”太多，“正规军”数量不足，而有“攻打”思想阵地战斗力的“正规军”数量更是少之又少。

不能再等下去了。中国梦的实现就剩“最后一公里”了，我们必须培养出坚定地走好“最后一公里”的人。这就需要一批能培养出走好“最后一公里”的人的职业化、专业化、专家化的辅导员教师。现在是需要“权威”的时候了。大学是国家的大学、共产党的大学，大学必须以立德树人为根本任务。大学不能任由个人说了算，不能由个人想怎么办就怎么办，要像抓其他教师队伍一样抓辅导员教师队伍建设。其他教师队伍的副高级职称已经占到很高的比例了，而辅导员教师的职称结构又是如何呢?

如果学校没有这个积极性，那上级有关部门就要加强督导、检查、评估。要在尽可能短的时间内，使辅导员教师的职称结构逐步科学合理，并使之良性循环。凡是达不到要求的，要给予说法。什么说法？我想大家都懂的。

辅导员是教师，却不给他们评职称；

给辅导员评职称，却不按照辅导员教师的学科特点评；

一些辅导员教师评了职称后又“优出”了……

这一切的问题根源，皆在于没有对高校一线辅导员教师的职称结构做出科学合理的制度设计。等有了这样的制度设计，再加强督导、检查、评估，并有一个明确的说法，辅导员职业化、专业化、专家化的建设步伐就一定会大大加快。

274

我是“向理”说话

2020-01-03

关于辅导员队伍建设，我确实说了很多的话。有些话说得很早，可以说很超前。

我在三十八年前刚做辅导员的时候就觉得办好社会主义大学离不开辅导员队伍。

道理很简单，办大学就必须把人文放在第一位，也就是把做人教育放在第一位，不然还办什么大学？那样大学就成了工厂，成了培训车间。对于我们今天的社会主义大学来说更是如此。

（1）重视人文

想一想，只有知识，却不知所学知识运用到哪里，或者只为自己使用，这是多么可怕的事情，这个社会将会是什么样子。

今天的高等教育即将进入普及化阶段，社会上已经遍地都是大学生。可以说社会的学历层次上去了，可是社会的文明层次呢？大家心知肚明。为什么会是这样？一个重要的原因就是在较长的一个时期里，我们忽视了大学生的人文教育，忽视了对人文教师队伍的建设，今天的“果实”是昨天播撒下的“种子”结下的。

辅导员是学生人生的导师，从根本上说，辅导员是重要的人文教师，他们和思政课教师一样，目的都是解决人文教育的核心问题，也就是我们现在所强调的为谁培养人的问题。

（2）重视辅导员

简单说来，思政课教师更多体现的是以课堂教学为主，实践教学为辅；辅导员教学体现的是以日常思想政治教育为主，课堂教学为辅。当前需要注意的一个问题是，有人把两支队伍等同于一支队伍，或者把两支队伍割裂开来，这是不可以的。所以，无须赘述，要想办好社会主义大学，没有理由不建设好辅导员队伍。

怎样才能建设好辅导员队伍？

为落实《中共中央国务院关于进一步加强和改进大学生思想政治教育的意见》（以下简称“中央16号文件”），加强我省的大学生思想政治教育工作，2004年年底，我被省委任命为辽宁省委高校工委副书记，主抓全省大学生思想政治教育工作。这项工作怎样来抓？我在跟教育厅厅长汇报工作的时候提出战略上“乘势而上、顺势而进、造势而为”，战术上“有人干、愿意干、会干”的工作思路。厅长非常支持我的想法。我认为“三干”中最难的是“愿意干”。

很多高校招聘辅导员的时候都是一比几十的岗位竞争。会干也不难，愿意干解决了，会干也就好解决了。正所谓“办法总比问题多”。经常有辅导员问我怎样才能做好辅导员？我说很简单，不要搞“双重标准”，在你做辅导员的时候你希望辅导员是什么样子，照那个样子做就可以了。

怎样解决愿意干的问题？

这是问题的关键。我们可以采取很多措施，有些省份和高校也确实想了很多办法，但是辅导员队伍仍然像“割韭菜”似的被割了一茬又一茬。为什么会这样？

这里的核心是没有解决好辅导员教师的职称评聘问题。辅导员是教师，既然是教师，给辅导员评职称不就解决了吗？评职称，尊重辅导员教师的“教学”特点，也可以说是学科特点不就解决了吗？尊重辅导员教师的学科特点，给辅导员按照合理的职称结构评不就解决了吗？可是这些问题都没有得到很好的解决。

现在又出现一种不公平的现象：有些机关的同志看到了机会，摇身一变到一线做了科级、处级辅导员。这也不是不可以，但是一定要处理好和那些长期在一线做辅导员同志的平衡问题,特别是在职称评定上,没有一定年限学生辅导员经历的不能评相应的职称。这要做出明确的规定,不然就会严重影响大批长期在一线做辅导员工作同志的积极性。

我在省教育厅任高校工委副书记的时候,出台了辅导员评职称实行“三单”的意见,对此就做了明确的规定。比如,现在在机关的位置上,却想到一线辅导员位置上“虚晃一枪”,评上职称再调回机关,这是绝不可以的。

(3)“向理”说话

算是巧合吧!去年1月3日我推送的公众号文章就是关于辅导员队伍建设的。

我连续推送了五篇文章来谈辅导员队伍的建设问题。我的观点是“需要境界,更要靠制度”。有的辅导员说我向着他们说话。今天,又是1月3日,我又写了关于辅导员队伍建设的文章,我想一定还会有辅导员说我在替他们说话。我不是要替谁说话,我是“向理”说话。中华民族正行进在实现伟大复兴的中国梦的关键时期,我们的大学必须解决好培养什么样的人、怎样培养人、为谁培养人这个教育的首要问题,也就是一定要培养出矢志不渝跟党走的人。

这个“一流”,那个“一流”的,人文不“一流”,有什么资格谈世界“一流”?三年前我在《光明日报》上就发表过我的观点。如今的高等教育都如此的体量了,可是为什么需要人才的地方仍然是奇缺人才,这是怎么啦?人才都哪儿去啦,都蜗居、蚁族在哪里啦?

辅导员队伍必须建设好,虽然他们只是人文教育的部分力量;虽然学生的培养要贯穿在教育教学的全过程,但是术业有专攻,没有一支职业化、专业化、专家化的高素质辅导员队伍,学生的思想素质是要大打折扣的。一个优秀的辅导员可以证明这一点;一个比较差的辅导员也可以反证这一点。

275

怎样建设高素质的辅导员队伍

2020-03-31

近些年来,国家加大了辅导员队伍建设的力度,高校辅导员队伍的整体素质有了很大提升。在大学生思想政治教育方面,他们发挥了应有的作用。

但是,我们不得不看到的是,在辅导员队伍建设上,无论是从认识视角还是从实践视角,我们都有诸多不到位的地方,也就是有些“短板”需要补齐。

我在省教育厅工作的时候,有一次代表教育部到一所“211”大学督导辅导员队伍建设。主管校长在汇报时说:“我们学校十分‘重视’辅导员队伍建设,新招了一批辅导员去收学费。原来学生欠学校1000多万学费,让辅导员下去一收,就剩几百万了。”我当时忍不住地说了一句:“辅导员不是收费员。若是派些警察下去收,恐怕这几百万也收上来了。”这样的认识,怎能建设好一支职业化、专业化、专家化的辅导员队伍呢?

辅导员就是干“杂活”的,大学领导中抱有这种认识的人仍大有人在。

像我前天谈到的把就业率“压”给辅导员的现象司空见惯;把考研率、过级率、上课率、抬头率压到辅导员身上的也比比皆是。辅导员成了筐,凡是和学生有关的事就往里边装。真不知在大学里还有和学生无关的事吗?

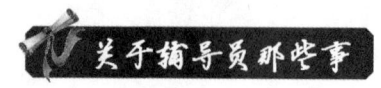

学生到底是谁的学生，是辅导员的学生吗？

我们现在一些学校的做法说得过分些，就是在应付，包括一些“双一流”和“双高”建设学校。一些学校辅导员教师队伍在数量上倒也充足（有的学校还是不行），可是“杂牌”的太多，各种用工方式都有。大家都心知肚明，这里就不一一列举了，特别是很多“双一流”学校都是研究生在顶岗。

辅导员不是教师吗？学生怎么和教师混岗了呢？一些人的回答是没有编制。怎么聘用计算机教师、外语教师等就有编制了呢？怎么其他专业教师，尤其是科技教育教师就不用学生顶岗呢？怎么“双一流”和“双高”建设需要什么就有什么呢？

辅导员不仅是教师，而且是人师，他们是大学生思想政治教育的具体组织者、实施者，是大学人文教育的重要力量，如此的重任靠“娃娃辅导娃娃”怎么能行呢？所以，必须像抓其他教师队伍建设那样来抓好辅导员队伍建设。

有的学校领导说，我们就是像抓其他教师队伍建设那样抓辅导员队伍建设的。我们明确了辅导员的教师身份，也给辅导员评职称。但是辅导员评职称要和其他专业教师有同样的科研任务要求。这种做法显然没有尊重辅导员教师的学科特点。还有的学校虽然承认了辅导员的教师身份，也按照辅导员教师的学科特点给辅导员评职称，但是到了评职称的时候，辅导员教师就没有名额了。可是其他系列副教授以上职称的教师已经占到整个教师队伍的百分之五六十，甚至更高，怎么评职称的时候还有名额呢？怎么偏偏到了辅导员教师评职称就没有名额了呢？

辅导员教师是什么教师？他们应当追求什么样的专业方向？辅导员教师，第一“学术要求”是要成为大学生的人生导师，评价他们的首要标准是看他们把学生培养得怎么样，也就是看学生是带着什么样的价值观离开学校的。学生不爱国，写再多的文章有什么用呢？辅导员评职称要有论文，要看他们的理论水平，但是他们的学术研究、理论水平一定要体现在为学生的成长成才服务上。我们现在一些学校的辅导员职称评定条件简单化，在一些同志看来，既然辅导员是教师，既然要评职称，那就要同人文哲学社会学科教师具备一样的条件，课题、论文、专著、课时都不能少。

辅导员怎么这么能耐？按照这样的条件，能有几人评上职称？这跟不给辅导员评职称没什么两样。辅导员教师评职称绝不能以论文为主。辅导员教师评职称真可谓步履维艰。在中央16号文件颁布前,绝大多数高校不给辅导员评职称(那时候有很多高校还没有辅导员)。后来陆续开始给辅导员教师评职称了(当然现在仍有许多高校不给辅导员教师评职称),这是朝着辅导员教师职业化、专业化、专家化建设迈出的重要一步。

目前给辅导员教师评职称已经基本形成共识(少数不给辅导员教师评职称的高校坚持不多久,因为这是没有道理的),但是紧接着出现的问题是怎样给辅导员教师评职称。现在虽然高校给辅导员教师评职称了,很多高校也都实行了“三单”,但是落实得并不好。这里尤为重要的是怎样体现“单独条件”,这个问题不解决,“单独评审,单独比例”也就失去了意义。许多高校的“单独条件”与其他从事人文哲学社会科学教学的教师评职称的条件没有多少差别,也可以说就是移植了那些教师的评职条件。这就更没有道理了。

我在省教育厅工作的时候,为辅导员教师专门出台了职称评聘条件。在征求意见的时候,有的校长和人事处处长说可以给辅导员教师评职称,但是要一视同仁,不能降低条件,要跟其他人文哲学、社会学科一样,论文、课题、课时一样不能少(目前一些高校坚持的就是这样的条件)。我说这里有两个“一视同仁”:一个是在给辅导员教师评职称上要一视同仁,辅导员是教师,就应当一视同仁,给他们评教师职称。但是在对学科的尊重上也要“一视同仁”,这更是不能缺的。辅导员教师的学科特点是什么?实践性是其最本质的特征。辅导员教师的水平不是通过论文、课题体现的,是通过学生的精神风貌体现的。这就像我上篇文章中提到的那样,一个辅导员教师文章发得再多,发的档次再高,学生教育管理却一塌糊涂,这怎么能评职称呢?

我在辽宁师范大学工作过,我知道声乐教师评职称要有文章,但必须要举办独唱音乐会;器乐教师必须举办独奏音乐会;美术教师也是这样,不仅要有文章,还要有作品,这就是尊重了这些学科的特点。如果只看论文,不能举办个人演唱会,那怎么证明他的实际水平呢?辅导员教师评职称也应当是这样,应当有文章要求(但要少而又少,表明他有相应的理论水平就可以了,也可以没有),关键看业绩。文章(课题)是排在业绩后面的,甚至直接就不要文章,培养好学生就是根本标准。

辅导员教师评职称显然不能和其他人文哲学、社会科学教师的要求一样。

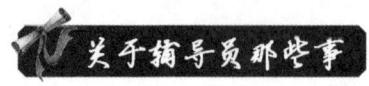

辅导员教师的业绩完全可以用来顶替文章的。评上了全国优秀辅导员怎么连篇“C”刊都不顶呢？带出了全国“三好班级”，可不可以顶个省级课题？家长和学生的感谢信、发给学生的微信可不可以算作考核内容？……

总之，辅导员教师评职称要把他们引导到在思想政治教育走进学生心灵上下功夫，只有变科研为王、变业绩为王，才能真正起到辅导员教师评职称的作用，才能真正实现辅导员教师的价值。必须明确的是，这样做并不是对辅导员教师评职称的照顾，这是由辅导员教师的教育教学特点决定的。

276

辅导员队伍不能像“割韭菜”

2020-04-01

2016 年全国高校思想政治工作会议之后,下发了中央 31 号文件,提出高校辅导员与学生的比例要达到 1∶200。其实这个比例不是新规定,2004 年 8 月颁发的中央 16 号文件中就是这样要求的。快十六年了,落实得怎么样? 整体态势向好。但是仍有很多高校达不到这个要求,有的学校辅导员与学生的比例比 1∶200 要小很多,1∶400、1∶500,还有更小的。还有的高校出现了这种情况,曾经达到过 1∶200,可是现在又达不到了。为什么会是这样? 就是我们尚没有构建起使优秀的辅导员教师进得来、留得住的长效机制。

其实我们现在单纯地强调辅导员是教师、要给他们评职称、辅导员与学生要达到 1∶200 的比例,已经没有根本的意义了。

这些年一些高校也评了一些辅导员教授、副教授(当然还有不评的,不过,评是早晚的事),但是评上了教授或副教授的辅导员教师,他们大多数却不在辅导员一线了。一些辅导员教师评上教授或副教授,学校便把他们“优出”了。(有些学校就是这样提出的,干好了就“优出”。不能这样提,那还在辅导员教师岗位上的不都成了“没干好”的吗? 这不是逼着剩下的辅导员赶紧逃离吗?)

结果在许多高校都是如此，评上教授或副教授就离开了一线辅导员教师岗位；那没评上的，也是想办法到其他部门去。由于相对来说辅导员教师管理能力较强，许多学校把从辅导员教师中选拔“好的”调到机关当成了常态，这就出现了“周瑜打黄盖——一个愿打，一个愿挨”的局面。这对学校，对辅导员职业化、专业化、专家化建设到底是好还是不好？

从长远看，说严重些就是两败俱伤。试想一下，一所学校将来都是清一色的辅导员教师在管理（现在一些学校已经是这样的态势了，一些同志对学校的管理就是“管学生思维”），这岂不太单一、太“行政化”了？

行政管理也需要职业化、专业化、专家化的，需要行政权力与学术权力相统一。从辅导员角度来看，当上个校级领导还“划算”，若当不上呢？哪有在一线做个辅导员教授好呢？所以，对辅导员的关心，不是让他们都“优出”到机关从事管理工作，而是让他们“优留”在一线当教授。众所周知的是，现在很多高校达到或接近了 1∶200 的比例，可是为什么大学生思想政治教育还那么不尽如人意呢？诸多因素中有这样一个重要因素：我们所选留的许多“1”的辅导员教师素质还很难胜任辅导员教师的教学要求。

如前所述，一些学校把素质好的“1”都“优出”了，结果辅导员教师每年都处于青黄不接的状态。为了保证 1∶200 的比例，许多高校只好像割韭菜似的，割了一茬补一茬。

特别是有些学校还采取了“2+3”模式选聘“辅导员教师”（这里我之所以把辅导员教师加上了引号，是因为我是不承认这些“准研究生”是辅导员教师的）。这就出现了三个“准研究生”折算为一个“辅导员教师”的做法。现在这种做法很普遍，尤其在“双一流”高校尤甚。唯独不解的是怎么三个“准研究生”就可以折算成一个“辅导员教师”了呢？就是三十个、三百个，他们不也是学生吗？他们怎么能一夜之间就变成了辅导员教师身份了呢？

一个优秀的辅导员教师可以给 3000 个学生做思想政治教育报告，恐怕 3000 个“准研究生”也做不了一个学生的思想教育工作。因为这些“准研究生”就是些“娃娃”，“娃娃”是不可能给“娃娃”当人生导师的（极个别的就另当别论吧），他们充其量也就是扮演学生事务助理的角色。如此看来，如果这样持续下去，虽然我们出了不少力，但是由于路子不对，建设职业化、专业化、专家化的辅导员教师队伍恐怕只能是海市蜃楼般的愿景。

我们必须建立职业化、专业化、专家化辅导员教师队伍。怎样建立？

像现在这样只强调1∶200是不行的。那么怎么办?我提出要在1∶200比例的基础上,建立科学合理的辅导员教师职称结构。就是依据一所高校有多少学生,在辅导员教师一线科学合理设置辅导员教师教授、副教授、讲师、助教岗位,形成辅导员教师的梯队层次。唯有这样,才能从根本上改变辅导员教师像割韭菜、走马灯似的局面,才能保证辅导员教师队伍职业化、专业化、专家化建设。可以打破常规,不拘一格降人才。其他学科教师可以从社会上引进,辅导员教师也同样可以从社会上引进;为什么其他专业教师一般不愿意到机关做管理工作?这里一个很重要的原因不就是他们有教授职称或有评上教授的奔头吗?也要形成辅导员教师不愿到机关做管理工作的氛围(凡是评上了教授或副教授的辅导员教师,若是调离了辅导员教师岗位,职称指数不能带走,必须留在一线辅导员教师岗位);可以将那些是辅导员教师出身到机关工作了的,或一直在机关工作却具有辅导员教师素质的同志再吸引、回归到一线辅导员教师岗位;全校教职员工凡是具备辅导员教师素质的都可以应聘辅导员教师岗位;还可从退休了的教职员工中选聘一些做辅导员教师,以解决燃眉之急……

中国梦能否实现,关键看"最后一公里"能不能走好,关键看我们怎样把走好"最后一公里"的人培养出来,胜败在此一举,时不我待。恐怕像我们现在这样慢悠悠的打法是不行的。

277

配齐建强思想政治教育教师（辅导员）队伍的若干环节

2020-05-14

关于辅导员队伍建设，从中共中央、国务院【2004】16号文件（2004年8月26日）到《普通高等学校辅导员队伍建设规定》（2017年8月31日经教育部2017年第三十二次部长办公会议修订通过），再到日前教育部等八部门联合下发的《关于加快构建高校思想政治工作体系的意见》（教思政【2020】1号），在这十六年的时间里，辅导员队伍建设有了长足的发展，广大辅导员充分发挥了对青年学生的教育引领作用，这次战“疫”，也是一次检验。但是，不得不承认，辅导员队伍建设还存在着“不平衡、不充分”的问题（地方和地方、高校和高校）。

作为一名老辅导员，我真心希望大家能认真地贯彻落实教育部等八部门此次联合下发的“意见”，最好不要让国家过几年再发一个文件“推动”上一个文件的落实，特别是已经发现的问题、“库存”（我也写过一篇文章《思想政治教育也要去“库存”》）的问题，应当及时主动地加以解决。

关于辅导员队伍建设，我发表过很多文章，有些话我觉得也比较尖锐，有些感情的东西在里面，在此也希望涉及的学校、同志能够理解。我们的愿望是一致的：扎根中国大地办大学，真正办出特色、办出“一流”，为实现中国梦点亮学生理想的灯，照亮学生前行的路，切实坚定“四个自信”，让任何人再休想对我们说三道四、指手画脚；让任何力量都死了那份“撼动我们伟大祖国的地位”“阻挡中国人民和中华民族的前进步伐”的心。

围绕落实好教育部等八部门此次联合下发的“意见”，我将配齐建强辅导员队伍关涉的若干环节推送给大家。这只是一家之言、一孔之见。这里我不做更多的释义，大家都能明白。这些环节是：

(1)认识清楚大学是怎么来的、大学要往哪里去。

大学是人文起家的，科技永远是人文的科技，科技要为人文服务。大学教育必须实现科技教育和人文教育的和谐统一。

(2)立德树人，不只是“政治挂帅”，更是教育思想。

这关系到办什么样的大学、怎样办大学、培养什么样的人、为谁培养人的问题，所以立德树人要贯穿教育教学全过程。

(3)学生的培养主要是通过教学完成的。培养全面的人必须要有全面、完善的课程设计。

大学课程可以简单地划分为两大类，即人文课程和科技课程，两者不可偏废。思想政治教育课程是人文教育的核心课程。课程思政首先要解决如何完善思政类课程的问题。当务之急是尤其要科学设置辅导员的课程体系。

(4)教师是完成教学任务、实现教育目标的关键要素，要完成思政类教学课程，需要健全的思政类课程教师。

(5)辅导员的定位。这是辅导员队伍建设最为关键、核心的环节。

这个环节像多米诺骨牌一样，配齐建强辅导员队伍可以由此开始，推倒辅导员队伍也可以由此开始。此次《意见》第七条在强调队伍建设体系时，是把辅导员队伍看作高校思想政治工作和党务工作队伍的。进一步发展，我以为可以这样为辅导员定位：辅导员是高等教育教师不可或缺的组成部分；辅导员是高校思想政治教育教师的重要组成部分。思想政治教育教师主要由思想政治理论课教师、辅导员、其他担负思想教育类课程教学任务的教师组成。辅导员担负着人文课程中核心课程的教学任务。再进一步发展，辅导员又可以分为两类：一类侧重“说理型”，另一类侧重“管理型”。说辅导员双重身份，未必个人既是“管理型”的，又是“说理型”的，将来思想政治教育教师可以“打通”的。

(6)地位解决了,其他问题就迎刃而解了。

辅导员的聘任要着眼于职业化、专业化,这就需要从长计议。聘任辅导员应考虑辅导员教育教学特点,尊重辅导员教育教学学科属性。

(7)辅导员教师的聘任与其他专业教师的聘任应一视同仁。

这里首先要解决的一个问题是:有的同志会说正是因为“一视同仁”了,才要求辅导员教师必须有博士学位。前天我谈过这个问题。这是趋势,不用太长时间就会实现。

目前,还是要从实际出发,可以在同等条件下优先录用。这里的一视同仁有这样几层意思:

一是辅导员教师也是教师,在编制上应一视同仁;

二是在学科建设上应一视同仁;

三是在教师发展上应一视同仁,这里特别指的是职称评审;

四是在教师待遇上应一视同仁,比如,有的辅导员教师评上了职称,结果因为是德育系列就不兑现待遇,其他教师系列评上了职称后待遇立马兑现。

五是制定人才引进、使用机制,广开门路,吸引、留住有志于从事学生思想、政治、教育、教学的同志加入辅导员教师队伍。

要尽快改变目前“批量”“娃娃辅导娃娃”的辅导员教师聘任办法。上面谈到,没有一流的人文教育,怎么能建成一流的大学?此前我也是多次呼吁,凡是欲建“双一流”的高校,一定要思想、政治、教育、学科一流,这应当作为前提条件,否则都应当没有资格建“双一流”“双高”。不然,给谁办了大学,给谁培养了人?“学科一流”不包括思想、政治、教育、学科一流?

(8)做好辅导员教师职称评审工作。

辅导员教师教育教学的最大特点是育人。辅导员教师职称评定要尊重辅导员教师的学科属性。现在我们提“三单”,这是“矫枉过正”。主要是针对有的学校(有的省人社部门)不给辅导员教师评职称;有的给评,但是辅导员教师评职条件和其他人文学科“一视同仁”;还有的一到评职称的时候,辅导员教师就没有名额了。

我以为,“三单”就应当赶紧进入正常的程序了。我在辽宁师范大学工作时,音乐教师、美术教师评职称,一直“三单”。只是因为有“共识”,他们进入正常化罢了。眼下不是“三单”的问题,而是在保证师生比 1∶200 的前提下，应当科学地设置辅导员教师的职称结构，多少教授、多少副教授、多少讲师、多少助教，逐步达到与其他专业教师接近、持平的水平。辅导员教师评职称一定要突出育人效果，也就是以业绩为主。破除“五唯”，最应当从辅导员教师职称评审开始。辅导员教师的教育教学网络是重要的载体，应大力推动将优秀网络文化成果纳入科研成果评价统计。

（9）合理解决辅导员教师条件保障问题。

现在我们还统称的“岗位津贴”，其实指的是辅导员教师的工作条件保障。解决了一视同仁的问题，就解决了“岗位津贴”问题。条件保障指的是为辅导员教师从事辅导员教育教学所应提供的“岗位津贴”经费以外的费用。比如，辅导员教师要经常看望患病的学生，给学生打电话、发微信，参加学生活动和处理特殊事情加班加点等，这个“条件”还是应当给予保证的。有的同志说：“他们不是愿意干吗？”这有点简单化了。化学教师的实验服、实验药品不是用工资买的，体育教师的教学器材也不是用工资买的，物理老师的实验设备、生物教师的教学标本、清扫工的清扫用具等，这些都是条件保障。

（10）辅导员教师的发展问题。

学校既要考虑当前，又要考虑长远。从根本上应当考虑制定辅导员教师“优留”在一线的政策。现在有些学校由于人手紧张，只顾机关用人，将优秀的辅导员都调到了机关。有的还把这当成了辅导员教师的发展通道。以前我说过，为辅导员教师发展着想的根本路径是给他们评职称。其实，过多的辅导员到机关工作的做法无论对学校还是对辅导员都是“短视”的。当上了教授，职业化、专业化一辈子，在我看来，不比一辈子待在机关差；一所大学的管理层，若都用些辅导员出身的管理，学科背景是不是太单一？大家都懂得，管理也是学问。大学还有行政权力与学术权力的统一问题。

（11）加强思想政治工作队伍培训研修中心建设问题。

加强思想政治工作队伍培训研修中心建设是增强辅导员教师素养的重要举措。确实应使“中心”的作用得到更好的发挥。过两天我专门论述一下这个问题。目前培养毕业的博士有多少是在辅导员教师岗位上？是不是帮助别的学科“种地”啦？怎样切实发挥好“中心”的科研、培训作用？

（12）网络思想政治教育中心建设问题。

我前几天写的文章涉及这个问题。现在一些学生是上课睡觉，下课上网,一些网络阵地充斥着各种负面的声音。辅导员教师队伍(包括思想政治教育教师队伍)"瞄准""C刊"可以理解,但是不能"失守"网络阵地。教育部可以统一"排兵布阵",各申报中心要围绕辅导员教师的教育教学需要,形成"网络中心"的特色。

(13)辅导员教师教育教学管理应当"双重管理"。

现在的思想政治教育教师还是归口在党委副书记这里。思想政治教育教学有着鲜明的意识形态属性,目前这种管理有其合理性。就像我们有些同志总是强调思政课教材应由中央来统一组织编写,以表示对这门课的重视。随着认识的深入和制度的完善,辅导员教师的教育教学亦应当纳入正常的教学管理。目前辅导员教师"教什么"可以由教育部组织专家统一编写教材,各高校教学时可以结合当地、学校的实际情况来完善教材。课程设置及怎样教的问题,教务处可以着重考核辅导员教师的课堂教学;学工部可以着重考核辅导员教师的实践教学。现在辅导员教师队伍建设没有更好地得以重视的一个重要原因,是还没有将辅导员教师的教育教学纳入学校教学的"大盘子"中(下个问题我再补充谈一下)。我们说辅导员是"教师",可是教学那里却没有辅导员教师的"户籍"。

(14)国家的政策很好,但各地有关部门必须协调一致。

评职称涉及人社厅,经费涉及财政厅,巡视涉及纪委,督导、评估涉及教育厅。地方有关部门十分重要。

(15)评估督导的问题。

现在将辅导员教师队伍建设纳入巡视当中,这对辅导员教师队伍建设有所推动,但是,高校更要按照高等教育发展规律、人才培养规律、学生成长规律来认识辅导员教师的地位、作用。因此,教育部要切实将辅导员教师队伍建设纳入督导、评估当中。思政司、社科司在思想政治教育教师队伍建设上下了很大的气力,极大地推动了这支队伍的建设,但是离我们的期望还有一定的差距。这就需要其他相关司局,比如,高教司、学位办、职教司等更充分地发挥其在评估、学科评价、学校(专业)设置等方面的"杠杆"作用。很多学校并不在乎是不是"文明学校""先进党委",在乎的是"双一流""双高"建设,在乎的是"A^+"还是"A^-",等等。思政司、社科司在课题"中心""基地"等集体项目申报中,对达不到建设要求的辅导员教师(思政课教师),取消其资格。

（16）法治思维问题。

辅导员教师队伍建设不是学术问题。国家的有关文件具有广义法的效用。大学不是个人家的，不能想怎样办就怎样办，应当按照国家的要求扎扎实实地办。不能搞形式主义，不能“上有政策，下有对策”。

（17）要随着大学制度的完善，加快厘清辅导员教师的教育教学界域。有些辅导员教师不安心，也是教育教学界域不清、太杂乱造成的。

（18）广大的辅导员要“有为才有位”。

不要总“回头”看问题，要看“诗和远方”。实事求是是马克思主义活的灵魂。眼下界域不清，多干点没什么，这也是在为学生培养团队精神树立榜样。我留校的时候学院的事我不但什么都干，还主动找活干。我们学院资料员年龄大了，北方冬季冰天雪地，我担心她摔倒，每天给她拿报纸，我成了我们学院的业余“资料员”。大家在一起，要把别人放在心上。如果只想着自己，怎么能和大家搞好关系呢？这样的价值观又怎能带好学生呢？你对别人的好，别人都会记住的。这不也是一种回报吗？

春天，真正属于辅导员教师的春天会到来的，让我们在加油中迎接“她”的到来！

278

怎样看清华大学的“双肩挑”

2020-05-15

这个问题一直被大家在私底下议论着，大家谁也不愿意把它拿到台面上。既然都不愿意，“人微言轻”的辅导员们更是觉得清华大学就是清华大学，跟他们没有什么相干。

说好听的，有人说这是清华大学在继承辅导员队伍建设的优良传统；说难听一点的，有人说清华大学是在摆“老大”资格，搞特殊化。

日前教育部等八部门下发了《关于加快构建高校思想政治工作体系的意见》，这里进一步提出了加强辅导员队伍职业化、专业化、专家化建设的问题。

一些同志自然又想到了清华大学的“双肩挑”。有的辅导员还讲，他们学校的领导就主张学清华大学的“双肩挑”，说这样可以节省办学成本。许多辅导员希望我能谈谈清华大学的“双肩挑”。其实我一直在关注，也问过清华大学的学生和个别老师对“双肩挑”怎么看。

我当然有我的看法。我只是希望清华大学能用充分的事实证明“双肩挑”模式比职业化、专业化、专家化辅导员队伍建设模式有更好的育人效果。

清华大学实施“双肩挑”制度50周年的时候，有个课题组对1953年以来各个时期的649名辅导员校友在校期间表现和职业发展状况进行了问卷调研,并与1800余名非辅导员校友的情况进行了对比研究。

结果表明,“双肩挑”辅导员经历对辅导员校友的人生观和价值观产生了重大影响,对他们综合能力提升起到了积极作用;相比非辅导员校友,辅导员校友的职业发展更具优势,事业成就感更强、满意度更高。最后他们形成了“双肩挑”辅导员校友在校期间表现与职业发展状况实证研究报告,对“双肩挑”模式给予了更充分的肯定。

其实这样的调研报告证明的根本不是“双肩挑”模式对全体清华大学学生在思想政治教育方面所起的作用,而是“双肩挑”模式对这些辅导员本身培养起了什么样的作用。也就是说,在清华大学的“双肩挑”的众多出发点中很重要的一点是为了帮助辅导员系好人生的“扣子”。这样的结论不用调研也可以推断出来。因为能做“双肩挑”的学生本来就是清华大学学生中的优秀份子,他们总体的表现一定比非辅导员校友要出色。

那么清华大学为什么要坚持“双肩挑”辅导员队伍建设模式呢?

我猜想,其中很大一个原因是习惯性思维造成的,恐怕在清华大学很少有人用清华大学那种严谨的治学态度来把“双肩挑”模式在育人上的得失作为重大学术问题进行深入的研究。“清华大学不是首创了‘双肩挑’模式吗?”“‘双肩挑’不是很好吗?”“‘双肩挑’还有什么问题吗?”“辅导员有必要职业化、专业化、专家化吗?”这样的一些价值判断和选择应当是已经深深植入清华大学人的血液中了。能怎样是一回事,那是清华大学人的事;应当怎样看,却是另一回事。

首先应当充分肯定清华大学首创的辅导员队伍建设“双肩挑”模式,其在培养“又红又专”的社会主义事业建设者和接班人中发挥了积极作用。用进入新时代的眼光比对57年前的“双肩挑”,应当说一切都发生了很大的变化。

一是教育背景发生了变化。那时能到清华大学读书的大学生可谓精英中的精英。

二是那时的社会文化单一,爱党、爱祖国、爱人民,是青年大学生“天然”的追求,到祖国艰苦的地方去被看成是一种荣耀。

三是思想政治教育的任务相对来说比较单一,好完成。

四是一些学生自我教育的能力较强。

五是那时的毕业生，别说是清华大学的，就连中专生也是人才，国家十分需要，清华大学能少用一个就少用一个，这对国家建设也是一种支持。

进入新时代后：

一是高等教育即将进入普及化阶段，学生的规模大了，由此产生的思想问题就增多了。

二是随着科技现代化、经济全球化的推进，社会文化多元了。

三是学生价值追求多样化了。

四是"术业有专攻"，思想政治教育已经专业化、职业化了。

五是高等教育培养的学生数量充足了。尤其是中国社会发展的内外部环境发生了重大变化，加上多年来应试教育的影响和家庭教育的缺陷，使处在"拔节孕穗期"的青年学生需要进行教育、引导。如习近平总书记在"全国高校思想政治工作会议讲话"中指出："正确认识世界和中国发展大势，从我们党探索中国特色社会主义历史发展和伟大实践中，认识和把握人类社会发展的历史必然性，认识和把握中国特色社会主义的历史必然性，不断树立为共产主义远大理想和中国特色社会主义共同理想而奋斗的信念和信心；正确认识中国特色和国际比较，全面客观地认识当代中国、看待外部世界；正确认识时代责任和历史使命，用中国梦激扬青春梦，为学生点亮理想的灯、照亮前行的路，激励学生自觉把个人的理想追求融入国家和民族的事业中，勇做走在时代前列的奋进者、开拓者；正确认识远大抱负，脚踏实地，珍惜韶华，把远大抱负落实到实际行动中，让勤奋学习成为青春飞扬的动力，让增长本领成为青春搏击的能量。"

清华大学的学生更是如此。这是一个重大的时代课题，也是高等教育必须破解的重大难题。这关系到培养什么样的人、怎样培养人、为谁培养人这个大学文化的根本价值追求。由此来看，以不变应万变的"双肩挑"模式已经难能最好地完成思想政治教育的任务，辅导员队伍建设还是应当走职业化、专业化、专家化的道路。不然"一肩挑"已经很累了，"双肩挑"怎能都挑起来呢？事实上，目前"双肩挑"更多的还只是体现在对学生学业发展的辅导作用上，而这又不是辅导员教师的主业。

思想政治教育要围绕学生、关照学生、服务学生，要及时把握学生的思想脉搏，要按照社会发展规律、高等教育发展规律、人才成长规律、学生自身特点，主动地、有针对性地设计教育内容、采取科学的教育方法、打造丰富的教育载体,而这些对“双肩挑”来说显然是力不从心的。

思想政治教育还应当着眼于一切学生。新时代“双肩挑”模式仍可以保留,但是应当与时俱进。

我知道清华大学现在也有专职的辅导员,不过人数很少,是“双肩挑”模式的补充。我觉得应当“倒过来”,以专职辅导员为主,以“双肩挑”为辅。不用证明,职业化、专业化、专家化的辅导员教师,一定比“双肩挑”辅导员所完成的思想政治教育任务要多、要好。

清华大学彭凌老师就是一名优秀的专职辅导员,所起到的育人效果一定比一个“双肩挑”辅导员大得多。“双肩挑”还可以丰富内涵,在原来一部分人做兼职辅导员的情况下,吸纳更多优秀学生做辅导员助理、班主任,以使更多的优秀学生得以锻炼,从而为社会的发展做出更大的贡献。

清华大学天然富有这样的使命和担当,这也是全国人民对清华大学的期待。20 世纪 30 年代清华大学校长梅贻琦先生说:“所谓大学者,非谓有大娄之谓也,有大师之谓也。”当下清华大学正行进在建设“世界一流大学”的征途上,在实现科技一流的同时,打造人文一流、思想政治教育一流,培育一批人文教育大师,岂不是人文与科技遥相呼应,岂不是会人文与科技齐头并进?“中国特色”“扎根中国大地办大学”,清华大学人更应当在新时代展现“世界一流大学”的气派!

至于有的学校也想学清华大学的“双肩挑”,还想省钱。这和我们探讨的清华大学“双肩挑”根本不是一个层次上的问题。清华大学“双肩挑”的本质是怎样把学生培养得更好。

279

辅导员队伍建设只会向好的方向发展

2020-07-19

前两天一所民办高校的辅导员给我写了封信,表达了他此时无奈的心情,这是个普遍的问题。我把我和他的交流推送给大家。

曲老师您好!

我是沈阳一所民办高校的辅导员,毕业于××师范大学,听了很多次您的讲座,所以感觉和您很亲近。最近我有些困惑,鼓起勇气给您写了这封信,想获得一些方向的指导。我从事辅导员工作已经八年了,每当感到迷茫时,我都会看您的公众号为自己打气。再看一眼我的学生,我感觉自己所拥有的这份职业很崇高。但是,随着时间的推移,我也会遇到很现实的问题:迟迟不给评职称,工资每个月也不多。之前,我是为了自己的理想而坚持着,但是自从结婚后,经济上的压力很现实地摆在眼前。在我坚持八年的崇高职业生涯中,从没有过放弃的想法,始终坚持自己的梦想,成为像您一样的好老师,奈何最近现实一次又一次地摆在眼前,我不知如何是好。还望您能指点一下,谢谢您!

××你好!

此时我能理解你的处境和心情。很多人在人生中都会遇到这样或那样的困境。有的人坚持下去,成功了;有的人躲避了,反而陷入了更大的困境。由于每个人的处境不同、个人素养不同,因此即便遇到了同样的困境,最终得到的结果也会有所不同。比如,你现在的处境,如果你的爱人坚定地支持你实现你的理想,那你对现在的处境认识就会不一样。所以,关键还在于你要权衡一下你现在的处境还能不能坚持下去。

你已经工作八年,对学生工作又比较热爱,这是你人生攒下的一笔重要的财富。你有多少个八年,如果放弃了,一切重新开始是不是很可惜?除非实在坚持不下去了,否则我还是希望你能坚持下去。

这些年来辅导员队伍建设越来越得到国家和教育部门的重视,只是发展得不平衡,有的学校重视的程度差一些。但是,这些都是会改变的。民办高校也是高校,也必须坚持党的领导,把立德树人作为根本任务,这就离不开辅导员队伍。辅导员队伍建设一定会越来越好。

理想和现实总是有矛盾的,理想的实现需要付出。确实是这样,有的人坚持了,有的人放弃了。有的人实现了理想,有的人则留下了遗憾。

祝好!

280

辅导员队伍建设一定要加强

2020-09-02

前两天有个辅导员给我发了一条微信，倾诉了他的苦衷。他谈到的这个问题，一些辅导员平日里也经常谈论，只是今年遇上了新冠肺炎疫情，这个问题更突出了。此前在我写的公众号文章中也多次谈过，这里再和大家交流一下。

曲老师您好！

打扰您了，向您请教一个关乎生死的问题，因为真的感觉自己快不行了。学生返校前，学校是每天"钉钉"打卡一次，开学后学校要求学生全覆盖一日打卡三次…… 问题是我带的是一个1000多人的院系，大家都知道的，如果专项工作指定了人，其他人一般是不会太上心帮忙的。为了搞好一天打卡一次，每天真的是"死皮赖脸"地给学生讲好话，好在我平时和学生交往还比较多，不停地温馨提醒（一个月花掉话费200多元），才勉强完成一天打卡一次。想想后面开学要一天打卡三次，自己还有其他方面的工作，我就感觉自己离"死亡"不远了……求曲老师给指条明路，谢谢！

××你好！

你这个问题太大，又太吓人，关系到生和死的问题，我真不知该怎么回答你。“解铃还须系铃人。”解决这个问题的关键在于学校和你本人。你再坚持一下，再认真地权衡一下，看看到底怎样办。

应当说这些年在国家的重视下，高校辅导员队伍建设有了长足的发展，变化很大，现在可以号称二十万辅导员大军了。按照教育部1∶200的要求，很多高校逐步地加以落实。但是我此前也说过，辅导员队伍建设的确发展不平衡。有的是省和省之间发展不平衡，有的是学校和学校之间发展不平衡。有的省辅导员编制比较充足，有的省就十分短缺。这就直接影响到高校的辅导员队伍建设。加上有的高校不太重视辅导员队伍建设，所以辅导员的缺口就更大了。辅导员与学生比在1∶400~500的司空见惯，不过您带上千人也确实太多了。

有些辅导员也跟我诉苦、抱怨，说工作忙不过来。本来工作就多，加上处在战“疫”这样的特殊时期，所以就显得格外的紧张忙碌。你说的这个问题很实际、很客观。今年突如其来的疫情也确实给辅导员增添了很大的工作量。从学校来讲，一定要重视辅导员队伍建设。从中央16号文件下发之日算起，加强辅导员队伍建设提出十六年了；从高校思想政治工作会议算起，又过去了四年，怎么辅导员队伍还会出现1∶400、1∶1000呢？这里有客观的原因，但是主要还是主观努力不够，或者说是不作为。我们有的领导把大学当成自己家的了，想怎么办就怎么办。没有辅导员，别招那么多学生不就完了吗？影响效益了是不是？大学不是工厂，生产的不是产品。大学是育人的地方，要立德树人、德育为先。我们的教育要为学生的一生负责。辅导员成了“筐”，成了无限责任人，大量跟他们不相干的事务性工作都压到了他们身上。这样从客观上讲，辅导员真是忙不过来，有些工作就处于应付状态，最后损失的还是对学生的教育培养。尤其在当下这样的时期，高校更要细致地研究解决特殊情况下特殊问题的办法。

当然，从长远来看，高校自身必须重视辅导员队伍建设，把这支队伍真正当作办好中国特色社会主义大学不可或缺的教师队伍。有关部门一定要相互配合，形成合力。现在把辅导员队伍建设作为巡视的一项内容，这有必要，最终还是要纳入学校教学来管理。一些高校辅导员人数不够，这表明师资力量不足，减少招生不就解决了吗？一些高校为什么在“就业率”

方面造假，不就是怕减少招生数、怕社会声誉不好，考生不愿报考这样的学校吗？还有评估的杠杆作用要发挥好，这是指挥棒。辅导员与学生比例都 1∶1000 了，学校怎么还能合格、优秀？从辅导员自身来说，还是要增强使命感和责任感。应当看到，我们从事的是一项伟大的事业，可谓“功在当代，利在千秋”。为了中国梦的实现，我们应当拿出拼了的劲头，做好我们自己的事情。对辅导员来说，就是把学生培养好，让他们矢志不渝地跟党走，在实现中国梦的伟大事业中实现自身的价值。辅导员一定要把主观能动性发挥到最大限度。至于个别的实在坚持不下去了，那只能由你自己来权衡选择了。不管怎样，不能应付我们的工作，不能耽误了学生。

“无限风光在险峰”，在理想和现实之间总是充满着挑战。人生的魅力恐怕就在这里，对辅导员来说更是如此。

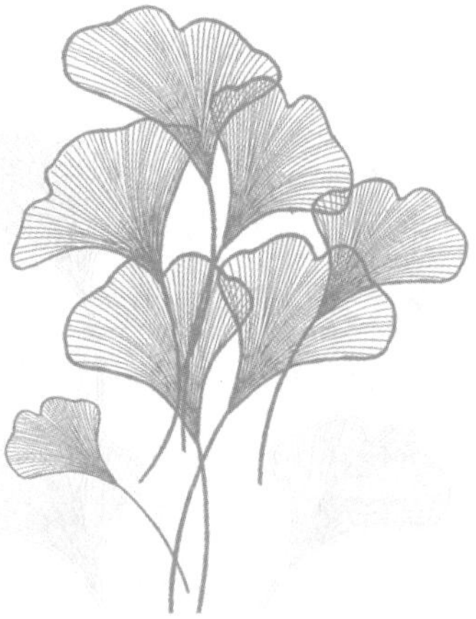

281

与辅导员的交流(一)

2020-12-16

曲老师您好!

我是××学院的辅导员××,在辅导员岗位上已经工作五年。我一直在关注您的公众号,也在学校听过您真情流露的演讲,感觉很受用。做学生工作也是我感兴趣的地方,和学生相处,有喜悦、有成长,虽然也有很气愤的时候,不过想想他们就是比自己小很多的弟弟妹妹,也就没那么计较了。今天听了您的讲座,再次坚定了我继续做好学生工作的信心,特别感谢您。不过做辅导员也面临着很多实际困难,收入比较低、不好找对象、继续深造无门,所以有时候我也在怀疑自己的坚持。好在平时能通过锻炼保持健康的身体,通过阅读保持思想的活跃,虽然知道坚持下去很难,但还是希望有朝一日能成为像您一样的人,成为真正走进学生心里的长者。

××你好!

辅导员队伍建设的环境现在已经有了很大的改善,但是还存在着诸多不完善的地方,这需要内外部形成合力来解决。从内部来讲,包括我们辅导员自身怎样认识和从事辅导员工作。没有笔直的大道可以走,只有坚持、付出,才能实现我们的愿望。我常说的一句话就是:“为了学生的利益,尽量少想自己的利益。”

282

与辅导员的交流（二）

2021-04-11

曲老师您好！

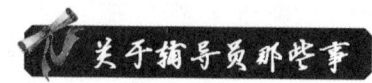

我是××学院的一名辅导员，我叫××。听了您的讲座，更坚定了我为学生服务的信念！

我于2011年开始进行思政专业的研究生学习，毕业后进入高校从事辅导员工作。我目前在××学院从事团学工作。因为学校是民办高职院校，在带辅导员队伍的过程中，始终面临着队伍不稳定、心态不统一的困惑。

今天上午，听完您的讲座，我感到受益匪浅。作为高校辅导员，首先要有为祖国培养建设者和接班人坚定的信念，要有以生为本的服务理念。回去后，在繁杂的日常管理事务之外，辅导员理想信念的建设将是队伍建设的重要内容。以后有机会再聆听您的指导，也希望能有幸请您到我校，为我校的辅导员、学生们开展一次讲座。

最后，祝您身体健康、工作顺意！

××你好！

辅导员队伍建设这些年得以不断加强，但是发展还不平衡，总体来看民办高校要弱一些,这也是事实。越是在这种情况下,越要做好自己的工作。一些辅导员总是抱怨,对这不顺眼,对那不如意。人若总是抱着这样的态度,那就没有出息了。路是走出来的,事业是干出来的。管别人干什么,全力做好自己应当做好的事情不就得了。我们首先要重视自己;我们首先要相信自己。民办高校的思想政治教育不是处在“开垦期”吗?这不正是大显身手的好时机吗?把抱怨的时间都用到工作上,就能彰显出辅导员的本色。相信随着辅导员队伍建设越来越被重视,民办高校的思想政治教育必定得到加强,辅导员队伍的整体素质也会越来越得到提升。谢谢你的邀请,我安排一下,有时间一定去你们学校看看。

祝好!

283

与辅导员的交流（三）

2021-04-20

曲老师您好！

我是×× 学院的辅导员。曲老师，实在不好意思，从听完讲座回来就跟学生谈话，刚刚结束。今天听完您的讲座，见到您本人，又听到您的经历，感觉很振奋，向您学习。希望您珍重身体，辅导员行业，未来可期！

谢谢认同。高校必须要有辅导员，这已经是大势所趋。只是怎样建设这支队伍，还需要进一步形成共识。的确应当有这样的自信：随着高等教育的不断深入发展，随着对高等教育所要完成的“立德树人”根本任务的理解更加明确，对辅导员队伍建设的力度一定会不断增强，一支高素质、职业化、专业化辅导员队伍的出现指日可待。

感谢曲老师的深夜回复。您说得太对了！今年是我参加工作的第四年，我对辅导员工作依然充满热情、充满期待，也收获了一些认同。有您这样的榜样，辅导员这条路就不孤单。也向往成为像您一样有教育之志，并真心践行的人。

曲老师，您早点休息，今天辛苦了！

好好努力。把你的详细地址告诉我,我邮寄一本我写的书给你做纪念。

啊！真的既意外又开心！我的地址:×××××××××。感谢曲老师。

曲老师晚安！再次感谢您对我的重视与鼓励。

284

辅导员队伍建设要有实招

曲建武

在我国高等教育的长期发展中，辅导员制度在实现德育目标，保证高等学校学生的健康成长，坚持人才培养方针都发挥了积极作用。许多大学毕业生在工作多年后，谈到在大学里对他们成长影响最大的人时，辅导员常常被排在第一位。关注新形势下高校辅导员队伍建设，健全制度，既是一种责任，又是现实需要。

一、正视辅导员队伍建设中存在的问题

辅导员对大学生的成长起着至关重要的作用，但在实际工作中却存在着一些亟待解决的问题。突出表现为：

有些高校对这支队伍的建设仍然不够重视。随着高校学分制的实施，传统的大学德育管理模式发生了很大变化，许多高校实施了导师制，这成为有些同志否认辅导员队伍存在必要性的理由。他们认为辅导员的工作由导师做就可以了。其实，导师工作与辅导员工作是有区别的，导师做大学生的思想政治教育工作带有“兼职”色彩，这决定了他们不可能全身心地投入到大学生的思想政治教育工作中去，而且相对说来他们也缺乏这方面的系统的专业化知识，目前许多高校由于辅导员队伍严重缺编造成了工作被动，也说明兼职是不行的。另外，高校里非常普遍的一种情况是不像重视业务教师的培养那样重视辅导员的培养，许多学校对其他业务教师采取了特殊的培养政策，为他们的学术休假、参加学术会议、进修学习提供和创造条件，但是对辅导员则任其自由成长，没有这样的待遇。可以说，辅导员在许多高校处于名不正的状态。

对辅导员所从事的思想政治教育的学科地位没有得到应有的确认。思想政治教育的对象是朝气蓬勃的大学生，工作任务十分繁重，对大学生而言，其思想、学习、生活等各类问题既要注重理论疏导，又要引导他们注重实践的磨炼。由此也就形成了辅导员工作的一项基本要求，即他们不仅要有厚重的理论，成为学生思想上的引导者，更要成为学生行动上的楷模。思想政治教育工作是科学，是科学就带有规律性，就需要有专人研究，专人做，也即人们常说的"术业有专攻"，而做大学生的思想政治教育工作正是辅导员的主业。遗憾的是，相当多的人包括有些领导不承认思想政治教育的学科地位，认为辅导员工作就是管学生，是谁都可以做的事情，导致辅导员的教师资格不被承认，不能评聘相应的职称，使辅导员的工作积极性受到伤害。

相当数量的辅导员素质不高，工作不安心。目前，高校的辅导员队伍大都是"混合军"。有的愿意从事这项工作，但学的不是这个专业；有的是因为做不了其他方面的工作，不得已从事了辅导员工作；有的是临时过渡，目的为"曲线救国"，一心准备考研离开，或一有机会便一走了之。高校辅导员队伍不稳定已成为辅导员队伍建设中的一大难题。许多高校的辅导员在这一岗位上工作三到四年就已经是"老辅导员"了，多数辅导员工作两到三年就考研或转岗，特别是在一些有条件的高校，学校对一些新辅导员的承诺就是工作一两年后保送研究生。由于"身在曹营心在汉"，这些辅导员工作热情不高，责任心不强，管理缺少计划性、制度性，缺少目标定位。有些人为了转岗想方设法上其他专业课，为了考研对工作应付了事，很难对大学生进行深入细致的思想政治教育工作，更不能潜下心来深入研究问题。许多大学生讲，他们的辅导员大学四年中从来没有同他们做过一次有准备的谈话，有的辅导员能叫出学生的名字就不错了。

二、加强辅导员队伍建设要多出实招

当前高等教育的内外部环境变化给大学生思想政治教育带来了诸多挑战，迫切需要我们建设一支高素质的辅导员队伍，形成强大的思想政治教育合力和良好的育人环境。

首先,要像重视业务教师的选拔那样重视辅导员的选拔。造成辅导员不安心工作、素质不高的原因是多方面的,依笔者之见,没有把辅导员队伍建设纳入专业化视野是一个重要原因。辅导员工作不是谁都可以做,谁都能做好的,因此,对辅导员的选拔必须严把入口关。今年上半年辽宁省教育厅从高职高专毕业生中采取免试的方式,选拔了48名品学兼优的学生,将他们保送到沈阳师范大学攻读思想政治教育专业,毕业两年后,再回到原保送学校做专职辅导员。学校为他们设计的教学模式是:第一年以学习辅导员工作所需要的基本理论为主;第二年一边学习,一边从事大学生思想政治教育工作的实践活动,如将他们派到新生寝室同吃同住、做新生的小辅导员。同时,对这些未来辅导员加大实习考察的力度,省教育厅为此给予了相应的经费支持;还从全省12所有免试保送研究生资格的学校调剂出30多个名额,通过公开招聘的方式,将他们保送到大连理工大学思想政治教育专业学习两年,之后再回到保送学校专职从事辅导员工作。可以想象到,这样的模式培养会使这些辅导员从根本上解决学用一致的问题。建议国家有关部门应在有条件的高校设立辅导员专业(名称也可再考虑),每年在制订招生计划的时候,按照一定比例拨出一些名额,这对辅导员队伍建设会起到十分重要的作用。

其次,要像重视业务教师培养那样重视辅导员队伍的建议。受高等教育内外部环境变化的影响,大学生的思想和行为也在发生着变化,表现出许多新特点。这就要求辅导员队伍能够随着这种变化,不断提升自己的思想理论素质和工作水平。为此,必须根据辅导员工作的需要和实际,进行经常性的培训。省教育厅为此采取了三项措施强化对辅导员的培训:一是实行辅导员持证上岗制度,今年暑期开始对全省新上岗的辅导员进行了岗前集中培训,培训合格颁发辅导员证书;二是加强辅导员的日常培训,在省内高校设立了5个思想政治理论培训基地,2个心理健康教育师资培训基地,1个大学生思想政治教育艺术研究中心,并分别在农村、工厂、部队、纪念馆等地建立了10个辅导员实践基地。通过培训及时更新辅导员的专业知识,不断提高他们的工作水平。

与此同时,省教育厅还通过举办思想政治教育相关专业硕士研究生班的方式,大面积提升在职辅导员的学位层次。今年省教育厅依托东北大学、辽宁师范大学、辽宁工程技术大学采取单独招生的办法,让符合条件的辅导员分期分批攻读与辅导员工作相关的硕士学位。省教育厅专门设计了培养模式,在导师的聘任上,实行以办学单位为主,同时聘请一批在省内其他高校多年从事大学生思想政治教育工作的专家学者,以及有高级学术职称的高校党政领导,做这些硕士生的论文指导教师,以增强培养的针对性和实效性。

第三,为辅导员队伍发展创造良好的政策环境。对辅导员工作要给予适当的工作补贴。这不是因为他们的工作有多辛苦,而是因为他们的工作性质需要,如学生病了,他们要到医院看望;学生有事请假,请示汇报工作要经常给他们打电话等。辽宁省大学生思想政治教育实施意见明确规定,按财政隶属关系,每月给辅导员 200 元的工作补贴,200 元虽然并不多,但却体现了党组织对他们的关心和支持,激发辅导员热爱大学生思想政治教育的情感。要切实解决辅导员的职称评聘问题。有的辅导员说,与同期留校的教师相比,他们评不上相应的职称,这很难让他们安心工作。因此,各高校应明确辅导员的身份,按照适当比例,制定相应的条件,对辅导员的职称进行单独评审,这样,可以保证他们的名额不被其他系列占用。要为辅导员科研立项创造条件。大学生思想政治教育需要理论指导。辅导员在长期的工作和学习中积累了较丰富的实践经验,这些经验很有必要进行总结归纳。因此,高校可以通过面向辅导员设立专项课题进行科研立项,以促进辅导员队伍建设。

(刊载于《中国高等教育》2005 年第 12 期)

285

着力建设一支专业化、职业化的辅导员队伍

曲建武　吴云志

早在20世纪50年代初,我国的一些高校便建立了政治辅导员制度。在半个多世纪中,辅导员队伍为完成大学德育的目标,保证高等教育的顺利发展,培养社会主义事业的建设者和接班人发挥了积极的作用。实践证明,高校辅导员制度有利于大学生的成长,有利于高等院校培养目标的实现,符合我国社会主义事业发展的需要。2004年8月,《中共中央国务院关于进一步加强和改进大学生思想政治教育的意见》指出:“要采取有力措施,着力建设一支高水平的辅导员、班主任队伍。”我们认为,建设一支高水平的辅导员队伍,最有效的措施是推进辅导员队伍的专业化和职业化建设。

一、辅导员队伍专业化、职业化建设的必然性

高校辅导员队伍作为大学生思想政治教育工作的一支重要力量,其专业化和职业化程度,对于提高大学生思想政治教育工作的实效性有着重要意义。

1. 学生思想政治教育面临的新形势需要加强辅导员队伍专业化和职业化建设

随着改革的不断深入,高等教育的内外部环境发生了很大的变化。高

等教育置身于社会发展之中，与整个社会的联系从来没有像今天这样紧密，社会发展对大学生的影响也变得更加直接。这些变化为大学生在思想政治方面健康成长提供了更加有利的条件，开辟了更加广阔的空间。但是，在发展社会主义市场经济和对外开放的条件下，在各种思想文化相互激荡的环境中，大学生思想活动的独立性、选择性、多变性、差异性明显增强，受到各种思想文化的影响明显增多，使大学生的思想政治工作面临着更加复杂的形势。正如胡锦涛同志在全国加强和改进大学生思想政治教育工作会议上指出的："意识形态领域历来是敌对势力同我们激烈争夺的重要阵地。在当前的国际国内条件下，敌对势力同我们争夺下一代的斗争依然十分尖锐、复杂。他们通过各种途径和手段向我国大学生传播西方资产阶级的政治观点、价值观念、生活方式，企图用潜移默化的方式使年轻一代全盘接受西方的价值观和政治制度，最终达到他们推翻中国共产党领导和我国社会主义制度的政治目的。我们绝不能丧失警觉。在这种情况下，我们必须在大力提高大学生科学文化素质和健康素质的同时，下功夫提高大学生思想政治素质，引导大学生树立正确的理想信念，增强政治鉴别力，有效防范和抵御敌对势力的思想渗透。"要实现这一目标，就必须有一支专业化、职业化的辅导员队伍，了解大学生的思想实际，研究大学生思想政治教育的规律，切实提高大学生思想政治教育的实效性。

随着高校学分制的实施，许多大学的管理模式发生了很大的变化，许多高校实施了导师制，这成为有些同志否定辅导员队伍专业化、职业化的理由，他们认为辅导员的工作由导师做就可以了。

但是，导师工作与辅导员工作的一个重要区别在于，导师做大学生的思想政治教育工作带有"兼职"色彩，这就决定了他们不可能全身心地投入到大学生的思想政治教育工作中去，而且他们也缺乏这方面的系统的专业化知识。大学生思想政治工作是科学，是科学就带有规律性，就需要有专人来研究，就需要有专人来做。这也就是我们常说的"术业有专攻"，而做大学生的思想政治教育工作正是辅导员的主业。从这一意义上说，建设一支专业化、职业化的辅导员队伍是加强和改进大学生思想政治教育的必然选择，这支队伍的作用是其他任何角色都无法替代的。

2. 高校辅导员队伍建设的现状要求辅导员队伍建设的专业化、职业化

目前，高校辅导员队伍不稳定已成为辅导员队伍建设中的一大难题。

一些高校,在辅导员岗位上工作三到四年的就已经是“老辅导员”了,多数辅导员工作两到三年就考研或转岗。为了使工作正常维持,学校不得不重新选留辅导员来充实队伍。但选拔、考核机制又不够健全,许多高校基本上还延续着从本校或所在院(系)进行选拔的机制。一些辅导员选择这一职业不过是权宜之计,存在工作热情不高,责任心不强,没有长远打算,没有按照专业化、职业化的要求设计自己、发展自己,不能潜心钻研业务,不能安心本职工作等情况。加上管理缺少目标定位,没有计划性,缺少制度性,部分辅导员为了转岗而想方设法上专业课,为了考研对工作敷衍了事,谈不上进行深入细致的大学生思想政治教育。

另外,由于对辅导员的定位存在争议,认为辅导员工作谁都可以做,一些本没有辅导员素质的人员被“充实”到辅导员队伍中来。同时,由于选拔机制存在的问题,大量的高校辅导员缺失专业化背景和职业化心理准备,辅导员中系统学习过马克思主义理论与思想政治教育、管理学、教育学等相关学科的人员较少;加之本科生辅导员带本科生的情况比较普遍,辅导员的理论水平比大学生高不了多少,这就使得一些大学生的思想困惑不能从辅导员那里得到及时回答,对学生的教育、引导不到位,大学生思想政治教育出现了许多“盲点”,一些大学生成为“独来独往”的“自由人”:思想缺乏交流,行为缺乏导引,甚至个别辅导员在学生中随意发表自己对形势政策和社会问题的看法,带来了不良的负面影响。许多学生谈到,他们最认同的是思想上的导师,而不是生活上的保姆。因为在当今这样一个文化多元、发展迅猛的时代,选择正确的价值取向至关重要。

造成辅导员不安心工作、素质不高的原因是多方面的,我们认为,关键是没有把辅导员队伍纳入专业化和职业化视野。所谓专业化和职业化,就是要把辅导员所从事的大学生思想政治教育工作,当成一个学科来看待,并且是必须保证的一个学科。对他们的选拔要像其他业务教师的选拔一样,重视学术背景,即他们应当具有从事大学辅导员工作的专业知识。不仅如此,还要看他们实际工作的能力,尤其要看他们的政治思想素质和人格魅力。这是因为,这个学科的特点在于,辅导员面对的是处在人生发展关键时期的大学生,他们不仅需要从辅导员那里得到思想上的引导,也需要辅导员在行动上成为他们学习的榜样。

二、辅导员队伍专业化、职业化建设的措施

2005年1月,胡锦涛同志在全国加强和改进大学生思想政治教育工作会议上强调:“要采取有力措施,按照政治强、业务精、纪律严、作风正的要求,着力建设一支高水平的辅导员和班主任队伍,使他们在学生思想政治教育中发挥更大作用。”2006年4月,全国高校辅导员工作会议在上海召开,7月,教育部颁布了《普通高等学校辅导员队伍建设规定》(以下简称《规定》)。《规定》的发布,为今后一个时期高校辅导员队伍专业化和职业化建设指明了方向。

1. 要像重视业务教师的选拔那样重视辅导员的选拔

辅导员工作不是谁都可以做、谁都能做好的。因此,高等学校必须要像重视业务教师的选拔那样重视辅导员的选拔,建立严格的辅导员职业准入制度。《规定》要求:“辅导员选聘工作要在高等学校党委统一领导下,采取组织推荐和公开招聘相结合的方式进行。”“辅导员选聘应当坚持如下标准:(一)政治强、业务精、纪律严、作风正;(二)具备本科以上学历,德才兼备,乐于奉献,潜心教书育人,热爱大学生思想政治教育事业;(三)具有相关的学科专业背景,具备较强的组织管理能力和语言、文字表达能力,接受过系统的上岗培训并取得合格证书。”实践中,部分高校对辅导员的选聘在有些方面提出了更高的标准。例如,山东大学要求辅导员除应为中共党员、具有硕士及以上学位外,还应具有与工作相适应的专业知识、职业素养和职业能力。对辅导员按照职业化标准进行专业知识和职业技能培训,在规定时间内使其逐步获得相应的专业资格证书,提高专业化水平。

根据各高校具体情况,我们还可以从政治立场坚定、思想品行端正、工作能力较强、具有学科专业背景的党员教师和党政干部中选聘辅导员。还可以从免试推荐的硕士生、博士生中择优选聘专职辅导员,专职从事一段时间辅导员工作后,再攻读研究生学位。

2. 要像重视业务教师培养那样重视辅导员的培养

辅导员要提升自己的综合素质和工作能力,就必须根据工作的需要和实际进行经常性的培训。《规定》指出:“辅导员的培养应纳入学校师资培训规划和人才培养计划,享受专任教师培养同等待遇。”“省、自治区、直辖市教育行政部门应当建立辅导员培训和研修基地,承担所在区域内高等学校辅导员的岗前培训、日常培训和骨干培训,对辅导员进行思想政治教育、时事政策、管理学、教育学、社会学和心理学以及就业指导、学生事务管理等方面的专业化辅导与培训,开展与辅导员工作相关的科学研究。”“高等学校要积极选拔优秀辅导员参加国内国际交流、考察和进修深造。支持辅导员在做好大学生思想政治教育工作的基础上攻读相关专业学位,鼓励和支持专职辅导员成为思想政治教育工作方面的专门人才。”

与此同时,要统筹规划专职辅导员的发展。选拔一批骨干攻读相关学位或进行业务进修,鼓励和支持辅导员长期从事这项工作,并向职业化、专业化、专家化方向发展。

3. 要建立健全辅导员管理、考核、激励和淘汰机制

《规定》指出:“高等学校辅导员实行学校和院(系)双重领导。高等学校要把辅导员队伍建设放在与学校教学、科研队伍建设同等重要位置,统筹规划,统一领导。”辅导员队伍实行学校和院(系)双重领导体制,学校党委要统一规划辅导员队伍建设工作,对分布在各院(系)的辅导员实行统一的领导和管理,各院(系)也要对所辖的辅导员进行直接管理和领导。学校党委学生工作部门是代表校党委建设与管理辅导员队伍的主要职能部门,学校组织、人事部门要积极参与和支持辅导员队伍建设。高等学校所属各院(系)要设立学生工作办公室,具体负责本院(系)辅导员的日常管理工作。学生工作办公室主任一般由院(系)主管学生工作的党政负责人兼任。高等学校应根据学校实际,设立大学生生活园区工作办公室。院(系、生活园区)学生工作办公室在学校学生工作部的指导下开展大学生思想政治教育工作。

辅导员实行教师和管理干部双重身份管理。当前,既可以按照辅导员职称评审标准评聘思想政治教育学科或其他相关学科的专业技术职务,也可以同时根据工作年限和实际表现晋升相应的职务待遇。

高等学校要制定相应的实施细则,促进辅导员工作的科学化、规范化、制度化。要完善辅导员的考核制度,定期对辅导员进行工作考核,考核结果要与职务聘任、奖惩、晋级等挂钩。对工作不称职的要进行批评教育,仍无改进的应调离工作岗位。在事关政治原则、政治立场和政治方向问题上不能与党中央保持一致的,不得从事辅导员工作。

4. 为辅导员队伍发展创造良好的政策环境

《中共中央国务院关于进一步加强和改进大学生思想政治教育的意

见》指出："辅导员、班主任工作在大学生思想政治教育第一线，任务繁重，责任重大，学校要从政治上、工作上、生活上关心他们，在政策和待遇方面给予适当倾斜。"为此，《规定》指出："高等学校要积极为辅导员的工作和生活创造便利条件，应根据辅导员的工作特点，在岗位津贴、办公条件、通讯经费等方面制定相关政策，为辅导员的工作和生活提供必要保障。"

(1)为辅导员发放岗位补贴。辅导员应有必要的岗位补贴，这不是因为他们的工作辛苦，而是因为他们的工作性质需要。例如，学生病了，他们要到医院看望；学生有事请假，请示汇报工作要随时通电话等。岗位补贴体现的是一种关怀，激起的是辅导员热爱大学生思想政治教育的情感。

(2)切实解决辅导员的职称评聘问题。《规定》指出："高等学校应结合实际，按各校统一的教师职务岗位结构比例合理设置专职辅导员的相应教师职务岗位。""高等学校应根据辅导员岗位基本职责、任职条件等要求，结合各校实际，制定辅导员评聘教师职务的具体条件，突出其从事学生工作的特点。"辅导员队伍的稳定与否，跟辅导员职称评聘政策有直接关系。与同期留校的专业教师相比，辅导员的职称评聘相对落后，这很难让他们安心工作。因此，高等学校要根据辅导员的岗位职责要求，制定辅导员专业技术职务评审标准和实施细则，实行指标单列、序列单列、评审单列。为切实解决辅导员职称评聘问题创造有利条件。

(3)为辅导员科研立项创造条件。大学生思想政治教育需要理论的导引。辅导员在长期的工作和学习中积累了一定的理论素养，有着较丰富的实践经验。这些经验很有必要给予总结归纳，加以概括。但是由于辅导员的"学术背景"(学历、职称、成果等方面)较浅，他们很难在省部级课题中立项。为此，《规定》明确指出："高等学校应当鼓励、支持辅导员结合大学生思想政治教育的工作实践和思想政治教育学科的发展开展研究。"

5. 在有条件的高校设立高校辅导员专业

2005年，中国高等教育在校生总规模超过2300万人，高等教育毛入学率达到21%，进入大众化发展阶段。2005年全国共招收普通、成人本科和高职(专科)学生697.25万人，比2000年增加了320.49万人。根据规划，到2010年，中国高等教育毛入学率将达到25%，在校生达到3000万人。

按照《规定》要求，"高等学校总体上要按师生比不低于1∶200的比例设置本、专科生专职辅导员岗位"，全国高校需配备的专职辅导员就达15

万人。如此庞大的市场需求,为设置高校辅导员专业提供了巨大的现实支持。

思想政治教育专业为辅导员岗位提供了大量优秀的后备军,但思想政治教育专业无法取代高校辅导员专业。辅导员给予学生的指导和帮助不仅是思想政治素质的教育,而且还要为学生提供学习方法、职业规划和心理咨询等方面的服务,这需要相应的专业知识和专业技能。因此,有必要开设高校辅导员专业,从辅导员专业中选拔专业人员,使辅导员"学有所长",充分发挥专业水平。

在高校设立"辅导员专业"(本科生或研究生),能够彻底改变辅导员"杂牌军"的局面,变"选留"为"培养",从源头上解决辅导员队伍的"高进"问题。如果能做到专业培养、专业使用,就会有效解决传统的"选留"辅导员专业思想欠缺、从业时间短的状况和担心荒废专业的顾虑,也无疑会极大地稳定辅导员工作队伍。

(刊载于《高校理论战线》2006年9期)

286

一位老辅导员的心声
——写在《高校辅导员学刊》创刊之际

曲建武

前些日子应邀去江西参加一个“辅导员工作创新论坛”，当得知《高校辅导员学刊》即将创刊时，我的心情很是愉悦。

我1982年毕业时服从组织安排留校做了学生辅导员，由此与辅导员工作结下了不解之缘。我从辅导员做起，当过系里的团委书记、主管学生工作的党总支副书记、学校思想政治教育研究室副主任、学生工作部部长兼学生处处长、协管思想政治教育的校长助理、负责全校大学生思想政治教育的党委副书记、2004年年底调任辽宁省委高校工委副书记，主抓全省大学生的思想政治教育工作。二十七年了，大学里和学生思想政治教育最相关的岗位，我一个台阶一个台阶地走了过来。岁月如梭，说起来，我也有资格称得上是一名老辅导员了。

辅导员，一项崇高而无悔的事业！它对学生的成长、国家的发展太重要了。有多少学子在辅导员的教育引导下走向成功、走向辉煌；当然也有些学子碌碌无为，甚至走向毁灭，这又怎能说与辅导员的工作毫不相干？德国哲学家、教育家雅斯贝尔斯说过这样一句话：“我是有罪的，因为当罪恶发生时，我在场，并且我活着。”这里揭示的是一种崇高的职业精神，蕴涵的是一种宽广的事业情怀。一个个风华正茂的大学生，在他们的身上承载着民族和国家的未来。“青年兴则国家兴，青年强则国家强”，做好他们的工作，实在是一项“功在当代，利在千秋”的伟业。辅导员有责任培养我们的学生增强使命感、自信心，为振兴中华而刻苦学习。每个大学生的身后都站立着一个充满了期待与渴望的家庭。对于国家来说，一名大学生成功与否，只是数千万分之一，而对于一个家庭来说却是百分之百。每名学生的身上都凝聚着一个家庭，甚至整个家族的希望。做辅导员的时候，我带的年级共有80个学生，在两年多的时间里，我去过大多数学生的家，有的学生的家是我顶着凛冽的寒风骑着自行车去的。不知有多少个夜晚，我都被家长们那期待的目光催醒，我急盼着黎明的来临，以开始新一天的征程。我常常提醒自己，或许我们难能把自己所有的精力都投入学生工作之中，但是一个个鲜活的生命就跳跃在我们的面前，我们的党性和良知要求我们，为了国家和学生们的利益，我们应当把个人的利益想得少些、再少些。我们的事业不朽，我们的价值可以在学生们的身上得到传承。在今天这样一个充满发展、充满激情的岁月里，我们的生存早已不是什么问题，而如何使自己的生活富有意义、富有价值、富有崇高，却值得每个辅导员认真思考。

应当说国家还是非常重视大学生思想政治教育的，对辅导员工作也是给予了充分的肯定。特别是近几年，国家先是召开了加强和改进大学生思想政治教育工作的会议，国家领导人都亲自到会并做出重要讲话，国家又召开辅导员工作会议，这些讲话和会议为辅导员工作开辟了美好的前景。尽管我现在已经不在辅导员工作岗位了，但是当我听到或看到这些时仍然是倍感亲切、备受鼓舞。辅导员工作太有意义了，我们必须下功夫把它做好。而多年的辅导员工作使我体会到，辅导员工作是一门艺术，也是一门科学，认不认真做会影响到工作的成效，会不会做同样会影响到工作的成效。辅导员工作要想做好，离不开辅导员自身的努力，同时也需要辅导员工作有个良好的客观环境。这个客观环境是什么？很重要的一点就是要为辅导员的素质能力提高创造有利的外部条件。我为什么感到愉悦，也正是因为现在上上下下都在努力地创造这样的外部环境。《高校辅导员学刊》的创刊，可以说就是为辅导员工作春天的来临而绽放的奇花一朵。

我从一名辅导员做起，不断地总结摸索，经过由实践到认识，再由认识到实践这样无数个反复才成为一名大学生思想政治教育领域的博士生导师。在总结我的辅导员工作的时候，我曾经用过“抗争”这个词来形容我工作时外部环境的“艰难”。现在关于辅导员队伍建设已经明确的一些问题，例如，辅导员的教师身份问题、可以评教师系列职称的问题，在我做辅导员的时候这样的“声音”还是很微弱的。我以为这本不是一个问题，也没有什么好争论的，辅导员不仅应当是教师，而且更应是“人师”，他们从事的大学生思想政治教育可以说是高等教育中最大的一门学科，也可以说是最重要的一门学科，不给他们评职称是没有道理的。令人遗憾的是，当时这样的认识并没有形成共识。正因为如此，辅导员工作成了可有可无、谁都可以做、可以随心所欲做的一项工作，进而就缺乏对这项工作的科学定位和科学研究，即便有些关于辅导员工作的学术研究，那也只限于有的辅导员还有些“心计”，出于对这项工作的热爱想把这项工作做好的一种“个体”的行为。从辅导员的外部工作环境看，还缺乏内在的把辅导员工作依托在学科化建设平台上加以研究的驱动力。那时候辅导员想发一篇关于辅导员工作方面的文章还是很难的。因为辅导员的非教师身份已经决定了辅导员所从事的工作在许多人看来没有什么科学性和学术性，至于创办一个杂志，为辅导员的工作研究提供交流的平台那只能是一种非分之想。

我国从20世纪50年代起就有了辅导员制度。《高校辅导员学刊》开了先河，它应当算作全国专门为辅导员创办的第一份刊物。它是一种态度、一种激励、一种推动。国家现在高度重视辅导员队伍建设，提出要着力建设一支职业化、专业化的辅导员队伍，此乃《高校辅导员学刊》大显身手之契机。仅就辅导员队伍建设来说就存在着怎样选拔，怎样培养，怎样职业化、专业化的问题，说得再具体些，像在高等教育内外部环境不断变化的条件下如何构建辅导员工作的长效机制这样的问题就迫切需要研究。从一名老辅导员的角度来看，我真诚地感谢《高校辅导员学刊》，为辅导员工作这项崇高的事业办了一件大好事、大实事，为辅导员工作走上职业化、专业化道路描绘了浓重的一笔。同时我也真诚地祝愿《高校辅导员学刊》办出水平、办出特色，为辅导员工作提供强有力的理论引导。鲁迅先生讲："其实地上本没有路，走的人多了也便成了路。"一花引来百花香，万紫千红花满园。衷心希望《高校辅导员学刊》越办越好，为辅导员工作这项无悔的事业做出应有的贡献，我愿与《高校辅导员学刊》共勉！

（刊载于《高校辅导员学刊》2009年第1期）

287

建好辅导员队伍

曲建武

20世纪初，清华大学首创了辅导员队伍。由此，辅导员队伍便与高等教育的发展相随相伴。目前，全国高校专职辅导员已达到十多万人的规模。即便如此，我们还是要必须着力把辅导员队伍建设好。

我们的改革正处在极为关键的时期，社会发展中难免会出现各种各样的矛盾，而这些矛盾要求大学生必须能从思想上保持清醒的认识。特别是大学生又正处在世界观、人生观、价值观确立的时期，他们自身难能回答清楚改革开放过程中所出现的一些他们绕不过而又迫切需要搞清楚的问题。思想政治教育需要以理服人，以情感人。许多大学生之所以愿意听辅导员的话，不仅仅是因为辅导员说得对，而是在学生心目中早已接纳了辅导员这个人。辅导员的工作对象就是朝气蓬勃的大学生。如果辅导员队伍建设好了，辅导员就可以凭借着和学生之间所建立的那种“天然”的情感纽带关系，充分发挥他们在认识上所具有的优势，入心、入脑地做好大学生的思想政治教育工作，从而帮助大学生认清在他们人生成长的关键时期所遇到的诸多迫切需要认识而自身又难以认识清楚的问题。

有人用今天的高等教育正日益走向经济社会发展的中心来形容高等教育的发展。这表明了高等教育在当今社会中的一种地位和作用，这种认识并不为过。问题是如果片面地理解这种地位和作用,就会偏离高等教育的发展方向,就会失去高等教育对真理的追求,就会误导高等教育对学生的培养。应当看到的一个事实是,在市场经济的大背景下,不仅仅是社会层面、家长层面、学生个人层面表现出了对科学教育的过分关注,就连渊源于人文教育的高等教育自身,也不时地、不同程度地表现出了重科学、轻人文的倾向。愿意“树木”,不愿“树人”。“树木”十年,能够看得到,“用”得上,“树人”百年,与吾与汝何干! 一些高等院校的辅导员队伍建设之所以在举国加强的大背景下反而忽视了,与这种认识有着极为紧密的关联。大学应当把知识传授给学生,但更应当塑造学生的灵魂,让学生懂得过一种有尊严、有意义的生活。辅导员队伍建设好了,可以帮助大学生树立正确的价值目标,使大学生在不竭的精神动力推动下,实现科学教育和人文教育的统一,这不也正是提升高等教育质量所应有的内涵吗?

着力建设好辅导员队伍首先要把认识统一到中央的部署和要求上来。这不仅是对学校说的,更是对各级党委和政府说的。辅导员队伍建设是系统工程,单靠高校和教育工作部门自身是完成不了的。比如,《普通高等学校辅导员队伍建设规定》十分明确辅导员的身份是教师。落实这一条,就必须由省编委、人社厅来定编定岗并根据辅导员教师的特点制定辅导员职称职务的评聘办法。再比如,在大学里,若论学科,思想政治教育当属最大的学科,该学科覆盖所有的学生、影响大学生生活的全过程。对这一点是有共识的:要搞学科建设,没有经费是搞不好的。这就需要财政部门拨付专项经费保证该学科的建设,而辅导员无疑是该学科建设中的一部分重要力量。辽宁省便是由省委组织部、省委宣传部、省编委、省委高校工委、省教育厅联合下发了关于辅导员队伍建设的实施意见;由省财政厅为大学生思想政治教育设立了专项经费,这为加强我省的辅导员队伍建设提供了坚实保障。

着力建设好辅导员队伍还要为他们的成长创造良好的条件。相对其他学科教师队伍建设,辅导员队伍建设尚处在发展时期,更需要特别的关心、支持和关爱。比如,由于现今的大学制度还不是很完善,这使得一些大学把许多诸如监考、清扫卫生、上课点名,甚至维持食堂就餐秩序这样一些与辅导员工作本没有什么太大关系的“杂活”,一股脑儿地全推到了辅导员那里。有的辅导员形容自己的工作是“两眼一睁,忙到熄灯”,这种状况对辅导员的工作积极性和自身能力的提高都产生了影响。各级教育行政部门、各高校应当为辅导员“松绑”，创造更多培训、考察、学历教育和学术研究的机会，让辅导员一心一意提升自己的能力素质，干好自己的本职工作。辅导员比较年轻，每人又要负责200多名学生，真是不容易，对他们要多鼓励、少责备。多年来，我省大力表彰了辅导员队伍中的先进人物，特别是日前，还授予10名辅导员“五一奖章”荣誉称号，这在辅导员队伍中产生了极大反响，鼓舞了广大辅导员的工作热情，有力地促进了辅导员队伍建设。

着力建设好辅导员队伍也需要辅导员自身的努力。加强辅导员队伍建设的必要性，是通过辅导员的工作显现出来的。有些辅导员没有得到应有的重视，与他们工作努力不够、投入的精力不足有关。辅导员首先应当认识到，在你面前有那么多的学生需要引导，你所从事的事业是崇高的、神圣的；不要发牢骚，不要“乞求”于一个尽善尽美的环境，这是不现实的，也是不可能的。“有为才有位。”要想得到别人的尊重，就应当做出让别人尊重的事情来。三十年前，我从事辅导员时的工作环境比现在要糟糕得多，如果每天都去埋怨环境的话，那就不会有今天的发展。我省在辅导员中开展了“千名辅导员万家行”活动，有的辅导员已走进百名学生的家庭，他们以自己的付出，赢得了家长和学生的尊重，换得了学校上下的认可。反过来，学校对加强辅导员队伍建设更为重视，辅导员的工作环境也会得到进一步的改善。

（刊载于《光明日报》2012年6月25日）

288

论高校辅导员培训和研修基地的功能及实现路径

曲建武　杨玲

为贯彻落实《中共中央国务院关于进一步加强和改进大学生思想政治教育的意见》(中发〔2004〕16号)精神,着力建设一支职业化、专业化、高素质的辅导员队伍,2007年,教育部通过高校申报、专家实地考察等程序,评审确定了教育部高校辅导员培训和研修基地(以下简称“基地”)21个。教育部赋予“基地”的主要任务是加强辅导员培训、开展工作研究、提供决策咨询等,教育部还依托“基地”设立了高校辅导员在职攻读思想政治教育专业博士学位专项计划。客观地讲,近几年来,“基地”在完成上述任务方面发挥了很好的作用,实践证明“基地”的建设是及时的、必要的。但是笔者也了解到,由于认识上的一些偏差和尚处在起始阶段的“基地”建设难免存在着经验不足等因素,“基地”无论在功能定位还是功能实现路径等方面都存在着诸多需要完善的地方。这里,笔者着重从这两方面谈谈自己的浅见。

一、“基地”的功能定位

所谓事物的功能,就是指事物的效能、功效,通俗些理解就是该事物有什么用。笔者认为,“基地”应当实现如下四项功能。

（一）导引功能

“基地”担负着招收高校辅导员在职攻读思想政治教育专业博士学位的任务，这十分必要。长期以来，辅导员在高校的地位得不到应有的承认有多方面的原因，其中一个重要原因是，在一些人看来，辅导员干的都是些“杂活”，因此，辅导员工作不具备学术性，谁都可以做。2006 年，教育部出台了《普通高等学校辅导员队伍建设规定》（教育部 24 号令），指出辅导员具有教师和干部的双重身份。这一规定从根本上明确了辅导员的工作性质，承认了辅导员工作所具有的学术性。“基地”专门招收辅导员攻读思想政治教育专业博士学位，这有利于人们提升和巩固对辅导员教师身份和辅导员工作学术价值的认同，推动辅导员队伍职业化、专业化建设。

“基地”面向辅导员招收博士，随之也带来了这样的问题：“基地”对报考攻读博士学位的辅导员，应当规定什么样的条件？“条件”就是方向，引导着辅导员照此前行。“基地”现在招收辅导员的条件除了大家熟知的一些“软”的外，还有其“硬”的规定，比如，“从事辅导员工作满三年”。这样一来，一些没有做职业化、专业化打算的辅导员由于年轻（刚满三年）、学术的连续性保持得好（硕士毕业时间短，学过的知识“忘”得少）、准备充分（工作做多做少不重要，备考是第一位的），还有一些其他原因（如和导师比较熟悉等），便考到了“基地”里。由于有了博士学位（这是当下高校从事其他专业教学的必要条件），再加上有的导师是从事“大”马克思主义研究的（不是马克思主义理论学科研究的范畴，特别不是从事思想政治教育研究的，而是从事法学、伦理学、社会学、哲学、党史、教育学、心理学等学科研究的），这就很容易在导师的“劝说”下毕了业，便“顺理成章”地转到其他人文学科从事教学工作了。很显然，这与“基地”要完成的任务正相反：职业化、专业化、高素质的辅导员没有培养起来，反倒为一些不安心从事大学生思想政治教育的辅导员开辟了一条“脱离”的通道。不仅如此，这样的“负导引”，还特别对后来想报考博士的辅导员产生了不好的影响：备考必须“热”起来，工作可以“冷”一些。这也使得那些工作优秀、没有时间备考的辅导员大为伤心。“基地”必须体现正导引的功能，规定相应的条件，使那些既工作优秀（这是重要的前提条件），又具有相当学术水平的辅导员能够考到“基地”里，从而引领广大辅导员实现理论与实际相统一，朝着成为一名职业化、专业化、高素质的辅导员的方向发展。

（二）培训功能

加强和改进大学生思想政治教育，首先也是最为重要的条件，是需要有人来做这项工作。从全国的情况看，在中央16号文件精神的引领下，在教育部的直接推动下，在各省级教育工作部门和高校的共同努力下，一支数量较为充足的辅导员队伍逐步建立了起来。但是，仅仅有了数量还是不够的，比数量更为有意义的是这支队伍还必须能战斗，会做大学生的思想政治教育工作。这就需要质量来保证。应当看到，新形势下大学生思想政治教育面临一些新情况、新问题。比如，一些辅导员刚加入队伍，热情有余而经验不足；思想政治教育具有学科属性，具有一定的学术性，很多辅导员的学科背景离思想政治教育学科的学术要求相去甚远；思想政治教育还具有常做常新的特点：一是大学生所处的社会环境在不断地发生变化，二是高等教育的自身环境在不断地发生变化，三是大学生的身心也在随时发生变化，四是大学生思想政治教育的方式方法亦在不断变化。这些因素加到一起，就使得辅导员要想做好大学生思想政治教育工作，除了一些基础的准备外，加强学习尤为重要，而培训就是一种最好的学习。由于获批“基地”的高校思想政治教育学科力量都比较强（申报“基地”的条件之一，就是该学校要有思想政治教育专业博士授予权），“基地”便自然地具有了培训的功能。通过这几年“基地”运行的情况看，各“基地”完成了大量培训任务，这是应当给予肯定的。但“基地”有时也会给我们一种非常“忙乱”、力不从心的感觉。调研时许多同志反映，“基地”既要招收辅导员在职攻读博士学位，还要完成本专业的其他博士硕士生招收计划（有的“基地”还招收本科生）；既要完成学校要求的教学、科研任务，还要承担省里和国家交给的承办思想政治教育相关会议，举办辅导员、思想政治理论课教师、其他思想政治教育工作者参加的日常或专题培训等任务。因为忙不过来，有的“基地”只好“偷工减料”，粗放运行了。因此，培训虽然是“基地”的一项重要功能，但是应当给“基地”松绑，不能把所有的与思想政治教育相关的培训“一股脑儿”全推给了“基地”，否则势必会影响到“基地”的培训效果。“基地”应主要承担诸如高级的（就人员身份来讲）、重大的（就培训内容来讲）培训，这样，“基地”便可以细心策划、精心组织思想政治教育方面的培训了，这样的培训效果自然就好得多。

（三）研究功能

大学生思想政治教育依托于马克思主义理论学科，具有很强的学术性，不是谁都能做、想怎样做就怎样做的，要想取得实效必须把握其规律性，这就给思想政治教育工作者提出了研究的任务。我们应当看到的是：无论是大学生自身思想、心理、生理的特点，还是他们所依赖的家庭环境和置身其中的社会环境，都在不断发生着变化。这就需要思想政治教育工作者与时俱进，既要不断重新认识工作的对象，又要对自己工作对象所处的社会环境会给大学生成长带来什么样的影响有清醒的认识，找到引导他们健康成长的最佳途径。毫无疑问，要做到这一点就必须进行深入的研究，提升思想政治教育的科学化水平。如前所述，“基地”有学术方面的优势，总体的研究实力比较强，这有利于“基地”既从学科范畴的角度加强大学生思想政治教育的学术性研究，又可以发挥“基地”依托思想政治教育专业的长处，积极开展辅导员队伍建设及大学生思想政治教育所遇到的一些难点、热点问题的研究，“基地”很自然地被赋予了研究的功能。

另外需要注意的是，“基地”的研究应当有这样几个层面：一是面向在“基地”接受培训的辅导员（包括“基地”里在读的辅导员博士生）设立研究课题；二是完成省级教育工作部门因工作需要委托给“基地”的课题；三是完成教育部委托给“基地”的课题。同时，我们认为，“基地”的研究功能应当主要通过应用性研究成果来实现，也就是说，“基地”可以有“应然性”研究，但更应当突出“实然性”研究。

（四）示范功能

大学要不要有一支专职的辅导员队伍？对此众说纷纭。其实这并不是一个新问题，自清华大学 20 世纪 50 年代初建立辅导员队伍，这个问题就一直争论不休。可以说，回顾半个多世纪的历程，高校辅导员队伍是在起伏中走过来的。辅导员队伍建设整体上被重视，应当说还是近些年的事。尤其是 2004 年颁发了中央 16 号文件，2005 年召开了全国加强和改进大学生思想政治教育工作会议，中央领导同志做了重要讲话，充分肯定了辅导员队伍的重要作用，强调高等院校要大力加强辅导员队伍建设。教育部在全国建立“基地”的做法，就是贯彻落实这些文件、会议精神和重要讲话的一个有力举措，对加强辅导员队伍建设产生了良好的推动作用。

但是也要看到，一些“基地”所依托的高校在辅导员队伍建设中所发挥的“示范”作用还不强：有的“基地”只是因为学校思想政治教育专业有博士授予权，学科力量强一些，学校的大学生思想政治教育开展得并不是很好，缺乏特色，没有影响力；有的获批“基地”的学校根本没有按照 1∶200 的比例配备专职辅导员，甚至相差悬殊；有的获批“基地”的学校，辅导员在学校的地位并没有得到应有的重视，其工作、发展的条件没有得到很好的保障，例如，有的获批“基地”的学校，没有按照要求真正落实辅导员的教师身份，辅导员评聘职称也没有实行“单独评审、单独比例、单独条件”。笔者认为，加强和改进大学生思想政治教育，获批“基地”的学校首先就应当是走在前面的，特别是在辅导员队伍建设上，更应当按照教育部的要求去做，切实体现“基地”在辅导员队伍建设中的示范作用。

二、“基地”功能的实现路径

由以上的分析可见，“基地”应当具有导引、培训、研究和示范四项基本功能，那么保证“基地”功能实现的路径是什么呢？笔者分别谈一下这个问题。

（一）导引功能实现的路径

充实完善教育部关于高校辅导员培训和研修基地博士招生的条件。原来规定的“软”的条件可以继续保留，时间上也应当规定要有三年以上辅导员工作的经历，但是，必须明确强调的是：在具备了上述一些基本条件后，辅导员工作优秀也应作为报考的重要条件之一。

比如，辽宁省在辽宁大学和大连理工大学先后设立了两个辅导员博士培养基地，每年招收 10 名左右的一线辅导员在职攻读思想政治教育专业（辅导员方向）博士学位。条件特别规定，获得过省级以上荣誉称号的辅导员才有资格报考。这些荣誉称号包括省级以上优秀辅导员、辅导员标兵、辅导员年度人物、大学生就业工作标兵等。录取采取笔试和面试相结合的办法。文化课成绩按照实际录取名额 1∶1.5 划合格线，面试以获得的荣誉称号等级和“分量”为主，如录取 5 名博士生，排在第八名的辅导员如果获得过国家级荣誉称号，其他辅导员只有省级荣誉称号，则把该辅导员排在第一的位置录取；如果甲辅导员获得的是省级大学生心理健康教育先进个人荣誉称号，乙辅导员获得的是省级优秀辅导员荣誉称号，在录取顺序上则乙排在甲前；获得同级别荣誉称号的辅导员，获得荣誉称号多的辅导员排序在前。博士生考试报名采取个人申请、学校推荐、省教育厅主管处室审核的办法。专业课考试统一出题，避免每个导师出一套题，结果在难易程度、学术要求等方面出现差别。通过这种方式，辽宁省已招收几十名获得省级以上荣誉称号的一线辅导员在职攻读思想政治教育专业博士学位，他们工作优秀，学术素养较高，且热爱大学生思想政治教育，有长期从事大学生思想政治教育的实践和思想认识，这为他们成为一名职业化、专业化、高素质的辅导员奠定了坚实的基础。这些辅导员就是旗帜，就是导引，就是方向。要想考取思想政治教育专业（辅导员方向）的博士生，必须首先把本职工作做好，再按照专业的要求做好学术方面的准备，这应成为广大辅导员的一个共识。

（二）培训功能实现的路径

上面谈到，不能把“基地”看成一个筐，什么都往里面装。即便是搞培训，也要有所侧重，不能把凡是与大学生思想政治教育相关的培训都交由“基地”来做。

笔者认为，“基地”应当主要承担这样两方面的培训任务：一是教育部委托的培训任务，二是省级教育主管部门安排的培训任务。从教育部方面来说，全国只设立了 21 个“基地”，许多省份还没有设立“基地”，在这种情况下，为了整体提高大学生思想政治教育的科学化水平，有必要考虑培训的均衡性，这就需要“基地”一定要完成好教育部面向某个地区或全国范围的高校所选送的思想政治教育工作者到“基地”接受培训的任务。其实，即便每个省都设立了“基地”，教育部也很有必要委托“基地”开展跨越省际的培训。这是因为每个地区、每个省份的高校都会有与众不同的地方，依托“基地”开展的跨越省际的培训，能开阔培训人员的视野，加强他们与各地各高校之间的交流，提升他们思想的境界，丰富他们工作的经验。这种“国家级”培训的主要内容，既可以采取“基地”申报、教育部评审的办法，也可以由教育部直接委托“基地”来做。总的来讲，教育部对培训内容的总体把握比“基地”还是要全面些、前沿些、深刻些。从省级主管部门来讲，能有一个国家级培训基地坐落在本省，这是加强本省大学生思想政治教育工作者培训的很好平台，一定要充分利用好这个平台。当然，利用好的含义不是要“基地”超负荷地运行，而是要科学地安排相关的一些培训。所谓科学，一是“基地”应着重培训从事大学生思想政治教育的骨干，而像辅导员岗前培训这样一些基础性的培训，可以交由省里的基地或其他高校承担；

二是“基地”应当着重对思想政治教育需要深刻研究认识的一些带有学术性、全局性、深层次、较重大的问题进行专题培训，这样的一些专题，可以由省级主管部门提出，“基地”也可以提出。从某种角度讲，这样的专题培训更应由“基地”提出，因为“基地”本身就有着较强的学术力量，思想的深刻性、敏锐性是“基地”应当与生俱有的。只有给“基地”松绑，才能把培训任务做得精深细透、扎实有效。

（三）研究功能实现的路径

一是“基地”自身设立研究课题。如上所述，“基地”经过“松绑”之后，可以专心地、静心地做“基地”应当做的事情。“基地”培训的都是骨干，他们既有丰富的实践经验又有一定的研究能力，由“基地”面向这些骨干设立一些思想政治教育方面的研究课题，然后把他们的研究成果经过筛选结集出版，这样在提高培训质量的同时，又提升了他们的学术意识。任何事物的发展都有其内在的规律性。思想政治教育工作者在工作中有了问题意识，就会增强工作的主动性、创新性，进而取得工作的实效性。

二是省级有关部门应当在“基地”设立研究课题。比如，辽宁省通过两种方式面向“基地”设立课题。一种是凡是“基地”招收的辅导员博士生，博士论文必须研究马克思主义理论学科领域的问题，然后经过评审，省级相关部门便将该毕业论文委托为省级研究项目（当然这里还需要一些协调），博士论文做完了，研究项目也结题了。这样做的好处是，辅导员博士生的研究方向与工作相一致，体现了辅导员学术研究的“实然性”，同时也有利于避免一些辅导员撰写的博士论文受导师学术研究的影响（如前所述，有些导师是研究“大”马克思主义的）而偏离马克思主义理论学科学术范畴，这就更有利于辅导员朝着职业化、专业化方向发展。另一种是教育厅相关部门根据需要，不定期地委托“基地”承担一些思想政治教育方面的课题。这样的好处是，既充分地挖掘了“基地”的潜力，提升了“基地”的研究和培训能力，又为省级相关部门的工作提供了决策参考。

三是教育部相关部门可以面向“基地”设立思想政治教育方面的研究课题。课题的设立可以采取两种办法：一是教育部面向“基地”招收的辅导员博士设立一些课题，由个人自愿申报，经评审后立项；二是教育部根据工作需要，不定期地单独为“基地”设立课题，以“基地”为单位申报，经评审后予以立项。这样的好处是，无论对辅导员博士的学术水平提升，“基地”

研究培训能力的增强，还是为教育部对思想政治教育的决策和推动都会有所帮助。

（四）示范功能的实现路径

“基地”的示范性本来就应是与“基地”共生的，达不到示范性的学校应当没有资格申请设立“基地”，可是现在“木已成舟”了。解决这个问题的路径是，教育部相关部门可以重新强调“基地”应当具备的条件，让各“基地”对照条件进行自查，看看哪些方面不符合教育部大学生思想政治教育测评体系要求，特别是辅导员队伍建设方面与教育部规定的“硬”要求是有差距的，如辅导员与学生的比例不低于 1∶200，辅导员列为教师编制，辅导员职称评定实行“三单”等。可以在自查、教育部检查评估的基础上，给设立“基地”的高校一个时间表，届时对不符合要求的学校根据具体情况给予批评、“黄牌”警告，乃至取消该“基地”的设置。教育部思想政治工作司应当具有这种权威性，“基地”怎样建由教育部说了算，而不能由各“基地”各行其是。应当说各“基地”都有把“基地”办好的积极性，也有很好的基础条件，教育部思想政治工作司只要再加强一下自身的权威性，统一一下对“基地”的思想认识，明确一下对“基地”所在高校的条件要求，“基地”的示范功能就能得到很好的实现。

总之，“基地”已有了五年多的历程，其积极的方面得到了较好的发挥。笔者只是从个人理解出发，对“基地”的未来发展建设谈了自己的浅见。很显然“基地”功能的全部实现还需要做许多工作，亦还有许多问题需要研究。例如，如何给“基地”松绑？四项功能都集中到一个“基地”完成，是不是仍显得“基地”的任务太重？“基地”的功能是否仍需要分解？发展无止境，建设无穷期。今后，在党的十八大精神的指引下，在教育部思想政治工作司的领导下，在各“基地”的共同努力下，“基地”一定会越办越好。

（刊载于《高校辅导员》2012 年 12 月第 6 期）

289

立德树人与辅导员队伍建设

曲建武

高校辅导员是落实“立德树人”根本任务的重要力量,辅导员队伍建设是提升大学生思想政治教育质量的重要环节。近年来,辽宁省委高校工委积极推进工作创新,采取了一系列举措,着力推进高校辅导员队伍专业化、职业化建设,努力提高大学生思想政治教育科学化水平,取得了一定的成效。

一、着眼于提升专业化水平,着力构建辅导员队伍培训体系

辅导员队伍培训体系辅导员队伍的专业水平是大学生思想政治教育质量的重要基础,辅导员队伍专业化建设是提升大学生思想政治教育科学化水平的必由之路。

(一)构建培训体系

自2005年起,辽宁省委高校工委每年都举办高校新任辅导员岗前培训班,八年多来已经累计培训4000余名新任辅导员。省委高校工委会同省委组织部、省委宣传部,在省委党校举办了3期为期4周的高级研修班,邀请教育部相关司局领导和国内高水平的专家学者做专题报告,先后有400名辅导员骨干接受了培训。另外,还先后举办了66期专题培训班,对省内高校2800余名辅导员进行职业素养专题培训。为实施上述培训计

划，在辽宁大学、大连理工大学、大连海事大学、辽宁工程技术大学、渤海大学设立了“辽宁省高校辅导员培训和研修基地”，每年给予一定数额的经费补助，使基地成为全省高校辅导员科学研究、学位提升、能力拓展的平台。

（二）构建研修体系

面向省内高校在职优秀辅导员，采取单独划线、单独录取的方式，先后招收了思想政治教育专业（辅导员工作方向）的 6 批 35 名博士研究生、3 批 16 名硕士研究生，每名博士研究生资助学费 2 万元。2013 年，辽宁大学和大连理工大学两个基地又招收 10 名辅导员攻读博士学位。此前，省委高校工委还依托沈阳师范大学面向省内高职院校，以免试录取的方式，招收 5 批 160 名优秀毕业生攻读思想政治教育本科专业，培养高职院校留得住、用得上的辅导员。为增强培训研修的实效，近年来还组织上千名辅导员到井冈山、延安、西柏坡等数百个全国爱国主义教育基地学习考察。2011 年 10 月，组织学生工作骨干赴美国高校进行为期 3 周的短期培训；2012 年 5 月，利用大连海事大学教学实习船“育鲲”轮，组织近 200 名辅导员骨干赴韩国高校学习考察。

（三）建设学习型队伍

省委高校工委印发了《关于积极推进学习型高校辅导员队伍建设的实施意见》，出资建设大学生思想政治教育书库，为省内每所高校配备一套相关书籍，为辅导员系统学习研究思想政治教育提供条件。协调省内相关部门，从大学生思想政治教育工作的实际出发，为辅导员设立了几百项工作急需、操作性强的研究课题，提升辅导员工作的科学化水平，努力建设学习型辅导员队伍。

上述培养培训体系的构建，以及相关措施的实施，推进了辅导员队伍的专业化建设，形成了我省高校辅导员队伍专业化建设的新格局。

二、着眼于提升职业化水平，着力构建辅导员队伍保障体系

辅导员队伍保障体系是提升大学生思想政治教育质量的重要保证。只有得到必要的职业保障，辅导员队伍才会稳定，广大辅导员才会有事业的激情和动力。

（一）提供政策保障

省委高校工委会同省直有关部门印发了《关于加强全省高校辅导员队伍建设的实施意见》（辽教发〔2007〕059 号），明确提出辅导员队伍建设的

若干政策措施。2008年又印发了高校辅导员评审思想政治教育学科教师职务的政策文件，实行单独条件、单独系列、单独评审，在重视辅导员的理论素养、科研能力的同时，突出其工作年限和工作业绩，为辅导员队伍的职业成长创造了有利条件。

（二）提供经费保障

2005年省委、省政府明确提出每年安排500万元大学生思想政治教育专项经费，列入省财政预算。2010年，根据形势任务的要求，专项经费增加到700万元，2013年又增加到1160万元。八年来，全省各地各高校积极筹措经费，推进大学生思想政治教育，特别是高校辅导员建设，仅省财政就安排了2000余万元，用于全省高校辅导员队伍建设，保证了辅导员培养培训各项工作的顺利进行。

（三）提升职业地位

省委高校工委定期评选表彰优秀辅导员，2012年还评选表彰了10名“五一奖章”辅导员，在广大辅导员中引起强烈反响。还按照工作年限、工作业绩、学识水平、学历学位、科研能力等标准，在全省高校辅导员中遴选确定了两批辅导员名师。对从事大学生思想政治教育工作满三十年的辅导员进行表彰，增强从事辅导员工作的荣誉感和自豪感。

（四）强化职业认同

省委高校工委组建了辽宁省高校辅导员协会，开展辅导员年度人物评选表彰活动，开展先进事迹巡回报告，努力营造辅导员职业化建设的良好舆论氛围。组织制定了辅导员誓词，每期新任辅导员岗前培训，所有新上岗的辅导员都要集中宣誓，增强从事辅导员工作的职业归属感、使命感和责任感。

（五）提高职业技能

自2012年起，省委高校工委一直组织开展全省高校辅导员职业技能大赛，按照辅导员队伍专业化、职业化的要求，精心设计比赛项目，公开、公正、公平地组织比赛，以赛促建，推进高校辅导员队伍的建设。在2012年5月举行的全国高校辅导员职业技能竞赛中，我省代表队取得了团体总分第一名的好成绩。

从政策保证到经费支持，从职业地位到职业认同，我们所构建的保障体系，为广大辅导员的职业发展开辟了新天地，使我省高校辅导员队伍迈上了职业化建设的新里程。

三、着眼于提升科学化水平，着力构建辅导员工作实施体系

高校辅导员工作有其内在的规律，促进辅导员工作科学化，对于提高大学生思想政治教育质量具有重大意义。

（一）强化传统载体建设

家访和谈心是辅导员工作的重要载体，同时也是教育工作的优良传统。自2008年寒假起，在全省高校组织开展了“千名辅导员万家行”活动，省、校领导率先垂范，广大辅导员积极响应。六年来省财政投入350万元，各高校投入1260余万元，用于资助辅导员开展家访活动，辅导员家访的足迹遍及祖国大江南北、城市乡村。据不完全统计，近六年来，全省高校有21181人次的辅导员参与家访活动，入户走访慰问学生家庭43778户。我们还组织开展谈心活动，要求辅导员每年都要有针对性地与所带年级的每名学生至少谈一次心，及时准确地把握大学生的思想脉搏，增强工作的主动性。

（二）发挥网络的积极作用

坚持点面结合，一手抓龙头，一手抓骨干，构建网络文化建设新体系；坚持上下结合，一手抓网上，一手抓网下，构建网络文化建设新格局；坚持建管结合，一手抓建设，一手抓管理，着力构建网络文化建设新机制。汇集省内30余所高校的学科专业和思想政治教育工作优势，创办了“辽宁大学生在线联盟网站”，依托网站面向辅导员征集思想政治教育经典文章、优秀博客和博文，促进了辅导员和大学生之间的沟通和交流，提高辅导员运用网络开展思想政治教育工作的能力和水平。

（三）打造工作精品

自2005年起，省委高校工委连续开展大学生思想政治教育精品遴选表彰活动，遴选了400余项主题教育活动来进行表彰推广。同时，还开展了校园文化建设成果评选表彰活动，培育校园文化建设的优秀成果，充分发挥校园文化在大学生成长成才中的引领作用。通过这些举措，树立品牌，打造精品，提高大学生思想政治教育的科学化水平，增强思想政治教育的吸引力、感染力。

经过八年来的不懈努力，我省高校辅导员从1872人增加到5677人（其中专职辅导员4779人，兼职辅导员898人），师生比从1：500提高到

1∶187,副高级以上教师职务辅导员从2.6%提高到13.3%,全省高校辅导员队伍的整体素质得到了明显提升,涌现出了一大批先进典型,辅导员队伍专业化、职业化建设取得明显成效。

我们将以这次会议为契机,深刻学习领会教育部关于推进辅导员队伍建设的新要求、新部署,认真学习借鉴兄弟省市的好经验、好做法,深入落实"立德树人"根本任务,进一步提升辅导员队伍建设科学化水平,为提高大学生思想政治教育质量做出新探索、新努力。

[刊载于《思想教育研究》2013,(07)]

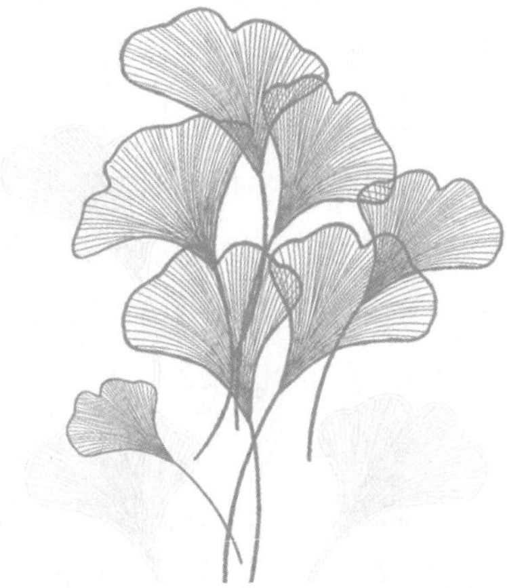

290

加强高校宣传思想工作与建设好辅导员队伍

刘伊娜　曲建武

中共中央办公厅、国务院办公厅印发的《关于进一步加强和改进新形势下高校宣传思想工作的意见》(以下简称《意见》)中指出:“意识形态工作是党和国家一项极端重要的工作,高校作为意识形态工作前沿阵地,肩负着学习研究宣传马克思主义,培育和弘扬社会主义核心价值观,为实现中华民族伟大复兴的中国梦提供人才保障和智力支持的重要任务。”加强高校宣传思想工作,是当前全党的一件大事,更是高校的头等大事。高校必须从战略高度认识加强高校宣传思想工作的意义。加强高校宣传思想工作的目的是使大学生树立正确的世界观、人生观和价值观,而辅导员在落实宣传思想工作和帮助大学生树立正确的价值观方面起到了重要的推动作用。但是当前高校对于辅导员在宣传思想工作中的地位和作用的认识还存有偏差,没有给予辅导员队伍足够的编制,辅导员的职业化、专业化水平还需进一步提高。因此,要切实加强高校宣传思想工作,并将这一工作落到实处,高校必须重视辅导员在宣传思想工作中的地位和作用,从编制保障、理论水平提高等方面加强辅导员队伍建设,使其在宣传思想工作和大学生思想政治教育中发挥坚实的作用。

一、高校宣传思想工作的出发点和落脚点是促使学生树立正确的价值观

高校加强宣传思想工作不仅要宣传马克思主义中国化的先进成果,更重要的是要强化大学立德树人的社会服务功能。“办好中国特色社会主义大学,要坚持立德树人,把培育和践行社会主义核心价值观融入教书育人全过程;强化思想引领,牢牢把握高校意识形态工作领导权。”大学教育的目的不仅在于知识的传授,更重要的是育人,要引导大学生树立正确的世界观、人生观和价值观,为社会主义建设培养全方面发展的合格人才。“大学文化需要切实地回到人,回到大学教育英才、培养人格的使命,以大学师生创造性的知识生活为中心,致力于大爱、大智与大德的追求,引领社会的精神风尚。”大学具有服务社会的功能。其功能的实现体现在培养的学生是否能将在学校里学习到的知识很好地运用到社会中去,以推动社会的文明和进步。人的行动是受思想支配的。大学生的人生发展目标和轨迹是否符合社会发展需要,是否符合社会历史发展趋势,在一定程度上取决于是否树立了正确的价值观。当今中国正行进在实现中国梦的伟大历史进程中,检验大学服务社会功能最为重要的标准就是看培养的学生是否树立起为国家发展、社会进步贡献自身力量的价值观,是否拥有自觉成为社会主义事业的建设者和接班人的意识。因此,对于大学来讲,为很好地实现服务社会的功能,使学生不断丰富自己的专业知识是必要的,但是更重要的,就是要让学生准确地了解学习知识的目的和怎样运用自己所学的知识。当学生离开学校的时候,即使掌握的知识再多,如果没有正确的价值观来支配,对大学教育来说也是失败的,大学也就失去了存在的价值。习近平总书记在北京大学师生座谈会上指出:“我为什么要对青年讲讲社会主义核心价值观这个问题?是因为青年的价值取向决定了未来整个社会的价值取向,而青年又处在价值观形成和确立的时期,抓好这一时期的价值观养成十分重要。这就像穿衣服扣扣子一样,如果第一粒扣子扣错了,剩余的扣子都会扣错。人生的‘扣子’从一开始就要扣好。”习近平总书记在这里强调的就是大学在对学生进行培养教育的时候,排在首位的应当是如何使学生树立正确的价值观。

当前的国际、国内社会环境中存在的不利因素给大学生树立正确的价值观设置了一定的阻碍。首先应当肯定的是,这些年来,在中央 16 号文件

精神的推动下,在对大学生进行价值观教育方面我们取得了可喜成绩,大学生思想主流是积极向上的。同时我们也应当看到,学生的成长环境从来没有像今天这样复杂多变:政治上,资本主义世界就从来没有停止过对社会主义的阻挠;经济上,虽然我国已经成为世界第二经济大国,但是由于我国还是一个发展中国家,基本国情决定了在满足人民群众不断增长的物质和文化需求方面我们还有许多工作要做,社会主义的优越性还没有充分地发挥出来;文化上,伴随着政治多级化、经济全球化的进程,西方的价值观也无孔不入地渗透进来,各种错误思潮充斥在学生周围,"没有硝烟的战争"此起彼伏;科技上,网络的出现给学生的生活、学习带来诸多便利的同时,由于技术还垄断在西方国家手里,话语权被西方国家所掌控,这就使得网络世界充斥着孤立、分化中国的反社会主义思想。长期以来的应试教育,加上家长望子成龙心切,更是使基础教育出现了诸多非理性发展的现象:高等教育不同程度存在重学科建设、专业建设,大规模发展的倾向,使学生的价值观教育处于可有可无的尴尬境地。凡此种种,给大学生的思想发展带来阻力,使得价值观教育在一些学生的头脑里变得苍白无力。"警醒我们一定要建设好辅导员队伍,充分发挥辅导员在高校宣传思想工作中的作用,从源头上解决学生中出现的各种错误思想认识,用社会主义核心价值观武装大学生的头脑。"《意见》为解决当前大学生思想政治教育所面对的难题提出了指导性和建设性意见。《意见》客观地分析了当前高校宣传思想工作面临的形势,对加强和改进新形势下高校宣传思想工作提出了明确要求,从战略高度强调了做好高校宣传思想工作、加强高校意识形态阵地建设在我们党和国家各项事业中的地位和作用。高校担负着传播实践党和国家意识形态、价值体系的重要任务,加强高校宣传思想政治工作、意识形态阵地建设,说到底,是为大学生树立正确的价值观服务的。价值观内容十分丰富,马克思主义意识形态作为科学的世界观和方法论,既是大学生建构正确的价值观和道德规范的现实基础,又是大学生具有正确价值观的重要体现。由此可见,大学服务社会的功能要想很好地实现,必须勇于亮剑,加强宣传思想工作、坚持马克思主义在意识形态领域的指导地位。只有做到了这一点,才会旗帜鲜明地坚持社会主义办学方向;才会处理好帮助学生提高专业学习水平和树立正确价值观的关系;才会始终把培养学生具有正确的价值观放在学校一切工作的首位。也只有这样,高校才能在当前这样复杂多变的环境当中，在大学生价值观确立这样的关键时期，充分发挥帮助学生防范抵御敌对势力渗透和腐朽思想侵蚀的前沿阵地作用，帮助大学生树立正确的价值观，完成大学为社会主义建设培养人才的历史使命。

二、辅导员是高校帮助大学生树立正确价值观的第一人

辅导员是对大学生进行价值观教育的具体实施者，是大学生思想政治教育的骨干，是高校宣传思想工作的重要力量，是培育大学生价值观的第一人。思想政治教育实践告诉我们："学校无闲人，人人都育人；学校无闲处，处处都育人；学校无闲事，事事都育人；学校无闲时，时时都育人。"培养大学生的正确价值观，必须像《意见》里所强调的那样：要构筑起教书育人、实践育人、科研育人、管理育人、服务育人的长效机制，只有形成全员全方位全过程育人格局，大学生的价值观教育才会取得好的效果。但是，术业有专攻，只靠政治理论课教师的课堂主渠道教育还不够，还需要辅导员专业化、全方位的日常教育。重视辅导员在大学生思想政治教育中的重要作用也是把《意见》落到实处的体现。《意见》的贯彻落实不能从文件到文件，不能形式上轰轰烈烈，实际上"冷冷清清"。只有着眼实践，入心入脑，才能使《意见》得到很好的贯彻落实。从学校、辅导员、学生三者的关系来看，如果用人体来打比方，学校相当于人的脑部；辅导员相当于人的腰部；学生相当于人的脚部。大脑发出的指令必须通过腰部的传输才能达到人的脚部。因此，在大脑已经发出指令的时候，脚部能否接收到、接收了多少、能否脚踏实地，这就要看腰部的作用了。腰部扭动得积极，指令传输得就快、就多；反之，则慢、则少，甚至产生阻断。事实上，学校工作中经常出现这样的情况：为了开展好某项工作，学校层面下了很大的力气来推动，结果在学生层面却表现得参差不齐，有的无动于衷，甚至根本不知晓某项教育活动的开展。

辅导员在大学生日常思想政治教育中发挥了重要的作用。"从价值属性上看，辅导员是大学生的人生导师和知心朋友。辅导员通过对大学生日常思想政治教育和管理工作的组织、实施和指导，对大学生健康成长成才做出了积极的贡献，是大学生的人生导师。"价值观的培养过程，也是解疑释惑的过程。只有及时了解和发现学生头脑中存在的错误思想认识，并把它们彻底铲除掉，才能有效地防止不良思想的滋生。学生抱有怎样的思想

认识是通过多个场合表现出来的:有时在课堂,有时在寝室,有时在集体活动中,有时在交谈中。辅导员要想及时准确把握学生的思想脉搏,就需要深入学生的日常学习生活,与学生打成一片,成为学生的良师益友。辅导员的工作性质决定了他们是大学里与学生接触最多的人,也是最先了解掌握学生思想的人。辅导员对大学生日常思想政治教育工作做到了细致入微:比如,学生一入学,便让每个学生写下他们最关心的问题。为了使学生尽早地理解大学,有的辅导员在新生入学教育环节就通过做报告的方式,引导学生把个人价值的实现与奉献社会统一起来;有的在学生入学第一时间与学生普遍谈话;有的经常深入学生教室、宿舍、食堂;有的积极组织、参加学生们的活动;还有的利用节假日家访。为了使学生避免受错误思潮的影响,有的辅导员将历史上当天发生的重大事件、出现的重要人物加以评述后每天通过手机发送给学生;有的辅导员通过课前五分钟及时将时事政治讲解给学生听。事实表明,做好高校宣传思想工作,帮助学生树立正确的价值观,辅导员具有不可替代的作用。

辅导员在大学生价值观的确立过程中起到了榜样引领作用。为了使学生树立正确的价值观,在大学生中经常开展向先进人物学习的活动,这是必要的。特别是一些大学生典型,就生活在学生身边,由于这些典型和大学生属于同辈群体,在年龄、兴趣、爱好、态度、价值观、社会地位等方面较为接近,他们对其他学生具有较强的感染力。但是,“如果你想感化别人,那你就必须是一个实际上能鼓舞和推动别人前进的人”。辅导员是大学生人生成长的引路人。辅导员与学生朝夕相处,是学生大学生活中最先认识和了解的人,他的一言一行对学生价值观的确立起着潜移默化的影响作用。近年来,各高校评选了几百名“全国辅导员年度人物”。他们理想远大,信念坚定;爱国敬业,视生如子。从他们的身上折射出广大的辅导员积极践行社会主义核心价值观的崇高人生追求。他们深得学生的拥护和爱戴,他们的精神品格成为学生学习的重点,为学生确立正确的价值观起到了很好的榜样作用。

三、建设好辅导员队伍,是高校宣传思想工作的保证

《意见》指出,加强高校宣传思想工作,要配齐建强高校宣传思想工作队伍。辅导员是高校宣传思想工作队伍的重要组成部分,从上面的分析中可以看出,他们在完成好高校宣传思想工作根本任务、培养大学生确立正

确价值观方面起着重要作用。因此，我们必须下大气力建设好辅导员队伍。高校要不要有一支职业化、专业化的辅导员队伍，对这个问题的认识很不一致。其实这并不是一个新问题，自从清华大学20世纪50年代初建立了辅导员队伍以来，对这个问题就一直争论不休。现在这个问题解决了没有，应当说，自中央颁布16号文件、教育部出台《普通高等学校辅导员队伍建设规定》以来，从中央到地方对高校加强辅导员队伍建设的认识有了新的提高，高校辅导员队伍建设有了长足的发展。但是实事求是地讲，辅导员队伍建设水平还存在着很大的差异性。从辅导员与学生的比例看，在一些高校，根本就达不到1∶200，多的要1∶400或1∶500。出现此类问题的原因是多方面的，笔者以为，解决好下面这两个问题十分关键。一是各有关部门必须把认识统一到中央的要求上来。辅导员队伍建设不是教育部门自身的事。其他各部门也要团结协作，共同努力，解决好"配齐辅导员"等具体问题。二是教育部应当将辅导员队伍建设情况纳入高等学校本科教学工作水平评估当中。要有法必依，要像要求按比例配备其他专业教师一样配备辅导员，使评估真正达到"以评促建，以评促改，以评促管，评建结合，重在建设"的目的。

愿意做辅导员，是辅导员队伍建设的前提，但这仅仅是个开始。建设一支职业化、专业化的辅导员队伍需要辅导员愿意做、长期做自己的工作。怎样才能愿意做、长期做呢？这需要合理的保障机制。现在一些辅导员，没做几年就人心不稳，担心自己的出路，想尽办法"跳槽"。而为什么其他专业的教师就不存在这类问题呢？这里有辅导员个人的原因，比如，认为学生工作麻烦事比较多、比较辛苦等。但最为重要的原因，是相关部门、一些高校还没有像重视其他专业教师队伍建设一样重视辅导员队伍建设，没有把辅导员同其他专业教师一样看待。辅导员是教师只是写在教育部的文件里。有的省份、一些高校至今也没有全面落实好教育部《普通高等学校辅导员队伍建设规定》，根本不给辅导员评职称。有的即便给辅导员评，也不是按照教育部文件规定的"突出其从事学生工作的特点，坚持工作实绩、科学研究能力和研究成果相结合的原则，对于中级以下职务应侧重考察工作实绩"去做，辅导员的科研成果要和其他专业教师的一样，多年积累的大量工作实绩"归零"。这使辅导员感到不公平、被歧视，认为前途渺茫，于是只好另谋其他出路。一些辅导员职称问题解决好的高校，不仅辅导员轻易不到机关工作,而且有的机关干部还主动聘任辅导员岗位。这一反一正所揭示的道理是:辅导员去留的杠杆是以职称评聘为支点的,要想把辅导员队伍建设好,有关部门、高校应根据辅导员岗位基本职责、任职条件等制定符合辅导员特点的教师职务评聘条件。

辅导员的职业价值体现在培养学生成长成才的工作中。建设好辅导员队伍还需要广大辅导员的共同努力。毛泽东同志曾经说过:“社会主义制度的建立给我们开辟了一条达到理想境界的道路,而理想境界的实现还要靠我们的辛勤劳动。”但是,有些辅导员确实没有形成职业认同感和归属感,没有按照辅导员的职责要求做好自己的工作,在帮助学生确立正确的价值观方面起不到应有的作用。当今中国正处于一个伟大的时代,辅导员的工作和中国梦的实现紧密相连。辅导员应该具备崇高的人生追求和坚实的理论素养,“注意政治辅导员的马克思主义理论素质的考核。如果说前段时期忽视了政治辅导员马克思主义理论素质的要求还有情可原的话,那么在今天的形势下我们将没有任何理由不注重政治辅导员的马克思主义理论素质的要求。”辅导员的崇高人生价值追求体现在哪里呢?就是看学生们是否听从了辅导员的引领,是否树立起了正确的价值观,是否为中国梦的实现刻苦学习。辅导员也有个人的利益,但是,如果学生的价值观出现了问题,那就会将他们置于“生死存亡”的境地,危险就会随时发生。因此,为了学生的利益,辅导员应当尽量少想些个人利益,把全部职业热情奉献到学生工作中来。

[刊载于《辽宁师范大学学报》(社会科学版)2015,(05)]

291

把思想政治建设摆在辅导员队伍建设首位

曲建武

长期以来，辅导员作为高校思想政治工作队伍的重要组成部分，紧紧围绕党的中心工作，担负“立德树人”根本任务，兢兢业业、甘于奉献，为激励学生把个人理想追求融入国家和民族的事业中做出了重要贡献。党的十九届六中全会，总结党的百年奋斗重大成就和历史经验，在建党百年历史条件下开启了全面建设社会主义现代化国家新征程。青年兴则国家兴，青年强则国家强。这就需要当代青年在中国共产党的旗帜下，继往开来，成为实现中华民族伟大复兴中国梦的先锋力量。由此更加要求我们，必须把思想政治建设摆在辅导员队伍建设首位，保证这支队伍后继有人。

一、思想政治建设摆在辅导员队伍建设首位的价值考量

“中国共产党自 1921 年成立以来，始终把为中国人民谋幸福、为中华民族谋复兴作为自己的初心使命，始终坚持共产主义理想和社会主义信念，团结带领全国各族人民为争取民族独立、人民解放和实现国家富强、人民幸福而不懈奋斗，已经走过一百年光辉历程。”百年奋斗，百年恢宏。党的百年奋斗从根本上改变了中国人民的前途命运，中国共产党和中国人民以英勇顽强的奋斗向世界庄严宣告，中华民族迎来了从站起来、富起来到强起来的伟大飞跃。从党的百年奋斗中我们可以清楚地看到，过去我们为

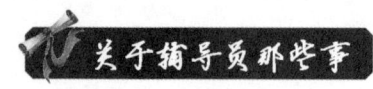

什么能够成功，诸多经验中的一条重要经验，就是党高度重视青年的培养，重视思想政治工作队伍建设，把思想政治建设摆在思想政治工作队伍建设的首位，以教育引领一代代中国青年，在中国共产党的旗帜下，把青春奋斗融入人民的事业。

早在革命年代，中国人民大学作为中国共产党创办的第一所新型正规大学，就提出了“七分政治，三分军事”的办学原则，并创造性地实行了“党组领导下的校长负责制”的领导体制，初步建立了思想政治工作体系。1937 年，毛泽东在给人民大学的前身陕北公学的题词中说：“要造就一大批人，这些人是革命的先锋队。这些人具有政治远见。这些人充满着斗争精神与牺牲精神——中国要有一大群这样的先锋分子，中国革命的任务就能够顺利地解决。”但是，“一大群这样的先锋分子”不可能自发地产生，需要有人对他们进行培养，这就要加强干部队伍建设。正如毛泽东同志所说的那样：“政治路线确定之后，干部就是决定的因素。因此，有计划地培养大批新干部，就是我们的战斗任务。”

中华人民共和国成立后，急需大批“又红又专”建设人才，这就需要加强思想政治教育，就需要有人来做这项工作。时任教育部部长马叙伦在《关于全国工学院调整方案的报告》(1951 年 11 月 30 日)中第一次提出要在各院校试行政治辅导员制度；1953 年，清华大学率先在全国高校建立政治辅导员制度，继此之后，根据形势发展和学生成长的需要，在我国高等院校直到今天一直活跃着辅导员这支队伍，尽管现在没有了“政治”这个定语，但是思想政治引领作为辅导员的首要任务始终没有改变。在近七十年的岁月里，辅导员在保证高校人才培养质量、增强思想政治教育的实效上发挥了突出的作用。

看清楚过去我们为什么能够成功，为的是弄明白未来我们怎样才能继续成功。中华民族的伟大复兴，绝不是轻轻松松、敲锣打鼓就能实现的，实现伟大梦想必须进行伟大斗争，而进行伟大的斗争，就需要伟大的战士。“青年一代有理想、有本领、有担当，国家就有前途，民族就有希望。”“我们对高等教育的需要比以往任何时候都更加迫切，对科学知识和卓越人才的渴求比以往任何时候都更加强烈。”为此，党的十八大以来，我们党把立德树人作为教育的根本任务，习近平总书记总是强调，高校思想政治工作一定解决好培养什么样的人、如何培养人以及为谁培养人这个根本问题，增强青年学生做中国人的志气、骨气、底气，使他们成为实现中华民族伟大复兴的先锋力量。青少年正处在人生的“拔节孕穗期”，不可能“天然”地成长，他们最需要精心引导和栽培。这就要求高校建强思想政治工作队伍。辅导员是开展大学生思想政治教育的骨干力量；是高等学校学生日常思想政治教育和管理工作的组织者、实施者、报道者；是高校思想政治工作队伍不可或缺的部分，辅导员工作是党的中心工作的一个重要环节。解决大学生中存在的思想问题无疑需要贯穿教育教学全过程，也就是我们常说的合力，但是从辅导员这个角度看，辅导员做学生的日常思想政治教育有着“天然”的优势：他们与学生朝夕相处，是大学里最熟悉学生的人，也是学生最信任的人；他们最善于了解和把握学生的思想行为表现，这为他们及时、准确、有针对性地做好学生的教育引领提供了条件。事实表明，辅导员队伍思想政治建设过硬，就会立意高远，工作有格局，为学生系好人生的“扣子”，把握好社会主义核心价值观这个总开关，进而在思想上就不会犯错，在行动上就不会跑偏。

把思想政治建设摆在辅导员队伍建设问题的首位审视应当肯定的是，党的十八大以来，为办好人民满意的高等教育，完成教育引导青年学生自觉为人民服务，为中国共产党治国理政服务，为巩固和发展中国特色社会主义制度服务，为改革开放和社会主义现代化建设服务这一“立德树人”根本任务，高校辅导员队伍建设得到了长足发展，辅导员队伍思想政治素质有了极大的提升，教育部大学生思想政治状况滚动调查表明，大学生思想主流积极健康、向上向好，对以习近平同志为核心的党中央治国理政新理念、新思想、新战略高度认同；对中国特色社会主义道路自信、理论自信、制度自信进一步坚定；对党和国家的未来充满信心；对全面建成小康社会和实现中华民族伟大复兴的中国梦充满信心和期待，毫无疑问，这些与辅导员对青年学生进行思想政治引领所起的作用分不开。与此同时，我们亦必须清醒地认识到，一些青年学生在思想认识上还存在着理想信念淡泊、政治鉴别力不强、社会责任感缺失、价值取向模糊等问题，当然学生思想认识上出现的问题不能都归结到辅导员队伍上，但是从中折射出的却是辅导员队伍的思想政治素养与这支队伍所要完成的任务尚存在着差距，由此提醒我们的是，一定要找到产生这种差距的原因，以更好地把思想政治建设摆在辅导员队伍建设的首位。

任何事物的存在和发展都是主客观条件相互作用的结果。当前辅导员队伍存在的这种思想政治素质与所要完成的任务还不很相适应的状况，同样来自主、客观两个方面。从客观方面来看，虽然这些年从国家层面召开了相关会议、下发了有关文件，强调要从培养什么样的人、怎样培养人、为谁培养人的战略高度建设好辅导员队伍，把引导学生深入学习习近平新时代中国特色社会主义思想，深入开展中国特色社会主义、中国梦宣传教育和社会主义核心价值观教育，帮助学生不断坚定中国特色社会主义道路自信、理论自信、制度自信、文化自信，牢固树立正确的世界观、人生观、价值观作为辅导员工作九条职责的第一条；将具有较高的政治素质和坚定的理想信念，坚决贯彻执行党的基本路线和各项方针政策，有较强的政治敏锐性和政治辨别力，作为辅导员应当符合的基本条件的第一条，但是，仍有为数不少高校的领导同志缺乏“教育是国之大计、党之大计”这样的认识，重视的是学科建设、学校规模和专业教师队伍建设，忽视辅导员队伍建设，更没有把思想政治建设摆在辅导员队伍建设的首位。有的高校虽然按照教育部高等学校应当按总体上师生比不低于 1：200 的比例设置了专职辅导员岗位，但是选聘辅导员时只是满足了数量要求，思想政治素养考核往往流于形式；有的高校把辅导员队伍简单地定位在“管住”学生、学生不出事，解决学生“吃喝拉撒睡”问题上，辅导员成了“筐”，什么都往里边装；有的高校将就业率、考研率、外语过级率等当成了评价辅导员工作优劣的主要标准；有的高校辅导员评定职称也是简单地以发表的论文、主持的课题为主，排在辅导员主要工作职责第一位的思想理论教育和价值引领成了可有可无的了。如此这般造成的直接结果就是辅导员队伍思想政治建设被忽视；辅导员成了事务“篓子”；弱化了学生的理论教育和价值引领；“管住”了学生的行为却没有“管住”学生的心。

从主观方面来看，尽管国家出台了许多文件，以法规的形式对辅导员在引导学生正确认识世界和中国发展大势、正确认识中国特色和国际比较、正确认识时代责任和历史使命、正确认识远大抱负和脚踏实地，成为又红又专、德才兼备、全面发展的中国特色社会主义合格建设者和可靠接班人过程中所起的作用给予了充分肯定，把辅导员队伍建设作为教师队伍和管理队伍建设的重要内容，使当前的辅导员队伍处在最好的发展建设期，但是一些辅导员仍然缺乏立德树人的使命感、责任感，缺乏担当精神。他们有的忘记了初心,丢掉了使命,精神上“缺钙”,理想信念不坚定;他们有的对自身工作的价值缺乏认识,把工作当成了“饭碗”,整天想的是怎样“双重晋级”,个人能有什么样的发展,把应聘时的承诺抛到了脑后;他们有的“本领恐慌”,不能及时有效地为学生解疑释惑;他们有的把自己看成单纯的管理者(虽然有些是被动的),忽略了辅导员是大学生人生成长的指导者、引路人这一主要角色。由此造成的结果是,学生和辅导员之间形成了“代沟”,学生日常思想方面出现的问题不能及时有效地得以解决,进而陷入迷茫、困惑当中。

二、把思想政治建设摆在辅导员队伍建设首位的路径选择

伟大的事业需要伟大的状态,需要能干事、干成事的人。中国梦只剩下“最后一公里”了,我们必须把思想政治建设摆在辅导员队伍建设首位,造就一支能打赢战斗的辅导员队伍,这样才能培养出实现中国梦所需要的走好“最后一公里”的人。问题就是我们的出发点,也是我们工作的着力点。由此可见,对把思想政治建设摆在辅导员队伍建设首位而言,需要高校党委层面和辅导员自身层面两个方面积极性的协调一致。

“不谋全局者,不足以谋一域。”作为高校党委,必须增强“四个意识”,做到“两个维护”,学会思考大局、大势和大事,培养政治家的头脑,提高政治判断力、政治领悟力、政治执行力,牢记“国之大者”,扎实推进高校党的建设和思想政治工作。要牢记我国高校是党领导下的高校,是中国特色社会主义高校,加强党对高校的领导,加强和改进高校党的建设,是办好中国特色社会主义大学的根本保证。高校党委必须始终在政治立场、政治方向、政治原则、政治道路上同以习近平同志为核心的党中央保持高度一致。未来属于青年,希望寄予青年。实现第二个百年奋斗目标、实现中华民族伟大复兴的中国梦,需要高校党委旗帜鲜明地坚持社会主义办学方向,切实肩负起培养德智体美劳全面发展的社会主义建设者和接班人的重大任务,源源不断地向社会各条战线输送矢志不渝跟党走的人。这就需要高校党委不断提升把思想政治建设摆在辅导员队伍建设首位的认识。辅导员是大学生的人生导师,“管住”学生的行为是必要的;帮助学生择业、解决学生“吃喝拉撒睡”等问题也是应当的,但是比此更为重要的是“管住”学生的心,要以理服人、以情感人,使学生悦纳辅导员的教育,进而牢牢把握习近平新时代中国特色社会主义思想这一当代中国马克思主义、21世纪马克

思主义,在中华民族伟大复兴战略全局和世界百年未有之大变局深度演进互动的复杂条件下,运用科学世界观和方法论始终把握中国、世界发展之大势,坚持正确前进方向。为此高校党委一定要筑牢辅导员队伍思想政治站位、开阔辅导员工作视野、提升辅导员工作格局、厘清辅导员工作界域、分清辅导员工作主次,让辅导员把主要精力聚焦到对青年学生进行思想理论教育和价值引领上。加强辅导员队伍思想政治建设,要特别注重制度建设。辅导员的选聘,要把思想政治素养放在第一位;辅导员工作的考核、职称评定要重业绩、破"五唯",辅导员工作的首要业绩就是学生"听党话,跟党走",做到"四个自信",把个人的发展融入实现中国梦伟大事业中。

外因是变化的条件,内因是变化的根据,外因通过内因而起作用。党的十八大以来,使高校加强辅导员队伍思想政治建设总体处在最好的时期,但是环境再好,离开了辅导员自身的努力,也实现不了最好的愿景。如上所述,由于认识上不到位、发展不平衡、工作界域不清晰、评价机制不科学等原因,客观上确有诸多因素对加强辅导员队伍思想政治建设产生了影响,越是在这种情况下,辅导员自身越是要发挥好主观能动性的作用,"咬定青山不放松"。辅导员要牢固树立"我是党的人"的政治意识,教育学生"听党话、跟党走",辅导员首先就应当是听党的话、跟党走的人,无论环境怎样变化,都要对党忠诚,紧紧围绕党的中心工作、围绕学生的成长成才,"逢山开路、遇河架桥",举起的右手即便粉碎了也不能再放下。辅导员一定要加强理论学习,当前要特别学习好习近平新时代中国特色社会主义思想,这既是辅导员自身加强思想政治建设的需要,也是辅导员工作的看家本领。只要学好这一理论,就会拥有真理的力量,坚定共产党人的理想信念,筑牢不忘初心、牢记使命的根基,增强道德力量,看淡"双重晋级";就会以理论上的坚定保证行动上的自觉,始终把党和人民的利益置于心中最高的位置;就会以学生为本,围绕学生、关照学生、服务学生,把思想政治引领落细、落微、落实,在为学生成长成才服务的过程中,增进对党和人民事业的情感,不断提升思想政治境界;就会始终保持一名共产党员的先进性和纯洁性,克服自身的倦怠情绪,不断增强应对各种困难挑战的能力;就会引领学生做实现中国梦的开拓者、奋进者,青年学生就会正确认识和把握人类社会发展的历史必然性;正确认识世界和中国发展大势;正确认识时代责任和历史使命,不断树立为共产主义远大理想和中国特色社会主义共同理想而奋斗的信念和信心，把远大抱负落实到实际行动中，让勤奋学习成为青春飞扬的动力，让增长本领成为青春搏击的能量，在“长征再出发”的“赶考”路上，向党和人民交上合格的答卷。辅导员再忙，也没有理由忘了学习，要带上责任学习，要把学习当成人生的一种追求，当成辅导员加强自身思想政治建设的重要保证。

（刊载于《中国高等教育》2022 年第 2 期）

关于“双重晋级”

292

再说辅导员的职称问题

2019-11-20

1. 保证职称

再说,是因为我此前多次说过,辅导员是教师,就应当给他们评职称。

谁说辅导员不能评职称?我2008年在辽宁省任省委高校工委副书记的时候就协调有关部门出台了辅导员评职称"三单"的文件,有力地推动了辅导员队伍建设。

我也说过,辅导员应当评职称这件事我已经"说腻"了,不想再说了。可是眼下的状况让我还是想再说一说。

应当说这两年给辅导员评职称与前些年相比已经有了很大的改进,现在不给辅导员评职称的学校已经寥寥无几了。

2. 突出特点

不过有的学校仍没有按照辅导员所依托的学科特点给辅导员评职称。

辅导员的一个最大特点是实践性,也就是说衡量一个辅导员的实际水平,科研能力是一个方面,但是这不应当是主要的,有没有水平关键是看其学生教育管理得怎样。例如:一个带出了全国"三好班级"的辅导员与一个在"C"刊上发表了一篇论文的辅导员相比,两个人谁更有水平?恐怕真不能因为有了论文，就认为发表论文的辅导员比没有发表论文的辅导员有水平吧？

当然我认为这还不是关键的问题，随着对辅导员评职称的认识进一步统一，目前过于注重科研成果的评职称现象一定会改变的。

3. 完善制度

今天我要说的是即便按照学科特点评了，一些辅导员也评上了职称，可是他们评上职称后就被选拔到了机关，所谓“优出”了。这样费了很大的劲儿靠多年争取来的辅导员评职称对辅导员队伍职业化、专业化、专家化建设有什么根本意义呢？

辅导员评职称是为了职业化、专业化、专家化的需要，为了保证培养学生的需要，不能把辅导员队伍完全当成机关干部或者马克思主义学院教师的预备学校，这样就本末倒置了。我们一定要设计一套科学的辅导员职称评聘管理制度，让优秀的辅导员留在一线做辅导员，保证对青年学生的培养。

我是主张按照职称结构来保证辅导员职业化、专业化、专家化队伍建设，也就是在辅导员一线设置辅导员职称岗位数。例如，一所学生数量达万人规模的学校，对一线辅导员要有多少教授、多少副教授、多少讲师、多少助教做出相应的规定，这样就可以从根本上改变辅导员总是寻求出路的尴尬局面，改变总是被“优出”的局面，改变“娃娃辅导娃娃”的局面。

这里不是说辅导员不可以到机关工作，到机关工作还是在一线做辅导员由个人选择。有些根据工作需要到机关工作了的辅导员，特别是一些学生管理部门负责人，原则上还真需要有辅导员工作的经历，如果他们到机关工作了，学校应当统筹考虑他们的职称和职级问题，不能改变一线辅导员教师的职称(职级)结构；有的辅导员转到了马克思主义学院做了思想政治理论课教师，这是由于马克思主义学院教师编制不足造成的，是一种“拆东墙补西墙”的办法，不是“长久之计”，至于这两支队伍将来怎样“打通”使用那是另一个问题了，在此不做讨论。

只有这样，辅导员才能真正起到人生指导者和引路人的作用，辅导员与学生数量保证 1∶200 的比例才有意义，不然有些人从做辅导员那天起就在考虑怎样“优出”；刚“成手”就让机关选拔走了；就补充到马克思主义学院教师队伍了，为什么辅导员像“割韭菜”一样割了一茬又一茬，原因就在这里。一线辅导员可以缺，机关干部不能缺，这个思路是不对的；干得好的辅导员“优出”了，干得不好的留下了，这种做法是错误的，尤其不能形成这样的舆论环境！很多辅导员没有职业化、专业化，更没有专家化的打算，从根本上来说还是我们的制度设计有些问题。

当然这样一种辅导员职称结构的制度设计，需要有关部门的引导。例如，学校在评估、升格、建“双一流”，还有创“百强”的时候，把一线辅导员教师的职称状况像其他专业教师的职称状况那样考核不就完事了？达不到相应比例要求的给个说法，就会大大有助于辅导员教师队伍职业化、专业化、专家化建设。

293

和一个辅导员的交流

2020-07-23

曲老师您好！

我在路边急切地给您写了这封信，因为我想和您沟通已经很久了，字里行间如有粗陋，请您多多包涵。

我是××学院的一名辅导员，来单位已经二十年了。这二十年里有十九个年头与学生们同行，不敢说兢兢业业，但也算是勤奋努力吧！您在省教育厅做领导时来我们学校做过报告，我印象很深。对比而言，感觉自己还是很愚钝的，做了十九年的学生工作，近两年才刚刚体会到如何才能成为一名真正的辅导员。我之前在自己的微信里写过：向“时代楷模”曲建武教授致敬！您感召着我从一名每天只想完成“作业”的学工人蜕变成为一名真正的辅导员，这里我得说声“谢谢您”！

现在我作为学校系副书记负责学生工作。昨天再一次聆听了您执着朴实的工作经验交流，深感自己做得还很肤浅，没有真正领悟到“辅导员”三个字的精髓，还需要做得更细、更多、更全。在这个岗位上做的时间久了，惰性也会随之而来。有时候感觉自己是惯性前移，而非努力前进，如再遇上自己感觉不如意的事情，就会有退却的想法，比如说职称，您不要笑我。

您的公众号我每天都看，给自己打气鼓劲，希望自己能够成为一名优秀的学生工作者、一名真正的思想政治教育工作者。真希望您能在百忙之中给我一些指导和鞭策，哪怕就一句话，我也会保存到手机里，让它伴我继续走好立德树人之路。

× × 你好！

实在对不起，拖了好多天才给你回复，在心里念叨我了吧？

谢谢你给我的那些赞。我想和你交流的有两点：一是我感受到了你的渴望；二是我知道确实有一些工作了二十年的辅导员不安心这份工作。工作二十年了还想离开？离开后能做什么呢？既然已经工作二十年了，那就把后十几年做好。此前做得不好，就用这十几年弥补；此前做得很好，那就用这十几年把工作做得更好。最难的时候都过去了，怎么会轻易地放弃呢？人生就是这么回事，看起来很长，其实很短，能做好一件事就不错了。吹牛点讲，我的可取之处就在于我几十年不离不弃地只做了一件事：做大学生人生成长的指导者和引路人。对我来说，三十八年算起来有十七年是在一线做；二十一年是在学生处处长、党委副书记、省委高校工委副书记的位置上做。2004 年我到省委高校工委工作的时候，我们厅领导想让我管干部，我想这不是我的长处。另外，如果去管干部，和大学生思想政治教育工作就隔断了。以后大家评价我时就是我的干部工作做得怎样，这样我就丢掉了长处和此前的积累。现在看来，我是对的。三十八年没有一天离开大学生思想政治教育的，全国也没有几人了，我再做几年，恐怕就是唯一了。和学生在一起没有什么不好。越是到了老年，越觉得最有价值的是和学生在一起，可见我的选择和坚持是对的。

现在给辅导员评职称了。这里有两个方面的问题：一是你个人的条件够不够；二是够了能不能给你评。够不够是个人的问题，评不评是学校的问题。对于个人来说，还是应当本着不争而得的心态，好好准备。只要条件具备了，评上就是早晚的事。有的辅导员总是从原点上看问题，张口就是“我们学校不重视”。现实中是有这种情况。怎么，不重视是应当的、合理的？早晚还不是要改变的？大学是国家的大学，不是谁想怎么办就怎么办的。我在省里工作的时候，在全国最早出台了《辅导员职称评审细则》，现在辽宁省应当评了上千名辅导员教授、副教授。当时也有几所高校找各种理由不给辅导员评职称,现在也早改过来了,所以要用发展的眼光看问题。

退一步讲,可不能仅仅为了评职称才去做辅导员。辅导员工作要围绕学生、关心学生、服务学生。你具有什么样的水平是由学生来衡量的。我常讲这个观点,不仅是辅导员,所有的教师都是如此,不能自己的职称上去了,结果把学生落下了。这是不应当的,也是不划算的。那么多的学问,没用到学生身上岂不可惜?前些天我写过关于辅导员读博士的文章。其中就说过,为了评职称而读博士也是不值得的。有写一篇“C”刊文章的投入,能和学生谈多少次话,可以给学生发多少生日祝福?会有多少学生感激你、记住你?到底哪个值得去做?

你现在做了党总支副书记了,有了更大的为学生服务的平台,这就够了。要多想怎么把工作做得更好,不要总纠结评没评上职称,总是患得患失会影响工作的。那些年没有评职称,大家不是也过来了嘛。当然,该准备的还是正常准备,两者不矛盾。如果为了评职称而影响了工作,那还是要好好权衡一下,到底职称重要,还是把学生工作做好重要。

晚安!祝好!

294

与一个辅导员的交流

2020-09-14

曲老师您好!

听了您的报告,又坚定了我的初心。我是一名从业八年、热爱学生工作的辅导员。我特别认同您的观点,辅导员工作的成果体现在学生身上,在日常的工作中,不是谁发表的论文多就做得好,我也是这么认为的。这几年自己积累各类随笔有两万多字了。但现在对辅导员的考核完全不看这些,这也是我困惑的地方。为学生做的我都心甘情愿,但是自己不争不抢,领导就看不见,组织就不考虑,自己就没有更大的平台去做事情。特别希望能得到您的指点。

× × 你好!

谢谢你对我的认同。辅导员队伍建设正在不断发展中,各项规章制度也是在不断完善中,还没有达到尽善尽美的程度。因此,便存在地区和地区不平衡、学校和学校不平衡的问题。对于怎样评价辅导员工作、制定怎样的辅导员职称评定标准,还缺乏统一的认识,评价标准也就各不相同。辅导员的职称到底怎样来评,这里的核心问题是应当认清辅导员工作的特点和学科属性。辅导员工作是实践性非常强的一项工作,从这点来说,辅导员工作的好坏，或者说一个辅导员有没有工作的水平，当然不是看他发表了什么档次的文章、主持了什么级别的课题，而是体现在他对学生的培养上。我以前也说过，比如，中宣部和教育部共同评选的“最美辅导员”、教育部评选的“辅导员年度人物”、各省评选出的各类“优秀辅导员”，他们能得到这样的评价是不是公平？有的辅导员所带的班级被评为“全国三好班级”（“优秀党支部”“优秀团支部”等）、“省三好班级”（“优秀党支部”“优秀团支部”等），所带的学生被评为“全国三好学生”（“学生干部”“优秀党员”等），这能否体现一个辅导员工作的水平？毫无疑问，这就是辅导员工作的水平。这样的业绩怎么还能没有一篇“C”刊的分量重呢？辅导员评职称一定要把辅导员工作的业绩放在第一位。这是由辅导员工作的特点和学科属性决定的。思想政治教育的根本任务就是立德树人，这是辅导员工作的出发点和落脚点。习近平总书记说要破除“五唯”，辅导员评职称应当率先破除“五唯”，切实避免唯论文、唯课题、唯学历等做法。文章写得再多，主持的课题档次和学历再高，学生教育管理搞得不好，又怎么能评职称呢？当然也不要把写论文、出版专著和辅导员的实际工作对立起来。学生的教育培养也是有规律的。围绕学生、关照学生、服务学生，有问题意识，从解决问题出发，把握学生成长规律，这无疑会促进辅导员工作。为什么我们说辅导员要职业化、专业化、专家化呢？这也是希望辅导员们能够注重把握思想政治教育的规律，以科学的理论指导实际工作。现在有许多辅导员在工作上爱生如子，在学术上成了骨干，他们把工作和科研很好地统一了起来，这应当是辅导员的价值追求。

“风物长宜放眼量”，不仅要历史地看问题，更要辩证地、发展地看问题，不要总是站在“原点”上看问题。曾几何时很多高校还没有辅导员呢，自中央 16 号文件颁布以来，特别是党的十八大以来，尤其是全国高校思想政治工作会议、学校思想政治理论课教师座谈会以来，辅导员队伍建设有了很大的发展。原来有的省份、一些高校不承认辅导员的教师身份，根本不给辅导员评职称，现在不是也改变了吗？这就大大地迈进了一步，而且现在很多学校辅导员评职称已经体现了破除“五唯”的要求。至于有的学校没有按照辅导员的工作特点和学科属性给辅导员评职称，这也是早晚要改的事。并且我认为，不仅辅导员评职称，其他教师系列评职称都会改革的。实事求是是马克思主义活的灵魂。在辅导员评职称方面，人们的认识一定会转向尊重辅导员教师工作特点和学科属性上来，你们学校的做法也会随着浩荡之大势而改变的。大学不是个人家的，不是谁想怎么办就怎么办的。办大学必须遵循国家的大政方针，遵循教育规律，遵循人才成长规律。

至于你说“不争不抢，领导就看不见”，恐怕还是有些过于绝对。你不过才工作了八年，是不是着急“双重晋级”了？这里关键还是要做到。或许你会遇到不公平的领导，但是你不会总遇到不公平的领导。你的工作不是干给领导看的，你的工作也不是由领导来评价的，而是由同事和学生来评价的。所以还是要沉下心来，把工作做扎实，对得起学生，这才是根本。如果干到那个份儿上，自然就会得到承认。你想要更大的工作平台，其实带几百个学生这个平台已经够大了。你热爱学生工作，那就全身心地投入，让学生为你点赞、让学生记住你，这比什么都重要。

把你的详细地址告诉我，我把我写的书签名邮寄给你做纪念。到大连可以联系我。

祝一切都好！

295

比“双重晋级”更重要的是对得起学生

2020-12-19

曲老师您好！

很久没有联系您了，您最近好吗？一定要保重身体！

向您汇报一下我的近况。明天我就要去一个新的学院工作了。这些年来在您的呼吁和支持下，我们××学院的领导们很重视辅导员队伍建设，这次学校干部调整，我非常幸运，成为我们学校第一批正处级辅导员中的一个。之所以这次我能够得到组织的认可，与老师多年来对辅导员队伍建设的重视是分不开的，也是与您的指导和影响分不开的。谢谢您，老师！

我们学校不仅在干部调整时对辅导员队伍给予了倾斜，在职称评定的时候，从去年起也真正实现了“三单”，去年有两名辅导员晋升到副高级的职称，我也在努力中。

今年新冠肺炎疫情防控期间，因为这种特殊情况，我跟学生们的联系变得比以前更加紧密，在这个过程中我得到了更多学生的认可，同时也收获了更多的幸福和快乐。昨天我跟现在所在学院的学生在群里说了我要离开的事情，很多孩子给我发了信息，这让我很感动，也让我更加深刻地体会到了辅导员工作的价值所在。

我对做好辅导员工作充满信心，我相信，只要牢记老师的教诲，永远带着温度和正能量去对待每一个学生，我就能为我们的国家培养出更多的合格建设者而贡献出自己的力量，我会努力的！这么晚打扰您了，祝您身体健康、开心快乐！

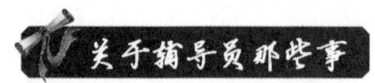

这些天比较忙，就没有及时回复你，请谅解。党的十八大以来，把立德树人作为根本，这是辅导员队伍得以壮大发展的重要保证。你也算是较长时间在辅导员工作岗位上，为培养德智体美劳全面发展的社会主义建设者和接班人做出了较大贡献。现在对辅导员实行“双重晋级”，这也是建设职业化、专业化、专家化辅导员队伍的需要，你得到这些也是理所应当的。当然从个人来看，还是要把这种晋级看成是工作的动力。你又到了新的工作岗位，工作的任务又重了，但是不能辜负了组织的信任。我常讲，“双重晋级”是领导的事，我们所想的就是对得起学生，这比职称和级别重要得多。

一转眼你从我这里离开也有几年时间了，不过你扎实的作风还是给我留下了深刻的印象。我相信你一定会把工作做得更好，为国家培养出更多优秀的人才。为此我们付出得再多也是值得的。

因为新冠肺炎疫情，我也一年多没去黑龙江了。等明年春天我再过去看看。好在现在通信发达，感觉我们天天都好像在一起。有事就联系我。有朋友到大连需要我做什么你不要客气，我一定尽到地主之谊。

祝好！

谢谢老师的鼓励！就像您说的，我们要始终把学生放在心里，只有真心地对他们好，为他们引好路，才无愧辅导员的称号，才能收获他们的信任与认可。这些年我一直坚持一个信念，就是要做到对学生“无害”，不能因为我的存在给学生的成长和发展带来伤害，在这个基础上，更要努力做到“有益”，让学生因为遇到了我而有所收获和成长。我会继续努力的。老师明年来黑龙江的时候一定抽空到齐齐哈尔做客，我们这里的辅导员很期待能够聆听您的教诲，到时请您品尝齐齐哈尔烤肉。祝老师健康、顺利！

谢谢！我们共勉！

296

要有格局

2021-03-02

前些天有个辅导员给我写了下面这封信，让我想到了“格局”这个问题。他说：

感谢曲老师给我补寄的您亲笔签名的书，年前邮回来的当天我正在回家的动车上，没法取；年后返岗后我及时取回，正在阅读学习之中。

虽然只看了一小部分，但是从您回复的每封书信之中，都能感受到您深深的爱国之情，那种使命感、责任感和担当精神是我没有的；您实现了对父母的承诺，我还没对父母承诺过什么，也没给过什么，对此我有些愧疚；您对一些学生的关爱、帮助和付出是值得称赞的，今后有机会我要像您一样伸出援助之手；确实身体是革命的本钱，您在大学时就坚持跑步强身健体也是值得佩服的，虽然我是学医的，但是也没能像您一样坚持锻炼身体……

从之前您给我的回复和最近我读了您部分书信之后，我初步认识到自己视野格局的局限性，没有融入“大我”之中。今后随着不断阅读您的书信和公众号文章，我要逐步提高自己的思想意识，把“小我”融入祖国的“大我”中，带着责任去读书、学习、工作。不能光想着依靠外在的动力，得给自己一种内在的精神动力来促使自己不断砥砺前行；要懂得感恩，除了基本的孝敬父母之外，还要感恩帮助过、开导过、指引过自己的人；天气慢慢暖和了，要把锻炼排在日程上了。只有身体强硬康健了，所学所思才能运用到实际中来。

好了，曲老师，不知不觉也写好几百字了，不耽误您时间了。一年之计在于春，我要趁着这股春风一路向阳，在牛年之际，学习“三牛精神”，发扬“三牛精神”。

祝您牛年大吉、身体健康！

什么是格局？百度上的释义是：“格”是对认知范围内事物认知的程度，“局”是指认知范围内所做事情以及事情的结果，合起来称之为格局。不同的人，对事物的认知范围不一样，所以说不同的人，格局也不一样。从思想政治教育的视角看格局，格局应当什么样？如：为什么要教育学生爱国？为什么爱学生？自己的孩子是孩子，别人的孩子也是孩子，爱自己的孩子是人，爱别人的孩子是神。有了学生就有了一切。又如：为什么要锻炼身体？少得病，既减少痛苦、少花钱、少给亲朋好友添麻烦，又可多为党做工作、多挣钱孝敬父母、多享受美好生活，何乐而不为？有了格局就会把祖国放在心上，把父母放在心上，把学生放在心上。有了格局就会忘我，就会不断翻越人生的一座座高峰，就不会把“双重晋级”看得过重。谁没有困难的阻挡？只是在有格局的人看来，一切艰难险阻不过是人生的“调味剂”罢了。泰山压顶不弯腰，方显英雄本色。

谢谢你对我的点赞。我们是同路人。让我们共勉！让我们携手前行！到大连联系我。

祝一切都好！

297

与一个辅导员的交流（一）

2021-05-26

曲老师您好！

我是××学院的辅导员××，谢谢您通过了我的好友申请，能够近距离向您这位优秀辅导员学习，荣幸之至。

听了您的精彩报告，您的爱国情怀，您的理论高度，您的爱生方法，您的激情热情，您的执着坚守，您的责任担当，您对于国家、对于学生深沉的爱，学生无法企及，相差甚远，但能现场聆听，受益匪浅。

从2010年研究生毕业至今我一直坚守在辅导员岗位，工作十年来尽心尽力为学生服务，赢得了学生的信任。但是，我在事业上没有任何成就，就是一位普普通通、平平凡凡的一线辅导员。因为爱学校、爱学生，未来我还会继续坚守在辅导员岗位，初心不变！

向曲老师致敬！

××你好！

你硕士毕业十多年了，在高职院校做一名辅导员，能够始终保持这样的心态，你也很不容易。一些辅导员总觉得自己亏了，职称没有得到，级别也没上去，整天抱怨这、抱怨那的，这也就影响了自己的工作。辅导员还是要把心思用到学生培养上,不要总琢磨“双重晋级”的事,“双重晋级”是领导的事,是外部条件,辅导员应当多发挥主观能动性,不争而得。我从当上辅导员那天起,就没想过评什么职称、晋什么级别,可是今天什么都有了。辅导员的工作水平不是职称体现出来的,也不是级别来评定的。有没有水平还是要看把学生培养得怎样,学生忘没忘记你。职称、级别都是身外之物,谁也不可能永远当教授,关键是在学生的心灵上矗立起一座不倒的丰碑。真做到了这样,恐怕你也就什么都有了;即便没有,你有了学生也就有了一切。不能说你事业上没有任何成绩、普普通通、平平凡凡,伟大就孕育在平凡之中。学生工作表面看起来是些平凡无奇的小事、琐事,而就是这些小事、琐事才奏响了我们人生的乐章。我有个学生现在是厅级干部,他给我写过一封近 5000 字的信,题目是“我的精神导师”。他说:“于我而言,您恰是我人生成长道路上的一位精神导师。”在信中,他说了许多我根本想不起来的小事、琐事。你热爱学生,这很难得。爱是最好的老师,没有爱,就没有教育;没有爱,怎能坚持到永久!我支持你坚守在辅导员工作岗位,我为你的初心不改点赞!把你的详细地址告诉我,我邮寄一本我写的书给你做纪念。到大连联系我。

祝好!

曲老师,您的用心回复,让我泪目,感恩、感谢!我虽然不是您的学生,但是受您教诲指引,您就是我的精神导师,您的一席话更坚定了我在这个岗位上坚守下去的决心,感恩您给予我的力量!拜谢!

您的大作,渴望拜读,谢谢曲老师,真希望有机会去大连当面见见您。

298

与一个辅导员的交流（二）

2021-05-27

曲教授您好！

我是××学院的辅导员老师。昨天有幸听了您的主题报告会，给了我很多的感触和启发，让我受益匪浅。尤其是您用爱去关爱您的每一个学生，并且记得他们每一个人的生日。还有，很难想象辅导员的工作很忙碌又烦琐，您还能做出那么多的科研成果，做到培养学生与科研工作两不误，这些都让我敬佩不已。

我从2009年起至今，从事辅导员工作已有十二年，目前职称还是讲师。看到身边有的同事，他们都在为了职称找门路，做课题、写论文、做项目。想想自己，虽然很喜欢辅导员工作，认真对待工作，积极为学生答疑解惑、做好服务，和学生相处融洽，但科研成果确实是自己的薄弱环节。为此领导也和我谈过，多次提醒我要加强科研方面的发展，争取早日评上副教授职称。本来我根本没有在意职称这件事，只想专心于我很喜欢的学生管理工作，一心想关注着学生，全心全意为他们服务，用心引导他们成长成才，但每次领导一和我谈到其他辅导员职务晋升或者职称晋级，有关评职称的科研成果问题时，我心里难免觉得压力很大，甚至有点儿委屈。所以想请教您，如何发掘自己的科研能力，创造出自己的科研成果，做到下笔成章呢？昨天就想着在您报告会结束后当面向您请教的，但我好紧张又很畏惧，庆幸记下了您 PPT 上的微信，所以迫不及待地加您好友，很抱歉打扰您了。我要向您学习。

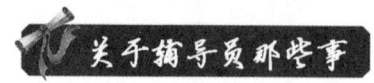

××你好！

我能理解你的心情。现在给辅导员评职称了，但是还没有完全尊重辅导员工作的学科属性，对辅导员水平的评价，主要还是看主持了什么课题，发表了什么样的文章。辅导员工作的重要特点是理论与实践的统一，对自身是这样，对学生也是这样。夸夸其谈是不行的，关键看把学生培养得怎样。现在很多人还处在惯性思维当中，这是应当改变的，也一定要改变的。所以，作为一名辅导员，还是要把论文写在祖国的大地上，也就是写在学生的心坎上，学生能记住你的论文才是好论文，否则都是一堆废纸。你不用委屈，你是对的，完全可以坚持下去，把为了评职称而写论文的时间用到学生工作上，恐怕更有意义、更有价值。另外，你也没有必要压力很大，每个人的能力水平是有差别的，能力类型也有不同，拿写论文来说也是如此。有的人确实善于写“应然”的东西，逻辑关系、条理关系，论述的头头是道；有的人善于写“实然”的东西，体会式、总结式的，等等。有些后者恐怕一辈子也写不出前者那样的论文。有没有必要不顾一切地达到前者那样呢？真没有必要。你完全可以朝后者方向准备、发展，日积月累你也同样可以写出好论文、好专著。我的论文和专著追求的就是后者。我要求我写论文、写专著，一定要围绕学生、关照学生、服务学生，要接地气。我的论文、专著都不是大理论、大道理，都是积累的结果，是我有话说，而不是我要找话说。记住：论文和专著一定是“溢出来”的，不是“挤出来”的。说起写思政论文，你还是“年轻”些。飞机要着陆了，就写到这里吧。以前我在公众号上推送了不少这方面的文章，你可以找来看看。

祝好！

收到曲教授这么精准细致的解答，我很是感动。衷心感谢曲教授的指教。我会牢记您的谆谆教诲，一定要围绕学生、关照学生、服务学生，继续踏踏实实地努力工作，做好自己该做的事情，在实践中不断积累经验，积极关注学生的需求，用心用情地教育引导学生，让我的学生都身心健康地成长成才。再次谢谢曲教授！您辛苦了，您要注意休息。欢迎并期待着您再来我们学校。祝您身体健康、合家幸福、万事如意！

谢谢你的祝福！到大连联系我。

晚安！

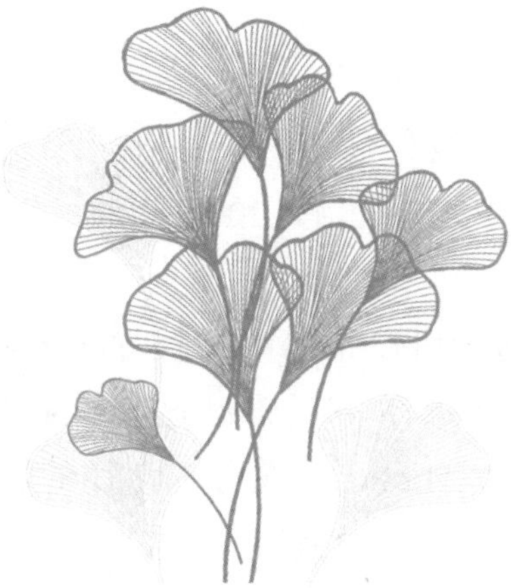

299

与一个辅导员的交流（三）

2021-05-29

曲老师您好！

我可以向您咨询个问题吗？

自从在海南听了您的报告后，我非常振奋，原来我一直坚守在辅导员岗位上十九年，是值得的。这次培训给我带来了继续向前的勇气，回来后我就动力满满。

这些天，省里下发通知可以报名参加辅导员人物评选，二话不说，我就报名了，不为获奖，只想去展示一下自己这些年的成长经历。在叙述个人事迹时，还没把评委感动，自己已哽住了，眼泪在眼圈里打转，不过我很享受这个分享的过程，结果也在我的意料之中。我只是芸芸众生中一个努力的辅导员，大家都很棒。

话说回来，一个在这个学校辅导员岗位上一直坚守的老辅导员，如果此次不去露脸，还真不知道有您在。我很努力，每年在自己负责的工作中都能获奖，但优秀辅导员永远是轮流后才有机会的。我很讨厌这样的规则，虽然淡泊名利是我努力在调整的状态，我也做到了很多，但是就是感觉一直在坚守岗位的人不被重视，感觉自己想继续留下来的勇气一点点被磨灭了，您可以帮我梳理下吗？

××你好！

我能理解你的心情，工作十九年了，也没有取得令人瞩目的成绩，并且你在不在别人都不知道。由此你有了怀疑、困惑、烦恼，甚至有了动摇，没有了坚持下去的勇气。

你的初心是什么？是“双重晋级”还是“名利双收”？恐怕都不是吧？我想你的初心应当是和学生在一起，把学生培养好。不用怀疑，你做了十九年辅导员工作，你还是取得了很大的成绩，那么多的学生在你的陪伴下成长起来，他们如今已经奋战在祖国各条战线上，这不是成绩？我当辅导员的时候我就想，一定要对得起学生，决不能让学生指着脊梁骨。什么“双重晋级”，我压根就没有想过。今天我更加坚定了这样的认识，名利都是身外之物，如果有来生，心安勿躁地做一辈子辅导员没有什么不好。参加这个评选、那个比赛的，到头来有什么用？有准备的那个时间、有填表的那个时间，莫不如找几个学生谈谈话、给学生发发微信、给学生送上几句生日祝福。相对来说你还是年轻，还想不到这一点。学生让你代表学校参加省里的辅导员年度人物评选，这本身也是对你的一个评价、一个认可。至于没有打动评委这里有两个问题：一个问题是你的事迹可能还真没有达到感动评委的程度；再一个是每个人的处境是不同的，限于多方面的原因，对同样的事物每个人的感受是不一样的，况且有的评委恐怕也没有你这样的辅导员经历。当然，最为关键的是，你在不在是由学生证明的，不是领导、专家、评委证明的。你让我帮你梳理一下，我能梳理什么呢？有的辅导员也问我，是不是应当离开辅导员岗位。他们说他们已经工作快二十年了。我有些无语。都工作快二十年了还要离开，离开了能做什么？又能做好什么？我跟他们说，如果以前干得挺好的话，那就继续坚持下去；如果以前干得不好的话，那就用剩下的时间把以前的不足弥补上。都这个年龄了，哪有时间左右摇摆呢？你还是做得不错的辅导员，忘掉初心实在是可惜。我建议你彻底回归初心，放弃这个比赛、那个比赛，把时间都集中用到给学生的心灵埋下真善美的种子上。一分耕耘，一分收获。“待到山花烂漫时，她在丛中笑。”谢谢你的信任。把你的详细地址告诉我，我邮寄一本我写的书给你做纪念。

“天下本无事，庸人自扰之”。

祝开心、快乐每一天！

曲老师，谢谢您的回信，我知道我的问题在哪儿了。我没想过要离开这个岗位，我很喜欢我的学生，也很喜欢和我的学生在一起，因为他们是我的 sunshine（阳光），我的小烦恼是个凡人都会经历的过程，没有经历过这种挣扎，那如何是个凡人呢？周六、周日我沉下心来想一想，我知道自己的初心了，好好地爱学生，和他们在一起成长，我已经做好准备了。曲老师，您放心，我会越来越好，我的学生会比我更好。

还要谢谢您的用心回复，我希望曲老师能好好爱护您的身体，身体才是革命的本钱。很想阅读您的书籍，感恩曲老师对我的厚爱，我的地址是：××××××××。

好的。这是我希望看到的。“岁寒，然后知松柏之后凋也”。

300

与一个辅导员的交流(四)

2021-07-06

曲老师您好!

我是沈师第三期辅导员班的学生,您还记得我吗?今天又一次聆听了您的课,再一次深受鼓舞,备受感动。尤其是您讲的那个家访的故事和闫沛兴的故事,我已经是第三次听了,但讲的还是那么真挚和动情,我的眼睛再一次湿润了,真正感受到了师者的这份大爱。茶歇期间,我没有打扰您,但看到很多辅导员去找您签字、合影。您都没有休息,而是继续身体力行地给我们讲课,激励辅导员们用爱前行,放下杂念真正走进学生,做学生的知心朋友,引导学生爱党、爱国、爱人民。感谢您!

××你好!

我在省厅工作的时候,设计了你们这样的班次,为高职高专培养专职辅导员。你们这些辅导员在大学生思想政治教育方面发挥了重要作用,我和你们很多同学都有联系,我鼓励他们继续努力,把当好辅导员作为毕生的追求。

教育过程就是爱的过程,没有爱就没有教育。辅导员一定要将对党、对人民满腔的热爱之情贯穿在自己工作的全过程,要燃烧自己,照亮学生,温暖学生。要想学生之所想,急学生之所急,成为学生的知心人。这样,学生就会感受到你的爱,你的温暖,通过你身上发射出的光,他们就会悦纳你的教育,就会跟在你的后面朝着你指引的方向前行。好好工作,让学生记住你,为你喝彩,为你点赞!这些要比“双重晋级”重要得多。有事联系我。

祝顺心如意!

301

与一个辅导员的交流（五）

2021-08-10

曲老师您好！

我是××大学辅导员××。谢谢您的精彩讲座，让我自己坚定了作为一名高校思政工作者，特别是辅导员的信念，以前还在考虑要不要去当专业教师。

××你好！

谢谢你的认同。你说你坚定了做一名辅导员的信念，放弃了做专业教师的打算，我为你点赞。常有辅导员问我这个问题，是不是要离开辅导员队伍，上专业教学。我说这关键看你怎样理解辅导员工作，最终想实现什么。有的辅导员说辅导员不是学问，搞专业课才是学问。这种认识是不对的。我三十九年前参加工作的时候就遇到过这个问题，那时就有这种声音，辅导员有什么出息？辅导员没有学问，有水平的不会当辅导员。我不这么看。我觉得辅导员工作很重要，学问也很深。其实专业课好上，如果你不重视，学生也会重视的。就像我跟你们举的这个例子：辅导员教育学生要关爱他人，要有互助精神，这也是社会主义核心价值观的应有之义。可是当学生在大街上看到老年人倒地没人扶的时候，他们就会质疑你说的有没有道理。人家教英语的老师、教计算机的老师会遇到这个问题吗？人家不教学生,学生也会通过各种补习班学习的。所以我常说,在目前这样学校、社会乃至家庭教育环境还不完全一致的情况下,把我们的思想装进学生的思想要有多难！当然我从当辅导员那天起就没有被难倒过。我想,正是因为有难度,才彰显了“英雄本色”,学生越是需要教育,我们越是要做好我们的工作。三十九年了,我始终把辅导员工作当成学问做,把为学生解疑释惑当成辅导员工作的主业,由此找到了很多答案,破解了很多难题。我也不争而得地评上了教授,现在还是二级教授,发表了上千万字的著述,这些都得益于我没有“小看”自己,得益于我常年坚持的一条:辅导员工作就是一门高深的学问,要把我们的学问扎根在学生的心灵上。你年轻,未来还有很长的路要走。只要初心不改,把辅导员工作当成学问做,就一定会有出息。即便没评职称,有了学生就有了一切;把学生培养好就是最大的学问。为此而努力吧。有需要就联系我。欢迎有机会到大连来。

祝好！

302

与一个辅导员的交流（六）

2021-12-12

曲老师您好！

我有个问题想向您请教。作为辅导员，最基础的一项工作就是应该经常和学生谈心谈话，或者开班会，了解学生的最新动态，对吧？

如果我没有做过这项最基础的工作，学生出现意外情况，虽然主观意识我无法控制他们，但是我也应该负连带责任或者属于次要负责人吧？

不是负责人，只能说你工作不细致、不深入。辅导员关键是要了解学生的思想状况。

我也不想我的学生发生意外，虽然这已经成为事实，我也承认是我的工作不到位，但是，这是否会影响我今年的职称评定晋级？学校如果不让我今年评中级职称，是否合情合理？

对辅导员工作的评价主要是看把学生培养得怎样。如果学生出了意外，你对他的情况根本不了解，平日里又没有做工作，当年不允许评职称是可以的。现在就是要破“五唯”，要把业绩考核放到职称评定的第一位。

谢谢曲老师在百忙之中回复我,我以为您不会回复我了呢！因为一直关注曲老师,无论是您每次的现场讲座,还是微信公众平台的推送,我都认真听、认真看、认真学习。前两天给曲老师发送消息,是因为我真的很迷茫,大部分人都告诉我不要告诉您,不要小题大做。但是我不明白为什么我一直不发声,任劳任怨,只是这一次发声讲事实,却要被说成是给自己找事呢?

我从硕士毕业就从事教育工作,起初六年在南方的学校做在编专职讲师,后来考虑到父母就回北方工作,由于在编考试削减比例,我只能作为人事代理加入高校辅导员的大家庭。

两年的高校辅导员工作,让我觉得我爱我的学院、爱我的学生,我也觉得我更适合在这支队伍里生存。这两年中,我主要负责一个年级学生、全院学生团委工作、宣传、活动等。我所负责的学生工作和学生们获得市级以上,乃至国家级的荣誉都有,但是我从未用过任何一个荣誉在我自己的身上。我的履历没有任何高校的经历,因为不在编,表面上我们参与考核,实际上我们没有评优资格,档案里也没有任何记载,官方的回复就是不在编就没有任何评优资格。甚至我和学生们经过努力获得的所有荣誉只是为当时我们学工办在编的小伙伴们“做嫁衣”,但我都不在乎,至少我乐在其中,我热爱辅导员这个岗位。

但是前不久我离开了这个岗位,我身心太累了。我很不舍,直到现在还关心我那些将要毕业的学生。就算我离职了,我也要亲力亲为地为他们做些事。可是现在我曾经的学校却因为我举报职称评定弄虚作假、伪造剽窃他人工作业绩,以及由于学生出现意外而让我离开了。他们说既然我已经离开了,就不应该再参与学校的任何事情了。

而我之前问您关于学生出现意外的事情,其实不是我负责的学生,是与我在同一个办公室在编的一位同事负责的学生。我选择离开辅导员岗位是因为我真的觉得周围充斥了太多负能量,当同事的学生出现意外的时候,我作为本地人,一接到电话,大半夜凌晨一点我爸妈送我去学校处理所有事情。我和我另一个不在编的小伙伴在学校住了五天五宿,安慰学生家长,而学生的亲辅导员什么也不做,只会打我们小报告。具体她的细节我不是很想说了,我只是觉得当职称评定的时候,如果她有自觉性,她不应该参评。可是她不仅是参评人，更是全校材料的汇总人、算分人，按理说是应该回避的。最重要的是根据省专技评定办法，她的确不符合参评资格，她把我的工作业绩、荣誉用在她的参评资料中，她还有党内工作失职、不作为等行为。我的确在公示的时候举报了她，因为我很不理解为什么这样的人，还有资格参评。有荣誉就是她的，她做错事就躲起来，由我和其他小伙伴为其善后。

曲老师，您能回复我，我真的很感激您。我也没有别的想法，因为我的领导告诉我，要适应大环境，让我别纠结了。我承认大环境，但是当我身边曾经真的有这样的战友，我不敢苟同。在我的世界非黑即白，我觉得这样的辅导员需要给她一些教训，小惩大诫。

我啰啰唆唆地说了半天，打扰曲老师了，不好意思给您带来了负能量。学工队伍一家亲，身份的歧视不应该是首选，良心和责任心才是辅导员工作的首选，曲老师，我说的对吧？祝曲老师身体健康。谢谢您！

你有勇气提出这个问题应当值得肯定。至于有什么样的结果，那确实需要实事求是地评价。那要看评职条件到底是怎样规定的，如果明确规定只要有学生出现意外了，当年不能评职称，那她就不应当参评；如果不是“一票否决”，那就要看评委们的意见，评上了也没有什么办法。工作水平总会有差异性，各个学校的情况一定不一样，不论身在何处，一定要相信正义必定战胜邪恶；社会总是向着光明前进的。做好自己，光明磊落，坦坦荡荡，问心无愧。

关于家校合力育人

303

一次难以忘却的家访（一）

2019-08-12

前些天，我到广东机电职业学院（位于佛山）为广东省部分高职院校的辅导员做报告。我有个家在湖南的学生，他的父母在广州打工几十年，靠着微薄的收入供他们兄妹三人读书。我一直想到这个学生家看看他的父母。这个学生刚来大学时曾经想放弃学业回家帮助父母、照顾弟妹。我跟他说："你是好样的。多少学生读大学是为了将来找个好爱人，有个好生活，而你能想到父母。以后你为中国梦而学习，有困难我帮你。"这个学生毕业时入了党，被保送到哈尔滨工业大学读硕士研究生。

我此前写了几期公众号文章介绍过他的情况，这里就不再赘述了。那天做完报告后，我去了这个学生家。这个学生回湖南看他外婆了，他的妹妹在家。他妹妹今年考上了山东财经大学。

说是家，其实这根本算不上家。我从 20 世纪 80 年代留校做辅导员开始就到学生家家访。在省教育厅工作的时候我也在春节前后到学生家家访。我还去了孤儿家家访。后来我找到有关人员，推动辽宁出台了一个政策，所有在辽宁读大学的孤儿（2012 年写调研报告的时候一共 1076 名）一律免除学费和住宿费。我从省教育厅回到大连海事大学做辅导员的时候，仍然坚持到学生家家访。我家访的足迹遍布大半个中国。

虽然我对一些困难学生家的情况并不陌生，比如，有个学生家书桌就是饭桌，饭桌挪动一下，搭个铺学生就睡在上面；有个学生家没有床，在屋子里只是搭个简易的铺；有个学生家的房子是土坯墙……但是那天我到这个学生家的时候，我还是被震撼了，因为这个学生的家不是在偏僻的山村，就在广州这座城市里。

我拍了一些照片，我说我要教育那些整天抱怨的人。亲临其境后我更加理解了我的学生，在我感到他不容易的同时，也更增强了我工作的责任心。我想，作为辅导员，我真是没有理由不好好关心学生，一定要为他们的成长尽心尽力。

我在做省委高校工委副书记的时候，在辽宁开展了“千名辅导员万家行”活动。去年是该活动创立十周年，辽宁辅导员家访的足迹已遍布全国各地。辽宁辅导员评职称在工作业绩里还有家访的要求这一项。家访不只是为了教育帮助学生，也是对辅导员的教育。我对我的工作有这样一条要求：就是绝不能让学生在思想上犯错。这其中就有这样的考虑：这些学生多不容易啊！每个学生对学校来说只是万分之一，但对学生家庭来说却是百分之百。一个学生倒下了，就是一个家庭乃至于一个家族幸福的破灭。

有的辅导员没有认识到这一点，一谈家访想到的就是有些学生不愿意被家访。的确有这样的学生，可是愿意被家访的学生家你都去了吗？再不就是没有钱，谁拿火车票、机票钱？远的没去，家在学校所在地的学生家你都去了吗？家访不是让你去所有学生的家，做到该去的去了就可以了。家访有些还可以顺访，有些可以集体访。

总之，就是要增强家访的意识，切实将学校教育与家庭教育相结合。辅导员要认识到，家访既有助于学生的管理教育，也有助于增强自身的工作责任心。辅导员有没有家访的经历对学生工作的认识是不一样的。

304

一次难以忘却的家访（二）

2019-08-12

××你好！

从你家离开后，我更加理解当年你为什么曾想回家帮助父母，照顾弟妹了。你是家中老大，有担当的责任。这也正是老师欣赏你的地方。你硕士毕业了，××又考上了大学，一切都会变得美好！

我跟你父亲说，艰辛难熬的日子总会过去，你们正沿着幸福的大道阔步向前。我晚上要去西宁，便离开了你家。以后有机会到广州，方便时我还来看你父母。你妹妹考上了山东财经大学，我到山东的时候也可以过去看她。她很要强。我告诉她锻炼好身体，读研，读博，感恩父母，报效祖国。

天热，注意防暑！

曲老师您好！

您辛苦了！天气这么热，您还来我家家访，说实话，这还是第一次有老师到家里来家访，也是我第一次见老爸这么紧张，一直期待见到您并当面表示感谢，但是见面又怕说不好话，连忙把在这边的有见识的大姨父叫过来，心里既是激动，也是满满的感恩。非常感恩您一直以来的教导和惦记！我也差不多有六年没有去广州那边了，感觉一直激励我往前走的地方就是在广州那边的家，老爸常用的三轮车，以前还是脚踩的，是他们在那边艰辛地工作才把我们送出来的，所以我一直感谢他们，也非常想帮助他们减轻家里负担。您常告诉我和妹妹要铭记感恩父母，报效国家，也是您第一次吃饭的时候告诉我感恩父母有不一样的方式。我想，当初如果辍学打工供弟弟妹妹上学，可能就会对不起他们这么多年在外辛苦奔波对我的培养。记得有一次老爸对我说，我们只要读书读得好，没瞎混，将来做一个有用的人，他干起活来也会笑出声，我当时就止不住地掉泪。

感谢您给予我及时的教导，让我走上了一条正确的道路，这让父母从心底感到高兴。一直以来，感谢、感恩的话语即使说了很多，也总是觉得不够，总觉得对您的恩情无以为报，只能将您的话语铭记于心，努力前行！

最近的天气很热，您也要多注意防暑，保重身体！学生一切安好，勿念！

我也刚到家，听到了外婆聊起您到我家家访的事情。

大小伙子了！老师看到你就高兴！什么叫脊梁？你就是家里的脊梁、国家未来的脊梁。还有什么困难能难倒你呢？

祝您去西宁的路上一切顺利！老师多注意休息，保重身体！

好的。谢谢！常联系。你爸爸说，你们湖南老家那里有大山。我好向往，等有机会我去看看，感受你们那里人们的纯朴和自然的美丽。

好的，我们等您过来。

305

一次难以忘却的家访（三）

2019-08-14

曲老师您好！

听到哥哥说您要到家里来，家里人都很激动开心，我们热烈欢迎您的到来。

我已经被山东财经大学录取了，到大学我会继续努力，争取保研、考研，去北京、上海，追求自己的人生理想，为社会、为祖国，尽自己最大的努力，不忘初心。身为当代青年，我定会用最美好的时间致力于提高自我的能力与素养，在实践中实现人生价值。感谢老师一路以来的鼓励与支持，您的恩情，我会一直记住；您的教诲，我会铭记于心。

您告诉我们，心中要有祖国，有国才有家。这些我始终记得，我是中华儿女，中国是我的根，我会让自己强大起来，为家庭、为祖国献出我的一份力量。我会感恩父母，报效祖国。老师让我能更深层地理解这种大局观，让我知道自己的定位，谢谢老师！

曲老师你好！

感谢您的到来，这还是第一次有老师到我们家家访，爸爸妈妈都激动得说不出话来了，真的很感谢您，我现在越来越清楚自己该努力的方向了。我现在目标明确，有干劲，朝着自己的目标一步步向前，我会一点一点地突破自我、改变自我、坚持锻炼、不断奋进。多读书，长知识，学以致用。未来几年我定不会让它白白荒废，趁着年轻，学习能力强之时，不浪费青春时光。

也祝愿老师您身体健康，越活越年轻，开开心心每一天！

××你好！

从你家出来我就赶往机场了。一路上脑海里闪动的全是你家的情景，以及你与你哥哥那坚强的身影。身临其境，我更加感受到了你和你哥哥的不容易。就是在这样的环境里，你从不抱怨，乐观向上，特别是在幼小的心灵里就埋下了关心他人的种子。从我们思想政治教育的角度来看，你有着很好的思想基础。

从我们认识到今天，你给我写好多封信了。字里行间正如你所说的，越来越感到你在不断长大、成熟。你总是不忘你的责任和担当。你知道吗？我工作三十七年来，没有一天离开大学生思想政治教育工作，无数的实例告诉我，只有那些带着使命和责任前行的人才能走得最远。聪明不聪明只是成功的基本条件，最重要的还是要有使命感和责任感。经过十多年的拼搏，你又迈上了人生的一个台阶。到了大学，一定不要忘了你是从哪里来的，你是怎么来的。要像你哥哥那样，常想你曾经经历过的那些艰辛的日子，把它作为激励你前行的精神动力，只要不忘本，把父母和祖国时刻放在心上，还有什么能阻挡你前进的步伐？成功一定会在前头等着你。

今天太匆忙了，不然请你们全家吃个饭。当然以后还会有机会的。等你上大学了，我到你们学校看你，我请你安心地吃顿饭。

我经停在贵阳。飞机要起飞了，就聊到这里吧。向你爸妈问好！祝一切顺心如意！

306

一次难以忘却的家访(四)

2019-08-14

曲老师您好!

是的,老师。无论什么时候我都不会忘记我从哪儿来。尤其是到达一个新平台,我会以一个更好的姿态去迎接新一轮的挑战。老师您一直坚守在思想政治教育的岗位上,因为您心中有信仰,您始终陪伴着莘莘学子,无论是在生活还是学习上,无论是在思想还是知识的学习上,真的是一个超级棒的老师。您知道吗?这几天我在广州一家物流中转厂做临时工,工资是日结,我看到了很多像我爸爸一样的底层劳动者。他们早上七点上班,晚上八点半下班,他们没有自己的时间,就这样日复一日地工作着。有的人渐渐对生活失去了耐心,抱怨、厌倦这些工作,以及埋怨一系列社会不公平现象,这几日也让我明白社会有时又是残酷的,但是老师您的出现,又让我知道社会虽然残酷,但是要心怀信仰,要有理想、有追求,去回报社会。在阳光下奔跑比在阴影中埋怨要好得多,阴影总归是少的,相信我们的国家和我们的社会,会在我们新一代青年的不懈奋斗中越来越好,一定会的。

××你好！

昨天下飞机看了你的这封信就想给你回复，但是到酒店已经是半夜十二点了。因为太晚了就没有回复。今天白天又忙了一天，现在我正在机场候机，给你回复了这封信。昨天看了你的信，我一直在思考大学生到底应当带着什么读大学，有的只带着知识，只想在学业上发展，将来找个工作、成个家，就完事了。这只是自然生命的完结，实在有点可惜。你谈到了一个很重要的问题，那就是责任。我非常认同你，面对社会上的一些不公平现象，你能够想到怎样改变它，而不是觉得无可奈何，甚至抱怨、发牢骚。每代人有每代人的使命，正是因为社会上有这些不平衡、不充分，才需要你们当代青年接力奋斗。老师告诉你，有些大学生就是因为不能正确地看待社会上存在的诸如你上面谈到的问题而没有了目标，放弃了追求。这着实不应该。中国的未来一定会在你们年轻人的奋斗中变得越来越好。努力前行，在终点等你的人一定是我。期待着你大学生活的开始，想象着你勇敢地前进在实现中国梦的路上！

祝一切都好！

307

把学校教育与家庭教育紧密结合起来

曲建武

不久前,全国加强和改进大学生思想政治教育工作座谈会提出,大学生思想政治教育应当把学校教育和家庭教育结合起来,这既是对当前加强和改进大学生思想政治教育工作的新要求,也是做好大学生思想政治教育工作的一个着力点和有效途径。

一、学校教育与家庭教育紧密结合的必要性

1. 学校教育与家庭教育紧密结合符合大学生的成长规律

"孟母三迁"的故事千古流传,其中有一个重要的寓意,即人的成长离不开家庭教育。现在的大学生是不是就不需要家庭教育了呢? 常常听到这样的"声音":现在的大学生喜欢独立思考,凡事愿意自己做主,包括家长的意见他们也不愿意听,以彰显自己的独立性和个性。这样的概括有点过于绝对。在与大学生的交往中我们感觉到,虽然许多大学生自诩为"思考"的一代,但是他们没有自己的"思想"。有的学生说,我之所以写了入党申请书,是我爸妈逼的。政治追求上是这样,生活上也是极度依赖。有的学生说,连买什么、穿什么都要听家长的意见。可以说有为数众多的学生在报考大学、选择专业的时候,都是以家长的意见为主导的,还有的学生也是家长让考研才决定考研的。事实上,无论怎样来描述当今大学生的自我发展，他们与家庭的联系都是无法割舍的。这是由血缘关系决定的，也是由经济发展阶段决定的。没有经济的独立性，不可能有思想的独立性。这还与现今的教育体制相关，我们的基础教育主要还是培养听话、顺从的学生，个性、独立性发展的土壤还不丰厚。所以，大学生的成长与家庭的联系必然是紧密的。

2. 学校教育与家庭教育紧密结合符合大学生教育规律

大学生思想政治教育实践告诉我们，思想政治教育需要“以理服人，以情感人”。受教育者是否接纳教育者的教育，一方面取决于教育者讲得是否有道理，还有一个重要的方面就是教育者和受教育者之间是否有情感。同样的道理，教育者和受教育者之间的情感越深，道理似乎就越明白。情感来源于哪里？来自教育者对受教育者的爱，来自教育者对受教育者成长的关心。而学校教育与家庭教育紧密结合，是产生这种情感的重要纽带。许多有过家访经历的辅导员都有这样的共识：当辅导员风尘仆仆、牺牲自己的节假日来到学生家走访的时候，就使得辅导员与学生的距离一下子拉近了，思想政治教育就真正贴近了学生，走进了学生的心灵。在学生们看来，辅导员是真心地关爱自己，是在为他们的健康成长操劳，因而平日里辅导员在学生心目中那种“管教”的面孔瞬间消失了，学生们从心里产生出一种对辅导员的敬重和感激之情。正是有了这样的情感基础，学生回到学校之后，辅导员的教育工作便“省事”多了，许多学生在辅导员面前表现得非常顺从，学习的劲头足了，人生的追求也就更积极、健康向上了。

3. 学校教育与家庭教育紧密结合符合高等教育大众化时代大学生思想政治教育的规律

家庭教育是学校教育的重要补充力量，在高等教育大众化时代里变得更加明显和突出。简单来说，大众化之前的大学生思想政治教育，家庭教育对学校教育的配合主要是靠家长的亲情来实现的。那时候家长读过大学的很少，对大学教育了解得不够多，家长所能做的就是嘱咐孩子到了大学后一定要听老师的话。从许多亲自把孩子送到大学里的家长们那一双双渴求的目光里可以感觉到，大学在他们的心目中既神圣又陌生。家长们离开学校时，紧握辅导员的手说得最多的一句话就是：“俺没念过大学，不会教育孩子，您替俺好好管一管。”高等教育大众化时代的家长对孩子的教育引导，在天然存在着的情感基础上，又融进了理性的成分。许多学生的家长都有大学的经历，大学给他们带来了什么他们都有切身的体会。怎样度过大学生活，家长曾经留下的足迹能为一些学生带来有益的启发。许多学生讲，他们的父母都是大学生，听父母的话，就能懂得如何读好大学。毫无疑问，随着高等教育大众化的发展，家庭教育在大学生思想政治教育中的地位和作用必定会更加突出。

二、积极探索学校教育与家庭教育紧密结合的多种形式

1. 通过信函形式使家长更早、更多地了解学校和学生的情况

社会学的一个基本原理认为，人的第一印象对他以后的发展会产生深刻的影响。让家长更早、更多地了解学校和学生的情况，有利于家长配合学校把学生(孩子)教育引导好。这里可以做这样两件事情：一件是精心设计新生录取通知书。在通知书的背面，印上“致学生家长的一封信”。信中在向学生和家长们介绍学校概况的同时，要特别介绍学校是如何重视大学生党建和思想政治教育的。由于家长对学校的思想政治教育工作有了了解，家长便会主动配合学校做好引导工作。某大学常年坚持这样一个做法，全校97%的学生都写了入党申请书，一些学生一入学就递交了入党申请，这其中无不凝结着许多家长教育的心血。再一件是每学年结束的时候，让辅导员给每个学生家长写封信。信中先是简略地介绍一下学校、学院一年来各方面的突出变化情况，重点是介绍学生在校期间的表现，征求家长对学校、学院和辅导员自身的工作有什么意见和建议。学校可以要求家长看完这封信之后，签上自己的名字，在孩子开学时把信带回。通过这样的交流，学校和家庭始终保持着密切的联系，家长不仅会积极配合学校做好学生(孩子)的教育工作，还会关心学校的建设，主动献计献策促进学校的发展。可以想象到，随着网络技术的发展，学校教育与家庭教育相结合必将产生更多便捷的交往方式。

2. 通过会议形式把学校教育与家庭教育结合起来

一般来说，做家长的都希望能够通过“面对面”的方式加强与学校的接触，增进对学校和孩子情况的了解，这使得学校教育与家庭教育有了共同的结合点。每年新生入学时，家长送孩子上学都成了学校里一道靓丽的风景。学校可以充分利用新生入学这一契机，召开两个层面的家长会。一个是学校层面的，可以由学校领导向家长们介绍学校的有关情况，征询家长对学校工作的意见和建议。这样的家长会准备得好，还是很受家长们欢迎的。学校还可以要求各个二级学院结合学院的实际情况召开家长会，更具体地介绍学院对学生在政治思想和专业学习上都有哪些要求，让家长与学校配合共同做好学生的

培养教育工作。实践中我们还认识到,邀请表现优秀的学生家长到学校参加相关的一些会议,也是实现学校教育与家庭教育紧密结合的好形式。例如,在召开嘉奖品学兼优的特困生会议时,可以选一些获奖的学生家长参加,可以安排在他们孩子的寝室里住上一晚。这样的嘉奖会不但会充分地发挥榜样的引领作用,也会使家长们在感谢学校的同时,更多地鼓励自己的孩子再接再厉,好好学习。

3. 通过家访形式密切加强学校教育与家庭教育的结合

许多辅导员在总结工作时都有这样一种体会:家访,是建立学校教育与家庭教育相结合的一种有效方式。这种“面对面”的接触,使辅导员与学生、学生家长之间产生了情感共鸣:辅导员希望自己的学生能够好好成长;学生希望能在辅导员的帮助下不断进步;家长更是希望孩子能在辅导员的关心下,通过自身的努力早日成才。这种情感共鸣拉近了学校和家庭之间的距离,赢得了学生对辅导员的信任。事实说明,受教育者对教育者的信任度是思想政治教育取得实效的一个重要条件。许多学生谈到,辅导员到过他们家之后,在他们眼里,辅导员就像是他们家的人了,所以他们都非常愿意听辅导员的话。从2008年寒假开始,辽宁省开展了“千名辅导员万家行”活动。全省几千名辅导员先后走访了数万名学生家庭,加深了与学生、家长的情感交流。辅导员们说,不好好工作真是对不起学生家长那一双双渴望和期待的眼神。现在各方面情况都有了好转,这为家访提供了较为有利的条件。大学生思想政治教育一定要利用好家访这种有效形式,使思想政治教育的合力不断增强。

三、学校教育与家庭教育紧密结合需要注意的几个问题

1. 处理好学校教育与家庭教育的关系

业已形成的诸多大学生思想政治教育工作的经验和做法,不可能一劳永逸,需要不断地加以研究和总结。大学生思想政治教育的主阵地是学校,特别是在高等教育内外部环境不断变化的情况下,学校教育更应当适时应对这种变化所带来的机遇和挑战,积极把握思想政治教育的新规律,探索新途径。把学校教育与家庭教育相结合,正是为了更好地体现学校教育的主导地位,增强思想政治教育的针对性,更好地完成学校教育所应当完成的教育任务。因此,从事大学生思想政治教育的同志一定要发挥好学校教育在引导大学生成长中的作用,要明确家庭教育永远只能是学校教育的一种辅助。有这样的同志,学生出了事,不是首先从自身找原因,而是一味地把责任推到了家长那里;还有

的同志,学生有了问题,不是采取积极的态度加以解决,而是简单化地“原汁原味”地反映给家长,学生教育的好坏,似乎责任全在家长那里。这些都不符合我们所强调的把学校教育与家庭教育相结合的本质内涵,更不是把学校教育与家庭教育紧密结合的科学体现。当然,还有的同志缺乏把学校教育与家庭教育相结合的认识,忽视家庭教育,这也是不可取的。

2. 处理好普遍联系和个别联系的关系

大学生思想政治教育面对的是一切学生,为的是学生的一切。教育引导好每个学生健康成长,既是学校教育与家庭教育紧密结合的出发点,又是归结点。因此,学校教育与家庭教育的紧密结合一定要注意事物的普遍性,要通过这种普遍联系,找到学校教育与家庭教育相结合的基本规律和最佳途径。普遍性的意义还在于体现了一种平等性、公平性。学校教育与家庭教育相结合,特别需要注意的是在学生看来学校与家长的联系是分为“三六九等”的,决不能以家庭条件的优劣来确定和家长联系的密切程度,要努力创造条件,力所能及地与每个学生家长建立起正常的工作联系。从一定意义上讲,普遍联系也是为个别联系服务的。由于每个学生的家庭成长环境不一样,这就决定了家庭教育在学生(孩子)成长过程中所起到的作用有所不同,方式方法也不一样。学校教育与家庭教育相结合一定要注意这种差异性,发生在不同学生身上的同样的一个问题,是通过家访、电话沟通,还是把家长请到学校等方式来解决(包括与家长谈到什么样的程度),对问题的解决所产生的效果都是不一样的。还需要特别注意的一点是,一定不能让学生感觉到是因为出现了问题,学校才与家长联系的。

3. 对学校教育与家庭教育相结合做出制度安排

实践证明,学校教育与家庭教育相结合,符合大学生思想政治教育的规律,是做好大学生思想政治教育的有效途径。这就要求我们必须从遵循事物发展规律的角度出发,对学校教育与家庭教育相结合做出制度安排,只有制度的保证才能使两者的结合更加紧密,使工作取得最佳效果。有的学校规定,凡获得校级“三好学生”“优秀学生干部”荣誉称号的学生,都要给他们的家长邮寄喜报。有些家长在感谢学校教育的同时,也积极“请求”学校让他们做些教育工作。为了使家访工作常态化,有的教育部门规定,辅导员评优评先和评聘职称必须有家访经历。同时,每年还安排专项资金,保证家访活动的有序进行。这样的制度安排就能很好地调动辅导员开展家访活动的积极性,使学校教育与家庭教育的结合变得更加紧密。

（刊载于《思想理论教育导刊》2010 年第 5 期）

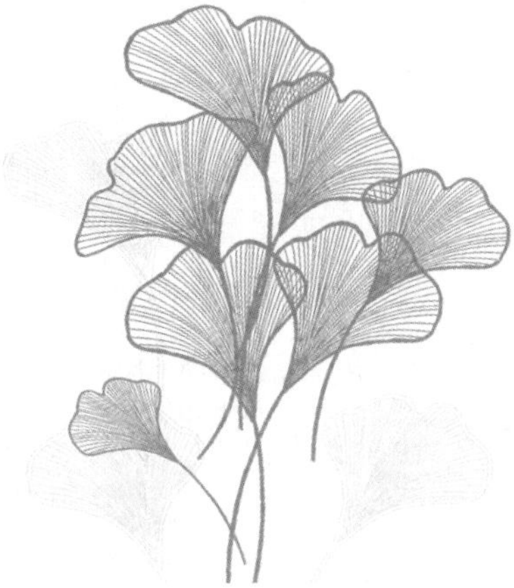

308

构建学校教育与家庭教育相结合的长效机制

曲建武　范毅夫

党的十八大报告提出立德树人是教育的根本任务，这为进一步做好新形势下的大学生思想政治教育指明了方向。高校辅导员与大学生联系紧密，是大学生成长的引路人，对做好大学生的思想政治教育发挥着重要的作用。辽宁省创新大学生思想政治教育载体，从2008年寒假开始，连续五年开展“千名辅导员访万家”活动，走访了四万多个学生家庭，使学校教育与家庭教育很好地结合了起来，增强了大学生思想政治教育的针对性，构建了学校教育与家庭教育相结合的长效机制，取得了大学生思想政治教育的实效。

一、充分认识新时期辅导员家访的必要性

《中共中央国务院关于进一步加强和改进大学生思想政治教育的意见》明确指出：“学校要探索建立与大学生家庭联系沟通的机制，相互配合对大学生进行思想政治教育。”在新形势下做好大学生思想政治教育工作，需要学校与家庭充分沟通，紧密合作，共同服务于培养大学生的育人目标。

1. 辅导员家访符合思想政治教育的规律

思想政治教育归根到底是做人的工作，既需要以理服人，也需要以情感人。实践证明，一些大学生愿意听从辅导员的“说教”，一方面是因为辅导员人生阅历较大学生更丰富，在和学生交流的过程中能根据自己的人生经验对学生予以指导和帮助；另一方面是在长期的工作和生活中，辅导员和学生经常性地进行各方面交流，师生双方有一定的情感基础。因此，要把大学生的思想政治教育工作做好，需要辅导员对学生有深厚的情感和关注，正所谓没有爱，也就没有教育。从某种意义上讲，辽宁省组织开展“千名辅导员访万家”活动，其正是为了给辅导员和大学生搭建一座情感的桥梁。在辽宁省部分高校中，根据笔者的了解，为了对学生进行家访，有的辅导员顶着凛冽的寒风，走了十几里的山路才找到学生的家；有的辅导员在拥挤的汽车上站了十多个小时，下车后还要走很远的土路才能到学生的家；有的辅导员给学生送去了年货；有的辅导员被学生家的贫困震撼了，把原本打算给父母准备的过年钱掏了出来。听说辅导员要来家访，许多学生和家长充满期待地盼望辅导员的到来。家访一下子拉近了学校与家庭、辅导员与学生之间的距离。

2. 辅导员家访有助于增强思想政治教育的针对性

教师做好大学生思想政治教育工作的一个重要前提是，不仅要熟知学生的所思所想、所作所为，而且要清楚地了解他们产生这些想法和做法的原因。家访有助于让教师深入地了解学生的思想动态和家庭情况。当前，大学生尽管生理年龄已经成人，但是由于缺乏社会阅历和生活磨炼，他们的社会年龄尚未成熟。一些大学生认为他们不仅在是否要入党、是否竞选班级干部、是否谈恋爱、是否考研这样一些大的事项上要由家长说了算，连生活中的琐事都要听家长的意见。由此可见，追根溯源的话，一些学生之所以产生这样或那样一些想法和问题与家庭的影响是分不开的。“解铃还须系铃人”，通过家访，辅导员可以更深入地体验到学生的生活环境，走进学生的心灵，使思想政治教育更贴近学生实际。辅导员从家长那里，直接倾听他们对孩子成长的介绍、对孩子性格的分析，了解他们对孩子的期望和对学校的一些诚恳的要求和建议。通过这些，辅导员可以获得丰富的第一手信息，经过归纳整理，自然会使接下来的思想政治教育工作有的放矢、增强实效。

3. 辅导员家访有助于提高辅导员的责任心

“思想政治教育者的素质是思想政治教育者的‘本质力量’，提高教育者素质是加强思想政治教育的核心。”要说素质，毫无疑问，责任心是辅导员素质中极为重要的一个方面。一些辅导员工作比较出色,个人能力强是其中的原因之一,更重要的是他们对工作的热爱和对学生的负责,想学生之所想,急学生之所急。辅导员家访可以使辅导员亲身感受学生家境的贫寒、求学的艰辛、成才的渴望、家长的期盼。有的辅导员讲自己通过家访,了解到一些学生的困境远远超出了自己的想象,体会到学生的求学之艰辛,家访后是含着泪离开学生家的。家访可使辅导员产生一种强烈的责任感、使命感,懂得辅导员工作的光荣和价值。

二、着力构建学校教育与家庭教育相结合长效机制

事物的发展有其内在的规律性。辽宁省教育厅遵循大学生思想政治教育的规律,着眼长远,积极探索新形势下学校教育与家庭教育相结合的着力点,构建起学校教育与家庭教育相结合的长效机制。

1. 对家访活动进行统一部署

从2008年寒假开始,辽宁省每年都以省委高校工委、省教育厅的名义向全省高校下发在寒假期间开展“千名辅导员访万家”活动的通知。通知要求各高校要充分认识“千名辅导员访万家”活动的必要性、重要性,精心组织、周密安排,动员和组织广大辅导员积极参加到家访活动中来,确保家访活动顺利进行。辽宁省委高校工委、省教育厅还把各高校开展“千名辅导员访万家”活动的情况作为评比检查各高校加强和改进大学生思想政治教育的一项重要内容。通知还特别要求,各高校要为辅导员家访提供必要的经费支持,作为辅导员交通和为被访学生家庭购买一些年货的补贴。辽宁省教育厅每年列50万元专项,为1000名辅导员(每人500元)提供补贴。按照省委高校工委、省教育厅的通知精神,各高校进行认真部署。目前,全省高校都把家访活动当作一项常规工作来落实。许多高校还把辅导员家访延伸到学校有关领导(有的高校,学校的党政一把手亲自进行家访)、学生工作部门的同志、班主任和思想政治理论课教师。

2. 对辅导员家访提出明确要求

为了使“千名辅导员访万家”活动取得实效,辽宁省对参加家访的辅导员提出了明确的工作要求。要求辅导员在家访学生的选择上一定要有典型性,通过家访举一反三,有助于辅导员了解当前大学生中存在的突出问题或倾向性、普遍性的问题,家访活动应与探访、慰问贫困大学生家庭结合起来。家访结束后,辅导员要提交一份家访报告,报告应包括被访学生姓

名、家访时间及地点、家访目的、被访家庭情况、被访学生当前思想和行为表现情况及成因、进一步加强学生教育管理和服务的措施，以及启示、建议和体会等方面的内容。要严明家访纪律，严禁辅导员利用家访之机，给被访学生家庭增加不必要的负担，有损学校和辅导员的形象。辽宁省还规定，针对辅导员的一些评比，如省优秀辅导员、辅导员年度人物、辅导员标兵等，有无家访经历是必需条件。去年上半年，辽宁省评选了十名辅导员“五一奖章”获得者，这些获奖者都有家访的经历，有的辅导员甚至走访了几十个学生家庭。辽宁省还特别规定，辅导员评聘教师职务必须有家访经历，否则“一票否决”。这里突出强调的是辅导员评聘教师职务一定要有工作的业绩。

3. 对辅导员家访进行总结评比

辽宁省每年度都要对全省高校开展“千名辅导员访万家”活动的情况进行总结评比。总结评比分为两个方面：一是在各学校主动申报的基础上，由教育厅组织专家进行遴选，确定一批家访活动先进单位；二是在各学校推荐的基础上评选一批家访活动的先进个人。每年评选结束后，辽宁省委高校工委、省教育厅都要召开表彰大会，让先进的学校和辅导员代表介绍经验，与会代表相互学习，从中看到别人的长处、自己的不足，以在新的年度里进一步将“千名辅导员访万家”活动开展好。辽宁省还编印了多期关于“千名辅导员访万家”活动开展的情况简报、出版了《创新学校教育与家庭教育相结合研究》图书，把一些高校和辅导员在家访活动中创造的好经验、好做法编辑整理后印发给各高校，供各高校和广大辅导员学习借鉴。辽宁省还注重发挥“辽宁省大学生在线联盟”网站的作用，在网站上开设栏目，及时将各高校围绕家访活动上传的一些文字和音像材料在网站上传出，放大家访的效能，使家访得到更广泛的认同。同时还把辅导员开展家访活动列为省级大学生思想政治教育研究专项课题，从把握规律角度把“千名辅导员访万家”活动引向深入。

（刊载于《思想理论教育导刊》2013 年第 3 期）

关于全员育人

309

给一个辅导员的回复

2019-05-20

前天在中国海洋大学围绕“三全”育人做了一场报告。因为我要赶飞机，报告一结束我就想离开会场。见我马上要离开，有个坐在前排的辅导员急忙走到我身边要了我的联系方式。我在去机场的路上收到了她的微信，读后我给这个辅导员回了一封信。

曲老师您好！

我就是刚才坐前排追着问您要电话的辅导员。我是××学院二级学院分管学生工作的×××。2015年我开始做这项工作，您的理念对我影响非常大，您的博客、公众号的文章我都仔仔细细地看过。我买了二手的《识读大学》一书，看到了您坚定的信仰、发自肺腑的充满温度的话语和具有强大引领力的行动，深受震撼和感动，也给自己一个目标和一把尺子。一个个案例，扎扎实实地教我和我的团队怎样去做思政工作、学生工作，怎样向学生传递价值观和文化。

今年我报省哲社的课题就是高校“一核五维”的“三全”育人实践体系，是自己工作的一些总结和思考，如果早点听您的课，我想思路会更清晰。

昨晚，我在接待处等您，想当面请教一下，后来知道您的航班一再改签，要三四点才到，但我还是看到了您公众号的文章，非常受感动。"'高山仰止，景行行止'。虽不能至，然心向往之。"所以今天还是追着您要了您的联系方式，想有机会带着团队去您学校向您请教。

祝老师一切顺利！

××你好！

谢谢你的点赞。真不知道昨天晚上你等我那么长时间，你还非常有心在网上买了我的二手书《识读大学》。这本书是我用心血写成的。2005年年底，我患了癌症，颅外皮下长了个瘤子。医生要采取化疗、放疗、植皮的治疗方法。我问医生"自己还能活多长时间"，医生说"治疗完就没事了"。"治疗需要多少时间？""最少一年半"。我知道了我最少能活一年半，我要出院，把最后的时光留给学生们。

回到家里，我就白天上班，晚上写这本书。就这样，一本30万字的专著写了出来，并在人民出版社出版。这本书被评为纪念思想政治教育学科三十周年著作类一等奖，我把这本书赠送给了全国许多优秀的辅导员阅读。你告诉我详细地址，我把最近出版的一本书签上名邮寄给你，让我们在育人的路上并肩前行。

学校的育人的确不只是思想政治工作队伍的事。学校的一场一景、一人一事都与育人有关。在全国高校思想政治工作会议上，习近平总书记说要把思想政治工作贯穿在教育教学全过程，强调的就是"三全"育人。

学校的育人一定是合力的结果。我在学校做党委副书记的时候负责迎新工作。我在迎新筹备工作会上就讲，迎新不是数数，知道多少学生报到了，还有多少没有报到。迎新最重要的是要让学生有家的感觉，从学生一入学就要教育他们爱校如家。而爱校如家就必须进校如家，进校不如家，难能爱校如家，迎新搞好了，以后辅导员教育起学生来就比较省劲，否则格外费劲。所以，一定要热心、周到、细致，让学生感到学校一直都在为他们着想，在为他们节省每一分钱。

有些教育是在课堂上进行的，如上思想政治理论课、做报告、开班会等；

有些教育是在课下进行的，如找学生谈话，深入学生的寝室、教室等；

有些教育是在学校进行的,有的是在社会和家庭进行的,如参观爱国主义基地、组织学生参加志愿服务、开展社会实践活动、家访等;

有些教育是由思想政治教育工作者完成的,如发展党员、把握舆论导向等;有些是专业教师完成的,如课程思政、教书育人等。

当然,保证这些教育的有效开展,最为根本的一条是学校的办学方向是否正确,是否真正把立德树人作为根本任务。

世间一切事物中,人是最宝贵的,没有人什么事都干不了,而没有高素质的人,什么事都难以做好。我们的思想政治教育为什么不那么尽如人意?有个重要的原因就是要么没人做,要么做的人不是不够数,就是不愿做、不会做。这能全怨他们吗?这与学校的兴奋点、着力点在哪里有着直接的关系。为什么建起"双一流"来要什么有什么,而思想政治教育却总是跳不出"喊起来重要,做起来次要,忙起来不要"的怪圈?说到底还不是没从根本上解决培养什么样的人、怎样培养人、为谁培养人的问题吗?

教育部思想政治工作司2018年年底通过学校申报、专家评审的办法遴选了部分高校作为"三全"育人的试点单位。这是很好的举措。但是各申报成功单位是否真研究?没有申报的单位是不是就可以不做?显然这不是一个形式上的问题,申报成功的单位要好好做,没申报的单位也要做。立德树人是教育的根本任务,而要想完成这个任务,必须做到"三全"育人。

你谈到你们学校的情况,我很赞同。一定把"三全"育人做实。育人来不得马虎,做不做不一样,做得投不投入、扎不扎实又不一样。期待在你的带领下你们学校的"三全"育人工作能够卓有成效。方便的时候到你学校学习。

我在大学做过党委副书记,工作性质和你的工作一样,都是分管学生工作。我和做学生工作的同志很有感情,到大连有事联系我,我也随时欢迎你的到来。

祝顺心顺意!

关于强身健体

310

开展丰富多彩的体育活动

2020-03-21

我也多次谈过这个问题。体育不单纯是体育，体育展现的是奋发向上的精神，凝聚的是集体的力量，培养的是坚忍不拔的毅力，增强的是为实现人生理想所提供的物质力量。

我去过国外很多大学，其中一个感受，就是学生非常注意锻炼身体。早上、傍晚，能看到很多大学生在跑步。当然我也知道，他们为什么不在学校跑步。有些学生不了解，国外的大学是不管你在哪里吃饭、睡觉、锻炼身体的，就是说学校不提供这些条件，若是哪个学校有这样的条件，在招生中那是一个亮点。看看我们闲置的操场、体育馆等体育设施，与国外大学比起来，真是有点奢侈的感觉。可以说我们一些学生"身在福中不知福"。学生这种锻炼身体的主动性、自觉性不够，我们应当帮助他们激活。

现在大学每年都会举办一次运动会（有的学校已经不开运动会了），这是对学生的一个激励，但是学校运动会一定不能搞成"金牌"战略，一定要注重普及性。各学院、辅导员可以弥补这个"短板"，应当因地制宜地多组织开展群众性的体育活动，真正让学生喜闻乐见、人人参与，形成锻炼身体的好风尚。有关部门应当坚决杜绝一切"形式主义"的学生活动，应当把学院、辅导员开展体育活动的情况作为一项评比内容。这对学生个人、对国家都是“功在当代，利在千秋”的好事。学生现在还认识不到这些，那就“逼一逼”他们。看看钟南山院士为中国、世界做出多大的贡献，八十多岁的老人了，他强健的身体为他提供了强大的“革命本钱”。反观我们有的大学生，他那点体力，夸张点说，恐怕就能保证拿到毕业证了。开展好体育活动，也是对学生、对国家的负责任。

关于“仍然在路上”

311

与辅导员的交流（一）

2021-10-13

曲老师您好！

我是学员××，听了您的课，我深受鼓舞。我感觉您真是用心用灵魂在上课，感动得我几次落泪。

××你好！

谢谢你！我们是教师，我们的行为关系到学生的成长方向，因而也关系到民族的未来。作为教师，我们必须用心、用情对待每个学生。我们在乎了他们，他们才会在乎我们、在乎祖国，就会把“小我”融入“大我”之中。国家好了，我们就都好了。

曲老师说得非常对，非常有道理。之前我也想到过要这么对待学生，毕竟大环境使然。我曾经当过班导师，在班导师这个圈里实行过对学生好，把学生当孩子，但是一忙就没坚持下来，所以感觉很惭愧。以后我会多关注曲老师的微信和公众号，向您学习！

我们共勉！

好的，曲老师！

312

与辅导员的交流（二）

2021-10-13

曲老师，今晚再回过头去看看曾经拜读过的您之前撰写的文章，每一次读完您的文章都会产生情感上的共鸣，特别是您每一场讲座都是站着讲完，又想到您的身体不好，但是您身上坚毅的性格和为学生付出的真心真情一直影响着我，真的很感激您。时光易逝，转眼您就要到退休的年龄了，但是希望以后还能继续在公众号上看到您的教育理念和教育初心，这也是我这九年来一直未变的辅导员初心，您要是再到南昌讲座，随时联系我，我会亲自来接您。

我今年已到了退休年龄。我已经口头申请，学校还没有探讨。无论我退不退休，我的思考不会停止，实践还会继续，仍然在路上，直到走不动为止。